二战史

THE SECOND WORLD WAR

〔英〕约翰·基根 著
李雯 译

北京大学出版社
PEKING UNIVERSITY PRESS

著作权合同登记号　图字：01-2011-5277

图书在版编目（CIP）数据

二战史 /（英）基根(Keegan, J.) 著；李雯译. —北京：北京大学出版社，2015.1

（世界史图书馆）

ISBN 978-7-301-25244-4

Ⅰ.①二… Ⅱ.①基… ②李… Ⅲ.①第二次世界大战 – 史料 Ⅳ.①K152

中国版本图书馆CIP数据核字（2014）第294497号

THE SECOND WORLD WAR
Copyright: ©1989 BY JOHN KEEGAN
This edition arranged with AITKEN ALEXANDER ASSOCIATES
through BIG APPLE AGENCY,INC.,LABUAN MALYYSIA.
Simplified Chinese edition copyright:
2014 PKEING UNIVERSITY PRESS
All rights reserved.

书　　　名	二战史
著作责任者	〔英〕约翰·基根（John Keegan）著　李雯　译
责 任 编 辑	张晗
标 准 书 号	ISBN 978-7-301-25244-4/K·1085
出 版 发 行	北京大学出版社
地　　　址	北京市海淀区成府路205号　100871
网　　　址	http://www.pup.cn　新浪微博：@北京大学出版社
电 子 邮 箱	编辑部wsz@pup.cn　总编室zpup@pup.cn
电　　　话	邮购部62752015　发行部62750672 出版部62754962　编辑部62750577
印 刷 者	三河市北燕印装有限公司
经 销 者	新华书店 730毫米×1020毫米　16开本　32.75印张　530千字 2015年1月第1版　2025年2月第15次印刷
定　　　价	98.00元

未经许可，不得以任何方式复制或抄袭本书之部分或全部内容。

版权所有，侵权必究

举报电话：010-62752024　电子邮箱：fd@pup.cn

图书如有印装质量问题，请与出版部联系，电话：010-62756370

目录

前　言 /I

致　谢 /II

绪　言 /1

　　一　每个人都是战士 /1
　　二　挑起世界战争 /23

第一部分　西线战争 1940-1943 /39

　　三　闪电战的胜利 /41
　　四　空战：不列颠战役 /72
　　五　军事补给和大西洋战役 /83

第二部分　东线战争 1941-1943 /97

　　六　希特勒的战略困境 /100
　　七　保护东方的跳板 /113
　　八　空降战：克里特岛 /128
　　九　巴巴罗萨 /140
　　十　军工生产 /169
　　十一　克里米亚的夏季，斯大林格勒的冬天 /178

第三部分　太平洋战争 1941-1943 /195

　　十二　东条英机的战略困境 /198
　　十三　从珍珠港到中途岛 /206
　　十四　航空母舰之战：中途岛 /221
　　十五　占领和镇压 /230
　　十六　岛战 /240

第四部分　西线战争 1943–1945 /253

十七　丘吉尔的战略困境 /255
十八　非洲的三场战役 /263
十九　意大利和巴尔干 /283
二十　"霸王"行动 /305
二十一　坦克战：法莱斯 /329
二十二　战略轰炸 /344
二十三　阿登山区和莱茵河 /361

第五部分　东线战争 1943–1945 /371

二十四　斯大林的战略困境 /373
二十五　库尔斯克和夺回苏联西部 /379
二十六　抵抗和间谍 /401
二十七　维斯图拉河和多瑙河 /419
二十八　城战：围攻柏林 /431

第六部分　太平洋战争 1943–1945 /443

二十九　罗斯福的战略困境 /446
三十　日本在南方的战败 /454
三十一　两栖战：冲绳 /465
三十二　超级武器和日本的战败 /474

尾声 /485

三十三　第二次世界大战的遗产 /485

参考文献 /493

五十本有关第二次世界大战的书籍 /493

索　引 /500

前　言

第二次世界大战是人类历史上规模最大的单体事件，作战范围涉及世界七大洲中的六洲，以及所有大洋。这场战争杀死5000万人，使无数人的心灵或者肉体受到创伤，就物质方面而言，这场战争破坏了大部分文明核心地区。

在一本著作中叙述这场大战的起因、进程和结果的任何尝试都无法完全获得成功。因此，我并非将第二次世界大战叙述为一系列连续的事件，而是从一开始就决定将这个战争故事分为四大主题——叙述、战略分析、战役篇和"战争话题"——使用这四大主题展现六个主要部分的历史*：西线战争，1939—1943；东线战争，1941—1943；太平洋战争，1941—1943；西线战争，1943—1945；东线战争，1943—1945；太平洋战争，1943—1945。每个部分先做战略分析，关注当时最具主动权的人物——依次为希特勒、东条英机、丘吉尔、斯大林和罗斯福——而后除了适当的叙述章节，还包括相关的"战争话题"和战役篇。每个战役篇的选择是为了阐明特殊作战形式的属性。它们是空战（不列颠战役）、空降战（克里特战役）、航空母舰战（中途岛）、装甲战（法莱斯）、城战（柏林）和两栖战（冲绳）。"战争话题"包括战争补给、军工生产、占领和镇压、战略轰炸、抵抗和间谍、秘密武器。

我希望这种处理方案能让读者在我所论及的纷繁混乱的悲惨事件中理清些许头绪。

---

* 第二次世界大战在亚洲战场发轫于1931年"九一八"事变，1937年卢沟桥事变后中日战争全面爆发，但欧美学者的视野往往不及于此，而以1939年德军闪击波兰为二战的开端，本书亦然。——译者注

致　谢

我要首先感谢我的同事和学生，我和他们在桑霍斯特皇家军事学院度过26年的岁月。1960年，我在学院担任教职时，许多军事教员都曾是第二次世界大战的老兵，从与他们的交谈中，我开始逐渐认识到战争是一种人因事件。我还从我的学生那里学到很多东西；由于桑霍斯特的教育方法要求学生们准备战役"报告"，因此在课堂上，我往往又是听众，又是教师，倾听未来的军官们所描述的那些情节，产生无限遐想，这些孩子因为太年轻，并没参加过那些战役。我的一些学生后来成为专业的军事史学家，包括查尔斯·麦森杰（Charles Messenger）、迈克尔·杜瓦（Michael Dewar）、安东尼·比弗（Anthony Beevor）和亚历克斯·丹切夫（Alex Danchev）。然而，桑霍斯特对我影响最大的是军事史高级讲师、陆军准将彼得·扬（Peter Young），在战争中，他曾是一位杰出的突击队员，他还是战争研究系的创始人，鼓舞了数辈军官学校学生。

桑霍斯特图书馆收集了一套世界上最重要的第二次世界大战文献，我非常幸运，多年来几乎能够天天使用它。我要特别感谢现任图书馆馆长安德鲁·奥吉尔（Andrew Orgill）先生和他的员工；我还要感谢参谋学院图书馆的迈克尔·西姆斯（Michael Sims）先生和他的员工、国防部图书馆的约翰·安德鲁斯（John Andrews）先生和梅维斯·辛普森（Mavis Simpson）小姐，以及伦敦图书馆的工作人员。

在桑霍斯特和《每日电讯报》过去和现在的朋友和同事中，我要特别感谢桑霍斯特图书馆名誉馆长艾伦·谢泼德（Alan Shepperd）上校、康拉德·布莱克（Conrad Black）先生、詹姆斯·艾伦（James Allan）先生、安东尼·克莱顿（Anthony Clayton）博士、迪兹勋爵（Lord Deedes）、杰里米·迪兹（Jeremy Deedes）先生、罗伯特·福克斯（Robert Fox）先生、特雷弗·格罗夫（Trevor Grove）先生、阿德拉·古奇（Adela Gooch）小姐、奈杰尔·霍恩（Nigel Horne）先生、安德鲁·哈钦森（Andrew Hutchinson）先生、安德鲁·奈特

(Andrew Knight)先生、迈克尔·奥尔(Michael Orr)先生、奈杰尔·韦德(Nigel Wade)先生、克里斯多佛·达菲(Christopher Duffy)博士和内德·威尔莫特(Ned Willmott)教授。我最深切的谢意要献给《每日电讯报》主编、著名的第二次世界大战史学家马克斯·哈斯丁(Max Hastings)先生。我还要感谢安德鲁·海瑞特(Andrew Heritage)先生和保罗·墨菲(Paul Murphy)先生。

莫尼卡·亚历山大(Monica Alexander)小姐负责原稿的录入工作,林登·斯塔福德(Linden Stafford)小姐负责技术编辑工作,我衷心地感谢她们的专业帮助。我还要感谢我的编辑、哈钦森(Hutchinson)出版社的理查德·科恩(Richard Cohen)先生以及他的团队,是他们负责原稿付梓问世,尤其是罗宾·克罗斯(Robin Cross)先生、杰里·戈尔迪(Jerry Goldie)先生和安妮—玛丽·埃尔利希(Anne-Marie Ehrlich)小姐。我一如既往地万分感谢我的著作经纪人安东尼·希尔(Anthony Sheil)先生和先前我的美国著作经纪人洛伊斯·华莱士(Lois Wallace)小姐。我特别感谢读过原稿的学者们:邓肯·安德森(Duncan Anderson)博士、约翰·布伦(John Bullen)先生、特里·查曼(Terry Charman)先生、特伦斯·休斯(Terence Hughes)先生、诺曼·隆美特(Norman Longmate)先生、詹姆斯·卢卡斯(James Lucas)先生、布赖恩·佩雷特(Bryan Perrett)先生、安东尼·普雷斯顿(Antony Preston)先生、克里斯多佛·肖斯(Christopher Shores)先生和诺曼·斯通(Norman Stone)教授。本书的谬误则全由我本人负责。

最后,感谢基尔明顿(Kilmington)的朋友们,特别是昂纳·梅德拉姆(Honor Medlam)夫人、迈克尔·格雷(Michael Gray)先生和彼得·斯坦科姆比(Peter Stancombe)先生,感谢我的孩子们,露西·纽瓦克(Lucy Newmark)和她的丈夫布鲁克斯(Brooks)、托马斯(Thomas)、罗斯(Rose)和马修(Matthew),感谢我亲爱的妻子苏珊娜(Susanne)。

约翰·基根
基尔明顿庄园
1989年6月6日

绪　言

一　每个人都是战士

　　泰勒（A.J.P. Taylor）在《第二次世界大战的起源》一书中写道："第一次世界大战就是第二次世界大战的原因，而且就一件事引起另一件事而言，事实上它引发了第二次世界大战。""这两次战争之间还有更加深刻的联系。在第二次战争中，德国明确地是为推倒第一次战争的裁决而战，为摧毁随它而来的清算安排而战。"*

　　即使那些最激烈地反对泰勒先生关于两次世界大战之间历史的看法的人，也会非常赞同这些论断。就起源、性质及过程来言，若不参照第一次世界大战，第二次世界大战是无法解释的；毋庸置疑，不管德国是否该为发动战争而受到谴责，它为了重新获得因1918年战败而失去的世界地位，于1939年走向战争。

　　然而，如果把第一次世界大战看作第二次世界大战的原因，把两次世界大战联系起来也并不能解释这两场战争爆发的根源。两次战争的共同根源需要追溯到1914年之前，20世纪的学者们花费了很多精力去进行这方面的探究。他们从直接或间接的事件中寻求原因，结论并不相同。概而论之，战胜国的历史学家们把1914年战争的爆发归咎于德国，尤其归咎于德国想要夺取世界霸权的野心，因此无论绥靖者在多大程度上导致了最终的失败，历史学家们仍然把1939年战争的爆发归咎于德国。1967年弗里茨·费舍尔（Fritz Fischer）对民族作出另类解读之前，德国历史学家们主要通过把"战争罪行"分摊给别国来反驳这种指责。各国马克思主义历史学家

---

* 译文参考了〔英〕A.J.P.泰勒著，潘人杰、朱立人、黄鹂译：《第二次世界大战的起源》，上海：华东师范大学出版社1991年版，第14页、第13页。——译者注

们也积极参与到争论中来，把第一次世界大战描述成帝国主义体系内的一场"资本主义危机"，在这场危机中欧洲工人阶级牺牲于腐朽的资本主义制度之间相互竞争的祭坛；他们一致把第二次世界大战的爆发归因于西方民主国家宁可对希特勒不愿做得出格赌上一把，也不愿接受苏联的帮助去阻止他采取行动。

这些观点相互矛盾，至多体现出这样的论断，即"历史是意识形态对过去的映射"。诚然，只要历史学家们对两次大战的政治逻辑和道德是否相同存在分歧，我们就无法对为何世界两次被绑在大规模制造战争的车轮上作出受到普遍接受的解读。

一种更富成效却不太常用的研究起因问题的方法遵循着另一种途径：关注两次世界大战如何成为可能的问题，而非为何会发生的问题。因为在这两个个案中，战争的爆发本身皆非最重要的。正是从1914年8月剧变到1939年9月之间发生的众多事件，促使历史学家们如此长时间地寻找原因，加以解释。并无相似的动力激发历史学家们去寻找1866年普奥战争或1870年普法战争的起因，尽管那些战争对于19世纪欧洲均势的改变至关重要。此外，有把握断言，如果德国能够赢得第一次世界大战中关键的揭幕战的胜利，即1914年9月的马恩河（Marne）战役，它本来有可能打得很精彩——从而不仅可以使欧洲免却战壕战之苦，而且避免所有继而发生的社会、经济和外交上的苦况——那么就不会出版那么多研究1914年前德国、法国、英国、奥匈帝国和俄国国际关系的著述。

然而，由于不是德国而是法国在英国的帮助下取得马恩河战役的胜利，第一次世界大战连同第二次世界大战才会在规模、强度、广度和物力人力损失方面区别于此前发生的所有战争。在这些衡量标准方面，两次世界大战类似。正是那些差异点和相同点使其起因问题具有突出的重要性。不过，那是把偶然误解为必然。世界大战的起因并不需要归结至更深层面，也不比任何其他两场相互联结、紧密连续的战争更复杂。另一方面，它们是前所未有的战争。世界大战比以往的战争残杀更多生命，消耗更多财富，对全球更广阔的区域造成更多苦难。1815年，一系列民族国家之间的战争刚刚结束，在1815年和1914年之间，人类已经邪恶到不能再邪恶；当然，如果可以预见得到的话，任何活下来的健全的欧洲成年人都不会想要8月危机导致的毁灭和痛苦。接下来的战争将将持续4年，夺去1000万青年男子的生命，战火将会蔓延至比利时、意大利北部、马其顿地区、乌克兰、外高加索、巴勒斯坦、美索不达米亚、非洲和中国；20年后接着发生的另一场战争有着相同的作者，战场大致相同，将会夺去5000万人的生命，如果这些可以被预见到的话，每个导向侵略的个体和集体的冲动也许会在那一刻平息。

那种想法证明人类本性是好的。然而，它却与 1815 年至 1914 年之间世界上所发生的情况相反。一个幸存的健全的欧洲成年人本应凭借其文明本质去谴责他所预见到的即将到来的大屠杀。然而，如果这样做的话，他就不得不与政策、民族精神，以及他所归属的国家的人力和物力做对——无论是哪个国家。他甚至会不得不与周遭的环境做对。20 世纪欧洲文明的现实是，它所掌控的世界充满了战争。19 世纪欧洲工业革命所带来的庞大财富、能量和人口增长已经改变了世界。它创造出生产性和开发性的工业，包括铸造厂、机器制造厂、纺织厂、造船所、采矿业，规模要比任何工业革命时期的知识先锋、18 世纪的经济理性主义者所猜测的更大。它把世界上的富产区和交流网络——公路、铁路、船运、电报和电话电缆——联结起来，这一交通网络要比以往最有先见之明的科技爱好者能够预见的更加紧密。它催生了财富，这些财富使得历史上著名城市的人口增加十倍，在数百万英亩从未被耕作或放牧的土地上培育着农场主和放牧人。它建立起充满活力、创造力和乐观的世界文明的基础——中小学、大学、图书馆、实验室、教堂、传教所。更重要的是，与这个世纪希望和承诺的相反，充满戏剧性和险恶的一面是，工业革命也创造出军队，那是世界上前所未有、规模最大、潜在地最具破坏力的战争武器。

欧洲的军事化

无论从心理和技术向度，还是从规模来看，19 世纪欧洲的军事化程度都难以断言。规模本身就难以名状。参照弗里德里希·恩格斯（Friedrich Engels）对德意志北部独立城邦军事组织的观察，我们可以大致了解其数量。19 世纪 30 年代，恩格斯在德意志北部城邦的商行学徒，一战前夕，这些城邦作为军区向统一的德意志帝国皇帝提供军力。恩格斯的陈述意义重大。作为马克思主义理论的创始人之一，他始终坚信，只要无产阶级能够成功击败国家的武装力量，革命就会胜利。作为一名年轻的革命者，他把胜利的希望寄托于无产阶级赢得战争的胜利；作为一名年长的、越来越沮丧的理论家，他想要说服自己，无产阶级作为当时欧洲兵役法的俘虏会通过从内部摧毁国家军力来解放自己。与他同时期的汉萨同盟城镇军队的转变，极好地诠释了他从年轻时充满希望到年老时充满怀疑的生命旅程。1840 年 8 月，他从不来梅（Bremen）的办公室骑了 3 个小时马去观看不来梅、汉堡（Hamburg）、吕贝克（Lübeck）自由城市和奥尔登堡（Oldenburg）大公国军队的联合演习。它们一起组织了大概3000人的强大军团。在恩格斯逝世的1895年，同样的城市提供了德国军队第17师的大部分和第19师的一部分，还有一个骑兵团和一个炮兵团——军力至少增加了四倍。那还只是计算一线军队、被征入伍的在册士兵和服役中的士兵的情况。除了现役第17师和第19师，汉萨同盟城市动员后还将提供第17预备师和第19预备师，这些预备役军人先前曾应征入伍，受过训练。在预备师之外，还有年长退役的后备军人，这些人在1914年将会再提供另外半个师的兵力。总而言之，这些军队表明从1840年到1895年军力增加了10倍，远远超过其时人口的增长。

虽然如此，军力的极度膨胀首先是人口数量变化的结果。大多数后来参加一战的国家在19世纪中人口增至原来的两倍，一些国家增至3倍。按照1871年的疆域范围计算，德国人口由1800年的2400万增加到1900年的5700万。英国人口由1800年的1600万增加到1900年的4200万；不过由于爱尔兰饥荒和向美国及其他殖民地移民，人口减少约800万，这样算起来，人口总量几乎增至原来的3倍。考虑到边界的变化，奥匈帝国人口从2400万增长到4600万；以1870年的边界为准，意大利人口从1900万增长到2900万，包括大约600万迁居到北美和南美的移民。比利时的人口从250万增长到700万；俄国在欧洲的部分，即乌拉尔河和1941年西部边界之间的地区，人口增至将近原来的3倍，从3600万增长到1亿。只有两个参战国，即法国和土耳其帝国，人口没有出现类似的增长。法国曾一度是欧洲人口最多的国家，在这段时期内人口仅从3000万增长到4000万，而且增长的主要原因在于寿命的延长；出生率几乎没有变化——根据威廉·麦克尼尔（William McNeill）教授的观点，这是追随拿破仑作战的勇士把在战争中学会的节育技术带回家的结果。土耳其人口在其疆界内几乎没有多少增长；1800年有2400万人，1900年有2500万人。

法国和土耳其的情况，尽管不符合人口增长模式，对于解释人口的膨胀依然意义重大。法国人寿命的延长是由于生活条件和公共卫生设施的改善，是科学应用于农业、医学和卫生学的结果。土耳其人口并未增长，有着完全相反的解释：传统农业产量贫乏，在一个缺少医生的社会里，疾病的发生使得尽管出生率高，但人口总量却保持不变。农业产量（或投入量）的增加，加上高出生率和卫生条件的改善，正如19世纪欧洲各地发生的那样，对人口规模的影响非常巨大。在英国，19世纪经济奇迹的中心地区，这令人印象深刻。尽管人口大规模从乡村移居到城镇，使得城镇往往过度拥挤，城镇建房经常偷工减料，英国人口数量在

19世纪上半叶依然增长了1倍，在19世纪下半叶增长了75%。下水道的修建确保了霍乱于1866年被消灭，其他大部分借水传播的疾病不久后也被消灭，1853年接种疫苗成为强制义务后，天花也被消灭了，这些都极大地减少了婴儿的死亡率，延长了成人的平均寿命；从1872年到1900年，各种传染性疾病导致的死亡降低了近60%。使用化肥和休耕法使农业产量提高，特别是北美谷物和澳大利亚冷藏肉类的进口，使居民们更加健壮，人口增长。由于茶、咖啡，尤其是糖这样的奢侈品价格下降，粮食来源更加丰富，食谱更加多样，人们对卡路里的摄入量也有所增加。

这些医学和饮食方面的进步给人口增长所带来的影响，不仅包括每年有义务参加征兵的年轻男性（法国人将其称为classes）数量不断增加——例如在1801年至1900年的法国，年轻男性数量平均每年增加50%，而且还使他们越来越适合服兵役。对于一个行军的士兵，显然无法减轻的军事需要是，他的身体要担负大约50磅的外部重量——背包、来复枪和弹药。士兵越高越强壮，在承担如此载重的同时，就越能轻松地完成每天行进20英里的标准。18世纪，法国军队多在城镇居住的工匠阶层，而非农民中寻找适合当兵的成年男性资源。农民在身体方面营养不足，在社交方面比较愚钝，很难成为一名合格的士兵；他没受过训练，容易生病，一旦得病也容易因虚弱而亡。正是这些缺点促使100年后马克思拒绝接受"不能实现"革命目标的农民。然而，到了19世纪中期，德国、法国、奥匈帝国和俄国农民人口在体质上有了很大改善，进而他们常常向国家军队提供新的应征入伍者，这使马克思的观点面临挑战。马克思根据英国的情况作出的分析有所偏差，因为在英国，乡村人口向城镇大规模移民，而乡村在乡绅和牧师的控制下没有多少活力。在比英国工业化速度慢的欧洲大陆地区，例如德国，乡村人口在1900年时占人口总数的48%，而正是这些乡村居民提供了很多强壮的年轻士兵，19世纪伟大的军队由此而生。

如果饮食、医药和排水系统的进步带来了新的人口过剩，进而增加了欧洲军队人员上的补充，那么19世纪国家人口统计和征税能力的提高，确保能够找到这些新兵，确保他们有吃的、有住的、有薪金、有装备，确保把他们运到战场。法国于1801年建立起定期人口普查制度，相似的制度在比利时建立于1829年，德国建立于1853年，奥匈帝国建立于1857年，意大利建立于1861年，给征兵机构提供所需数据，以识别和记录潜在的兵源；随之，传统的无计划强行征用、贿赂、强征入伍等权宜之计退出历史舞台，旧社会曾经使用这些伎俩从那些由于不够聪明和跑得不够快而没有脱身的人中征募新兵,用以增强军队的力量。税单、选举人登记簿、学生名册记录了应征入伍者的人生轨迹——全民选举权的授予和自由教育的推行,既限制了个人自由,同时也拓展了个人自由。例如至1900年,德国每个预备役军人必须持有退伍证,其中详细说明颁布动员令时他要去报到的地点。

欧洲经济在迅速发展的同时,也在不断扩大着计税基数,供养军队里新征募的士兵;例如德国经济在1851年至1855年间增长了25%,在1855年至1875年间增长了50%,在1875年至1914年间增长了70%。从这些新财富中,国家通过直接或间接的税收,包括颇受微词的所得税制,在国内生产总值中所占的比重日益提高。例如在英国,政府消费从1860年至1879年的4.8%增长到1900年至1914年的7.4%;德国则从4%增长到7.1%;法国和奥匈帝国亦成比例增长。

大部分增加的税收用于购买最广泛意义上的军事装备。大炮和军舰的花费最昂贵;修建军营更加重要。在旧社会,国家能为士兵找到什么样的地方,士兵就住在什么样的地方,比如客栈、畜舍或私人住宅。到了19世纪,士兵住在为其建造好的住处。周围有墙的军营是一种社会控制的重要工具;恩格斯谴责军营是"对抗平民的堡垒"。16世纪佛罗伦萨人同样把城门内巴索防御碉堡(Fortezza de Basso)的修建看作其自由受限的象征。当然,军营是确保军队有效性的主要手段,正是军队镇压了1848年的柏林起义和1871年的巴黎公社。① 然而,军营不仅是当时镇压暴乱的警政辖区,同时也是新军事文化的联谊会。士兵们从这些联谊会中学会服从,铸就彼此之间的同志情谊,这种情谊使他们变得坚强,从而能够经得住战场上的严酷考验,尽管这些考验比士兵们过去知道的任何事情更令人痛苦。

19世纪国家新增的财富不仅使应征入伍的士兵有地方住、有装备,而且能把他们运到战场,能保障他们在战场上有充足的食物供给。旧社会的士兵决不比罗马军团装备得更好;团里手磨的面粉,再赶着一头小牛,这就是他的食物供给。19世纪的士兵作战时吃的是加工食品;拿破仑三世引导了定量配给食物的发明竞赛,以使食物不会在士兵的背包里腐烂掉,人造奶油和罐头都是这场竞争的产物。然而无论如何,由于正在兴起的铁路系统用于军事运输,携带配给食物的必要性大大降低。在德国,早在1839年就开始使用铁路运输军队,法国和奥地利

---

① 不仅是欧洲大陆国家反对修建军营。18世纪英国陆军元帅韦德(Field Marshal Wade)如此陈述英国的观点:"这个王国的人民已被教导把军营的观念和奴隶制紧密联系起来,就像把黑暗和地狱紧密联系一样,尽管二者之间并无联系,但是他们无法区分它们。"

在意大利北部作战时，使用铁路似乎也已司空见惯。这为普鲁士在1866年与奥地利和1870年与法国作战时取得胜利奠定了基础。德国铁路网络在1840年时只有469公里，此后增加到17215公里；到1914年，总长度达到61749公里，大部分（56000公里）归国家经营管理。德国政府在很大程度上得到总参谋部的提示，早就认识到控制铁路系统对攻防的重要性；在大部分地区，尤其是在缺乏商业用途的地区，如巴伐利亚和东普鲁士，铁路是在国家贷款的资助下，按照总参谋部铁路协调组①的部署进行规划的。

铁路供给和运输蒸汽时代的士兵（至少远到铁路末端；此后，继之以旧有的步行和搬运）。修建铁路的技术亦为大规模新型军队相互造成大规模伤亡提供了武器。这种武器的发展并非蓄意，至少开始的时候不是；后来也许是。第一支全自动机关枪的发明者海勒姆·马克沁（Hiram Maxim）于1883年接受美国同行的忠告，宣布放弃电机工程的实验。那个美国同行说："别理你的电！如果你想发财，那么就去发明一些能够让那些愚蠢的欧洲人更迅速地自相残杀的东西。"然而，1850年至1900年间开火更快、射程更远、更精准的军用武器出现的原因是人类智慧和工业能力的独特结合，这种结合使这种武器的生产成为可能。

有四个因素非常重要。第一个因素是蒸汽动力的传播，通过工业化过程为制造武器提供能量。第二个因素是相应的工业化过程本身的发展，起初被称为"美国式"，因为它肇始于19世纪20年代美国康涅狄格河谷（Connecticut Valley）的工厂，这些工厂长期缺乏有技能的劳动力。这一工业化过程导致"可更换零件"的滥觞，也就是说，根据精准的老式缩放原理用机器制造零件，从而大大提高产量。普鲁士制造商德莱塞（Dreyse），即具有革命意义的"撞针步枪"（这种枪使用枪栓操纵撞针撞击金属外壳的弹药筒）的发明者，在1847年时使用传统方法一年只能生产1万支枪，尽管他同普鲁士政府明确签署了一份重新装备普鲁士整个军队的合同。相比之下，1863年英国恩菲尔德（Enfield）军械厂在重新配备自动铣床后生产了100370支来复枪，1866年法国政府用"可更换零件"机器重新配备了在皮托（Puteaux）的军械厂后，每年能够生产3万支新后膛来复枪。

冶金工程进步的意义就在于提高了金属质量；大规模炼钢的发展提高了金属质量，尤其在1857年后，那时英国工程师贝西默（Bessemer）已经发明了"转

---

① 这证明了德国国家和军队免费使用铁路在军事上的重要性，"德国国家铁路"（Reichsbahn）的职员不能组织工会。这样就可以理解，sabotage（蓄意破坏）这个词源自1905年大罢工期间比利时铁路工人故意用他们自己穿的木鞋（sabots）破坏铁轨的行为。

炉炼钢法",他自己也因此获得拿破仑三世的奖赏。贝西默的转炉炼钢法标志着第三大重要进步。德国制炮业奠基人阿尔弗雷德·克虏伯（Alfred Krupp）使用相似的熔炉，于19世纪60年代开始铸造钢坯，进而使用钢坯生产合乎标准的炮筒。他的后装式野战炮，相当于放大了的当时先进军队步兵都使用的来复枪，是1870年至1871年普法战争的决定性武器。火力革命的第四大因素此后不久由欧洲化学家提供，特别是瑞典化学家阿尔弗雷德·诺贝尔（Alfred Nobel）。他发展了发射药和爆炸药，这些东西使炮弹的射程更远，引爆炮弹的爆炸效果比以往更强。例如，1850年至1900年，步兵武器的有效范围——同样是工程学和发射药发展的结果——从100码扩大到1000码。1880年至1900年，当化学能源再次被应用于轻武器和炮械，机关枪和速射炮这样的远程大规模杀伤性武器诞生了。

盈余和制造战争的能力

远程速射武器构成的威胁，将会抵消19世纪工业革命和人口革命带来的攻击性力量的增加。这里存在着矛盾。19世纪物质上的成功已经打破了贫乏和富足之间的循环周期，这一周期从很久以前就在甚至最富裕的国家里决定着人们的生存条件，而且这种成功创造着持久的盈余——食物、能量和原材料的盈余（尽管并非资本、信贷或现金的盈余）。在国家保持和平状态时，市场持续在繁荣和萧条之间徘徊。盈余改变着制造战争的能力。任何比掠夺和伏击这样的原始形式更高级的战争往往是以盈余为前提的。然而在历史上，不断累积的盈余很少能够多到可以支撑战争，使其在一方取得决定性胜利时结束；自给自足的战争更为罕见，在这样的战争中，俘获的战利品是打胜仗的动力。外来因素——制造战争技术的明显差异，或者对立的意识形态的推动，或者如威廉·麦克尼尔教授所说，易于受到侵略者带来的陌生细菌种类的感染——通常解释了一个社会为何可以击败另一个社会；诚然，这些因素解释了诸如西班牙摧毁阿兹特克和印加帝国、17世纪伊斯兰征服、印第安勇士国度在美洲的灭绝这样的军事行动。

从宗教改革到法国大革命，在欧洲国家发动的战争中，这些国家拥有某些制造战争的技术，想要开战的意志和抵抗常见疾病这样的因素并不发挥决定性作用；由于资金被用于防御工事，尤其是城防工程，用于发动进攻的盈余被大大抵消。大量此类城防工程被用于摧毁封建堡垒。当11世纪建筑城堡的风尚在欧洲土地所有者中风靡之时，地方豪强占据这些封建据点，挑衅中央权力。城防工程极其昂贵；此外，还要加上16、17、18世纪边境地区国家防御工事取代地方要塞的花销。对于城防技术的投入，无论是破坏性的还是建设性的，间接导致对诸如道路、桥梁和运河这样的民用基础设施投资不足，这些基础设施可使进攻的军队能够迅速果断地通行。例如 1826 年，英国公路网络——1745 年詹姆士二世党人叛乱后苏格兰的大部分公路均是出于军事目的而被蓄意修建——延展超过 2.1 万英里，因此法国公路（3 倍规模）不再高不可攀，而占据着欧洲北部大部分战略要地的普鲁士仅有一条长 3340 英里的公路网，其中大部分公路集中于莱茵兰（Rhineland）。事实上，其东部地区没有多少公路，波兰和俄国的公路进入 20 世纪才有所发展——拿破仑及希特勒为此付出了代价。

欧洲 19 世纪经济奇迹所创造的盈余抵消了筑路投资不足和边境防御工事投资过度的影响。大量军队依靠铁路这样的新的基础设施进行运输和供给，淹没了战略要地，如同海平面跟随着引潮力变化一样。1866 年和 1870 年，普鲁士的军队毫无阻碍地踏遍奥地利波希米亚（Bohemia）和法国阿尔萨斯—洛林（Alsace-Lorraine）的边境地带，无视昂贵防御工事对这里的保护。欧洲战略行动所取得的流动性，几乎等同于美国内战中西部战役突出表现出来的那种流动性，大规模军队就像在无人为障碍的地区作战一样。哈布斯堡王朝（Habsburg）和波旁王朝（Bourbon）的将军们互相争夺的地区，历经了长达 200 年一连串战争，双方为争夺彼此边陲的每寸土地相互厮杀，而在蒸汽动力的铁锤下数周内就遭到无情地重塑。第二场"军事革命"似乎即将到来，这场革命相当于文艺复兴和宗教改革之初火药和移动大炮所带来的军事革命。鲜血、铁和黄金的可用量比以往任何最富裕的王国所能使用的更多，这预示着更迅速和更全面的胜利，甚至超过亚历山大大帝或成吉思汗曾取得的那些胜利。

这样的胜利有希望出现，但并不一定会出现；因为如果没有推动这些胜利的必不可少的人的品质，物质再丰裕也不能发挥什么效用。然而，人性在 19 世纪里也经历着很多变化。18 世纪的士兵是可怜的人，是穿着制服的国王的仆人，在俄国和普鲁士有时实际上是封建领主送去为国家服役的农奴。毫无疑问，士兵的制服是那种高高在上的君主显然不会穿的制服。那些穿着士兵制服的人将其视为投降于权力的标志。那意味着他们屈服于"短缺和困苦"，这是最寻常的参军动力；意味着他们改换身份（在大多数军队中，变节的战俘是一大组成部分）；意味着他们已经接受外国的雇佣服役（正如以前好几万瑞士人、苏格兰人、爱尔兰人、斯拉夫人和其他住在高地和边远地区的人那样）；意味着他们经过法庭批准不用为轻微犯罪或者民事债务而受到监禁；或者单单意味着他们跑得慢了，没能够逃脱强征入伍。志愿兵几乎没有，即使是最好的士兵。因为许多战士不愿意当兵，逃跑的处罚很严苛，军纪很严酷。18世纪的士兵会因为不履行职责而遭到鞭打，因为不守纪律而被绞死，而且这两种罪行的界定很宽泛。

相反，19世纪的士兵是想要成为士兵的男人。作为一名心甘情愿，并且经常充满热情的士兵，他通常是被征募来的，同时也是一个接受服役期限（公认较短），视其为自由年限暂减的人，在服役期间他既高兴，也会服从。至少19世纪中期以后，在大多数先进国家的军队里，情况就是这样的——首先是普鲁士，法国和奥地利紧随其后。观念上的这些变化难以被记录下来，但却足够真实。也许最真切的表现是军团纪念品的出现，19世纪末，这些纪念品开始被数以万计地制造出来。纪念品通常刻着士兵的同排战友的名字，有些打油诗的对句，向团致敬的话——"这是为了向第12团表示敬意"，以及通用的题字"纪念我的服役生涯"。在德国，这样的纪念品是瓷制的水杯，画着军团生活的场景作装饰。年轻的士兵在参军时，邻居们用花环为他送行——这和18世纪俄国农奴兵的送行仪式非常不同，那时乡村牧师只会为农奴们做安灵弥撒——当服役期满，他会把纪念品背回来，放在家里作为荣誉的象征。

观念上的显著变化确实是革命性的。这种变化的根源涉及多个方面，但是最重要的三大因素与法国大革命及其意识形态方面的主要口号直接相关，即自由、平等、博爱。

19世纪兵役开始受人欢迎，首先因为它是平等的经历。鲁德亚德·吉卜林（Rudyard Kipling）详细描写1900年被派去和布尔人作战的英国军队时写道："厨师的儿子—公爵的儿子——个佩礼带的伯爵的儿子。"普遍好战的热情把所有阶级都横扫进普通士兵的行列；不过当然，他们是志愿兵。欧洲军队的普遍征兵涉及所有阶级，不管他们愿意不愿意——普鲁士始于1814年，奥地利始于1867年，法国始于1889年——把他们绑在一起服役两三年。每年被征募的阶层的比例会有变化，服役期限也存在波动。受到更好教育的人可以暂缓服兵役的义务；具有代表性的例子是，高中毕业生只服役一年，之后转到预备役，作为潜在的军官。然而，普遍义务原则通常仍然有效，也被长久接受。预备役军人在他们退伍之初的几年里要每年回来接受再训练；当他们变老后，会转到战时预备役（在德国是乡土防卫队[Landwehr]，在法国是本土防卫队）；在身强力壮的成年阶段的最后几年里，他们会转到地方志愿军。预备役训练轻松有趣，甚至被视为所有男性的假期。弗洛伊德（Freud）曾是奥地利军队里的一名预备役医官，在1886年演习时他向朋友写道："军旅生活充斥着不可避免的'必须',其实对神经衰弱症是有益的,不承认这一点是忘恩负义的。第一周神经衰弱症就全部消失了。"

征兵在范围上也是相对平等的。犹太人,如弗洛伊德,和非犹太人同样担负义务。在哈布斯堡王朝的军队里,如果犹太人在受教育程度上合格的话,会自动成为军官;在德国军队里,犹太人能够成为预备役军官,但由于反犹太主义而不准获得正式委任,尽管替俾斯麦理财的犹太银行家布雷克劳德(Bleichroder)设法为其子在王室骑兵队里谋到一个正式的委任。推荐希特勒获得一级铁十字勋章的军官就是一名犹太预备役军官。这是军事方面的"解放",不仅适用于犹太人。广泛的征兵席卷了哈布斯堡王朝辖下的各个族裔,席卷了德国的波兰人(Poles)和阿尔萨斯—洛林人,席卷了法国的巴斯克人(Basques)、布里多尼人(Bretons)和萨瓦人(Savoyards)。所有人通过成为士兵,也将成为奥地利人、德国人或者法国人。

征兵不仅是平等的工具,也是博爱的工具。因为征兵在其生命的同一时刻应用于所有人,而且大体上以同样的方式对待所有人,它铸就欧洲年轻人之间前所未有的手足情谊。普及义务教育是一个同时期的创新之举,把孩子们从家庭里召集出来,使其投身于一种公共的学习体验中。征兵把年轻人从其居住地召集出来,使其投入到成长的经历中去——面对离开家、交新朋友、对付敌人、适应权威、穿奇特的服装、吃不熟悉的食物①、调整自己这一系列的挑战。这是一种思想上、感情上乃至身体上真正的通过仪式(rite de passage)*。19世纪的军队被认为是"国家的学校",呈现出当代学校的许多特性,不仅包括测验和提高读写和计算能力,也包括教授游泳、体育运动、越野运动、射击和武术。德国体育先驱、体操之父杨(Turnvater Jahn)对普鲁士的军事训练产生潜在的影响;他的思想通过巴黎郊区儒安维尔军营(Bataillon de Joinville)的专业体育教师在法国传播开来。卡普里利上尉(Captain Caprilli)在意大利建立了军事马术学校,进而改进了西方世界的骑术。军人们在营火旁、帐篷里生活,健康的野外军事生活最终发展成德国青年运动的理想范式,成为童子军的密码,融入社会和军

---

① 往往在军队比在家吃得好。19世纪60年代,法国全国的食物平均摄入量是1.2公斤,军队中的平均摄入量是1.4公斤。当时佛兰德斯兵总重复的话是:"每天在军营里,吃肉喝汤,不用工作。"这映射出农民生活的窘境。

* 通过仪式又叫"生命礼仪""过渡仪式"或"生命危机仪式",最初由法国学者范·根内普(Van Gennep)提出。作为一种人类学理论,通过仪式指在人的一生中从一个阶段进入另一个阶段的仪式或庆典。——译者注

事生活的方式。

普遍征兵的通过仪式并非对所有人来说都是一种解放的体验。正如威廉·麦克尼尔教授所指出的,当在一个脱离犁和乡村抽水机的迅速城市化和工业化的社会里应征入伍,

> 他们身处一个比他们在公民生活中了解的还要简单的社会。士兵个人几乎不再承担任何个人责任。仪式和惯例几乎充斥于每个工时。对一直强调惯例的命令的简单服从,也无需选择新的方向,释放了内生于个人决策的焦虑——焦虑在城市社会里无法控制地激增,人们需要不停地考虑选择哪个领导者,如何忠诚,如何打发至少部分时间。这听起来似乎有点矛盾,逃离自由往往才是真正的解放,尤其是那些生活在瞬息万变状态下的年轻人,他们还不能完全承担成人的责任。

然而,甚至这种富有洞察力的看法也仍有未尽之义,在嬗变的兵役观中,普遍征兵最重要的地方在于,在政治意义——若非个人意义——上它与解放紧密联系。旧式的军队是国王镇压人民的工具;新军队将是保护人民从国王的统治下获得解放的工具,尽管在保留君主制的国家中解放在制度上较为有限。两种观念并不矛盾。法国国民大会于1791年颁布法令:"每个区所组织的军队会在写着'法国人民联合起来反抗专制'的旗帜下联合起来。"这一法令也概括了美国宪法的固有观念,即"携带武器的权利"一旦普及,就保证了直接的自由。两年前,革命领袖杜布瓦-克朗斯(Dubois-Crance)表达了这样的主张:"每个公民都应该是士兵,每个士兵都是公民,否则我们从来不会有宪法。"

通过革命性攻击赢得自由的模式和通过合法服兵役获取自由的模式之间的张力贯穿了19世纪欧洲的政治生活。法国军事力量所赢得的过度自由激起了热月革命,把极端主义者无套裤汉(sans-culottes)的热情转移到海外扩张。那时,"革命"军队(具有讽刺意义的是,1795年后许多人在其军官的控制下坚定地变回君主制拥护者)胜利的结果是,促使其敌人(尤其是普鲁士和奥地利国王)颁布一种全国总动员(levée-en-masse)或普遍征兵令,这也是法国大革命在军事形式上的最初表现。这样的征兵产生了很多人民军队——乡土防卫队、乡土突击队(Landsturm)、自由射手(Freischützen),在其本土反抗法国人。

乡土防卫队和自由射手在完成任务后就显得多余。拿破仑被流放到圣赫勒拿岛

后，普鲁士和奥地利就把这些人民军队及其具有解放意识的中产阶级军官划拨为预备役，再也不打算让他们重回战场。然后，他们继续存在到"革命之年"——1848年，在维也纳和柏林，这些人为了宪法权力积极参与街头战斗。维也纳和柏林可谓传统权力最大的堡垒，起义遭到普鲁士警卫镇压。同时在法国也出现起义，国民军（National Guard）在第二帝国统治下在军事生活中遵循着"解放"原则，1871年普鲁士人从巴黎撤军后，巴黎公社血腥对抗保守的第三共和国的正规军，2万人付出生命的代价。

"无代表，不征兵"

这些平民军队与反动军队之间的斗争，尽管以武力上的失败告终，却间接地向保守的欧洲政权施压，要求获取宪法权利和选举权利。获得这些权利的要求悬而未决；如果一直不把宪法权利赋予人民，那么就不能向人民征收兵役税（impôt du sang）——法国征兵法将兵役税称为"血税"，尤其是当邻国通过征兵来扩充他们的军队和预备役的时候。军事带头人普鲁士于1849年颁布一部宪法，这是此前一年武装革命者所引起的恐慌的直接结果。到了1880年，法国和德意志帝国的全体男子拥有了选举权，作为补偿，法国于1882年规定了普遍的3年兵役期。奥地利于1907年将选举权扩展到全体男性公民；甚至俄国（民族国家里最为专制、征兵法要求最严者——其征兵法规定服役期为4年）也于1905年建立起代表议会，那是发生于俄国军队在中国东北被日本人击败及同年随后发生革命之后。

简而言之，"无代表，不征兵"在第一次世界大战前的半个世纪里已经成为欧洲政治一种无声的标语；因为征兵实际上是一种税，征收的是个人的时间，否则就是金钱，它恰恰回应了1776年美国殖民主义者对乔治三世的挑战。*反常的是，在一些国家中，例如美国和英国，选举权被授予全体或大部分自由男子，却仍然是那些受制于"短缺和困苦"的人去服兵役，尽管如此，在19世纪欧洲通过征兵进行军事扩张的伟大时代中，对志愿兵的奇特热情影响着全体国民。如果先前不存在一个由完全业余的军队组成的网络，美国独立战争就无法开始。这些业余军队包括新泽西州的自由来复枪兵（Liberty Rifles of New Jersey）、马萨诸塞州的技工方阵（Mechanic Phalanx of Massachusetts）、佐治亚州萨凡纳的共和

---

* 英王乔治三世对北美殖民地征税，以支付在镇压印第安人的战争中防守北美殖民地的军队的开支。——译者注

国北方军（Republican Blues of Savannah, Georgia）、南卡罗来纳州查尔斯顿的小棕榈护卫队（Palmetto Guard of Charleston, South Carolina）。1859年，法国海军扩张所导致的全国性的恐战情绪使英国也开始建立起一个相似的、规模更大的网络。丁尼生（Tennyson）所写的激动人心的诗《列队，步枪手，列队》（*Form, Riflemen, Form*）召唤了20万名平民投身于这种非正规的兵役。这对政府来说是非常尴尬的，因为政府不能阻止他们设计和购买他们自己的制服，政府不情愿看到、也不愿意帮助他们武装起来。

然而，政府却依然这样做了；英国政府，像18世纪初公共秩序建立起来后欧洲其他政府一样，曾经积极解除民众的武装，现在终于不得不从国家军械库里拿出来复枪，发给民众。现代来复枪，而非陈旧滑膛枪的推广，意义相当重大。滑膛枪，类似王朝军队统一穿的制服，是奴役的标志。滑膛枪的射程十分短，要赢得战争的胜利，只有集结排列紧密的滑膛枪手，用矛尖逼迫他们"聚拢"，滑膛枪的效力才会有所发挥。相反，来复枪是一种展现个人技艺的武器。如果枪手差别不太大的话，来复枪能够在500码的距离内杀死一名普通的士兵；而对于一名神射手来说，来复枪能够在1000码的距离内杀死一名将军。因此，巴黎公社的支持者们确信，正如托马斯·卡莱尔（Thomas Carlyle）所说，"来复枪使所有男子变得高大"。来复枪手不比任何人差。为了彰显武器给予他们的身份，英国来复枪志愿兵（British Rifle Volunteers）不穿紧绷的红色制服，因为红色制服是那些由于"短缺和困苦"才应招入伍的士兵穿的，来复枪志愿兵穿乡绅们穿的宽松的斜纹软呢射击服；在这套穿着中，有些人还加上"加里波第"衫或1848年革命者的"阔檐毡帽"（wideawake）。到了1914年，所有欧洲军士都会穿戴猎犬服或猎鹿帽（法国除外），正如他们都会使用射程长、射速快的来复枪一样，尽管款式和颜色——红灰色或黄褐色——不同。神射手佩戴的军事荣誉徽章最为醒目；那些最早使用来复枪的部队——在德国被选派为步枪团（Schützen），在奥地利被选派为猎兵团（Jäger），在法国被选派为猎骑兵团（chasseurs），在英国被选派为绿夹克兵团——将会作为拥有现代性的军人而具备了一种独特的集体精神（esprit de corps）。

然而事实上，1914年参战的所有士兵成为其所属国现代性的象征。他们健康、强壮，衣着得体，配备不同的毁灭性武器，同时受着信仰的感召，信仰告诉他们是自由人，他们会在战场上以自由的活动迅速赢得决定性的胜利。最重要的是，他们人数众多。世上没有哪个社会像1914年8月的欧洲那样，成比例地派遣过如此众多的士兵。德国总参谋部（German Great General Staff）的情报部门推算出一种概测法,即一个国家每百万人口能够支持2个师的士兵,或约3万人。事实充分证实了这种概测法:法国有4000万人口,动员了75个步兵师(和10个骑兵师);德国有5700万人口,动员了87个师(和11个骑兵师);奥匈帝国有4600万人口,动员了49个师(和11个骑兵师);俄国有1亿人口,动员了114个师(和36个骑兵师)。每个师的士兵来自特定的地区,例如德国第9和第10师的士兵来自下西里西亚(lower Silesia),法国第19师和第20师的士兵来自加莱海峡(Pas de Calais),奥地利第3师和第5师的士兵来自林茨(Linz,希特勒的家乡)附近地区,俄国第1师、第2师、第3师的士兵来自波罗的海诸国,这些士兵的启程在一夜之间使他们的家乡失去了许多年轻男子。在1914年8月的前两周里,约2000万欧洲人,相当于参战国人口的近10%,穿上黄褐色的衣服,背上来复枪,坐着火车去参战。所有人都被告知,并且大部分人都相信,他们将会在"叶落之前"返回。

生还者在回家之前还会有四年时间,还将度过五个秋天,此外,有大约1000万人战死沙场。大量健壮的年轻男子,曾经是19世纪欧洲经济奇迹的产物,也被给予他们生命和健康的那些力量所摧毁。1914年最初投入战争的那些师,至少两次,在一些情况下已经三次,"周转补充"其作战人员。逐步参战的那些部队也遭遇到相似的损失,征兵机器在战争过程中持续运转,不仅吞噬每年到了当兵年龄而参战的新兵,而且还牺牲掉那些在和平年代由于过老、过小、身体欠佳而被军队拒之门外的人们。1914年到1918年,1000万法国人经过战争机器的磨炼;每9名士兵中,就有4人伤亡。德国的阵亡将士超过300万,奥地利超过100万,英国超过100万,就连1915年5月才参战、战线最短的意大利,阵亡将士也超过60万;俄国政府于1917年被布尔什维克所推翻,其阵亡将士从未被精确地测算过。俄国阵亡将士的坟墓,以及与之交战的德国和奥地利阵亡将士的坟墓,散布于喀尔巴阡山脉(Carpathians)到波罗的海一带;法国、英国、比利时和在西线作战的德国阵亡将士坟墓集中分布于边境地区的狭长地带,这些墓地成为当地乡村里显眼的永恒界标。英国人修建的坟墓可谓凄美之地:伟大的新古典主义者埃德温·鲁琴斯(Edwin Lutyens)是这些坟墓的设计师,鲁德亚德·吉卜林撰写了墓志铭,吉卜林自己就是一位在大战中痛失爱子的父亲,他写的铭文包括"他们的名字永垂不朽",在一些无名烈士墓上,他写的是"大战中一名战士,上帝知晓他的名字"。

这些地方被称为"墓区"(Cities of the Dead),尽管被称为"墓园"

(Gardens of the Dead)也许更适合一些;这些地方集聚了浪漫主义园林艺术的最高成就,是英国对世界文化的一大贡献。然而,这些墓区曾是生者的城池,曾是情感、思想和物质活动的中心,比法国大革命之后欧洲人所知的任何地方更令人感受深刻。"前线不能不吸引我们,"法国耶稣会哲学家泰亚尔·德·夏尔丹(Teilhard de Chardin)*曾经写道,"因为它是你明确意识到的东西和仍在形成过程中的东西之间最后的分界线。你不仅可以看到在别处无法看到的事物,而且还可以看到从你自身内部涌现出的潜在拥有的一种明净、活力和自由,这在日常生活中是难以觉察的。"泰亚尔·德·夏尔丹的话直指那些前线的防御工事,即1871年战争、1848年战争,以及更早的1789年战争的前线路障;这是有道理的。西线的战壕确实是防御工事。诗人艾伦·西格(Alan Seeger)曾受战壕所苦,将之称为"争吵的街垒"——在这些防御工事之后,自由的欧洲年轻人瞄准象征其自由公民身份的来复枪,英勇捍卫自由、平等、博爱的价值观。19世纪,这些价值观在民众中广泛传播,但是民族主义却说服每个平民,他只在他所属的国家里才有存在的意义。革命先驱们真诚地相信,革命是慷慨地赐予所有人的礼物,这个礼物会激发国家之间和人民之间的友爱情谊。革命依然从未成功地国际化。开始的时候,它甚至仅仅表现为某一民族群体的动力;当革命的价值观被传播得更为广泛时,由于一种奇特的曲解,这些价值观的传播仅仅能够强化每个接受它的国家的自负(amour-propre)。法国大革命已经说服——并仍在说服——法国人,他们对平等的贡献是独一无二的;革命的影响坚定了德国对博爱的承诺;革命对自由的宣言使英国人确信,他们拥有比后来者所能提出的自由权利更为充分的自由。

胜利的果实

享受到第一次世界大战的胜利及胜利果实的国家——法国,最重要的是英国——能够以它们在更高的价值层面的信仰来缓解所遭受的痛楚,这种信仰曾经鼓舞它们发动战争,战争也没对它们的国家精神造成严重的伤害。对每一个战胜国而言,在真实却没有明说的物质方面,第一次世界大战中的牺牲是值得的。不管人力和物力(法国)损失有多大,战争再次激励并且扩展了本土经济,即使在战争过程中很多海外投资被用去购买原材料和制成品;更重要的是,战争大大地

---

* 中文名德日进,法国耶稣会士、神学家、哲学家、地质学家、古生物学家。——译者注

扩展了它们的海外殖民地。在1914年，在世界帝国主义列强中，按照顺序，英国和法国是最重要的两个（促使德国发动战争的主要因素）；到了1920年，在国际联盟的委任托管下，英国和法国重新瓜分了战败国的殖民地，两个帝国的版图变得更大。法国已经占据北非和西非，这时它的地中海殖民地又加上了叙利亚和黎巴嫩。英国是有史以来世界上最大的帝国主义联盟之首，其东非殖民地又加上原德属坦噶尼喀（Tanganyika），因此使"从开罗到开普敦"的非洲英帝国的梦想成真；同时，英国还获得巴勒斯坦和伊拉克、前土耳其帝国领土的委任托管权，由此控制了从埃及到波斯湾的"肥沃的新月地带"。

德国和土耳其帝国桌子上的面包屑掉得到处都是：西南非和巴布亚岛（Papua）给了南非和澳大利亚，罗得岛（Rhodes）给了意大利，德属太平洋群岛给了日本——这片面包屑，只有时间能够揭示出对它的分配考虑欠妥。意大利和日本认为，它们应该得到更多的东西，特别是因为更大的协约国盟友也分了一杯羹。在未来的几年中，这种受到克扣的感觉滋生着危险的敌意。然而，与那些被征服的国家相比，这些没有特权的胜利者的敌意微不足道。奥地利和土耳其，古代曾经竞相控制欧洲中部地区，现在不得不去忍受困窘的境况。德国则不会忍受。德国的羞辱感比较深刻。它不仅失去了一个初生的殖民主义强国的外表，失去了从西普鲁士和西里西亚迈入中欧的历史性的前进，还失去了对战略要地的控制——这一地区如此广阔而重要，直到1918年7月，对这一地区的控制仍然预示着胜利——从而失去了对欧洲中心地区一个新帝国的控制。

1918年7月3日，马恩河第二场战役前夕，德国军队占领了整个俄国西部，直至彼得格勒（Petrograd）城外的波罗的海沿岸和顿河河畔罗斯托夫（Rostov-on-Don）的黑海沿岸一线，包括乌克兰首都和历史上俄罗斯文明的中心基辅（Kiev），切断了俄国三分之一人口、三分之一农业区，以及超过一半的工业与俄国其他地区的联系。而且，双方于3月在布列斯特—立托夫斯克（Brest-Litovsk）签署了和约，使得这些地方不是被征服，而是被吞并。德国远征军的活动，向东远至外高加索（Transcaucasia）的格鲁吉亚（Georgia），向南远至保加利亚与希腊的边境，以及意大利的波河平原。加上奥地利和保加利亚的附属地区，德国控制了整个巴尔干半岛，通过与土耳其结盟，德国的势力远远扩张到阿拉伯半岛的北部和波斯北部。在斯堪的纳维亚半岛，瑞典保持友好的中立状态，德国帮助芬兰从布尔什维克手中获得独立——拉脱维亚、立陶宛和爱沙尼亚不久也这样做了。在遥远的东南非，德国殖民地军队与规模是其十倍的协约国军队作战。在西部，在这场战争的关键前线上，德国军队距离巴黎不到 50 英里。在始于前一年 3 月的五次大的攻势中，德国最高指挥部收复了自四年前第一场马恩河战役以来被法国夺去的所有领土。第六次攻势，德国有望将先头部队开到法国首都，并且获得战争的胜利。

5 个月后，法国、英国和美国取得了战争的胜利，而非德国。7 月、8 月和 9 月，协约国的反攻把德国军队赶回比利时边境。11 月，德国士兵们知道他们的领袖已经接受停战，于是越过莱茵河，回到了本土，并且在那里解散。回归之后，这支当时世界上规模最大的军队总共仍有 200 个师，士兵们把他们的来复枪和钢盔上交储存，然后各自回家。巴伐利亚人（Bavarians）、萨克森人（Saxons）、黑森人（Hessians）、汉诺威人（Hanoverians）、普鲁士人，甚至近卫军（Imperial Guard）的英雄们，仿佛一夜之间决定不再听从上级的命令，不再遵从每一个使前 50 年里德意志帝国和欧洲军事体制得以建立的命令，而是重新开始过平民生活。从 1914 年以来就缺少青年男子的城市和村镇，突然又有了成群的青年男子；但是，这一百年中曾经不假思索地依靠它得到无限军力的柏林政府，现在却一无所有了。

自由军团现象

如果没有军事实力，国家就难以生存；如果没有军队，国家就难以存在。推翻皇帝后上台执政的社会主义者不久就发现了这一真理，并且按照这一真理行动，他们将取代独裁政府而受到欢迎。面临共产主义者的武装起义和俄国布尔什维克的干预——在巴伐利亚、在波罗的海和北海的海港、在柏林——德国社会民主党政府尽一切努力到处寻求军事援助。这不是一个允许挑剔的时代，没有多少选择的余地。新成立的共和国的总理弗里德里希·艾伯特（Friedrich Ebert）毕生信奉社会主义，他声称："我如同憎恨原罪般憎恨社会革命。"然而，他也根本不可能喜欢政治危机扔给他的士兵们。"战争把他们握在手中，"恩斯特·冯·萨罗蒙（Ernst von Salomon）在描写年轻的共和国的首批卫士们时写道，"而且永远不会放过他们。他们将不再真正属于他们的家庭。"他所描述的是被迫卷入重大战乱的那些人，他自己也是其中之一。公元前 5 世纪，在希腊城邦交战之后，他们曾经聚集在伯罗奔尼撒半岛的泰纳伦角（Cape Taenarum）——没有土地的人希望去当雇佣兵。在三十年战争期间，德国有很多这样的人，正如推翻拿破仑之后整个欧洲也有很多这样的人一样，当时许多人通过为希腊作战来谋生，帮助希腊从土耳其那里获得独立。1918年11月和12月，他们将自己称为前线战士（Frontkämpfer），他们在战壕里学会了一种生活方式，即使和平到来了，他们也不放弃那种生活方式。首个共和国自由军团（Freikcorps）的组织者路德维希·冯·梅克尔（Ludwig von Maercker）将军，谈到要建立"一个由资产阶级和农民组成的大的民兵组织，根据特征分组，重新建立秩序"。他的设想回归到一种前工业化时期的军事体制，在这样的体制中，工匠和农民联合起来反对无政府的混乱状态和暴动。事实上，这种体制并没有存在过。自由军团展现了一种更加现代的原则——1789年后的信念认为，政治人是一名握有来复枪的公民，他接受枪支训练，他要保卫他所属的民族和这个民族所具有的意识形态。

重要的是，在梅克尔最初组织的自由军团中，即志愿者本土防卫步兵部队（das Freimillige Landesjägerkorps）中，有一种"值得信赖的人"（Vertrauensleute），在军官和普通士兵之间起协调作用，而且部队的纪律守则规定，"志愿者部队的领导人决不能做出触及人的荣誉的惩罚"。简而言之，它体现了这样一些思想：国家从根本上来说起源于军事，兵役使公民的身份合法化，公民自愿服兵役，军人服从的义务始终应该被他作为战士所拥有的荣誉所中和。这最大限度地实现了130年前法国革命先辈们所宣扬的政治哲学。

梅克尔最初组织的自由军团很快就在新的德意志共和国里被到处复制；而且，在历史上德意志声称控制过的地区，即在与作为新国家的波兰有争议的边境地区，在从俄国那里赢得独立的波罗的海诸国，在哈布斯堡帝国的德语区，自由军团也发展迅速。自由军团这个词本身直接涉及1813年至1814年普鲁士与拿破仑作战中广泛出现的部队单位，自由军团的名称成为其精神特质的象征，如德国来复枪师（German Rifle Division）、本土来复枪部队（Territorial Rifle Corps）、来复枪边境旅（Border Rifle Brigade）、近卫骑兵来复枪师（Guard-Cavalry Rifle Division）、约克·冯·瓦滕堡志愿者来复枪部队（Yorck von Wartenburg Volunteer Rifle Corps）。还有许多其他的自由军团，其中一些将会组成凡尔赛最终允许的"十万"军队中的旅、团或营。一些自由军团虽然会顺理成章地解散，但是作为魏玛共和国极右翼政党的民兵组织而秘密存在；败下阵来的左翼组织将暗地里组成红色阵线（Red Front）的街头混战部队。

自由军团现象不仅限于德国。在人民由于信奉不同的意识形态而分为不同群体的地方，如芬兰和匈牙利，还有内战时期的俄国，自由军团现象都会出现，而且情况往往非常复杂。战后的世界充斥着来复枪，充斥着无所寄托而又满怀恶意的人，充斥着知道如何统领这些人到处劫掠的军官；然而，正是在意大利，这种情况展现得最为淋漓尽致。在意大利，仇恨沸腾，不仅有外交方面的敌意，而且包括国内的仇恨。一战中的流血牺牲并未给意大利提供多少帮助；它获得的里雅斯特（Trieste）、南蒂罗尔（South Tyrol）和多德卡尼斯群岛（Dodecanese islands），也并不能补偿60万人阵亡的悲痛。幸存者也根本没能从胜利中获益。战争的花费使战后的意大利陷入经济危机，无论是信奉自由主义还是信奉宗教的传统政党均无力应对。唯一一个承诺救国于危难的领导人是贝尼托·墨索里尼（Benito Mussolini），他提倡以军事方式解决国家问题。他的战斗法西斯（Fascio di Combattimento）吸引了前军人中的激进主义分子，其中前纳粹党突击队员是最重要的组成部分。在"进军罗马"的前夕，他们宣布了计划，要"给国王和军队一个新的意大利"，1922年10月政府被法西斯主义者控制。

把军队作为一种社会模式的思想——中间派的、等级制的和极端民族主义的——将会在战后欧洲广阔地域内释放政治能量。这种思想在大的战胜国里无法扎根，例如法国和英国，在北欧和斯堪的纳维亚半岛的资产阶级民主国家里也无法立足。然而，对于战败国、帝国解体后的民族国家、欧洲边缘地区的欠发达国家来说，尤其是葡萄牙和西班牙，它显得非常有魅力。在那里，通过取缔阶级、地区和少数族裔之间的竞争，以及把权力委托给军国主义的、往往穿制服的政治最高统帅部，如何适应民主或自治政府的张力，以及适应陌生而瞬息万变的国际市场力量的张力的问题，似乎得到了最好的解决。军事原则和政治原则之间的两极化甚至在布尔什维克的俄国也有所彰显，1920年打败白俄后，胜利的革命者把大量政治能量用于削弱红军，以免它成为一种替代性政治力量。

在列宁和斯大林时期的俄国，军衔的制服和称号被排挤到政治生活的边缘。在意大利，它们则占据着中心；在奥地利和德国，它们徘徊在侧翼，准备在戏剧性事件给出提示时去占据舞台。在其他地方——匈牙利、波兰、葡萄牙、西班牙——职业上校和将军毫不犹豫地接管并行使权力；而在有着自由传统的国家里，这类人则感到应该感谢代议制的传统。一种对1789年理想的另类的重新评价，占据了这些国家的公共生活。军役不再被看作个人确认其公民权的标志，而是公民向国家尽义务、参与国家的形式。在一个类似革命前夕的法国那样的社会里，"每个公民都是士兵，每个士兵都是公民"具有创造性，甚至是仁慈的意义，二者历史性地突然分裂。在公民权与成为士兵没有区别的社会里，军事服从轻易取代民众和政府关系中的公民权。在1922年后的意大利就是这样；具有决定性的是，在

1933年后的德国，这也将成为事实。

在阿道夫·希特勒（Adolf Hitler）生活的年代里，在欧洲没有人比他更充分地接受军人的道德规范。作为哈布斯堡帝国的属民，他逃避了应征入伍，因为他所蔑视的非日耳曼人——斯拉夫人和犹太人——也要服兵役。1914年8月，他有了一个作为德国军队的志愿者应征入伍的机会，并急切地抓住了这个机会。他很快就证明了他是名很好的士兵，在战争中表现得很英勇，这使他产生"一种惊人的想法——这种想法是所有感受中最重要的。个人利益——个人自己的利益——能够从属于公共利益——我们民族进行伟大的英勇奋斗，以无法抵抗的方式表现了这一点"。1918年11月的战败使他感到强烈的愤慨，一如那些参办自由军团的人——或许他自己应该投身于自由军团。但他却找到一个更能发挥其才能的位置，恰恰依靠军事原则实现了政治上的发展，他最终成为这些原则的最高实践者。1919年春天，他被任命为魏玛共和国第7军区司令部的一名教官（Bildungsoffizier），他的任务是训导新军队的士兵，使他们履行服从国家的义务。这是宣传员的工作，是军队为了遏制社会主义者、和平主义者或民主思想的影响而设置的岗位。"Bildung"是个内涵丰富的词，从"编队"到"教育"，再到"文化"和"文明"。自学成才、爱梦想、浪漫的希特勒可能已经知道所有这一切，他意识到他的责任不仅是对危险的影响提出警告，也要塑造精神和观点。他一点也不会感到惊奇的是，慕尼黑的军队司令部同时鼓励他参加正在萌芽状态的民族主义运动团体德国工人党（German Workers' Party），他的长官、陆军上尉恩斯特·罗姆（Ernst Röhm）不仅从自由军团中募集成员，而且亲自加入；希特勒战时团里的其他老军官亦是如此，如陆军中尉鲁道夫·赫斯（Rudolf Hess）和士官长马克斯·阿曼（Max Amann）。罗姆很快把最强壮的退伍军人和自由军团成员组织成一股街头殴斗的武装力量，即冲锋队（Sturmabteilung，SA）。到1920年，纳粹党最基本的要素已经准备就绪。

和与其对立的共产主义组织红色阵线及意大利的纳粹组织"战斗法西斯"一样，纳粹党从一开始在精神、组织和外观上就带有军事性。由于胜利的英国军队使用褐色，纳粹党也选择褐色作为制服的颜色，并且也使用英国军队用的山姆·布朗腰带（Sam Browne belt）；纳粹党还借鉴精英山地来复枪团使用的尖顶滑雪帽；纳粹党员们穿着长及膝盖的靴子，那是一种驯马武士的古老象征。在阅兵场上，纳粹军在军团旗帜后面按照等级排列；在行军时，纳粹军按照鼓点节奏加快步伐。纳粹军唯一区别于正规军的是，没有来复枪；然而，在希特勒看来，政治上的胜利也将为其带来武器。德国纳粹革命的胜利将取消政党与军队之间的区别，取消公民与士兵之间的区别，每个德国人和德国的每件东西——议会、官僚机构、法庭、学校、商业、工业、工会，甚至教堂——都要服从于领袖原则（Führerprinzip），即军事领导原则。

二　挑起世界战争

军事领导意味着军事行动。希特勒政治生涯的首次公开行动是，领导一场推翻德意志共和国宪政政府的政变（Putsch）——未遂的军事政变。他为此筹谋了五年。1936年，他在慕尼黑透露："我可以非常平静地承认，从1919年到1923年，我什么也没想，只想着政变（coup d'état）。"在那些年中，希特勒过着双重生活。作为一个政党的领袖，而且这个政党需要更多的党员和支持，他经常不知疲倦、活力四射地在巴伐利亚他拥有政治影响力的地区，向他能够掌控的听众发表演说。他谈及"凡尔赛的罪犯们"，谈及世界大战中德国遭受的苦难，谈及德国领土的丧失，谈及裁军条款的不公正，谈及诞生于历史上德属地区的新国家的放肆——特别是波兰，谈及对战争赔偿的勒索，谈及民族耻辱，谈及敌人在把德国推向1918年战败过程中所发挥的作用，这些敌人包括犹太人、布尔什维克主义者、信奉布尔什维克主义的犹太人及其自由共和国的傀儡们。1923年1月25日，即第一个纳粹"党日"，希特勒在慕尼黑发表演说（这次演说可以代表他的所有其他演说）："首先，必须消灭德国自由的主要敌人，也就是德意志祖国的叛徒……打倒11月罪恶（签署停战协议）的罪犯们。我们运动的伟大讯息到来了……我们一定不要忘记，在我们和那些人民叛徒（在柏林的共和国政府）之间……有两百万人死去。"这是他的主题思想：德国男子曾经光荣地作战，在战争中受伤、阵亡，然而这场战争的终结，却是以剥夺后代子孙当兵的权利作为代价。因此，"解除武装的德国成为掠夺成性的邻国非法劫掠的猎物"。这些邻国包括波兰，1920年自由军团为保卫德国领土在边境与之作战；除波兰外，还有布尔什维克俄国和新的斯拉夫国家，即捷克斯洛伐克和南斯拉夫，还有哈布斯堡帝国不稳定的残余部分，即匈牙利和奥地利，他们受到共产主义的威胁，也许会再次陷入共产主义者之手。这些邻国也包括法国，它是最贪婪的胜利者，法国人不仅收复了德意志帝国的阿尔萨斯—洛林地区，而且在莱茵兰留有一支军队，公然使用武力威胁，要求德国支付全部战争赔款，即协约国在凡尔赛决定的战争赔偿。希特勒反复强调这些威胁和要求所带来的恐惧感，只有德国再次拥有军队，一支真正的、规模与欧洲大陆面积最大、人口最多的国家相匹配的国家军队，而不是《凡尔赛条约》

所规定的不许有坦克和飞机、几乎不许有大炮、仅仅由 10 万人组成的武装力量，这种恐惧感才能消失。

希特勒的思想深深地吸引着他的听众。自 1919 年至 1923 年，他的听众人数稳步增加。希特勒也已成为一名卓越的演说家，他的话越来越有力度，听信他的人越来越多。1932 年，他说："我回想那些时光，我和其他六个不出名的人创建（纳粹党），我在 11 个、12 个、13 个、14 个、20 个、30 个、50 个人面前发表演说。回想我如何在一年之后赢得 64 名成员参加运动，我必须承认，当数百万人加入我们的运动时，今天已经创造出来的这些东西在德国历史上是独一无二的。"1923 年时，还没有数百万人加入这场运动；他的追随者们还只有数千人。然而，他们心醉神迷般地响应希特勒的复仇召唤。1922 年 9 月，希特勒在慕尼黑说："两百万德国人不能无所作为，不能把卖国贼当朋友，和他们坐在同一张桌子上。不，我们不能原谅，我们要复仇！"一些人也以暴力行动响应他的号召；希特勒双重生活的另一面是，他既是魏玛共和国内部与军队"类似的"武装力量的组织者，也是反对这一政府的阴谋者。到了 1923 年，冲锋队已经拥有 1.5 万名穿制服的成员，还隐秘地拥有大量武器，包括机关枪；而且，希特勒相信，国家正规军国防军（Reichswehr）巴伐利亚师会支持冲锋队。许多军官鼓励希特勒的那种信心，最重要的是冲锋队未来的首领陆军上尉恩斯特·罗姆，1923 年时他还是一名现役士兵。受罗姆和巴伐利亚师指挥官奥托·冯·罗索（Otto von Lossow）将军的观点影响，希特勒形成一种看法：冲锋队及与之相关的民兵组织共同组成极右翼的战斗联盟（Kampfbund），如果他们去发动一场政变，军队是不会反对的。这样的政变需要有领导，也需要一个行动的借口。希特勒将会亲自领导——尽管他把荣誉领袖的角色让给了埃里希·鲁登道夫（Erich Ludendorff）将军。鲁登道夫在第一次世界大战期间担任参谋长，技术上说是第一军需总监，这时已经退役，他支持战斗联盟。法国人提供了行动的借口。1923 年 1 月，为了强迫德国政府支付战争赔款——此前德国坚称无力支付——法国发兵攻占了德国工业中心鲁尔地区（Ruhr），设法从源头上获得赔款。

法国的军事干预加剧了德国的货币危机，这场危机在某种程度上是由德国财政部设计的，用以证明支付战争赔款的难度；而且还刺激了通货膨胀，大大削弱了工人的购买力，减少了中产阶级的存款。7 月，16 万马克兑换 1 美元（1914 年汇率是 4∶1），8 月贬值为 100 万马克兑换 1 美元，11 月为 1300 亿马克兑换 1 美元。德国总理古斯塔夫·史特瑞斯曼（Gustav Stresemann）起先下令在鲁尔地区消极抵抗，但这并未阻止法国人，相反法国人的非法行为倒是鼓舞萨克森和汉堡的共产主义者、莱茵兰的分离主义者、波美拉尼亚（Pomerania）和普鲁士的前自由军团成员去发动民众进行抗争。镇压这些骚乱之后，史特瑞斯曼宣布停止消极抵抗，希特勒觉得他的时机到了。11月8日，在一场事先安排好的在慕尼黑的勃格布劳凯勒（Bürgerbräu Keller）召开的公开会议上，冯·罗索将军和巴伐利亚国务委员不明智地应许与会，全副武装的希特勒如期而至，门外还有武装随从，希特勒把罗索和其他贵族抓起来，宣布成立一个新的德国政府："十一月罪人政府和德国总统已经被宣布撤职。新的中央政府将在今天，在慕尼黑这个地方被任命成立。一支德国国民军（Natimat Army）将立即被组建……政策的导向将由我来掌握。鲁登道夫将接管德国国民军的领导权。"

第二天，1923年11月9日，国民军的核心，即战斗联盟，由希特勒和鲁登道夫带领，向前巴伐利亚陆军部（Bavarian War Ministry）大楼进军。罗姆和冲锋队已经占领了陆军部，正在等待着他们的到来；在这两者之间是很多武装警察，阻碍希特勒通过奥登广场（Odeonsplatz）。希特勒通过谈判，顺利越过第一道封锁线。然而，第二道封锁线却牢牢守住阵地，开火并打死希特勒身旁的人（他垂死一拽，把希特勒拉倒在地），一颗子弹击中了未来的德国空军司令官戈林（Goering），不过没有碰到鲁登道夫。他带头继续前进，漠视周遭的淋漓鲜血，当他到达陆军部时，身边只剩下一个人。德国国民军土崩瓦解了。

"啤酒馆政变"的直接结果是乏味的：9名同谋者受到审判；鲁登道夫被无罪释放，希特勒被判处5年监禁，不过他只服了9个月的刑，这段时间只够他把他的政治宣言《我的奋斗》（Mein Kampf）口述给鲁道夫·赫斯（希特勒政权的老成员）。这次审判的长期结果具有更深层的意义。希特勒在法庭上的最终陈述在德国被广泛报道，这使他在其职业生涯中第一次成为蛊惑民心的政客，成为著名的国家人物。他在这次陈述中变得有所缓和，他表示，向他和战斗联盟开火的是警察，而不是国防军。他说："国防军和以前一样光鲜。终有一天，这一刻将会到来，国防军将会站到我们这边，包括军官和士兵……我们组建的军队将一天一天地发展壮大……我怀有美好的希望，终有一天，这一刻将会到来，这些粗野的伙伴会组成营，营组成团，团组成师，旧帽徽将会从泥里被捡起，旧旗将再次飘扬，在我们准备好去面对伟大而神圣的最终审判时达成和解。"

希特勒公开和私下都对其政变策略作如是说。1933年，希特勒在慕尼黑表白："我们从没想过要发动叛乱，反对军队。恰恰是同军队一起，我们相信我们应该获得成功。"在慕尼黑政变发生之后,他果断地改变了策略。他不再进行反对国家的非法行动,而是以符合宪法的方式通过选票箱去获取权力。尽管他没有公开透露出这种目的,然而他追求权力的重点,是获得宪法赋予的对军队、陆军部和预算权的支配权,通过投票赞成军事贷款,用以改良武器装备。在政变失败后的十年里,希特勒没有阻碍冲锋队的发展,1933年他取得权力的前夕,冲锋队队员人数已经达到40万人,是国防军人数的4倍。他也没妨碍冲锋队员们相信,有一天他们会扔掉褐色衣服,穿上灰色军服,成为希特勒于1923年在慕尼黑承诺要组建的"国民军"的士兵。然而,希特勒关注的是,冲锋队要有严格的纪律,不能对准备好以武力夺取权力有所炫耀,限制冲锋队代替而非加强国防军的要求,劝阻冲锋队领导者们把自己表现为军事人物,而非政治人物。在慕尼黑政变之后,希特勒仍然毫不犹豫地认为,在这个国家里,秉持超党派原则(Überparteilichkeit)的将军们,是一种他不能疏远的力量。

希特勒和纳粹革命

1923年经济危机给希特勒提供的是一个错误的时机。1930年,经济危机再次给他提供了机会,在1930年至1933年1月担任德国总理的这段时间里,他谨慎而巧妙地把握住这个机会。在1923年灾难性的通货膨胀发生后的六年时间里,德国有所复苏。货币保持稳定,信贷得以恢复,工业复兴,失业被成功地遏制。突如其来的1929年世界危机摧毁了欧洲中部地区的信贷,使大部分上述成就成为泡影。德国总人口6000万,1929年9月底失业人数为132万,一年以后增加到300万,1931年增加到450万,1932年前两个月超过600万。魏玛共和国及其温和派政党再次陷入困境,温和派政党曾经致力于正统的前凯恩斯主义的平衡预算政策,这时却苦无良策加以修正。因此,极右翼和极左翼政党在议会选举中获益,而在这些情况的压力下,一个又一个政府倒台。在1930年9月举行的大选中,纳粹党获得18.3%的选票,而在1932年7月举行的大选中,纳粹党获得37.3%的选票,赢得230个议席,成为德国国会(Reichstag)内的第一大党。用阿伦·布洛克(Alan Bullock)的话说,"拥有1370万个选举人的投票力量,拥有超过100万党员,拥有多达40万人的冲锋队和党卫队(SS)这样的私人军队……(希特勒)是德国最有实力的政治领袖,率领着德国有史以来最有实力的政党,敲击着总理办公室的门"。共产党所取得的类似的成功,增强了希特勒在那些对布尔什维克思想深感恐惧的选民中的吸引力,那些选民曾经认为,由于1919年斯巴达克同盟*成员们在武力上的失败,布尔什维克运动已经渐渐平息;1930年,共产党获取的支持在惊人地增长,1932年也是如此,共产党获得600万张选票和100个议席。

共产主义者也有私人武装,即红色阵线。红色阵线和冲锋队在街头作战,经常以伤亡告终。街头暴力损害了纳粹事业;共产主义者的街头暴力——单单1932年7月就导致38名纳粹党员和30名共产主义者死亡——展示了共产主义革命的前景。尽管街头暴力不能为希特勒赢得议会多数——甚至在1933年夺得政权之后,他还差6.2%的选票才能获得多数——它却能够而且确实吓坏了温和的政客们,使他们接受希特勒作为一支平衡力量,用希特勒去平衡激进的极端主义革命者,尽管他们认为纳粹主义也带有点极端主义的色彩。1933年1月,在数个临时内阁倒台之后,战争英雄保罗·冯·兴登堡(Paul von Hindenburg)总统接受其部长们的建议,把总理一职交给希特勒。1月30日,希特勒就任总理。

接下来发生的,是可比较的时间内由一个人完成的最非凡、最彻底的经济、政治和军事革命之一。自1933年1月30日至1936年3月7日,希特勒有效地恢复了德国的繁荣,不仅打垮了反对派,而且排除了反对其统治的可能性,他还以一支惊人地膨胀着的德国军队重塑德国的自豪感,并且使用这支军队去取缔战败强加给德国的不平等条约(德国战败时他还只是一名卑微的士兵)。他运气很好,特别是兴登堡恰于1934年8月逝世,以及1933年2月发生在国会大厦的纵火袭击。国会纵火案使他把共产主义威胁议会制度的假想变戏法般地展现出来,温和派非常惊慌,投纳粹的票,暂停了国会的权力:他们通过《授权法案》(Enabling Bill)授予希特勒在必要文件上签名就可以制定有约束力的法律的权力。兴登堡的死为希特勒以元首的名义集总统和总理之权于一身打开了大门,在这个职位上,他既行使政府首脑的权力,又行使国家元首的权力。然而,自1933年至1936年,希特勒获得的成功并非仅仅依靠好运。他的经济政策并非以理论为基础,肯定不是凯恩斯主义;而实际上是赤字预算方案,即国家投资公共事业,国家担保工业重组,对此凯恩斯大概也会赞同。与之相伴随的是,有计划地破坏工会运动,这些工会运动想要消除对劳工在工作上和工作场所自由活动的所有限制,结果对失业产生惊人的影响:自1933年1月至1934年12月,失业人数减少超过一半,在

---

* 斯巴达克同盟是德国左派社会民主党人的革命组织,在群众中进行反对帝国主义战争的宣传,揭露德国帝国主义的侵略政策和社会民主党右翼领导人的叛变行为。——译者注

300 万新工人中，许多人的工作是去修建宏伟的高速公路（Autobahnen）网络，这是纳粹经济奇迹的第一个外在表征。

希特勒重新武装德国的计划也获得成功，不是通过顽固地抨击《凡尔赛条约》给德国强加的限制性条款的方式，而是等待时机，等待战胜国给他提供借口。因此直到 1935 年 3 月，他才宣布重新开始征兵。当时，法国人受到出生率下降的困扰，正如第一次世界大战之前的情况一样，法国人宣布延长士兵服兵役的期限，长至原来的两倍。希特勒据此提出异议，认为这一行为会对德国的安全构成威胁，进而证明有充足的理由去扩充只有 10 万人的德国军队；3 月 17 日，他还宣布要组建一支空军，再次违背了《凡尔赛条约》。即使如此，他通过和法国签定协约，使用障眼法，隐藏其真实意图。该协约将德国军队人数限制为 30 万人，而且德国新空军的规模只能是法国的一半。法国不允许他拥有更多武力。

希特勒及其将军们

1936 年，希特勒下令重新征兵，组建一支新的军队。这支军队的基本力量是 36 个师，比之前 7 个师的国防军强了 5 倍。不过，这些师还没配备齐全，人手也不够。正如他的将军们提醒他的，他确实没有足够的实力去抵御针对反凡尔赛体系的武装行动。因此，为了实现使莱茵兰重新军事化的野心，他再次等待时机，直到能够找到一个合法的理由。1936 年，法国议会批准了与苏联相互援助的协约，希特勒认为时机成熟了。协约规定如果德国攻击苏联，法国应该采取行动反对德国，希特勒认为这是法国单方面违反条款，即法国将永不与德国作战，除非是国际联盟——凡尔赛体系的产物，1933 年他退出该组织——的决议。希特勒宣称，由于法国单方面违反条款，他有必要采取措施加强德国在法国边境地区的防御能力。因此，1936 年 3 月 7 日，他下令重新占领莱茵兰，这里从 1918 年 11 月开始就再也没有驻扎过德国军队，他还确信法国人不会驱逐他派遣的军队，即使这支军队不足一个师，只有三个营。

尽管希特勒的将军们曾对莱茵兰的冒险行为表示担心，然而他们从根本上却并不对希特勒的外交或者战略判断有何争辩，因为一直到那时，在所有的国家机构中，军队是国家社会主义革命的主要受益者。它幸免于一体化（Gleichschaltung）过程，这一过程使德国这一生命体上的每个器官都被置于纳粹的直接控制之下；而且，在一体化中威胁到军队的组织——冲锋队——的领导人于 1934 年 6 月遭到草率而残忍地屠戮。希特勒没有完全说出来的许诺，即冲锋队队员终有一天将会成为新德国的士兵，只是在某种意义上才得以实现，也就是说，1935 年 3 月之后，只有比较年轻的冲锋队队员才接到征召书，与其他几十万从未穿过冲锋队褐色制服的人一起经征兵加入了纳粹德国国防军（Wehrmacht）。军队也从国家投资方案中获得比其他机构更多的好处。坦克和飞机——足以装备由 6 个师（不久增加到 10 个）组成的装甲部队和由 2000 架战斗机组成的德国空军（Luftwaffe）——现在由新的军械厂源源不断地生产出来。设计工作为武器的发展提供基础，这在 20 世纪 20 年代短暂的苏德友好时期已经在苏联完成。1935 年，在考虑欠妥的绥靖政策下，英国海军部同意，德国海军从《凡尔赛条约》的限制中被部分地解放出来，德国海军开始拥有大型军舰，甚至潜水艇，数量各相当于英国皇家海军的 33% 和 60%。物质上的充裕极大地增强了德国国防军的自信心，它突然发现自己已经提升为欧洲最优秀的军队之一，几乎和规模最大、装备最好的军队不相上下，尽管 15 年未它一直急需人员和设备。从专业上讲，希特勒的重整军备计划也改变了军官个人的职业前景：1933 年上校的平均年龄是 56 岁；到 1937 年下降为 39 岁，国防军的许多人曾经不情愿地退役，到 1937 年却指挥着团、旅，甚至是师。

希特勒对职业军官的诱惑是算计好的，这与他的计划的其他方面一样，不过他确实对此比对别的方面更加重视。他对冲锋队常常口是心非；尽管他需要，并且愿意使用带有政治色彩的武装力量，正如冲锋队在 1933 年前的"奋斗时代"（time of struggle）里提供给他的，然而他是真正的老手，是老练的"前线斗士"，不会把街头暴徒看作适合的军事材料。从许多方面都可以看出，希特勒在军事上很势利，这是有原因的：他在第一次世界大战中从头打到尾，受过伤，由于作战英勇而获得一枚高级勋章。他想要重组的军队，是以他服过役的那种军队为模型的，这不是混乱的政治性民兵组织换上灰色军服就可以充当的。1934 年 6 月发生了血腥的清洗事件，希特勒组织杀害了罗姆和议会中其他的激进派，这些人曾想通过政治上的"跳房子"游戏晋升为将军。如此，希特勒确保了他的既定路线。清洗冲锋队的结果是，与其竞争的纳粹党军队，即穿黑色制服的党卫队（Schutzstaffel，简称为 SS），迅速发展。这是一支由海因里希·希姆莱（Heinrich Himmler）领导的高度纪律化的精英军队。

尽管将军们对 1934 年的谋杀事件谨慎地保持不闻不问的态度，结果仍使他们高度支持希特勒；但是，希特勒一方的情况就不是这样了。希特勒在军事上的势利态度是有限的。他只尊敬实在的战斗，不崇拜等级或头衔。正如他清楚地知道，许多国防军的精英，即德国总参谋部（Great General Staff）的军官们，现在也是地位较高的指挥官，他们并没在第一次世界大战的前线打过仗，他们头脑聪慧，不必在司令部之外的地方冒险。因此，希特勒对他们在军事和社会方面的高傲感到厌烦。他怀有很多怨恨，其中之一要追溯到慕尼黑审判时期，当时他懦弱的同盟者冯·罗索将军宣称，他只是把希特勒视为"年轻的政治鼓手"；国家起诉人的陈述给伤口撒了把盐，他说这个年轻的鼓手"想要得到比赋予他的职位更高的职位"。现在，正是希特勒在各处分配职位——除了军队，军队还是自己控制晋升体制。然而，由于将军们在使莱茵兰重新军事化的过程中，继续选择做以往那样懦弱的军官，希特勒决定终止这一系统。他要一支能够作战的军队，由决心向1918年的战胜国及在德国战败后建立的国家报仇雪恨的指挥官来领导。

在这些懦夫中，德国军队总司令维尔纳·冯·弗里奇（Werner von Fritsch）尤其是个棘手的难题；1937年11月，他私下会见了希特勒，警告其政策将会引发战争。两个月后，陆军部长维尔纳·冯·勃洛姆堡（Werner von Blomberg）将军轻率地再婚，给希特勒提供了一个摆脱这两个人的机会：勃洛姆堡年轻的新娘被发现曾是娼妓；而单身的弗里奇，显然将要继承勃洛姆堡职务的人，面对捏造的对其同性恋行为的控告无以自明。他们均被迫退役，这并未使希特勒立即找到他想要的好战的将军们；不过，却给了希特勒借口，去建立新的最高指挥机构取代原来的陆军部，即以希特勒为首的国防军最高统帅部（Oberkommando der Wehrmacht，OKW），负责制定最高级别的战略计划。这是至关重要的一步，因为1938年是希特勒从重整军备转到向外发动攻势的一年。1937年11月5日，希特勒向指挥官们概述了他的意图，他主张英国和法国不会以武力反对德国强化其在东方的军事地位。他优先考虑的是，要利用奥地利德意志民族主义者想要德奥合并（Anschluss）的狂热；他的第二个考虑是，试图与捷克斯洛伐克的德语区苏台德区（Sudetenland）合并。再者，他希望，通过和他的独裁伙伴墨索里尼正式联盟，使奥地利的保护者意大利马上站到德国一边。对于他长期关注的波兰，他相信德国加速行动，会使之动弹不得。

1937年11月，墨索里尼接受与德国结盟，正式加入针对苏联的《反共产国际协定》（此协定最初由德国与日本于一年前签定），从而巩固了1936年10月形成的"罗马—柏林轴心"。1938年3月，希特勒觉得可以采取针对奥地利的行动。首先，他要求奥地利的纳粹分子在政府中担任要职。当奥地利总理库尔特·冯·许士尼格（Kurt von Schuschnigg）拒绝的时候，奥地利纳粹领导人阿图尔·赛斯—英夸特（Arthur Seyss-Inquart）受命宣布自己是临时政府的元首，并且请求德国干预。3月12日，德国军队进入奥地利，转天宣布德奥合并。3月14日，希特勒胜利开进维也纳，他曾在这里度过缺少快乐而又没有目标的青年时代。英国和法国提出抗议，但是仅此而已。它们的无为证实了希特勒能够安全地继续对捷克斯洛伐克发动攻势，希特勒需要这种证实。4月，希特勒命令国防军最高统帅部准备军事行动的计划，同时命令苏台德区德意志人的纳粹团体继续要求脱离捷克斯洛伐克。8月，他选定10月作为开展军事行动的时间。9月12日，当希特勒在纽伦堡（Nuremberg）发表激烈的反捷克演说时，德国军队已经驻扎到边境地区。

"捷克危机"似乎预示着战争的到来，尽管谁会参战尚不明显。在没有外援的情况下，捷克的实力不足以抵抗重新武装起来的德国国防军，但是附近唯一的外援苏联红军，只有跨过波兰领土（或者跨过罗马尼亚领土，但是罗马尼亚是亲德的）才能提供援助，然而波兰人不愿意这样做，因为他们对苏联人素有深深的敌意和合理的猜疑。英国人和法国人也不愿意看到苏联插手欧洲中部事务，尽管法国与捷克斯洛伐克签有协约，而且英国和法国都承认，为了荣誉以及出于谨慎，它们不该允许分裂捷克斯洛伐克，然而却无法保护它，除非它们自己在西边采取军事行动，这样一来，英国和法国的政府和人民都畏缩了。它们还没完成军队的现代化，尽管已经开始不情愿地重整军备；更重要的是，它们也没有使用武力支持抗议的意愿，正如它们接下来没有通过国际联盟采取集体行动反对入侵者一样，令人哀伤的是，它们既没有反对日本于1931年入侵中国东北和1937年入侵整个中国，也没有反对意大利于1936年侵略埃塞俄比亚。因此，法国总理爱德华·达拉第（Euouard Daladier）和英国首相内维尔·张伯伦（Neville Chamberlain）与捷克斯洛伐克总统爱德华·贝奈斯（Eduard Beneš）商议，默许希特勒的要求，即使割让苏台德区意味着放弃国家边境要塞；一旦屈从，面对德国更多要求时——不管那是什么要求，捷克斯洛伐克都将毫无屏障。尽管如此，贝奈斯不得不同意，否则西方民主国家就不支持他。危机似乎得到解决，然而9月22日，希特勒决定采取更加强硬的态度。他不再等待重新划分边界的国际委托，而是立即要求获得苏台德区。正是这一转折引发了所谓的"慕尼黑危机"，9月29日至30日，张伯伦和达拉第在慕尼黑与希特勒再次会面，在一系列怯懦的会议中，张伯伦和达拉第向希特勒作出让步，这些让步甚至比希特勒开始提出的要求还多。

所谓慕尼黑协定，标志着"绥靖政策的终结"；达拉第和张伯伦回国后，表面上解决了问题，但是他们当然相信——张伯伦比达拉第更坚定地相信——自此以后必须迅速地重整军备。然而更确切的是，慕尼黑会议标志着希特勒在其侵略性外交政策上放弃谨慎，开始冒险，这使西方民主国家面对挑战时越来越采取强硬态度，最终使用武力。转折点是希特勒对受到威吓的捷克斯洛伐克的处理。1939年3月11日，也就是夺得苏台德区前6个月，希特勒安排亲德的分离主义政党在仍属于捷克斯洛伐克的斯洛伐克地区宣布分离，并且请求希特勒成为他们的保护者。新上任的捷克总统埃米尔·哈查（Emil Hacha）抵达柏林，进行抗议。他受到人身恐吓，不得不请求德国保护整个捷克斯洛伐克。3月15日，也就是转天，德国军队开进布拉格，正好充当接踵进城的希特勒的仪仗队和警卫。

吞并捷克斯洛伐克的行径使欧洲民主国家开始行动起来。法国内阁同意，如果希特勒采取下一步行动，法国必须阻止他。3月17日，张伯伦公开宣布，如果小国受到更多攻击，英国将"尽最大努力"去抵抗，这是清楚地警告希特勒，现在他正冒着战争的危险。希特勒不相信，或者不害怕威胁。从1月份开始，他转而威胁波兰。波兰曾是1918年以前德国拥有的领土中最大的部分，特别是把东普鲁士和说德语的但泽自由市与德国核心地区分开的"走廊地区"。波兰人顽强地抵抗希特勒的威胁，甚至到了3月23日，希特勒为了确保实现他的意图，攻占默麦尔（Memel）的港口——这里于1918年前属于德国，此后属于国际联盟在波兰边界的领土——波兰人仍然继续抵抗。他们之所以坚持，主要因为他们知道，英国和法国现在正准备承诺保护他们；3月31日，也就是英法公开宣布它们将保卫比利时、荷兰或瑞士不受攻击的8天之后，英国和法国联合签署一份声明，要确保波兰的独立。两周之后，4月13日，为了表明它们的强硬态度，在墨索里尼仿效希特勒吞并阿尔巴尼亚之后，英法与罗马尼亚和希腊签署了类似的保证书。

然而，波兰是不断升级的危机的焦点，法国和英国想通过与苏联缔结保护性和约，解决这个目前最想解决的问题，即使他们知道波兰人不愿意接受宿敌的任何帮助。其实，法国人和英国人自己也不信任苏联人，而且还深深厌恶苏联的政治制度，这种厌恶感对方也一样有。不过，如果波兰不加以反对的话，也许会缔结合约；但是波兰人固执地拒绝苏联红军进入他们的土地，因为他们确实怀疑苏联人想要吞并大部分波兰领土，并且也许会占领这些地方作为出兵干预的报酬。英国人和法国人没有诱人的补偿，能使斯大林与他们一起在一场假定的危机中采取共同行动；直到1939年夏天，西方民主国家和斯大林之间的谈判才得以展开。

另一方面，希特勒能够提供令人垂涎欲滴的诱饵。同年春夏之际，希特勒也与斯大林断断续续地谈判。希特勒认为，即使关乎像波兰这样对苏联西部边境安全非常重要的国家的未来,苏联也不愿意冒险参战。双方的讨论似乎没有进展,因为双方都不愿意露出底牌。7月底,希特勒决定赌上一赌,几乎毫不遮掩地提议,如果同意不阻止德国从西部入侵波兰,斯大林就可以获得波兰东部的一小块地区。苏联对此很感兴趣。8月22日,两国外交部长莫洛托夫(Molotov)和里宾特洛甫(Ribbentrop)在莫斯科签署了《苏德互不侵犯条约》。该条约的秘密条款实际上许可苏联在德波战争中吞并波兰东部地区,直至维斯图拉河(Vistula)、拉脱维亚、立陶宛和爱沙尼亚波罗的海一线。

至此,波兰命运已定。6月15日,德国军队的参谋机构国防军陆军总司令部(Oberkommando des Heeres, OKH)制定了一项计划,分派南北两路军队,同时向目标华沙进攻。由于波兰北部被东普鲁士的德意志省份所统治,而波兰南部与捷克斯洛伐克接壤,现在捷克斯洛伐克也成为德国领土的延伸(波希米亚—摩拉维亚保护国和斯洛伐克傀儡政权),波兰深陷包围,两侧是其最薄弱的边境地区。波兰的防御区位于西部,囊括下西里西亚的工业区,德国吞并捷克斯洛伐克后,就不允许这里修建新的防御工事。自然,波兰政府想保护该国最富庶和人口最多的地区;波兰还不知道《莫洛托夫—里宾特洛甫条约》,也没意识到苏联对其后方军队的威胁;波兰指望法国在英国的援助下攻击德国的西部边境,以便使德国国防军不会在东方久留。

希特勒有不同的考虑。他相信,法国人不会在西部与他作战,因此他只留下44个师进行防守,对抗名义上号称数百个师的法国军队,事后表明他的看法是正确的。他还认为,在他与波兰作战的短期之内,英国不会伤害德国。他在调动军队方面有优势,而英国和法国则没有。更重要的是,他拥有比波兰数量更多的军队,可以无限使用比波兰更先进的武器装备。德国南北集团军群总共有约62个师,其中包括6个装甲师和10个机械化师,还有1300架现代战斗机。尽管随着战争迫在眉睫,波兰已于7月份开始军事动员,但是直到9月1日,它才用上所有人力。波兰总共有40个师,其中包括9个装甲师;波兰仅有的坦克不仅陈旧,而且是轻型的,只能装备一个旅;空军拥有935架飞机,其中一半是过时的。

波兰之战

希特勒仍然需要一个发动进攻的借口。8月25日,英国与波兰正式结盟,同盟确保两国在遭到第三方侵犯时采取保护行动,这暂时阻止了希特勒的进攻,接下来几天是无关轻重的外交斡旋。然而,8月28日,希特勒正式废除1934年与波兰签定的互不侵犯条约，签约的时候波兰军队数量远远多于德国国防军。8月31日晚，希特勒收到消息称，波兰在格莱维茨（Gleiwitz）靠近西里西亚边界小镇的地方发动进攻；事实上，这次进攻是由他的党卫队精心导演的。转天清晨4点45分，德国坦克跨过边界。由于以德国受到波兰攻击为借口，希特勒并未对外宣战。

到了9月1日晚，波兰空军遭受很大损失，许多飞机在起飞前就被盯上，被德国空军摧毁。德国空军还轰炸了波兰的指挥部、通信设施和城市。所有国防军地面部队进展迅速。9月3日，法国和英国政府分别发出最后通牒，要求德国军队撤出波兰；这两份最后通牒均以当天为最后期限，因此英法与德国开始进入战争状态。当天，从波美拉尼亚进军的德国第4军与从东普鲁士进军的第3军会合，切断了"波兰走廊"，直至波兰的出海口但泽和格丁尼亚（Gdynia）。到了9月7日，在波兰想要占领华沙以西瓦尔塔河（Warta）沿线一带失败后，第10军从南部进军到离波兰首都不足36英里的地区，而第3军一路南下，到达纳雷夫河（Narew），离波兰首都25英里。这时，德国改变了计划。德国曾经预测，大部分波兰军队会身陷维斯图拉河以西，华沙坐落在这条河的河畔。然而，大部分波兰军队迅速撤离，跨过河，汇聚于首都华沙，在此打防御战。因此，德国指挥官们下令组织第二次更严密的封锁，瞄准布格河（Bug）沿岸地区，也就是华沙东部数百英里的地区。当此之时，对于德国来说，唯一的危机发生了。波兰波兹南（Poznan）集团军是众多陷入维斯图拉河西部包围圈的军队之一，它转过来从后边攻击德国第8军和第10军，在第一次交战中就给惊慌的第30师造成严重伤亡。接下来是严酷的包围战，9月19日以德军俘获10万名波兰军士告终。

9月17日，德军包围华沙；为了以恐怖削弱守备部队的抵抗，9月27日之前，华沙遭到狂轰滥炸，守军最终投降。9月3日和10日，德国请求援助，苏联红军最终于9月17日从白俄罗斯和乌克兰地区越过边境。这样波兰失去了向东艰难逃往遥远的普里佩特沼泽（Pripet Marshes）边境的所有希望。在战争中，被监禁的91万名波兰人里有约21.7万人落入苏联人手中。到了10月6日，波兰停止了所有抵抗。约10万名波兰人逃亡到立陶宛、匈牙利和罗马尼亚，许多人从那里前往法国，后来又到英国，组织起波兰流亡军队继续战斗——他们成为法国战役中的步兵、不列颠战役中的飞行员，后来还在其他战线中发挥作用——直到战争结束前的最后一天。

在这场战役结束之后，在波兰阵亡了13981名士兵的德国国防军立即开始转移它的胜利之师，向西补充齐格弗里德防线（Siegfried Line）或西墙（West Wall）的兵力，准备与英国和法国军队作战，而英法却根本不想转移德国军队的注意力，

1939年9月，希特勒在波兰。他的右边是时任元首护卫营指挥官的隆美尔，左边是参谋长凯特尔。

只是在9月8日和10月1日之间发动了小规模的军事行动，通常被称作"萨尔攻势"（Saar Offensive）。波兰之战在军事上的最终结果不是显现在西方，而是在东方。苏联立即利用《莫洛托夫—里宾特洛甫条约》，要求在立陶宛、拉脱维亚和爱沙尼亚部署军队，这种策略最终导致苏联于1940年6月吞并这三国。

冬季之战

斯大林还对芬兰开始了行动，尽管不太容易达到目的。1809年至1917年之间，芬兰曾属于俄国；在俄国内战期间，芬兰打败了俄国人和当地的布尔什维克主义者，赢得了独立，还与俄国划分了边界线，斯大林认为苏芬边界太近，不利于列宁格勒（今圣彼得堡）和苏联的波罗的海港口的战略安全。1939年10月12日，在拉脱维亚按照苏联要求签署条约一周之后，苏联要求芬兰政府给予部署海军的权力，并且割让位于卡累利阿（Karelian）地峡通向列宁格勒的一大片芬兰领土。芬兰人采用拖延战术，11月26日，苏联在边境安排了一次事件。11月30日，苏联四路军队发起进攻，总共30个师；由于这一明目张胆的侵略行为，苏联于12月14日被开除出国际联盟。最终，苏联派出100万人参战。尽管芬兰的总兵力从未超过17.5万人，不过芬兰人巧妙并且成功地进行抵抗。芬兰人也许可以说是欧洲各民族中最尚武，当然也是最勇敢的，他们在祖国森林里大雪覆盖的荒地上包围苏联进攻者，使用所谓的"柴堆"（motti）* 战术或称"采伐"战术，切断和包围敌人，苏联人往往受这种作战方式的迷惑，士气受挫，因为他们以往的训练并不适合打这样的仗。芬兰军队的主要力量用于防守卡累利阿地峡的曼纳海姆防线（Mannerheim Line），这条防线是以芬兰总司令的名字命名的，他曾于1918年赢得独立战争的胜利，芬兰独立作战部队在拉多加湖（Lake Ladoga）与白海之间漫长的东线攻击、包围、打垮苏联军队。

12月，芬兰竟在苏联一系列军事行动之后，开始从卡累利阿地峡反攻，曼纳海姆把苏联人的军事行动描述为"类似一场指挥糟糕的管弦乐团演出"。然而到了1月份，苏联人承认低估了芬兰军人的英勇，也采取其对手的方法，调动充足的兵力来制服他们。2月，苏军主力突破曼纳海姆防线，芬兰政府承认该国人口数量少，难以负担这场战争所造成的伤亡损失。3月6日，芬兰政府协商停战事宜，3月12日签署停战协议，对苏联于10月提出的要求予以让步；芬兰在这场战争中失去2.5万条生命。然而，苏联红军牺牲了20万名将士，也许大部分人是被包围或与基地失去联系时死于恶劣的天气。"冬季之战"的经验，加上1941年6月后芬兰与苏联的"续战"（Continuation War），使苏联在和平再度到来的时候谨慎地调整对芬政策。

对于所有轴心国的敌对者来说，芬兰一度成为一种鼓舞。在签定《莫洛托夫—里宾特洛甫条约》之后，苏联在1940年时站到轴心国一边。英国和法国甚至考虑向芬兰提供军事援助，两国打算派军和芬兰军队一起打冬季之战；对苏联与西方关系的前景来说，幸运的是，在英法军队被派出之前，芬兰人已经求和。

斯堪的纳维亚战役

然而，冬季之战的终结并未停止英法对北欧的军事介入。据德国海军所述，它紧密注意斯堪的纳维亚事务——西方对芬兰的军事援助最有可能途经挪威，这样做的话不仅不会损害挪威保持的中立状态，而且还可以对德国使用瑞典的基律纳-耶利瓦勒（Kiruna–Gällivare）铁矿产生威胁，那里为德国的战时经济提供重要的

---

* 所谓motti原指一立方米的木柴，后被引申为军事俚语，指被完全包围的敌方部队。Motti战术实际上就是指把敌军大部队分割包围成易于消灭的小股部队，再一一消灭。——译者注

产品。希特勒的海军元帅埃里希·雷德尔（Erich Raeder）无论如何都急于获得挪威北部的基地，从那里与英国皇家海军作战，因此力劝希特勒在1939年秋冬之际先发制人，批准在挪威的军事干涉。希特勒全神贯注于即将在西部展开的攻击计划，不会轻易转移兴趣，不过12月，雷德尔安排挪威纳粹领袖维德孔·吉斯林（Vidkun Quisling）来到柏林之后，希特勒批准国防军最高统帅部去调查是否值得占领挪威。2月中旬，希特勒的骄傲受到打击，这缓解了他的冷淡态度。

战争爆发时，一艘名为格拉夫·施佩号（Graf Spee）的德国袖珍战列舰在南大西洋对英国商船进行商业袭击，但最终被三艘英国巡洋舰困于乌拉圭海岸。1939年12月13日拉普拉塔河口海战（Battle of the River Plate）后，该舰指挥官被迫把它丢弃在蒙得维的亚（Montevideo）。英国人感到很振奋，希特勒却为德国舰只蒙羞而感到非常生气。让希特勒更加愤怒的是，2月16日，一艘名为阿尔特马克号（Altmark）的德国供应船在挪威海域被英国皇家海军驱逐舰哥萨克号（Cossack）截获，它曾在格拉夫·施佩号巡航期间随航，船上曾被格拉夫·施佩号俘获的300名英国商船海员获得解放。希特勒立即决定，通过入侵和占领挪威，使挪威海域永远不向英国人开放，他命令山地作战专家尼古拉斯·冯·法尔肯霍斯特（Nikolaus von Falkenhorst）将军准备一份计划。法尔肯霍斯特很快推断，也要占领丹麦，作为通往挪威的"陆桥"，3月7日希特勒派遣8个师执行任务。当时情报部门表示，倘若放弃希特勒通常强调的侵略的合法借口，盟军就会计划干预挪威战事。尽管如此，雷德尔成功地说服希特勒，此行动在战略上是必要的，4月7日运输船起航。

丹麦完全没有准备好参战，几乎没有防备，而且从来没有怀疑过德国会与它为敌。4月9日清晨，德国军队登陆，在空袭哥本哈根的威胁下，丹麦投降。挪威人也大吃一惊。不过，他们已经准备好要投入战斗。在奥斯陆（Oslo），港口堡垒的古炮瞄准处于海湾的侵略者，击沉了德国巡洋舰布吕歇尔号（Blücher），留给政府和皇室足够长的时间逃到英国。挪威军队规模小，生还者集合起来，尽其所能地抵抗德国从海滨地区向中部城市翁达尔斯内斯（Andalsnes）、特隆赫姆（Trondheim）和纳姆索斯（Namsos）的进攻，并且反击从北部纳维克（Narvik）登陆的德国军队。然而，他们不必单独作战。英法准备干预芬兰战事，它们的分遣队整装待发，登陆芬兰。4月18日至23日，1.2万名英法军士分别从特隆赫姆南北两侧靠岸，攻击从奥斯陆北上古德布兰斯达尔（Gudbrandsdal）和厄斯特达尔（Osterdal）峡谷的德军。4月23日，德军在古德布兰斯达尔峡谷击败登陆的英国先锋旅，迫使他们从翁达尔斯内斯经由海路撤退，然后与在特隆赫姆登陆的部队取得联系。5月3日，德军迫使其余的盟军部队穿过纳姆索斯撤退。

在北部，战争的时运却惠顾另一方。4月10日和13日，德国海军在纳尔维克的两场战役中遭遇重创，一方是先进的英国军队，另一方是运输爱德华·迪特尔（Eduard Dietl）将军的山地部队的德国驱逐舰。10艘驱逐舰，以及迪特尔军队的大部分，在纳尔维克海湾沉没。迪特尔只和2000名山地步兵、2600名海员逃到岸上，他们要对抗2.45万名盟军将士，包括坚决抵抗的挪威第6师。4月14日起，迪特尔发现自己被困在纳尔维克，最终被迫突破重围，于5月底退到瑞典边界。然而，盟军在法国防线的崩溃终结了挪威之战，这是由于德国国防军始于5月10日的闪电战使英法遭受损失，法国和英国命令它们的军队经由纳尔维克回国。

尽管在许多方面迪特尔都可以算作自1939年至1940年间德国将军中最不成功的一位，不过他却讨得希特勒的欢心；1944年6月，他死于飞机失事，这被元首看作是令人伤心的个人悲剧。那时，希特勒认为迪特尔无可替代，并且试图向芬兰人隐瞒迪特尔去世的消息。因为对于芬兰人来说，迪特尔在1941年至1944年的"续战"期间表现卓越，声名远播，这样做也免得让德军在被苏联再次迎头痛击之后变得更加气馁。希特勒喜欢迪特尔，因为迪特尔以火爆的、军人的方式与他争论，也许这恰恰让元首想起自己的军旅生涯。由于他在纳尔维克使希特勒免于受辱，希特勒更加喜欢他。希特勒由于登陆失败而感到惊慌，几乎要命令迪特尔逃往瑞典，并且扣押他的士兵，以免除他们向英国投降的风险，希特勒最终被劝阻，没有发出命令。无论如何，对于迪特尔进攻和撤退的顽强来说，这样的命令是不必要的。迪特尔是个榜样，是希特勒希望每个德国士兵都能成为的榜样，是希特勒从组建国防军开始就期待数以千计地征募和训练的士兵的榜样。1940年6月，在挪威北部山区，迪特尔在失败的危险境遇中攫取胜利，并且自战争爆发以来始终保持这样没有污点的胜利记录，这是对其品质的考验。然而，对于在西部同时展开的战役来说，甚至迪特尔的胜利也微不足道。闪电战似乎是一种控制军队的魔法。

第一部分

西线战争
1940–1943

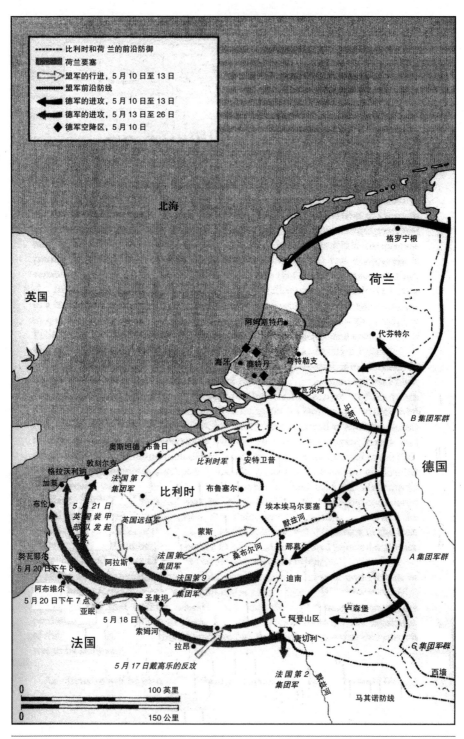

西线闪电战，1940年

三 闪电战的胜利

闪电战（Blitzkrieg）是个德语词汇，不过在1939年前德国军队并不知道这个词。这是西方新闻记者的杜撰，他们使用这个词来让读者知道，在三周时间内，德国在与装备不良、数量又少的波兰军队进行陆战、空战时，在速度和破坏性方面的某些特性。然而，正如德国将军们自己欣然承认的，波兰战役并非是对军队战斗力的公平测试。尽管他们中的一些人认为，纳粹德国国防军比不上旧的帝国军队——这种看法使希特勒在11月5日召开的帝国总理府（Reich Chancellery）会议上对总司令瓦尔特·冯·布劳希奇（Walther von Brauchitsch）将军大发雷霆——行动缓慢的波兰步兵师根本敌不过古德里安（Guderian）和克莱斯特（Kleist）的机械化先头部队。闪电战恰当地描述了波兰遭遇的战事。

那么，闪电战会对西方有效吗？直到10月份，希特勒一直希望，闪电战会说服法国和英国接受他在波兰取得的胜利；但是法国和英国分别于10月10日和12日拒绝了希特勒于10月6日在德国国会所做的演讲中提出的和平设想。 这种拒绝让希特勒认为，德国必须再次发动战争。希特勒的野心是，至少要击败法国，法国的失败也许会劝服英国提出个别条款，让英国的海上帝国开始适应德国的陆上帝国，希特勒作为昔日多瑙河大陆帝国的国民，在成长过程中一直不切实际地如此期盼着。9月12日，希特勒告诉陆军副官鲁道夫·施蒙特（Rudolf Schmundt），他相信法国很快就会被攻克，然后英国会来谈判；9月27日，希特勒通知三军总司令，打算马上在西线发动进攻；10月9日，甚至在法国和英国拒绝他的和平方案前，希特勒已经发布第6号元首指令（Führer Directive No.6），准备发动西线攻势。

在所附的备忘录中，他谴责法国和英国自1648年签署《威斯特伐利亚和约》（Peace of Westphalia）以来分裂德国，致使德国力量衰落。希特勒在备忘录里还宣称，"为了给德国人的扩张留有空间，削弱西方强国的优势"是最重要的。第6号元首指令还描述了如何去削弱西方强国：

46 　　　　　计划发动一场进攻……跨过卢森堡、比利时和荷兰，而且必须尽早发起进攻，因为任何进一步的拖延将会……承担比利时、也许还有荷兰放弃中立的结果，这对同盟国有利。进攻的目的是，尽可能多地打败法国军队，以及站在法国一边的同盟国军队，同时在荷兰、比利时和法国北部获取尽可能多的土地，作为与英国顺利进行海空作战的基地，也作为经济地位至关重要的鲁尔区的巨大防护区。

　　进攻计划的代号是"黄色方案"（Fall Gelb），由德意志国防军陆军部队的最高指挥机构国防军陆军总司令部详细设计。希特勒作为最高统帅拟订主要的战略目标，他并不亲自参与作战技巧方面的事宜。尽管如此，希特勒对"黄色方案"将要取得的战果仍有着坚定的想法，即使这想法尚不清晰。这将会造成错综复杂的战略局面，使元首和军队在未来 5 个月里发生争执。从历史观点来说，德国军队和之前的普鲁士军队常常遵循一种假定，即国家元首也是军事首领——统帅（Feldherr）。然而，自腓特烈大帝（Frederick the Great）亲自率领他的士兵们对抗沙皇的军队，神圣罗马帝国皇帝真正作为国家元首干预将军们的计划以来，再没有这样的情况。1870 年和 1914 年德国与法国两次交战之初，德国皇帝威廉一世和威廉二世（Kaisers Wilhelm I and II）都把宫廷迁到军队司令部；但是，他们后来都把军事行动的具体指挥权转交给他们的司令——依次为毛奇家族（the Moltkes）、法金汉（Falkenhayn）和兴登堡（Hindenburg）。如果继任的司令们赞同希特勒所设想的重建后的德国陆军和空军能够取得的成就，希特勒也许也会这样做；但是，总司令布劳希奇对此表示怀疑，他是巴伐利亚参谋学院（Bavarian General Staff Academy）教育的产物，人们普遍认为该学院毕业生在思想上比普鲁士军事学院（Prussian Kriegsakademie）的毕业生更加灵活。然而，他的作战经历是，他曾是一名在西线按部就班工作的参谋；他开始服役的军种是炮兵，也受按部就班思想的支配；他是虔诚的全国路德教会（State Lutheran Church）的信徒，因此，他对希特勒残忍的国内外统治哲学感到畏缩，不过也不至于反对这种哲学，进而挑衅相关的权力机构。结果，他为"黄色方案"提出一种模式，正如他在别处所承认的，这种模式把对法国发动决定性攻势推延到 1942 年。10 月 19 日，他概述了他的计划，即把英国远征军（British Expeditionary Force）和法国军队分开，并且取得比利时战场的胜利，这将为德国空军和海军针对英国的军事行动提供机场和北海港口，但是这不会立即取得胜利。

因而，他虽然勉强同意了第 6 号元首指令，但是成功地抵制了该命令的精神内涵。这种权宜之计暂时阻碍了希特勒，因为希特勒在军事领导层缺少能帮他反对哈尔德*（Halder）的同盟者。10 月 22 日，希特勒要求"黄色方案"尽快于 11 月 12 日开始进行，这令他的总司令感到不安；10 月 25 日，希特勒向布劳希奇提议，军队直接进攻法国，而非进攻比利时北部地区；10 月 30 日，希特勒向他的私人作战部长约德尔（Jodl）将军提议，将国防军的坦克调到阿登山区（Ardennes）的森林里，那是法国人最意想不到的地方。然而，如果这些建议得不到专业军人的支持，希特勒就不能推动"黄色方案"的执行。

总参谋部的拒绝有着充足的理由。晚秋并不是适合开展军事进攻的时节，尤其是在多雨的欧洲北部的湿润平原。即使狭窄的山谷直接通向位于马其诺防线（Maginot Line）北部开阔的法国乡村，阿登山区显然也不是适合部署坦克的地区。因此，希特勒的愿望好比白日做梦——直到哈尔德的计划流传到他的军职同僚那里，他们对于该计划局限性的质疑传到希特勒耳中。这个过程需要时间，而时间也确保了对"黄色方案"的修订，最终取得了丰硕的成果；哈尔德认为晚秋时节不该进攻法国是对的，但是他错在认为大胆的战术不会产生重要的结果。

支持希特勒的职业军官是 A 集团军群的总司令格尔德·冯·伦德施泰特（Gred von Rundstedt），以及他的参谋长埃里希·冯·曼施泰因（Erich von Manstein）。伦德施泰特与总参谋部的计划背道而驰的重要性在于他的影响力，他是军队里最资深的将军之一，也是西线最强大的集团军群的指挥官。曼施泰因反对哈尔德的"黄色方案"的意义是，他享有伦德施泰特的支持，他自己也是国防军内最有军事才干的军官之一。一开始，他并不知道希特勒对哈尔德的计划不满。他反对这个计划，只是因为这种解决问题的方式缺乏热情，本能告诉他应该采用一种充满生机的解决方案。然而，随着秋季转入冬季，天气更加恶劣，他的本能促使他一次又一次地批评哈尔德的计划，每次批评都不知不觉地一步步接近希特勒对"黄色方案"结果的期盼，同时每次批评也都为后来制定的所谓"曼施泰因计划"奠定了基础。

10 月 31 日，他所撰写的六份备忘录里的第一份送交国防军陆军总司令部。这份备忘录认为，"黄色方案"的目标是必须通过猛攻索姆河（Somme）沿线地区，切断同盟国的军队，从而和希特勒于 10 月 30 日提出通过阿登山区发动进攻的想

---

* 时任陆军总参谋长。——译者注

法相契合。11月3日，总司令布劳希奇予以拒绝，但同时也作出让步，即该给伦德施泰特的A集团军群分派更多的装甲部队。与此同时，由于恶劣的天气迫使哈尔德计划一再拖延，希特勒对他的将军们大发雷霆，责备他们缺乏热情。他决心要取得胜利，11月23日他在帝国总理府警告说，"任何不这样想的人都是不可靠的"。曼施泰因向其他中级军官寻求支持，特别是坦克专家古德里安，希望对法国北部猛烈一击的想法能够得到认可。即使低估了法国人和英国人会在比利时投入重兵，因而对他有利的可能性——这正好就是英法的企图，尽管他并不知道——曼施泰因愈加确信，把敌军沿索姆河一线分割开的军事攻势是正确的战略。古德里安担保，坦克军队如果足够强大的话，就能越过阿登山区，跨过默兹河（Meuse），实施猛烈打击。这个担保补充了曼施泰因的观点。

尽管希特勒与哈尔德存在意见分歧，但是希特勒对胜利的渴望仍然使他克服了对哈尔德计划的疑虑。本来应该启动计划的"A日"（A-Days）在12月被修改了4次，最后一次终于确定于1940年1月17日开始行动。然而1月10日，两名德国空军军官在比利时紧急降落，他们的公文包里有"黄色方案"的部分文本。两名军官试图烧毁文件未遂，德国驻荷武官发现这件事，德国的进攻面临威胁，军方不得不向希特勒和盘托出。希特勒大怒，撤了德军第2航空队司令员的职，改由阿尔伯特·凯塞林（Albert Kesselring）接任，凯塞林后来证明是二战中德国最有才华的将军之一。此后，希特勒无限期地推迟了"黄色方案"，并且要求制定出新的计划，"尤其要秘密地、出其不意地制定它"。

曼施泰因的机会来了。然而，他的六份备忘录中的最后一份让哈尔德很不耐烦，因此12月他授予这位A集团军群参谋长以指挥一个军的权力，这只是理论上的晋升，由于该军在东普鲁士，这实际上是把这个麻烦的晚辈从有影响力的职位上给拉了下来。不过，按照礼仪的要求，军指挥官在受命时要向国家元首致敬。典礼本该有个仪式；但是这次，机会选择了希特勒的国防军副官施蒙特，他在曼施泰因科布伦茨的司令部听到其计划的风声。该计划惊人地符合元首的热望，尽管是以一种"更加精确的形式"。2月17日，施蒙特安排曼施泰因与元首共同度过了整个上午。希特勒对曼施泰因的想法着迷，改变了自己的想法，并且从那时开始行动，直到布劳希奇和哈尔德也接受了曼施泰因的计划——希特勒假装是他自己的设想。

不久，国防军陆军总司令部展现了该机构的实力。它由昔日的普鲁士总参谋部直接发展而来，现在只是强大主人的仆役。直到那时，希特勒运用意志而非心智的力量，发挥该机构的才能。现在，主人已经明确表达了自己的意图，它用尽全力把曼施泰因—希特勒的基本设想——强大的装甲军队穿过阿登山区的森林地带从后面进攻索姆河北岸的英法野战军——转变成无懈可击的具体的行动命令。国防军陆军总司令部动作迅速。仅仅在希特勒受到曼施泰因启发的那个上午的一周之后，国防军陆军总司令部就制定出一份代号为"镰刀收割"（Sichelschnitt）的计划书，转化了他们已经形成一半的想法。该计划的主旨颠覆了自1914年以来的施里芬（Schlieffen）计划。当这位总参谋长的设想在战场上实施时，他已然过逝，他的计划把胜利寄希望于法国会进攻阿登山区南部的德国地区，使德国军队能够通过比利时从侧翼包围他们。而"镰刀收割"计划以另外一种期望为基础，即1940年法国及其英国盟友会进攻比利时，从而使德国军队穿过阿登山区从侧翼包围他们。这是有着双重陷阱的杰出战术，尤其因为即使期望的情况没有出现，此计划也有保障。即使法英军队不进攻比利时，穿越阿登山区的出其不意，加上大量装甲部队的实力，这也是从后面抓住敌人、扳倒他的极好机会。

"镰刀收割"计划把任务分派给3个集团军群。B集团军群部署在最北边，由弗雷多·冯·博克（Fedor von Bock）将军指挥，负责进攻荷兰和比利时北部地区，目的是尽可能向东引诱法英野战军，并且从北部展开侧翼包抄，攻占领土。C集团军群部署在最南边，由威廉·里特·冯·莱布（Wilhelm Ritter von Leeb）将军指挥，负责对付马其诺防线的驻军，如果可能的话，就突破该防线。伦德施泰特的A集团军群部署在中间，负责穿越阿登山区，横渡色当（Sedan）和迪南（Dinant）之间的默兹河天然水障，然后向西北方向进军，沿索姆河一线，直趋亚眠（Amiens）、阿布维尔（Abbeville）和英吉利海峡沿岸。A集团军群将调动现有10个装甲师中的7个作为先锋部队，只留给博克3个装甲师，莱布则一个都没有。

博克对自己扮演的次要角色颇为不满，他才华横溢地分析了具有毁灭性的"最差情况"，进而向哈尔德强调了该计划的危险性。"你将从距马其诺防线10英里的地方一直匍匐前进，你的侧翼去突破，而且希望法国人什么都看不到！你把大量坦克部队塞进阿登山区的不毛之地，仿佛这世上没有诸如空中力量之类的东西！然后，你希望这次军事进攻能够打到海岸边，而军队侧翼南边200英里的开阔地方却部署着大量法国军队。"对他们这代德国军官而言，博克对哈尔德的警告，令人回忆起1914年德国军队最后一次"裸露侧翼"进攻法国的行动——长长的满是尘埃的道路上挤满行军的部队，哪儿也找不到法国人，未受保护的通讯线路甚至更长，巴黎铜墙铁壁的堡垒，突然冒出军队，大炮在后面持续轰鸣，像霹雳一样，法国人突然开始反击，第一场马恩河战役失利，德国先锋部队仓皇失措，战争急切的脚步淹没于挖掘西线第一个战壕的铁铲的重击声中。

博克警告说，如果"镰刀收割"计划失败，国防军将再一次面临西线战事的停滞，这是对的；而他警告说"镰刀收割"计划也许会像1914年执行施里芬计划那样遭遇失败，却是错的。首先，马其诺防线与1914年巴黎的防御堡垒不同，它不是屯兵场（place d'armes），反攻力量不能像豹子一样冲向德军侧翼。相反，马其诺防线的构造限制了它的守备部队，使他们只能以纯粹的正面防御应付正面进攻，但进攻并非伦德施泰特要完成的任务。其次，德国军队不会"爬过"马其诺防线；如果它的坦克先锋部队能够越过阿登山区，渡过默兹河，那么就能每天向前行军30或40英里，正如他们在波兰时那样，而法国军队却没组织那样做，不管它的大部队在哪里。关于空军力量，当然存在"这样一种东西"，但是德国空军在飞机质量和陆空作战的战略战术方面更占优势，在数量上也远远多于法国空军（Armée de l'Air）和英国皇家空军（RAF）前进空中打击部队（Advanced Air Striking Force）的总和，作战经验也更为丰富。

赫尔曼·戈林（Hermann Goering）的德国空军将会在战争的后期暴露它的不足之处；但是在1940年时，它的力量无与伦比。英法空军在飞机生产和采购方面过于多样化——试图在国内建造太多种类的飞机，然后又被迫从美国购买，替换不满意的机型。与英法空军不同，德国空军大量采购某些类型的飞机，每种类型都很适合某些专门任务。梅塞施米特109（Messerschmitt 109）战斗机是很好的例子，如果在今天它会被称为"空中优势战斗机"，它行动迅速，操纵灵活，全副武装，爬升率高。容克斯87（Junkers 87）是强大的对地攻击俯冲轰炸机，尤其在受到梅塞施米特109战斗机掩护，并且陆空防御依靠视觉瞄准的高射炮时，它的威力很大。亨克尔111（Heinkel 111）是有效的中型轰炸机，至少适用于日间作战。其他一些德国飞机的类型，诸如道尼尔17轰炸机（Dornier 17）、梅塞施米特110重型战斗机（Messerschmitt 110），将会证明是错误的构想；不过1940年时，德国空军没有法英空军配备的那些即将过时或已经过时的机型。而且，高级长官里有几位一流人物——米尔希（Milch）、耶顺内克（Jeschonnek）和凯塞林——他们从陆军转到空军是其能力的象征；相比之下，法国和英国空军的许多高级长官却是失败者，他们放弃陆军是为了重新开始失意的事业。

德国空军和陆军军官——耶顺内克最初毕业于陆军军事学院——训练的共性特征确保了国防军陆空作战战术的规则有序。10个装甲师的作战人员知道，当他们需要空军支援时，无论他们需要空军去哪里，无论他们如何要求空军，空军都会准时赶到。这确保了装甲部队威力的大幅提升，无论如何，装甲部队本身的实力也不容小觑。就类型而言，德国坦克与英国和法国坦克相比，并不具有明显的优势。马克Ⅳ型战车（Mark Ⅳ Panzer）是军队未来的主战坦克，它的装甲防护力强，但是火力不足。经久耐用的马克Ⅲ型坦克比英国步兵坦克马克Ⅰ和法国索玛坦克（Somua）防护性差，索玛坦克设计先进，其铸造车体影响了1942年至1945年投入使用的美国谢尔曼（Sherman）坦克。然而，德国坦克被整编为"全坦克"部队，即装甲师，不仅包括装备重武器的坦克——也就是说，不受非机械化步兵或炮兵的阻碍——而且训练有素，使坦克的性能发挥到极致：兼具速度、机动性和行动的独立性。相比之下，英国只有一个装甲师，并且仍在组建过程中；法国拥有的坦克数量虽然比德国多（法国有3000辆，德国有2400辆），但是法国把一半（1500辆）坦克分派到行动缓慢的步兵师，还分派一些（700辆）坦克加入低劣的"骑兵"师和"机械化"师，只保留800辆坦克组成5个装甲师，1940年时其中3个装甲师处于现役，由刚愎的夏尔·戴高乐（Charles de Gaulle）指挥的一个装甲师仍在组建过程中。德国10个装甲师不仅构成是均质的，这是由于波兰战役后"轻型"坦克师被重组为真正的坦克师；而且这些装甲师归更高级别的装甲兵司令部管辖，由霍普纳（Hoepner，指挥第16装甲军）、霍斯（Hoth，指挥第15装甲军）、古德里安（指挥第19装甲军）和莱因哈特（Reinhardt，指挥第41装甲军）指挥。古德里安和莱因哈特的部队，加上魏特夏（Wietersheim）的第14机械化军（由包括完整坦克营的摩托化步兵师组成），实际上组成一个独立的实体，即冯·克莱斯特（von Kleist）的装甲集群。它诞生时是革命性的组织，是当时规模最大的装甲部队，也是将于1941年至1945年横扫世界战场的大规模坦克军队的先驱。

马其诺心态

正是这些密集的坦克集群使德国军队成为西方同盟军威胁巨大的对手，双方僵持，等待着1940年春法德边境任一方发起进攻。法国军队有101个师，在特征上与1914年的军队几乎没有不同；将士们身穿相同的战靴，配备相同的大炮，在与霞飞老爹（"Papa" Joffre）率军时相同的曲调下行军；许多指挥官曾经担任参谋，26年前在那个可怕的8月辅佐过参战的将军们。而且，这仍是一支步进式的军队，昔日士兵踏步和战马驰骋的节奏决定了它的策略步调。德国军队也是如此，

120 个步兵师和敌军一样受地形限制。但是 10 个德国装甲师并不依赖道路；支援装甲师的德国空军飞行中队甚至不受地面的限制。的确，装甲师和空军一起发动"闪电战"，威胁着西方同盟国的地面部队。西方的将军们希望如何制止他们呢？

当然，西方的战略首先建立在马其诺防线是坚不可摧的这一信念基础之上，自 1930 年 1 月投入第一笔建造该防线的资金以来，"混凝土构筑的西线"消耗了法国大量的国防预算开支。然而，法国致力于建造"不能通过的"军事边境要远早于此。早在 1922 年，法国军队就决定，法国士兵不该再像 1914 年那样，不得不在野外打防御战；人口增长和经济发展态势——出生率降低、固定的工业基地——都强化了这一决心。马其诺防线最初的投入是 30 亿法郎；到 1935 年，总共花费了 70 亿法郎，是上年同期国防预算的五分之一，但是只完成 87 英里防御工事的建造。防御专家相信（正如 1940 年发生的事件所表明的），钱换来了该防线对法德边境的有效保护——但是在法国与比利时毗邻的地区尚有 250 英里完全未设防的边境。这不仅是因为缺少资金延伸该防线，与比利时友好关系的维持也阻碍了该防线的修建；因为 1936 年希特勒重新占领莱茵兰时，比利时废除了与法国签定的军事条约，声明自己是"独立的"——尽管不是中立的——但是它清楚地表明，如果该防线向北延伸的话，它不愿留在马其诺防线错误的一边。

如果德国发动攻势，这场攻势似乎一定会利用比利时的软弱（正如 1914 年那样），法国高级指挥部就不得不动员灵活机动的野战军，和英国远征军一起，在事先未能与比利时总参谋部协调计划，或是未对将要作战的地区进行侦察的情况下，进驻比利时的疆土。然而，法国人不得不接受这一极不理想的基本状况，准备打防御战。1939 年 10 月 24 日，法军总司令莫里斯·甘末林（Maurice Gamelin）将军签署命令，要求法军在德军进攻时，进击比利时斯海尔德河（Schelde）沿线地区。三周之后，也就是 11 月 15 日，当该计划的缺点暴露后，甘末林签署了修改后的第 8 号指令（Directive No.8），把进攻前线推到德尔河（Dyle）。这条前线更短，联结比利时两大天然水障，即斯海尔德河河口和默兹河，河防部队在此守卫这里与马其诺防线之间的缺口。

第 8 号指令有助于使法英联军离比利时军队的预计位置更近，比利时军队有 22 个师，它们灵活机动，有着极佳的军事声誉；同盟国后来对比利时大加嘲讽，而德国则从 1914 年就将比利时视为顽强的对手，甚至在它即将到来的彻底失败之后，德国仍然如此认为。比利时的前线也加强了防备，正如 1914 年那样，修筑了坚固的防御工事，尤其是默兹河沿线地区，耗费了大量资金。

在独立作战的情况下，比利时军有可能在其边境拖延德国吗？第 8 号指令预示了一种有效的策略。策略成功与否，取决于调动法英联军的效率。其中英国远征军自成一体，尽管质量参差不齐。1940 年 1 月，英国大使在巴黎写给外交部长哈利法克斯勋爵（Lord Halifax）的信中说："不用在意英国皇家海军和空军的规模……法国舆论要大量军队驻扎欧洲。"英国人已经尽力而为；到 1939 年 12 月，他们已经把全部 5 支最好的驻扎本土的常备军派到法国。然而，由于英国的军事系统是实实在在的常备军，受过训练的预备军相比法国和德国征募的军队来说数量很少，这几乎耗尽了英国的军事资源。额外的军队不得不从志愿军抽调，即英国本土防卫队（Territorial Army），在家乡他们被称为"民兵"（Saturday night soldiers）。他们热情高涨，但是经验和技术较为欠缺。额外的 5 个师于 1 月至 4 月之间被派到法国，他们都来自英国本土防卫队；最后的 3 个师于 4 月被派到法国，他们缺乏训练，设备也不够精良，甚至连英国人都把他们视为"劳力"编队。此外，全部 13 支部队都是步兵师；1940 年 5 月，英国唯一一支坦克部队，即第 1 装甲师，仍然没准备好参加行动。不过，英国远征军组织的协调性和作战精神的坚韧都令人印象深刻。正规军一贯对国王的敌人——或者盟友（1914 年，一个英国兵向齐格弗里德·萨松说："去打他们，该死的比利时人。"）——的身份漠不关心，而英国本土防卫队急切模仿正规军的沉着镇定。

相反，法国军队是一些零散的师和部队单位的集合，有上等、中等和差等。上等部队包括 10 个"现役"步兵师，和平时期保持满员状态，以及殖民军的 7 个常规师和法国非洲军团（Armée d'Afrique）中被派回法国的那些北非师。稍差一点的部队包括：A 级预备师，由年轻的预备役军人组成；B 级师中的一些，由超过 32 岁的预备役军人组成，军事行动迟缓，甚至不太顺从。1939 年 11 月，未来的英国总参谋长阿伦·布鲁克（Alan Brooke）中将略带厌恶地回忆起这些人组成的分列式："这些人不刮脸，战马也未做准备，衣服和马具也不合适，运输工具肮脏不堪，对他们自己或部队完全没有自豪感。然而，最让我吃惊的是，这些人脸上的表情，那是不满和不顺从的表情……尽管命令他们'向左看'，但是大家几乎都不屑于这样做。"法国坦克部队和摩托化部队的人员素质稍好一些，但是组织混乱；5 个轻型骑兵师（DLC）包括马队和装甲车队，3 个轻型机械化师（DLM）有装甲车和轻型坦克，4 个装甲师（DCR）只有坦克，此外还有 10 个摩托化侦察步兵师。他们在军队中分布得比较随意，又没有可与精良的装甲部队相匹配的指挥官，这些装甲部队将成为对抗伦德施泰特的 A 集团军群的前锋。也许法国军队中合理地受过训练、装备精良、能尽职尽责的只有马其诺防线的要塞师，包括印度支那和马达加斯加机枪手；但是他们明显无法部署到别的地方去。

与这些混杂的盟军作战的德国军队让人印象最深的是，它的构成整齐划一。德军仍然只保持三种类型：装甲、摩托化和步兵部队。降落伞师构成德国空军的一部分。到1940年5月，全部10个装甲师、全部6个摩托化师被部署到西线；此外，还有118个步兵师，从波兰战役开始，无论是战前"积极"备战还是战时预备作战，这些步兵师的作战效率没什么不同。德国战斗序列中唯一古怪的是，第1骑兵师（实际上是个摩托化编队）、精锐山地步兵师和两个摩托化师均来自纳粹党的武装力量党卫队。党卫队在波兰已经表明要采取非法暴行的倾向，在法国这种暴行将进一步扩大。另外，党卫队的部队与军队唯一不同的是，它们显然下定决心要在战场上表现出过人的勇气。

德国军队的组织简明，体现在其指挥安排方面。希特勒拥有控制军队的最高权力，在他之下是他的私人参谋部国防军最高统帅部，到那时还是一个尚未发展成熟的控制工具，再次是国防军陆军总司令部，再往下直接是集团军群。实际上，正如在波兰预示的那样，希特勒直接向总参谋部下达命令，他的私人参谋部与总参谋部联系紧密，但是具体的军事行动由总参谋部的专家们直接负责。国防军陆军总司令部中的德国空军联络员直接与陆军协调空中行动。相反，在同盟国一方，军事行动指挥权归属于法军总司令莫里斯·甘末林将军，但是实际上先通过陆军指挥官（杜芒克将军），然后通过东北地区指挥官阿方斯·约瑟夫·乔治（Alphonse Joseph Georges）将军进行指挥，乔治将军统领法军第1集团军群、第2集团军群、第3集团军群和英国远征军。英国远征军总司令陆军上将戈特勋爵（Lord Gort）在军事上听从乔治，但是在政治上听从英国内阁；到了1940年5月，由于甘末林在政治上对自己的内阁负责，于是他逐渐形成一种习惯，即直接与戈特对话，而不再通过乔治，不过，戈特最终还是要听从来自伦敦的命令，而非来自拉弗特（La Ferté，乔治的指挥部）、蒙德里（Montry，杜芒克的指挥部）和樊尚（Vincennes，甘末林的司令部）的命令。盟军的指挥系统在结构上还有一个更为重要的弱点，那就是甘末林的司令部设在巴黎附近，杜芒克的指挥部位于前往法国北部乔治指挥部的半路上，戈特的指挥部与之分离，英国和法国空军的指挥部也相互分离。在法国，英国皇家空军实际上由两个部门指挥：戈特直接控制英国远征军中的皇家空军部分，但是规模更大的前进空中打击部队归英国轰炸机司令部（Bomber Command）管辖。法国空军在空军中队之上设有三级指挥机构，有三个独立的空军中队指挥部，还有与英国皇家空军两个部分联系的联络员。

结构性的缺陷还要加上个人的不足。戈特是一位勇猛过人的军官，他曾在第一次世界大战中荣获维多利亚十字勋章（Victoria Cross），但是他与作战部队的营级指挥官们交往过密。乔治从未从1934年在马塞暗杀南斯拉夫国王时负的伤中完全康复过来。甘末林曾是霞飞（Joffre）作战部的军官，只是这时已经老了，他已经68岁，而且更糟糕的是，随着年龄的增长，他容易感到疲惫。在假战争（phoney war）*期间，戴高乐曾去司令部探望甘末林，该司令部位于樊尚，地处偏远，像修道院似的，此行给戴高乐留下的印象是，一名研究者在实验室里检测其策略的化学成分。英国空军驻法指挥官阿瑟·巴勒特（Arthur Barratt）中将有着更为尖刻的论断："一个有着一双纽扣似的眼睛、穿着有纽扣的靴子、肚子像壶一样的小杂货商。"甘末林的作战指令读起来仿佛哲学短文一般。无论是写还是说，从樊尚发出的任何词句都无法让前线的战士热血沸腾。

也许只有普罗米修斯可以这样做——甘末林身上却没有普罗米修斯精神。甚至连英国军队，也就是职业战士和热切的业余战士组成的兄弟会，都带着一种似曾相识的感觉参加战争："我们已经打败过德国一次，为什么我们还要再打败他们一次呢？"这也许概括了他们的看法。法国军队从全国招募而来，曾在1914年到1918年可怕的苦难中受到创伤，被政治上的极端倾向所分裂，也被一种无谓重复的类似感觉所触动，而且这种感觉还要更加强烈。法国总统阿尔贝·勒布伦（Albert Lebrun）在访问前线之后，发现"士气松懈，纪律松弛，人们在战壕里呼吸不到纯粹而又生机勃勃的空气"。英国海军大臣温斯顿·丘吉尔（Winston Churchill）因为法国边境线上"普遍的冷漠、手头的工作看起来质量拙劣、缺少任何明显的活力"而感到吃惊。第2集团军将军爱德华·鲁比（Edouard Ruby）认为，"每次演习都被视为烦恼之事，所有工作都被视为杂役。在停滞了若干个月之后，没有人再相信战争"。

法国人不相信战争，一部分原因在于，无论是普通士兵还是将军，都把战争设想为冗长而又无果地重复修建战壕。德国军队的普通士兵和将军已经在波兰看到不同的前景；如果说他们到那时仍然很难相信这将在西方再次发生，希特勒则深信不疑。在执行"黄色方案"的前夕，希特勒告诉他的军官们："先生们，你们

---

* 第二次世界大战初期，从1939年9月德军进攻波兰到1940年5月德国真正进攻法国之间，西线没有发生什么战事，德国人将其称为"静坐战"，而英国人称之为"假战争"。——译者注

<u>56</u> 将要见证历史上最辉煌的胜利！"4月27日，希特勒接到截获的同盟国文件，这些文件与他们在挪威采取的军事干预有关，于是希特勒相信他不会因为即将发生的对中立国荷兰和比利时的侵犯而受到谴责。他通知哈尔德，西线的攻势将始于5月的第一个星期。气象预报迫使日期从5月5日推迟到6日，然后又延迟到8日。最终，5月7日，希特勒再次将日期推迟到5月10日，"但是不再推迟"。他下定决心。

"5月9日周五晚上，从荷兰边境到卢森堡，"盖伊·查普曼（Guy Chapman）教授写道，"对着德国的前哨发现德国一边发出很多喃喃之音，仿佛聚集军队的声音。"派驻柏林的比利时武官发出德国将要发动进攻的警告，不过由于译解密码有所耽搁，布鲁塞尔方面在午夜之前才收到。比利时最高统帅部立即让军队处于警戒状态；但是那时，德国先锋部队已经准备发起进攻。5月10日清晨4点30分，德国空降部队降落在荷兰境内海牙和莱顿附近，以及比利时境内默兹河交叉口地区。空降部队最大胆的行为是，突袭比利时的埃本·埃马尔（Eben Emael）要塞，该要塞负责防守默兹河和阿尔贝运河（Albert Canal）的交汇处，这两条河在比利时的防御计划里是主要的天然屏障。德国滑翔机空降步兵团紧急降落在要塞的屋顶上，把防守的兵士禁锢在要塞里，使用能够穿破混凝土的炸药，以其出其不意的空降制服敌人。

这种出其不意最让荷兰人苦恼，因为他们是真正的中立者。他们没有参加过第一次世界大战，也不想参加第二次世界大战，他们成为德国的敌人只是因为荷兰的部分领土，特别是被称为"马斯特里赫特盲肠"（Maastricht appendix）的狭长地带，提供了一条能够轻松绕过比利时水障的路。荷兰人防御本土的能力很有限。他们的军队只有10个师，从1830年以来就没打过仗。他们的空军只有125架飞机，其中一半还没起飞就被突然袭击所摧毁。他们拖延失败的最大希望，正如他们从三个世纪前反抗西班牙的八十年战争中学到的，是从阿姆斯特丹和鹿特丹周围的水涝区撤退，继而相信运河和河流网络能够拖延入侵者。这种策略曾让西班牙征战数十年，然而却在数小时之内在德国的空中力量面前失效。5月10日清晨，一连串容克斯52（Junkers 52）运输机飞跃"荷兰要塞"的水面防御工事，德国空军把整个第22空降师降落于荷兰的中心区，在此等候B集团军群坦克的到来。尽管遭遇荷兰军队的顽强抵抗，而且由于突袭中的失误导致若干重要桥梁损毁，再加上法国第7集团军的军事干预，德国的空降部队仍然无需久等。5月13日清晨，德国装甲先锋部队与空降部队会合，此时后者正要夺取鹿特丹。德国空军误会了一个来自地面宣告获胜的信号，于是把市中心炸为平地。这是第二次世界大战的首个"区域"（"area"）轰炸行动，这次袭击杀死了814名平民。然而，这有效地终结了荷兰的抵抗，促使荷兰女王登上英国皇家海军的船前往一个英国港口——她要求去荷兰王国的其他地方——荷兰最高统帅部在第二天投降。荷兰女王威廉明娜（Wilhelmina）离开后，预测道："在适当的时候，在上帝的帮助下，荷兰将收复其在欧洲的领土。"荷兰人民将过着德国在西欧的占领区中最为残酷的生活，然而他们却没有预见到，在解放最终到来之前，荷兰在东印度的帝国也会陷入敌手。

1940年时的胜利者和失败者都从未对荷兰人有过任何批评。对比利时则不然。尽管德国军队发现比利时士兵作战英勇——德国第18师的官方历史学家称他们"异常勇敢"；德国希特勒的反对派乌尔里希·冯·哈塞尔（Ulrich von Hassell）认为，"在我们的对手中，比利时人作战最为勇猛"；后来成为参加1944年法国保卫战的德国军队参谋长的希格弗里德·魏斯特法尔（Siegfried Westphal）认为，"令人感到惊讶的是，越是临近战争结束，比利时人作战越是勇猛"——英国人和法国人在1940年危机期间及此后的时间里都坚持把他们的很多遭遇归罪于比利时军队、国王和政府。

利奥波德（Leopold）国王的首席军事顾问，罗伯特·冯·奥弗斯特里特（Robert van Overstraeten）将军，曾被描绘为1940年战役中的"邪恶的天才"，他在德国进攻之前拒绝与法国人、英国人联系，德国一进攻就屈服于失败主义。当然，这两项控诉是有道理的；但事实是，比利时发现自己处于一个难以应付的位置。战争伊始比利时没有允许法国和英国在其领土内驻兵——这会危及比利时的中立状态，它仍相信保持中立最可能避免入侵——它已经别无选择，只能在军事上与同盟国保持距离，同时加强东部边境地区的防御，作为抵抗德国国防军的最佳手段。即使如此，冯·奥弗斯特里特确实允许英国和法国军官穿着平民的衣服去侦察德国进攻时他们打算占据的地方；而且，尽管他拒绝与同盟国相互配合，一起开展防御计划，他确实把比利时拥有的关于德国意图的情报送达同盟国，包括1月9日在梅赫伦（Mechelen）截获的原始的"黄色方案"的细节，以及此后德国计划要在西线包围和摧毁法英联军的种种迹象。

冯·奥弗斯特里特从专业的角度出发，拒绝与同盟国保持更加亲密的合作关系，主要是因为他相信没有什么能够促使同盟国保卫整个比利时。他的（正确）判断是，同盟国只打算进军到比利时王国的中心地区；同样正确且更加尖锐的判断是，同盟国会让比利时军队在阿尔贝运河的前方"牺牲"自己，而它们则去巩固位于比利时军队后方的德尔河防线（Dyle Line）。结果，它们甚至连巩固后方的时间都没有。法国第7集团军由亨利·吉罗（Henri Giraud）指挥，尽管他是一位真正英勇善战的将军，也是未来与戴高乐争夺自由法国领导权的人，但是在北海沿岸执行增援荷兰和比利时军队左翼的任务时表现不力。法军需要比来自相反方向的德国B集团军群更深入荷兰领土，但是德军在克服水障方面表现得比法军更加熟练，即使处于防守状态。在德国的空袭之下，法国第7集团军的摩托化侦察部队也前来加入战斗。到了5月12日，法军前进的步伐在目的地布莱达（Breda）附近变缓。第二天，该集团军接到命令，退守安特卫普（Antwerp）附近德尔河防线的左翼。法军在去那里的过程中，受到德国第9装甲师先遣部队的追赶。

同盟国对德尔河防线的部署已经误入歧途。"多米诺骨牌效应"一触即发。荷兰军队从前锋的位置后退到阿姆斯特丹和鹿特丹附近的荷兰要塞后，阿尔贝运河上比利时军队的左翼便暴露出来，德国第9装甲师从侧翼包抄比利时军。在右边，比利时军受到第3和第4装甲师的包抄，这两个装甲师将在德国空降部队侵袭埃本·埃马尔时，跨过默兹河陡峭的河谷——这是西北欧最为坚固的军事屏障。面对德国的进军，英国空军以一系列自杀式的轰炸徒劳无功地试图摧毁默兹河上的桥梁，比利时人则开始撤退，希望可以得到位于他们身后正在前往德尔河的法国第1集团军和英国远征军的支持。

"梦中的足迹"

英国远征军和法国第1集团军都在前进中，前者正路过布鲁塞尔，后者则途经莫伯日（Maubeuge），它的右翼是安德烈·科艾普（André Corap）将军率领的第9集团军。对于英国人来说，他们对行军路线很熟悉。这条路线经过马尔伯勒（Marlborough）战场，路过滑铁卢（Waterloo），穿过英国军事史上较新的战场伊普尔（Ypres）和蒙斯（Mons）。美国战地记者德鲁·米德尔顿（Drew Middleton）写道："他们仿佛在追溯梦中的足迹。他们再次看到久逝的朋友们的面庞，再次听到记忆模糊的村镇名称。"对于他们来说，美梦不久就会变成噩梦，对于他们的法国同盟者亦是如此。他们正在向德尔河前进，而德尔河几乎算不上天然屏障；他们曾经相信的比利时人沿德尔河修建的人工屏障，要么分布散乱，要么完全不存在（几年后，英国人会遇到那些他们曾经设置的屏障；它们被收集起来，运到诺曼底，构成诺曼底登陆海滩上德国防御工事的主体）。法国人有两个"骑兵部队"和一个机械化师；英国人几乎没有装甲部队。他们的对手是霍普纳装甲军的第3师和第4师，拥有逾600辆坦克，装甲部队的将士在经过波兰战役之后变得英勇善战，训练有素，行动迅速。不足为奇的是，希特勒回忆起战争的这个阶段时，总是带着一种怪异的冷嘲热讽："按照计划每件事情的发生都很精彩。当消息传来，敌人正沿着整个前线向前行进，我本会喜极而泣；他们掉进了陷阱……他们曾经相信……我们一直采用旧的施里芬计划。"希特勒的第一次作战经历发生在只距德尔河50英里的地方，那是发生在"旧的施里芬计划"快要结束的时候，也就是1914年10月。那曾是痛苦而又血腥的考验。现在："菲斯南斯[Felsennest, 危崖上的巢穴，"镰刀收割"计划的指挥部]是多么可爱！清晨的小鸟，纵队行进的路景，一群飞机掠过头顶。我确信每件事都会向对我有利的方向发展……我本会喜极而泣。"

不久，希特勒对手的指挥部里就有了痛苦的泪水——但是这些泪水并非来自无情的伯纳德·蒙哥马利（Bernard Montgomery）少将，他指挥着英国第3师，5月11日他的军队还在德尔河防线高高兴兴地挖沟壕来加强防护；也不是来自英军总参谋长埃德蒙·艾恩赛德（Edmund Ironside）爵士，他的日记表明他断定"基本上我方占据优势"，期待着"整个夏天会有真正猛烈的战斗"；也不是来自甘末林，他"首先关注荷兰"，此前一天他把比利时战场的指挥权委托给乔治；甚至也不是来自加斯顿·比约特（Gaston Billotte）将军，乔治依次把北方战线的指挥权委托给他，他以30个师的兵力防御55英里长的战线，可以说拥有足够的实力完成他的使命。在沿着德尔河的"战线"上，尽管同盟国军队的侧翼遇到些麻烦，而且它们前方的比利时军的抵抗有所松懈，但是同盟国仍然有理由相信，它们的军队在人数上超过正在接近的德国军队——的确如此——并且能够阻止德国的进军。

然而，同盟国对比利时形势的评估，是以一种误解（那时希特勒正对这种误解感到狂喜）为基础的，即它们在此面对的是德国攻势的主力，对抗的是德国军队的主体。和1914年一样，它们的情报部门没能确定德国的重点突破战术（Schwerpunkt）是如何部署的。1914年，法国骑兵本该护卫佛兰德斯，却在阿登山区的灌木丛中巡逻，因而错过了德国的先头部队；1940年，同盟国的空军徒劳地打击位于比利时佛兰德斯的德国先头部队，而它们本该飞到阿登山区的上空，因此并未击中要害。自5月10日至14日，A集团军群的七个装甲师首尾相连沿着阿登山区的小路行军，车辆队伍如此密集，以至于君特·勃鲁门特里特（Günther Blumentritt）将军认为，如果把每辆坦克一字排开成一条线的话，纵队的尾部大概会到东普鲁士；它们朝着盟军阵地上最薄弱的地方进军，形成一股不可抵抗的力量。这七个装甲师——第1、2、5、6、7、8、10师——总共拥有1800辆坦克。在前方，它们首先遭遇的是比利时阿登猎兵部队（Chasseurs Ardennais）的两个师。这是一支由森林步兵组成的旧式精锐部队，然而在装甲部队面前，旧式精锐部队的勇猛却无济于事。打发掉它们之后，德国装甲部队面对的是科艾普的第9集团军和亨茨格（Huntziger）第2集团军的一部分。尽管无论怎么看这两支队伍中哪支都算不上精锐部队，不过由于默兹河位于其前方，这些预备役军人本该能够坚守，至少在正常情况下；但是1940年5月并非正常时期。德国A集团军群的先锋部队几乎一遇到默兹河的防御体系就找到了通过的路。科艾普和亨茨格的前哨护卫队大吃一惊，弃河岸地区而逃，德军打开了盟军堤防的突破口。

当时还是法国陆军总司令部里一名普通参谋的安德烈·博弗尔（André Beaufre）将军描述5月14日清晨乔治将军在拉弗特指挥部接到这个消息时的情况：

> 指挥部的氛围仿佛一个失去亲人的家庭。乔治……面色惨白。"我们在色当的前线被攻破了，那里已经崩溃了……"他跌坐到椅子上，突然大哭。他是我看到的第一个在这场战役中哭泣的人。唉，其他人也会哭吧。这给我留下了糟糕的印象。杜芒克[乔治的部下]——被带了回来——立刻作出反应。"将军，这是战争，在战争中像这样的事情注定会发生！"然后，乔治仍然面色苍白，解释道：在可怕的空袭之后，两个较差的师（55和71）就已四散奔逃。X军团发来信号说阵地失守，午夜德国坦克已经到达巴尔逊[Bulson，在默兹河西边2英里的地方，因此在法国防御区之内]。他再次泪如泉涌。其他人保持沉默，眼前的情形给了他们沉重的打击。"噢，将军，"杜芒克说道，"所有的战争都要付出代价。让我们看看地图，看看还能做什么吧。"

在博弗尔对这个场景的描述中，有些地方还需要加以解释。首先，色当是1870年9月拿破仑三世向普鲁士人投降的地方，这个城镇名称在法国人听来等同于灾难。其次，"两个较差的师"，即亨茨格第2集团军的第55师和第71师，是由年老的预备役军人组成的部队，都确实在德国坦克到来时四散奔逃。再次，从地图上可以看出还能做的事，德国突破了法国的防线，这发生在一个敏感点上——正如曼施泰因打算做的——如果想要挽救这种溃败的话，采取的对策必须规模大，必须非常及时。在下周，同盟国的战略决策主要是寻找有效的反击措施。

然而，德国方面的细节预示着比乔治想象的还要糟糕的情况。因为德军第一次强渡默兹河不是在他精神崩溃之前的那天（他以为是），而是在那之前，即5月12日。那天黄昏时分，由埃尔温·隆美尔（Erwin Rommel）指挥的第7装甲师摩托车侦察营的侦察队，在色当北面的乌镇（Houx）发现一处横越默兹河却没设防的拦河坝。他们爬过这个拦河坝，到达河流正中的一个小岛上，岛上的闸门通向西岸。夜晚，援军到那与他们会合。因此，到了5月13日，"镰刀收割"已经侵袭到甘末林计划的基础。转天早晨，隆美尔的工兵们开始修建横跨河流的浮桥，等着过河的坦克在河对岸摧毁了法军的掩体。到了傍晚，桥梁修建完毕，第一辆坦克过了河——此处只有120码宽。

法国人有可能成功对付这一桥头堡。直到此时，一切尚未可知。法军试图发起反攻，参加反攻的是一个坦克营，甘末林被告知，"乌镇事件在控制之中"。然而，坦克在抓获几个俘虏之后就撤退了，而隆美尔的桥头堡则完好无缺，此时它还不算是一种日益严重的威胁。同时，由于A集团军群的主力装甲部队袭击色当，法国的注意力转向南方。在三天首尾相连驶过阿登山区的小路后，5月13日早晨，德军在开阔的河流冲积平原部署了兵力。格朗萨尔（P.P.J. Gransard）将军注意到，"敌人从森林中出现……步兵、运输工具，无论是装甲的还是摩托化的，几乎不间断地涌现"。法国炮兵部队向他们开火；不过，德军以轰炸作出回应，先是先进的道尼尔17轰炸机（Dorniern17），再是斯图卡式俯冲轰炸机（Stuka）。结果，法国步兵被打得落花流水。被送上战地救护车的伤员们不断发出"喧闹声，恐怖的喧闹声"；更精锐的部队也会在这场以及接下来的几场战役中感受到空袭之下相同的恐惧。"这场噩梦持续了五个小时，"第2集团军副总参谋长爱德华·鲁比将军写道，"足以打垮[部队的]士气。"下午三点，斯图卡式俯冲轰炸机撤退。它们一撤退，第1、2、10装甲师的突击先锋就开始把充气艇拖到水边。充气艇在敌方火力突然增强的情况下——法军看到他们所面对的危险，投入兵力反击——出发，船员们遭受严重的伤亡，纷纷驶回，但是德军沿着整条进攻前线，从栋舍里（Donchery）到巴泽耶（Bazeilles），在河的彼岸建立了一系列据点。巴泽耶在法国军事史上可谓传奇之地；1870年，正是在那个地方，法国殖民地军精锐部队在与德国人的战斗中打尽了最后一发子弹*。1940年，准备在巴泽耶或战或死的反倒是德国人。第10装甲师前锋

---

* "The house of the last cartridge"，作者以此暗指画家阿方斯·德·纳维尔（Alphonse de Neuville）反映此役的画作 Les dernniers cartouches 描绘的场景。

部队的汉斯·鲁巴特（Hans Rubarth）军士在河中间命令他的士兵把挖壕工具从超载的船上扔下去："我们无需挖掘——或者我们完成任务，或者一切都将结束。"在那天结束之前，他统领的11个士兵里有9人伤亡，但是这个小组还是完成了任务。鲁巴特在作战中被升为中尉，获得骑士铁十字勋章（Knight's Cross of the Iron Cross），这是德国表彰英勇行为的最高勋章。

如此英勇的行为反复出现过许多次，鼓舞着三个装甲师的全部将士于5月13日下午奋勇强渡默兹河。在他们面前，被孤立的法国步兵的前哨部队以极大的勇气坚守阵地；而其他人一看到坦克——有时是法国坦克，往往仅仅是听到坦克要来的谣言——就吓跑了。黄昏时分，法国坦克确实出现了；它们属于第3装甲师和第3摩托化师，被派来参加反攻，但是反攻并不彻底。它们从河边撤退后，德军加强了自己的坦克部队，通过浮桥把坦克运到法国河岸，为即将到来的战斗做好准备。

当天晚上，甘末林仍在樊尚，距离危机发生的地方120英里。当时，他发出一条命令："我们现在必须面对敌人的机械化和摩托化军队的猛烈攻击。在最高统帅部指定的地方深入作战的时刻已经到来。谁都不许再撤退。如果敌人取得局部突破，我们不只要进行封锁，而且还要反击，把失地夺回来。"

5月14日，甘末林的部队——对于"纵深作战"而言分布太广——确实试图对德国的桥头堡展开反击，不过没有成功，部分原因是目标不集中。执行"镰刀收割"计划的刀刃部分尚未形成。其组成部分仍在桥头堡苦战：第6和第8装甲师在色当的北面；第2、第1和第10装甲师在色当的南面。第5和隆美尔的第7装甲师在迪南制造的危险尚未引起法国最高统帅部的高度注意。从严格的军事意义上讲，最好先等待时机，直到装甲师会合并开始向内陆进发，支援的步兵团过河与它们会合。当时，装甲纵队的"侧翼"也许会被赶上，并且被解决掉。事实上，5月14日，法国第3装甲师在战场徘徊，寻找可以打击的目标，却一无所获。当装甲部队的桥头堡扩大后，德国坦克再次补给燃料和弹药，冲向法国中心区的起跑线已经划好。

哪支德国先锋部队首先出发？色当附近的装甲军团更强大一些，不过位于迪南再往北的军队面对更弱一些的科艾普的第9集团军。安德烈·科艾普是一位肥胖而又快活的殖民地军人，他能让他的士兵像他一样。而且，与科艾普相对的是，瘦而结实、严格自律的埃尔温·隆美尔，隆美尔的士兵极为崇拜他，因为他无疑只关心打败敌人。在第一次世界大战期间，当时还只是上尉的隆美尔，由于个人表现突出,而且摧毁了一个意大利师的大部分兵力,荣获蓝马克斯勋章(Pour le Mérite),这是德军的最高勋章。1940年5月15日,在相似的进取精神的感召下,他以牺牲15名德国士兵的代价,在守军进驻前突破了科艾普暂时设置的"封锁线",然后前进了17英里。下午,第6装甲师在色当北部的蒙泰梅(Monthermé)加入攻击第9集团军的战斗。印度支那的机枪手英勇无畏地防守河流的渡口,防守了三天后终被绕过(他们的英勇精神预示着战后争夺越南的胡志明的追随者所经历的苦难)。第6装甲师在前进过程中遭遇到他们的法国战友,而这些法国战友却没有表现出同样的坚韧不屈——的确没有,有的只是令人同情的士气消沉。跟随德军坦克部队的战地记者卡尔·冯·斯塔克尔伯格(Karl von Stackelberg),遇到编队前来会战的法国军队时,大感惊讶:

> 这里最终有2万人……在这个地方,在这一天,像俘虏一样向后退。人们会不由得联想到波兰以及那里的情况。这是难以解释的。在法国境内的首场大战之后,在默兹河取得胜利之后,怎么会出现这样巨大的后果?为什么这些法国将士会如此气馁,士气如此低落,或多或少地自愿成为俘虏?

并非所有的法国士兵都如此轻易地放弃战斗。在北方,第1集团军仍在坚持抵抗,直到它的残余部队在里尔(Lille)彻底投降。在夏尔·戴高乐接到任命指挥第4装甲师的四天之后,也就是5月15日,他接到来自乔治将军的命令,要求他在拉昂(Laon)发起进攻,拉昂位于德国装甲部队的行军路上,这将为在巴黎北部建立一条新防线"赢得时间"。戴高乐长期以来热衷装甲战,他还是一名爱国者,面对当前法军士气低落的情况,他更加热爱国家,这种爱从未衰减。因此,尽管第4装甲师仍在组建过程中,他热忱地接受了挑战。"我自己感到无比愤怒,"他后来写道,"'啊!太愚蠢了!战争的开始糟糕得无以复加。因此,它必须继续下去。对此而言,世界是广阔的。如果我活着,我将在我必须作战的地方战斗到底,只要我必须作战,直到敌人失败,把国家的污点洗脱干净。'自此之后我所做的事情在那天就已经决定了。"

5月17日,戴高乐最终命令他的师开始行动,却也做不了什么。他的坦克袭击了德国第1装甲师的阵地,第1装甲师的一名参谋、陆军上尉格拉夫·冯·基尔曼塞格(Graf von Kielsmansegg)决定向他们展示"谨慎是更好的英勇",35年后他将指挥北大西洋公约组织(NATO)的驻德部队。然而,这些法军数量太少,只能吓唬德军，不能做更多的事。到了傍晚，法军掉头，撤退，回去补给燃料。

那天，德国人一起变得紧张不安——尽管指挥第2和第10装甲师的古德里安急不可待，试图采取任何一种方式进军。然而，根据哈尔德的记录，希特勒"担心我们自己取得的成功，不想去冒任何的风险，因此最乐意的莫过于让我们停止战斗"。哈尔德自己关心的则是，以步兵部队充当行进中的"装甲走廊"的"墙"，这些步兵已经落在坦克后面；总司令布劳希奇坚持认为他应该这样做。从四天前渡过默兹河后，装甲部队已经前进了40英里，正在会合成由七个师组成的强大的装甲军团，而且在它们眼前，到处都是法军第9和第2集团军溃败的明显迹象。法国第1集团军、英国远征军和比利时军在北方失利，而位于南方的法军固守在马其诺防线上，由于缺少运输工具而无法调动，显然无法前来对付装甲部队。然而，希特勒的担忧促使德军最高统帅部于5月17日强令停止前进。

与盟军相比，德国的焦虑显得无关紧要。比利时在这个世纪第二次陷入失败和被侵略的境遇。英国人则面临着失去他们唯一的陆军——以及空军的一大部分——的恐惧，如果他们继续在溃败的前沿阵地上与他们的盟友并肩作战。法国人预见到他们的军队将会被一分为二，较好的部分在比利时和法国北部陷入包围而牺牲，剩下的部分尽力在通向巴黎的路上构筑一条新的但却效果存疑的防御线。灾难迫在眉睫，规模和1914年那场一样大，但实际上这场剧变更加激烈。那时，法军在边境之战中落败，不过却在一位冷静的指挥官的率领下有条不紊地撤退；1940年，法军撤退得很混乱，这种混乱在有名无实的命令之下与日俱增，却

1940年5月，法国某地，从战区来到未被德国占领的地区的难民。难民的队伍严重妨碍了盟国军队的调动。

缺少一位识时务的将军来有效地指挥。5 月 16 日，法国总理保罗·雷诺（Paul Reynaud）派出新人：从驻马德里使馆召回凡尔登（Verdun）的英雄菲利普·贝当（Philippe Pétain）与他会合，做他的副手；从叙利亚召回马克西姆·魏刚（Maxime Weygand）替换甘末林，魏刚曾是 1918 年打胜仗的福煦（Foch）总司令的参谋。这两个人都很年长——魏刚已经 73 岁，比甘末林大 5 岁，贝当更老——但是在这个垂死挣扎的紧要关头，他们的英雄名声似乎能让人们相信，在濒临失败的险境中尚存有一丝希望。

现在，甘末林名声扫地。5 月 16 日在巴黎，他与雷诺和温斯顿·丘吉尔协商——丘吉尔从 5 月 10 日开始担任英国首相，英国国会下议院已经不再信任尼维尔·张伯伦，甘末林承认他没有可用的部队去阻止德国的袭击。"当时我问：'战略预备队在哪里？'"张伯伦写道，"甘末林将军转向我，摇了摇头，耸了耸肩，说了声'Aucune'['没有']。我们停顿了很久。在屋外，法国外交部的花园里，腾腾烟雾从大堆的火中冒出来，我透过窗户看到神情凝重的官员把放有档案的手推车推向火堆。"（烧掉官方文件在第二次世界大战期间是首都和司令部战败的象征。）"我愣住了……对于我来说，从来没有发生过这样的事，军队指挥官们要防守 500 英里长的前线，却没有 [战略预备队]……马其诺防线有什么用？"

丘吉尔回到英国，答应再加派六个英国空军战斗机中队，与已到法国的少量英国空军部队会合。然而，德国空军具有绝对优势，以致支援的英国战斗机中队并不能对战争的进程产生任何影响。其实，需要的是找到并不存在的战略预备队。魏刚于 5 月 20 日接替甘末林的职务后，临时制定出一份计划，于 5 月 21 日提出（"魏刚计划"），即被围盟军应该在德军以北协调一致，和仍在南部作战的法军一起攻击装甲走廊。这是对如何应付闪电战的正确评估，实际上甘末林在两天前就已经提出来了，但是缺少执行这项计划的权力。乔治现在成了一个废人，他把权力授予比约特，而比约特于 5 月 21 日在一场摩托车车祸中身亡。还缺少军队。5 月 19 日，戴高乐和他伤痕累累的第 4 装甲师尝试了另一次无谓的反攻；5 月 21 日，两个英国师在两个坦克营的支援下，在阿拉斯（Arras）成功地削弱了装甲走廊的侧翼，而正在现场指挥作战的隆美尔非常担心，以致竟然估计已经遭到五个师的攻击。然而，这些部队几乎是魏刚能够指挥的所有盟军兵力。第 9 集团军已经土崩瓦解。第 1 集团军和英国远征军被困在北海和进军的德国人之间。在装甲走廊南部尚未参战的法国陆军缺少运输工具、坦克和大炮。与此同时，在德军最高统帅部于 5 月 17 日的踌躇之后，德国装甲部队继续前进。到 5 月 18 日，它们沿着北侧的桑布尔（Sambre）河和南侧的索姆河，驶过第一次世界大战的战场。5月20日，古德里安的师到达索姆河口的阿布维尔，于是有效地把盟军一分为二。

对于海因茨·古德里安来说，这是激动人心的日子。古德里安致力于装甲武器的开发，甚至在希特勒上台之前就已经是所谓闪电战的鼓吹者。不过，他受到怯懦的上司的阻挠——布劳希奇在哈尔德的支持下代表着怯懦怕事者——因此，古德里安不得不用托词规避横渡默兹河之后谨慎进军的命令。他的抗命具有创新精神，但是尚未赢得巨大的胜利；他和整个德国装甲部队在取得巨大的胜利方面都将面临困难。5月20日，希特勒再次审视"红色方案"（Red Case），即进攻法国中心地区，完成"镰刀收割"计划，彻底摧毁法国陆军——只要装甲部队完好无缺。因此，英军在阿拉斯的反攻，不仅使隆美尔感到忧虑，也再次引起希特勒的担心。指挥A集团军群的伦德施泰特同意希特勒的看法，也认为装甲部队前进得太远，超出了安全范围，在行动稍缓的步兵团在装甲走廊侧翼排成"墙"之前，装甲部队不应该再前进，以防阿拉斯奇袭再次发生。现在，布劳希奇在哈尔德的支持下，放弃了他早先秉持的小心谨慎，极力主张装甲部队应该坚持到底，攻

法兰西战役期间，指挥第19装甲军的海因茨·古德里安将军在他的装甲指挥车上。这张照片清楚地展示了两名信号兵（前方）坐在恩尼格玛密码机旁。

击北部被围的盟军,甚至想把伦德施泰特对部分军队的指挥权转移给博克,博克的B集团军群正在贯穿比利时的前线上行军,此时该军群的位置引起希特勒的焦虑不安。当希特勒获悉定于5月24日展开的袭击时,他取消了该计划,重申他不允许装甲部队深入沿海低地,从他自己在第一次世界大战中的实战经验来看,他认为沿海低地非常不适合打装甲战。

希特勒的"停止令"使装甲部队直到5月26日下午以前的整整两天时间里按兵不动——回顾起来,这两天被认为对第二次世界大战的结果具有决定性的战略意义。德国人有所不知,英国政府已于5月20日决定,部分英国远征军从英吉利海峡的港口撤退,还命令英国海军在英国南岸组织小船渡海营救。这次军事行动代号为"发电机"(Dynamo)。这尚未被理解为是一次全面的撤退;英国政府仍然希望,英国远征军和法国第1集团军能够突破装甲走廊,与位于索姆河一带及其南部一息尚存的法军会合,索姆河是魏刚计划的关键。然而,英国远征军由于比利时一战已经疲惫不堪,他们已经从德尔河且战且退到斯海尔德河,而且戈特出于职责所在,越来越注重保护英国唯一的陆军。5月23日,戈特接到来自时任国防部长的安东尼·艾登(Anthony Eden)的担保,政府会安排海军和空军支援他们,他们应该从北岸撤退。同一天,他推断由于缺少军队、坦克和飞机,魏刚计划无法实现,5月21日攻击隆美尔却没什么效果的两个师从阿拉斯撤退。"现在只有奇迹能够拯救英国远征军",指挥戈特第2军的阿伦·布鲁克于5月23日写道;

参加了阿拉斯反攻的皇家坦克团的士兵们从敦刻尔克返回。

但是那天戈特脱离战斗并让英国远征军向海岸撤退的决定，实际上为拯救英国远征军奠定了基础。

希特勒对事态的发展已有预见。他害怕装甲部队会在敦刻尔克附近的运河和河流地区陷入困境，这是对的，戈特现在指挥着英国远征军正在前往敦刻尔克的港口。然而，希特勒在那时发出"停止令"是错的，即在英军和法国第1集团军主力到达"运河线"避难所的前两天。5月26日，当停止令撤销后，希特勒最想和最需要摧毁的那部分盟军暂时安全。在阿河运河（Aa Canal）和科尔姆运河（Colme Canal）的保护下，撤退的部队开始登上小型驱逐舰队和小船，这些船是伯特伦·拉姆齐（Bertram Ramsay）海军上将当天从"发电机"行动指挥部派遣渡过英吉利海峡的。戈林向希特勒保证，德国空军将阻止敦刻尔克包围圈内的任何部队撤退。5月24日至26日，德国飞机确实对敦刻尔克进行了大范围轰炸，并且只要撤退行动持续，这种轰炸也将继续，直至6月4日。但是，这并不能阻止负责撤退的船只靠岸——在空袭的九天里，德国空军总共击沉六艘英国驱逐舰和两艘法国驱逐舰——这也不能减少敦刻尔克防卫者的抵抗，他们中的许多人是法国人，还有许多法国殖民地的居民，他们面对德国的进攻不屈不挠。

5月27日午夜，比利时军在敦刻尔克包围圈的北部被迫投降。他们投降的地方，几乎就是1914年比利时军加强防御，继续战斗到1918年的地方。然而，那时比利时得到未受损伤而又骁勇善战的法军和英军的支援。现在，正在溃败的盟军不公正地谴责他们遗弃了盟军，比利时别无选择，只得要求停战。不久，被围在里尔弹尽粮绝的法国第1集团军的几个师也投降了。由于曾经作战英勇，当他们于5月30日出城投降时，德国人给予他们战争的荣誉，在军乐队演奏的音乐声中囚禁了他们。这是1940年法军战斗精神的重要证据：大部分坚决战斗到底的士兵根本不是法国人，而是法兰西帝国的北非属民。

英国远征军以及在敦刻尔克包围圈内能够赶到海滩的法国军队，现在全面撤退。5月26日至27日，只有8000人撤退；而到了5月28日，随着靠岸的海军舰队和私人船只不断增多，1.9万人登船撤离。5月29日，4.7万人得到营救；5月31日，6.8万人撤离，戈特自己也撤离，前往英国。到了6月4日，最后一艘船驶离敦刻尔克，总共有33.8万名盟军将士免于被俘。这个数字包括几乎整个英国远征军的兵力，丢弃了暂时无法替代的装备；再加上11万名法国士兵，其中大部分人一到英国就立即转船回到法国在诺曼底（Normandy）和布列塔尼（Brittany）的港口，加入仍在作战的其他法国军队。

等待着从敦刻尔克撤离的英国远征军。总共有33.8万名英国和法国将士从该海滩乘船撤退。

这些部队现在有60个师，既有默兹河战役的幸存者，也有从马其诺防线上撤退下来的人；只有3个装甲师，都已消耗殆尽，尤其是戴高乐的第4装甲师，5月28日至30日该师再次试图攻击装甲走廊的侧翼，但仍以失败告终，这次是在阿布维尔附近。两个英国师仍留在法国：第1（也是唯一一个）装甲师和第51高地师负责防守敦刻尔克西部海岸（负责防守加莱海峡的英国步兵团已经全军覆没）。德国调动89个步兵师和15个装甲和摩托化师对付他们，15个装甲和摩托化师分成五组，每个组有两个装甲师和一个摩托化师。这些装甲摩托化联合部队是强有力的进攻工具，为坦克—步兵编队建立了模式，而在二战期间，甚至从那时至今，一直是由坦克—步兵编队开展军事进攻。德国空军继续调动约2500架战斗机、歼击机和轰炸机，这时它们能从已经占领的靠近战线的飞机场起落。尽管法国空军匆忙地从美国购买了机械设备，使自己的实力有所加强，而且还有英国皇家空军的350架飞机前来支援，但仍然只有980架飞机可用。

魏刚防线

魏刚的计划已经失败，他现在寄希望于为防守将被称为"魏刚防线"的阵地所作出的抵抗。重回战场的老将军还没放弃希望；他甚至勾勒出一个防御计划，与德国具有现代性的进攻计划形成对照。"魏刚防线"起自索姆河和埃纳河（Aisne）一线的英吉利海峡沿岸，与位于蒙梅迪的马其诺防线交会，如同一个布满"刺猬"*的"棋盘"（20世纪70年代北约在防守德国中线时采用相似的方案）。"刺猬"防线——乡村和森林——布满部队和反坦克的武器，即使被敌人的先头部队绕过，还可以继续进行抵抗。

这个理论是卓越的，不过它的实践令人惋惜。6月5日，在亚眠和海岸之间，几乎一遭到德国装甲部队右翼的攻击，魏刚防线就被突破。缺陷不在于法国部队的战斗精神——那种战斗精神得到极大地恢复——而在于他们物质上的薄弱。他们在人数上以寡敌众，又缺少坦克、有效的反坦克武器和空中掩护。殖民地居民和预备役军人同样英勇战斗。"在那些荒废的村庄，"卡尔·冯·斯塔克尔伯格写道，"法国人继续抵抗到只剩下最后一人。一些刺猬继续发挥效力，我们的步兵部队在其后20英里处。"6月5日和6日，德国人被拦死在一些地方，坦克部队甚至遭受了很大损失。如果魏刚防线有"深度"的话，德国的进攻也许会被它的前哨部队控制住，然而一旦它的外围遭到破坏，后面没有部队封锁突破口或者反击。隆美尔率领第7装甲师穿过该地，遇到遍布路面的刺猬阻碍，他很快找路绕到后面，由于现在他的部队属于博克的B集团军群，因此他听从B集团军群司令部的指挥，转过来朝海岸进发，从后面包围魏刚防线左翼的守军；在此过程中，他迫使留在法国的最后一个英国步兵师投降，即第51高地师。

6月9日，伦德施泰特指挥的A集团军群前去进攻埃纳河。古德里安率领的由四个装甲师和两个摩托化师组成的装甲军群带领的德军暂时受到阻碍，尤其是遭到让·德拉特尔·德塔西尼（Jean de Lattre de Tassigny）将军率领的法国第14师的抵抗，他是未来的法国元帅，从那天起建立了与失败抗争的声望。然而在埃纳河，就像在索姆河一样，对于法国阻止德国前进的任何英勇行为来说，德国人现在太过强大。前一天晚上，副总理贝当告诉他的前参谋长伯纳德·塞里尼（Bernard Serrigny），魏刚预料该防线至多能防守三天，他自己打算"敦促政府请求停战。明天中央委员会开会。我将起草一份建议书"。塞里尼警告说，明天太晚了。"应该在法国仍有军队，而且意大利人还没来的时候请求停战。请一个中立者从中斡旋。罗斯福似乎是显而易见的选择。他能对希特勒施加压力。"

这是个绝望的建议。罗斯福已经向雷诺宣布，他无法影响欧洲事务的进程，无论是派遣更多的新物资，还是派遣美国舰队。5月28日，墨索里尼告知英国大

---

* "刺猬"是一种反坦克障碍物，二战历次战斗均有部署。正规制造的"刺猬"是用三个L型金属条连接组成一个三重十字架。——译者注

使,甚至法国北非的贿赂也不能使他保持中立,现在他一心要赶在法国战事结束前宣战,进而可以分享荣誉和报酬。6月10日,贝当表示打算迫使政府交涉停战条款的同一天,雷诺把政府撤离巴黎。法国政府前往卢瓦尔(Loire)河畔的图尔(Tours),6月11日丘吉尔将飞到这里与他的盟友召开第四次会议,德国装甲军团从西面和东面包围巴黎。政府离开的转天,为使巴黎免于摧毁,它被宣告为"不设防的城市"。然而,希特勒并没选择攻打它——也许,尽管不必要,是害怕另一个巴黎公社。丘吉尔飞到图尔拜访雷诺,提醒他"防守一个伟大城市每一小时的牵制力"。然而6月14日,当第一批德国士兵到达巴黎时,数万巴黎人正乘车逃往南方,而那些留下来的人像往常一样开张做生意;三天后,德国士兵群集在和平咖啡馆(Café de la Paix)的庭院里,很高兴地成为世界旅游中心的观光客。

穿着制服的法国人仍在战斗着,常常战斗到底。像比利时人一样,他们在快要失败的时候发现自我牺牲的愤怒的力量。在马其诺防线后面的图勒(Toul),第227步兵团在法国投降后继续战斗了很久。在索米尔(Saumur),从6月19日到20日,骑兵学校的学生们守卫着卢瓦尔河上的桥梁,直到他们的弹药用尽。马其诺防线的40万守备部队,拒绝所有投降的命令;只有部分碉堡曾被德国的进攻夺取。6月17日,在卢瓦尔河南面,第5集团军的一名军官观察到"第28师辖下的

闪电战的人性面。1940年11月,大型救援队从瓦砾中拉出一名幸存者。约4万名平民死于闪电战。

一小群阿尔卑斯猎兵（Chasseurs Alpins）"渡河。他们"由一个满身灰尘的中士带领，他们的军服破破烂烂，但是整齐地前进，步调一致，有人向前弯身，双手拉着装备的带子。有些人受伤了，衣服上血渍斑斑，污秽不堪。有些人边走边睡，幽灵在他们背包和枪支的负担之下也要弯下身。他们静静地走过，空气中弥漫着坚定的决心"。

同时，由于意大利已于6月10日宣战，这些山地部队的战友们也面对墨索里尼横跨滨海阿尔卑斯省（Alpes Maritimes）在里维埃拉地区（Riviera）发动的进攻。4个法国师处在28个意大利师的征途之上。他们毫不费力地坚守阵地，在不超过两公里的阵线，只牺牲了8个人，却使意大利军的伤亡接近5000人。最终，在无可奈何之下，意大利最高统帅部请求德国运输机把一个营运到法国阵线后方，作为胜利的标志。"整件事情是个司空见惯的骗局，"哈尔德写道，"我已经弄清楚，我不会让我的名字和这样的事混在一起。"

法国的耻辱

阿尔卑斯山和马其诺防线的抵抗丝毫不能影响德国在法国中心地区的胜利。6月12日，为了支援返回的法国部队，在西面开辟一条新的阵线，英国第52低地师和加拿大师在瑟堡（Cherbourg）登陆；这两支部队几乎立即就被撤离，以防被俘。前一天，丘吉尔自己就已经看出法国陷入绝望的困境。在图尔，所有战斗结束后，魏刚告诉他和法国部长们："我感到无助，我不能插手，因为我没有预备队……它们在错误的位置。"戴高乐决定采取一些"戏剧性的策略"使战争持续下去，6月14日他在伦敦向丘吉尔提出建议，"法国和英国人民永远联合的公告能达到这个目的"，于是6月16日，丘吉尔向雷诺提供了一份这样的联合声明。后者的部长们直接拒绝了该声明。无疑，让·伊巴尔纳加雷（Jean Ybarnegaray）的话代表了许多人，他说他"不想让法国成为（大英帝国的）自治领"。贝当现在主要关心法国不要陷入混乱；与失败和持续伤亡相比，他甚至更害怕被左派推翻。他的停战决定使保守派可以继续掌权，至少是个权宜之计；雷诺则没有这样的计谋。在拒绝丘吉尔的联合提议的那个傍晚，勒布伦总统决定，应该请老元帅贝当组建政府。丘吉尔的私人驻法特使爱德华·斯皮尔斯（Edward Spears）将军立即带戴高乐去英国。戴高乐已于5月25日晋升为将军，于6月10日被任命为国防部次长，几乎是政府里唯一一个坚持抵抗的人。转天，也就是6月18日，戴高乐从伦敦向法国人民发表广播演说："这场战争的胜败并不取决于法国战场的局势。这场战争是一次世界大战……无论发生什么情况，法兰西的抵抗火焰决不应该熄灭，也决不会熄灭。"他号召所有旅英的法国人和他一起继续战斗。由于这一挑衅行为，戴高乐不久受到军事法庭的审判，并被宣判为贝当政府的叛逆者。

在戴高乐发表广播演说的前一天，贝当也通过广播向法国人民说："法国人，共和国总统请求你们，今天我设想着法国政府的方向……我把自己献给法国，来减轻它的痛苦……我怀着沉重的心情宣布，我们必须停止战斗。昨晚，我征询我们的对手，问他是否准备好和我一起，像战士对战士那样，在战役之后，寻找停止对抗的体面方式。"希特勒，这位坚持不懈的"前线斗士"，会像"战士对战士"那样，但是不会给予他的手下败将所渴望的"体面"；因为凡尔赛曾经让他刻骨铭心。当6月20日贝当派来的使者和德国人在图尔附近会面时，法国使者发现先被送至巴黎，然后又向东走。6月21日，在靠近贡比涅（Compi'gne）的雷通德（Réthondes），在一节火车车厢的外面，查尔斯·亨茨格将军从一辆德国军车上走下来，他的第2集团军曾是德国装甲部队攻击的第一批牺牲品之一，这节车厢是1918年11月德国代表签署停战协定的地方。希特勒欣喜地看到亨茨格来了；德国国防军最高统帅部参谋长威廉·凯特尔将军宣读了停战条款。他们不允许谈判：贝当政府将维持统治，但是巴黎，北法，法国与比利时、瑞士和大西洋的交界地区将成为德国占领区；意大利要占有法国东南部地区，停战条款将与墨索里尼讨论。法国军队将缩减为10万人，"占领费"根据过高的法郎对马克汇率确定，将从法国预算中支出。法兰西帝国——在北非、西非和印度支那——仍将由法国政府（不久首都设在维希[Vichy]）控制，法国海军也由法国政府控制，不过要被解除军备。战争中所有战俘，包括马其诺防线的守备部队，尽管他们还没投降，将会落到德国人手中。简而言之，法国将遭到削弱，受到羞辱，正如希特勒认为德国在1918年受辱一样。事实上，这些条款远比22年前在雷通德强加给德国的那些条款严苛。那时，德国还剩下大部分领土，德国士兵还有重新回归平民生活的自由。现在，法国领土中最富饶的部分将被占领，200万法国人将被德国囚禁，而且没有规定替代这些刑罚的条款，这200万人占法国人口的5%，但也许占正常的法国成年男子的四分之一。法国代表团据理力争，但是正如前驻波兰大使利昂·诺埃尔（Léon Noel）的评论，法国代表团争论的同时，"战斗还在继续进行，侵略还在蔓延，逃亡者被机关枪射杀在路上"。亨茨格向身处波尔多（Bordeaux）

的贝当请示，这时法国政府已经撤到波尔多。他接到命令要求立即签字，于是6月22日傍晚他签了。同时，由诺埃尔率领的代表团在罗马和意大利政府签署了停战协定，该协定规定法意边界向法国一边移动50公里。法国与德国、意大利的停战协定将于6月25日凌晨零点25分生效。

到那时，德国的先头部队已经深入"自由区"，根据停战协定，自由区归新的维希政府管辖。里昂（Lyon）南部也出现德国坦克，在波尔多城外也有德国坦克；德国坦克甚至一度进入维希。停战条款生效后，它们毫不迟疑地撤离了；1940年5月10日至6月25日的战役没让德国军队付出什么昂贵的代价。在这场许多乡村战争纪念碑所说的"1939—1940年的战争"中，约9万名法国将士阵亡，在英国人和美国人看来，乡村战争纪念碑这种说法并不合适；德国只损失了2.7万人。在最后几周，他们的战争几乎成了鲜花之战。"毫不费力地到达这里，"6月21日隆美尔在布列塔尼半岛的雷恩（Rennes）向他的妻子写道，"实际上，战争已经成了闪电般的环法旅行。在数天之内，它将永远结束。当地人民欣慰地看到，每件事情都如此平静地发生着。"德国军队中到处洋溢着胜利者的雅量，以军令规定的正确行为对待他们的手下败将。由于亲身经历了这场灾难，法国人仿佛患上战斗疲劳症，表现出一种近乎于感激的温顺。事实上，法国各地都会看到打败仗的法国兵——年轻的应征士兵、年长些的募兵、黝黑的塞内加尔兵、阿拉伯轻步兵、波兰和捷克的志愿兵，步兵、骑兵、炮兵、坦克——他们撤离了战场，脏兮兮的，饥肠辘辘而又疲惫不堪，漫无目标，有时还没人领导，在对胜利者和失败者来说一样的太阳和每日依旧晴朗的天空之下，穿过原野和等着收获的成熟果园，他们对"1940年夏天"的记忆将终生难忘。在生活的持续常态中——礼拜天的午餐、第一次圣餐、节日（jour de fête）——国家的厄运不可避免的感觉吞没了法国，1918年这种感觉由于英国盟友的坚韧不屈和美国奇迹般的参战而得以避免。1815年它曾经出现过，当时法国的敌人在比利时打败了拿破仑一世；1870年它也曾出现过，当时德国人在洛林打败了拿破仑二世。1918年的胜利现在看起来似乎仅仅是个停顿。由仇敌和野蛮人引起的伟大国家（la grande nation）的衰落，可能是不可逆转的。1940年6月，凡尔登的英雄贝当体现了同胞们的精神状态，最重要的是因为他们看到他对痛苦和受难习以为常。

相反，德国人精神愉悦。"伟大的法兰西战役结束了，它持续了二十六年。"卡尔·海因兹·门德（Karl Heinz Mende）写道。门德是一名年轻的工程兵军

1940年6月23日,希特勒"胜利"游览了巴黎,为期一天。他的右边是阿尔伯特·施佩尔(Albert Speer),在他左边露出侧脸的是马丁·鲍曼(Martin Bormann)。

官,自始至终参加了这场战役。英国人也感到愉悦,也许有悖常情。"就个人而言,"国王乔治六世向他的母亲写道,"现在我感到更加高兴,因为我们没有了需要礼貌对待和迁就的盟友。"温斯顿·丘吉尔面对事实时,以更加直白的言语预测未来。"法兰西战役已经结束,"6月18日他对英国国会下议院说,"我估计,不列颠战役将要开始。"

四　空战：不列颠战役

法兰西战役尽管由于短暂和决定性而显得耸人听闻，不过在其他方面看来，它仍是传统的军事行动。在支持德国装甲先锋时，飞机在赢得胜利的过程中发挥了重要的作用；然而，不是飞机，甚至也不是使用广泛的坦克，击败了盟军。失败是战术、军事结构和备战方面的缺陷所导致的，既有物质上的原因，也有心理上的原因，这些因素深藏于西方民主国家对第一次世界大战痛苦经历的反应之中。

相反，不列颠战役将会是一场真正具有革命意义的战争。从人可以飞上天以来，飞机第一次在没有陆军和海军的干预和支援下，成为削弱敌人反抗意志和能力的战争工具。人们很久之前就已经预见到这种发展。飞机几乎一成为交通工具，就被用作武器平台——1911年意大利就在利比亚使用飞机作战。在第一次世界大战中，大部分飞机用来辅助地面部队和海军，但是从1915年开始，德国人断断续续地使用飞艇作为攻击英国的轰炸机，后来，德国和英国都使用轰炸机轰炸对方的城市。到了20世纪30年代，依赖日益可靠的远程民用客机技术，轰炸机已经成为战略拓展的工具；正是这种发展使时为联合政府成员的斯坦利·鲍德温（Stanley Baldwin）于1932年作出不谨慎（和不准确）的预报，"轰炸机将永远所向披靡"。德国和意大利轰炸机于1936年至1938年给西班牙共和国人民引起的恐惧似乎支持了他的警告。正如航空历史学家理查德·奥弗里（Richard Overy）博士写道：

到了1939年，人们普遍相信，空中打击力量已经发展成熟。第一次世界大战的经验……说服了许多人，其中不乏政客和将军，相信下一场战争将会是一场空战。这种看法部分地源自盲目的期待，即科学现在被充分利用到军事生活之中，产生了一批新武器；一批机密的空中装置，而其性质还处于猜测阶段。这种看法还源自更为重要的观察，即飞机在第一次世界大战中真正做到了什么。在侦察工作中，在支援地面部队时，在第一批笨拙的航空母舰上与海军合作时，主要是在不依靠地面部队而独立执行轰炸任务时，飞机降低了其他军种的贡献，甚至把它们都排挤掉。

这个信条，即空军会代替陆军和海军而成为赢得战争的有力工具，最早也是最深地扎根于三个国家，而且出于完全不同的战略需要：美国、英国和意大利。美国在1918年后成为孤立主义者，唯独容易受到跨洋的攻击，于是飞机摧毁战舰的能力引起了美国的关注。对俘获的德国战舰进行航空轰炸的实验获得成功，促使美国最重要的拥护独立制空权的人，威廉·米切尔（William Mitchell）将军，鼓动建立一支独立的空军，他展现出某种不随大流的魄力，以致1925年他不得不在军事法庭上维护自己的立场。英国在第一次世界大战末对德国进行过"战略性"轰炸，为了全力防守大英帝国和本土，英国于1918年建立了自成一体的空军，从那时形成了以独立的空军行动造成广泛威慑的经验概念。令人感到奇怪的是，正是在意大利，空战策略的综合理论以其最发达的形式诞生了。朱利奥·杜黑（Giulio Douhet）普遍被认为是制空权研究中的马汉（Mahan，如果不是克劳塞维茨 [Clausewitz] 的话），似乎由于认识到第一次世界大战中炮兵战术的失效，而得出"通过制空权获得胜利"的理论。在其《制空论》（*Command of the Air*, 1921）一书中，他认为，不要以烈性炸药炮轰敌方领土的边缘，因为它只能摧毁敌人在那里布置的战略物资，根据航空时代的逻辑要求，应该到敌方军工生产的中心，瞄准制造枪支的工厂和工人。杜黑的观点是以第一次世界大战中意大利的经验为基础的，当时意大利在由炮兵部队主导的狭窄战线上战斗，炮兵部队的供给来自主要位于现在的捷克斯洛伐克的工厂，离自己的飞机场不远。

杜黑的理论上升为一种信仰，即轰炸机被证明不受防御性反措施的影响，不管是否有战士或枪炮，由于轰炸式进攻将如此迅速地获得效果，未来的战争在作战陆军和海军完成动员之前，结果就已经决定了。在这方面，他是一名真正的预言家，因为他预见到核武器"初次打击"的逻辑。然而，他坚持认为，远程轰炸机携带自由落体的烈性炸药，能够给予对方致命的一击——没有几个人同意这个看法。当1942年美国空军全部加入第二次世界大战，美国陆军航空队相信其先进的空中堡垒轰炸机是"通过制空权取得胜利"的工具，建造这种轰炸机体现了杜黑的理想；它在1943年的深侵入轰炸机空袭的错误构想令人难以忘怀。英国皇家空军的战略轰炸注重实效，而非教条主义，对向德国发动的早期攻势期望不高（而且取得的效果甚至比预期的还小）。1939年至1940年，德国空军丝毫没有采取任何战略轰炸理论；1933年，德国空军调查德国建设和运作一支远程轰炸机纵队的能力，结论是甚至中期要付出的努力就已大大超过德国的工业能力。大部分德国空军长官以前是陆军军官，因此他们致力于把德国空军建设为支持地面部队的军种，在法兰西战役的末期这仍是德国空军所扮演的角色，尽管德国空军在袭击华沙和鹿特丹时作为大规模杀伤性工具赢得了声望。

因此 1940 年 7 月 16 日，希特勒签署了下一份元首指令（第 16 号），"准备针对英国的登陆行动"，德国空军的专业军官对分派任务的范围感到不安："阻止所有空袭"，与"靠近的舰艇"交战，并且"摧毁沿海的防卫设施……削弱敌人地面部队最初的抵抗，并且消灭前线后面的预备队"。这无异于在陆军和海军行动之前取得胜利的先决条件。德国空军部长（Air Minister）、空军总司令赫尔曼·戈林轻视这些困难，因为他在内心里仍自视为第一次世界大战中的王牌战斗机飞行员。8 月 1 日，不列颠战役的准备行动已然开始，戈林向他的将军们预言："元首已经命令我用我的空军去打垮英国。我计划施以重击，让这个在精神上已经遭受决定性失败的敌人在最近的将来跪倒在地，让我们的军队能够毫无风险地占领这个岛！"在米尔希、凯塞林和施佩勒（Sperrle）——他们分别是负责支援"海狮"行动（入侵英国计划的代号）的德国空军和两个航空队（第 2 和第 3）的专业指挥官——看来，戈林如此轻易地同意采取的空袭存在着迫在眉睫的困难和风险，比他所意识到的要大得多。

在这些困难中，首当其冲的是德国空军军事基地的临时性。在法国停战后，第 2 航空队和第 3 航空队匆匆在比利时、北法和诺曼底海岸重新部署，使用夺取的敌方机场；每个地方的设施——补给、修理、信号设备——都不得不做调整以符合他们的需要。相反，英国皇家空军从已经使用数十年的本土总部起飞。英国皇家空军战斗机司令部（Fighter Command）的另一个优势是，他们是在保卫自己的领土。在与敌人交锋之前，德国空军最少要飞 20 英里，一般来说是 50 或 100 英里，而对于英国战斗机司令部而言，飞机一旦达到操作高度，就可以立即开战。这不仅节省燃料——这是至关重要的，因为一架梅塞施米特 109 战斗机的作战范围仅仅是 125 英里——而且确保遭到损坏的飞机的飞行员能在己方的土地上跳伞，有时能够安全降落到地面。相反，纳粹德国空军将会永远地失去用跳伞的飞行员或紧急降落的飞机；许多德国飞行员降落到英吉利海峡里，注定溺水而亡。

英国战斗机司令部除了作战地点离基地近，还有机会使用训练有素的综合控制和警报系统。它有四个航空兵群，即第 13 航空兵群（北部）、第 12 航空兵群（中部）、第 11 航空兵群（东南部）和第 10 航空兵群（西南部），受中央指挥部的控制，中央指挥部位于伦敦西部的阿克斯布里奇（Uxbridge），压力最大的部队（通常是保卫伦敦和最近的北法地区的第 11 航空兵群）能够通过它从那些暂未参战的部队得到增援。而且，战斗机司令部的指挥部可以从多种途径——对空观察员部队及其飞行员——获取信息，针对正在发生的威胁，让空军中队"紧急起飞"，并且给予（直接）"导航"；不过，它最依赖由 50 个雷达警报站组成的"本土链"（"Chain Home" line），空军大臣从 1937 年起把这个对空警戒雷达网部署在从奥克尼郡（Orkneys）到本土尽头的海岸。雷达通过发射电磁波，测量从靠近的目标飞机反射回来的回波脉冲的延迟时间和方向，以测量包括距离、方位、高度和速度等一系列数据。这是英国的发明，荣誉属于国家物理实验室的罗伯特·沃森－瓦特（Robert Watson-Watt）。到 1940 年，德国人也生产出他们自己的雷达设备，但是他们的维尔茨堡站（Würzburg）和佛瑞雅站（Freya）在数量上很少，质量也不如英国的雷达站，对德国空军的进攻没什么帮助。雷达是英国战斗机司令部最为关键的优势。

英国战斗机司令部比德国空军还多一个优势：军工厂生产战斗机的产量更高。1940 年夏天，维克斯（Vickers）和霍克（Hawker）每月生产 500 架喷火式战斗机和飓风式战斗机，而梅塞施米特只生产 140 架 109 战斗机和 90 架 110 战斗机。德国有更多可派上战场的训练有素的飞行员，1939 年时共有 1 万名军事飞行员，而英国战斗机司令部共有 1450 名飞行员，每周只增加 50 名进行补充。在战役达到高潮时，英国皇家空军将面临缺少飞行员去驾驶飞机的困境；然而在即将到来的战斗的任何时期，都不缺少飞机。事实上，英国战斗机司令部的不列颠战役的精彩程度不逊于丘吉尔的口才。自始至终，英国战斗机司令部设法保持每天有 600 架喷火式战斗机和飓风式战斗机可以使用；德国空军却从没能成功集结超过 800 架梅塞施米特 109 战斗机对抗英国。这些战斗机，速度和火力均衡匹配，是最重要的战斗武器，决定着胜负。

然而，德国空军也许掌握了制空权，其强大的轰炸机部队——1000 架道尼尔 17 轰炸机、亨克尔 111 轰炸机、容克斯 88 轰炸机和容克斯 87 轰炸机——如果从一开始就执行和 1940 年德国陆军进攻法国同样逻辑缜密的计划，本可以摧毁英国的防御工事。正好相反，它没有深思熟虑的战略，没有类似"镰刀收割"计划的战术，而是以一系列即兴策略与英国战斗机司令部交战，这些即兴策略依托的是戈林傲慢自大的信念，即他指挥的"重击"的任何幻影都能使英国"屈膝"。

1940年9月,一架亨克尔111轰炸机在伦敦码头上空。亨克尔111轰炸机在西班牙内战期间成功打击了二流敌机,使得纳粹德国空军低估了英国皇家空军以八挺机枪为主要装备的战斗机所造成的威胁。

空中僵局

追溯起来，历史学家们都会同意，根据德国即兴的军事行动，不列颠战役可以分为五个阶段：第一个阶段是"英吉利海峡之战"（Kanalkampf），自7月10日至8月初；然后是"鹰"行动，从8月13日"鹰日"（Adlertag）开始，持续到8月18日，这是纳粹德国空军与英国皇家空军空战的"经典"阶段；第三个阶段，自8月24日至9月6日，纳粹德国空军对英国战斗机司令部的机场发动攻势；然后是伦敦战役，自9月7日至9月30日，纳粹德国空军战斗机护送轰炸机每天不分昼夜地袭击英国的首都，损失日益惨重；最后一个阶段是一系列小规模的袭击，直到10月30日不列颠战役"正式"结束。此后，遭到沉重打击的德国轰炸机中队转而进行一些具有破坏性的夜间行动，不过没有取得什么战略效果。伦敦人把这个时期称为"闪电战"，用的是这个词的英文版，这个词是世界新闻媒体打造出来的，形容希特勒对波兰和法国发动的无法抵抗的地面攻势。

英吉利海峡之战于7月10日展开，以德国轰炸机的袭击肇始，包括20至30架飞机的兵力，针对英国南部的沿海城镇——普利茅斯（Plymouth）、威姆士（Weymouth）、费尔茅斯（Falmouth）、朴茨茅斯（Portsmouth）和多佛（Dover）——并且在遇到拦截的时候由护航机护航。后来，袭击延伸到泰晤士（Thames）河口地区。袭击带来一些物质上的损失，以及大约4万吨船的沉没；但是英国皇家海军没遭受什么损失，如果希特勒在荷兰和比利时河口搜集的用来渡过英吉利海峡的拖船和驳船船队希望安全渡过海峡的话，就必须击败英国皇家海军。自7月10日至7月31日，大约180架德国飞机被击落，同时英国损失了70架战斗机；被摧毁的德国飞机里有100架是轰炸机，因此决定不列颠战役战果的战斗机的"比率"保持不变。

希特勒对这种空中僵局越来越不耐烦。他相信，英国已经被打败，如果他们承认就好了，并且他的侵略行径有所收敛——由于风险和他希望英国人不久会承认失败——不过，这时他决定，由于其他途径都不可用，德国空军必须迫使英国接受与德国谈判。他仍对他的将军们强调，他不想羞辱英国（正如他在法国的所作所为），更不用说摧毁它（正如他在波兰的所作所为）。希特勒坚持认为，他自己的新欧洲帝国和英国的老牌海洋帝国为了各自的利益，不只可以共存，甚至可以合作。"在向英国提出一个又一个重组欧洲的建议之后，"8月18日他对他的挪威傀儡维德孔·吉斯林（Vidkun Quisling）说："现在我发现我违背了自己的意愿，被迫与英国打仗。我发现我和马丁·路德所处的位置一样，他本不想与罗马

英国皇家空军军械官在为喷火式战斗机做准备工作。

为敌，却也别无他法。"

8月1日，希特勒签署了第17号元首指令，命令纳粹德国空军"控制的所有部队在可能的最短时间内击败英国空军"。目标是"飞行单位、它们的地面装置及其供应组织，而且还有……包括生产防空装备在内的飞机制造业"。同一天，戈林在海牙召集他的下属，向他们慷慨激昂地演说他期待"鹰"行动所取得的结果。著名的王牌飞行员西奥·奥斯特坎普（Theo Osterkamp），由于在英吉利海峡战役中的经历已经变得谨慎，表达了他的保留意见："我向他解释，我和我的联队独自在英国上空作战时，我数了数……大约有500到700架英国战斗机……集结在伦敦附近地区。[自从]战役开始，它们的数量急剧增加。所有新部队都配备喷火式战斗机，我认为喷火式战斗机的质量和我们的战斗机一样。"戈林很生气，对此不屑一顾。他认为，英国人是胆怯的，战斗机的数量消耗很大，德国空军在轰炸机方面的优势使英国的防御毫不见效。此后不久，鹰日被确定为8月7日。

实际上，由于恶劣天气的影响，"鹰"行动被迫推迟到8月8日；最终，8月13日被宣布为鹰日。然而到那时，纳粹德国空军已经遭遇了挫折，在很大程度上因为它战线过长。8月12日，跟往常一样，纳粹德国空军攻击英国皇家空军的机场、朴茨茅斯港、泰晤士河上的运输船只和——无法解释的是，这是不列颠战役中唯一一次——"本土链"雷达装置。纳粹德国空军损失了31架飞机，而英国皇家空军损失了22架。鹰日那天，纳粹德国空军在黑暗中还攻击了伯明翰（Birmingham）附近一个生产喷火式战斗机的军工厂，损失了45架飞机，而英国皇家空军损失了13架飞机（其中6名飞行员获救，而飞行员是英国空防的关键要素）。8月15日，纳粹德国空军损失了75架飞机，英国皇家空军损失了34架。整个一周，纳粹德国空军相信，损失比率对它有利（公平地说，必须指出，英国皇家空军严重夸大了对损坏的德国飞机的估计）。8月14日，纳粹德国空军向哈尔德报告:"战斗机损失的比率是 1∶5,对我们有利……我们不难补偿我们的损失。英国人也许无法弥补他们的损失。"

然而,德国的损失越来越大,尤其是俯冲轰炸机,因此 8 月 15 日戈林开始修改计划,更换指挥官。持怀疑态度的人,如奥斯特坎普,被调离了前线,敢作敢为的年轻指挥官(如阿道夫·加兰特 [Adolf Galland],不久被希特勒授予骑士铁十字勋章——这是难得的事,因为他"看起来像犹太人")晋升到他们的职位。戈林向这些年轻指挥官们概述了不列颠战役第三个阶段的目标:英国皇家空军战斗机机场。恶劣的天气延迟了这方面工作的展开,这是德国空军最高统帅部(OKL, the Luftwaffe high command)自战役打响以来指挥的第一次真正的武力集结。直到 8 月 24 日,英国皇家空军才感受到它的效果,随即发出警报。位于战斗机基地最前线的曼斯顿(Manston)机场在遭到猛烈攻击之后失去战斗力,位于伦敦郊区东北部的北维尔德机场(North Weald)也损失惨重。在曼斯顿机场,地勤人员士气低落,跑到空袭避难所不再出来。那天,德国空军进行了 1000 架次突击,摧毁了 22 架英国皇家空军战斗机,自己损失了 38 架飞机。更糟的是,8 月 30 日和 9 月 4 日,英国的飞机制造厂遭受了严重损失,伦敦地区主要的战斗机基地比金山(Biggin Hill)机场,在三天内遭到六次袭击,操作室被毁,70 名地勤人员伤亡。8 月 24 日至 9 月 6 日,英国战斗机司令部在连续的防御战中损失了 290 架飞机;纳粹德国空军则损失了 380 架飞机,但只有一半是战斗机。

危急关头

纳粹德国空军即将赢得这场战斗的胜利——但是对于性急的希特勒和戈林而言还不够快。秋天的大风是种威胁。如果德国入侵的舰船能在 1940 年跨过狭窄的英吉利海峡,那么数周之后英国的抵抗就会被击败:英国的战斗机将会被迫在空中挨打,皇家海军自然也会被逐出英吉利海峡。8 月 31 日,德国空军最高统帅部决定,9 月 7 日将攻击重点由飞机场转向伦敦。直到那时,伦敦尚且幸免;正如 8 月 24 日德国国防军最高统帅部发出的命令中说:"攻击伦敦地区和恐怖袭击留给元首决定。"希特勒一直没这样做,因为他仍希望丘吉尔能到谈判桌前来——而且也避免对德国城市的报复。现在他考虑,仅仅通过袭击伦敦,就会让"英国战斗机离开它们的窝,被迫与我们公开交手",正如王牌飞行员阿道夫·加兰特所说。

于是,不列颠战役达到高潮:亨克尔、道尼尔和容克斯轰炸机的密集队列,在梅塞施米特 109 战斗机和 110 战斗机组成的方阵护航下,袭击(加兰特的描述)"这座泰晤士河上有着七百万人口的城市……英国最高统帅部的大脑和神经中枢"。这次袭击不得不挑战由 1500 个拦阻气球、2000 挺重型和轻型高射机枪、保持在 750 架喷火式战斗机和飓风式战斗机的"少数部队"组成的防空系统。9 月中旬的十天,在所有见证者的记忆里天天都是湛蓝的天空,都有光芒四射的骄阳,每天清晨英国东南部的天空都布满数百架飞往伦敦进行轮番轰炸的德国飞机,它们将迎面遭遇英国战斗机的拦截,时而疏散,时而重组,时而被硝烟吞噬。英国米德尔塞克斯团(Middlesex Regiment)的一名年轻士兵德斯蒙德·弗劳尔(Desmond Flower)回忆起空战的场面:

> 塞文欧克斯(Sevenoaks)的星期天和肯特(Kent)、萨里(Surrey)、苏塞克斯(Sussex)和艾塞克斯(Essex)的星期天一样。炎热夏日,湛蓝的天空让阳光照耀得令人眼花缭乱,德国轰炸机的影子还没看见,隆隆轰鸣的引擎声已把大地震得微微颤抖。然后,皇家空军来了;单调的嗡嗡声将被战斗机急转俯冲发出的咆哮声打断,雾化尾迹逐渐形成巨大的圆圈。我躺在玫瑰园中,凝视着正在形成的尾迹;当它们扩散开时,新的尾迹就会取而代之。这时,一个白色降落伞打开了,缓缓而落,开始只有针眼那么大,随后渐渐变大;我数了数,天空中同时有 8 个降落伞落下。

一些降落伞也许是英国飞行员的,因为 9 月 9 日、11 日和 14 日,英国战斗机司令部在抵御德国机群的过程中损失惨重。然而,它成功地使伦敦免遭损害——这并非事实。正如德国武官从华盛顿发来报告说"对伦敦中心区的影响类似一场地震"——现在促使纳粹德国空军作出最大的努力。9 月 15 日,到这时为止最大的轰炸机部队,包括 200 架轰炸机,在大量战斗机的护航下向伦敦飞来。英国战斗机司令部得到预警:自从德军对首都的袭击开始之后,英国人已经修缮了位于前方的机场,而且战斗机司令部总司令空军上将休·道丁(Hugh Dowding)爵士允许中部机群(Midlands Group),即第 12 航空兵群借调空军中队参与防御。那天早晨,丘吉尔参观位于阿克斯布里奇的第 11 航空兵群指挥部,他问那里的指挥官空军少将基思·帕克(Keith Park):"我们还有哪些预备队?"他得到的答案,和三个月前在巴黎从甘末林那里听到的相同:"没有。"然而,道丁的冒险行为是深思熟虑后的决定,并非孤注一掷。它是具有判断力的、以目标决定手段的措施,结果证明这个决定是正确的。大约 250 架喷火式战斗机和飓风式战斗机在伦敦东部拦截德国轰炸机,当这一天快结束时,第二轮空袭被击退,英军击落了将近60架飞机。这是纳粹德国空军在战争中最壮观的失败（尽管不是损失最惨重的）,对纳粹德国空军具有决定性的遏制效果。发动侵略时挫败英国抵抗的希望破灭了:9月17日希特勒宣布,推迟"海狮"行动,直到另行通知。

推迟"海狮"行动并未导致"鹰"行动的结束。首先,戈林常常把这两个行动看成是毫无联系的,他坚持希望,不需要陆军和海军,他的空军对英国的攻击就能取得战略性的结果。其次,希特勒希望对丘吉尔政府持续施压,他相信英国政府必将认识到和解的必然性,就像他自己那样。因此,整个9月份,纳粹德国空军都未中断对伦敦和其他目标的昼间攻击,有时还造成重大损失;例如9月26日德国人对南安普顿（Southampton）喷火式轰炸机制造厂的突然袭击使该厂停产了一段时间。然而,生产和损失的对比另有一番道理。9月27日,加兰特应邀去猎鹿作为获得第40次胜利的奖励,在帝国元帅

1936年至1940年,军事胜利的设计者、空军上将休·道丁爵士是皇家空军战斗机司令部总司令。他支持20世纪30年代末雷达装置的发展,在法兰西战役期间谨慎地节约使用稀缺资源,当时他顶着巨大的压力,让重要的飞行中队致力于注定要失败的事业,而这确保了1940年夏天战斗机司令部与敌军保持最小的差距。

(Reichmarschall)的狩猎小屋里,他向有不满情绪的戈林解释:"英国飞机的损失率要远比德国情报部门估计的低,而他们的飞机产量却远比德国情报机关估计的高,现在的情况已经表明这显然是个错误,我们必须承认它。"

承认错误的过程是缓慢的:昼间袭击持续到10月,代价越来越大;但是难以精准实施打击的夜袭——除了招致报复和希特勒试图逃避的外界对"恐怖策略"的谴责——开始成为一种常态。10月,夜间投掷的炸弹吨数是白天的六倍;11月后,在名副其实的"闪电战"中,夜间轰炸完全取代白天轰炸。至此,不列颠战役可以说是结束了。它曾是英雄史诗。"少数人"（The Few）无愧于他们的悼词:仅仅约2500名年轻飞行员负责保卫英国不受侵犯。大部分是英国公民;但也有相当数量的加拿大人、澳大利亚人、新西兰人和南非人（包括冷峻的"水手"马伦,他试图把德国轰炸机飞行员和死去的机组成员送回国,以此警示其他人）。还有一些不满本国中立态度的外侨,如爱尔兰人和美国人,以及至关重要的少数难民,如捷克人和波兰人;后者占"少数人"的5%,却承担了据称由德国空军引起的损

失的 15%。

"少数人"的胜利是有限的。在关键的 8 月和 9 月里,不列颠战役达到高潮,英国战斗机司令部损失了 832 架战斗机,而纳粹德国空军只损失了 668 架。因为纳粹德国空军损失了将近 600 架轰炸机,所以平衡表看起来是进攻者处于劣势。如果希特勒和戈林在战役达到高潮时知道他们取得了多大成功的话——当时英国战斗机司令部有四分之一的飞行员伤亡,战斗机的损失量一度(8 月 11 日至 9 月 7 日)超过生产量——无疑他们会作出更大努力。如果这样,纳粹德国空军也许会成为第一流的空军,作为独立的战略军种,在战斗中取得决定性的胜利,进而实现杜黑和米切尔在军事航空学的肇始就已洞察到的愿景。事实上,道丁和战斗机司令部人员的实用主义,其飞行员的自我牺牲精神,以及雷达技术的创新,造成纳粹德国的第一次失败。这次失败的影响将延迟许久之后才表现出来;不过,不列颠战役的失败确保了英国的独立,这确实在最大程度上决定了希特勒德国的倾覆。

五　军事补给和大西洋战役

食品、原材料、成品和武器本身的补给关乎战争的根本。从最初开始，人走向战争，就是为了占有他所稀缺的资源。在战争中，人和敌人搏斗，是为了保障他的生活资料，为了自卫。对于这一规则而言，第二次世界大战也不例外。著名的战争经济史学家阿伦·米尔瓦德（Alan Milward）教授认为，二战的根源"在于世界上两个经济最发达的国家把战争作为政策工具的蓄意选择。德国和日本政府在战争政策上并不因经济而有所保留，它们决定发动战争是受到这一信条的影响，即战争也许是经济收益的工具。"

米尔瓦德的论断，即经济驱动力促使日本走向战争，是毋庸置疑的。日本的信仰是，不断膨胀的人口对于几乎任何资源都稀缺的岛国来说是过剩的，只能通过占领近邻中国的富饶多产地区来获取支持，这使它在1937年至1941年之间与美国直接发生外交冲突；美国采取反击措施，实行贸易壁垒政策，希图以此挫败日本的战略冒险，而正是这个措施使东京政府于1941年选择战争，而非有条件的和平，作为国家前进的方向。在珍珠港事件发生的同年，日本钢铁需求的40%不得不依靠进口，此外还要进口60%的铝、80%的石油、85%的铁矿石和100%的镍。因此，如果日本不担保作出华盛顿认定的友好行为，美国就要断绝它的石油和金属进口，这相当于抨击政策。"南部攻势"几乎是意料之中的结果。

希特勒无法把经济不足作为他采取战略冒险的理由。1939年，德国人口的四分之一仍在国内就业，德国在食品方面几乎完全自给自足，只需要进口它所消费的部分鸡蛋、蔬菜和脂肪。它还生产本国消耗的所有的煤，以及很大部分的铁矿石，除了瑞典供应的军备级别的矿石。橡胶和石油——在战争中可以充当煤基替代品——完全依赖进口，它也需要进口大部分有色金属。然而，通过和平贸易，它的高水平出口（特别是制造业，诸如化学制品和机床）容易获得剩余资金，弥补这些不足。如果不是希特勒的社会达尔文主义痴迷于自给自足——完全的国家经济自主权——德国就不会有理由与邻国进行军事，而非商业交涉。

矛盾的是，德国的对手英国和法国，以及德国三心二意的盟友意大利，对参战有着更强的经济动因。意大利是主要的能源进口国，它的工业，尤其是军事工业，以传统技能为基础，与现代战场无情的大规模消耗很不协调。意大利的航空工业是艺术品——不能为意大利皇家空军（Regia Aeronautica）的飞行员提供慰藉，飞机生产的速度无法与在马耳他（Malta）和班加西（Benghazi）空中飞机损耗的速度相匹配。法国亦然，在传统工匠的行为模式基础上维持军工厂的运转；尽管国家轻而易举地自食其力，同时出口大量的奢侈品，但是在许多原材料和某些制造品方面，它依赖于它的帝国和贸易伙伴，例如在1940年危机中从美国进口先进的飞机，从印度支那的殖民地进口橡胶。

英国的情况是最矛盾的。英国工业能够高速生产所有武器、船只、飞机、枪炮和坦克，动员的军事人口能够在战场上冲锋陷阵。而且，正如它在第一次世界大战中所展示的，以及在第二次世界大战中将会验证的，它能够继续出口剩余军备（给俄国），或者重新装备流亡军队（波兰军、捷克军、自由法国军队），甚至在军事形势最惨淡的时期也能做到这些。然而，它能够这样做的前提是：为其工厂进口大部分有色金属和某些必备的机床，并进口所有石油和食品总量的一半——这对于一个人口过剩的岛国来说是最关键的。在紧要关头，以稻米为生的日本人，能够在接近饥饿的状态下生存。而英国人，如果没有北美的小麦，将在数月之内，耗尽国家战略储备的面粉和奶粉，经历真正的马尔萨斯式衰退，人口锐减至一半。

因此，当胜利降临时，温斯顿·丘吉尔真切地坦承，"战争中唯一让我真正害怕的是德国潜艇的威胁……从外表上看，它没有引人注目的战斗和辉煌的战果，它通过不为国人所知、不为公众理解的统计、图表和曲线来体现自己"。最重要的统计容易说明这个问题。1939年，英国需要通过海运进口5500万吨货物，来维持其生活。为此，它拥有世界上最大规模的商船队，包括总登记（总载货量）2100万吨的3000艘远洋航船和1000艘大型沿海航船。在任何时间段，都有约2500艘船在海上航行；商船人力合计达16万人，这是和商船本身几乎同等重要的资源。为了保护这支船队，英国皇家海军使用220艘配有声呐装置（由盟军潜水艇探测研究委员会于1917年开发的回声探测设备）的军舰，其中包括165艘驱逐舰，35艘单桅帆船和轻巡洋舰，20艘拖捞船。如此，商船和护航舰的比率约为14∶1。护航运输队，即在海军的护送下把商船编成有组织的队形，不再像一战中那样引发争议；在战争爆发前，英国海军部对护航任务全力以赴，不仅直接护航远洋航线，也尽力保护沿海水域的航行。

德国潜水艇和海上突击舰

护航运输队的主要敌人是潜水艇，或说U潜艇（Unterseeboot）。1914年，德国人也使用一些船只袭击海上商船，包括正规军舰和经过改造的商船，但是为数很少；1939年9月至1942年10月，不超过12艘辅助性突击舰艇控制了很大海域，最成功的是亚特兰蒂斯号（Atlantis），在它1941年11月遭到英国皇家海军德文郡号（Devonshire）的拦截并被摧毁之前，曾经击沉了22艘船。有时，德国的

大西洋战役期间，HM驱逐舰鳐鱼号（Skate）进行舰尾投放深水炸弹的测试。随着战争的升级，舰尾投放让步于舰首发射。

战舰、战列巡洋舰、袖珍战列舰、巡洋舰袭击海上交通线，但是它们也为数甚少，被视为珍宝，不值得经常去冒险，尤其是在1939年12月袖珍战列舰格拉夫·施佩号（Graf Spee）在蒙得维的亚（Montevideo）附近海域耻辱地被3艘英国巡洋舰击败之后。德国飞机在袭击舰船方面取得一些成功——1941年5月，最巅峰的一个月，它们总共击沉15万吨船只（二战时期商船的平均排水吨位为5000吨）；飞机、水面舰艇或潜水艇放置的水雷成为持续的威胁。德国的沿海快艇，英国人称之为快速鱼雷艇（E-boat），于1941年至1944年间在英国沿海放置了很多水雷，不断对沿海护航运输队构成威胁；1944年4月，德军在英国德文郡（Devon）的斯拉伯顿海滩（Slapton Sands）袭击了护送美国军队的船只，这些美军准备执行诺曼底登陆计划，结果溺水而亡的美国步兵比6月6日在诺曼底附近损失的还多。然而，飞机和海上突击舰对商船运输的攻击，无论大小，与第二次世界大战中欧洲发生的真正海战没有太大关系。正如温斯顿·丘吉尔正确指出的，护航和U潜艇势不两立。

1939年9月，德军U潜艇舰队司令卡尔·邓尼茨（Karl Dönitz）指挥着57艘U潜艇，其中30艘是短程沿海U潜艇，另外27艘是远洋U潜艇。战前，德国海军的扩张计划，即"Z计划"（Z-plan），要求组建有300艘U潜艇的舰队，

邓尼茨声称他一定能够用这支舰队制服英国。1942年7月，他几乎实现目标：他拥有140艘U潜艇用于执行军事行动，平均每年击沉的船舶吨数为700万吨，这个数字超过英国新建船舶吨数的5倍多。然而到那时，由于不可避免的战争态势，邓尼茨认为的英国必被U潜艇战术击败的每个条件都变得对他不利。外国船只的征用和租赁给英国商船队增加了700万吨的船舶，相当于鱼雷一年的破坏量。美国造船厂的产量在紧急动员的情况下获得极大提高，补充了英国人的造船量，1943年美国答应输出1500艘新船（包括许多吨位为1万至1.5万吨的大船），比U潜艇击沉的3倍还多。自1941年至1945年，美国海军每年将增建200艘护航舰。逾500艘美国护航舰在北大西洋加入英国皇家海军的护航舰队。因此1941年3月，英国在北大西洋的护航舰队已经拥有374艘舰船，几乎是开战时的两倍。基地在北美、冰岛和英国的远程飞机日益缩减"空中防御缺口"，在这些缺口，U潜艇能够安全地在海面上活动，这对它们更有利，因为它们在水下时行动速度慢；由"护航航空母舰"提供的对护航运输队完整的空中保护，很快对攻击的U潜艇构成直接威胁。只是在U潜艇的停泊基地，邓尼茨的情况有所改善；在电子战和密码战中，斗争悬而未决；水下秘密武器的前景对德国有利，但是在若干年内尚且无法实现。然而，U潜艇已经给盟军造成严重的物质和精神损失，尤其是英国；1942年中期，大西洋战役的最终结果对于任何人来说还不明朗。"统计、图表和曲线"孕育着威胁。

至此，大西洋战役（该词出自于丘吉尔）已经度过四个不同的阶段。从战争爆发到法国的陷落，U潜艇舰队受到地理上的限制，希特勒顾及中立国的敏感神经，只在邻近不列颠群岛的地区开展军事行动。1940年6月，德国占领法国在大西洋的港口（1941年1月，凭借先见之明，希特勒命令在此地建造防弹的U潜艇"掩藏船坞"）。此后，德国U潜艇舰队开始在大西洋东部展开破交战，尤其是在通往西非和南非的"海角航线"，由于意大利人暴露出自己是无能的潜水艇人员，德国U潜艇有时深入地中海。1941年4月至12月，由于U潜艇实施破交战的技术日益提高，尽管美国划出一个"中立区"，声明在这个地区会攻击劫掠的潜艇，U潜艇艇长们开始把破交战扩大到大西洋中部和西部地区；1941年6月后，英国开始通过护航运输队把军事补给运到苏联北部港口，德国U潜艇往往在德国战舰和岸基飞机的支援下，在北极圈进行破交战。最终，1941年12月后，邓尼茨的手下把潜艇战打到美国大西洋沿岸和墨西哥湾，在几个月可怕的所谓"快乐时光"中，由于美国海军一时无法在沿海组织护航运输队，德国U潜艇击沉了几十万吨的沿海船舶。

直到1940年6月，U潜艇始终受到地理条件的局限，正如在第一次世界大战中，同样的地理条件使德国"公海舰队"（High Seas Fleet）只能在总部附近行动一样。德国U潜艇使用波罗的海作为训练基地（贯穿战争始终，他们都这样做），在北海攻击英国船运，但是多佛海峡（Dover Straits）的水雷障碍阻止它们通过英吉利海峡，而要想到达大西洋，只有长途跋涉绕过苏格兰北部地区才行——更确切地说，如果它们能行驶那么远的话。然而，只有少数U潜艇能行驶那么远。只有8艘U-IX潜艇是真正的远洋潜艇，航程是1.2万海里；有18艘潜艇能到直布罗陀（Gibraltar）巡航；剩下的30艘潜艇离不开北海。尽管存在这些局限，潜艇取得了一些显著的成功，包括1939年10月在英国皇家海军位于斯卡帕湾（Scapa Flow）的重要基地击沉战舰皇家橡树号（Royal Oak），击沉在本国海域公然忽视反潜预报的航空母舰勇敢号（Courageous）。从战争爆发到法国的陷落，在北大西洋击沉的商船总数不超过141艘，总吨位不超过75万吨。

然而1940年6月，对法国大西洋港口的占领改变了U潜艇破交战的基地。夺取布雷斯特（Brest）、圣纳泽尔（Saint-Nazaire）、拉罗切利（La Rochelle）和洛里昂（Lorient），使邓尼茨的潜艇可以入侵英国的贸易航线，在那之前击沉商船还只是偶尔为之，现在可以是经常而持续的。邓尼茨的手下一清除比斯开湾（Bay of Biscay）的障碍，就感觉掌握了自英国至开普敦运输着尼日利亚石油和南非有色金属矿石的航线；而且，稍稍深入大西洋，他们就能攻击运载阿根廷肉类和美国谷物的护航运输队。

单独航行的船只特别容易遭到拦截。正如英国皇家海军在第一次世界大战中的经验所证实的，独航为德国U潜艇提供一连串的目标：艇长在常用的贸易路线上错过某船，他还能指望下一条船的出现，因此单凭可能性因素的作用获得较高的命中率。护航运输队则颠覆了这种可能性。因为U潜艇在水下的速度最多等同于、往往慢于商船，如果U潜艇艇长看到护航运输队时，错误地选择攻击的位置，他将错过所有船只，也许要等上若干天才能看到其他船只，因此正确的攻击点比以前更不容易确定。

邓尼茨在第一次世界大战中曾是一名潜水艇艇长，他认识到他的部队行动中在这种概率方面的劣势，为此构思出一种方法去克服它。在德国受《凡尔赛条约》限制不能拥有U潜艇期间，邓尼茨通过海上鱼雷艇的实验表明，如果在海上部署若干潜水艇，其水上速度要超过商船，潜水艇"群"能够识别宽阔洋面上驶近的护航运输队，通过来自岸上的无线电命令集中攻击一支船队，大量潜艇协调一致制服护航舰，然后击沉大量敌船。一旦德国获得法国在大西洋上的港口，狼群战术将使大西洋战役成为一场白刃战，使丘吉尔于 1940 年中期至 1943 年中期在不列颠战役中的作为相形见绌。

英国皇家海军防御"狼群"的护航运输队只能部分地保护大西洋生命线。海军护航——早期也许只有两三艘驱逐舰和一艘轻巡洋舰护送 40 艘货船和油轮，在海上航行 3000 海里——对坚定的 U 潜艇编队构不成直接的威胁。声呐，即用于探测潜航的 U 潜艇的回声探测器，在 1000 码以外是无效的，只能表明范围和方位，而非（直到 1944 年前）深度。用于攻击 U 潜艇的深水炸弹由水压引信击发，按照推测放置，只有在 U 潜艇附近引爆时，才能破坏它的外壳。而且，U 潜艇大多于夜间在海面上突袭，那时雷达比声呐更有用，但是在 1943 年以前雷达太过原始，不能给出预警或准确的测距。

雷达情报战

盟军采取的措施是，护航运输队远离大家都知道的航线，也远离疑有潜艇的警戒线，这样最大限度地确保护航运输队的安全，加上一些辅助措施——特别是空中巡逻——迫使德国 U 潜艇在护航运输队经过的时候潜水。直到 1943 年 5 月，由于缺少飞机，以及飞机飞行范围有限，北美、冰岛（在 1940 年 4 月德国入侵丹麦之后成为英国空军基地）和英国之间存在"空中防御缺口"，德国 U 潜艇在此不必担心受到监视；当超远程的可以连续飞行 18 个小时的"解放者"轰炸机（B-24）投入使用后，缺口得到弥补。另一方面，变更航线是从大西洋战役一开始就采取的策略，在这方面始终给人一种双方直接对抗的强烈感觉。德国方面，海军密码解译局（B-Dienst）的军官截取无线电信号，破译密码，确定护航运输队的位置，读取它们的命令；英国方面（后来是英美方面），位于布莱切利（Bletchley）的政府密码学校（Government Code and Cipher School）的密码译解员和英国海军部作战情报中心（Admiralty Operational Intelligence Centre）的工作人员监控德国 U 潜艇和邓尼茨指挥部之间发出的信号——邓尼茨指挥部位于洛里昂（Lorient，1942 年 3 月后迁到柏林）的克内维尔（Kernevel）——探测其在巡航线上的编队及对"狼群"的导航。到目前为止，变更航线是最成功的护航保护措施。例如，1942 年 7 月至 1943 年 5 月，英国海军部和美国海军部情报中心设法通过改变航线使 174 个受到威胁的北大西洋护航运输队中的 105 个脱险，使另外 53 个受到的攻击最小；只有 16 个护航运输队直接陷入"狼群"陷阱，遭受严重损失。

英国皇家海军志愿后备队（RNVR）的罗杰·温上尉（Rodger Winn），以及后来他的美国同事肯尼思·诺里斯（Kenneth Knowles）指挥官取得的成功基本上依靠布莱切利密码译解员的破译技术，他们相当快地破译了克内维尔 U 潜艇无线电通讯，破译结果可以应用于反潜护航行动。当然，无线电通讯信息要在恩尼格玛密码机（Enigma machine）上译成密码，U 潜艇通讯使用的"鲨鱼"密码本尤其让布莱切利的工作人员费了一番脑筋；首次破译是在 1942 年 12 月，直到 1943 年才能定期破译它。直到那时，作战情报中心使用的大部分重要的无线电情报级别较低，位置固定。高频无线电测向仪（HF/DF 或 "Huff Duff"）使船只能够通过 U 潜艇发回潜艇指挥部的信号，对隐航的 U 潜艇进行侦察和定位，进而护航运输队可以改变航线，或者调集护航飞机。同时，由于英国海军部不明智地坚持使用密码本，而非机械密码，德国海军密码解译局能够读取护航运输队的通讯信息，指挥"狼群"到选定航线，有时造成灾难性的后果。

1941 年 4 月后，随着 U 潜艇从大西洋东部转移到中部，无线电情报战的关键时期到来了。英国通过使用食物代用品和进行配给，使进口需求从 5500 万吨减少为 4300 万吨，但是这已接近生存的最小需求，而且必须把它与沉没的情况对比，被击沉数可能超过了补充数。1941 年 2 月，美国颁布《租借法案》，实质上允许英国向美国租借军事补给，只需在胜利之后偿还；从 1941 年 4 月开始，在 1939 年签署的《泛美中立法案》的条款下，美国进行中立巡逻队（Neutrality Patrol），有效地把 U 潜艇驱逐出百慕大群岛（Bermuda）以西的大西洋。然而，U 潜艇舰队此时在 2000 海里的洋面上开展破交战，拦截护航运输队，U 潜艇增加的数量比作战中损失的多得多；1941 年，德国建造了逾 200 艘 U 潜艇，而从 1939 年 9 月到这个时候，损失的 U 潜艇总数则不到 50。

因此，在 1941 年的 8 个月里，大西洋潜艇战不断扩大，这充分表明德国海军的成功。5 月，德国战舰俾斯麦号（Bismarck）轻率地充当了商船袭击舰，在遭到英国本土舰队（British Home Fleet）主力长时间追赶后，德国海军失去了这艘重要的战舰；不过，德军总共击沉了 328 艘商船，击沉的总吨位为 150 万吨，弥补了这次失败，当时英国造船厂每年生产新船的总吨位不到 100 万吨。英国的损失几乎包括本土急需的各种原料——小麦、牛肉、黄油、铜、橡胶、炸药和石油，还有军事装备。

1941年5月24日，德国战舰俾斯麦号在北大西洋突围时与HM巡洋战舰胡德号（Hood）交战；该照片是从欧根亲王号（Prinz Eugen）上拍摄的。

然而，为英国辩护的人会指出，损失船只的三分之二是在缺乏护航舰的情况下被击沉的，当年U潜艇总共损失了28艘，这表明护航越来越成功。邓尼茨肯定要作出这样的结论：美国海军一成为明显的作战者，而非敌对的中立者（自1941年9月以来它就是），他就把作战的重点转移到美国沿岸地区。从1942年1月开始，任何时候都有多至12艘U潜艇在美国东海岸和墨西哥湾巡逻；1月至3月，U潜艇击沉船只的总吨位为125万吨，换算为年的话相当于1941年在北大西洋击沉的总吨位的四倍多。

然而，到5月份，美国东部海疆开始出现护航运输队，在那里击沉商船的情况立即减少。随着美国船坞的复兴，而且这些船坞被用于修建新的船只，新商船和护航舰的建造速度迅速加快。特别重要的是标准油轮T10和自由轮货船的出现，这两种船比战前同类船只更大（吨位分别为1.4万吨和1万吨），而且更快，最重要的是，它的建造速度快。建造一艘船平均需要三个月的时间；到1942年10月，美国船坞每天有3艘自由轮下水，11月，罗伯特·佩里号（Robert E. Peary）从铺设龙骨到下水只用了4天15小时的时间——公关的花招，然而对于邓尼茨而言，这是配件预加工技术向他的U潜艇艇长们发出挑战的可怕证据。

临界点

到1942年7月，尽管双方都没察觉，大西洋战役到了关键时刻。主要战事之外，还有若干小插曲。1942年3月，英国人破坏了圣纳泽尔船坞，这里曾为德国最大的战列舰提尔皮茨号（Tirpitz）在大西洋海岸上提供避风港。此后，它停靠在挪威北部海域，2月在此会合了沙恩霍斯特号（Scharnhorst）和格奈森瑙号（Gneisenau），此前这两艘战列巡洋舰大胆地穿越了英吉利海峡，这起事件引发了英国海军部和英国皇家空军之间关于谁应该承担没有拦截它们的责任的唇枪舌剑。这三艘重装备的军舰在未来的几个月里对北极圈附近的护航运输队构成威胁，7月份它们彻底瓦解了PQ17护航运输队。1943年12月，沙恩霍斯特号迅速出击北极圈附近的一个护航运输队，引起英国海军部的焦虑，但是遭遇和俾斯麦号相同的命运；提尔皮茨号的威胁持续到1944年11月，它在特罗姆塞港的锚地被轰炸击沉。但是，这些事件大体上概括了德国水上舰队对德国海军（Kriegsmarine）战斗的贡献。1942年11月，出于代号为"火炬"的北非登陆计划的需要，大西洋生命线上的盟军商船和军舰暂时减少。1942年2月，针对U潜艇无线电通讯的"厄尔特拉"*破译工作严重中断，为时将近一年，德国海军密码解译局针对英国皇家海军第三代密码簿则获取越来越多的成功。英国、美国和加拿大护航运输队的控制系统同时面临"适应"常规合作的问题；皇家加拿大海军的服役军舰数量从6艘增加到将近400艘，这一扩张是二战期间参战国家陆、海、空军中规模最大的，不过要想与大盟友的军事技术相匹配依然特别困难。自从战争爆发以来，英国海军部和皇家空军关于如何使用远程飞机的问题争吵不休，海军部主张，保护护航运输队比规模壮观却往往无效地轰炸德国城市的回报大，这个主张是正确的，但没人听从。在如此的背景下，邓尼茨通过在海上用"奶牛"潜艇补给燃料的实验，努力扩大U潜艇的活动范围，为了应付日益危险的比斯开湾海上路线，邓尼茨为他的U潜艇装备应对远程飞机的设备，这些远程飞机是由英国皇家海军通过海岸司令部分派给海军部的。1942年上半年，海岸司令部的飞机装有强大的新"利"式探照灯（Leigh Light），开始在夜间突袭海湾的U潜艇，用深水炸弹攻击它们。尽管邓尼茨已经命令U潜艇，不管耽搁多久才能到达大西洋巡航范围，都要隐秘地潜航，7月仍有两艘U潜艇受损。"利"式探照灯的重要性是，在靠近U潜艇的决定性的2000码范围之内，雷达不起作用，而"利"式探照灯却给飞机添加了"眼睛"。在技术比拼的跷跷板上，当德国人开发无源雷达探测器后，"利"式探照灯的作用有所减弱，因为这表示"利"式探照灯带来的危险会被识破。然而，在持续到1944年

---

*"厄尔特拉"是英文"Ultra"的音译，意即"超级机密"。英、美两国破译德国、日本和意大利的情报时采用这个代号。——译者注

的比斯开湾海战中，优势始终在盟军一方。直到 1944 年初，第一个装有通气管的 U 潜艇（在潜航时能给电池重新充电）投入使用，反潜飞机的危险才开始被克服。

然而到那时，大西洋战役再次出现高潮。从 1942 年 7 月开始，邓尼茨最终实现了他的目标，拥有了 300 艘 U 潜艇，他在大西洋的中部地区重新部署，由于英国船只被调去帮助美国人在东部海疆护航，此地的盟军护航舰队有所削弱。现在，在组织警戒线和集结"狼群"攻击护航运输队方面，邓尼茨变得更加熟练，而且由于当前德国海军密码解译局的密码系统比布莱切利的更有优势，他在定位护航运输队方面取得了更大的成功。英国人以两个实验性的措施予以反击，后来都奏效了：建立由护航舰组成的"支援小组"，去救助受到攻击的护航运输队，把商船改装为能让飞机起飞的载机商船。无论如何，载机商船（MAC）尽管笨拙，却是真正的护航航空母舰的先驱，第一艘护航航空母舰，美国海军的博格号（Bogue）诞生于转年 3 月；护航舰的持续短缺迫使第 20 支援小组在两个月后解散。

结果，1942 年 11 月，U 潜艇在北大西洋击沉 50.9 万吨船只，这个数字仅次于上年 5 月美国海岸的"快乐时光"时的成绩。由于恶劣的大西洋气候，12 月和次年 1 月，击沉的吨位数减半；但是 1943 年 2 月，尽管天气依然恶劣，120 艘 U 潜艇在北大西洋击沉总吨位将近 30 万吨的船只，而且损失似乎开始增加。3 月间，在从北美向东航行至英国的追逐战中，40 艘 U 潜艇击沉代号分别为 HX229 和 SC122 的两支护航运输队 90 艘商船中的 22 艘，以及 20 艘护航舰中的 1 艘。击沉船只的总吨位为 14.6 万吨，是与护航运输队作战过程中最多的一次，这让邓尼茨和他的手下相信，他们抓住了胜利。3 月在北大西洋，他们总共击沉 108 艘船只，总吨位为 47.6 万吨，多数是在护航情况下击沉的。狼群战术在得到海军密码解译局成功定位和破译的支持下，看来取得了压倒护航的优势。

表面现象是虚假的。不仅盟国的造船速度不断提高，补充了击沉船舶造成的损失（到 1943 年 10 月，新造船舶实际上已经弥补了自 1939 年以来被击沉船舶的吨位数，并且还建造了一支超级商船队）；德国 U 潜艇的损失数量也开始与新下水的潜艇数持平，每月大约 15 艘。这些统计数据意味着邓尼茨的徒劳无功。产生这种变化的原因是多方面的：1943 年 5 月，布莱切利重获胜过德国海军密码解译局的优势，在改变航线方面甚至做得更加成功；护航舰越来越多，使组建永久性的"支援小组"成为可能，4 月份"支援小组"的数量为 5 个；对于已有的护航舰而言，增加了两艘有 20 架反潜飞机的护航航空母舰，这些反潜飞机能够迫使护航运输队附近的所有 U 潜艇潜航，因此有效地削弱了其攻击能力；改良的雷达、声呐和深水炸弹发射器（刺猬弹和乌贼弹）在近距离作战时对U潜艇构成直接的战术威胁；不过，最重要的是，远程巡逻机在大西洋战役中的使用率越来越高，使战略优势转向英美加一方。配有雷达、"利"式探照灯、机关炮和深水炸弹的远程飞机，尤其是"解放者"轰炸机，对于浮出水面的U潜艇而言，是飞翔的死亡使者。在比斯开湾，在邓尼茨命令的"一决雌雄"短暂

1941年2月，HM驱逐舰威斯哈特号（Wishart）和安东尼号（Anthony）向U-6761号潜艇投放深水炸弹。一架美国飞机先侦察到U潜艇，然后驱逐舰摧毁了它，其中7名艇员获救。

却损失惨重地落幕之后，反潜飞机迫使所有U潜艇要花四倍时间才能潜航到北大西洋猎场；在大洋上，反潜飞机分散了邓尼茨的警戒线，凶猛地攻击集结的潜艇群——不管它们在哪里出现，进而彻底瓦解了邓尼茨的狼群战术。1943年5月，U潜艇的损失数量达到43艘，超过补充潜艇数的两倍还多，反潜飞机和护航舰的比率大约是3∶2。5月24日，邓尼茨接受了无法回避的现实，把他的U潜艇舰队撤离了大西洋，他后来在传记中承认："我们输掉了大西洋战役。"

这并不意味着U潜艇战的终结。1944年5月，第一艘配备通气管的潜艇试航。潜艇通气管可以回收，使潜艇能够在使用柴油发动机的时候潜航。这个装置最先由一个荷兰海军官员于1927年发明，它预示了以过氧化氢为燃料的闭式动力机系统的发展，德国人于1945年使用过氧化氢作为柴油机的氧气来源——以及核动力推进的发展——进而把能潜水的U潜艇转变为真正的潜艇，能够在水下执行作战任务。如果使用错误，它会使艇员窒息而亡，人们相信有两艘U潜艇的艇员就是这样丧生的；如果使用正确，它会缓解U潜艇面临的威胁。如果1944年8月美国军队没有夺取德国人在大西洋上的主要港口，装有通气管的U潜艇也许会在大西洋战役中重整旗鼓，给盟军造成巨大损失。

纵观大西洋战役，1939年9月至1943年5月，邓尼茨的潜艇部队付出最为沉重的代价。尽管盟军在大西洋损失了2452艘商船，总登记吨位将近1300万吨，

以及 175 艘军舰，大部分是英国军舰（还包括加拿大、波兰、比利时、挪威和自由法国的护航舰），德国海军损失了 830 艘参战 U 潜艇中的 696 艘，它们几乎全部葬身大西洋，40900 名海员中有 25870 名阵亡；另有 5000 人从深水炸弹袭击过的潜艇残骸里获救，成为囚犯。伤亡率——死亡率达 63%，全部算在一起是 75%——远超其他任何参战国陆、海、空军的任何部队。

当然，代价不是徒然的。考虑到经济条件从一开始就对德国不利，它的工业是为一场短兵相接的战争而"横向"组织的，而不利于进行深入的持久战；以及希特勒的征服计划在为纳粹德国制造战争的能力增添活力和原材料方面特别不成功——例如，它不能为德国的战争机器获取大量石油或者有色金属矿石资源——U 潜艇战决定性地使英国为了欧洲的最终解放而转变为英美屯兵场的时间延后。自 1940 年至 1944 年，德国利用本国的农业生产，加上征用东西方占领区的农业产出，轻松地自给自足，而英国则由于 U 潜艇对其进口食品的劫掠，一直处于接近最低生存线的状态。食物配给尽管在战前已经有所应用，而且惠及营养不足的阶级，但却在英国人中塑造了一种潜在的危机感，歪曲并削弱了他们回击敌人的能力。英国在二战期间对德国的军事威胁与一战期间严重受损时的威胁差不多，尽管从相对实力上看，英国在 1940 至 1944 年间并不比 1914 至 1918 年时弱小很多。正是 U 潜艇，在德国空军的微弱支援下，塑造了这种不同。

在分散和减弱英国和美国工业对其战争盟友及其附属战场的支持方面，U 潜艇也有着至关重要的意义。1941 年，德国入侵白俄罗斯和乌克兰，破坏了苏联的工业，在 1941 年至 1942 年的可怕冬季里，工厂从西部省区几乎令人难以置信地迅速转移到横穿乌拉尔山脉的地区，才得以保存继续抵抗的能力。例如自 7 月至 10 月，496 家工厂被火车从莫斯科运到东部地区，首都只剩下 7.5 万个金属切削机床中的 2.1 万个；6 月至 8 月，苏联铁路总共把 1523 家工厂从西部转移到东部，8 月至 10 月，有数据显示，80% 的苏联战争工业"在车轮上"，从受到威胁的地区转移到西伯利亚西部和东部的安全区。这种空前的工业转移所带来的生产中断，只能用西方的代替品来弥补，包括武器和军需品，不过最重要的是战争的基本要素——交通工具、机车和货车、燃料、定额粮食，甚至诸如靴子那样简单却重要的物资，1941 年至 1942 年的冬季，由于缺少毛毡冬靴，数万德国士兵失去脚趾。自 1941 年 3 月至 1945 年 10 月，美国向苏联提供了 2000 辆机车、1.1 万辆铁路货车、近 300 万吨汽油、54 万吨铁轨、37.5 万辆卡车和 1500 万双靴子。苏联红军正是穿着美国靴子，开着美国卡车，向柏林进军。如果没有这些物资，苏联西部地区的战役在 1944 年就会以失败告终。

《租借法案》还把 1.5 万架飞机、7000 辆坦克和 35 万吨炸药拨给苏联，显然，相比之下，靴子和卡车是更重要的军事补给；比英国在战争过程中给予的全部支援还重要——5000 辆坦克、7000 架飞机，甚至还有 11.4 万吨橡胶。这些军事补给尽管生死攸关，然而自 1941 年至 1944 年，由于邓尼茨的潜艇战，它们要经过最曲折不便的路才能到达苏联。1941 年至 1944 年的夏季，从英国到摩尔曼斯克（Murmansk）和阿尔汉格尔（Archangel）的"苏联北部路线"，向西几乎远至格陵兰（Greenland），向北远至斯匹次卑尔根岛（Spitsbergen，1941 年至 1942 年，这里发生了一场奇怪的争夺气象站的小型战役），以此避开德国以挪威为基地的空袭和海战；当冬季的冰雪促使护航运输队向东航行时，损失急剧增加，丘吉尔不得不屡次中断航行——斯大林对此表示出伤人的轻蔑。经过波斯湾的候补路线比较迂回，终点是一条长长的动力不足的铁路系统的末端。到海参崴（Vladivostok）的太平洋路线也受到冰雪和敌人攻击危险的影响，而且它与世界上最长的铁路——西伯利亚大铁路在另一端的终点相连接。

因此，希特勒对 U 潜艇舰队的投入物超所值。它部分地遏制了眼前敌人的进攻，特别是苏联人，还有英国人，延缓了在他门口组建一支强大的美国远征军，并且妨碍了敌对的"周边"战略在地中海的发展；1940 年至 1942 年，德国封锁了英国常规护航的海路，在很大程度上采取空袭的方式，部分地通过潜艇的威胁，迫使沙漠地区的英军依靠长达 1.2 万海里的开普敦航线提供补给，付出极大的代价。

如果希特勒在 1942 年以前能够组建一支拥有 300 艘 U 潜艇的舰队，而且此后舰队规模不断扩大，或者设法在 1944 年以前开始使用先进的通气管装置和革命性的过氧化氢燃料，部分遏制也许会变成全面遏制。德国依然极为重视能够在战略中心区作战的优势——在欧洲，陆上强国历来利用"内线"优势抵抗海洋敌人。到目前为止，邓尼茨是所有为希特勒侵略战争卖命的军官中最有才干的一位——远比空军总司令戈林优秀，甚至胜过弹道导弹之父冯·布劳恩（von Braun）——在纳粹德国最后的日子里，他被任命为元首的继承人，这是完全适当的。在对全面战争信条的自我牺牲式的无情奉献中，纳粹主义在国防军里找不到可以和潜艇部队匹敌的军种。它的"王牌"——君特·普里恩（Günther Prien）、奥托·克雷茨克默（Otto Kretschmer）、曼弗雷德·金泽尔（Manfred Kinzel）、约西姆·施普克（Joachim Schepke）——无论是否信仰纳粹，都拥有超人的精神，尽管他们造成一些残忍的伤害，然而他们的英勇甚至成功地赢得了对手的尊重。审问金泽尔的英国军官悲伤地表达出一种希望，"不要有太多像他那样的人"，金泽尔是"王牌中的王牌"，曾经击沉的船舶的总吨位达 27 万吨。

　　大西洋不是运输军事补给的唯一苦道（via dolorosa）*。此外，还有滇缅公路和"驼峰航线"（the Hump），这两条运输线把物资从陆路和空中运给中国南方的蒋介石军队。西非到东非的塔可拉迪航线（Takeradi route）为物资短缺的空军提供了由大西洋护航运输队护送登陆、在岸上装配的飞机。1941 年至 1943 年的冬季，拉多加湖（Lake Ladoga）的"冰河大道"缓解了列宁格勒（Leningrad）的饥饿状态。日本人最终于 1942 年成功地把太平洋岛屿防线内的群岛转变为水"陆"战略的基础，在 1943 年至 1944 年期间为分布广泛的战斗部队提供补给，取得了非凡的海运功绩，麦克阿瑟（MacArthus）的"跳岛战术"（island-hopping）最终打破了日本海上要塞的防护。1945 年，太平洋战役接近尾声，在美国潜艇的攻击下，日本人几乎失去了全部的商船舰队，仲夏之际，日本本岛处于饥饿的边缘——日本侵略战争的悲惨结局，这场战争不久将被广岛和长崎震彻环宇的轰鸣所终结。

　　然而在持续时间、规模和重要性方面，这些后勤保障的努力都无法与大西洋战役相比。它既是一场真实的战争，也是赢得战争的事业。如果它打输了，如果那些在 1940 年至 1942 年日夜折磨丘吉尔的"统计、图表和曲线"失常，如果 1942 年的夏天每艘 U 潜艇在警戒线上再成功地多击沉一艘商船——当时损失的数量已经超过新下水船舶数 10%——第二次世界大战的进程，甚至结果也许会完全不同。自 1939 年至 1945 年，英国商船队有 3 万人（战前实力的五分之一）成为德国 U 潜艇的牺牲品，多数在残酷的北大西洋海域溺水而亡或战死，他们把战争必需品运送给近卫士兵和战斗机飞行员，他们当然也是和近卫士兵、飞行员一样的前线勇士。他们和美国、荷兰、挪威、希腊的水手同僚一样，都不穿制服，也没有什么纪念物。但是，他们毅然挺立于德国国防军和他们对世界的征服之间。

---

* 苦道，又称为十字架苦路、苦难之路、苦伤道，是耶稣受难时背负十字架走过的路。——译者注

第二部分

东线战争
1941–1943

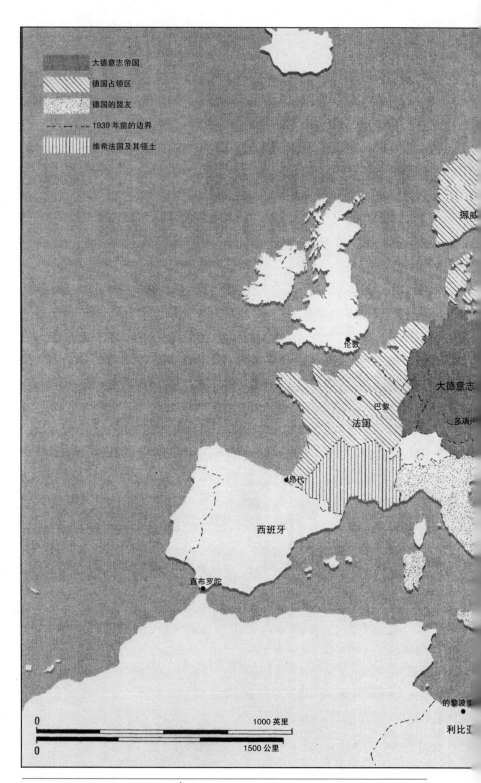

希特勒进攻苏联前夕的欧洲,1941年6月

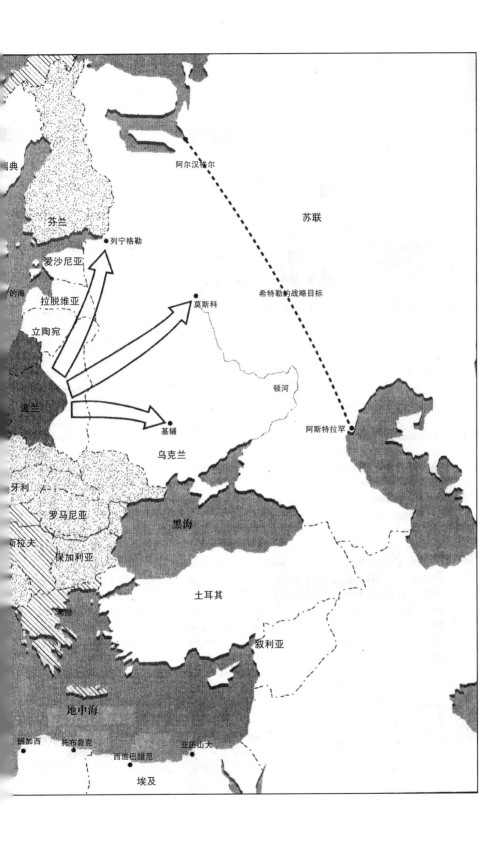

六　希特勒的战略困境

1940年7月19日，希特勒在柏林的克罗尔歌剧院（Kroll Opera House）召集德意志帝国国会，见证他大量授予新的德国元帅军衔。这是有意识地模仿拿破仑一世的姿态，正如1804年5月9日拿破仑提拔18位将军为帝国元帅，与其说是用这种姿态来表达对职业军官的尊重，不如说是以此赞美国家元首。榜上有名的，是希特勒的三个集团军群指挥官博克、莱布、伦德施泰特，他的私人参谋长凯特尔，陆军总司令布劳希奇，四位最成功的野战军指挥官克鲁格（Kluge）、维茨勒本（Witzleben）、莱希瑙（Reichenau）、李斯特（List），三位空军将领米尔希、施佩勒、凯塞林；戈林被授予德意志帝国独一无二的帝国元帅军衔，这种声望让他觉得有资格换上另一套豪华的制服，他还被授予大铁十字勋章，这是第五次——也是最后一次——授予此项殊荣，此前普鲁士国王曾经把这一勋章授予布吕歇尔（Blücher）、毛奇和兴登堡。

尽管授予元帅军衔是当天蔚为壮观之事，然而这件事的真正意义在于，让傀儡代表们回顾迄今为止第二次世界大战的进程，阐明那些也许将来会缔结的条款。希特勒的演说，通过各国媒体，也是在向英国呼吁，宣称英国已然处于无望的境地，邀请英国政府讲和。美国记者威廉·夏伊勒（William Shirer）见证了第二次世界大战，也是研究希特勒演说的专家，他认为这是希特勒最精彩的演说：" 今晚我们在国会看见的希特勒，是一个征服者，他自己也以征服者自居；但他同时又是一个十分了不起的演员，是一个能自由操纵德国人心理的人，他把征服者的充分自信和常常使群众点头心服[当他们知道这是一个领袖的任务时则更心服]的谦逊巧妙地糅合在一起。"在其长篇演说的尾声，希特勒道出了他的呼吁："现在，我觉得在良心上有责任再一次向英国和其他国家呼吁，应该拿出理智和常识来。我认为我是有资格作这种呼吁的，因为我不是乞求恩惠的被征服者，而是以理智的名义说话的胜利者。我看不出有继续打下去的任何理由。"*

---

* 译文参考威廉·夏伊勒著：《第三帝国的兴亡——纳粹德国史》（中）第二十一章《西线的胜利》，董东山等译，世界知识出版社1996年版。——译者注

然而，他并没透露，甚至显然隐藏了关于第二次世界大战将会如何结束的观点。自从与法国签订停战协议以来，希特勒在思想上和感情上都给自己放了假，远离责任，他不愿回归责任。在两个战壕老战友的陪同下，他游览了第一次世界大战的西线战场，他曾作为一名普通士兵在此英勇作战。他游览了巴黎的风光，在拿破仑的墓前沉思，参观了巴黎歌剧院，它的建筑风格是他最喜欢的。他漫步于他所钟爱的德国南部风景，呼吸着山野的空气，与率直的人们谈笑风生。在众多为特定目的建造的指挥部之一，即黑森林的弗罗伊登施塔特（Freudenstadt），他等待着丘吉尔承认战败的事实，等了一周。然后，他不情愿地重新挑起领导的重任，这一任务因为需要为未来做出抉择而更加沉重。英国还是苏联？他站在选择敌人的十字路口上，10个月前发动战争的决定现在将他带到了这个十字路口。

两个选择都是不愉快的，而且也是危险的。他不可能被英国打败，但是可能因为企图侵略英国而丢脸；而且，他仍然坚持他的梦想，即他会赢得英国的合作，而不是打败它。另一方面，长期以来，他热切地期望打败苏联，征服苏联；但是他承认这种图谋危险重重。苏联很强大，其权力中心地处偏远；只是担心时间会使苏联变得更加强大，以及吞并苏联肥沃多产的西部疆域——1918年德国曾经暂时占为己有——的迫切要求，促使希特勒冒着东线攻势的风险寻找机会。

国会演讲之后，希特勒忙于与他的指挥官们讨论这些艰难的抉择。海军元帅埃里希·雷德尔（Erich Raeder）告诫说："如果9月初还不能明确完成'海狮'计划（他指的是打败英国皇家空军）的准备工作，那就有必要考虑其他计划。"事实上，甚至在与法国签署停战协议之后的"假期"里，希特勒已经告诉他的国防军首席副官施蒙特，他在考虑进攻苏联——并非雷德尔所称的"其他计划"，他还安排国防军最高统帅部作战局军官伯恩哈德·冯·洛斯伯格（Bernhard von Lossberg）上校起草一份调研报告（洛斯伯格将它的代号定为"弗里茨"，这是按照他儿子的名字命名的）。此刻，希特勒也给国防军陆军总司令部安排了同样的任务。

7月底，在伯格霍夫（Berghof），即希特勒在巴伐利亚的度假别墅，他再次召集指挥官们讨论。7月31日，他告诉布劳希奇和哈尔德，他要推翻他于六月中旬作出的解散35个师的决定，解散这些师的目的本是为与英国打经济战提供人力，事实上他将扩充陆军的实力，扩充到180个师（他已经命令装甲师的数量要翻番，从10个师增加到20个师），他还将加速把部队转移到东部，这种转移已经开始，因此到1941年春他将在苏联边界附近拥有120个师的兵力。

此项决定可以被解读为预防措施。令希特勒警醒的是，6月中旬，苏联占领了拉脱维亚、立陶宛和爱沙尼亚，6月28日，苏联吞并了罗马尼亚的比萨拉比亚（Bessarabia）和北布科维纳（North Bukovina）——他不得不默许这些吞并，因为1939年8月22日签署的《莫洛托夫—里宾特洛甫条约》承认苏联对这些地区的领土要求。占领这些地区可以被视为是一种威胁。自此前一年的9月开始，苏联吞并了28.6万平方英里的土地，以及居住在这片土地上的2000万人口，这有助于苏联向西推进其战略边界。然而，希特勒并不认为苏联要发动进攻。更确切地说，边界的变化使苏联进一步实行战略扩张的机会有所增加，与此同时德国的机会却会减少。占领波罗的海诸国威胁到芬兰，芬兰实际上是德国的被保护国，也拓展了苏联在波罗的海（德国在此从事训练U潜艇艇员等活动）的控制范围。吞并罗马尼亚多瑙河流域的省份威胁到保加利亚，保加利亚又是德国的附庸国，并且有助于苏联夺取地中海至黑海的入海口。

这些"前进"表明，苏联不顾德国已被证实的军事实力，决定去追求它自己的利益，这让希特勒相信，他不能一再拖延与苏联的武力比拼——如果要武力比拼的话，越早越好，而不是越晚越好。5月，根据来自莫斯科的德国驻苏使馆武官的信息，国防军陆军总司令部的情报机构，负责监视苏联军事力量和意图的"东线外军处"（Foreign Armies East）报告说，尽管苏联红军能有200个步兵师参战，但是1938年军队肃反运动使苏联红军相当混乱，它要花20年的时间"才能达到以前的状态"。关于苏联武器生产的信息是错的，尤其是坦克，这些信息本该揭示出完全不同的情况：德国人估计苏联坦克部队的规模是1万辆坦克（对抗德国的3500辆），事实上苏联拥有2.4万辆坦克。希特勒准备让他的坦克部队与苏联交战，即使兵力对比是一比三；他认为，德国的120个师无疑能够打败苏联的200个师，如果斯大林能够成功动员200个师的话。

因此，8月14日，当12位新晋封的元帅来到总理府领取他们的元帅权杖时，希特勒谈及与苏联作战的需要日益迫切。陆军元帅冯·莱布记录了希特勒的话，揭示出他所推测的形势：

> 英国没有求和，也许存在两个原因。第一，它希望得到美国的援助；但是直到1941年，美国还无法开始大规模地配送武器。第二，它希望以苏制德，但是德国在军事实力上远胜于苏联……有两个危险的因素能够引起德国与苏联之间的冲突：一是苏联侵吞芬兰；这将使德国失去对波罗的海的控制，并且阻碍德国对苏联发动进攻。二是苏联进一步蚕食罗马尼亚。我们不能允许这

种行为，因为罗马尼亚向德国提供汽油。因此，德国必须全副武装。到春季，将有180个师……德国不该为打败英国而努力，因为受惠者不是德国，而是在东方获益的日本，在印度获益的苏联，在地中海获益的意大利，从世界贸易中获益的美国。这就是为什么与英国维持和平是可能的。

规避和拖延的模式

8月27日，希特勒派施蒙特和军备部长弗里茨·托特博士去东普鲁士，寻找适合的地点建立一个新的指挥部，指挥东线战役。9月6日，希特勒批准将博克的B集团军群从西线调到东线，于是东线集结了35个师，其中包括6个装甲。9月14日，希特勒再次召集指挥官们来到总理府参加军事会议，他再次剖析了推迟入侵英国的"海狮"行动的深层原因；三天后，他宣布再次推迟"海狮"行动。

然而，希特勒还不能下定决心去进攻"布尔什维克敌人"。9月15日，洛斯伯格向约德尔递交了"弗里茨"计划；最终根据"弗里茨"计划，德国国防军将向东进军，然而作为希特勒随从内部下属与上司之间的交流，它同时也是份预防性的文件。德国部队继续调往波兰，伪装成德国要保卫罗马尼亚的新边界，这条边界是8月30日"维也纳封赏"(Vienna Award) 时宣布的，把罗马尼亚的半个特兰西瓦尼亚 (Transylvania) 给了匈牙利。希特勒还向罗马尼亚派遣了一个非比寻常的"军事代表团"，它拥有一个陆军师的强大兵力，此外还加上由1000人组成的纳粹德国空军防空部队。同时，希特勒的外交官们开始与罗马尼亚、匈牙利、斯洛伐克傀儡政权斡旋，促使它们一同加入德国、意大利和日本于9月2日签署的《德意日三国同盟条约》，即如果第三方受到攻击，另两方有义务加以援助。这都是发动东线攻势必不可少的有效的准备。然而，这并非是对苏联的直接挑衅——尽管苏联领导人对《德意日三国同盟条约》（事实上，由于日本与美国的冲突愈演愈烈，该条约旨在支援日本）预示的前景持有极端的怀疑态度——也并没使希特勒决定发动东线攻势。

由于要迫切作出接受还是拒绝这样的决定，希特勒陷入典型的规避和拖延的行为模式。波兰战役胜利之后的数周时间里，他曾经有过这样的状态，当时他在对西方同盟国的进攻战略问题上搪塞他的将军们。在法兰西战役期间，他有过两次这样的情况，程度比较剧烈，一次是在进攻敦刻尔克之前，一次是在进攻敦刻尔克期间。现在这种状态表现在通过扩大战争的基础寻求赢得战争的方式的过程中。如果他不能说服英国人求和，或者通过入侵打败他们——10月12日"海狮"行动被永久搁置——那么增加其必须面对的敌人，并且延长其必须作战的前线，也会取得同样的效果。9月13日，墨索里尼从利比亚进攻英国人驻守的埃及。10月4日，墨索里尼的进攻似乎前景大好，希特勒和墨索里尼在他们的共同边境勃伦纳山口（Brenner Pass）会面，讨论地中海之战如何使英国转而处于决定性的劣势，因为两百年来地中海是英国在本岛之外的主要据点。希特勒向他的独裁者伙伴提出建议，把法属北非部分献给佛朗哥（Franco），以此把西班牙哄到轴心国一边——于是德国可以自由使用英属直布罗陀岩山（Rock of Gibraltar），还建议把英属南非部分补偿给法国，以此说服它。墨索里尼对此充满热情——这是可以理解的，因为该计划包括让他从法国手里获取突尼斯、科西嘉（Corsica）和尼斯（Nice，1860年被拿破仑三世吞并）。因此，希特勒急忙赶回柏林，准备与佛朗哥和贝当会面。回到首都后，希特勒和里宾特洛甫（Ribbentrop）给斯大林写了一封信，邀请苏联外交人民委员莫洛托夫尽快来访，关于如何从英国目前的无助状态中受益，德国和苏联也许会达成共识。

一周之后，也就是10月20日，希特勒坐着元首专列亚美利加号（Amerika）去见贝当和佛朗哥。10月23日，他在地处法西边境的昂代（Hendaye）会见了佛朗哥。这次会面在第二次世界大战的外交史上非常著名，因为希特勒在结束会面时暴跳如雷地说，他"宁愿把牙齿拔掉三四颗，也不愿再受这个罪了"。佛朗哥得到其外交部长塞拉诺·苏涅尔（Serrano Suner，希特勒将他称为"耶稣会的下流坏"——他保留了本笃会信徒对耶稣会的那种带有防御性的厌恶）的支持，谈了数小时之久。当元首专列于凌晨两点离开时，希特勒与佛朗哥的战时同盟没有获得任何进展。10月24日，希特勒会见了贝当，贝当同样没作出回应，不过贝当成功地让希特勒相信他们意见一致。元帅的声望、资历、大将之风、诚挚的爱国之心，都令希特勒欣赏。尽管贝当搪塞说要与他的政府商议——其实他的政府顺理成章地服从于他，希特勒决定相信，他们因对英国充满敌意而团结一致。

这时，希特勒已经在心里勾勒出大规模联合作战的轮廓——尽管佛朗哥优柔寡断——准备在莫洛托夫来访时向他展示。在等待苏联外交人民委员到来的同时，墨索里尼的出格行为令希特勒感到烦心，墨索里尼选择在这个时候从阿尔巴尼亚（1939年4月被意大利军队占领）进攻希腊。墨索里尼声称，他的动机是害怕如果他不这样做，英国就会在希腊建立据点，而且他显然有合理的战略原因，他不希望英国在离他的基地比埃及和马耳还近的亚得里亚海获得海空军基地。然而10月28日，墨索里尼突然跑到希腊的目的是自私地想要仿效希特勒。以前墨索里尼的政治"天赋"受到过分赞扬，相比希特勒步履维艰地逐渐掌握权力，而且得通过德国莱茵兰的重新军事化寻求国内的支持,墨索里尼则征服了埃塞俄比亚,缔造了一个海外帝国,不过由于闪电战在波兰和法国的胜利,希特勒使墨索里尼相形见绌。墨索里尼参与法兰西战役(和不列颠战役,意大利皇家空军曾经短暂地参与其中,却表现得并不光彩),却没有获得成功,招来中立国和敌国的嘲笑。因此,他决定在希腊赢得属于他的荣誉,而此前德国国防军已经享有过多的荣誉。

当希特勒等待着莫洛托夫到来时,墨索里尼入侵希腊的失败——下章将加以介绍——让他感到惊慌和愤怒。这不仅扰乱了他想通过和平外交把巴尔干半岛转变为附属地区的计划;而且还在他不想让苏联猜疑的时间和地点挑衅了苏联。而且,这立即产生了不良后果,即为英国提供了回到大陆的借口。10月31日,英国从埃及派军占领了克里特岛(Crete)和爱琴海的利姆诺斯岛(Lemnos),在此后数天中,英国将空军调到希腊南部,从而使德国补给的主要来源罗马尼亚的普洛耶什蒂(Ploesti)油田处于被轰炸的危险之中。

这些事态的发展促使希特勒着手制定应变计划。他命令国防军陆军总司令部起草一份夺取直布罗陀的计划,如果必要的话,还要占领法国的自由区(zone libre),并且制定另一份入侵希腊的计划。该命令的结果是,第18号(费利克斯,Felix)、第19号(阿蒂拉,Attila)和第20号(马里塔,Marita)元首指令分别诞生于11月12日、12月10日和12月13日。墨索里尼请求德国在他攻击驻守埃及的英军时给予援助,希特勒也没太考虑。具有讽刺意味的是,希特勒对埃尔温·隆美尔将军说:"我不会往北非派一个人,也不会投入一芬尼。"相反,墨索里尼想要的装甲部队被用于从保加利亚境内入侵希腊,保加利亚是德国在第一次世界大战时的盟友,此时希特勒正试图哄骗保加利亚加入《德意日三国同盟条约》,而墨索里尼的军队只得竭力与英军苦战。

纵然帝国边缘令人厌烦的形势,以及显然要对不同的战略选择作出权衡,都分散了希特勒的注意力,然而10月和11月,他仍全神贯注于东线战役的决定。11月初,他对驻波兰的集团军群司令博克说:"东方将发生什么仍是个悬而未决的问题;环境会迫使我们先发制人,阻止任何更加危险的态势发生。"他依旧把部队从西线调到东线,与此同时,国防军最高统帅部和国防军陆军总司令部继续制定计划。"要展开政治讨论,"在墨索里尼来访的当晚,希特勒通知他的指挥官们,日期定于11月12日,"目的是,确定苏联将来的军事战略位置……不必考虑这些讨论的结果,口头命令的进行东线战役的所有准备工作要继续进行。"因此到了11月11日,显然只有莫洛托夫担保苏联将默许希特勒对大陆的掌控,才能阻止希特勒发起东线攻势。

莫洛托夫不会默许。不久他表明，不管希特勒所取得的军事胜利有多大，不管希特勒拥有的军事势力有多强，苏联要求德国严格遵守《莫洛托夫—里宾特洛甫条约》（划定了它们在东欧和南欧的势力范围）的条款，苏联作为强国要去追求自己的利益，苏联还要求知道德国与第三方关系的意图。在与莫洛托夫的首次会谈中，里宾特洛甫就表明德国在这场讨价还价中的出价：如果苏联站在轴心国一边，它可以分享对英帝国的劫掠。苏联可以自由地向南扩张，直至印度洋，与此同时，日本完成在亚洲的征服，德国将势力范围扩张到非洲。

莫洛托夫对此不感兴趣。在接下来与希特勒的会面中，他坚持《莫洛托夫—里宾特洛甫条约》，坚持认为苏联可以自由地追求其在黑海地区的传统利益。苏联要吞并芬兰，根据《莫洛托夫—里宾特洛甫条约》，芬兰被划为苏联的势力范围。苏联要保护保加利亚的边境（显然无论保加利亚是否需要这样的保护），因此挑战了德国对该国的控制。苏联还要修订1936年的《蒙特勒条约》（Montreux Treaty），巩固苏联经土耳其海峡往返于黑海和地中海之间的通行权。莫洛托夫想要知道《德意日三国同盟条约》在德国、意大利、日本之间划定的势力范围，尤其是日本——苏联在亚洲的宿敌。最终，由于英国皇家空军夜袭柏林，莫洛托夫在德国外交部的防空洞里与里宾特洛甫交换意见，他指出苏联在波罗的海的利益不会止于吞并芬兰（1809年至1918年这里是理所当然的俄国领土），还有瑞典保持中立的问题，以及控制波罗的海到北海的出海口，北海是德国境内水域中最敏感的。作为临别赠言，里宾特洛甫设法提醒莫洛托夫，如果苏联帮助分割大英帝国，苏联将获益良多，因为英国的失败即将到来，莫洛托夫却反问道："情况真若如此，我们为何还要蹲防空洞？这些落下的炸弹又是谁的？"

转天早晨，莫洛托夫启程返回莫斯科。尽管他只在柏林停留了48个小时，但是足以令希特勒相信，"与布尔什维克主义的最终战斗"不能再拖延下去，其实从"奋斗"初期开始，这就是其政治信条的主旨。在他生命的最后一周，他仍然记得莫洛托夫不妥协的态度让他怒不可遏："他要我们把丹麦境内北海出口的军事基地给他。他已经向他们提出了要求。他要君士坦丁堡、罗马尼亚、保加利亚和芬兰——我们才该是胜利者。"回忆只是稍稍夸大了现实。11月25日，莫洛托夫根据提议起草的条约草案送达柏林，条款中包括要求德国从芬兰（9月12日签署的条约允许他们使用芬兰领土）撤军，允许苏联获得保加利亚的基地。希特勒指示里宾特洛甫，不予回复。

"沸锅"战 * 的蓝图

12月的第一周,希特勒专心处理军事而非外交公文。12月5日在总理府,国防军最高统帅部和国防军陆军总司令部分别从6月和8月开始准备的苏联战役计划被汇集到一起,在希特勒的支持下,供参谋们讨论。国防军最高统帅部的计划,由洛斯伯格起草,代号仍为"弗里茨",它与国防军陆军总司令部起草的计划(由弗雷德里希·冯·保卢斯 [Friedrich von Paulus] 将军完成,他是未来斯大林格勒 [Stalingrad] 战场上被围德军的支挥官)达成共识,承认在苏联边境附近包围红军是成功的前提条件。从前一个世纪开始,被幅员辽阔的苏联内陆吞没的危险就主导着德国总参谋部的思想。这种危险促使1914年德国作战计划的制定者施里芬规避了向东攻打沙皇军队的选择——相信尽管当时沙皇军队不如德国军队,正如此时希特勒断言苏联红军不如纳粹德国国防军一样——而是进攻法国。施里芬回想起1812年,当时拿破仑在边境没能打败俄国人,于是先挥师莫斯科,然后又被迫让大军冒着冬季的雪寒撤回。希特勒也回想起莫斯科大撤退,那次撤退曾经打垮了拿破仑大军,但是他相信苏联红军自己也会在边境地区和边境后方被猛烈的装甲攻击打垮,作战部队在"沸锅"中被熬成无生命的浆泥。国防军陆军总司令部的计划是这种"沸锅"战的蓝图:赢得西线胜利的三个集团军群(将被命名为北方、中央和南方)将各自向列宁格勒、莫斯科和基辅(Kiev)进军;不过,在前往波罗的海、首都和乌克兰的途中,德国装甲先头部队将把红军包围在三个大包围圈里,然后由后续步兵团依次消灭。

洛斯伯格起草的国防军最高统帅部的计划甚至更坚持这个观点。尽管12月5日国防军最高统帅部作战局军官约德尔(Jodl)显然仅仅口头评论了该计划,但却极大地影响了讨论的倾向。哈尔德赞成国防军陆军总司令部的计划,非常强调在早期阶段进攻和夺取莫斯科的必要。这种优先考虑的一致性,体现了一定程度的传统主义,但是哈尔德却认为苏联体制中的中央集权制是这种优先考虑的重要原因。在斯大林的领导下,所有的权力机构都集中于莫斯科;而且,苏联的运输系统——在那片广袤的无路可通的地区也就等同于铁路——也集中于首都。德国情报部门估计,苏联的大部分工业也集中于此。哈尔德的战争日记透露,总参谋部相

---

* "Cauldron" Battle,对应德语的 Kesslschlacht,指通过穿插、侧翼包围等战术造成对敌军的包围战。Cauldron(Cessel)也可以形容被围敌军在希望渺茫的情况下所面临的恐慌与无助感。——译者注

信苏联 44% 的军工厂坐落于莫斯科—列宁格勒地区，32% 位于乌克兰，只有 24% 位于乌拉尔山脉以东。有关苏联工业的情报是错的；不过，哈尔德的其他分析是正确的。因此令人烦恼的是，甚至 1940 年 12 月 5 日希特勒已经非常赞同"弗里茨"计划，而该计划却主张推迟对莫斯科的最终进攻，直到北方集团军群在波罗的海海岸附近包围苏联人，南方集团军群在乌克兰建立一个大包围圈。"就武器而言，"希特勒评论道，"苏联士兵和法国士兵一样，落后于我们。它只有几个现代化野战炮兵连，什么都是旧的、翻新的东西……苏联坦克部队大部分装备低劣。苏联的人力物力也差。军队缺少领袖。"希特勒非常清楚，斯大林对经验丰富的将军们实行恐怖清洗，给苏联红军高级领导层造成巨大的损失；实际上，帝国保安部（Sicherheitsdienst，SD，纳粹保安部门）为苏联内务人民委员会（NKVD，后称克格勃，即苏联国家安全委员会）提供大量证据，证明他们有罪。另一方面，"阿布维尔"（Abwehr，德国军事情报机关）完全没有弄清苏联军事工业在发展先进的新装甲车辆方面所取得的成就，尤其是 T-34 型坦克，它很快就成为各国军队中最好的坦克。

在总理府会议之后的两周时间里，国防军陆军总司令部努力把计划草案转变为元首指令。约德尔配合此项任务，使该计划融合了国防军最高统帅部的若干思想，这些思想来源于洛斯伯格的"弗里茨"计划。然而，对莫斯科的强调一直存在，直到希特勒命令重新起草计划，新计划命令中央集团军群（以莫斯科为目标）把装甲部队借调给北方集团军群，用于在波罗的海地区包围苏联军队。"只有完成这个最紧迫的任务之后，加上夺取列宁格勒……才能继续进攻，目标是夺取重要的运输和军备中心，即莫斯科。"12 月 18 日发布的第 21 号元首指令实际上包括命令中央集团军群"将强大的机动部队调到北方，和北方集团军群一起，消灭在波罗的海地区作战的敌军……大方向是列宁格勒"。该指令还包括苏联行动的代号。它被称为"巴巴罗萨"（Barbarossa），中世纪神圣罗马帝国有位皇帝的绰号为巴巴罗萨，他沉睡在图林根（Thuringian）山中，传说将会在紧要关头帮助德国。

"巴巴罗萨"行动的开始日期定于 1941 年 6 月，那是在许多个月之后；第 21 号元首指令规定的所有时间安排，都要求进攻部署的准备工作要在"1941 年 5 月 15 日之前完成"。然而 12 月之后，希特勒很少修改"巴巴罗萨"计划，但也不是一点都没修改。1941 年 1 月 7 日至 9 日，他把他的指挥官们召集到伯格霍夫，陈述转向东线作战的详细理由。希特勒指出，他的目标远至里海的巴库（Baku），那里是苏联石油工业的中心，1918年德国部队曾经深入该地。3月初（3月3日之前），他向约德尔发出命令，把纳粹德国国防军几乎所有的直接作战区交给党卫队和他任命的"帝国专员"（Reich Commissioners）负责；这暗示希特勒将对共产党官员和"怀有敌意的居民"采取"特殊措施"（处决或者驱逐），正如他于3月30日在总理府向250名国防军高级指挥官们发表的演说中所表明的。除此之外——尽管用国防军最高统帅部作战部副部长沃尔特·瓦利蒙特（Walter Warlimont）的话讲，"1月、2月期间，即将到来的苏联战役逐渐占据整个国防军的精力"，包括调配，军事基础设施的修建，集团军群、集团军、军、师、团和营级参谋制定详细的进攻计划——"巴巴罗萨"计划的目标一点都没变。1940年12月希特勒下定决心，这是自6月打败法国以来他最牵肠挂肚的事，事实上从将近20年前他在德国开始掌权以来，这一直在他的"世界视野"中占据首要地位，也是贯穿1941年上半年希特勒想和做的所有事情中一直不变的一点，不管此后发生了多少事件有可能改变它。

"1812年因素"

希特勒对目的的确定不疑与他周遭的环境格格不入。许多高级指挥官和参谋对"1812年因素"心怀恐惧。7月30日第一次讨论进攻苏联的计划时，哈尔德和布劳希奇推断："如果不能下定决心与英国交战，而且存在着英国与苏联结盟的危险，那么问题是，在相继发生的两线战争中，我们是否应该先与苏联交战？答案很可能是，我们应该更好地与苏联保持友好关系。拜访斯大林将是明智之举……我们能够在地中海决定性地打击英国人，把他们赶出亚洲。"然而，尽管整个秋天哈尔德继续发出危险警告，不过他并没反对希特勒所坚持的；波兰战役之后，布劳希奇与希特勒的观点非常不同，因而受到恐吓，完全失去反对的勇气。约德尔起先也有疑惑，当他察觉希特勒决心已下，就忍住那些疑虑，并在7月29日恫吓他的副官瓦利蒙特和国防军最高统帅部作战部的三个部门领导，也让他们不要疑虑。将在苏联表现出色的前途无量的指挥官曼施泰因和古德里安，也对空间吞噬数字的"1812年因素"感到不安。当元首于12月3日到医院探望博克时，博克作为一位相当资深的军官，向希特勒表达了几分疑虑；他建议，苏联是"一个庞大的国家，其军事实力尚未可知"，"这样的战争甚至对国防军而言可能也是困难的"，如此一来，博克不但没有讨好他的领导人，反而冒犯了他。装甲部队的高级将领埃瓦尔德·冯·克莱斯特（Edwald von Kleist）声称（在战后）："我们大部分将领事先都明白，如果苏联选择撤退，要是没有 [一场政治] 剧变的帮助，最终获胜的机会将微乎其微。"尽管那也许是他们的观点，然而他们却共同把它藏在心底。军队担心向白海（White Sea）、里海海岸和伏尔加河（Volga）沿岸——希特勒的 AA（阿尔汉格尔—阿斯特拉罕 [Archangel-Astrakhan]）线，位于华沙以东 1600 英里，距离柏林将近 2000 英里，这条线以西是划定将被征服的地区，希特勒相信如果他征服了这些地区，苏联就会崩溃——进军的技术困难太大，但是从根本上来讲，他们和希特勒的看法没什么不同，他们都认为与苏联的战争是不可避免的，（除了感情的强度不同）都乐意对抗德国的布尔什维克和斯拉夫敌人。

理由充分的反对意见并非来自地面部队的指挥官们，而是来自他们的姐妹部队和（在某种程度上）有竞争关系的部队的代表们，即海军和空军。戈林不仅是纳粹德国空军总司令，而且尽管看起来多么不真实，他还主管经济规划机构，他关心与苏联交战所需的经济投入。并且，他一直相信，持续地空袭英国将会产生收益。在墨索里尼访问柏林后不久，11 月 13 日，戈林把他的观点当面告诉了希特勒。戈林预测苏联似乎下定决心做的事，会促使它与英国开战，结果一定会令德国受益。同时他主张，德国应该维持当前战略。然而，希特勒用经济观点反驳他，希特勒认为对苏联的征服可以向德国提供食品和石油，而这是德国击败英国所需的，于是戈林收回反对意见。此后，他非常配合"巴巴罗萨"的筹备工作。

希特勒的海军元帅雷德尔是位更加执著的反对者。在戈林见希特勒的转天，雷德尔去见希特勒，提出两线作战的危险，正确地强调了德国领导人常常想要避免的战略窘境，力劝在打败英国之前不该实行任何新计划。雷德尔对希特勒颇有影响。当初正是他主张进攻挪威，而挪威战役的成功也提高了他的声望。也是他说服希特勒准备入侵英国的计划，然后又警告元首"海狮"行动失败的可能性，从而使元首不再执行"海狮"行动。他已经制定出代替"巴巴罗萨"的计划——著名的费利克斯（Felix）计划，该计划试图通过夺取直布罗陀，削弱英国在地中海的活动能力——他还建议在巴尔干半岛对土耳其主动出击，这将在地中海东端给英国施加压力。戈林和他的战略见解一致。他们都关注夺取法属北非所带来的机会，因为那样做的话就能在利比亚援助意大利，并且在埃及包抄英国人。雷德尔进一步说：他想要夺取大西洋的岛屿——亚述尔群岛（Azores）、加那利群岛（Canaries）和佛得角群岛（Cape Verde islands），西班牙和葡萄牙的属地——这将使德国控制中大西洋的西部地区，这尤其因为他对自己断言的"明显的证据表明 [美国] 没有坚守中立"感到很生气。虽然希特勒对德国控制大西洋岛屿的前景感到兴奋，但是他继续坚决反对把美国添加到他的敌人名单中来。一年之内，盟友共荣的古怪观念将促使希特勒跟随日本与美国开战。然而1940年秋，正巧也是他不再想让36个国防军精锐师在英吉利海峡的汹涌浪潮中冒险的时候，他几乎教条般坚持一条原则，即面对英国盟国可能发出的几乎任何挑衅时都要安抚它。他将要去苏联的龙潭虎穴挑战；他根本不想与美国为敌。

政策的变化不只是出于战略考虑。希特勒并不钦佩美国人，正如他也不钦佩英国人，现在他也不惧怕他们的军事实力。的确，他根本不把美国视为军事强国。只是美国的商业能力和生产能力出现在他的"力量关联"中，而且他相信在战争发展到一定程度之前，这种能力不会被用来反对德国。然而，正是因为他对美国的看法缺乏意识形态的内涵，所以在制定"巴巴罗萨"计划的若干个月里，他无视美国可能向他发出的所有挑衅。与美国维持外交关系，即使不友好，也是战略平衡表的必要简化，将使德国与苏联的预期战斗在爆发和进行时尽可能少地受到牵制。

相反，希特勒对苏联的态度充满意识形态的色彩，这有多方面的原因——种族的、经济的、历史的——并且被他自己的怨恨和野心发酵为一种自我陶醉的力量。也许，他对德意志的历史"故事"特别念念不忘：在罗马西部边疆的诸多民族中，日耳曼部落如何独自反抗帝国强权，并打倒它，建立他们自己的武士王国，然后东征，将他们的军旗插到斯拉夫人的土地上。日耳曼的史诗，犹如拜占庭皇帝的瓦兰吉（Varangian）护卫，犹如北海的维京冒险家和俄罗斯河沿岸小国的维京缔造者（那些小国曾是"文明"在东方的第一批前哨），犹如英格兰和西西里（Sicily）的诺曼征服者，犹如波罗的海沿岸的骑士，成为希特勒夜复一夜独白的主题，这些独白被称为他的"席间闲谈"。德意志移民在德意志大一统的欧洲中枢的东方——波兰、匈牙利、罗马尼亚、捷克斯洛伐克，甚至在波罗的海诸国之外的俄国地区，180万德意志殖民者在此一直生活到1914年——生存和迁徙，这唤起了他对德意志民族"天命论"的感情，类似于维多利亚全盛时期英国人凝视海洋世界周围说英语的族裔时流露出的那种感情。然而，虽然英国人认为英语世界的疆域注定会越来越广，仿佛某个仁慈的圣手使然，但是希特勒对德意志苦难的妄想，使他将他们视为受到威胁的人，只有通过不屈不挠的斗争，才能保护他们不受损害。

威胁来自多方面，而且难以归类，不过威胁存在于东方，它的工具是"捷克人、波兰人、匈牙利人、塞尔维亚人和克罗地亚人等的混杂"（"等"包括苏联所有斯拉夫人和各种非斯拉夫人），"还有常常被比作人类社会的细菌的犹太人"，这种威胁的永恒趋势是朝向德意志国家的分裂和屈服。在他生活的那个年代，布尔什维克主义给这种威胁灌注了一致和侵略性的力量，希特勒顺着犹太民族的指引去注意布尔什维克主义。"世界性的"犹太教否认种族单一、纯净的原则，而这一原则在希特勒的价值体系中却有着举足轻重的地位；布尔什维克主义，拥护"民众"的事业，本身就是个耻辱的词，它以对经济力量的信仰替换了对武士强大武器的信赖，批判了贵族民粹主义的信条，希特勒正是用该信条吸引了他的百姓。因此，希特勒将迎面遭遇"犹太布尔什维克主义"，它以残暴的力量从领导者手中僭取了统治权，这权力和"高等民族"——严格意义上德意志帝国的德国人、东方殖民地的德意志人、北欧等地的德意志人——自由居住的"生存空间"都将注定被无数低等的游牧部落征服和奴役，如果他们不能在战争中赢得至高权力的话。

"最终可怕却无可挽回，"正如希特勒传记的作者大卫·欧文对希特勒的"巴巴罗萨"决定的描述，因此"他从未后悔，直到最后被击败，陷入虎口之中"*。尽管这一计划定于1940年12月开始实施，然而六个月之后，执行该计划所需的准备才完成。与此同时，以巴尔干为主的一系列事件转移了希特勒对即将到来的战役开端的关注，德国和苏联的强权政治在巴尔干半岛最直接地针锋相对。相对于其所有可怕的风险，"巴巴罗萨"的特征是某种"十足的简明"：谁会是战场上更强大的一方，纳粹德国国防军还是苏联红军？在巴尔干半岛，在把德国军队遣调到"巴巴罗萨"计划将会展开的起跑线的几个月里，希特勒纠结于一个古老而复杂的战略窘境：如何在小国中运用他的权力？这些小国本身在军事上无关紧要，但是如果它们寻求到更强大的保护者的帮助，也许将妨碍他既定战略的顺利展开。

---

* 参见戴维·欧文：《希特勒与战争》，黑龙江人民出版社1986年版，第229页。——译者注

七　保护东方的跳板

"欧洲的十字路口"是指称巴尔干半岛的标语,而使用该标语的人大多并不了解这个地区。在巴尔干半岛上,几座欧陆最高的山峦纵横交错,公路很少,而且不足以被作为征服者的道路。任何强国,甚至全盛时期的罗马帝国,都无法统治整个地区;如果可以的话,谨慎的将军们一致拒绝在此作战。自从378年东罗马皇帝瓦林斯(Valens)在阿德里安堡(Adrianople)向哥特人屈服以来,这里一直都是兵家的鬼门关。

尽管巴尔干半岛并非易于征服之地,居住在巴尔干半岛上的民族却总是卷入是非之中。正是因为该地区山脉和盲谷混杂,甚至河流都必须经由人兽不能通行的隘路和峡谷,它在欧洲帝国和亚洲帝国之间树起一道天然屏障。16和17世纪,伊斯兰势力在扩张之中,巴尔干半岛成为土耳其与哈布斯堡王朝交火的战场。19世纪,土耳其已然衰落,这里是前沿阵地,土耳其的敌人——奥地利、俄国及其附属国——把奥斯曼土耳其人赶回安纳托利亚(Anatolian)的要塞。追逐权力者争着占领巴尔干半岛的海岸及其群岛——爱奥尼亚群岛(Ionian islands)、多德卡尼斯群岛(Dodecanese)和基克拉迪群岛(Cyclades)——的时间甚至更长,更是始终如此;因为西西里只有小规模的海路交通,马耳他(Malta)的海路交通规模更小,巴尔干半岛控制着海路和涤荡海路的海洋。最伟大的意大利城邦威尼斯是亚得里亚海的女王,它不只控制自己的泻湖,而且还控制沿巴尔干半岛亚得里亚海海岸的要塞海港——扎拉(Zara)、科托尔(Cattaro)、法罗拉(Valona)——和爱奥尼亚群岛。全盛时期的威尼斯通过占领希腊的伯罗奔尼撒半岛(Peloponnese)及其附属的纳克索斯岛(Naxos)、克里特岛和塞浦路斯(Cyprus),还把强有力的触角延伸到东地中海。无论土耳其人的军事命运如何跌宕起伏,他们凭着占领联结黑海和地中海的博斯普鲁斯海峡(Bosphorus),始终确保了在巴尔干半岛的权威。面对贿赂、威胁和直接的攻击——19世纪来自俄国人,20世纪初期来自方兴未艾的巴尔干诸国,第一次世界大战来自英国人和法国人——土耳其像帽贝一样牢牢守住伊斯坦布尔(Istanbul,旧称君士坦丁堡和拜占庭),他们当然知道伊斯坦布尔控制着"海峡",在欧洲人看来,这使土耳其成为要认真对付的强国，而不仅仅是地中海东部（Levantine）附属民，一旦土耳其放弃伊斯坦布尔，就会沦于这样的境地。

因为巴尔干半岛既是陆路屏障，又是海运基地，或者基地群，在亚洲遭遇欧洲、地中海遭遇黑海的历史时刻，任何指挥官在该地区的战略都将既趋向"陆路"，又趋向"海路"，而这两种趋向的目标却不一致。正如马丁·范·克里韦尔德（Martin van Creveld）教授（他是最熟悉德国从法国陷落至启动"巴巴罗萨"计划期间发动战争情况的学者）所言，这种复杂性恰恰令希特勒于1940年末陷入深思。直到那时，他的巴尔干政策允许意大利在其传统的海上势力范围——阿尔巴尼亚、希腊、南斯拉夫——扮演强国的角色，同时将内陆地区——匈牙利、保加利亚和罗马尼亚——纳入德国的囊中。匈牙利和罗马尼亚自愿投靠他，签约加入《三国同盟条约》，同意德国在它们的领土上驻军；保加利亚表现得更有抵抗性，不过这是出于可以理解的谨慎，而非敌意。南斯拉夫成功地走了条中间路线，它坚持中立，但是避免与轴心国决裂。希特勒在作为入侵的初步措施的不列颠战役中没能击败英国的空防——他对这种入侵并非全心全意——随后勉强同意意大利进攻希腊（10月4日，他在勃伦纳山口与墨索里尼会面，墨索里尼可能事先告诉了他），因为希腊是英国唯一残存的大陆盟友，这样就可以从另一个方向给英国施加越来越多的战略压力。他考虑，进攻希腊应该会减弱英国在埃及与意大利的利比亚军交战的能力，从而巩固他通过把西班牙和维希法国拉入他的反英同盟而寻求建造的"钳子"。

意大利的进攻惨遭耻辱性的失败，连累了这种复杂而且也是试探性的战略计划。10月28日入侵之前，希特勒正在考虑向北非派遣德国干预部队，实际上派遣了一名高级军官（里特·冯·托马 [Ritter von Thoma]，英国人后来熟知的对手），研究部署"非洲军团"（Afrikakorps）的问题。然而，当墨索里尼入侵希腊失败后，希特勒不得不救助他的盟友——尽管墨索里尼拒绝了非洲军团的帮助——使之免于蒙羞，尽管德国与要求获得保加利亚基地的希腊直接交火，会恰在他最想减轻苏联疑虑的时候警示苏联（甚至，如果11月12日莫洛托夫把默许德国大陆霸权的担保带到柏林，希特勒就会同意和他们签署互不侵犯条约）。于是，墨索里尼在希腊冒险的直接后果是，促使希特勒把他与英国的战争升级，尽管是在英国的地中海帝国，而非英国本土海岸；间接后果是，他夺取的领土——对启动"巴巴罗萨"计划有用，但并非必须——使他和斯大林不可能对"势力范围"达成共识。在这方面，希腊战役对第二次世界大战未来的进程具有决定性的意义。

墨索里尼在希腊的冒险

希特勒有理由相信墨索里尼在希腊的冒险应该会取得成功。希腊军队人数远远少于意大利军，而且希腊不得不分兵保卫色雷斯（Thrace）——爱琴海顶端的沿海地带——抵御保加利亚。从理论上讲，意大利应该可以在入侵的起始阶段就制服希腊；但是，意大利军需要防卫埃塞俄比亚和利比亚，力量也被分散，因此只能在阿尔巴尼亚—希腊边境地区部署一小部分军队。而且，1940年的意大利军队不再是1915年时的那个样子。当时，意大利在唯一的、同样多山的前线与奥地利交战，英勇地展开一次次的攻势，取得累累战果。到1917年10月，意大利迫使奥地利向德国求援，以免意大利在对伊松佐河（Isonzo）的第12次进攻中取得成功。然而，在墨索里尼的统治下，意大利军为了增加数量，能力有所下降，这是典型的粉饰门面、蛊惑人心的行为。因此1940年10月28日，墨索里尼进攻希腊所调用的各个军种都比希腊更为弱小，尤其是步兵师；在积极性上，意大利军也更差。墨索里尼与希腊交战的原因，不外乎想要仿效德国盟友取得胜利，与希腊清算不重要的旧账，重申意大利在巴尔干地区的利益（他生气的是，10月初意大利的附庸国罗马尼亚接受德国对其普洛耶什蒂油田的保护），并且保护其军事基地，意大利可以从这些基地进攻英国敌人在东地中海的前哨。这些原因对他的士兵们来说没什么太大价值。他们毫无斗志地开始进攻，穿越伊庇鲁斯山（Epirus）；甚至连意大利最精锐的部队山地团都士气消沉。相反，希腊士兵竭力防守。由于土耳其警告保加利亚，如果保加利亚试图从希腊的困境中谋取利益，土耳其将使用集结在其欧洲领土上的37个师，因此，希腊政府首脑约翰·梅塔克萨斯（John Metaxas）将军能够在战役初期将军队从色雷斯调到阿尔巴尼亚前线。与此同时，在山区展开的正面进攻中，希腊军使意大利军疲惫不堪。11月14日，当援军赶到时，希腊开始反击，赶走了混乱的侵略军。虽然墨索里尼从意大利全国各地召集预备部队，其中一些部队乘德国飞机飞到阿尔巴尼亚，但是到11月30日，希腊以11个师的兵力抵抗墨索里尼的15个师，结果侵略军全被赶回阿尔巴尼亚境内，并且希腊的反攻力量仍在逐渐增强。

11月4日希特勒曾命令国防军最高统帅部准备一份进攻希腊的行动计划，此时他开始启动该计划。由于该行动引起的所有外交困境——对保持中立态度的希腊邻居南斯拉夫的冒犯；给土耳其带来的焦虑，它甚至更强硬地要保持中立；给加利亚带来的忧虑，它由于把希腊行动所需的基地给了德国而害怕触怒苏联——

以及它所带来的所有军事困境，尤其是在欧洲最不"可以开坦克的地带"使用机械化部队，现在希特勒认识到必须采取主动，否则就会把战略和宣传优势拱手让给英国人，这是不可接受的。墨索里尼不管是好是坏——希特勒从未动摇他对法西斯主义缔造者的忠诚——都被世人看作希特勒的政治同党和军事盟友。希特勒决定把他从希腊人的手中救出来，使他免于蒙羞，这样做更是因为他无疑充满敬意地将希腊人视作战士；他还决定阻止英国长期拥有希腊境内的军事基地，他们能够从这些基地威胁希特勒对巴尔干资源——食物、矿石，尤其是石油——的开采，这些资源对希特勒的战争举足轻重。

到目前为止，希腊人小心翼翼，只给英国人战术上的短期便利。自11月3日以来，英国皇家空军在伯罗奔尼撒半岛、科林斯湾和雅典附近建立军事基地，英国皇家空军的飞机能够从这些基地支援阿尔巴尼亚前线。希腊没同意英国在萨洛尼卡（Salonika）附近建立更大的空军基地的要求，那将使罗马尼亚的普洛耶什蒂油田处于英国轰炸机的攻击范围之内。因此，希特勒有理由担心希腊战胜墨索里尼会带来更糟糕的结果。东南欧向德国提供它所需的谷物和牲畜的一半。希腊和南斯拉夫提供德国工业所需的铝土（铝矿）的45%，南斯拉夫还提供90%的锡、40%的铅和10%的铜。只有罗马尼亚以及在微量程度上匈牙利提供石油，它们都处于德国的战略控制范围之内；根据《莫洛托夫—里宾特洛甫条约》条款的规定，其他部分来自苏联。如果那些油田和巴尔干至德国运载矿石和农产品的铁路处于英国轰炸机的攻击之下，希特勒继续作战的能力将会受到严重损害。而且，他认识到英国向地中海战略区的深入渗透时间久远。英军将领们已经在东地中海打了150年的仗；1798年，纳尔逊（Nelson）在尼罗河取得胜利，从此声名远播。英国人自1809年至1863年统治爱奥尼亚群岛，自1800年开始占领马耳他，自1878年开始占领塞浦路斯，自1882年开始在埃及常驻一支舰队和一支陆军。1915年，英国军队几乎夺取了整个黑海海峡，1916年至1918年从希腊境内进攻保加利亚（萨洛尼卡战役）。而且19世纪20年代，在反对土耳其的希腊独立战争中，英国向希腊提供了帮助，希腊在这种帮助下赢得"热爱自由的国度"的头衔，这确保了英希关系的亲密无间。拜伦（Byron）在这两个国家里都拥有浪漫主义英雄的声望，就是这两国人民都憎恨暴政的象征。

然而，英国的触角延伸得更远。尽管在第一次世界大战中，英国与土耳其交战，并且1918年以后不顾穆斯林的厌恶在巴勒斯坦（Palestine）为犹太人复国，同时英国也是历史上土耳其反抗俄国的保护者，为此英国参加了1854年至1856

年的克里米亚半岛战争，英国还是伊斯兰民族主义的赞助者，因为它建立了伊拉克和外约旦国家。英国拥护弱小民族的民族自决，在中欧和东南欧享有盛誉，尤其是在南斯拉夫，其存在部分归功于 1918 年和平会议后英国支持斯拉夫的独立事业。在巴尔干半岛，英国唯独对保加利亚充满敌意，保加利亚在第一次世界大战中曾是英国的对手，不过国王鲍里斯（Boris）安抚苏联的考虑抵消了这种敌意，他不敢得罪苏联，除非确有德国的全面援助。

因此，1940 年至 1941 年的冬春两季，巴尔干的纠葛和暧昧不清——不仅在中欧和苏联的切身利益冲突中，而且还在地中海政治的复杂性中，自动纳入一个入侵的大陆强国——转移并瓦解了希特勒的战略意图。1940 年 12 月，他确定了最重要的目标——在早期闪电战中攻击和摧毁苏联的战斗力；他想救助失败的意大利盟友，使之免遭公众的耻笑，还想在苏联战争开始之前约束难以控制的英国敌人的活动——在某种意义上，这两者都是他在秋天的那次踌躇的遗产——这些想法促使他展开一系列行动，一些是有计划的，一些是偶然的，这些行动都将终结于他所进行的巴尔干—地中海之战，这场战役的规模比他第一次想向南冒险时预计的还要大。

"野外屠狐"

1941 年 1 月初，希特勒在伯格霍夫会见他的指挥官们（1 月 7 日至 9 日），向他们透露了完整的"巴巴罗萨"计划，此时南方困境的重点似乎不是希腊人，而是英国人。尽管"马里塔"行动（Operation Marita，入侵巴尔干的行动）的规划相当顺利，希特勒还没仔细考虑要完全占领希腊。仅仅夺取希腊的军事基地，似乎足以满足那里的战略需要，德国空军可以凭借这些基地控制东地中海。他甚至乐观地认为，希腊人也许会令意大利人接受双边合约，墨索里尼承诺会用突袭打败希腊人，希特勒对此表示怀疑（事实证明他的怀疑是有理由的）。另一方面，英国人表明他们决心继续藐视轴心国的军事优势。他们不仅把空军调到希腊大陆，把部队派到克里特岛和一些爱琴海岛屿上；而且还直接打败了意大利人。11 月 11 日至 12 日夜间，英国皇家海军特遣部队，以航空母舰卓越号（Illustrious）为中心，突袭了塔兰托（Taranto）基地的意大利舰队，塔兰托位于意大利靴形半岛的后跟，英军在意大利舰队的停泊处以空投鱼雷的方式击沉了三艘战舰。这次成功，还有此前 7 月水面交战取得的胜利，巩固了皇家海军对意大利舰队的优势，尽管后者在内海拥有数量上的优势。更糟的还在后面：9 月，鲁道弗·格拉齐亚尼

（Rodolfo Graziani）元帅率领意大利军越过利比亚边境60英里；12月9日，驻扎在埃及的英国军队由阿契巴尔德·韦维尔（Archibald Wavell）将军指挥，对意大利军发起反攻。这场预期"五天的突袭"，取得了相当大的成功，因而韦维尔决定继续前进。三天之内，卓越的指挥官理查德·奥康纳（Richard O'Connor）中将掳获3.8万名意大利士兵，伤亡的英国和印度士兵人数仅为624名，奥康纳还占领了一大片敌方设防阵地，此后向利比亚的进军势不可当。在英军反攻之后，在拜尔迪耶（Bardia），意大利殖民地第一镇，"电须"（Electric Whiskers）贝尔贡佐利（Bergonzoli）将军发信给墨索里尼："我们在拜尔迪耶，我们就待在这儿。"但是到了1月5日，拜尔迪耶就已陷入尼罗河集团军（Army of the Nile）之手，丘吉尔夸张地派出印度第4军和第7装甲师，它们的先头部队沿着海岸公路向托布鲁克（Tobruk）港奋力前行。1月21日，托布鲁克陷落，2.5万名士兵被俘；该港为奥康纳军队的继续前进提供后勤保障。这时，奥康纳把他的部队分开：入侵埃及的意大利残余部队沿着地中海海岸公路退守利比亚首都的黎波里（Tripoli），这条海岸公路在昔兰尼加（Cyrenaica）凸起附近向北转；穿越沙漠的直接路线提供了迅速机动地切断敌军的机会。因此，奥康纳命第7装甲师开进他们后面的沙漠。2月5日，第7装甲师走出沙漠，在贝达富姆（Beda Fomm）到达溃逃的意大利军的前方。"野外屠狐"，奥康纳用普通文字发信号——伤害了墨索里尼的自尊心——给韦维尔；用打猎的比喻来形容这场胜利，在两个月行军400英里的过程中，英军俘获了13万名士兵。

丘吉尔对韦维尔的胜利大喜过望。"你能取得这样的战绩，我们感到很高兴"，他向韦维尔写道。这场胜利尽管精彩，但却并非真正的现代战争。尼罗河集团军充其量还是某种殖民地军的"机动纵队"，他们曾在19世纪的战争中打败英帝国在这些殖民地的本土敌人。他们的成功并非由于他们比英勇防守的意大利军强，而是由于意大利领导人的无能，正如在希腊，意大利的作战手段越来越差，这是墨索里尼欲望的结果，因为意大利的战线太长，超出了其资源能够支撑的范围。

希特勒阻止英国进攻的努力最初由于墨索里尼不愿接受帮助而夭折；现在他不想再容忍这种拒绝。"疯狂的特征是，"他对他的参谋抱怨，"一方面，意大利人尖叫着救命，而且找不到足够激烈的语言描述他们低劣的枪炮和装备，但是另一方面，他们如此嫉妒和孩子气，他们不能忍受被德国士兵帮助。"由于隆美尔具有公认的激发士兵斗志的能力，2月3日，希特勒选择隆美尔而非曼施泰因统率非洲军团，不管意大利人愿意与否，都要去援助格拉齐亚尼；2月12日，由第15装甲师和第5轻型师组成的非洲军团前锋抵达的黎波里；至2月21日，隆美尔的部队各就各位，开始准备反攻。

然而，希特勒决定恢复轴心国的声望，并且巩固德国在巴尔干的战略地位，这些都不能干等未来在沙漠里的胜利。在仍可自由地采取行动，一步步削弱墨索里尼帝国主义的自命不凡、使其蒙羞的这一战略地区，英国人得益于武器优势。2月9日，英国地中海舰队在靠近意大利热那亚（Genoa）港的地方出现，炮击该海港，却没遭遇还击；这件事预示了3月28日在希腊水域，地中海舰队将在马塔班角（Cape Matapan，泰纳龙角［Tainaron］）战役中击败意大利舰队。在东非，意大利军于1940年8月夺取了毫无防备的英属索马里兰（Somaliland），并且入侵了苏丹和肯尼亚，英国人开始反击。1月19日，以苏丹为基地的英国部队进入埃塞俄比亚北部和厄立特里亚（Eritrea）殖民地，后者是意大利在东非占领时间最长的地区；2月11日，另一支英国部队以肯尼亚为基地，向埃塞俄比亚南部和意属索马里兰发动攻势。3月16日，不费一枪一炮，索马里兰被夺回。更糟糕的还在后面。2月，英国政府与希腊政府进行了一系列秘密会谈，内容涉及援助的性质，希腊将愿意反对德国干预，接受援助。1月19日，希腊独裁者梅塔克萨斯归西；军队总司令亚历山大·帕帕戈斯（Alexandros Papagos）将军在磋商有可能引发德国军事行动的措施时，不像梅塔克萨斯那么谨慎。最终，希腊同意接受4个英国师，增援部署在北部边境的18个希腊师。3月4日，英军先锋——离开沙漠军队，因此危险地大大减少了沙漠军队的实力——开始登陆。这是一场注定倒霉的冒险之旅的开端。

希特勒下定决心采取主动。2月17日，保加利亚与土耳其（受到德国军事力量的威吓，在某种程度上希腊不会受到这种威吓）签署互不侵犯条约。3月1日，保加利亚加入《三国同盟条约》。因此，德国国防军在罗马尼亚的"观察部队"，至2月15日已经拥有7个师的兵力，开始渡过多瑙河（Danube）进入保加利亚，准备发起"马里塔"行动。考虑到英国向希腊部署了4个师，希特勒现在决定，"马里塔"行动的目标不限于确保德国在希腊的战略阵地，德国空军可以从这些阵地控制爱琴海和东地中海；目标还包括对希腊的完全占领。

希特勒不准备冒险再开另一条"萨洛尼卡战线"，1916年至1918年，英国人（和法国）曾在这条战线上攻击德军的南侧。这里，正如第二次世界大战中在其他一些地方，希特勒的战略考虑再次受到他在第一次世界大战中的经历和记忆的影响，当时他作为一名普通士兵参加战斗。那时，英国人得益于在海上作战的机动性，阻止了德军在大战场赢得胜利；希特勒不准备给英国人第二次机会。

　　1941年春，希特勒确实想要以其人之道，还治其人之身。他没能说服佛朗哥，也没能迫使贝当——12月3日贝当让亲德的拉瓦勒（Laval）离开他的政府——参加反英同盟，这就断送了希特勒在西地中海的机会。然而，在东地中海及其腹地，他发现了辅助作战和颠覆敌人的类似机会，正如1915年至1918年德国和当时的土耳其盟友打击了英国的利益。例如，他希望说服法属叙利亚和黎巴嫩当局接受德军的援助，并最终在那里建立起德国空军基地，用以进攻苏伊士运河和伊拉克的油田。在曾受过英国委任统治的伊拉克，民族主义政党是亲德的；希特勒通过耶路撒冷的穆夫提，同时也是另一个反英的阿拉伯政党的领袖与伊拉克间接接触，他希望，伊拉克的不同意见将使英国继续控制中东的努力复杂化。的确，丘吉尔在中东遇到的困难类似墨索里尼在其非洲帝国面临的困境——以被透支的资源应付过于沉重的责任。

　　德国在地中海东部和伊拉克的干预给英国人造成很大威胁，这种威胁对1941年春英国对风险的评估影响如此之大，以至于在同年的晚些时候促使他们占领了这两个地方。相反，对于希特勒来说，他在这两个地区可能获得的任何优势，也许都是短暂的，因此不值得任何大力投入。希腊则不同，英国在希腊的投入直接挑战希特勒在大陆的军事控制——尽管英国人并没有这样推测——而且威胁希特勒对苏作战的顺利进行。结果，德国不得不立即消除这种挑战；例如，希特勒不能依靠隆美尔在利比亚（3月底）反攻取得的任何最终成功，尽管这也许能够迫使英国人将刚从埃及调到希腊大陆的师再调回去。"马里塔"行动必须带来直接而明确的胜利。

　　3月第一周，希特勒完成"马里塔"行动的准备工作，最后要求南斯拉夫让步。由于国防军陆军总司令部不断详细地向他解释的军事原因，阿尔巴尼亚和保加利亚都没有合适的地形或者充足的后勤基地，使执行"马里塔"行动的部队能够展开行动。阿尔巴尼亚挤满了战败的意大利军队，只能从海上或空中增援。保加利亚的道路、桥梁和铁路很少，而且很原始。因此，如果要调动部队消灭希腊军队及其英国盟友的话，德国国防军要沿着南斯拉夫南部的铁路系统部署部队，以便在莫纳斯堤尔（Monastir）和瓦尔达尔河（Vardar）——传统的入侵路线——开辟第三条战线。

南斯拉夫的抵抗

　　自去年10月开始，德国向南斯拉夫施加了很大的压力，迫其加入《三国同盟条约》，如同罗马尼亚、匈牙利和保加利亚已经做的。南斯拉夫以巨大的勇气抵抗着。在与柏林的谈判中，他们坚持认为，在正在进行的欧洲战争中，巴尔干地区最好被划为中立区；私下里，摄政保罗亲王（Prince Paul）是亲英派，曾在牛津大学读书，他说他"像英国人"，并不掩饰他对英国的同情。而且，作为一位希腊公主的丈夫，他不想协同别国打败南方的邻居。1940年至1941年冬春两季，随着匈牙利、罗马尼亚，最终保加利亚也开始增援德国部队，他越来越难以抵抗德国的压力。不过，他的政府对德国强加于他们的每个要求据理力争；最后，3月17日，为了报答一个几乎毫无价值的担保，即南斯拉夫领土不会被用于军事活动，南斯拉夫终止了外交抵抗，同意加入《三国同盟条约》。3月25日，南斯拉夫在维也纳签约。

　　希特勒对这个结果感到欢喜若狂——不过非常短暂；作为粗心的哈布斯堡帝国前属民，他并未考虑到塞尔维亚人民族特性中的急躁，塞尔维亚人曾给哈布斯堡帝国带来浩劫。3月26日至27日夜晚，一群塞尔维亚军官在空军将领布拉·米尔科维奇（Bora Mirković）的带领下，废除了该条约，转天夺取了首都贝尔格莱德（Belgrade），迫使保罗辞去摄政职务，然后拥立被废的国王彼得复位。保罗也许可以重整旗鼓，取得国内克罗地亚人的支持，克罗地亚人自然与塞尔维亚人政见不同，而且蔓延着浓厚的亲轴心国的情绪，然而他却接受了政变，将其视为既成事实，并且逃亡了。空军司令杜森·西莫维奇（Dušan Simović）将军领导建立了新政府，后来还领导了南斯拉夫流亡政府。

　　回顾往昔，米尔科维奇政变仍是欧洲现代史上最不现实的反抗行为之一，即使它是浪漫的。它不仅预示着分裂一个不稳定的统一国家；还注定会引起德国人的敌对反应，塞尔维亚人无法获得任何外援。他们周围的国家或者完全没有生机，如阿尔巴尼亚，或者像他们一样受到威胁，像希腊，或者充满敌意，如意大利、匈牙利、罗马尼亚和保加利亚，南斯拉夫和这些国家都有充满仇恨、长期存在的领土纠纷。如果不久后在意大利的监护下获得独立的克罗地亚（Croatia）也被添加到塞尔维亚人的敌人名册中来，3月27日米尔科维奇将军及其同伙的集体行为，似乎相当于1914年6月加夫里若·普林西普（Gavrilo Princip）枪杀奥匈帝国皇位继承人弗朗茨·斐迪南大公（Archduke Franz Ferdinand）。这犹如通过反作用，毁掉了塞尔维亚的民族事业；它也注定塞尔维亚和1914年一样遭到入侵、击败和占领，1918年塞尔维亚人作为领袖的南斯拉夫各个民族在未来四年的国内战争和游击战争中遭受了极大的痛苦。发动3月27日政变的米尔科维奇、西莫维奇或者其他塞尔维亚爱国者——预备役军官、文化顽固派等等——似乎完全没有考虑这些。无疑，他们的有勇无谋是受到英国人和美国人的激励。美国战略情报局（Office of Strategic Services）未来的领导威廉·"疯狂比尔"·多诺万（William 'Wild Bill' Donovan）上校在1941年作为罗斯福总统派往贝尔格莱德的私人特使，于1月23日抵达南斯拉夫首都，敦促南斯拉夫维护民族荣誉；同时，温斯顿·丘吉尔命令他的大使"纠缠、批评和盯紧"南斯拉夫政府，不让它加入《三国同盟条约》。然而，西方的警告和鼓励最终都无关紧要。3月27日政变是塞尔维亚人自主自发的行为，事后看来是弱小民族独立自主、反抗外侮的最后的直接表露，自从波兰于1939年8月拒绝希特勒的最后通牒而投向斯大林主义以来，这些弱小民族处于德国和苏联的强权重压之下。

南斯拉夫将立刻受到严厉的惩罚。希特勒断定，塞尔维亚人的反抗使他的战略选择得到简化，他将启动"马里塔"计划。外交上，南斯拉夫负有责任；由于政变所体现的普遍热情——在贝尔格莱德，人群为盟国的事业欢呼，满大街都是英国和法国的旗帜——有理由指责新政府非法。军事上，它提供了解决国防军陆军总司令部的后勤困难的办法：南斯拉夫的铁路系统从哈布斯堡帝国那里继承而来，和奥地利、匈牙利、罗马尼亚和希腊的铁路相连（与保加利亚的铁路不相连），因此可以让德国国防军直接进入马其顿地区选定的战场。希特勒立刻抓住提供给他的有利条件。3月26日，戈林、布劳希奇和里宾特洛甫被火速召集到总理府，希特勒对他们说："我决定消灭南斯拉夫。""你们需要多少兵力？多长时间？"这些问题的答案已经写在陆军和空军指挥部应变计划的文件中。下午的早些时候，希特勒会见了匈牙利公使，为了让匈牙利参与即将到来的战役，希特勒提议把亚得里亚海沿岸的一个海港给他们，然后他又会见了保加利亚公使，答应把马其顿地区的希腊省份给保加利亚。"没完没了的不确定性结束了，"希特勒告诉他，"狂风暴雨即将出乎意料地席卷南斯拉夫。"转天，他更加忧郁地告诉匈牙利公使（国家元首、海军上将霍尔蒂［Admiral Horthy］决定拒绝亚得里亚海沿岸海港的贿赂）："现在我反思所有这些事，我情不自禁地相信更高的正义。我敬畏上帝的力量。"

南斯拉夫的反叛者处于极度的快乐之中，希特勒觉得他们给他提供了机会，他们对此却毫不在意。他们相信能够安抚德国，因为他们没有接受英国的使命，而且他们的政变不能被视为南斯拉夫拒绝加入《三国同盟条约》，因为南斯拉夫的签字从未得到批准。事实上，条款规定，签字即意味着批准，然而在希特勒看来，政变无论如何都把南斯拉夫带入敌方阵营。政变当天，希特勒签署了第25号元首指令:"南斯拉夫的军事叛乱改变了巴尔干地区的政治形势。即使南斯拉夫开始时宣布效忠,现在必须将之视为敌人,并且要尽快打败他们。……如果给克罗地亚人以政治保证,那将恶化南斯拉夫内部的紧张状态……我的意图是侵占南斯拉夫[从北方和南方],给南斯拉夫部队以毁灭性的打击。"

去年十月,哈尔德命令国防军陆军总司令部的参谋准备相关的进攻计划。执行"马里塔"行动的部队也容易满足入侵南斯拉夫的需要:驻扎在奥地利的第2集团军可以直接前进到贝尔格莱德,而第12集团军,本来要经过保加利亚去进攻希腊,现在将先向南斯拉夫南部地区移动,然后再去进攻希腊;一支意大利军也将从意大利向萨格勒布(Zagreb)进攻,萨格勒布是克罗地亚的重要城市,克罗地亚是意大利的附属国,与此同时,匈牙利第3集团军将夺取跨多瑙河的伏伊伏丁那省(Vojvodina),匈牙利声称对伏伊伏丁那享有主权。

南斯拉夫的命运

南斯拉夫的100万军队由28个步兵师和3个骑兵师组成;可是,它只有2个坦克营,每个坦克营有100辆坦克,而且陈旧不堪。的确,整个军队属于1911年至1912年的巴尔干战争那个时代,而不属于现代社会——军队的行动依赖于90万匹马、牛和骡子——而且,军队没有被动员起来。根据(大英)帝国总参谋长、约翰·狄尔(John Dill)爵士将军的报告,南斯拉夫总参谋部——约翰·狄尔爵士在政变之后即于4月1日秘密访问——的行为"就像它还有好多个月的时间来做决定,有更长的时间来执行决定似的"。尽管4月3日至4日副总参谋长与希腊总司令帕帕戈斯在雅典协商,南斯拉夫拒绝与希腊协同展开联合战略,即集结南方部队支援希腊人(和前来支援的英国分遣队),但是针对入侵的威胁,南斯拉夫坚持在整条边界(和意大利、德国、匈牙利和保加利亚接壤,长约1000英里)布满军队——和苏联人当前在他们自己的边界地区做的一样。

腓特烈大帝有句令人心寒的军事箴言:"处处设防等于不设防。"企图处处设防是波兰人在1939年犯的错误,尽管不无理由,因为波兰有经济价值的地区位于边境。这也将是希腊要犯的错误,由于想要保护色雷斯暴露的突出部和马其顿地区的传统入侵路线,它将军队分散。然而,也许没有一个国家像1941年4月南斯拉夫这样不合理地分散部队,用古老的步枪和骡载的山地炮抵抗装甲师和2000架现代飞机,保卫欧洲最长的陆地边界之一。

4月6日,德国的空袭彻底击败了曾经策划3月27日政变的南斯拉夫空军;

在南斯拉夫拥有的450架飞机中，200架是过时的，大部分在刚开始的空中攻势中就立即被摧毁，德军对贝尔格莱德的恐怖空袭也导致3000名平民丧生。德军的计划与意大利第2集团军和匈牙利第3集团军的计划相结合，使南斯拉夫的策略从一开始就没取得什么效果。德军将装甲纵队投入多瑙河、萨瓦河（Sava）、德拉瓦河（Drava）、摩拉瓦河（Morava）的河谷地区，这些河谷在山脉之中，南斯拉夫依靠这些山脉保护其核心地带；然后装甲纵队再度集结，从侧翼包抄南斯拉夫军队。这种战术取得了辉煌的胜利。后来，官方的南斯拉夫战史承认：

> 开始的三次进攻决定了南斯拉夫军的命运，4月6日在马其顿地区展开第一次进攻，4月8日在塞尔维亚展开第二次，4月10日在克罗地亚展开第三次。在这三次进攻中，纳粹突破了边境的守卫，深入推进到内陆地区，驱逐了南斯拉夫的防守部队。德军突破边境的防守之后，南斯拉夫部队很快就被挫败、溃散、投降，彼此之间没有联系，没有补给，没人领导。

官方历史想要遮掩的是，大部分"南斯拉夫的领导层"对于惨败负有责任。南斯拉夫——最初，根据1919年协约国与奥地利、匈牙利签署的和约，"塞尔维亚人、克罗地亚人和斯洛文尼亚人王国"——决非一个民族统一的国家。它继承了1914年前折磨哈布斯堡王朝斯拉夫领土的所有可能性，并且仅仅凭借把塞尔维亚人的统治强加给少数民族来抑制这些可能性，那些少数民族往往喜欢维也纳胜于贝尔格莱德。克罗地亚和斯洛文尼亚民族主义者抓住4月6日入侵这个机会，要求分离出去；4月10日，克罗地亚的乌斯塔沙（Ustashi），即一群极右翼民族主义者，宣布建立一个独立的国家，4月11日，斯洛文尼亚人也这样做了：不久二者都接受轴心国的保护。在战争的开始阶段，南斯拉夫军队中的一些克罗地亚部队叛变投敌；实际上，（克罗地亚）第1集团军群司令与乌斯塔沙的领导人共谋于4月10日与德国人公开对话。这些初步措施所开始的勾结将导致希特勒当政期间被占领的欧洲最残酷的内战。然而，对于南斯拉夫的突然战败，主体民族塞尔维亚人无法推脱责任。军队中，只有一个师不是处于塞尔维亚人的指挥之下，大部分师级将领陷入德国国防军的奇袭引起的惊慌之中。军队的抵抗如此无力，以至于在这场战役中德国侵略军只有151人阵亡；尽管第41装甲团处于向贝尔格莱德进军的最前线，该团只有一名士兵阵亡。唯一一名按捺住失败的颓唐的塞尔维亚高级军官是第2集团军的副司令德拉查·米哈伊洛维奇（Draza Mihailovicü），他在 4 月 17 日南斯拉夫与德国签署停战协议时逃入深山。在山区，他与 50 名追随者一起建立"切特尼克"（Chetnik）运动的核心，由效忠国王的塞尔维亚战士组成。在 1942 年铁托（Tito）领导的共产党游击队发展成为主力之前，"切特尼克"一直主要以游击战反抗强加给南斯拉夫的占领当局——德国、意大利、保加利亚、匈牙利、克罗地亚傀儡政权。

4 月 6 日，德国入侵希腊，国防军遇到更强烈的抵抗。希腊军队已动员起来，他们成功地打败了意大利人，指挥作战的将军们的战斗经验可以追溯到 1919 年至 1922 年的希土战争。而且，希腊得到英国远征军三个师的支援，英军带来了现代化坦克和飞机。希特勒将希腊士兵视为英勇的亚历山大（Alexander）重甲步兵和底比斯神圣军团（Theban Sacred Band）的后裔——独特地缓解了他对非日耳曼人的轻蔑——钦佩他们在与墨索里尼交战中所展现出的勇猛，因此在战争开始之前，他命令国防军最高统帅部，一签署停战协议，就豁免所有被俘的希腊人。

希腊的英勇和英国的武器都无法推迟停战。希腊的计划有缺陷，来自英国的建议和调度也不能避免战败。希腊总司令帕帕戈斯坚持认为，18 个师里的 4 个师要驻守沿保加利亚边境的梅塔克萨斯防线（Metaxas Line），并且派 3 个师和英国部队——第 6 澳大利亚师和第 1 新西兰师，还有英国第 1 装甲旅——驻守向后 100 英里的奥林匹斯山（Mount Olympus）的阿利阿克蒙防线（Aliakhmon Line）。帕帕戈斯指望南斯拉夫人保护这两个阵地的左翼。为了反抗轴心国的进攻，他甚至和南斯拉夫计划，让大量希腊军队，即 14 个师，袭击阿尔巴尼亚的意大利人——3 月 20 日，意大利再次试图展开它自己的巴尔干攻势，但是再次失败。马丁·范·克里韦尔德教授形容希腊的这次部署是"自取灭亡"，这一点都不夸张。防守部队排列在三个分开的位置上，其安全性取决于第四个位置，即完全外来的南斯拉夫部队保护他们的侧翼。范·克里韦尔德评论道："如果德国人能够迅速击溃［南斯拉夫人］，整个灾难不可避免。南斯拉夫和希腊将会被分隔，梅塔克萨斯防线和阿利阿克蒙防线将会被侧翼包抄，阿尔巴尼亚的希腊军队将会遭到后方的攻击。此后，各个击破其他的盟军和南斯拉夫部队将是小事一桩。"

希腊的崩溃

战役的进程恰恰如同断言的一样。在作战的两天时间里，4 月 6 日至 7 日，德国击败了南斯拉夫在马其顿地区的抵抗，迫使梅塔克萨斯防线的希腊守军于 4 月 9 日投降，他们曾经坚决抵抗正面进攻。于是，德军转向阿利阿克蒙防线的左翼，这里由新西兰人防守，并且强攻自马其顿地区的瓦尔达尔河河谷至希腊中部地区的古代入侵路线。与此同时，一支分遣队搅乱了在阿尔巴尼亚与意大利军交战的希腊主力军，这样，意大利军有机会取得决定性进展，这是他们战斗了6个月都没能获得的。

然而，在阿尔巴尼亚前线指挥希腊第一集团军的乔治·楚拉科格卢（George Tsolakoglu）将军坚决不给意大利人获胜的满足感——意大利人始终没有获胜——他一知道显然处于绝望的境地，未经许可就与交战的德国党卫队的指挥官塞普·迪特里希（Sepp Dietrich）会谈，协商单独向德国投降的事宜。4月23日，墨索里尼派私人代表去见希特勒，以便缔结包括意大利在内的停战协议。

希腊军和英军防守的其他前沿阵地接连被入侵者从侧翼包围，像手风琴般折叠塌陷。4月18日，希腊总理亚历山大·科里齐斯（Alexander Koryzis）自杀，就如何最好地维持抵抗的问题，希腊政府其他成员无法同意指挥英国远征军的亨利·威尔逊（Henry Wilson）爵士的意见。实际上，自4月16日开始，英国人已经从阿利阿克蒙防线全面撤退。尽管他们缺少抵抗德国的人力和装备，然而他们有摩托化运输工具，可以用于撤退；希腊军队，和南斯拉夫军一样，还属于早期战争形态，2万名士兵在英国撤退之后陷入德军之手。

英国人全力守卫塞莫皮莱（Thermopylae，温泉关），2500年前斯巴达人曾在这里反抗波斯人，但是不久就被德国坦克赶到南方。那天，以及每天，他们都遭到德国空军的袭击，根据《时代》记者的报道，德国空军"沿路轰炸每个隐蔽处和缝隙、乡村和小镇"。在与希腊开战的第一天，德国空军就摧毁了雅典港口比雷埃夫斯（Piraeus），逃亡者不得不前往伯罗奔尼撒半岛寻找海港，以逃回克里特岛和埃及。4月26日，德国伞兵降落到科林斯地峡（Isthmus of Corinth），不过时间有点晚，没能切断撤退部队的后路。到那时，英国人——大部分是澳大利亚和新西兰人组成的澳新军团（Anzac Corps），他们的前辈在仅仅26年前在加利波利（Gallipoli）缔造了迥然不同的军事传奇——经过雅典到达港口。尽管在撤退，一名皇家炮兵、陆军中校沃勒（R. P. Waller）写道，"经过城市的人不会"忘记与雅典人依依惜别的温馨。"我们几乎是他们见到的最后的英国部队，德国人也许接踵而来；然而欢呼、鼓掌的人群挤满了街道两侧，拥挤着我们的车，以至于几乎要把我们举起来。女孩和男子跳上踏板与污秽疲惫的炮手亲吻或握手。他们把鲜花扔给我们，在我们身旁边跑边喊：'回来——你们一定要回来——再见——好运'"。

三年半后，英国军队将再次回到雅典，然后参与左右翼政党之间严酷而血腥的内战，他们作为游击战士在反抗德国占领期间学会了暴力政治。1941年4月，在咀嚼着失败离开希腊的士兵们的记忆中,天气晴朗,处处花香,那个寒冷而痛苦的12月份似乎是他们与德国混战的不可思议的遗产。3个英国师加上从阿尔巴尼亚前线撤下来的6个希腊师与敌人的18个师交战,恰当地有种打了一场漂亮仗的感觉。希腊战役是旧式的绅士之战,勇敢的对手给予和接受荣誉。此后,历史学家根据推迟的"马里塔"行动是否影响"巴巴罗萨"计划的执行来衡量它的意义,它基本上被认为是无益的演习,因为决定"巴巴罗萨"开始日期的是苏联的天气,而非辅助战役的偶然性。战士们并没感觉到他们在参与更广泛的事件。希腊人在英国人的帮助下,为保卫祖国不受侵略而战。德国人为战胜他们而战,并且取得胜利,但是为了表示对敌人勇气的尊敬,他们坚持希腊军官应该保留自己的佩剑。这几乎是武士们在即将沦为野蛮行径的战争中所表现出的最后的骑士姿态。

八 空降战:克里特岛

除了短暂之外,巴尔干战役在各个方面都属于传统战争的范畴。德国的进攻速度极快,波兰和法国的闪电战让整个世界习惯了纳粹德国国防军的作战方式,这似乎更揭示了现代战争的发展模式,而非希特勒的将军们开创的军事革命的深入。的确,巴尔干战役的革命性要小于1940年取得的胜利。纳粹德国国防军及其巴尔干对手在本质上完全不同,而且由于防御安排得很不得当,防御方遭受惨败,这是它们的灾难所需要的所有解释。

4月27日雅典卫城升起了纳粹党党旗,这是强国战胜弱国的象征,巴尔干战役或许就此结束。但是,并非如此。1.2万名英国士兵伤亡(其中9000人沦为战俘),无数南斯拉夫士兵和希腊士兵阵亡,而德国仅有5000人伤亡或失踪;战利品被瓜分:南斯拉夫的波斯尼亚(Bosnia)、达尔马提亚(Dalmatia)和黑山

1941年4月27日,胜利的德国步兵准备在雅典卫城升起纳粹党党旗。希腊战役仅仅持续了三周。

(Montenegro)给了意大利，塞尔维亚南部和希腊的色雷斯给了保加利亚，伏伊伏丁那给了匈牙利，克罗地亚给了乌斯塔沙运动的克罗地亚傀儡政权。正当这样计算战役得失的时候，希特勒倾听了周围人的意见，他们认为巴尔干战役尚未完成，极力主张应该以大体上未曾尝试闪电战的工具，即德国空降部队，袭击克里特岛，以此为德国的胜利加冕。

德国并不是第一个组建空降部队的先进国家。这一荣誉属于意大利，战略轰炸的思想也首先诞生于意大利。早在1927年，意大利人就做了用降落伞将步兵直接投放到战场上的实验。然后，苏联红军继续开发这种技术，至1936年充分改善它，在有西方军事观察员出席的大规模演习中空投了整个伞兵团，接着空降整个旅；这一壮观的军事行动之所以可能，是因为苏联空军极大地发展了运输机，使之足以容纳由全副武装的士兵组成的整支部队。

然而，苏联红军在空降战术中的领先地位，由于1937年至1938年斯大林对军队的大清洗而受到严重冲击。在大清洗中，高瞻远瞩的军官是主要的受害者。不过，苏联的空降部队幸存下来，并且在第二次世界大战中展开了许多军事行动，著名的是1943年秋的第聂伯河（Dnieper）战役，可是苏联空降部队从未发挥过其提倡者所期待的独立而决定性的作用。然而在德国，新一代国防军先锋们满腔热情地接受了空降行动的概念。如同在法国，军事伞降训练被认为是一项空军活动，德国空军拥有这方面的主导权。1938年，曾是第一次世界大战资深飞行员的克特·司徒登（Kurt Student）将军被任命为伞兵部队司令，不久便统领德军首个伞降师，即第7空降师（7 Flieger）。1940年，该师空降了挪威和荷兰战场使用的部队。至1941年，第7空降师及其相关部队组成司徒登的第11航空军（XI Air Corps），准备将德国对巴尔干的征服延伸到地中海地区。

希特勒最亲近的军事顾问，即国防军最高统帅部作战部的军官们关心的是，应该用第11航空军夺取马耳他。当问及地中海更重要的目标是克里特还是马耳他时，瓦尔特·瓦利蒙特将军回忆说："该部的所有军官，无论来自陆军、海军还是空军，一致赞成夺取马耳他，因为这似乎是永远保护通向北非的海路的唯一途径。"参谋长凯特尔和约德尔接受了他们的结论；不过4月15日，当他们把这个观点告诉司徒登时，司徒登反驳了他们。司徒登认定，马耳他的守军对于空降攻势来说太过强大。另一方面，克里特岛及其"像香肠似的地形和单一主路"对于他的伞兵来说是个理想的目标；而且他认为，他们能够攻击德国战略决策者要求的其他地中海岛屿——不仅马耳他，还有塞浦路斯——从而巩固一个固若金汤的陆海要地，这个战略要地位于欧洲堡垒（Fortress Europe）和英国在中东日益薄弱的据点之间。

戈林在司徒登的计划中看到恢复德国空军名誉的机会，德国空军因为没能在不列颠战役中战胜英国皇家空军而名誉受损，于是热烈赞同这个下属的构想，并于4月21日将之呈献给希特勒。由于夺取克里特岛并不在希特勒最初的计划之内，一开始他并不同意，不过最终支持了这个想法，4月25日签署第28号元首指令，克里特行动的代号为"水星"（Merkur）。司徒登自始至终推动着该行动的进行，他立即命令将第7空降师从不伦瑞克（Brunswick）的训练中心调到希腊；他还说服国防军陆军总司令部同意他使用驻防希腊的一个精锐师，即第5山地师，同时第5装甲师还借给他一些"巴巴罗萨"计划不需要的轻型坦克。山地师提供后续力量，在意大利海军的保护下由当地飞机空运而至。空降师由三个伞兵团和一个机降团组成，将随600架容克斯52运输机组成的机队飞行，直接进攻克里特岛，一些运输机还将拖曳80架滑翔机，这些滑翔机运载着轻型坦克和第7师先锋部队的将士，即第1突击团第1营。280架轰炸机、150架斯图卡式俯冲轰炸机和200架战斗机组成的空军将掩护和支援这次行动。总共2.2万名士兵参加战斗；亚历山大·勒尔（Alexander Löhr）将军统率的第4航空队指挥整个战役。

司徒登的计划直截了当。他打算用三个伞兵团分别对付岛屿北岸的三个镇，自西向东分别是马里门（Maleme）、雷提莫（Retimo）和伊拉克里翁（Heraklion），这三个地方均有飞机跑道。一旦夺取这三个小镇，重型装备将在这里着陆，它们还将成为沿着单一主路"击溃"英国防御的基地，这条主路沿岛长170英里。司徒登决定以马里门为实施重点突破战术的地方，他打算派第1突击团去马里门，用滑翔机将其直接紧急降落到机场。尽管他预期守军人数更多，但是他确信这种出其不意、部队素质过硬以及德国空军势不可当的空中优势将在数天野蛮行动之后征服敌人。

司徒登的判断是对的，在素质方面，他的部队比英国守军强。英军指挥官伯纳德·弗赖伯格（Bernard Freyberg）少将是骁勇善战之人，他曾是第一次世界大战的传奇英雄，在第一次世界大战中，他在加利波利同样英勇而浪漫的交战之后，在索姆河指挥英国皇家海军师的一个营，赢得了维多利亚十字勋章。他和随行人等将诗人鲁珀特·布鲁克（Rupert Brooke）埋在斯基罗斯（Skyros）岛上，后来他独自侦察，游过达达尼尔海峡（Hellespont），正如传说中利安得（Leander）曾经做过的那样，现实中在他100年前的拜伦勋爵也那样做过。为了赞颂他英勇无畏的品质，温斯顿·丘吉尔将他称为"火蜥蜴"。

然而1941年夏，克里特岛上弗赖伯格的部队为数不多，难以与他的英勇相称。英国正规步兵的一个旅被直接从埃及调来防守克里特岛，这个旅用德语形容是"有战斗力"（kampffähig）——"善战"。其余是希腊战役惨败而归的溃兵。第2新西兰师的两个旅——弗赖伯格对他们有种特殊的亲和力，因为他曾在新西兰度过青年时代——完整无缺，还有一个澳大利亚旅。岛上4万人的部队中，其他人是无组织的残兵，其中许多人士气低落。而且，所有士兵都缺少基本装备。一个新西兰人查尔斯·乌普海姆（Charles Upham）（他到战争结束时获得了两枚维多利亚十字勋章）写道："克里特是乞丐之战，迫击炮没有底座，维克斯机枪（Vickers gun）没有三脚架。"少数坦克和一个炮兵团被调到岛上；尽管如此，守军缺少最基本的重型装备，最重要的是飞机。5月1日，克里特岛上只有17架飓风式战斗机和陈旧的"斗士"双翼战斗机，在德国人到来之前它们将全部撤离。最糟糕的是，英国守军无法依靠当地的援助。自从第5克里特师被动员与意大利人作战，并且在大陆被俘以来，岛上剩下的唯一一批克里特士兵是新兵和预备役军人，他们每人一支步枪，每支步枪有5至6发子弹。

厄尔特拉的角色

克里特岛仍然有可能，而且也许应该可以守住；因为不为德国人所知的是，在第一批伞兵乘上飞机之前，他们的意图已经暴露给英国人。因此从一开始，空降行动的整个逻辑就处于危险之中。类似支持装甲战和战略性轰炸的人，倡导军事空降的人认为，他们的行动理论是对战壕战的回应，他们在第一次世界大战中目睹了战壕战。发动破坏战壕的攻势所需的努力不言而喻：艰辛的人力物力的集结，冗长而拖延的炮火准备过程，挣扎着穿越带刺铁丝网的屏障和土木工事区的无人之地缓缓前进。对于这种情况，主张轰炸的人认为，最好将高性能的炸弹投放到供应敌人防御所需的火炮和机关枪的生产中心。倡导装甲战的人认为——并且于1939年至1940年证实——击败纵深防御最好是使用不受守军火力影响的武器对付他们。赞成军事空降的人提出一个中间的但更引人注目的选择：通过空中威力对地面防御居高临下，立即将攻击性强的步兵运送到敌人前线后方，指挥部、通讯中心和供应站等薄弱点。这是战略想象辉煌而大胆的飞跃；不过，胜利的前提是敌人始终不知道对他的突袭——否则作战伞兵的命运将和战壕战中越过因炮击而警觉的敌人头顶的步兵一样（如果不是更糟）。伞兵们在降落过程中无依无助，如果他们幸存下来，他们用于战斗的装备也必须轻盈，这些都注定在对抗那些接到警报知道他们来了的守军时，他们将损失惨重。

克里特岛的英国守军已经接到警告。到目前为止，厄尔特拉，即布莱切利的政府密码学校，通过拦截和解密敌方密码获得情报，没给指挥英德之间的地面行动带来多少有价值的信息。法兰西战役结束之前，布莱切利在破译德国恩尼格玛密码机使用的密钥方面困难重重，德国国防军不同的指挥部通过这种密码机沟通联络。这些困难在某种程度上是内在的——恩尼格玛密码机的设计使偷听者对于拦截的信息有几百万种可能的解读——在某种程度上也是任何实验性事业的困难：布莱切利正在积累经验，加速破译的过程，但是尚未使破译系统化。还有另一个困难：布莱切利的成功主要依靠德国恩尼格玛密码机操作员在加密过程中所犯的错误。德国陆军和海军操作员很少犯错，也许是因为他们以前从事老式的信号服务。正是较年轻的德国空军操作员们，为布莱切利的偷听者提供了大量机会；尽管在1940年至1941年的冬季空袭中，"破译"德国空军秘钥大大有助于英国防空部队抵抗和诱导轰炸攻势，但是在大西洋战役或希腊和北非的地面战役中，破译工作在反抗德国时的作用就小得多了。

然而，克里特战役是德国空军之战。因此，布莱切利所谓的"红色"钥匙易被英国人逐日"实时"解密——速度等同于德国恩尼格玛信息接收者自己破译的速度，这从一开始就危害了空降行动的安全。例如4月26日，即希勒特签署"水星"命令的转天，有两份截获的"红色"信息与克里特有关：第4航空队提到为克里特行动选择基地，而其下属的第8航空军（VIII Air Corps）索要该岛的地图和照片。此后，警告几乎与日俱增。5月6日，厄尔特拉揭示，德国指挥部预计5月17日前完成准备工作，而且还概述了德国进攻的确切阶段和目标。5月15日，厄尔特拉还发现攻击发起日从5月17日推迟到5月19日。5月19日，厄尔特拉预告，5月20日将是新的进攻日期，德国空降指挥官们将立即集合，他们有马里门、雷提莫和伊拉克里翁的地图和照片。所有这些信息被伪装为英国特工从雅典搜集的情报，"实时"传给弗赖伯格，因此5月20日清晨，弗赖伯格已经确切知晓司徒登的空降部队和滑翔机步兵部队着陆的时间、地点和方式。

在先见之明和先发制人之间，往往夹杂着能力的不足。那正是弗赖伯格的困境。针对以机动性和灵活性为特征的攻击，他使用的防御部队几乎完全缺乏运动手段。虽然各部队都处在适当的位置上，但是如果从任一重要的简易机场调走一支部队的话，都无法用其他分队来替代它；德国人能够空降援军和重型装备，因此也许会在克里特岛战役中取胜。

防守马里门机场的是第21、22、23新西兰营。隆美尔将在他的沙漠战役中把新西兰人认作他在第二次世界大战中遇到的最好的兵士：达观、坚强、自信，不把自己之外的任何士兵放在心上。5月20日清晨，他们拂去身上的灰尘——这是德国空军进行炮火准备时洒落的，举起他们的武器，抵抗空降攻击，他们知道必须要打这场仗，他们不觉得即将到来的战斗有多严酷。第23营的托马斯（W. B. Thomas）中尉第一眼看到德国伞兵时，感到"不真实，难以将之理解为危险重重"：

> 清晨，在克里特深蓝的天空中，透过灰绿的橄榄枝，他们看起来像摇晃的小娃娃，绿色、黄色、红色和白色的，浪花似的连衣裙莫名其妙地展开，又因为控制它们的提线而卷在一起……我努力领会这华美的梦幻背后的意义，我明白那些美丽可爱的娃娃意味着最近我们在希腊看到的所有惨状的重复。

托马斯中尉这种不真实的感觉是可以理解的。他目睹了历史上第一次有目的的空降行动。德国早些时候在挪威和荷兰的伞降是小规模的，受到常规地面部队的轻微抵抗和有力支援。克里特空降是向未知之境的真正一跃，是军事革命的先驱者只能自力求生的绝境。在某种意义上，司徒登的部队很原始：英国和美国伞兵已经在为未来他们自己的空降行动而接受训练，他们会强烈怀疑司徒登部队的装备和技术。德国人无法控制他们的降落；他们从容克斯52运输机上跳伞，每组12个人，降落伞通过固定的线打开，然后就被一条单独的带子吊着，这条带子系在背中间。气流和风载着他们，直到落地，他们的确"像娃娃"，他们的衬垫、头盔和胶靴保护他们不受震动。那些在碰撞中没有受伤的人——跳伞的损伤很多——从空投的容器里拿出武器，集合成小队，展开攻击。第1突击团（1st Assault Regiment）的滑翔机步兵团紧急降落，15人为一组，用更重型的装备增援伞兵。

1941年5月20日，容克斯52运输机在克里特岛上空空降伞兵。在克里特岛，德军伤亡惨重，促使希特勒此后不再进行大规模空降作战。

司徒登的空降突击理论没有考虑克里特岛的地形和新西兰人的坚韧。马里门附近怪石嶙峋而又起伏崎岖的地面，使许多伞兵在落地时受伤，而且还磨损了大部分滑翔机；新西兰人无情地对待幸存者。他们射击空中的敌人："你看到一个人柔软地降落，突然一动，有点直挺，然后又变得柔软，你知道他'被搞定了'。"在敌人着陆时也是这样。因此，转天，一位到第23营访问的参谋发现"到处都是死尸，每10至12码就有死尸。一个人跨过他们，就像穿过橄榄林"。从马里门一个野外惩罚中心释放出来的60名新西兰兵在攻击的第一个小时里就杀死110个德国人，这些新西兰兵因为轻微的军事犯罪而在野外惩罚中心服刑。

5月20日的前几个小时里，德国伞兵营在马里门附近遭受的损失确实骇人听闻。第3营第1突击连的126人中有112人阵亡；当天，该营的600人里有400人阵亡。滑翔机运载的第1营只有100人在登陆时没有人受伤；第2营也损失惨重。只有由沃尔特·格里克（Walter Gericke，他幸存下来，后来成为北大西洋公约组织的一位将军，指挥西德军队的空降师）上尉统领的第4营保存了大部分兵力。5月20日全天，第4营和其他3个营的幸存者努力集结剩余力量，击退不屈不挠的新西兰人，向他们的目标，即马里门机场前进。他们并未取得任何进展；在第21新西兰营的地盘，莫季翁村（Modhion）"全村所有居民，包括妇女和儿童，使用任何一种武器，包括100年前从土耳其人那里夺来的燧发枪、斧子，甚至大刀"，攻击降落到村庄街道上的伞兵。他们增加了第1突击团的伤亡，到该天结束时，该团有两个营的指挥官阵亡，两个受伤，而且团长也受伤。第1突击团自视为德国国防军的精锐部队，到黄昏时分，已然损失惨重——伤亡约50%，却一事无成。

5月20日，第1突击团的姐妹团第1、第2和第3伞兵团分别突击北部海岸的伊拉克里翁、雷提莫和苏达（Suda），同样遭受严重的损失。只在一两个地方，空降袭击才实现了预期的出其不意：在克里特岛的主要港口苏达附近，10名以滑翔机空降的步兵在靠近炮兵团的地方着陆，杀死了180名缺少轻武器保卫自己的炮手。不过在其他地方，一般都是德国人遭到屠戮。第3伞兵团在第1突击团东边的卡尼亚（Canea）和苏达附近着陆，却迷失了方向；他们的指挥官苏斯曼（Süssmann，他还指挥该师）在滑翔机起飞时坠毁丧生。其第1营由冯·德·海德特男爵（Baron von der Heydte）统领，在降落时损失相对较小，他是位不同寻常的伞兵，不仅由于他公然贵族化地鄙视纳粹主义，而且他还拥有非凡的才智——他后来撰写了一部著名的克里特战役回忆录，而且最终成为一名经济学教授。在当天的战斗中，其第3营几乎全军覆没，在新西兰兵看来，活该如此，因为在开始的袭击中该营士兵枪击了他们的资深军医,以及他的许多病人。第2营攻击的地方由新西兰师的后勤部队防护;连军士长纽霍夫(Neuhoff)描述他遇到混合营汽油连的情况:"我们去攻击高地……向前推进,没有遇到抵抗,前进到一半的时候……我们突然遇到步枪和机关枪无情而准确的射击。敌人纪律严明,直到我们进入有效范围后才开火。我们的伤亡极为严重,不得不撤退,身后留下许多死尸。"然而正如新西兰官方史所记载的,他们的对手"多半是司机和技师,因此没受过多少步兵作战方面的训练"。

司徒登此时还没离开他在雅典大不列颠旅馆的后方指挥部,他一整天都还不知道他宝贵的师已经遭受的厄运。5月20日至21日的深夜,他坐在放着地图的桌前,如冯·德·海德特回忆的,"等待着消息,这些消息将让他确信,一个月前他向戈林提出进攻该岛的建议是正确的。展望中每件事似乎如此简单,如此可行,如此肯定。他曾经认为他考虑到了每种可能性——结果每件事都与计划和预期的相反"。正如第1威尔士团(Welch Regiment)军医斯图尔特(I. M. D. Stewart,他是位退伍军人,也是最一丝不苟的战争史学家)后来记载的,事实是:司徒登"在岛上各处分散地攻击","浪费了"他的空降师:

> 如今,数千年轻的士兵死在橄榄林里,周围是金凤花和大麦。他的滑翔机部队和4个伞兵营……被打垮,15分钟内就锐减为几十个逃亡的幸存者。其他营的损失也同样惨重。然而,他却没能夺取一个机场。现在,他只剩下小小的机降预备队。如果明天(5月21日)这几百人也失败了,该师唯一可能的解围方法将是走海路。

因此,历史上第一次大规模空降行动的第一天傍晚,优势似乎决然地转到防守的一方——一支组织涣散、装备不精、几乎没有空中掩护和增援武器的部队。尽管司徒登的士兵垂死挣扎,尽管司徒登犯了所有的错,然而5月21日,他成功地重新获得主动权,使战役变得对他有利。怎么会如此?后来弗赖伯格的一名参谋悲伤地反省,原因是缺乏"额外的100台无线电装置";因为守军不知道他们自己的成功程度,也没能将之汇报给弗赖伯格的指挥部,进而也没用无线电发送增援和重组的命令。第二天早晨,温斯顿·丘吉尔向英国国会下议院报告,将对敌人展开"最不屈不挠的抵抗"。与此同时,弗赖伯格对战斗情况不甚明了,作为指挥官,了解战斗情况才能让他作出判断。他通过第5旅的指挥部与防守马里门机场——司徒登实施重点突破战术的地区——的新西兰部队通话；而后第 5 旅再间接与该营指挥官通话；至关重要的第 22 营营长安德鲁斯（L. W. Andrews）中校错误地认为，他的旅长打算援助他。他是个勇敢的人，曾在第一次世界大战中获得维多利亚十字勋章。5 月 20 日晚，在两辆重型坦克支持的首轮反攻失败之后——克里特岛只有 6 辆重型坦克——他决定在俯瞰机场的高地上重组部队，以便转天展开协调一致的攻击，这种重组不经意间把战略要地让给了德国人，因此从不可避免的灾难中拯救了他们。

正当安德鲁斯由于正确的原因作出错误的决定时，司徒登却因为错误的原因作出正确的决定：他毫无根据地认为，新部队在马里门的遭遇会比那些已经败亡的好。诚然，具有普遍意义的军事格言"决不增援败兵"本该对他有所警示，不让他把后备部队派到那里去。不过，他依然决定那样做。5 月 21 日下午，他的最后两个伞兵连降落在新西兰师的毛利营当中，并且遭到屠杀——"我知道这不大公平，"他们的一位军官写道，"但就是这样了。"同时，司徒登的机降预备队，即第 5 山地师的第 100 山地步枪团的先锋部队开始乘容克斯 52 运输机紧急降落在马里门机场，在前一个晚上，安德鲁斯率领防守的第 22 营从此地撤走。"机关枪子弹飞过右翼，"机上的一位战地记者写道，"飞行员咬着牙。不管付出什么代价，他都要降落。突然，飞机冲向我们下面的一片葡萄园。我们撞到地上。一侧机翼插入沙土中，飞机后半部被撕扯得向左转了半圈。人、包裹、盒子、弹药，被抛向前方……我们身不由己。最后，飞机半头倒立地停了下来。"

将近 40 架容克斯 52 运输机以这种方式成功地着陆于马里门机场，空降了第 2 营第 100 山地步枪团的 650 名士兵。山地步枪手和司徒登的伞兵一样，也自视为精锐部队，这是有正当理由的。新西兰人尽力应付新的威胁，山地部队前去增援德国在马里门机场的阵地，以便转天扩大他们的据点。

同时，山地部队的部分援军乘船到克里特岛。虽然他们将遭遇不幸，但是拦截他们的英国皇家海军的船只也是一样。亚历山大中队轻松地重创意大利护航舰，该舰正护送运载第 100 山地步枪团其他部队的轻帆船和驳船船队去克里特岛，船上 300 多名士兵不幸溺毙；不过 5 月 22 日，德国空军对英国船只和船员进行了更严重的惩罚。战列舰厌战号（Warspite）受损，巡洋舰格洛斯特号（Gloucester）和斐济号（Fiji）、驱逐舰克什米尔号（Kashmir）和凯利号（Kelly）沉没——后者的指挥官是未来缅甸的蒙巴顿伯爵（Earl Mountbatten）。这并非英国海军最后的损失；6 月 2 日前，英国海军还将失去巡洋舰朱诺号（Juno）和加尔各答号（Calcutta）、驱逐舰帝国号（Imperial）和快轮号（Greyhound），它们都被击沉，此外遭到重创的有战舰英武号（Valiant），航空母舰可畏号（Formidable），巡洋舰佩斯号（Perth）、奥利安号（Orion）、阿贾克斯号（Ajax）和水中仙女号（Naiad），驱逐舰凯尔文号（Kelvin）、纳皮尔号（Napier）和希尔瓦号（Hereward）。尽管克里特战役对英国士气的影响不如未来丧失威尔士亲王号（Prince of Wales）和反击号（Repulse）那样大，但是考虑到这些损失，该战被认为是第二次世界大战英国海军作战中损失最惨重的一次。

司徒登占据上风

与此同时，岸上战役的优势开始不可逆转地倒向德国一方。5月22日凌晨，新西兰人重新夺取马里门机场的反攻失败；一整天，司徒登粗暴鲁莽地在机场指挥着容克斯52运输机。许多在着陆时撞毁的飞机残骸被清除，以便新到的飞机可以降落。同时，德国空军势不可当地发起空袭，射击和轰炸地面上移动的任何东西。"这是最奇怪而严酷的战斗，"当天下午丘吉尔对英国国会下议院说，"我方没有飞机……对方没有坦克，或者坦克数量极少。双方都没有撤退的手段。"事实是，英国人没有坦克可用，也没有任何运输工具，而德国人正在集结越来越多的一流的生力军，与守军交战。

现在，弗赖伯格决定向东撤退，重组部队，准备反攻。然而，重组的不是单独一支作战部队，而是他最精锐的部队的主体，即新西兰营和英国正规军的营。他的撤退给马里门附近的伞兵和山地步兵腾出了更重要的位置，伞兵和山地兵的数量正逐步增多。5月24日，德军被加拉塔斯村（Galatas）守军击退，然后夺取该村，而后再次失陷于新西兰人的反攻，弗赖伯格将这次反攻作为决定性的还击；但是，反攻打不到马里门那么远，德国人现在集结在马里门，几乎有整个山地师的兵力。当德国人继续进攻时，英国人不断向东撤退，放弃了一个又一个阵地。

5月26日，弗赖伯格告诉在中东指挥作战的韦维尔，克里特岛的失败只是时间问题。转天，韦维尔决定赶在德国空军占领该地而导致无法撤退之前撤退。5月28日夜晚，伊拉克里翁的守军撤退，伞兵对他们没留下什么印象。抵挡住所有攻势的雷提莫守军由于无法得到海军的接应，也不得不弃之而逃。5月28日至31日，主力部队离开马里门东面的阵地，开始艰辛地向南跋涉，穿越层层山峦，到达南岸的斯法基亚（Sphakia）小渔港。这是黑暗之战中耻辱的顶峰。实际作战的少数部队尽最大努力团结在一起；那些离开希腊、无组织的人现在失去了所有团结的假象。"我决不会忘记撤退时军队的混乱,那时几乎完全失去控制,"弗赖伯格写道,"那时我们缓慢地穿过无边无际的跋涉着的人流。"当他及其残兵败将到达斯法基亚后,他们躲在悬崖之下,在黑暗之中等待着海军的营救。海军在营救过程中遭受了严重的损失,至6月1日成功撤离了1.8万名将士;剩下的1.2万人沦为德国的战俘,将近2000人在战斗过程中战死。

如果需要证据,这些数据已经证实,克里特战役是场灾难。这场战役损失了新西兰、澳大利亚和英国两个师的兵力,本来一场即将到来的战斗,即在沙漠上与隆美尔远征军的交战,急需这些兵力。克里特战役还不必要地增添了希特勒对大英帝国的羞辱,特别是因为他和他的敌人知道他的伞兵只是险中取胜。如果第二天没放弃马里门,弗赖伯格的反攻早两天开始,那么就可以在据点消灭伞兵,克里特岛就能够得以保全,还将在希特勒世人瞩目的侵略战争中第一次明确地阻止他。事实上,德国的战争机器再次看到胜利,以崭新的革命性的形式,在英国传统战略区的中心,对抗的是英国海外势力的主要工具,即地中海舰队。

然而,无需后见之明也可以看出,克里特一战也可以被视为非常暧昧的胜利。司徒登记录道:"希特勒对整个事件甚感不快。"7月20日,他告诉他的伞兵将军:"克里特战役表明伞兵的日子已经过去了。伞兵武器依靠出其不意——现在这种出其不意的因素已经消逝。"克里特战役进行时,他不让德国的宣传机器宣扬这次行动,现在他坚决反对以后执行同类行动。在克里特战役中,4000名德国士兵阵亡,大部分属于第7空降师;第1突击团将近一半的士兵在战斗中牺牲。5月23日,格里克(Gericke)偶然路过第3营的降落区,对现场的情况感到十分惊讶。"映入我们眼帘的情况是可怕的……阵亡的伞兵仍然全副武装,悬挂在[橄榄树]树枝上,在微风中摇摆——死尸遍布。那些成功卸下身上绳子的伞兵在几步之内就被打死,被克里特岛的志愿兵屠杀。根据这些尸体可以清楚地看出克里特战役最初几分钟内发生的情况。"不仅伞兵,整个空降部队都损失惨重;600架运输机里有220架被摧毁,物资损失和利益收获极不相称。夺取克里特岛对于德国的战略而言,过去不是,未来也不是重点;相反,成功袭击马耳他是国防军最高统帅部的要求,为此遭受任何损失都是合理的。而且,占领克里特岛将让德国人陷入痛苦的反游击战,在反游击战中,他们的行为将玷污他们的英名,为他们招致刻骨仇恨,即使时至今日,岛上的这种情绪仍未消除。

英国人和美国人都积极增强空降师的力量,从克里特战役中得出不同于希特勒的结论:这一空降行动的特定形式,而非根本原则,是不当的。他们在西西里、诺曼底和荷兰的空降中，将不采用司徒登直接把伞兵空投到敌人阵地的做法，而是在距离目标有一段距离的地方着陆，然后再集结起来攻击目标。在西西里和诺曼底，他们也将冒险展开大规模空降攻势，以此配合来自海路的两栖主攻，从而分散敌人对脆弱的降落伞和滑翔机军事手段协调一致的回击。在西西里和诺曼底，这种谨慎的双重保险行为将证明是正确的。1944年9月在荷兰，他们不够谨慎，企图展开一场自己的克里特式袭击，蒙哥马利的伞兵遭遇的灾难甚至比司徒登的更为惨烈。因此，如果不是仅从狭义上说，广义上希特勒对"水星"行动的评价是对的：空降战在根本上是与死神的掷骰游戏，将性命悬于固定拉绳的士兵获胜的机会并不大。运气和判断的结合可能使他们有机会远离鬼门关，能够集结成军，前进作战；但更有可能是相反的情况。在第二次世界大战的四次大的空降行动中，两次——西西里和诺曼底——设法避免了坏的可能性，两次——克里特和阿纳姆（Arnhem）——没能避免。自1945年以来，独立空降作战的终结是不利条件带来的不可避免的结果。

九　巴巴罗萨

即使在收到消息称克里特战役取得了有瑕疵的胜利时，希特勒仍在琢磨着遥不相关的事件。实际上，战斗达到高潮时，他全神贯注于两件完全无关的事：一件是他的"奇迹"战舰俾斯麦号在北大西洋突围失败，另一件是5月10日他的副官鲁道夫·赫斯带着一份未经授权的和平提议飞去英国。5月27日，希特勒的宣传机器将俾斯麦号的毁灭描绘为一首史诗；赫斯的疯狂举动——令英国人如同他的纳粹同伴一样迷惑不解——让希特勒此后暴怒了数月。希特勒让戈培尔将之描述为"幻觉"的结果；无论如何，这一背叛行为打击了希特勒本人。赫斯不仅是一位"老战士"，而且是他的文书，1923年慕尼黑政变之后，在兰茨贝格（Landsberg）监狱服刑期间，笔录了《我的奋斗》；赫斯还是李斯特团（List Regiment）的战友，那是一个"年轻的德国人"的组织，在第一次世界大战期间，这种兄弟情谊使希特勒孤独而迷茫的青年时代拥有了一段真正充实的经历。

也许赫斯飞英唤起了对伊普尔"无辜者的屠杀"中李斯特团牺牲的回忆，这种回忆使人们能够客观全面地看待第7空降师和第1突击团的覆灭。希特勒本人是1914年那场杀戮的幸存者，那场屠戮的规模甚至比1941年5月伞兵们遭受的屠戮更大。在波兰、挪威、低地国家、法国和巴尔干半岛的德国国防军其他师受到的损失都比不上司徒登的精锐部队。然而，不仅这样的损失用第一次世界大战的标准判断是平凡的；而且与开战以来德国国防军不断增加的力量相比，也不算什么。根据20世纪流血牺牲的标准，战争开始后的21个月里，国防军的损失微不足道：在波兰，1.7万人阵亡和失踪；在斯堪的纳维亚，3600人；在法国和低地国家，4.5万人；在南斯拉夫，151人；在希腊和克里特岛，不到5000人。另一方面，自1939年9月以来，德国的兵力从375万人增加到500万人；德国空军的人数是170万，包括防空部队（高射炮）和空降部队；海军人数是40万人。纳粹党军队党卫军（Waffen-SS）的人数从5万人增加到15万人。德国陆军拥有最引人注目的实力。1939年9月战争动员后，野战部队（Feldheer）有106个师，其中包括10个装甲师、6个摩托化师；到1941年6月，"巴巴罗萨"行动前夕，兵力增加到180个步兵师、12个摩托化师和20个装甲师。每支装甲部队的坦克数量减半，以此增加了装甲部队的数量。这一切使德国陆军和支援的航空机群不仅规模比1939年时大，而且各个方面——武器、储备，尤其是作战技巧——都格外强。1935年至1939年希特勒的重整军备计划只不过是让军事实力适应他在外交政策上的冒险；他的战争观在整个德国社会中蔓延。现在每4个德国男子就有一个身穿制服；大部分人直接感受着胜利，践踏着占领的土地，看着1918年战胜国的士兵们沦为战俘。红白黑三色组成的纳粹党党旗在各地升起，"从默兹河到默麦尔，从海峡到阿迪杰河（Adige）"，正如国歌中唱的那样，它将到处飘扬，现在德国士兵准备好带着它，甚至深入到希特勒视为己业的征服区：斯大林的苏联。

历史学家常常认为，巴尔干战役不合时宜地分散了希特勒对筹划已久的攻打苏联计划的注意力，而且破坏性地推迟了攻打苏联的时间表，事实上并非如此。巴尔干战役成功结束，甚至比他的专业军事顾问曾经预期的还要迅速；而"巴巴罗萨"起始日期的选择并不取决于一系列偶然事件，而是取决于天气和客观的军事因素。德国军队发现，在波兰部署参与执行"巴巴罗萨"的军队，比预期的还要更加困难；春天解冻晚，欧洲东部河流涨水的日期比预计的晚，这意味着无论希特勒的意图是什么，"巴巴罗萨"不能早于6月第三周执行。

然而，对于"巴巴罗萨"的前景，德国仍然过于乐观。"预期将发生大量前线战斗；持续四周，"1941年4月底，布劳希奇写道，"可是在进一步的行动中，小规模的抵抗仍然不容忽视。"希特勒则更为肯定。"你只要在门上踢一脚，"在"巴巴罗萨"前夕，他对指挥南方集团军群的伦德施泰特说，"整栋破房子就会倒下来。"希特勒的预见部分地由意识形态所决定；他对苏联持有一种观点，即苏联人是布尔什维克暴君统治下扭曲野蛮的生物，就像两亿凯列班在被绝对权力所腐蚀的普洛斯彼罗*的眼皮底下颤抖着。这种镜像具有讽刺意味。然而，希特勒相信，苏联共产主义外强中干，这种看法不仅缘于偏见，而且也是现实使然；1939年，强大的苏联红军拙劣地对付渺小的芬兰；1937年至1938年斯大林对资深军官的屠戮——比任何战争引起的屠戮都更彻底——相应地解释了这种耻辱。

为了巩固他的政治权威，斯大林扩大了对共产党和秘密警察（NKVD）的清洗，当时控告、审判、定罪、以叛国罪处死了红军中超过一半的资深指挥官。第一个被清洗的是总司令图哈切夫斯基（Tukhachevsky）——他是前俄帝国军官的

---

* 凯列班是莎士比亚剧《暴风雨》中丑陋野蛮的奴隶，普洛斯彼罗是该剧中的人物。此剧描写了米兰公爵普洛斯彼罗被弟弟安东尼奥夺去爵位，带着女儿流亡荒岛。普洛斯彼罗呼风唤雨，将安东尼奥乘坐的船刮来荒岛，借助魔法惩恶扬善，最终兄弟和解，一起回到米兰。——译者注

领袖，这些军官曾在 1918 年至 1920 年内战期间投诚，之后为军队提供专业领导，而且战后重建时期迫切需要这种领导。图哈切夫斯基对新的国家作出坚定的承诺。正是他领导了 1920 年针对华沙的攻势，镇压了 1921 年喀琅施塔得（Kronstadt）的叛乱。他还倡导建造陆军的坦克武器，倡导组织大规模机械化军团，到 1935 年，机械化军团的存在使红军跻身于现代军事发展的最前沿。也许由于他在战略上奉行激进主义，军事大清洗伊始，他便被选为消灭的对象，1937 年 6 月 11 日，他和另外 7 位将军遭到枪决。

此后，枪决事件迅速走向高潮。至 1938 年秋，5 位红军元帅里有 3 位遇难，15 位军队司令中有 13 位遭到清洗，195 位师长中有 110 位被枪决，406 位旅长中有 186 位被杀。对那些拥有行政和政治军事职位的人的屠杀甚至更广泛：11 位副国防人民委员全部被枪决，80 位苏联军事委员会成员中有 75 位被杀，所有军区司令员及大部分政治官员——共产党的政委，他们的职责是确保士兵在思想上和行动上对共产党忠诚——遭到清洗。

清洗的影响

难以察觉斯大林这种嗜血行为存在任何模式。无疑，大清洗消灭了许多前帝国主义分子，尽管他们在 1917 年后已同布尔什维克共命运；甚至祸及总司令叶戈罗夫（Yegorov），他的无产阶级出身原本无可挑剔；沙波什尼科夫（Shaposhnikov）取代了他，沙波什尼科夫是帝国总参谋学院（Imperial General Staff College）的毕业生。政委们的遭遇并不比指挥官们好，因为被处决的"政治代表"甚至比"军人"更多。如果说斯大林蓄意谋杀的动机有线索的话，那似乎与内战期间形成的个人恩怨的历史有关。党内清洗的主要牺牲品是那些曾经反对或不支持斯大林在列宁逝世后担任第一书记的人，而军队清洗的主要牺牲品是那些曾被认为是追随列夫·托洛茨基（Leon Trotsky）的人，列夫·托洛茨基曾指挥红军与白军交战。反托洛茨基派以第 1 骑兵集团军为中心，由布琼尼（S. M. Budenny）和伏罗希洛夫（K. E. Voroshilov）统率。1918 年至 1919 年，他们在俄国南部与白军作战时，顽固地自作主张，而斯大林正是俄国南部的政委。1920 年进击华沙失败，他们显然没有支援图哈切夫斯基。在托洛茨基——和图哈切夫斯基——反抗白军的战争中，第 1 骑兵集团军是异类；但它曾是早期与斯大林联合反对托洛茨基及其老战友的军事工具，因此斯大林胜利后非常优待他们。在清洗后的苏联军事领导层中，四个人由于清洗运动而升到高位，即布琼尼、铁木辛哥（S. K. Timoshenko）、梅赫利斯（L. Z. Mekhlis）、库利克（G. I. Kulik），他们都是第1骑兵集团军的军官，也是苏联南部战役的老将。伏罗希洛夫在1937年前已经成为国防人民委员，图哈切夫斯基倒台之后，他的地位大大提高，他也是第1骑兵集团军的人。

他们的提升对苏军并没有什么益处。虽然布琼尼有着漂亮的小胡子，但是他没有军事头脑。用约翰·埃里克森（John Erickson）教授的话说，总政治部主任梅赫利斯似乎"兼具极端的无能和军官群体强烈的憎恶"。铁木辛哥至少能干，但与其说他是军事指挥官，还不如说他是政治官员。军械部部长库利克在技术方面是保守派，他以士兵不会操作为由，反对将机械化武器分配给地面部队的士兵，还暂停了反坦克炮和高射炮的生产。伏罗希洛夫是最糟糕的一位；1934年，他争论道："几乎不言而喻的是，像坦克军团这样强大的部队是最牵强的主意，因此我们不应该采纳它。"显然，他的理由并不比图哈切夫斯基拥护独立装甲部队的理由更充分。在图哈切夫斯基免职后不久，他取消了所有比旅大的坦克编队。

伏罗希洛夫的蒙昧主义——第1骑兵集团军其他老将亦然——在芬兰战争中暴露无遗。芬兰人给苏联人造成的耻辱使苏联迫切需要改革，苏联军队的人数超过芬兰200倍。1940年5月8日，伏罗希洛夫被任命到相对无害的职位，即副总理和国防委员会主席，铁木辛哥代替他担任国防人民委员。尽管铁木辛哥对芬兰的军事行动决非精妙，但是他至少认识到红军急需重组。在他的支持下，苏军采取措施重建图哈切夫斯基的大型装甲编队，包括两个装甲师和一个机械化师，它们共同组成一个装甲军；采取措施开始在苏联新的军事边境上修建固定的防御工事，这条边境比1939年吞并波兰东部地区之前的边境要向南逾200英里；采取措施把政委的职务降为指挥系统中的顾问地位，把才华横溢的军人提拔到最高统帅部。首先是朱可夫（G. K. Zhukov），他于1939年赢得哈拉哈河战役（Khalkin-Gol）的胜利，那是苏联在蒙古有争议的边界发动的一场未经宣布的对日战争。根据其同事罗曼年科（P. L. Romanenko）中将对朱可夫参加1940年12月在克里姆林宫召开的高级指挥员会议的描述，朱可夫并没完全领会德国装甲编队的动态、装甲编队的规模，以及装甲编队在进攻时与支援的德国空军飞行中队之间密切配合的情况。根据罗曼年科的观点，朱可夫预期"编队的装备相对不甚饱和"——简而言之，还是旧式的沙场，步兵团占支配地位，坦克仅仅发挥潜在的影响，而不是如在法国那样，装甲部队紧密集结，步兵编队被装甲部队构成的连枷翻搅得七零八落，如同打谷场上的成束的谷子。然而，他的观点无疑是一种现代军事思想。

苏联军队——红军或沙俄军队——的战斗潜力从来都不成问题。在以往与敌人——土耳其人、奥地利人、法国人、英国人和德国人——交战时，苏联士兵表现得勇敢、坚毅、爱国。作为炮兵，他们紧守大炮——苏联炮的质量往往是最好的；身为步兵，他们在防守时顽强，在进攻时英勇。苏联军队失败的原因，不是他们的士兵不堪一击，而是因为将领昏庸。在克里米亚（Crimea）和中国东北，许多苏联军队命运悲惨，其祸根在于领导无能，最严重的是在第一次世界大战中。革命清除了类似伦嫩肯普夫（Rennenkampf）和萨姆索诺夫（Samsonov）那样的人，他们曾于1914年在东普鲁士带领压倒性优势兵力败于德军。内战期间及之后，取而代之的是朝气蓬勃的年轻将领，他们学习了战胜敌人的技巧。现在问题是，那些免遭清洗的人——很明显，他们是墨守成规的低级军官——是否有自信在战场上果断行事、奋力拼搏？

1940年6月，苏联新任命479名军官为少将（一切军队史上最大规模的晋升），他们的前途并非完全晦暗。清洗运动的一个副产品是，强化了红军的纪律守则，使苏联士兵遵守普鲁士绝对服从的军事标准。自相矛盾的是，另一个副产品是政委地位的下降；俄国革命开始在军队中设置这样的政治军官，以便防止前沙俄军队指挥官的背叛，至1934年前，这些政委有权否决军事命令。政委的权力在大清洗中再次得到加强，而在芬兰战役惨败之后又被收回。因此，新任师长们的"政治副官"的职责局限于对士兵的政治教育，以及在军官中维护党的正统信仰。重要的是，这缓解了职业军人的担忧。另一有利因素是装备的改良。尽管库利克不遗余力地推迟红军的现代化，部队得到的物资质量优良。斯大林工业化计划的影响之一是促进了现代坦克的发展，而现代坦克的发展立足于向美国坦克先驱沃尔特·克里斯蒂（Walter Christie）直接购买的设计。其革命性的动力装置和悬置系统导致新型号的诞生，新型号将最终演化为T-34型坦克，T-34型坦克将证明自己是第二次世界大战中最好的综合性坦克。苏联工业还生产有用的军事无线电装置和标准雷达；与此同时，飞机制造业的年产量为5000架飞机，这种产量在累积着一支航空机群，该机群到1941年如同坦克车场一样将成为世界上最大的。

在大清洗期间，斯大林通过独断专横的恐怖手段，压制有创造力的军工科技专家，还做了很多阻碍苏联军队转变为一架先进战争工具的事情；而且，他虽然并没直接迫害创新，但是在支持它们时经常口是心非。1940年12月，在克里姆林宫召开的重要会议上，当他的手下库利克赞成重新使用由动物运输提供所需物资的大型步兵师时，斯大林嘲笑了他，将他比作宁可用木犁也不用拖拉机的农民；可是，斯大林允许解散机械化运输部门，并使军队缺乏大量卡车（紧要关头不得不根据《租借法案》向美国底特律租借）。然而，他的影响并非完全消极。大清洗加剧了对他的怨恨，此后他接受了改革的必要性，苏联军队在冬季战争中被芬兰打得落花流水已经昭示出这一必要性。他接受了铁木辛哥等人提出的常识建议，表彰了一些有才干的人，他们或在与日本进行的蒙古战争中建功立业，如朱可夫和罗科索夫斯基（Rokossovsky），或在芬兰战役中表现突出，如基尔波诺斯（Kirponos），还提拔了一些军威卓著的后起之秀，如科涅夫（Konev）、瓦图京（Vatutin）、叶廖缅科（Yeremenko）、索科洛夫斯基（Sokolovsky）和崔可夫（Chuikov）。最重要的是，斯大林维持了红军实力的增长。令他和苏联人骄傲的是，苏联军队是世界上最大的军队，凭借军队的规模，他相信苏联拥有保卫自己以及在边境之外的地区施加影响的能力。到1941年春，苏军的军事实力是，步兵师的数量在230至240之间（约110个师在西方）——每师1.4万人，尽管主要依靠马来运输后勤补给，50个坦克师和25个全副武装的机械化师。苏联有2.4万个坦克车场，虽然质量良莠不齐，但是能够容纳年产量为2000辆的坦克部队，其中日益增多的是T-34型坦克；到1941年底，坦克生产的目标将达到2万辆至2.5万辆，而德国任何一年的坦克产量从未超过1.8万辆。苏联空军1940年时拥有至少1万架飞机，1941年飞机的年产量为1万架；尽管尚且缺乏和德国最好的飞机相媲美的飞机，而且完全从属于陆军，不过苏联空军仍是世界上规模最大的。

因此，单就物质条件而言，作为军事首领，斯大林站在和希特勒同等，也许比希特勒还高的立足点上。然而作为战略家，斯大林到目前为止并非希特勒的对手。1939年希特勒决定发动战争，这将被证明是灾难性的失算；不过在实施过程中，他显示出对于动机的人皆自私式的评估和对弱点的残酷利用，1936年至1939年，这曾为他赢得巨大的外交胜利。虽然斯大林行事也冷酷无情、持有人皆自私的观点；但是他的动机和对现实的评估由于粗俗和过于世故的唯我论而受到影响。他认为对手的思考模式和他自己一样野蛮、贪婪。1939年前他通过为苏联扩张领土面积获取满足感，于是他似乎认为德国在战争中的首要目标是从他手中夺取土地。他的首要目标一定是守护他所拥有的。因此，1941年春苏联在军事上的努力主要用于修建新的边境防御工事，以便取代两年前由于1939年边境变化而遗弃的那些防御工事。与此同时，部署红军防守边境的每处转弯，不顾所有关于"纵深防御"的传统军事智慧，也不维持反攻预备队。实际上，苏军拆除了1939年边境的防御工事，以便为新的防御工事提供武器；而装甲部队本该在设防区后方做军备之用，这时却逐个分散于西部五个军区，既不集结起来展开反击，也不集结起来执行纵深阻断行动。

与对其部队的挥霍相匹配的是，斯大林还漠视别人对他的危险警告。尽管他非常冷酷地对付希特勒，但是他坚持将揭示其侵略意图的报告视为"挑衅"。1941年3月后，大量这样的报告传到他的耳中，这些报告来自他自己的大使和军事专员，也来自苏联特工，包括俄罗斯人和非俄罗斯人，还来自已经与德国交战的外国政府，尤其是英国政府，甚至来自中立国，包括美国。德国侦察机有计划、有步骤地飞过苏联领空——由特奥多尔·罗维尔（Theodor Rowehl）统率的空军中队，1939年该中队曾在英国上空翱翔——德国侦察队穿上苏联军服穿过苏联边界，这些都是德国意图的重要迹象。此外早在4月，共产国际驻东京的特工理查德·佐尔格（Richard Sorge）私下知晓了德国大使的急件（他帮后者排版），报告说战争的准备工作已经完成。4月3日，温斯顿·丘吉尔从厄尔特拉情报部门获悉（当然对苏联人保密），然后通知斯大林，德国人已将南斯拉夫加入《三国同盟条约》后闲置下来的装甲部队直接部署到波兰东部。令人莫名其妙的是，非常亲苏的英国驻莫斯科大使斯塔福德·克里普斯（Stafford Cripps）玩忽职守，拖延到4月19日才将消息转达；不过几周前，斯大林得到同样可靠的关于德国意图的西方情报。3月初，美国副国务卿萨姆纳·威尔斯（Sumner Welles）向驻华盛顿的苏联大使转达了政府间官方交流的要点，原文是："美国政府致力于估计世界局势的发展，已经获得它认为可信的情报，该情报清楚地表明德国打算进攻苏联。"整个春天，由于来自共产国际特工亚历山大·富特（Alexander Foote）和神秘却又迅速得到验证的"露西"网络的信息（两者的根据地都在瑞士），这一重要警告变得更加精确。"露西"的身份仍然暧昧不清——也许是流亡的捷克情报局的成员，捷克情报局是战争期间所有政府运行的情报机关中最有效的；也许是瑞士情报机构的基层单位；也许是布莱切利的前哨——6月中旬，"露西"发信号告知莫斯科，内容包括德国的目标清单、德国国防军发动"巴巴罗萨"计划的命令，甚至最近的启动日期，即6月22日。几乎同时（6月13日），英国外交部告诉苏联大使，有迹象表明德国即将发动攻势，提议向莫斯科派遣一支军事代表团。

斯大林的一厢情愿

到那时，斯大林已有过多的证据表明，德国（和罗马尼亚、芬兰）准备好百万雄师，将要进攻苏联西部边境。然而面对所有证据，斯大林仍然坚持他自己的信念和希望,即对于这些现实情况的种种不受欢迎的解释都是西方恶意的结果。克里普斯似乎对斯大林的一厢情愿感到莫名其妙,他坚持向伦敦汇报,这表明苏联想向德国发出的最后通牒让步。当然,他的这种判断只对了一半。自从四个月前苏联对保加利亚、南斯拉夫和土耳其的外交攻势失败以来,斯大林有所收敛。斯大林在很大程度上也受到赫斯代表团的恐吓,他坚持将之视为希特勒为了进攻苏联而试图与英国讲和,于是斯大林恢复了1939年8月制定的早期政策,即向德国妥协让步,现在他最关心的是安抚希特勒,他一丝不苟地履行《莫洛托夫—里宾特洛甫条约》所规定的经济条款。整个6月,火车满载着石油、谷物和金属,按照严格的配额,源源不断地越过边境;6月22日凌晨,最后一批物资越过边境。

在这种绥靖主义的氛围中,红军将领们也拒绝承认情报可靠(正如约翰·埃里克森教授所说,在斯大林颠倒黑白的世界里,"可靠的"情报自动被视为"不可靠的"),担心触犯他们胆怯的军事首领,没有采取任何预防措施。基辅军区的指挥官科帕诺斯(M. P. Kirponos),将是在"巴巴罗萨"启动之后的数周时间里斯大林的将军中最有独立见解的一位(9月他在基辅包围战中阵亡,那是斯大林愚昧的最糟糕的结果),6月初他在边境部署了一些部队,这被当作"挑衅"行为被地方内务人民委员会(NKVD)汇报给斯大林秘密警察的头头贝利亚(Beria),他只得撤销命令。6月中旬,当科帕诺斯试图再次在其防御阵地部署部队时,他被断然告知:"这里不会发生战争。"这不只是私下里的声明。事实上6月14日,"巴巴罗萨"启动前8天,苏联的全国性报纸刊出了一份政府声明,即"德国想要撕毁[莫洛托夫—里宾特洛甫]条约的谣言毫无根据,有理由猜测,完成巴尔干军事行动的德国军队近来调配到德国东部和北部地区,是出于其他动机,与苏德关系无关"。6月14日,在"德国东部和北部地区",也就是1938年至1939年被占领或吞并的波兰和捷克斯洛伐克的那些地方,将近400万德国军队,组织成180个师,还有3350辆坦克和7200门大炮,在2000架飞机的支援下,准备开战。与他们并肩作战的是:罗马尼亚的14个师,以及不久将加入的芬兰、匈牙利和斯洛伐克傀儡政权的军队,加上西班牙志愿军("蓝军")和意大利的若干师。前线的苏联将领觉察到强大军队的集结,请求上级的命令、建议,甚至重新保证,正如明斯克(Minsk,德国国防军的一个主要目标)炮兵部队长官克利奇(Kilch)后来痛苦地回忆的,答案"往往相同——'不要惊慌。放轻松点。"老板"知道有关它的一切'"。

事实上,对于"巴巴罗萨"的启动,斯大林和他的下属一样吃惊,他一直不愿面对事实，甚至在德国侵略军移动到启动线时，仍然如此。6月21日周六傍晚，国防人民委员铁木辛哥和总司令朱可夫来到克里姆林宫，报告德国人已经切断接入苏联的电话线，而且一个德国叛逃者带来消息称德国将于转天凌晨四点发起进攻，斯大林的答复是，此时签署警戒令尚且为时过早。他谨慎地说道："问题也许还能得到和平解决……为了避免局势的复杂化，边防部队不应受到任何挑衅的煽动。"朱可夫对此无法坐视，他向斯大林递交了一份有关预备措施的指令草稿，坚持若干轻微修订后，斯大林签了名。

然而，该指令既没要求军事动员，也没明确警告边地部队身临险境。无论如何，当指令传达到他们那里时，已经为时晚矣。列宁格勒军区、波罗的海军区、西部军区、基辅军区和敖德萨（Odessa）军区开始部署防御部队之时，德国攻势已然迫在眉睫。机场和设防地带迎来了大规模的空袭和猛烈的炮击。在这座火墙之后，东线德军（Ostheer）发起攻势。

德国的三大集团军群——北方集团军群（莱布）、中央集团军群（博克）和南方集团军群（伦德施泰特）——各自按照历史上著名的入侵路线行军，进军苏联的欧洲部分，分别朝着列宁格勒、莫斯科和基辅的方向。第一条路线沿着波罗的海海岸，穿过被日耳曼骑士和汉萨同盟商人德意志化了500年的地区；在这片德意志化的土地上，历史上曾经指挥普鲁士和德国军队的家族层出不穷。将为希特勒赢得东线最大胜利的曼施泰因和古德里安就是那些地区领主的后裔；1944年7月20日差点就刺杀了希特勒的施陶芬贝格（Stauffenberg）娶了出生于涅曼河畔科夫诺（Kovno on Neman，考纳斯［Kaunas］的旧称）的妻子。第二条路线是1812年拿破仑走过的，穿过前波兰古城明斯克和斯摩棱斯克（Smolensk）。第三条路线，南面沿着喀尔巴阡山脉的屋脊，普里佩特沼泽把它与北部路线、中部路线分开，德军将普里佩特沼泽称为"国防军的困境"，因为在它所覆盖的4万平方英里的区域内无法展开任何军事行动，该路线通向乌克兰的黑土之地，即苏联的粮食产区，同时也是通向顿涅茨河（Donetz）、伏尔加河（Volga）和高加索（Caucasus）大工业区、矿区和油田的门户。

在这些行军路线中，除了普里佩特沼泽，德国人及其目标之间再无任何天然屏障。诚然，苏联有若干条大河纵横交错，特别是德维纳河（Dvina）和第聂伯河，然而正如此前一年法国人在其更易防御的国土内发现的，河流并非侵略军的屏障，如果是机械化军队，而且受到空军的支援，河流就更不成问题了。在一望无际的大草原上，认为苏联的河流能阻止敌军是痴人说梦，实际上这里适宜装甲行军。公路和铁路网的稀缺，春秋季节性泛滥的洪水加上苏联泥浆翻腾的道路，是更好的保护措施。不过，德国人故意选择温度高、干燥的夏季进攻苏联，而大量苏联常备军集结于狭窄的边区，即所谓斯大林防线的薄弱而不完全的防御工事带后方，如此使得德国国防军不必依赖公路网就可速战速决。最浅的渗透都将足以使苏联的"方面军"（苏联集团军群的名称）陷入装甲部队的虎口；此后，尾随坦克的步兵纵队能够相当从容地吞噬它们。

最强大的装甲部队，同时也是负责规模最大的包围任务的是中央集团军群，其先锋部队是由霍斯和古德里安统率的第3和第2装甲集群（Panzer Groups）。它们接到的命令是，尽可能多地包围白俄罗斯的苏联军队，置之于死地，然后确保位于德维纳河上游和第聂伯河之间的"陆桥"的安全，明斯克—斯摩棱斯克公路经陆桥通向莫斯科。第2航空队的飞机提供了炮火准备，6月22日清晨摧毁了地面上的528架苏联飞机和空中的210架；到当天结束时，贯穿整个前线，苏联空军损失了1200架飞机，这是苏军前线实力的四分之一。

霍斯和古德里安的装甲部队同时突破斯大林防线。第一天，23年前德俄进行和平谈判的边塞要城布列斯特—立托夫斯克（Brest-Litovsk）遭到包围；指挥第28步兵军的波波夫（V. S. Popov）将该城的要塞描述为"毫不夸张地说，以持续不断的炮火掩护了整个地区"。一周以来，守军的幸存者们英勇地防守该城；可是，他们的牺牲无济于事。该城沦陷时，德国的先头部队已经绕过该城，行至该城以东很远的地方。

然而，布列斯特—立托夫斯克守军的殊死抵抗误导了指挥中央集团军群的博克，使他认为他们在掩护周围其他防御部队向第聂伯河—德维纳河"陆桥"的撤退。因此6月24日，博克向国防军陆军总司令部提出，他的装甲集群应该放弃在明斯克附近完成第一次合围的任务，那里距离他们的启动线200英里，而应该立即向斯摩棱斯克进军。在这一对于苏军来说几乎没有领导的战争阶段，哈尔德尚未习惯苏联军队无头公鸡似的行为，并且担心霍斯的第3装甲集群也许会太过深入，遭到切割，于是拒绝了博克的提议。6月24日，霍斯撤回。与此同时，古德里安的第2装甲集群开始感到苏联军队对其侧翼造成的压力，这些苏联军队由于霍斯的部队而向南撤退，显然想要逃入普里佩特沼泽，根据哈尔德的估计，他们可能在那里组成"留守"部队，当德国的后续部队前去巩固装甲部队赢得的阵地时，对之构成威胁。因此，他命令第4和第9集团军击垮这些陷入霍斯和古德里安扩展的钳形攻势的逃兵，让步兵部队尽快行动。

因此到 6 月 25 日，中央集团军群在进行着不少于三场包围战：一场是布列斯特—立托夫斯克附近的包围战，规模最小；一场是比亚韦斯托克（Bialystok）突出部的包围战，此地是最没意义的蜿蜒的边境，斯大林使这里的红军孤立无援；一场是沃尔科维斯克（Volkovysk）的包围战。德军在比亚韦斯托克和沃尔科维斯克包围了 12 个苏联师；到 6 月 29 日，中央集团军群的步兵解放了装甲集群，使之向前推进，明斯克附近展开了第四场包围战——威胁造成苏联另外 15 个师的覆灭。

而且，这些战斗是第二次世界大战至此最为残忍无情的，也许比欧洲 16 世纪奥斯曼帝国战争中基督教与伊斯兰教之间的争斗还要残酷。许多陷入包围圈的苏联人在绝望中不屈不挠地战斗到底，如同最为强硬的法国人；他们遭到德军猛烈而无情地进攻，这样的进攻是挪威、比利时、希腊，甚至南斯拉夫士兵闻所未闻、见所未见的。希特勒定下了战役的基调。1941 年 3 月 30 日，他在向他的将军们所做的演讲中发出警告：

对苏联的战争决不能尊崇骑士风尚；这将是一场围绕意识形态和种族差异进行的战争，进行此次战争必须空前地残酷无情，而不允许存有半点怜悯之心。全体军官一定要摆脱陈旧的思想。我知道，这种战争手段的必要性难以被你们这些将军们所理解，但是……我坚持我的命令要被毫无异议地执行。政治委员承载着直接反对国家社会主义的意识形态。因此，必须枪毙所有被俘的红军政委。违犯国际法的德国士兵……将得到宽恕。苏联没有参加《海牙公约》（Hague Convention），因此不享有海牙公约规定的权利。

虽然苏联于 1940 年 8 月 20 日就表示想要加入《海牙公约》——自 1907 年以来规定战俘和战时平民的待遇——但是这种加入是试探性的：因此 1941 年 6 月 22 日之后，苏联士兵不受《海牙公约》或《日内瓦公约》规定的缔约方战俘免受虐待条款的保护。结果，不仅政委遭受"特殊待遇"；而且正如白德甫（Omar Bartov）教授所说，德国国防军军人的反布尔什维克教化从战役一开始就导致了对苏联战俘的任意屠杀，1941 年时许多国防军士兵是在纳粹主义的熏陶下成长起来的。例如，战役开始后仅三天，第 48 装甲军的指挥官不得不抗议他的士兵"对战俘和平民的麻木射击。一名穿着制服的苏联战俘，在进行了英勇战斗之后，有权得到体面的待遇"。五天后，他不得不再次向全军下令："仍观察到更多对战俘和逃兵不负责任、麻木、罪恶的射击。这是谋杀。"不过，他的命令收效甚微。自"巴巴罗萨"行动肇始之日，虐待苏联战俘的现象相当普遍，到1942年初，另一支德国部队，即第12步兵师，警告其士兵们说，红军士兵"更害怕沦为战俘，而非可能战死沙场……从去年11月开始……只有少数逃兵投奔我们，在战斗中，苏联红军表现出殊死抵抗，只抓获为数不多的战俘"。这并不奇怪；敌军如何对待战俘的消息以闪电般的速度在军中广为流传。与这个消息同样重要的，只有军队医院伤员的存活率——但是也有差异：伤员的预后较差，使士兵不愿苦战，而虐待战俘则起到相反的作用。在第二次世界大战中，德国国防军俘获570万名苏联战俘；330万人死在监狱里，其中多数死于战役的第一年，最重要的是，他们是德国国防军没有提供吃、住、行的牺牲品。1943年4月，一份在大德意志师（Grossdeutschland Division）内部流传的文件简要概括的情况是："敌军的抵抗日趋顽强，因为每个红军战士都害怕为德国所俘。"

然而在1941年6月和7月，系统化的虐待还是个秘密，只有德国人私下知情。虽然他们的苏联对手顽强战斗，但是却没努力冲出包围圈撤退，部分原因是因为苏军指挥官担心撤退命令所招致的结果——不久，玩忽职守将立即被执行死刑的制度，证实了指挥官们对斯大林条件反射般的害怕——部分原因是因为他们缺乏逃脱方法。一旦装甲部队在远方投入战斗，德国的步兵师很难赶上他们；在这一阶段，"巴巴罗萨"的模式是，装甲师每天前进50英里，只在遭遇抵抗或补充供给的时候才会停下来，而缓慢的步兵部队在后面费力地追赶，每天以20英里或更慢的速度穿越草原。例如，6月22日到28日，第12步兵师行军560英里，平均每天行军15英里，每名士兵都要在烈日下负重50磅的装备、弹药和给养。在距离上，这种马拉松式的行军极大地超过了1914年8月冯·克卢克（von Kluck）*的步兵向巴黎的行军；似乎可能的是，疲惫的步兵苦撑着艰苦跋涉，脚磨得血迹斑斑，肩磨掉了皮，他们因得知装甲部队在他们前面打了胜仗而坚持下来。被包围的红军战士则没有这样的鞭策。指挥作战的将军们害怕斯大林不悦，也害怕内务人民委员会的督战队，因而变得麻木，拒绝"留得青山在，不怕没柴烧"，他们普遍固守于德国装甲部队的包围圈中，尽力死战到底，直至耗尽最后一发子弹。

---

* 冯·克卢克是第一次世界大战中德国第1集团军司令。克卢克原本的任务是指挥德军进攻左翼的法军并包围巴黎，然而在攻占布鲁塞尔之后，他一路乘胜追击，一度打到离巴黎只有13英里的地方。——译者注

至 7 月 9 日，明斯克包围圈中的苏联将士向中央集团军群投降，其两个装甲集群重组为第 4 装甲集团军，由活力四射（而且强烈信仰纳粹）的君特·冯·克鲁格（Günther von Kluge）将军统领，准备越过明斯克，继续向前推进，在斯摩棱斯克完成第四场包围。这里地处第聂伯河—德维纳河"陆桥"，至 7 月 17 日集结了约 25 个苏联师，以维帖布斯克（Vitebsk）、莫吉廖夫（Mogilev）、斯摩棱斯克为中心，是尚未被德军包围的苏军最大规模的集结。由于当天明斯克—斯摩棱斯克轴线的中央集团军群步兵部队位于装甲先锋部队后面 200 英里的地方，博克决定尽快"扫平"他的前线，于是不得不把珍贵的装甲师和摩托化师（不久更名为"装甲掷弹兵师"[Panzergrenadier]）投入近战。坦克、半履带车和徒步车载步兵从沿着莫斯科公路行进的装甲部队中转移出来，于 7 月 17 日至 25 日在斯摩棱斯克附近形成包围圈，并且不断缩小对被困苏军的包围。8 月 5 日，苏军停止了所有抵抗。

然而到那时，博克明白了包围战的困难不单单在于包围圈内苏联人的抵抗，而且还在于包围圈外向被困苏军提供增援和补给的坚定努力。仍未设防的第聂伯河—德维纳河隘口反而成为苏军的"陆桥"，苏联最高统帅部从这里尽可能快地向西运送军队和弹药。斯大林从起初闪电战引起的麻痹中恢复过来，认识到现存机制如何不适合于战争，7 月 10 日，苏联最高统帅部重组。不久前，他正式成为苏联政府的最高领导人；7 月 10 日，他设最高总司令（Supreme Commander）一职，8 月 7 日，他让最高苏维埃（Supreme Soviet）任命他为最高总司令。由斯大林、伏罗希洛夫、贝利亚、莫洛托夫（外交人民委员）和马林科夫（Malenkov，斯大林在党内的副手）组成的国防委员会（State Defence Committee，GKO）于 6 月 30 日成立；直接从属于国防委员会的是最高统帅部（Stavka），7 月 10 日最高统帅部重组时包括来自党的斯大林、莫洛托夫、伏罗希洛夫和来自军队的铁木辛哥、布琼尼、沙波什尼科夫、朱可夫。8 月 8 日，负责所有军队的总参谋部从属于最高统帅部。至此，斯大林独占了苏联所有的最高职位——国防委员会主席、国防人民委员和最高总司令——直接控制其他所有部门。这种自我提升伴随着风险。现在，战败的耻辱立即降临到他的身上。无论如何，苏联局势如此严峻，在持续了不到两个月的战争之后，斯大林一定会承认，他不能让更多灾难性的结果出现。只有胜利才能拯救他。

胡萝卜和大棒

在苏联生死存亡之际，斯大林几乎想要利用任何权宜之计来保全苏联——和他自己。9月，他命令组建新的"近卫军"，这是旧制度的典型象征；1917年，近卫军军官曾经因为对以往戴白手套传统的革命性仇恨而剥去手上的皮。现在，斯大林命令，抵抗德军最坚决的团、师，甚至军应该在名称中加入"近卫军"。与此同时，他还为英雄和胜利者授予新的荣誉勋章，这些勋章以那些曾与拿破仑交战的俄国将军的名字命名，即库图佐夫（Kutuzov）和苏沃洛夫（Suvorov）勋章。不久，旧的等级荣誉得到恢复，包括1917年从军官制服上摘掉的"肩章"。甚至被迫害、诋毁了20年的东正教教士团突然重新被视为"俄罗斯母亲"的仆人，复活了女家长的独裁统治曾在集体化和大清洗时代无情摧残她的孩子们。

胡萝卜还要加上大棒。7月16日，政委的"双重权力"得到恢复；7月27日，判处9位高级军官死刑的命令传达给所有将士。这9位军官包括西方面军通讯官、第3集团军司令、第4集团军司令、第30步兵师师长、第60步兵师师长。其他将领被秘密处决，或者他们宁可选择自杀，也不愿面对内务人民委员会的刽子手；其"特别分队"（第二次世界大战中"特别"一词的意义多么恐怖——"特别领导""特别命令""特别对待"，所有这些对手无寸铁者和遭受冷遇者来说意味着死亡）被部署在作战部队的后方，负责向逃兵开枪，用机关枪恐吓那些甚至刚有临阵脱逃的念头的人。

然而，持续抵抗所遇到的困难与日俱增。至7月10日，已组建三个方面军——名义上由伏罗希洛夫指挥的西北方面军、铁木辛哥指挥的西方面军、布琼尼指挥的西南方面军——分别对阵进攻他们的德国三大集团军群。这是指挥国防委员会为了防御而调动的增援部队和物资补给的理性方式。不过1941年7月，几乎很难找到新的人力物力；而在战争的熔炉中，现存军队和武器如同柴草般消耗殆尽。至7月8日，德国国防军陆军总司令部估计，在已确认的164个苏联师中，德军摧毁了89个；作为对估计数据的核查，中央集团军群证明俘获了30万名战俘、2500辆坦克和1400门大炮（多数炮兵死在大炮周围，可见苏联炮兵作战特别顽强）。斯大林自己的数据是，在动员的240个师中有180个投入战斗；他希望，如果希特勒给他时间的话，最终能增加到350个师。然而目前，补充兵员人不敷出：中央集团军群的第四场包围战，即斯摩棱斯克包围战（7月4日至19日）中，又有31万名苏联士兵被俘，此外加上3200辆坦克和3100门大炮。尽管苏联工业突然高速运转，每月生产1000辆坦克（和1800架飞机），但是苏军的损失超过这些数字。

正当中央集团军群在斯摩棱斯克包围圈打垮了苏联第16、19、20集团军，北方集团军群加快了沿波罗的海海岸向列宁格勒行军的速度。一开始，湖泊、森林和河流阻碍了莱布的先头部队。虽然他只能调动三个装甲师，而且他也没完成如博克那样壮观的包围圈，但是截止到 7 月 30 日，北方集团军群已经占领了立陶宛，获得横渡德维纳河下游河段的桥头堡，设想中斯大林防线会延伸到这里。第 4 装甲集群匆忙渡过德维纳河后，到达地处 1940 年前立陶宛与苏联边境的奥斯特罗夫（Ostrov），10 天之后到达卢加河（Luga），它距列宁格勒仅 60 英里，是列宁格勒城外最后一道大的天然水障。

一开始，南方集团军群进展得比中央集团军群和北方集团军群都缓慢。南方集团军群的指挥官是伦德施泰特，13 个月前他率军实现了横渡默兹河的重要突破，该集团军群由两个不同的集团组成，即北部的德国步兵机动部队（mass de manoeuvre），以第 1 装甲集群的五个装甲师为先导，以及南部的罗马尼亚和匈牙利师组成的联合部队，它们使用的武器是小协约国*（Little Entente）时期提供的较差的法国武器。附属国部队的使命是渡过德涅斯特河（Dniester）和布格河，夺取敖德萨和黑海港口，而德国步兵和坦克深入大草原，朝着乌克兰的首都和缔造俄罗斯文明的古城基辅进军。伦德施泰特的先锋部队很容易就突破了苏联边境的防御，苏联守军覆没于普热梅希尔（Przemysl）要塞，1914 年至 1915 年这里曾被包围了 194 天。而后，德国先头部队迎战集结的苏联大军，这些苏军属于西南方面军，由基尔波诺斯（Kirponos）统领，基尔波诺斯是斯大林最有才华的将军之一，政委是未来的苏共中央第一书记尼基塔·赫鲁晓夫（Nikita Khrushchev），杰出将领罗科索夫斯基（K. K. Rokossovsky）是坦克部队的指挥官。西南方面军的装甲部队尤为强大——包括 6 个机械化军——而且军中 T-34 型坦克比例高。基尔波诺斯决定以绝对正确的方式对付伦德施泰特的闪电战，命令第 5 集团军和第 6 集团军左右夹击克莱斯特的第 1 装甲集群的先锋部队；第 5 集团军从难以穿越的普里佩特沼泽出击，它的进攻有着稳固的基地；第 6 集团军位于广阔的大草原，就没有这样的基地。尽管两个集团军都发起进攻，却并未形成合围，克莱斯特于 6 月 30 日从二者之间脱出，前往夺取利沃夫（Lvov，1918 年前称为伦贝格[Lemberg]，是奥地利加利西亚省[Galicia]的省会，1918 年至 1939 年是波兰的城市）。守备部队的指挥官是弗拉索夫（A. A. Vlasov）将军，在这种情况下，他设法冲出重围；一年后，他将在列宁格勒附近落入德军之手，被俘后背叛祖国，组建反斯大林主义者组织"弗拉索夫军"。在利沃夫撤退期间，他对苏联当局的忠

---

* 一战后由捷克斯洛伐克、罗马尼亚、南斯拉夫三国在法国支持下建立的联盟。——译者注

诚也许已经动摇，当时，当地的内务人民委员会残杀了乌克兰的政治犯，以免德国人解救他们。

6月29日和7月9日，基尔波诺斯坚持对克莱斯特的装甲部队发动夹击；不过，装甲部队的实力和德国空军的增援使伦德施泰特的先头部队能够继续向前推进，日益收缩为狭窄的前进轴线，即所谓的"日托米尔走廊"（Zhitomir Corridor），无情地逼近基辅。7月11日，基尔波诺斯在城市以东只有10英里的布罗伐利（Brovary）召开指挥会议。在那里决定，第5集团军和第6集团军——尽管得到持续的增援和新装备，与先前第5集团军和第6集团军相比，仍只是徒有其名——应该继续与靠近的德军血战到底。他指望两个新的军的增援，即第64军和第27军，可是根据约翰·埃里克森教授的描述，基尔波诺斯听闻的情况使他坐立不安："缺少武器，大炮由马拉，组织混乱，没有无线电机；[第27军]只有一个师有指挥官。"西南方面军的军事苏维埃解散后，在悲观绝望的氛围中，指挥部遭到德军的猛烈空袭。基尔波诺斯已经感觉到危险，克莱斯特向前方毫无屏障的基辅推进，他的夹击将会失败，事实上他的全盘指挥也面临危险：第1装甲集群的前进组成了反钳形攻势；如果从北部博克的中央集团军群调来坦克，德军将组成第二个钳臂，他、他的部队和整个乌克兰将陷入包围。

莫斯科问题

同时，希特勒也有相同的想法。一年前开始制定计划时，他和军队最高统帅部对苏联战役该如何进行就有不同的看法。1940年12月颁布"巴巴罗萨"指令时，他们的分歧在很大程度上有所调和。不过，国防军陆军总司令部，尤其是哈尔德，仍然相信强攻莫斯科能够最有效地削弱苏联的战斗力，而希特勒最急切的是，要一口气夺取尽可能多的苏联领土，在途中以巨大的包围圈吞噬苏联防御部队。作为指挥官，希特勒的自信迅速膨胀。他让他的将军们指挥波兰战役，在很大程度上，他被雷德尔海军元帅说服入侵斯堪的纳维亚。在西线战役开始之前和期间，虽然他向将军们授命，但是也往往优柔寡断、再三考虑，特别是在敦刻尔克城外。可是，执行"巴巴罗萨"行动以来，他越来越信心满满。从各方面说，这都是他的战争，这场战争成功地开始，在进程中，他的指挥日益专横。"元首的干预经常令人厌烦"，7月14日哈尔德写道。后来，他对此进一步说：

他再次扮演军事领袖，他荒唐的想法烦扰着我们，他正在冒着失去到目前为止我们如此完美的军事行动所获得的一切成就的风险。与法国人不同，当苏联人在战术上被打败时，他们不会一走了之；我们不得不在半森林半沼泽的地区打败他们……现在每隔一天，我不得不去他那里［尽管希特勒的指挥部和国防军陆军总司令部都在东普鲁士的拉斯滕堡（Rastenburg），而且相互之间离得很近，但却是两个独立的机构］。胡扯几个小时后，结果却是只有一个人知道如何发动战争……如果我没有信心……我会和布劳希奇［陆军总司令］一样沉默，以刚毅的铁面掩饰山穷水尽，免得暴露彻底的无可奈何。

7月19日，希特勒签署了一份新的元首指令，即第33号元首指令，概述了他对下一阶段作战的构想，于是他与哈尔德、国防军陆军总司令部的分歧公开化。该指令规定，中央集团军群的两个装甲集群，即第3装甲集群（霍斯）和第2装甲集群（古德里安），不再向莫斯科进军，而是分别协助莱布和伦德施泰特向列宁格勒和基辅进军。该指令的附录公布于7月23日，充分论证了该指令。向莫斯科的进军延迟到完成斯摩棱斯克附近的扫荡任务。为了具体执行这一指令，布劳希奇向中央集团军群下达命令，7月26日古德里安也被召到诺维波里索夫（Novi Borisov）听会。在那里，古德里安接到命令，将其坦克部队撤离莫斯科公路，南下消灭普里佩特沼泽外围的苏联第5集团军。

古德里安很愤怒。一方面，由于大量作战，以及在缺少公路的土地上长途跋涉，其部队的坦克实力已经减少了一半。另一方面，他的先锋部队已在六周内行军440英里，只距莫斯科220英里，而且在秋雨到来前的干燥季节里，他们一定可以到达首都。由于他在诺维波里索夫被提升为集团军指挥官，因此现在他不受克鲁格（他们互相反感）管辖，直接听命于博克，博克的观点与他一致。在博克和国防军陆军总司令部的默许下，他推迟了行动，阻挠了希特勒对"巴巴罗萨"战略的重新安排。其表现形式为，他率领他的装甲集群（更名为古德里安装甲集团军）参加罗斯拉夫尔镇（Roslavl）的战斗，那里位于斯摩棱斯克东南方向70英里，通向莫斯科、基辅和列宁格勒的道路在那里交汇。古德里安的目的是，让他的部队与苏联守军纠缠，于是可以规避派他的部队去援助伦德施泰特的命令，进而使他可以继续按照起初命令的那样，向莫斯科进军。

古德里安的阳奉阴违几乎奏效。他认为要在罗斯拉夫尔增兵的观点，被苏联预备部队在那里的出现所证实，斯大林将这些预备部队派给铁木辛哥，他们来自训练部队和紧急征召的民兵，这现在是斯大林新军的唯一来源。希特勒重新考虑，在 7 月 30 日签署的第34 号元首指令中，他推迟了让中央集团军群装甲集群去支援缺少坦克的邻军的决定，他还定于 8 月 4 日视察中央集团军群，亲自评估它的情况（一次危险的视察，如果他知道的话，因为该指挥部是 1944年反对希特勒的"军事抵抗运动"的中心）。指挥第 3 装甲集群的霍斯接受了元首的意见，即去支援列宁格勒线的莱布。博克和古德里安反对元首要求他们支援伦德施泰特的意见。随后是所谓"19 天空白期"，其间古德里安缓慢南下，同时试图保留他在莫斯科道路上的打击力量。

1941 年秋，南方战线上一支德国装甲纵队，右边是一辆马克 III 型坦克。

"19 天空白期"（8 月 4 日至 24 日）也许使斯大林在 1941 年免遭失败，其特点不仅是减缓了德国在所有战线上取得的进展，而且还包括一系列思想转变。8 月 7 日，国防军最高统帅部和国防军陆军总司令部协商，约德尔和哈尔德说服了希特勒，继续向莫斯科进军，其结果是第 34 号元首指令 A。三天后，希特勒对列宁格勒战线上新的抵抗感到吃惊，坚持让霍斯的坦克部队立即支援莱布。约德尔对国防军最高统帅部作战部军官阿道夫·豪辛格（Adolf Heusinger）上校说，元首"对和拿破仑同走一条路有种天生的厌恶；莫斯科让他有种不祥的感觉"。当整条指挥链——国防军最高统帅部的布劳希奇、哈尔德和豪辛格，中央集团军群的博克，博克主要的战地指挥官古德里安——继续搪塞之时，重新控制战役如何展开的希特勒失去了耐心。他再次重复他的命令，即北方集团军群和南方集团军群应该向它们的目标进发，并且口述了一封给布劳希奇的信，指责他缺乏"必要的理解力"。布劳希奇轻微心脏病发作。来信时，哈尔德力劝布劳希奇辞职，他自己也选择了辞职，以"避免愚蠢的行为"。他的辞职遭到拒绝；希特勒，现在和以后一样，将军官辞职视为抗命行为。可是，哈尔德感到，"在历史对最高统帅部的所有批评中，对我们的指责将是最严重的，即由于害怕过分冒险，我们并未充分利用我军的攻击力"。博克在他的日记中也表达了他的失意："我不想'夺取莫斯科'。

我想毁灭敌军,大批敌军就在我的眼前。"不过,两个人都把对元首最大胆地讲出他们的担忧的任务留给下属古德里安。古德里安对他认为战略上正确路径的阐释说服了博克,当哈尔德于8月23日视察博克的指挥部时,博克致电希特勒的国防军副官施蒙特,请求授予古德里安"听会资格",而哈尔德同意用他的私人飞机将古德里安带回国防军最高统帅部。

古德里安恰好赶得上参加晚上在拉斯滕堡召开的会议(最近希特勒制定了一份下午和午夜会见参谋的时间表),布劳希奇以下面的话欢迎他:"我不准你向元首提及莫斯科问题。他已经命令展开南部(攻打基辅)行动。现在的问题仅仅是如何执行该命令。讨论是没有意义的。"虽然古德里安不情愿地听从了布劳希奇的话,但是在会议过程中,他表露出很多关于中央集团军群战线"主要目标"的暗示,最终希特勒自己提出了这个问题。古德里安抓住机会,充满激情地请求继续向莫斯科进军。希特勒听他说完;希特勒特别关注装甲先锋部队,最近他接受了古德里安的警告,即苏联坦克部队的实力出乎意料,于是装甲先锋部队得到增援。然而,这位将军说完后,元首开始反击。希特勒说,他的指挥官"对战争的经济因素全然无知";他解释了夺取苏联自基辅至哈尔科夫(Kharkov)的南方经济区的必要性,强调指出夺取克里米亚的重要性,克里米亚使苏联空军有能力威胁罗马尼亚的普洛耶什蒂地区,而普洛耶什蒂地区仍是德国天然石油供应的主要来源。由于其他在场的军官均明确表示支持领袖,布劳希奇和哈尔德也显然没有和古德里安站在一起,古德里安不得不停止反对。他所获得的唯一让步是,他的装甲集群应该全部支援伦德施泰特,基辅战役一获胜,他们就可以回到莫斯科轴线。当古德里安从国防军最高统帅部回到国防军陆军总司令部,哈尔德和布劳希奇当面大声斥责他,在古德里安飞回诺维波里索夫期间,哈尔德给博克打电话责骂古德里安。然而这时,木已成舟。拖延将近三周之后,东线德军重新开始精神饱满地向南方黑土地区进攻。德军能否完成向莫斯科的突击则取决于季节。只有两个半月的时间,寒冷天气就要降临,"一月将军"和"二月将军"会为斯大林助战。

无论怎样,斯大林已经计划反攻。8月16日,他组建了布良斯克方面军(Bryansk Front),由叶廖缅科(A. I. Yeremenko)统率,目的是弥补中央指挥部和西南指挥部(负责各战线的临时指挥部)之间的缺口。斯大林将苏联尽可能抽调出的新武器装备派发给这一新的方面军,还分配了若干T-34型坦克营和一些喀秋莎火箭炮(德国人称之为"斯大林的管风琴"),喀秋莎火箭炮发射8枚尾翼稳定、弹头很大的炮弹。拥有这些武器和两支新军,即第13集团军和第21集团军,叶廖

苏联红军的"喀秋莎"（Katyusha）火箭炮在可怕地齐射，东线战场的德军给它起了个绰号叫"斯大林的管风琴"。

缅科试图在克莱斯特第 1 装甲集群为伦德施泰特提供的装甲先锋部队和古德里安从北部开来的装甲部队之间的缺口发起反攻。不过，他只是以身犯险。8 月 8 日，克莱斯特在乌曼（Uman）成功包围 10 万名苏联士兵。现在，装甲部队集结起来，延伸了它们的钳形攻势，在基辅附近包围了更多的苏联军队。古德里安从莫斯科轴线南下而来，造成了最终长达 150 英里缺乏防御的侧翼，容易受到苏联军队的分割；不过，古德里安的第 3 和第 17 装甲师由盛气凌人的年轻将领沃尔特·莫德尔（Walter Model）和里特·冯·托马率领，沃尔特·莫德尔后来成为集团军群的指挥官，里特·冯·托布将在沙漠中与英国一战成名，他们两人势不可当，一往无前，9 月 16 日同克莱斯特的坦克部队在基辅以东 100 英里的洛赫维察（Lokhvitsa）会合。此后 10 天，第 2 和第 4 航空队向包围圈进行了饱和轰炸，封锁了所有缺口，少数苏联人曾设法越过这些缺口逃跑。9 月 26 日，基辅被重重包围，66.5 万名苏联士兵沦为战俘——在历次战役中，这次战役俘获的士兵数量最多。此战消灭了苏联 5 个集团军和 50 个师，数不清的士兵阵亡；其中包括基尔波诺斯，9 月 20 日，他在洛赫维察最后的战地指挥所附近遭遇埋伏，受伤阵亡。

基辅包围战后极为悲惨的战争场景，甚至令德国侵略者中最铁石心肠的人感到震惊，俘虏们往回走，穿越大草原，到达后方非常简陋的战俘监狱。"我们突然看到一只宽大的土褐色的鳄鱼，在道路上缓慢地向我们爬过来，"一位目击者记录道，"它发出低低的嗡嗡声，如同来自蜂窝。战俘，苏联人，六行……我们匆忙躲开围绕着他们的恶臭的烟尘，然后看到的景象让我们在原地惊呆了，我们忘记了厌恶。这些真的是人吗？这些灰褐色的外形，这些向我们蹒跚而来的影像，跌跌绊绊，摇摇晃晃，奄奄一息地挪着步子，只是那最后一点生存意识让他们遵守前进的命令。世界上所有的痛苦似乎都聚集在此。"进入冬季的前3个月里，将近300万苏联士兵沦为战俘，其中将近50万人由于缺乏庇护所或食物而死。

"冬季将军"

9月底，东线德军已经开始感觉到冬季的来临，首先是道路软化和河流涨溢的威胁，其次是暴风雪，人力物力对此同样毫无准备。古德里安赶紧率领他的装甲部队回到中央战线，在天气骤变之前焦虑地展开向莫斯科的终极进军。在南部，罗马尼亚军队包围了敖德萨，敖德萨的守军是仓促组建的特种海军集团军（Special Maritime Army），兵力为10万人，10月16日敖德萨被攻克。埃里希·冯·曼施泰因统率的第11集团军奋力前行，越过第聂伯河河口，于9月29日到达克里米亚地峡。在很大程度上，这种突击打消了希特勒对克里米亚也许会成为轰炸罗马尼亚油田的永不下沉的航空母舰的担忧。曼施泰因的进军还使顿涅茨河和顿河（Don）沿海工业区受到威胁。可是，无论是红军放松了对苏联南部省份的控制，还是为了继续向莫斯科进军，博克的部队重新集结在中央战线上，都不能为"巴巴罗萨"战略的发展提出全面的解决方法。攻破北方战线，包围、最终夺取列宁格勒也是征服苏联的必经之路。

北方集团军群协调一致夺取列宁格勒的战斗始于8月8日对卢加河一线的强硬攻击，那是列宁格勒防御的最外层，同时，芬德联军发动跨越卡累利阿地峡——1940年芬兰失败后这里被斯大林吞并——的攻势，并且朝着北极圈远远地向北延伸。三个因素使莱布的攻势复杂化。第一个因素是，拉多加湖（Lake Ladoga）从后面保护着列宁格勒，它是介于该城和北部任何包围之间的巨大水体障碍。第二个因素是，列宁格勒指挥部动员该城的老百姓在该城四周修建了一圈防御线，包括长达620英里的土木工事、400英里的反坦壕沟、370英里的带刺铁丝网和5000个碉堡——30万名共青团团员和20万名老百姓共同完成的非凡的劳动成果，其中包括数量和男子一样多的妇女。第三个因素是，芬兰领袖卡尔·古斯塔夫·曼纳海姆（Carl Gustav Mannerheim）元帅甚至在苏联命运不济之时，也不愿因夺取非分的领土而招惹麻烦。因此，当莱布沿着波罗的海海岸前进时，9月5日后曼纳海姆的芬兰军队还在拉多加湖以北地区迟疑踌躇，霍斯的装甲集群曾经遵照希特勒和古德里安于8月23日召开的秘密会议从中央集团军群调出，此时重新回归中央集团军群。只剩下赫普纳（Hoepner）的第四装甲集群独自攻打列宁格勒的防御工事，准备拿下该城。

第四个妨碍莱布对列宁格勒实施闪电战的因素出现于9月中旬。朱可夫曾经在基辅被包围前建议斯大林放弃基辅,因此他的总司令一职被免,9月13日他到达西北方面军,尽力防御。他在沙俄帝国旧都的郊区发现德国人;号称俄国凡尔赛的沙皇别墅(Tsarskoe Selo,现称为普希金[Pushkin])于9月10日陷落(它可爱的亭台楼阁,正如北京圆明园的那些一样,由外来的西方建筑师设计,在侵略者点燃大火中焚毁)。不久之后,莱布的先头部队到达芬兰湾的斯特列利纳(Strelna)。1939年芬兰向边境地区的进军,以及莱布占领波罗的海沿岸地区,将列宁格勒与苏联其他地区隔开,现在只有通过横渡拉多加湖的水路才能与内地联系。列宁格勒的生命线纤细而不稳定;城里的人很快有种压迫感,不久将体验饥饿的痛苦,1944年春解除包围之前会有100万人饿死。然而从目前的情况来看,朱可夫的到来产生了决定性的影响。他的第一条命令是,"用大炮、耐火灰浆和空中支援来抑制敌人,不许敌人突破防御工事"。在朱可夫果断的指挥下,列宁格勒居民修建的沟壑和混凝土防线阻挡了赫普纳的装甲攻势。9月24日,莱布向元首指挥部汇报,局势"变得特别糟糕";芬兰在卡累利阿制造的压力"完全停止";该城及其300万居民完好无缺。德国炮击导致每天4000名平民伤亡和200起火灾;可是,运河和古典宫殿的巨大城郭没有受到装甲突击的影响。只有20辆坦克参与最终的攻击。希特勒已经决定,赫普纳的第4装甲集群大部分必须转而执行处于重要转折点的"台风"行动(Operation Taifun),去夺取莫斯科。

9月6日,希特勒签署了第35号元首指令。该指令解决了"巴巴罗萨"战略导向的固有分歧,一年前国防军陆军总司令部和国防军最高统帅部就对该战役的展开各自怀有不同的构想。该指令规定,包围、消灭中央集团军群前方的红军之后,博克将"开始向莫斯科推进,[他的]右翼进攻奥卡河(Oka),[他的]左翼进攻伏尔加河的上游地区"。赫普纳的第四装甲集群将从列宁格勒战线赶来增援第2和第3装甲集群,确保在莫斯科轴线进行最大可能的突破。该行动的主要目的是,"在冬季寒冷天气来临前的这段有限时间内",打败和歼灭阻截他们向莫斯科进军的苏联部队。

9月底在通往莫斯科之路的最后一段跋涉着的军队,与10周前跨越边境时的情形非常不同。阵亡将士和伤病员使德军减少了50万兵力,虽然这些伤亡不可与苏联红军遭受的惨重损失相提并论,但足以挫伤前线将士的士气,令他们愁苦消沉,勾起他们的思乡恋家之情。第98步兵师的战地日记作者从基辅改道,北上参与莫斯科战线,记录了行军400英里的严酷考验。

由于道路泥泞不堪,现代化的通用货车的橡胶轮胎和装有滚珠轴承的车轮早已破损,被苏联农用拖车替代。由于精疲力竭、食物不济,每天都有精良的德国马匹[60万匹参战]跌倒,相比之下,矮小的俄国小马尽管实际上对它们负担的繁重的牵引工作而言显得过于弱小,但是它们靠吃桦树嫩枝和村舍的茅草屋顶继续存活着。由于缺乏运输工具,不得不将装备,包括各师储存的许多吨弹药弃之路边。渐渐地,连剃刀刀片、肥皂、牙膏、修鞋材料、针线这样最基本的生存资料都消失不见。虽然是9月份,在冬季来临之前,阴雨绵绵,东北风刺骨,因此每个夜晚都会发生争抢庇护所的情况,尽管这些庇护所常常污秽多虫。找不到庇护所的时候,部队经历着万分悲惨的境遇。雨水、寒冷、物资匮乏使生病士兵的数量不断增加,在正常的情况下,他们可以到医院接受救治;但是此时,病患也不得不和纵队一起行进,每天要走多达25英里的路,因为没有运输工具可以运载他们,也不能把他们丢在土匪横行的森林里。军靴变得破破烂烂[在即将来临的冬季,士兵们钉了铁钉的鞋底将加速冻伤]。各级将士都脏兮兮的,胡子拉碴,内衣也污秽、腐烂,生着虫子;不久就会得伤寒。

征服的事实几乎没有太多不同。亚历山大的重装步兵几乎光脚踏入波斯波利斯(Persepolis),威灵顿(Wellington)的英国军人到达巴黎时也是衣衫褴褛。可是,这些伟大的胜利之师都未处于北极寒冬的危险之中。而且,两者在进入敌方首都之前,都已打败敌军主力。在确保能够拿下莫斯科之前,东线德军面前还有场大战。开局阶段打得漂亮。在与南方集团军群竞争的基辅包围战中,中央集团军群霍斯和赫普纳的装甲集群(调离列宁格勒战线)在斯摩棱斯克和维亚济马(Vyazma)之间包围了65万名苏联士兵。许多苏联人不战而降;他们是匆忙加入苏联促进防卫与航空—化学建设联合会(Osoviakhim)的民兵,即战前民兵自卫队,斯大林将之用于预备役部队。其他苏联军队战斗得更加顽强。古德里安访问第4装甲师时发现,"对苏联坦克战术应对的……描述非常令人担忧"(最近,该师第一次遭遇T-34型坦克)。

我们当下可用的防守武器,常常在条件许可的前提下才能成功对付T-34型坦克。只有从后面攻击T-34型坦克时,第4装甲师的37毫米短管反坦克炮才有效；即使那样，也要打在引擎上方的格子中才能将之摧毁。需要有很高的技术，才能移动到能够射击的特定位置。苏联步兵从前方攻击我们，而他们派大规模坦克部队攻击我们的侧翼。他们正在学习。

更加不祥的是，他在10月6日的战地日记中记载了即将到来的冬季的第一场雪。这场雪迅速融化，道路像以前一样泥泞。在这个阶段，难以得知哪个季节更好——在持久的秋天里，雨季带来了所有的行动不便，而在初冬季节里，虽然道路变得坚硬、冰冻，但在到达最终目的地前要面临暴风雪的威胁。

季节变换之际，斯大林没寄托什么希望。冬季也许可以拯救莫斯科；也许不可以。最大的疑虑是，在苏联欧洲部分的红军残部是否能够做到这点。目前，苏军兵力已经减少到80万人，分为90个师，拥有770辆坦克和364架飞机；其中9个师是骑兵师，只有1个坦克师——和13个独立的坦克旅。一支大军驻扎在苏联远东，如果与日本作战的危险仍然存在的话，就不能调动该支部队，此前两年日俄曾在蒙古大战。相反，希特勒此时将中央集团军群的兵力增加到80个师，包括14个装甲师和8个摩托化师，此外还有1400架飞机的增援；另外两个集团军群尽管将坦克部队调到莫斯科战线，不过仍然保留大量步兵，继续对列宁格勒和南部草原施压。

在此紧要关头，斯大林再次转向朱可夫。尽管夏天时双方的分歧导致朱可夫的总司令一职被免，但是此时斯大林不得不承认朱可夫的才能出类拔萃，他最近解救了列宁格勒，哪怕这种解救仅仅是暂时的。10月10日，朱可夫被南调防御莫斯科。谣言引起的恐慌已经在城市中蔓延；10月5日，苏联空军飞行员报告，德军纵队在15英里以外的地方向该城逼近，然后他们就面临着作为"散布恐慌者"被苏联内务人民委员会逮捕的威胁；然而10月15日，恐惧正式开始生根发芽。"莫斯科恐慌"肇始于莫洛托夫向英美使馆发出警示，让他们准备撤离到古比雪夫（Kuibyshev），那是位于500英里以东伏尔加河沿岸的一座小城。根据约翰·埃里克森教授的观点，"然而，真正的危机蔓延到大街上，蔓延到工厂和办事处；仓促有限的撤退，加上民众自发溃逃，与之相伴随的是公共秩序和政党纪律的崩溃。人们冲向火车站；官员们驾车东逃；办事处和工厂由于人员擅离职守而失灵"。恐慌不仅在民间蔓延。"铁道部队接到命令，在火车轨道和联轨点布雷……市内16座桥的桥梁都被布雷，在其他布雷目标埋伏的人员'一看到敌人'就下达引爆命令。"

然而，朱可夫仍然保持镇静。如同在列宁格勒一样，他动员广大市民，25万

1941年10月，莫斯科的女市民们在中央集团军群的行军路上挖掘反坦壕沟。

名莫斯科人（其中75%是妇女）在城外挖掘反坦壕沟。他将英勇善战的指挥官调到危险重重的前线，包括罗科索夫斯基和瓦图京，而且他还集结了斯大林能够派给他用于莫斯科战场的每支预备役部队。另外，斯大林向民众宣示决心，这是他在战役初期政治局和最高统帅部的封闭会议中不经常表现出来的。11月7日，为了纪念十月革命而举行的传统的红场阅兵式上，即使博克的装甲部队距克里姆林宫仅40英里之遥，斯大林仍然公开指责那些认为"德国人战无不胜"的人，声称苏维埃国家曾于1918年陷入更大的危险之中，借助每位苏联英雄的名字——革命前、革命后，甚至反革命——赋予他的听众们力量，使他们变得坚强。受到那些"大人物"的感召，在"列宁的伟大胜利旗帜"下战斗，无论英国许诺的"第二战场"是否开辟，他预言红军将最终取得胜利。

此时，冬季的第一次霜冻使敌人行军的道路变得坚硬，装甲集群以比10月份时更快的速度向莫斯科推进。然而，德军的坦克实力减少到原来的65%，古德里安、霍斯和赫普纳都很忧虑他们是否能向最终目标逼近。因此11月13日，哈尔德从国防军最高统帅部来到中央集团军群在奥尔沙（Orsha）的指挥部，就战役的深入展开问题，征求集团军群参谋长们的观点——南方集团军群的索登斯特恩（Sodenstern）、北方集团军群的格里芬伯格（Griffenberg）、中央集团军群的布莱恩奈克（Brennecke）。哈尔德问道，东线德军应该发起最后的冲锋，还是应该在冬季挖战壕防守，等待来年的好天气，以求取得最终的胜利？索登斯特恩和格里芬伯格回答说他们希望暂停进攻,因为他们各自的前线过长、受到封锁。布莱恩奈克的答复是,"虽然必须考虑那些我们也许不能克服的危险,但是留在只离诱人目标 30 英里的旷野之地的风雪和严寒之中甚至会更糟",那个诱人目标是莫斯科。由于希特勒已经告诉哈尔德(他自己的目光已经放到莫斯科之后更远的地方)这是他想要的答案,于是这个难题当场得到解决。

"冲向前线"

"台风"行动的最后阶段始于 11 月 16 日。德军对莫斯科防御工事展开了两翼包围,第 3 装甲集群和第 4 装甲集群接近莫斯科北面的加里宁(Kalinin),第 2 装甲集群接近南面的图拉(Tula)。进攻将以"冲向前线"(Flucht nach vorn)之名在东线德军中广为人知,和 1812 年的拿破仑一样,这是一次去莫斯科躲避风雪的铤而走险的尝试。不过,在东线德军和莫斯科城之间,有朱可夫的最后一道防御线,即莫扎伊斯克阵地(Mozhaisk position),包括城北的人造莫斯科海和城南的奥卡河。

尽管有一些援军加入,但是起初莫扎伊斯克阵地并没能守住。古德里安在图拉受到阻截,于是索性让他的装甲集群绕过此镇,为进军莫斯科选择了一条新轴线。在北部,德国第 9 集团军于 11 月 27 日突击到莫斯科海和伏尔加运河,与第 3 装甲集群会合;隆美尔的老部队第 7 装甲师实际上已于 11 月 28 日渡过运河。

此时,德国的努力处于千钧一发的紧要关头。在卡拉斯纳雅波利亚纳(Krasnaya Polyana),第 3 装甲集群距离莫斯科仅 18 英里。前哨在布特瑟沃(Burtsevo)的第 4 集团军距离莫斯科城仅 25 英里。古德里安的第 2 装甲集群位于莫斯科城南 60 英里的地方。传说在随后的日子里,一支德国先遣队看到被黄昏一缕夕阳照亮的克里姆林宫金顶,一支侦察队甚至潜入偏僻的郊区。如果是这样的话,这是处于强弩之末的军队的最后一丝力气。苏联的冬天相当严酷,是西方人所不熟悉和无法想象的,此时开始煎熬着他们;当气温降到零下 20 度的时候,冬季近了,严寒使东线德军冻伤人数达到 10 万人,其中 2000 人将接受截肢手术。11 月 25 日后,古德里安的第 2 装甲集群没有取得任何进展,没能拿下南方主要铁路线上的卡希拉(Kashira);11 月 27 日,他下令停止前进。11 月 29 日后,北部的钳形攻势也没有任何进展,第 9 集团军和第 3 装甲集群都失去前进的能力。12 月 1 日,博克在写给国防军陆军总司令部哈尔德的信中解释了中央集团军群的困境:

进一步血腥搏斗或许可以攻下有限的阵地、摧毁敌军的部分兵力，但是绝无可能赢得战略上的成功。最后两星期的战斗表明，集团军群对付的敌人正处于崩溃之中的想法只是白日梦。为了留在莫斯科门口——这里的道路和铁路系统几乎与整个苏联东部地区相连——就意味着激烈的防御战……因此，更多攻势似乎没有意义、没有目标，尤其随着时间的流逝，部队的体力消耗殆尽。

到了12月的第一周，德国战斗师的普通士兵几乎都动弹不得。约德尔不允许收集或提供冬衣，免得冬衣的出现会令他的担保遭到质疑，他担保苏联会在积雪到来前失败。火线上的战士们在他们的制服里塞满破报纸来御寒。可是，这样的权宜之计毫不奏效。相反，苏联人适应这样的温度，而且有御寒装备；每个苏联人都有一双毡靴，无论是军人还是平民，毡靴最能保护脚不会冻伤（战争期间美国提供了1300万双毡靴），因此当东线德军很快冻结之时，苏联红军还在继续调动。

与此同时，11月里，南方集团军群占领了克里米亚（除了塞瓦斯托波尔）。11月底，铁木辛哥的方面军在顿河河畔罗斯托夫（Rostov-on-Don，"通往高加索的大门"，因此也是通往苏联石油的大门）迎面遭遇伦德施泰特的装甲部队，在该城落入德军之手仅仅一周之后于11月28日重新夺回，然后迫使德军退回米乌斯河（Mius）一线，即位于罗斯托夫后50英里的地方，德军在此挖战壕过冬。同时，北方集团军群也停在列宁格勒城外，12月6日后从季赫温（Tikhvin）撤回，季赫温是沿拉多加湖南岸进军所至的最远点。北方集团军群在那里建立起一道冬季防线，使该城长期遭受饥馑——百万居民将在三年的围困中死去，大多数人死于第一个冬天——不过并未完全切断跨湖的物资供应，物资在冬天从冰上运送，后来用船运。

12月5日，莫斯科城外的红军开始大规模调动。新应征入伍的士兵和动员起来的工厂的产品提供了增援和补给；甚至还有北极护航运输队从英国运来的一些坦克，这是大量增援的首批物资，随着西方援助的增多，苏联还将收到大量物资供应——卡车、食物和燃料。对于朱可夫而言，最重要的增援已然存在：西伯利亚的部队。斯大林——以前只是从西伯利亚部队中抽调小股部队——于10月和11月从中拨派了10个师、1000辆坦克和1000架飞机。斯大林可以这样做，主要是由于理查德·佐尔格传来的消息让他放心，佐尔格是历史上最杰出的间谍之一，他不仅是德国人，而且还是共产国际的间谍，作为驻东京的德国大使的密友，他私下知晓德日之间的最高机密，因此能够确切地告知莫斯科（也许早于10月3日），日本将要对美作战，因此不会用其在中国东北的军队进攻西伯利亚的苏联军队。

如果日本决定采取另外的策略——选择其历史上的宿敌，而非战略野心的焦点，即选择苏联，而非美国——1941年12月的莫斯科之战将会是苏联的防御战，而非进攻战，而且几乎毫无疑问的是，德国会取得胜利。事实上，斯大林的增援使朱可夫的西方面军在兵力数量（如果不是装备）上可与中央集团军群相抗衡，因此结果是苏联赢得了战争中的第一次胜利。12月5日清晨，苏联最高统帅部的计划再现了希特勒的元帅们曾在夏季用过的计划，那些曾给红军带来鲜血淋漓的伤口的计划。朱可夫迅速赶来对付莫斯科对面的德军，而科涅夫的加里宁方面军和铁木辛哥的西南方面军也从南方赶来。指挥第4集团军和第4装甲集团军（第4装甲集群更名为第4装甲集团军）的克鲁格和赫普纳决定，他们不能再率军前进，应该转入防守。因此，当苏联军队攻击他们的时候，他们按兵不动。在北部，列柳申科（Lelyushenko）的第30集团军前进得最远，远至莫斯科—列宁格勒公路，威胁德军第3装甲集群与第4集团军之间的联系。至12月9日，第30集团军到达克林（Klin），加上集群邻近的第1突击集团军（First Shock Army），他们似乎即将完成包围。罗科索夫斯基和弗拉索夫指挥的第16集团军和第20集团军向莫斯科靠拢，取得了进展，12月13日夺回伊斯特拉（Istra），离莫斯科—斯摩棱斯克公路很近，中央集团军群越过边境后的进军轴线就沿着这条公路。

在该城南部，第30集团军和第40集团军攻击古德里安的第2装甲集群，至12月9日威胁其主要供应线，即奥廖尔（Orel）—图拉铁路。古德里安在图拉的阵地形成一个突出部；在其对面，苏联第50集团军和第10集团军成功地将古德里安的部队与克鲁格的第4集团军分开，将两者赶出通往莫斯科的道路——12月16日后，随着苏联第33集团军和第43集团军的加入，古德里安和克鲁格的部队被赶得越来越远。

至1941年的圣诞节，苏联军队几乎夺回德军在向莫斯科进军的最后阶段占领的所有领土。不仅东线德军失去阵地；其领导人也失去元首对他们的信任。希特勒撤了一批将军的职务。11月30日，伦德施泰特坚持要辞职，以此抗议国防军陆军总司令部对他的处理；虽然希特勒在去其指挥部探望时承认他抗议的合理性，但还是接受了他的辞职（接替他的莱希瑙几乎立即死于心脏病发）。12月17日，希特勒令克鲁格取代博克在中央集团军群的职务，12月20日撤了古德里安的职务，因为他准备让他的装甲集群撤出易受攻击的阵地。第4装甲集团军（1941年10月至12月之间，装甲集群更名为装甲集团军）指挥官赫普纳因未经许可就命令撤退而被撤职，第9集团军和第17集团军的指挥官也被撤职。同时，35位团级和师级指挥官被罢黜。最戏剧化的是，12月19日，希特勒免去了陆军总司令布劳希奇的职务。和博克一样，布劳希奇也生病了；可是，这并非他免职的原因。希特勒开始相信，只有他自己坚不可摧的意志才能拯救东线德军。于是，他宣布布劳希奇不会有继任者，元首亲自兼任陆军总司令。

作为陆军总司令，希特勒训斥、恐吓他的将军们，让他们忍耐。希特勒无法说服他的芬兰盟友曼纳海姆，让芬兰士兵和莱布的部队向列宁格勒的城门齐头并进（也向更靠北的苏联在北极圈内的地区行进）；这位元帅曾是一位沙皇军官，在冬季战争之前，他曾经谨慎地决定只控制本国所拥有的领土。然而，希特勒斥责自己的指挥官，含蓄地指责他们无能，把问题归咎于他们的胆怯。12月8日签署的第39号元首指令宣布，东线德军转入防御，一些部队已经这样做了；它将防御哪里，则是元首的特权。"你打算退后30英里？你以为那里就不那么冷了吗？"他回忆起他曾问那些他视之为懦夫的人。"你们自己尽快回到德国——但是留下军队，由我来管。军队仍在前线。"

12月中旬和1月初的那些日子里，希特勒的心头萦绕着对"拿破仑式撤退"的恐惧——不仅恐惧失去赢得的防线，而且恐惧失去向后方赶路的几十万人，尤其是害怕失去军队的重型装备。"至少拯救军队，不要去管大炮了"，他想起胆怯者如此恳求他。希特勒认为，撤退将导致人物两失——"你要是没有任何重型武器，将来反攻时，你认为该怎么打？"他威吓、责备来自拉斯滕堡的电话（直到转年他才将指挥部迁到苏联领土），到目前为止，通过人身攻击和终止职业生涯的威胁，他向前线指挥官们灌输了要与红军以及苏联的冬季战斗到底的决心，要他们像他自己那样不屈不挠。至1942年1月中旬，最糟糕的时刻已经过去：南方集团军群守住了自己的战线；虽然中央集团军群的战线遭到莫斯科北部大量突击部队的渗入，但是稳住了局面；北方集团军群占领了列宁格勒的边缘地带，其炮火已慢慢地把这里夷为平地。虽然冬季红军增援部队保持了零星的攻势，但太多采用人海式的进攻，数量和力量均在不断减少之中。希特勒已经开始考虑春天，考虑如何打这场战役，他要永久打垮斯大林的苏联。

十　军工生产

德国的装甲铁钳于 1941 年 6 月、7 月、8 月在苏联西部包围和粉碎了苏军，它是全世界前所未见的赢得军事胜利的工具；然而，它并非赢得全面胜利的工具。尽管它摧毁了苏联的主要作战手段之一，即它的前线防御工事，不过没能成功摧毁苏联在欧洲省份的工业资源。当德国装甲部队在行进时，苏联在经济专家米高扬（A. I. Mikoyan）的指导下进行撤退，迅速迁走德军路经的工厂，铁路超载运输着机器、原料和劳动力，并且用船将之向东运到装甲部队无法触及的新地点。在战争爆发很久以前，工业的战略性迁移已经开始，苏联努力使乌拉尔山脉和别处新的工业和原材料区的产量和莫斯科、列宁格勒和基辅附近、顿涅茨盆地传统中心区的产量相当。1930 年至 1940 年间，在马格尼托哥尔斯克（Magnitogorsk）、库兹涅茨克（Kuznetsk）和新塔吉尔（Novo-Tagil）开设新的冶金厂，在车里雅宾斯克和新西伯利亚新建大工业中心，在沃尔霍夫（Volkhov）和第聂伯罗彼得罗夫斯克（Dnepropetrovsk）开设铝工厂，在库兹涅茨克和卡拉干达（Karaganda）新建煤田，在乌拉尔山脉—伏尔加流域新建"第二巴库"油田，而且外乌拉尔还有不少于 30 家化工厂。虽然使工业力量均衡分布的进展缓慢，但是至 1940 年，顿涅茨盆地年产煤 9430 万吨，乌拉尔山脉和卡拉干达煤田年产煤 1830 万吨。

无论如何，用约翰·埃里克森的话讲，"巴巴罗萨"完全激发了"苏联的第二次工业革命"。1941 年 8 月至 10 月间，苏联 80% 的军事工业向东迁移。德国的挺进占领了 300 家苏联军工厂，而且最终将整个苏联西部地区的矿产资源纳入囊中，特别是顿涅茨盆地多产的煤矿和金属矿；可是，德国的挺进还不够迅速，不足以阻止大部分苏联机器制造业从列宁格勒、基辅和莫斯科以西地区向东撤退。在战争打响后的三个月里，苏联的铁路系统在向西运输 250 万军队的同时，向东运回 1523 家工厂的机械设备，准备在乌拉尔山脉（455 家）、西西伯利亚（210 家）、伏尔加流域（200 家）、哈萨克斯坦（Kazakhstan）和中亚（逾 250 家）重建新厂。这种努力既是非凡的，也是冒险的。1941 年 9 月 29 日，新克拉马托尔斯克（Novo-Kramatorsk）重型机床厂接到命令拆除车间；五天之内，包括苏联仅有的一台 1 万吨压力机在内的所有机械，在德国的轰炸中被装上铁路货车，而 2500

名技术人员却不得不在最后一天走到20英里之外最近的仍在使用的铁路起点站。

90家工厂从列宁格勒撤离，包括重型坦克工厂，这是列宁格勒与苏联其他地区的陆路联系被切断之后由驳船渡过拉多加湖运送的最后一批货物。当同样的德国进攻打断了顿涅茨盆地的撤离时，所有使用中的工厂均被炸毁，包括庞大的第聂伯河堤坝。面对这种骇人听闻的工业动荡，苏联经济管理者们在短得异乎寻常的耽搁之后，成功地使搬迁的工厂重新投入生产：根据埃里克森的观点，12月8日，"在最后一批工程师离开哈尔科夫，沿着铁轨长途跋涉后仅仅不到十周的时间里，哈尔科夫（Kharkov）坦克工厂［在乌拉尔山脉的车里雅宾斯克］制造出第一批25辆T-34型坦克"。

对于德国国防军而言，苏联"第二次工业革命"的这些萌芽是最糟糕的消息，尽管国防军在未来的几个月中对此仍然一无所知。如果1939年至1941年希特勒这场规模壮观的战役是个苹果，那么这个苹果中的蠕虫是，德国作战的经济基础太过脆弱，不足以支撑起一场长期的战争，然而这却使其敌人意志坚定地投入一场拖长了的生死之战，除非希特勒能够赢得迅速而决定性的胜利。除了纽伦堡集会的全副甲胄和国防军的密集队列，希特勒的德国只是个空壳。1939年，德国作为资本货物的生产者，仍然和英国处于同一水平线上，约占世界产量的14%，相比之下，法国占5%，美国占42%——尽管它仍处于一场萧条中。不过，如果英国国民生产总值之外加上无形收入，德国的产量就降到第三位，居于英国和美国（不包括苏联）之后；如果获取必不可少的原材料时受到限制，包括有色金属，尤其是石油，德国经济的规模似乎会更小。

因此，德国的经济战略和军事战略差不多，也适应闪电战的概念。德国需要尽快取得胜利，以便缓解大量生产武器和军火对德国工业造成的压力；一旦战争有所拖延，而且希特勒决定必须进攻苏联，德国的经济战略也就发生改变。在物质方面，驱动力是得到敌人的矿产资源，包括巴尔干半岛的资源，特别是苏联南部（还有乌克兰的大量农业资源）的煤、金属，（首要的是）占领拥有石油的地区。在工业前线，重点在两个不同的方向之间游移。直到1942年，希特勒坚信不疑的是，军事努力不应该降低百姓的生活水平，也不应该限制生活消费品的产量；1942年1月至5月间，在军备部部长弗里茨·托特（Fritz Todt）和继任的阿尔伯特·施佩尔（Albert Speer）博士（由于托特意外身亡）的坚持下，希特勒接受了这样的观点，即军事产量作为国民生产总值的一部分必须有所增加。虽然托特和施佩尔提出管控经济的措施——这些措施确实开始大幅度地提高产量（例如武器装备在工业生产中所占的比例从 1941 年的 16% 增加到 1942 年 22%，从 1943 年的 31% 增长到 1944 年的 40%）——但是他们却没试图让德国在产量上与对手一争高下。德国的战争经济哲学的基础是，本国的武器生产首要的是应该而且能够在质量上胜过敌方。

"质量战"

这个概念在飞机制造方面难以奏效，1942 年后，无论是飞机种类，还是个别型号的螺旋桨飞机，德国日益落后于英美。德国的飞机制造业从未生产出令人满意的战略轰炸机；早在 1934 年，德国空军已经决定不再致力于发展此类飞机。1943 年，其单座战斗机已经达到发展极限。重型战斗机也不成功。相比之下，第一架喷气式战斗机梅塞施米特 262 获得巨大的成功，如果希特勒支持此类飞机早日投入大规模生产的话，它将在对盟军的战略轰炸机之战中成为对后者的严重挑战。德国坦克从基本型开始获得一系列发展，品质上等，德国的轻武器亦然。例如 MP-40 冲锋枪，盟军士兵称之为"施迈瑟"（Schmeisser），在军队使用的同类枪支中是最好的，同时也是最容易生产的一种枪。德国的设计工程师们简化了其组件，因此除了装配枪栓和枪管需要用机器制造外，几乎所有组件都可以通过重复性的压模生产出来。

德国的"秘密武器"也是"质量"哲学取得成功的证据。尽管德国的电子工业不能与英国电子工业所取得的成就相提并论，后者不断生产出各种更好的雷达设备，为美国工业在此领域的发展提供科技基础，并且尽管德国的核武器计划以惨败告终，但是德国在无人驾驶武器和先进的潜艇方面取得的成功令人印象深刻。尽管潜艇通气管吸气系统的完善在战争中出现得太晚，没能使 U 潜艇之战恢复元气，然而它却提出一种战后所有海军都采用的运行方式，直至核动力潜艇的出现；过氧化氢推进系统的发展，在理论上使潜艇在水下无限巡游成为可能，在一定程度上预示了核动力潜艇的原理。无人驾驶武器 V-1 "飞弹"和 V-2 火箭，分别是第一枚巡航导弹和第一枚弹道导弹。现代所有的巡航导弹和弹道导弹都是从此衍生出来的，究其原因，主要是因为德国设计师们移居各个超级大国。

德国在"质量"战争经济方面取得的有限成功必须与其他因素一同衡量。首先，希特勒要求不管军事产量如何，都应该保持居民的消费水平，可是至 1944 年年中都无法达到这个要求。此后，德国国民的生活水平急剧下降，无论是在绝对意义上——进口开始下降，而且战略轰炸战更加深入——还是在衰退的国民生产总值中所占的比例。战争期间，国民生产总值增长得非常缓慢，自1939年至1943年仅从1290亿马克增长至1500亿马克，然后只在紧急情况或特殊因素下才有增长。工作时间增加；从占领区通过征用或采取对德国极有利的贸易形式攫取原材料、商品或货款；由于外国劳动力的进口——有些人是被引诱而来，有些人是被征召而来，有些人是被奴役——德国劳动力增加，输入的外国劳动力相当于德国战前劳动力规模的四分之一，即近700万人。由于战前德国并非完全自给自足，起初为这些劳动力提供的是进口的农产品，可是1944年后，由于食品进口急剧下降，膨胀的劳动力变成战争经济的消耗项目，而非其结构中的一个优势。

1944年秋，德国的经济困境表现为军工生产指数毁灭性地急剧下降，这是因为6月至9月的四个月间，德国丧失了整个西部占领区和东部征服的残余地区。6月至11月间，总指数（1941—1942=100）从330下降到310，弹药生产指数从330下降到270，炸药生产指数从230下降到180。合成油厂石油产量的下降甚至更具有灾难性，要是没有石油，军队的坦克就不能移动，空军的飞机就不能飞翔。5月，进口商品最后一次为消费做贡献，战争中供应量第一次超过消费量；至9月为止，由于盟军轰炸机的"石油攻势"，合成油厂的产量只有1万吨，是消费量的六分之一，由于经济紧缩，其产量本已从5月的19.5万吨有所下降。仅在天气开始转坏的情况下，加上盟军轰炸机负责人之间存在意见分歧，油厂才免遭持续攻击，因此1944年圣诞节前避免了德国石油供应的完全中断。1944年，仅经济效应就使德国险遭失败；结果，最重要的波立兹（Pölitz）合成精炼厂恢复生产，为德军生产出足够多的石油，使之于转年春天在莱茵河沿岸和柏林奋战。

日本甚至比德国更易受经济钳制的影响，在战争的最后几周中，日本几乎到达极限。那时，装运库存因为沉船而减少为战前库存的12%，这主要是美国潜艇的功劳，对于一个依赖食品进口才能生存，依赖岛际活动才能有组织有条理的国家而言，这种情况相当危险。当然，日本的参战动机在很大程度上，至少在客观上，是缘于经济方面的考虑。日本的本土人口（除了朝鲜半岛和中国东北）大约6000万，对于本国农业（只供应消费量的80%）来说过多，难以维持他们的生存，中国稻米的吸引力不下于任何别的东西，诱使日本军队于1937年全面进攻中国大陆。1938年蒋介石实际上的失败后，日本在中国的主要军事活动表现为"稻米攻势"，即在收获季节为了夺取粮食而突袭农村地区，这种攻势持续到1944年重要的"一号作战"(Ichi-Go operation)*。然而,由于日本是一个迅速工业化的国家,它不仅需要稻米,而且还需要黑色金属和有色金属(矿石和废料)、橡胶、煤炭,最重要的是石油。1940年,日本国内资源提供的铁矿石占需求量的16.7%,钢占62.2%,铝占40.6%,锰占66%,铜占40%。所有的镍、橡胶和石油都要进口,尽管日本生产自身所需煤炭的90%,但是日本没有炼焦煤储备,而炼焦煤对于钢铁生产来说至关重要。当然,政府可以采取贸易交换的政策;可是,世界经济萧条及其导致的西方进口国奉行贸易保护主义措施导致了不利的贸易条款,因此日益军国主义的日本内阁坚决反对仅仅采取商业方式获取重要物资而导致国内生活水平下降。1940年,美国开始对面向日本的战略出口实行贸易禁运,还鼓励英国、荷兰也采取同样措施,于是,军队主导的日本内阁迅速决定进行突袭。

实际上,夺取"南部地区"——马来亚、缅甸和东印度——所产生的经济回报比东条英机内阁期望的要低得多。例如生橡胶的进口,1941年进口总量为6.8万公吨,1942年下降到3.1万公吨,1943年达到4.2万公吨,而1944年又下降到3.1万公吨,究其原因,主要是美国潜艇战的结果,美国潜艇战还日益限制日本煤炭、铁矿石和铝矾土的进口。这对日本工业生产的影响是直接的,也是成比例的;尽管日本飞机制造业的产量于1941年(=100)至1944年(=465)间保持显著增长,海军军械厂亦然(1941=100,1944=512),但是同一时期机动车的产量下降了三分之二。虽然新下水的海军舰船和商船数量显著增长,分别是原来的两倍和四倍;然而由于击沉的舰船数量超过新下水的舰船数量,此举也徒劳无功。总的来说,日本国民生产总值于1940年至1944年间增长了四分之一;不过同一时期,政府军费增加了五倍,最终占国民生产总值的50%,因此抑制了非军用生产,导致民用消费品锐减。最终,战争留给日本的是濒临饥饿边缘的民众,尽管受过训练的技术工人人数显著增加。在战后的经济复苏时期,这些劳动力将为日本的产品赢得海外市场,而早先正是海外市场的拒绝激起了日本的侵略野心。

英国的战争努力

另一个重要的参战岛国英国也受到经济钳制的威胁,这种经济钳制是敌人依靠潜艇展开的。英国甚至比日本更依赖于食物进口,因为使用来自美国、加拿大、

---

* 即豫湘桂会战,日本称为一号作战或大陆打通作战,是日本陆军于1944年4月至12月期间贯穿中国河南、湖南和广西三地进行的大规模攻势。基根在本书中往往以战役发起方的称呼指称历次战役,在翻译过程中一仍其旧,仅标注我国的习惯名称。——译者注

澳大利亚和阿根廷廉价船货的百年政策，英国本国农业的规模变小，本土资源只能满足消费量的一半。英国的煤炭完全自给自足，铁矿石部分地自给自足；可是，石油、橡胶和大部分有色金属全部依靠外国供应。尽管英国与德国旗鼓相当，并列资本主义世界中第二大工业强国，但是英国要进口某些必不可少的产品，诸如化学药品和机床。而且，英国的国内收入不足以维持它为战争所作出的努力，尤其是1940年至1941年间，那时英国独自承担对抗轴心国的重任。为了支付赢得不列颠战役的战斗机、在大西洋战役中作战的护航舰和被击沉的商船、在西部沙漠与隆美尔搏斗的坦克，英国不得不清算几乎所有海外资产，这种经济损失要花五十年的努力才能弥补。

如果战争伊始德国就使用300艘潜艇——邓尼茨曾向希特勒建议这是赢得大西洋战役必需的条件，那么英国作为参战国在太平洋事件导致美国参战很久以前就一定会遭遇失败。幸运的是，1943年之前，邓尼茨没能获得300艘潜艇，而1943年时，轴心国与同盟国之间的力量对比已经不可避免地转向对希特勒不利。在这期间，由于英国是除苏联外强制推行中央计划最无情的国家，因此英国工业在战略物资生产方面迅猛增长。例如，坦克的产量从1939年的969辆增长至1942年的8611辆，轰炸机的产量从1939年的758架增长至1943年的7903架，炸弹的产量从1940年的51903枚增长至1944年的309366枚。

英国装备的质量和数量一样获得显著提高。在电子战领域中，英国的发明创造能力在世界上无与伦比，而首创性的飞机喷气推进系统，导致战争的最后几周里英国将喷气式战斗机，即流星式战斗机（Gloster Meteor）部署给在欧洲作战的两支前线空军中队（尽管它们并未与德国喷气式战斗机梅塞施米特262交战）。英国的航空发动机设计师制造出发电装置，将P-51野马战斗机（P-51 Mustang）改造成战争中最强力的远程战斗机。德·哈维兰蚊式（de Havilland Mosquito）被证明是战争中最优雅最万能的作战飞机之一，分为轰炸机、日间和夜间战斗机，执行侦察和空袭任务。兰开斯特夜间轰炸机（Avro Lancaster night bomber）是英国皇家空军进行战略轰炸战的最重要的工具，尽管到1945年兰开斯特轰炸机几乎已被淘汰。然而毫无疑问，对战略轰炸的过分强调导致英国战时经济明显的结构失衡，为战略轰炸耗费了国家备战努力的三分之一和高科技的精华。英国所有的工业成就均致力于轰炸攻势，意味着英国需要的所有运输机，许多登陆艇，大量弹药，和相当大比重的坦克不得不向美国求助。虽然英国工业在第一次世界大战中生产了第一辆坦克，但是1939年至1945年英国坦克不仅明显落后于德国坦克，而且也落后于美国坦克；至1944年，所有英国装甲师都配备美国谢尔曼坦克。

战争期间，英国经济的规模增长了逾60%；可是1939年至1943年间，居民消费仍下降21%，那时是英国军工生产的巅峰，军费占到国民生产总值的50%。英国本土居民感觉到物资短缺，特别是所有奢侈品都从市场上消失了，配给食物中许多诸如脂肪和蛋白质这样的基本要素也有所减少，加之衣物严重短缺。虽然如此，短缺所产生的影响被掩盖起来。如果英国试图依靠国内财力维持对军费的支出，那么英国的经济将会崩溃。苏联同样如此。尽管作出所有牺牲，即延长工作时间，清算国内外资金，降低生活标准，利用贫瘠的土地，用仿制品取代习惯商品，征召妇女充当劳动力（英国军队还征召女兵，英国女兵在军队中所占的比例比其他任何参战国都高），以及一些其他应急措施，然而无论是英国经济还是苏联经济，在没有外援的情况下，都无法承受战争带来的压力。外援来自美国。

在入侵苏联的初期，希特勒曾向古德里安将军表达了悔意，他没有留意古德里安对苏联坦克产量超过德国的程度的警告。"如果我知道他们已经拥有那么多坦克，"希特勒承认，"进攻之前我会三思而行。"1944年，苏联生产了2.9万辆坦克，而德国的坦克产量达到顶点时也只有1.78万辆。苏联坦克的产量仅是表明盟军战时经济在规模上超过德国多少的一个指数。最终是美国在各个级别、在每类现有自然资源和制造品方面使德国作为工业强国的地位相形见绌。自1941年3月以来，美国依照《租借法案》提供的物资弥补了英国军工生产的不足，该法案允许接受方获取战略物资，只须承诺战后偿还。《租借法案》帮助英国于1941年6月至12月向苏联提供军事援助。1941年12月11日，德国向美国宣战，于是依照《租借法案》供应的货物就开始直接从美国运往苏联，途经海参崴、摩尔曼斯克（Murmansk）和波斯湾。

这些货物数量庞大。苏联成为海量援助的受惠者；某些诸如坦克的捐赠，它并不需要；某些诸如飞机的捐赠则很有必要——因为苏联飞机并非质量一流——但使用不当。虽然苏联士兵更喜欢他们自己的武器，但是其他捐赠品不仅向苏联提供了很多其军事工业需要的东西，而且还提供了很多作战工具。赫鲁晓夫后来评论道："仅仅想象一下，如果没有[美国的运输工具]，我们如何从斯大林格勒向柏林进军。"战争结束时，苏军拥有66.5万辆机动车，其中42.7万辆是西方生产的，大部分是美国产的，而且载重量为2.5吨的经典道奇军用卡车占很高的比例，它们有效地运送着红军作战所需的各种物资。美国工业还为1300万苏联士兵提供了冬靴，美国农业提供了 500 万吨食品，足以在战争中供应每位苏联士兵每天半磅集中配给。美国的铁路工业提供了 2000 个火车头、1.1 万节货运车厢和 54 万吨铁轨，苏联藉此铺设的铁路线比 1928 年至 1939 年间建造的更长。美国供给的高品质石油是苏联航空燃料生产必不可少的元素，1941 年至 1944 年间苏联铜消耗量的四分之三源自美国。

战时，由于美国的援助，苏联得以继续存在，并且奋战不息。战时的英国亦然。正当英国护航运输队向东运送价值约为 7700 万英镑的装备和原材料（按照当年的价格计算，相当于 1989 年年度国防预算）之时，英国其他护航运输队，包括越来越多的美国船只，横渡大西洋运来维系英国国民和军队的物资，还运来美国远征军的装备，这些美国远征军准备进攻希特勒掌控下的欧洲。1941 年美国向英军提供的军事装备占其获得的全部装备的百分比是 11.5，1942 年是 16.9，1943 年是 26.9，1944 年是 28.7；1941 年，在英国食品消耗总量中，美国提供的食品所占的百分比是 29.1，贯穿战争始终，比例持续保持这一水平。

海量援助和装备、军队的养护（1939 年至 1945 年间军队规模增长三十倍）丝毫没有伤害美国经济。相反，尽管联邦政府年度开支从 1939 年的 130 亿美元增长至 1944 年的 710 亿美元，但是增加税收和成功的战争贷款活动轻松抑制了通货膨胀。同一时期，国民生产总值增加了一倍多，工业产值也增加了近一倍。

这项成就有个简单的原因。自从 1929 年至 1931 年经济衰退和银行倒闭以来，美国经济萧条，尽管罗斯福新政采用国家融资的通货再膨胀政策，但是美国经济并未恢复到德国经济那样的程度，希特勒在德国启动了全面的凯恩斯主义信贷计划，也没恢复到英国经济那样的程度，在英国，更加保守的预算政策带来了 20 世纪 30 年代的适度繁荣。因此 1939 年，无论从相对意义还是从绝对意义上说，美国经济仍然处于萧条状态。美国登记的失业人员达 890 万，工厂设备利用率是每周 40 小时。至 1944 年为止，工厂设备利用率是每周 90 小时，有工作的人比 1939 年多 1870 万（多出来的 1000 万主要是妇女），工业产值占国民收入的 38%，而 1939 年时，工业产值只占 29%。

从绝对意义上说，这些数据表明显著的经济激增。从相对意义上说，这些数据给德国和日本带来厄运，因为德国和日本每工时劳动生产率分别是美国的一半和五分之一。简而言之，美国经济体不仅比德国、日本经济体大得多，而且还高效得多。结果，1939 年美国提供的军事装备还可忽略不计，至 1944 年，世界军备的 40% 都是由美国生产出来的。在具体类别上，坦克产量从 1940 年的 346 辆增加到 1944 年的 17565 辆，每年生产的船舶吨数从 1940 年的 150 万吨增加到 1944 年的 1630 万吨，飞机产量——美国所有战时工业成就中最令人惊叹的——从 1940 年的 2141 架增加到 1944 年的 96318 架。

1945 年，美国发觉自己不仅是世界上最富庶的国家，正如 1939 年时那样，而且还是有史以来最富庶的国家，美国的经济生产力几乎相当于世界其他国家的总和。它的人民也受益良多。约翰·斯坦贝克（John Steinbeck）著名的批判小说《愤怒的葡萄》(*The Grapes of Wrath*) 描述了悲惨的"俄州佬"（Okies），到 1944 年，他们从沙尘暴肆虐的贫瘠农场迁徙到加利福尼亚，在飞机制造厂赚钱，过着中产阶级的生活。生活在更好地区的邻居们，没受经济萧条的影响，也有收益。如果说美国工厂制造打败希特勒的武器，那么是美国农民种的庄稼填饱希特勒的敌人的肚子。战前，一位新政工作者保罗·爱德华兹（Paul Edwards）回忆："战争是好时光的地狱。我曾负责救济南达科他（South Dakota）的农民，每周给他们 4 美元，还给他们的家人吃罐装牛肉，当我回到家，他们拥有 25 万美元……那里的情况是美国各地的真实情况……世界其他地区在流血，处于痛苦之中。可是现在被遗忘了。第二次世界大战？那是一场我会再打一次的战争。"

如果最终列举希特勒发动第二次世界大战的失误，首先一条就会是他决定与美国经济实力一较高低。

十一　克里米亚的夏季，斯大林格勒的冬天

苏联战役的悖论是，尽管寒冬打垮了军队，可正是春季的到来终止了军事行动。由于30英寸的积雪融水渗透到突然解冻的表土中，土路变得泥泞，大草原变成沼泽，到处无法通行，到处是泥泞的"内海"，妨碍所有行动。摩托化运输工具深陷泥沼之中，没至车轴以上；甚至吃苦耐劳的当地矮种马和体态轻盈的俄罗斯农家马拉的马车也只能在无穷的泥潭中挣扎前行。1942年3月中旬，苏联红军和东线德军都要对季节低头。直到5月初，苏联前线不得不休战。

苏军和德军利用这段时间弥补寒冬和战斗所带来的损失。据苏联最高统帅部估计，苏联有1600万兵役年龄的男子，1942年红军的兵力可以增加到900万；除了300万士兵已经成为战俘、100万士兵已经战死沙场，苏联仍有足够多的士兵填充400个师，并且还有补充兵员。虽然许多师薄弱得可怜，但是剩余兵力仍可组建中央预备队，而且在这个冬季，撤到乌拉尔山脉后方的工厂生产出4500辆坦克、3000架飞机、1.4万门大炮和5万门迫击炮。

德国也在扩军。1月，预备役（Ersatzheer，替换部队）增加了13个师，他们来自新兵和"彻底征募"；此后不久，又组建了9个师。1942年1月，德军第一次征召女志愿兵（Stabshelferinnen）入伍，以便让男办事员和驾驶员投身步兵团，而且还在苏联战俘中找了些候补志愿兵（Hilfsfreiwillige），他们中的大部分人之所以背叛祖国是为了免于挨饿。以这种方式补偿了德军在冬季遭受的90万人的损失，尽管至4月为止尚缺乏60万人。虽然步兵兵力减少了差不多三分之一，保持现有的师的数量掩饰了这种不足；坦克、火炮和马匹的实力也在下降。至4月，东线德军缺少1600辆马克III型（Mark III）和马克IV型（Mark IV）坦克、2000门大炮和7000门反坦克炮。德军带到苏联50万匹战马，至1942年春，已有一半死亡。

希特勒认为，剩下的部队足以打垮苏联，于是他决定一旦地面变得坚硬，就发动决定性的攻势。斯大林相信，德国会再次攻打莫斯科——他确信，德国需要对付西部的"第二战场"，这将削弱对莫斯科的攻击——希特勒的意图则完全相反。1918年德国皇帝最终进攻苏俄的目的是夺取俄国的自然资源。苏联适宜种植小麦的地区、矿山，以及此时比以往更重要的油田，往往位于南部。此时，希特

勒打算在 1942 年夏季战役中朝那个方向派遣装甲部队，即克里米亚半岛、伏尔加河沿岸和高加索山脉一带，重新获得、增加 24 年前根据《布列斯特—立托夫斯克和约》带回德国的丰厚的战利品。

11 月，当对莫斯科的"最终"进攻开始之时，东线德军横穿苏联西部地区的战线，从南到北几乎从芬兰湾直到黑海，在莫斯科北部的德米扬斯克（Demyansk）和首都南部的库尔斯克（Kursk）之间向东凸起。至 5 月，德军的部署不太整齐。由于斯大林冬季反攻的影响，德军不再能够兵临莫斯科郊区，而且此时还在另外三处地方遭到削弱。在德米扬斯克和热泽夫（Rzhev）之间，庞大的突出部向西延伸，几乎远至莫斯科公路上的斯摩棱斯克，而且反过来在德米扬斯克附近形成包围德军的口袋，被围德军需要空中补给。在莫斯科南部和西部，另一个苏军突出部几乎包围了热泽夫，接近斯摩棱斯克—斯大林格勒铁路线上的罗斯拉夫尔。在位于工业名城哈尔科夫南面的伊久姆（Izyum），另一片苏军的孤岛向西突出，切断了基辅铁路线，阻断了进入罗斯托夫的道路，罗斯托夫是高加索的门户。1 月至 3 月，苏联红军的忘我进攻取得了成效。

希特勒迅速地排除了两个莫斯科突出部带给德军前线的危险。他估计，红军包围德米扬斯克所付出的精力比他坚守德米扬斯克更多；他对热泽夫凹角的占领继续对莫斯科构成威胁；罗斯拉夫尔的突出部则不重要。至于伊久姆的情形，南方集团军群开始越过罗斯托夫向高加索山脉进军，可以自动解决那里的问题。1942 年 3 月 28 日，希特勒和哈尔德、国防军陆军总司令部讨论这场攻势（代号为"蓝色"计划）的要点，4 月 5 日签署的第 41 号元首指令加以详述。蓝色计划包括五个独立的行动。在克里米亚，曼施泰因指挥的第 11 集团军将摧毁克赤（Kerch）半岛的苏军，然后通过轰炸攻陷塞瓦斯托波尔，塞瓦斯托波尔虽已被包围了 5 个月，但仍在坚守。博克（康复后指挥南方集团军群）将"掐掉"伊久姆口袋，以装甲部队的钳形攻势包围顿河沿岸的沃罗涅日（Voronezh）；他拥有 9 个装甲师和 6 个摩托化师（以及 52 个不太可靠的罗马尼亚师、匈牙利师、意大利师、斯洛伐克师和西班牙师）执行任务。一旦任务完成，中央集团军群将沿着顿河，越过大草原，向伏尔加河沿岸的斯大林格勒进军，辅助部队将从哈尔科夫赶来会合；最终，先头部队将攻入高加索（正如 1918 年德国皇帝的军队所做的那样），深入黑海和里海之间的山脉，到达苏联石油工业中心巴库。为了保护这些战利品，希特勒打算构筑一道坚不可摧的东墙（East Wall）。"那么，苏联将是我们的，"他对戈培尔说，"就像印度是英国的。"

军事行动的经济理由是不可估量的。希特勒向他的将军们声明，南方的胜仗将使部队得空完成包围、夺取北方列宁格勒的任务。然而，"蓝色"计划的重点是夺取苏联的石油。希特勒不仅为了德国而需要石油（他承认常做噩梦看到普洛耶什蒂油田从头到尾失控燃烧）；而且还不想让斯大林占有它。"巴巴罗萨"已给苏联带来巨大的经济损失。至1941年10月中旬，东线德军攻占的领土（将保留到1944年夏）居住着45%的苏联人口，开采着64%的苏联煤炭，种植着47%的谷物，生产逾三分之二的生铁、钢、轧材和60%的铝。前线工厂（其中仅有303家工厂生产军火）撤离到乌拉尔山脉后方，使非常重要的工业生产能力免遭劫掠，尽管代价是物资供应的严重中断；希特勒完全清楚，失去石油供给，甚至有所损害都将会是灾难性的。第41号元首指令的"总体规划"相当坦率地阐明："我们的目的是彻底摧毁苏联所剩的所有防御潜力，尽可能切断他们与其最重要的军工中心的联系……因此首先，将所有可用兵力集结于南部，目的是在到达顿河之前打垮敌人，以便获取高加索油田和穿越高加索山脉的通道。"

5月8日，地面刚刚硬到可以承受坦克行驶，"蓝色"计划就开始执行，曼施泰因的部队进攻克里米亚的克赤半岛。一周后，攻势结束，17万名苏联战士沦为战俘；克里米亚半岛上只有塞瓦斯托波尔仍然坚守，直到7月2日才沦陷。然而与此同时，"蓝色"计划的主要部分，代号为"弗里德里库斯"（Fridericus）的行动受到危害。5月12日，苏联赶在博克掐掉伊久姆口袋前，开始对哈尔科夫发起反攻，哈尔科夫不仅是制造坦克的中心，也是重要的工业城市。博克惊慌地提醒希特勒，为了正面防守哈尔科夫，不得不放弃"弗里德里库斯"行动。希特勒将对其计划的干扰视为"小瑕疵"而驳回，博克反驳道："这不是'瑕疵'——这是攸关生死的大事。"希特勒不为所动，再次强调，"弗里德里库斯"行动收效后，局势会自行好转，他只坚持提前一天启动该行动。事实证明他是对的。克莱斯特指挥第1装甲集团军轻松渗入苏联反攻哈尔科夫的北部战线，5月22日与哈尔科夫南部保卢斯的第6集团军会合，如此又完成另一次包围，此前一年这些包围战将苏联红军肢解。到6月初，哈尔科夫一战俘获23.9万名战俘，摧毁1240辆坦克。随后两个辅助行动，代号分别为"威廉"和"弗里德里库斯II"，分别着手消灭伊久姆口袋和哈尔科夫战役隔离的苏联残余部队。至6月28日，两个行动全部结束。

那恰是"蓝色"计划大规模进攻开始之日。第6集团军、第4装甲集团军、第1装甲集团军和第17集团军共计4个集团军齐头并进，发起进攻，前两个集团军从属于一个集团军群，后两个集团军归为另一集团军群。博克继续指挥南方集团军群，在波兰战役中开始获得升迁的李斯特指挥位于黑海地区的新的 A 集团军群。与他们对抗的是苏联 4 个集团军，即第 40 集团军、第 13 集团军、第 21 集团军和第 28 集团军，由于斯大林认为德国的主要威胁针对莫斯科，因此他们缺乏预备队。头两天，德军就打垮了第 40 集团军；另外 3 个集团军混乱撤退。南部大草原——没有树木，没有道路，非常干旱的"草之海"，哥萨克骑兵曾借此逃脱沙皇的独裁统治——使军队缺乏组织防御的屏障。克莱斯特和霍斯的装甲部队穿越大草原，所向披靡。阿伦·克拉克（Alan Clark）描述这次行军说：

> 在三四十英里外 [就可以看到] 德国的行军队列。天空中巨大的沙尘暴在咆哮，燃烧村庄和炮火的浓烟使之愈发肆虐。在纵队最前面，烟尘浓重，坦克过后，浓烟在夏季无风的空气中久久不散，棕色烟雾的幕帐延伸到西方的地平线。同行的战地记者滔滔不绝地谈论……行军中展现的"摩托化方阵"（"Mot Pulk"或 motorised square），装甲部队围绕着卡车和大炮。

然而，装甲部队从哈尔科夫强渡顿涅茨河切入大草原"走廊"的结果将是悲惨的。大草原"走廊"从顿涅茨河向东延伸百里至顿河，向南至高加索山脉，这一路出乎意料地容易，促使希特勒同意改变计划。博克担心，在顿河—顿涅茨河"走廊"地带行进时，南方集团军群的侧翼也许会遭到从内陆向顿河沿岸城市沃罗涅日突进的苏军的攻击，于是他指挥霍斯的第 4 装甲集团军攻击、夺取沃罗涅日。只留下保卢斯的第 6 集团军，在没有坦克支援的情况下，穿越走廊地带，然后从顿河的"大弯"跨越到伏尔加河畔的斯大林格勒，夺取、控制斯大林格勒，以之为封锁点，防止德军进入高加索途中苏军从内陆向德军主力部队的侧翼发起更多进攻。

希特勒仍从拉斯滕堡指挥苏联战役，此时和东线德军的先头部队相隔 700 英里，他不禁担忧，在沃罗涅日之战中，博克也许在时间和坦克都很宝贵的情况下既耽搁了时间，又消耗了坦克。因此 7 月 3 日，他飞去见了这位将军，不过博克的表面承诺打消了他的顾虑，博克承诺不会让突击部队卷入近距离作战。然而到了 7 月 7 日，很明显，博克的承诺无法实现。霍斯的坦克部队陷入沃罗涅日之战，而非中断战斗，前去与保卢斯的步兵会合，共同向斯大林格勒进军，而且看起来还要一段时间才能前来。希特勒断然命令他们离开，7 月 13 日希特勒让魏克斯（Weichs）代替博克担任南方集团军群（现在史名为B集团军群）总司令；可是，正如他此后抱怨了几个月的，损失已经造成了。5月，哈尔科夫的胜利再度唤起他的将军们重现去年非凡战绩的希望。然而，在顿河—顿涅茨河"走廊"地带，铁木辛哥指挥的红军变得更加狡猾。在苏联最高统帅部，华西列夫斯基（A. M. Vasilevsky）成功说服斯大林，"不后退"命令本身其实不合时宜，因为它们对东线德军有利，他还让斯大林允许受到威胁的苏联部队逃出险境。7月9日至11日，B集团军群临时遭遇燃料危机，霍斯的装甲部队无法前进，这种情况有助于苏军的撤离。7月8日至15日，在顿河和顿涅茨河之间的三次包围失败后，A和B集团军群仅仅俘获9万名战俘——比起此前一年的战绩，微不足道。

大草原战线的危机日益加剧，促使希特勒离开拉斯滕堡，前往一处离行动中心更近的指挥部。7月16日国防军最高统帅部整个搬到乌克兰的文尼察（Vinnitsa），虽然这里距离顿河400英里，而且位于与世隔绝的类似拉斯滕堡的松林之中——结果证明这里有瘴气——但是无论如何更方便元首个人直接插手军事行动。为了继续执行"蓝色"计划，7月23日，希特勒从文尼察指挥部签发第45号元首指令，代号为"不伦瑞克"（Brunswick）。该指令命令第17集团军和A集团军群的第1装甲集团军尾随苏军，穿越顿河的大拐弯，在罗斯托夫那边消灭他们。与此同时，第6集团军在第4装甲集团军的支援下，将奋力冲向斯大林格勒，"猛击集结在那里的敌军，占领乡镇，封锁顿河和伏尔加河之间的陆地通讯……与此紧密相关的是，行动迅速的部队将沿着伏尔加河前进，任务是强攻到阿斯特拉罕（Astrakhan）"。阿斯特拉罕位于遥远的高加索山脉，一个甚至对于苏联人来说都是传奇的地方；士兵们向东跋涉，已经距离西里西亚的家乡1000英里，距离莱茵兰1500英里，这几乎是天涯海角。希特勒的想象力欣然接受这样的目标，他记得1918年德国士兵也打到这么远的地方；可是1942年，广袤的地域和不屈不挠的苏联红军横亘在他的步兵纵队和实现他的帝国梦之间。

"万万不可顶撞元首"

起初，李斯特和A集团军群的南下甚至比预期的更迅速、更顺利。一旦渡过顿河，克莱斯特的坦克部队迅速越过库班草原到达迈科普（Maikop），8月9日德军看到这里的第一个钻油塔。虽然油田已经被毁，但是德国空军指挥官沃尔弗拉姆·冯·里希特霍芬（Wolfram von Richthofen）确信，他能把苏军赶出高加索山脉隘口，扫清前往主要油田的道路。里希特霍芬的第4航空队支援此次行动。

而且，实现突破对于确保占领土普塞（Tuapse）也至关重要，敌人通过土普塞这个黑海港口从保加利亚和罗马尼亚得到补给。8月21日，希特勒得到消息称巴伐利亚山地部队在厄尔布鲁士山（Mount Elbrus）的山顶升起纳粹党党旗，厄尔布鲁士山是高加索山脉（和欧洲境内）的最高峰，尽管如此，这一战绩却未能让他开怀。他更想要坦克前进，而不是登山的功绩。然而，当坦克部队到达高加索山脉的山麓时，行军开始变得缓慢，希特勒向周围的人宣泄他的急躁，首先是哈尔德，其次是约德尔。哈尔德的失宠还有其他原因：8月份，莫斯科附近和列宁格勒的辅助行动也遭遇失败，哈尔德为那些执行他认为"不能接受的命令"的士兵辩解，而这种辩解只不过让希特勒对其所谓"最后的共济会"更加恼怒。

约德尔虽然并非哈尔德在国防军陆军总司令部的朋友，但是也理解作战部队所面临的困境。当派到高加索前线的两位使者的报告没能减轻元首对李斯特的苛责之时，约德尔亲自视察了A集团军群。他发现，第4山地师很快冲入隘路，但这条隘路如此狭窄，以至于第4山地师无望突破到外高加索及其油田。朝土普塞前进的部队同样遭到苏联的阻击，无法在冬季封路之前到达港口。约德尔坚持对希特勒说，李斯特的困境是无法解决的，他还鲁莽地暗示是元首设计了这个僵局，结果希特勒大发雷霆。希特勒对任何含蓄贬低其指挥的言行非常敏感，他也害怕重犯第一次世界大战的错误，他声称约德尔的行为类似亨奇（Hentsch），亨奇是1914年同意从马恩河撤退的总参谋部军官。希特勒在一片混乱中将约德尔和凯特尔赶出他的指挥部，在指挥部里安排了速记员，记录会议上的每句发言，以防有人引用他的话反对他。他还免了李斯特的职，9月9日亲自指挥A集团军群。同时，他通过凯特尔找哈尔德的麻烦，希特勒对凯特尔的重视主要是因为后者公认的阿谀奉承的本事。9月23日，陆军总参谋长含泪离开了元首，不久库尔特·蔡茨勒（Kurt Zeitzler）将军取代了哈尔德。"万万不可顶撞元首"是凯特尔在蔡茨勒任职伊始提出的建议。"万万不可提醒元首说你的想法与元首相左。千万别对他说，事情的结果证明自己对了，而他却错了。千万不要向他报告伤亡数字——你可不能惹这个人生气。"蔡茨勒之所以得到晋升，主要是由于他与希特勒首席副官施蒙特的友谊，不过他也是个顽强耿直的步兵军人，英勇善战，声名远播。"既然要发动战争，"他反驳凯特尔，"就得有听到结果的勇气。"在蔡茨勒以陆军总参谋长的身份为希特勒效忠的22个月中，他和希特勒之间常常直言不讳。在哈尔德——希特勒轻视的所谓"转椅"军人*（"swivel-chair" soldier）——之后，蔡茨勒给希特勒认为可靠的战务会议带来一种不加渲染的率直，实际上他们甚至在最严重的危机中也能相安无事。

这样的危机近在眼前。希特勒提及马恩河战役并非空穴来风。那时，德军过分扩张，最高统帅部几乎完全忽视了军队侧面坚强防守的城市所制造的危险。此时在伏尔加河上，类似的危险迫在眉睫。向高加索山脉南下的A集团军群吃力地维持着一条长达300英里的交通线，它缺乏足够的力量保护这条交通线，防备东面草原上的苏联部队。B集团军群早些时候慢吞吞地穿越顿河—顿涅茨河"走廊"地带，此时陷入斯大林格勒附近的战斗，而且所有迹象预示斯大林正在将该城塑造为坚不可摧的抵抗中心。不过，1914年的情况和1942年并不完全相似。在马恩河，德国军队被打败，因为它未能夺取侧翼的巴黎。1942年的险况是，希特勒反应过度，在斯大林格勒集结过多的兵力，使山地和辽阔草原上的军队无力防备敌人的反击。这恰恰是斯大林和苏联最高统帅部此时试图达成的行动结果。

8月12日至17日英国首相访问莫斯科时，斯大林将苏联反击计划的端倪透露给温斯顿·丘吉尔。此时是英苏关系的低谷。尽管苏联对波兰的处理所造成的不利影响得到了部分解决——上一年年12月，斯大林同意释放18万名波兰战俘，并将他们途经伊朗运到埃及，组成由英国指挥的"安德斯集团军"（Anders Army）——但是此时，苏联人有理由责备英国人。6月PQ17护航运输队屠杀事件之后，英国决定中断向北极港口护送苏联的补给。更严重的是，7月在华盛顿，"第二战场"的开辟最终由1942年推迟到1943年。斯大林就此当面责备了丘吉尔。他还质疑英国帮助防守高加索的提议，因为1918年英国军队曾经援助高加索当地的穆斯林脱离苏联，现在这些穆斯林甚至对德国侵略者表现出青睐，这促使贝利亚将秘密警察部队派到该地区。然而，在领导人分别的前夕，斯大林变得温和。斯大林极渴望得到只有西方工业才能提供的那类物资——不是武器，乌拉尔山脉的工厂开始成批生产武器（1942年下半年生产了1.6万架飞机和1.4万辆坦克），而是卡车和铝制品——他向丘吉尔提出要求。为了从指责平稳转为恳求，他"让首相知晓了非常机密的大反攻计划"。

该计划的大纲仍然含糊。直到9月13日，计划大纲才得以明确，至此斯大林格勒之战已经激烈地打了3周。根据苏联的估计，该战的开始甚至比那要早。7月

---

* 特指国防部或陆军部的参谋。——译者注

24日，苏联南部的岗哨顿河河畔罗斯托夫陷入德国第17集团军之手。附近拥有重型坦克的第1装甲集团军和第4装甲集团军在未来的6天内向东渡过顿河，第1装甲集团军转向南前往高加索地区，第4装甲集团军转向东北，前去支援保卢斯的第6集团军攻打斯大林格勒。苏军的抵抗如此微弱，如第14装甲师的一名军士记录，"许多士兵能够脱下衣服，[在顿河里]沐浴——正如一年前我们在第聂伯河里那样"。至8月19日，随着希特勒的第4装甲集团军前来会合，第6集团军接到命令开始进攻斯大林格勒。斯大林格勒主要包括围绕着现代工厂蔓延开来的木制建筑，这些现代工厂位于伏尔加河西岸20英里长、1英里宽的地带。8月23日，第8航空军对斯大林格勒狂轰滥炸了一天，该城的大部分建筑被毁。第6集团军踩着闷烧的废墟向前进，最终向伏尔加河沿岸进军。

德军渡过顿河后的一个月，斯大林和苏联最高统帅部在斯大林格勒临时组织防御，斯大林格勒的防守和去年秋天列宁格勒的防守、12月莫斯科的防守一样顽强。这三座城市对于希特勒而言具有重要的象征意义；斯大林格勒对斯大林尤为重要。它不仅是苏联许多以他的名字命名的城市中最大的一座，还是1918年"南方派系"——斯大林、伏罗希洛夫、布琼尼和铁木辛哥——在与白军交战期间公然违抗托洛茨基决议之地，这使斯大林开始进入党内领导层。因此8月，他匆忙向斯大林格勒前线运送人力物力，修建起一道防御圈，任命新的能征善战的指挥官，向每位苏联士兵宣读他于7月28日下达的命令——"绝不后退一步！"让将士们知道必须万分坚决地执行他于7月28日下达的命令。10月9日，苏军再次提出"单一指挥权"，再次将政委与将军平等的身份转化为将军身旁的顾问身份。与此同时，斯大林指望斯大林格勒的将军们拒绝撤退，仿佛他本人与他们近在咫尺。戈尔多夫（V. N. Gordov）和叶廖缅科分别是斯大林格勒方面军和东南方面军的指挥官，崔可夫指挥城内的第62集团军，朱可夫全面负责。

9月13日，朱可夫在克里姆林宫面见斯大林，他们关心的是前进，而非撤退。他和华西列夫斯基——此时是总参谋部总参谋长，由于朱可夫被任命为第一副国防人民委员，因此华西列夫斯基接替朱可夫担任总参谋长——概述了极具想象力的计划，旨在在伏尔加河下游给德军制造一个大包围圈，并且在斯大林格勒城内消灭保卢斯的第6集团军。斯大林的意见是实施小规模的包围，这个意见未被接受；因为这将使德国人有机会突围逃脱。斯大林还认为缺乏所需兵力，这个观点也没被接受；在未来的45天内，军队可以集结、装备。于是，斯大林收回了异议，补充说"重点"是确保斯大林格勒不要沦陷。

1942年秋季战斗中斯大林格勒保卫者的一张苏联宣传照。不过，战场是真实的——在这场大战最艰苦的城市战斗中，斯大林格勒中部地区土崩瓦解。

斯大林格勒已经接近沦陷了。8月23日该城木制建筑区烧毁后，德国第6集团军发现自己陷入一场苦战，正如保卢斯军中一位师长描述的，"伏尔加河附近丘陵之地溪谷纵横，杂树林和沟壑遍布，进入斯大林格勒的工厂区，周遭是坑坑洼洼、崎岖不平的土地，土地上有钢铁、混凝土和石制建筑"。每间房子，每个工场，每座水塔，每段铁路路基，每堵墙，每个地窖，每堆废墟都要苦战，甚至第一次世界大战也无法相提并论。

至9月13日，即保卢斯参加完希特勒在文尼察为斯大林格勒之战召开的会议返回的转天，苏联前线仍距伏尔加河至少4英里，有些地方达到10英里。第62集团军的三个师坚守前线，崔可夫刚刚被任命为第62集团军司令，卫戍部队配置了约60辆坦克。罗迪姆采夫（A. I. Rodimtsev）师长经历过巷战，1936年他和国际旅（International Brigade）在马德里见识过。相比之下，崔可夫发现，"借口患病，我的三位副官离开这里，前往伏尔加河对岸"。9月13日至21日，德国人以三个步兵师为一路，以四个步兵师和装甲师为另一路，沿着伏尔加河河岸包围了防御的核心地区——拖拉机厂、街垒工厂和红十月工厂——并且将炮火带到中央栈桥，人力物力夜间从东岸渡运到这里。

然而，第6集团军的先锋部队被战斗弄得精疲力竭，当它为巷战召集新生力量时，战斗一度中断。10月4日，战斗再次打响。崔可夫不再在地面上防御。他的战略要点转向地下，他的指挥部转移到避弹壕，参谋和专家待在伏尔加河栈桥邻近的察里察河（Tsaritsa）西岸的隧道和地堡中。只有最牢固的建筑幸存下来，双方竞相争夺，以求得局部优势。在10月份的战斗中，第24装甲师的一位军官写道：

我们用迫击炮、手榴弹、机关枪和刺刀攻打一所房子，已经打了15天。到第三天，已有54具德国士兵的尸体倒在地窖、楼梯底部和楼梯上。连接烧焦的房间的走廊、两层之间薄薄的天花板都成为前线。外援通过防火梯和烟囱自邻屋而来。战斗日夜不息。从一层到另一层，汗水弄脏面庞，在爆破、尘雾和烟雾之中，我们彼此投手榴弹……问问任何一个士兵，白刃战在这样的战斗中意味着什么。想象一下斯大林格勒；8天8夜的白刃战……斯大林格勒不再是一座城镇。在白天，它笼罩着大火产生的眩目烟雾；它是个火焰飞舞的大熔炉。当夜晚降临，那些灼热、嚎叫、流血的夜晚，狗跳入伏尔加河，拼命地向对岸游。对于它们来说，斯大林格勒的夜晚是恐怖的。动物从这个地狱逃走；最猛烈的暴风雨都无法长久容忍它；只有人在忍耐。

除了尼采—纳粹式的修辞，对斯大林格勒之战的这种描述并非言过其实。崔可夫不是感觉论者，而是头脑冷静的新近参战者——他之前是苏联驻中国的军事专员——他描述了随后的进程：

> 10月14日，德国人发起进攻；当天将是整个战役中最血腥、最惨烈的一天。沿着四五公里的狭窄前线，德军在大量飞机大炮的支援下，投入5个步兵师和2个坦克师……当天，德国空军出动飞机逾2000架次。那天早晨，你无法听到个别的射击或爆破，所有的声音汇成一种持续不断、震耳欲聋的咆哮。在5码距离之外，你就什么也分辨不出来了，烟尘相当浓厚……当天，我的指挥部里有61个人阵亡。在四五个小时足以令人晕倒的密集火力之后，德国人的坦克和步兵开始发起进攻，他们前进了1.5公里，最终突破至拖拉机厂。

这样的突击标志着德军进击的倒数第二个阶段。10月18日，该城的交战暂停。"从那时开始，"崔可夫写道，"两军在势不两立的较量中缠斗；实际上，前线逐渐稳定下来。"一些地方距伏尔加河不到300码。红十月工厂陷入德军之手，拖拉机厂和街垒工厂只是部分地掌握在苏军手中，崔可夫的前线被分割成两个孤岛。可是，卫戍部队受到其著名的作战标语的感召死守到底，仿佛"渡过伏尔加河便无立足之地"，每晚用船将伤者（总计达3.5万人）运到彼岸，再将补充兵员（6.5万人）和弹药（2.4万吨）运来。尽管对德国第6集团军的补给和增援更加容易，但是他们和敌人一样精疲力竭。德国空军地方指挥官里希特霍芬在11月的一篇日记中写道："斯大林格勒的指挥官和作战部队都很麻木，因此只有注入新活力，才能让我们有点战绩。"可是，新活力并未从天而降。希特勒似乎已经忘记是

一个德国迫击炮炮组准备向斯大林格勒进军。中间的士兵扛着底座,左边的士兵拿着挂弹架。

什么原因让他派第6集团军参加斯大林格勒之战。斯大林格勒之战使夺取高加索的战略不再受到关注，甚至也使沿着顿河一线巩固城北的"草原战线"防备苏军反攻的战略被弃置一旁。在每日两次的战务会议上，希特勒用码而非英里、排而非集团军困扰着自己，这种危险的倾向使他丧失了未来所有的战斗方向。如果现在他的士兵们成功地将崔可夫和第62集团军的残余部队从斯大林格勒的悬崖推到伏尔加河中去，最多也只不过是以悲惨的代价取得了局部的胜利；第6集团军的20个师已经失去了一半的战斗力。如果他们失败了，东线德军的最大攻势将以失败告终，不仅劳而无功，而且还将主动权让给了红军。

11月11日，保卢斯作出最后的努力，天气已经开始转冷，伏尔加河将要结冰，崔可夫通往河对岸的坚实的道路也将恢复。转天，第4装甲集团军成功突击到城南的伏尔加河，由此完全包围了这座城市。这是德国人进攻苏联过程中在最东部取得的最后胜利。整整六天，还有一些局部小规模的战斗，尽管双方均有死伤，但谁都没取得进展。此后，11月19日，用阿伦·克拉克的话说，"一种可怕的新声音覆盖了"轻武器的嘎嘎声——"北面沃罗诺夫（Voronov）2000门大炮雷鸣般的射击"。斯大林—朱可夫—华西列夫斯基的反攻打响了。

脆弱的外壳

为了集结尽可能多的德国部队攻打斯大林格勒，希特勒在其他地区精打细算，让他的附属部队，即罗马尼亚军、匈牙利军和意大利军，在城北和城南在草原战线范围内顺着顿河排列。简而言之，斯大林格勒集结的兵力的核心是德国人；外壳则不是。整个秋天，希特勒对东线德军部署上的这个弱点置若罔闻。现在，苏联人发觉，如果打垮脆弱的外壳，他们无须直接与第6集团军战斗，就可包围、战胜它。第6集团军将要面临包围，斯大林将以此部分地报复希特勒对明斯克、斯摩棱斯克和基辅的包围，此前一年那些包围差点打垮了红军。

朱可夫计划在城西部署两个方面军，即西南方面军（瓦图京）和顿河方面军（罗科索夫斯基），由五个步兵集团军和两个坦克集团军组成；在城南部署斯大林格勒方面军（叶廖缅科），包括一个坦克集团军和三个步兵集团军。11月19日，西南方面军和顿河方面军发起攻击，转天斯大林格勒方面军开始进攻。到11月23日，它们的钳形攻势在斯大林格勒以西、顿河沿岸的卡拉赫（Kalach）会合。第3和第4罗马尼亚集团军被打败，（德国）第4装甲集团军全线撤退，第6集团军覆没于伏尔加河沿岸的废墟之中。

"天王星"行动（苏联反攻计划的代号）启动时，希特勒正在贝希特斯加登（Berchtesgaden）他的私人别墅里，缓解打苏联之战的紧张心绪。他立即乘火车前往拉斯滕堡，11月23日在此会见了蔡茨勒，不顾总参谋长的建议——即第6集团军必须撤退，否则将被打垮——不容分说签署了灾难性的命令："我们不能离开伏尔加河。"在下个星期，他拙劣地采取了将使第6集团军死守阵地的权宜之计。德国空军将支援它；保卢斯声明每天需要"700吨"补给，被假定为"实际"意味着300吨。目前由20至30架容克斯52运输机每天运抵该城60吨补给，理论上可用的运输机会使补给数量有所增加，达到保卢斯要求的数量。装甲突破战术的魔法师曼施泰因将解救保卢斯；他所需的预备队，据说已经为"冬季暴风雪"（Winter Storm）行动准备妥当，该行动将开始于12月初。与此同时，保卢斯不会撤退。至多，当曼施泰因展开进攻时，他会率军向曼施泰因靠拢（当收到"霹雳"[Thunderclap]行动的信号时），因此顿河—伏尔加河的桥头堡能够联合起来，一致对11月19日至20日反攻之前组建的红军构成威胁。

　　曼施泰因是新组建的顿河集团军群的指挥官，他安排了四支集团军参加"冬季暴风雪"行动：第3和第4罗马尼亚集团军、第6集团军（德国）和第4装甲集团军。前两个集团军的装备和作战能力时常欠缺，现在一点也靠不住了；第6集团军陷入包围；虽然第4装甲集团军仍然能够调动，但是它只有三个坦克师担当先头部队，即第6、第17和第23坦克师。12月12日，德军开始试图突破。装甲师在能够到达保卢斯的战线之前，要穿越约60英里白雪覆盖的大草原。

　　12月14日前，他们进展顺利；行动一定程度上做到了出其不意，而且，苏联人现在和以往一样难以抵抗德军开始进攻的冲力。尽管时间可能站在苏联一边，但是他们无法与国防军的军事技巧相抗衡。可是，与国防军的附属部队作战时，他们的条件相当，如果不是更好的话。斯大林格勒北面的意大利第8集团军到目前为止没有遭受罗马尼亚部队的命运，它在12月16日遭到攻击，曼施泰因的装甲攻势遇到了新威胁。12月17日，第6装甲师在距离斯大林格勒35英里的地域内徘徊，近到可以听到城市里传来的炮火声；可是，前进的步伐减缓下来，意大利阵线顶不住了，第6集团军也没表示出任何攻出来会合的征兆。12月19日，曼施泰因让他的情报长官潜入城市，试图激励德军指挥官。情报人员捎回消息称，保卢斯对眼前的困境感到压抑，而且也害怕招致元首的不满。12月21日，曼施泰因尝试却没能说服希特勒直接命令保卢斯逃脱。到了12月24日，顿河和伏尔加河之间的大草原白雪皑皑，他的解围努力不得不停下来，只得接受撤退的必然性。

由于克莱斯特指挥的A集团军群在高加索山脉危险地过分扩张，因此撤退也是必要的。去年秋天，克莱斯特的摩托化巡逻队到达里海海岸——希特勒战略中的黄金国，可是由于缺乏支援，在特瑞克河（Terek）河口撤回。1月初，整个第1装甲集团军和第17集团军开始经过300英里长的突出部从高加索山脉撤退，这个突出部是去年夏天它们仓促向东南方向猛攻所建立的。迟至1月12日，希特勒仍然希望保住迈科普油田。当斯大林格勒北部的苏军使匈牙利第2集团军陷入混乱之时，希特勒不得不将第1装甲集团军调给曼施泰因，以增强他的装甲兵力。克莱斯特统率的A集团军群现在已经缩减成一支集团军，即第17集团军，希特勒命令克莱斯特撤到克里米亚东部的桥头堡，他希望等斯大林格勒的危机稍有好转，能从那里重新发起攻势。

这种希望仅仅是幻觉而已。1月，德国在斯大林格勒的防御一点点削弱。德国空军向区域内的三个机场平均每天运送70吨的物资；三天围攻（12月7日、21日和31日）时，运送的物资超过需要维持抵抗的300吨最低限额。1943年1月的第一周，位于莫洛佐夫斯卡亚（Morozovskaya）的前线机场被苏联的坦克部队占领；其后，里希特霍芬的容克斯52运输机——数量减少，因为一些飞机被调去向突尼斯运载伞兵部队——不得不在距离斯大林格勒220英里的新卡扎林斯克（Novocherkassk）降落。1月10日后，斯大林格勒区域内主要的飞机跑道陷落，着陆变得非常困难，大部分物资补给采取空投的形式，伤员不再能被定期空运撤离。至1月24日，陷入困境的军队有五分之一、将近2万人只是将就躺在常常缺少取暖设施的医院，室外温度为零下30度。

1月8日，沃罗诺夫和罗科索夫斯基向保卢斯发出通牒，要求德军投降，承诺给予医疗救护和口粮。"残酷的苏联冬天尚未到来"，他们发出警告。三周前，由于担心触犯元首，保卢斯拒绝了曼施泰因让他撤退的请求，现在他也不会考虑这样的抗命行为。可怕的战斗仍在继续之中。1月10日，苏军为了突破第6集团军的防线，用7000门大炮发起轰击，这是历史上集结的最大规模的炮兵部队。至1月17日，德军士兵被迫退回该城的废墟，至1月24日，德军被一分为二。转天，伏尔加河东岸的苏军渡河与街垒工厂和红十月工厂附近包围敌军的崔可夫率领的第62集团军精锐会合。

希特勒希望德军光荣地战斗到底，1月30日发电晋升保卢斯为陆军元帅。由于还不曾有德国陆军元帅向敌人投降过，他现在"便把一把[自杀的]手枪塞在保卢斯的手里"。保卢斯拒绝了这种临危授命。1月30日，他的指挥部被攻占，他和

1943年1月，德国第6集团军的幸存者向战俘营跋涉。

他的人投降了。2月2日，最后一批幸存者停止抵抗，9万名没有受伤的士兵、2万名伤员落入苏军之手。"这场战争不会再有更多的陆军元帅，"2月1日希特勒在拉斯滕堡对蔡茨勒和约德尔说，"在小鸡孵出来之前，我不会再去数它们。"他正确地预测了保卢斯"将表示忏悔，签署公告。看着吧"。（保罗斯确实将为斯大林的自由德国军官委员会 [Committee of Free German Officers] 做事，该组织号召东线德军停止抵抗，为苏联的胜利而奋斗。）"和平时期，德国每年约有 1.8 万至 2 万人选择自杀，"希特勒继续说，"可是他们并非处于类似这样的情势之中，现在这个人有 4.5 万至 6 万名士兵为保卫他们自己英勇地血战到底——他怎么能向布尔什维克低头？"

对斯大林格勒惨败的官方反应总体上更加慎重。实际上，1月10日至2月2日，德军阵亡人数为10万人，而且11万名被俘士兵中很少有人能在运输和监禁期间幸存下来。德国国家电台中断了三天正常的播音，而是播放严肃音乐——布鲁克纳（Bruckner）的第七交响乐。希特勒接受戈培尔的建议，从第6集团军及其22个师的覆灭中至少看到一个塑造民族史诗的机会。苏联则没有必要编造史诗，保卢斯投降的消息传来，为了庆祝苏联在战争中取得的第一次无可辩驳的胜利，克里姆林宫敲响了钟声。第62集团军改称为第8近卫集团军，一个月后，未来的苏联元帅崔可夫率领该军前往顿涅次河。"再见，伏尔加河，"在离开斯大林格勒之时，他不禁回想，"再见，这个悲惨而又荒芜的城市。我们还会再见到你吗？那时你将变成什么样子？再见，我们的朋友们，静静地躺在那片浸着我们民族血液的土地里。我们要去西部，我们的责任是为你们报仇雪恨。"当崔可夫及其将士再次为一个城市而战时，他们将身处柏林的街道。

第三部分

太平洋战争
1941–1943

日本在亚洲和太平洋的征服，1941—1942年

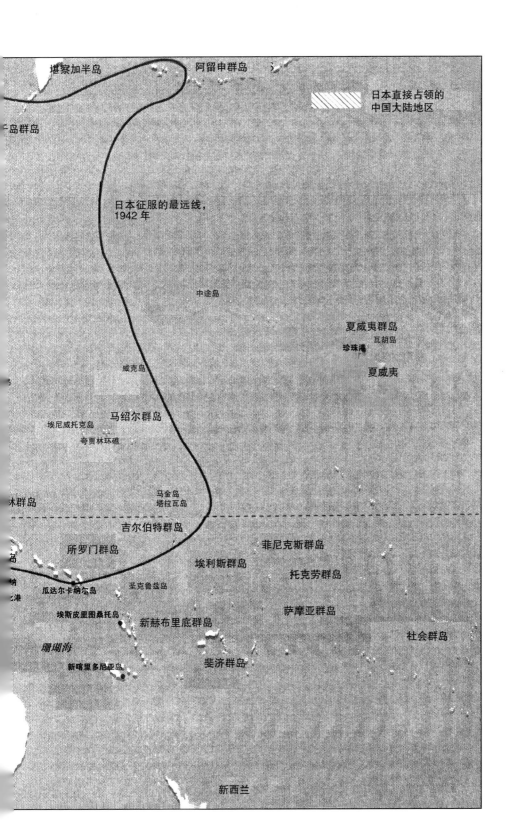

十二　东条英机的战略困境

在与苏联作战的第二年里，希特勒承受着另一个自找的战略负担：与美国作战。1941年12月11日下午两点，也就是以东条英机为首的东京政府筹划的日本奇袭珍珠港事件四天之后，德国外交部长里宾特洛甫在柏林向美国代办宣读了德国向美国宣战的文本。里宾特洛甫尽力避免这件事的发生，也许这是他对纳粹决策真正有远见的贡献。在美国奉行中立主义之时，希特勒也有所收敛，避免引起美国参战。现在，既然日本已经攻击了美国，木已成舟，他只好赶忙跟上。里宾特洛甫徒劳地强调，根据《三国同盟条约》的条款，只在日本遭到直接攻击的情况下，德国才需要支援日本。听到珍珠港事件的消息后，希特勒迅速告诉约德尔和凯特尔，希特勒为之欢喜，"现在我们不可能输掉这场战争：现在我们有个三千年来未被征服过的同盟者"。（丘吉尔听到相同的消息时，得出完全相反的结论："因此终究是我们赢了。"）12月11日，希特勒召集国会，向受他操纵的议员们宣布："我们总是先发制人！[罗斯福] 煽动战争，歪曲事情的原因，而后可恨地给他自己包装上一层基督教伪善的外衣，缓慢却必定无疑地让人类走向战争……事实是，日本政府已经和这个人协商了很久，最终厌倦了被他以如此拙劣的方式嘲弄，我们所有人、我们德意志民族都知道这个事实，我想世界上其他族裔也会深感欣慰。"当天晚些时候，德国、意大利和日本重新缔结《三国同盟条约》，新约规定不许单独和解，也不许"在反对英美的联合作战取得胜利前放下武器"。里宾特洛甫私下提醒希特勒："我们只有一年的时间切断苏联途经摩尔曼斯克和波斯湾获得军用物资的补给；日本必须拿下海参崴。如果我们不能成功，美国的军火潜力加上苏联的人口潜力，将使战争将进入到我们只有历尽艰辛才能取胜的阶段。"

里宾特洛甫是希特勒的侍从之一，此时声望渐消，但这不仅是他的观点，也是日本决策层中一名高级指挥官所持的看法。1940年9月底，日本联合舰队司令长官、海军大将山本五十六对时任日本首相的近卫文麿公爵说："如果要我不计后果地作战，头六个月或一年预计可以取得优势，然而第二年或第三年，我一点把握也没有。《三国同盟条约》已经缔结，我们无能为力。目前的情势已经到了如此关头[日本内阁在讨论与美作战]，我希望你努力避免日美之间发生战争。"其他日本人也害怕战争，近卫文麿是其中之一；他们的观点都不如这位身处日本作战海军最顶端的海军将军的观点有分量。可是，他的观点为什么会被推翻？而且，在他向近卫文麿表达忧虑后不到一年的时间里，他怎么会放弃更明智的判断，去计划发起进攻？这次攻击将使他的祖国陷入与一个强国的生死攸关的战斗之中，他知道这个强国将打败他的祖国。

日本与西方之间自我毁灭式冲突的根源要远远追溯到这个国家的过去，而且主要与统治阶层担心"西化"——并不是16世纪葡萄牙、荷兰和英国的水手们最先出现于日本海岸时使用的这个词——会扰乱国家内部秩序所依托的周密的社会结构有关。因此17世纪初，日本人向外界封锁了他们的海岸，成功地闭关锁国，直到19世纪中期掌握新技术（轮船）的西方海员出现，迫使他们重新思量他们非凡的——而且是特别成功的——决策。这是有史以来国家政策最根本的变化之一。其时日本人认为，如果日本人要保全国家，就必须加入现代世界，不过条件是确保现代化进程由日本人自己掌握。他们向西方世界购买技术；但是，日本人不会在获取技术的过程中将他们自己或者他们的社会出卖给西方世界。

到第一次世界大战结束时，改革后的日本在实现这一理想方面取得惊人的进步。1867—1868年的明治维新重塑了中央帝国政府对封建领主的权力，在此后的现代化时期，一首通俗儿歌涉及了十种值得拥有的西方物品，包括蒸汽机、照相机、报纸、学校和轮船。到20世纪20年代，日本已经拥有非常高效的普教系统，接受过普教的人在工厂里做工，这些工厂不仅制造在国际市场上以非常有竞争力的价格销售的纺织品，而且生产重型和轻型机器、钢铁和化学制品，以及武器装备——轮船、飞机和大炮——现代化程度不亚于世界上任何其他国家的军备。日本已经打赢两场重要的战争，即1894年的中日战争和1905年的日俄战争，在中国东北已经建立霸权；1914年至1918年，它还站在西方国家一边，与德国交战，那时大部分武器由日本自己制造。

日本侵略中国的计划

日本对西方的仿效并未使其在西方人眼中赢得同战胜国平等的地位或尊重。英国和后来的美国感谢日本在针对太平洋地区的德属殖民地的战争中提供的援助；然而，在通过和约将部分前德属殖民地给了日本——战略上欠考虑的让步，1941年后英美将领将痛苦地感到悔恨——之后，英美联合起来剥夺了日本与世界军事强国平等的地位。令日本怨恨不已的是，他们不得不放弃1904—1905年日俄战争结束后从俄国手中攫取的中国的很多有战略价值的地区。1922年签订的《华盛顿海军条约》使英美将日本在世界海军等级中的地位降到更低，对日本的国家精神造成创伤。对此，日本传统的武士阶层轻率地决定不予原谅，日本武士为了保有他们在日本新社会中的优势，曾经判断正确地从封建主义一跃而至现代社会。他们知道其海军在人员素质、物资水平和潜在规模方面和太平洋水域的英国皇家海军、美国海军不相上下。他们对接受该条约感到特别愤怒，因为该条约将日本主力舰数限制为其战时盟国主力舰数的五分之三。

  日本陆军的怨恨甚至更加强烈。日本陆军的西化程度不如海军，日本海军军官成长于英国皇家海军的职业传统之中。日本陆军很早就受到极端种族主义的民族主义精神的感染，这种精神在两次战争之间牢牢把握着日本的政治生活。日本作为一个拥有近6000万人口的国家，到那时已经无法在食物方面实现自给自足；在原材料方面，日本从未并且根本不能自给自足，尤其是工业革命中最急需的材料——有色金属、橡胶，最重要的是石油——日本正经受工业革命的阵痛。日本民族主义者的解决方法很简单：日本将从邻国获取它所需的资源，以最直接的方法确保资源的供应，即帝国主义侵略。显而易见，中国是物资供应的来源。日本陆军之所以轻视中国人，既因为中国人在经济和政治上的无能——1912年后帝国体制土崩瓦解为军阀混战是最鲜明的证据，也因为他们无法抵抗西方的入侵和剥削。因此，日本决心在中国建立一个经济帝国。

  在中国东北，日本享有保护铁路系统的权力，通过铁路系统攫取中国的矿产。1931年，日本驻军从当地军阀手中夺取了整个中国东北，终结了当地军阀在这一地区重建中国权力的点滴努力。这是第一步。这位"少帅"是蒋介石的支持者，蒋介石是名义上拥有最高统治权的南京政府所辖军队的总司令，而且"少帅"的士兵很快就被击溃。尽管"九一八事变"引起日本国内外的愤慨——无疑平民政府感到它的权力遭到篡夺；尽管美国大声谴责——它充当着中国保护者的角色，尤其基于美国传教士与中国的联系，但没有人去惩罚陆军。19世纪中国人不得不接受的外国羞辱之一是"治外法权"，在商业租界，主权移交给西方商人。这对日本人来说是种威胁，因为这需要驻军权，他们自己迅速利用这种权力。1937年，北京外国使馆警卫队的日本驻军与中国政府军发生冲突，从而开始了一场在整个中国沿海地区迅速蔓延的战役。到1938年，中国大部分富饶的地区，包括黄河和长江流域，落入日本人之手。新都南京和旧都北京均被日本侵略者占领，当时中国政府的首脑蒋介石向内地撤退到长江上游的重庆。

与此同时，日本陆军，以及间接地，海军招致外国列强的盛怒，这是由于它们给拥有治外法权的英美舰队造成伤亡，以及1936年在东北与蒙古边境与苏联红军非正式地交恶。1939年，在与苏联红军的另一场包括装甲部队的冲突中，日本人遭遇无可争辩的失败，尤其是败给未来的元帅朱可夫。随后，曾在德国接受过训练的朱可夫主动作出一个重要的判断，即虽然德国陆军比日本陆军装备精良，但是"总体来说"它缺乏"真正的狂热"。此后，日本陆军对苏联秋毫无犯——无论是1941年他们获得极大的优势时，还是1945年8月日本付出灾难性的代价时。相比之下，日本并未对英国或美国军队抱以如此谦恭的态度。在美国军舰班奈号（USS Panay）和英国军舰瓢虫号（HMS Ladybird）遭到日军攻击时，虽然英美政府提出抗议，但是没有采取任何惩罚性措施。

在参与中日战争的日本军官中，最重要的一位是东条英机将军，1937年蔓延开的这场战争在日本被称为"支那事变"。东条英机也是"九一八事变"中的老将，1938年作为陆军次官进入内阁。他利用他的地位极力主张全面重整军备，以此作为与苏联爆发战争和与中国的蒋介石政府继续作战的预防措施，蒋介石政府承继了取消帝制的国家，而且到那时为止他是该政府的领导人。东条英机是狂热的民族主义者，尽管不是极端的民族主义者；然而20世纪30年代后期，极端民族主义者开始在日本社会中扮演日益邪恶的角色。1936年2月26日，东京卫成部队的一群士兵疯狂反对他们认为控制政府的旧贵族所持的绥靖态度，试图暗杀总理，并且成功击杀了他的两名前任和侍从长。这次事件暂时败坏了极端民族主义者的名声；然而自相矛盾的是，由于陆军迅速疏远了反叛者，这次事件反而增强了陆军的势力。在一系列温和派政府主政之后，1940年7月，公爵近卫文麿——博得广泛支持的前首相——重新掌权，任命东条英机为陆军大臣。他还将陆军民族主义者的盟友松冈洋右纳入他的内阁担任外相。这两位顽固的帝国主义者联合出现于权力核心，将把日本引向战争。

松冈洋右的第一个功绩是让日本和德国、意大利于1940年9月27日签署《三国同盟条约》。该条约规定，倘若任一国家遭到其他强国的攻击——中日争端或欧洲敌对行动的当事国除外——三个国家要相互援助。对于日本来说，如果苏联攻击德国，这是参加对苏作战的明显承诺，对于德国来说，如果美国攻击日本，这是参加对美作战的承诺。除此之外，它们并非互相负有义务的战时盟国。该条约承认德国领导建立欧洲"新秩序"，也承认日本领导建立"大东亚共荣圈"。1941年12月后，在"大东亚共荣圈"的伪装下，日本将去统治欧洲帝国在亚洲的殖民地。根据1936年签署的针对苏联的《反共产国际协定》，日本已经接受与德国的同盟关系。1941年4月，作为对《莫洛托夫—里宾特洛甫条约》的回应，松冈洋右与苏联谈判签订了中立条约；然而此时，日本外交倾向于坚决反对与中立国和反轴心国妥协，而倾向与1940年战胜国更加亲密的联合，似乎这些战胜国吉星高照。

1941年6月，希特勒对苏联的攻击——预先并未给日本内阁任何警告——暂时动摇了日本的信心。7月16日，日本有所调整，以一位更加温和的外相取代了松冈洋右。不过，东条英机仍是陆军大臣，他在促使内阁对抗希特勒的敌人——英国和荷兰流亡政府——和对抗美国的过程中发出最强有力的声音。这项政策带来深远的结果。为了安抚日本人，英国人于7月封锁了"滇缅公路"——蒋介石在中国南部的军队通过这条公路接收援助物资。荷兰人抵抗日本压力的能力甚至比英国人还差，他们也被迫同意从荷属东印度供应石油、橡胶、锡和铝矾土，而且不是日本需要的数量，而是日本可接收的数量。法国人虽然在欧洲打了败仗，但是在远东仍是殖民主义国家。1940年9月，法国人被迫允许日本人在印度支那的北部地区拥有驻军权和通行权，日本军队不仅可以据此与蒋介石作战，还可以威胁荷属东印度的荷兰军队和舰队、马来亚和缅甸的英国军队和舰队（后者虽然驻扎在本土水域，但已被指定危急之时转移到新加坡），以及更远的英国对澳大利亚的统治和对锡兰至东非的印度洋沿岸英属殖民地的统治。

这是遥远却迷人的愿景。然而，当前则处于美国势力的威胁之中，更近在咫尺的绊脚石是美国的反对。日本向南扩张，不仅威胁美国对菲律宾的保护，而且美国也是中国的保护者，几乎是守护天使。美国几代传教士和教师曾在中国的城乡工作，向当地居民传播基督教，给他们带来西方知识；他们最值得一提的学生当属中国的统治者蒋介石和他的妻子。美国商人也在中国获利：自义和团运动的混乱时光以来，在调解人的外衣下，美国水手和士兵在中国水域巡游，在中国平原游走。"中国游说团"（China lobby）是美国最有势力的外交政策利益集团；"支那事变"激怒了它，此时这场残酷的战争已经让国民党政府忙活了四年；它坚持的不仅是应该限制日本在太平洋地区进一步扩张军事势力，而且还应该迫使日本从已经征服的地区退出去。

战争的筹备

1941年4月，美国国务卿科德尔·赫尔（Cordell Hull）向日本人提出四项国际行为准则，这些准则在国务院看来高尚而无害，但要求日本政策有所节制，对日本人的扩张计划作出限制，重新强调其在太平洋地区扮演的耻辱的劣等角色，美国早就将太平洋地区归为自己的势力范围。四项行为准则促使日本内阁出现一个派别，他们认为通过牺牲苏联来谋求优势，可以更好地服务于帝国的利益，即所谓的"北方"计划。可是，"南方"派坚持认为日本势力的扩张仍是占支配地位的，这种扩张最初通过在印度支那南部地区从维希政权手中攫取驻军权得以实现。科德尔·赫尔提出要求的唯一结果是，日本内阁同意继续与美国谈判，同时加紧军事准备。仅松冈洋右一人主张不妥协，于是7月16日内阁重组时被免除职务。

不为日本人所知的是，从1941年初开始，美国能够读懂日本的外交密码。这是出色的破译行动的结果，该行动在华盛顿被称为"魔法"（Magic），与英国"厄尔特拉"破译德国国防军密码所取得的成功不相上下。当罗斯福知道7月24日帝国会议上日本决定将外交和秘密的军事进攻结合起来后，他决定拧紧与东京之间经济战的螺丝钉。7月24日，日本迫使维希政权同意允许日本军队进入印度支那南部地区。7月26日，在得到英国和荷兰的同意后，美国进一步强制实行日本与西方的贸易禁运，因此使日本外贸减少了四分之三，从源头上切断了它十分之九的石油供应。

到这时，日本已在华盛顿派驻了大使野村将军，他与美国官员私交甚好，而且他承诺日本海军的观点是真诚的，远比陆军观点更加温和现实。可是，在日本国内，陆军催逼最后期限。9月6日，裕仁天皇出席的内阁会议以最刻板的形式重新考虑若干选择：立即开始准备作战；继续谈判；默许美国对日本战略活动的限制，包括从印度支那撤出。陆军大臣东条英机坚持认为应该以这种形式讨论。当天皇提醒他的大臣们他们正在决定的事所带来的可怕后果时，他和其他人一样感到不安。会议的结论仍然是继续谈判，同时立即为战争做准备，确定谈判成功的最后期限为10月10日。

显然，由于此后几周谈判的耽搁，最后期限不得不向后顺延，这使日本百姓和海军不禁质疑考虑战争选择的正确性。东条英机作为陆军派系的领导人，也对政府的优柔寡断感到急躁，这种急躁情绪普遍存在。于是，他提出侵略性的解决办法。10月5日，在他的办公室召开了一次会议，会议的结论是外交不能解决任何问题，必须请求天皇同意军事进攻。此后一周，东条英机向近卫文麿施加更大的军事压力，迫使他选择战争。10月14日，这个问题成为他任首相期间陆军的信念之一。三天后，近卫文麿辞职，东条英机取而代之，担任首相。

与同盟国的战时宣传相反，东条英机不是一个法西斯主义者，在意识形态上也不亲纳粹或轴心国；尽管按照为纽伦堡审判而设计的法典他将作为战争罪犯而被处以极刑，但是他参加战争和征服活动的动机与希特勒及其追随者不同。他并非想要报仇雪恨，他的种族主义不明显，也不具毁灭性。尽管他是强烈的反共产主义者，害怕中国毛泽东势力的发展；可是，他没什么计划想要铲除日本的中国敌人，或者铲除也许会阻挡日本前进的亚洲其他集团。相反，他的沙文主义是专门反西方的。东条英机之所以培养与德国的同盟关系，完全是出于权宜之计，他并没幻想即使德国而非英美成为太平洋地区的主宰者，它对日本的国家野心会比后者表现得更加慷慨。东条英机的准则很简单：他决定在精选出来的势力范围之内建立日本的霸权，打败不接受这一点的西方国家（最终，如果必要的话，包括它的传统敌人苏联），征服并吞并中国，将之纳入日本帝国，并在日本领导的亚洲"共荣圈"中给其他亚洲国家（印度支那、泰国、马来亚、缅甸和荷属东印度）一席之地。他设想着从西方的殖民统治中将亚洲解放出来，日本是第一个站起来的亚洲民族，亚洲各民族必将认识到它为了实现亚洲的现代化而做出的卓绝努力。

11月1日，他召集并主持了由陆军、海军和文官代表参加的会议，商讨的内容是与美国是战是和，以及最后期限问题。会议决定用A方案和B方案两个新方案中的一个对付美国人。A方案中日本人将向美国人主动提出，日本军队将在未来的25年时间里完全撤出中国——可以理性地假定，美国人将拒绝该方案。B方案提议，如果美国人卖给日本一百万吨航空燃料的话，那么日军将从刚到达的印度支那南部地区撤出去。这两项提议都与建立太平洋地区的普遍和平相关。身为首相，而且还是军事主战派的代表，东条英机顷刻之间觉得计划被打乱了；在讨论B方案时，虽然他同意应该通过给美国人一些许诺，为避免战争作出最后的努力，但是华盛顿不太可能接受。转天，在天皇面前，他表达了他的担忧，如果日本现在不抓住自己的优势，"我担心我们将在两到三年的时间内沦为三流国家……而且，如果我们公正地统治占领区的话，对我们的敌意可能会有所缓和。虽然美国起初会很愤怒，但是以后会慢慢理解。不管怎么说，我小心翼翼地避免这场种族之战的发生"。这次，天皇并没提醒大臣他们正在讨论的问题是可怕的。事实上，美国随后并未决定不再与日本对抗，因此11月5日日本决定开战；此前一天陆军将领让海军将领同意，11月30日是接受美国妥协的最后期限。到了11月25日，日本海军突击部队将从本土港口启航，开始攻击美国在太平洋地区的军事基地，印度支那的日本陆军将开始进入泰国南部，目标是入侵英属马来亚，此外还有缅甸和荷属东印度。

由于通过"魔法"系统监听日本的外交信息往来,美国人早在1941年11月7日就知道,在他们与东京的谈判过程中,11月25日是个关键的日期。他们怀疑,那天也许是日本拟定开战的日子。由于指挥联合舰队和印度支那南部地区的第25军的日本指挥部强制实行严格的无线电静默措施,尽管美国人通过密码分析也掌握了日本海军的密码,但是他们并未掌握东条英机及其内阁所命令的初步的军事行动。11月后两个星期,美国国务院在经常与英国人、荷兰人和中国人召开秘密会议的同时,也与身处华盛顿的日本代表详细讨论B方案。谈判都是些模棱两可的话。由于赫尔知道日本人在做军事准备的同时却公开宣称在进行坦诚的外交斡旋,他不愿重视他们的出价和还价;尽管他们——野村和派来协助他的职业外交官来栖——都是可敬的人,但是东条英机让他们耍两面派的把戏,使他们在谈判中变得很尴尬,结果劳而无功。

11月26日,所有的含糊不清均得到解决。而后,科德尔·赫尔直言不讳地表达了美国的最终立场,这是对其最初观点的坚决重申:日本不仅要从印度支那撤军,而且还要从中国撤军,接受蒋介石政府的合法性,并且实际取消其《三国同盟条约》的成员身份。11月27日,赫尔照会抵达东京,引起一片哗然。它似乎比任何已经发表的美国对案更放肆。它不仅将放宽经济禁运与羞辱性外交投降联系起来。而且,根据日本的理解,它还要求日本撤出中国皇帝以前统治的全部领土——包括东北在内的中国全境。从技术上讲,东北长久以来并非汉族定居区,而且日本人相信他们已经稳固地征服了这片地区,因此赫尔照会的这项规定使东条英机更加确信他的政策是正确的。正如东条和他的追随者长期以来秉持的观点,这表明美国并未将日本帝国视为民族国家之林中与美国平等的一个,而是期望天皇及其政府当被告知如何做的时候要服从美国总统,完全低估了日本的战略实力。陆军和海军立即同意不接受该照会,东条英机命令华盛顿的日本使者继续对话,同时指挥舰船和士兵向进攻地点进发。驻华盛顿的日本大使收到关于日本不满的冗长而误导性的重申,准备于12月7日清晨转达给科德尔·赫尔,东条英机打算将之作为宣战。尽管"魔法"系统中途拦截了它,破译的延迟意味着它的内容直到下午两点以后才正式递交给美国国务院,这时已经超过东京规定的最后期限一小时。那时,珍珠港已经遭到猛烈的袭击,结果是东条英机作为军事领导人对主持历史上最惊天动地的奇袭之一感到志得意满,但作为日本传统主义者对制造了罗斯福所谴责的"国耻日"却感到耻辱。

十三　从珍珠港到中途岛

1941年12月7日星期日，美国太平洋舰队平静地停泊在夏威夷珍珠港。1940年4月以前，该舰队长年驻扎在加利福尼亚的圣地亚哥湾；5月，日本的欧洲盟友德国偷袭法国，促使美国海军部决定该舰队向夏威夷前沿基地的春季巡航时间应该延长到它的西部水域回归平静为止。在太平洋地区，日本也有一支舰队，其战舰和美国的一样强大，航空母舰甚至更为强大，而且同时与中国交战，此外还有11个师的兵力——比当时组建的美军多得多——用于在其他地方展开军事行动。1940年全年，太平洋舰队都留在珍珠港。当它的姐妹舰队大西洋舰队为了支持罗斯福的反潜政策，于1941年离开美国东海岸，开始执行忙碌的护航任务时，太平洋舰队继续执行它的演习和巡航计划。从1940年6月开始，它完成了三次重要的警戒任务和许多防空训练和反潜训练；从1941年10月开始，它一直处于准备状态。然而，警戒期的延长不由使其准备状态有所懈怠。和平时期，太平洋舰队经常将星期天视为假日。许多军官在岸上睡觉，船员们也起得很晚，吃早饭也晚。因此，罗斯福不久后向美国国会发表演说，将12月7日这天定为"国耻日"。

日本海军敏锐地意识到，太平洋舰队容易遭到偷袭，它的计划基于偷袭能够成功的假设。这些计划完全脱离了日本内阁的主要战略讨论，却预见到日本的战争将分成三个阶段。第一个阶段，联合舰队将进攻珍珠港的美国太平洋舰队，而其他海军和陆军部队同时摧毁敌人的舰船和部队，夺取所谓"南部地区"的重要领土，包括马来亚、荷属东印度和菲律宾。作为这些军事行动的延伸，陆军和海军将在太平洋西部地区日本众多的岛屿和群岛设置防御圈，不给美国及其盟友回击日本战略优势区的机会。日本计划的逻辑基于一种认识，即虽然加利福尼亚和夏威夷之间的太平洋东部地区缺乏防御，没有以美洲大陆为基地的舰队或两栖部队的军事基地或补给站，但是太平洋西部地区有一群岛屿，可以在其前缘设防，阻止外来者进入整个地区。而且，可以用空中突击队和海军武装这片岛区漫长的东侧，因此美国舰队在经过此地向澳大利亚和新西兰西方列强基地航行时将遭到攻击，却无法进行任何还击。

日本计划的第二个阶段是，沿着苏联西伯利亚附近的千岛群岛（Kurile Islands），穿过威克岛（Wake，美国属地）、马绍尔群岛（Marshall Islands，前德国属地，在凡尔赛会议上，它和加罗林群岛 [Carolines]、马里亚纳群岛 [Marianas] 一起划归日本）、吉尔伯特群岛（Gilberts，英国属地）、俾斯麦群岛（Bismarcks，前德国属地，时属澳大利亚）、新几内亚岛北部地区（澳大利亚属地）、荷属东印度和英属马来亚一线修建防御基地，实现战略思想的逻辑。第三个阶段主要是巩固：包括拦截和摧毁侵犯或接近防御圈的盟军，与美国打消耗战，目的是消磨美国人的战斗意志，如果必要的话，将战争扩展到英国在缅甸、印度洋也许还有印度本身的势力范围。

防御圈战略深深扎根于日本人的精神和历史之中，作为岛国民族，日本人长期以来习惯于使用陆军和海军协同保护群岛的安全，他们在此居住并将国家权力扩张到附近地区。该战略的关键是摧毁珍珠港的美国舰队。如果做不到这一点，那么其作战计划的第二个阶段和第三个阶段将根本无法实现。自相矛盾的是，该计划由山本五十六将军设计，而他却反对《三国同盟条约》，钦佩美国，对日美战争的结果颇感悲观；然而，他认为制定可行的计划是他作为爱国者和职业海军军官的职责所在。

论出身，山本五十六是水面舰队的军官；1905年5月，在日俄对马岛决战中，他在一艘巡洋舰上战斗并负伤。随后，他承认航空母舰是海军的未来武器，而且学会了飞行。尽管如此，他仍不确信他掌握了海空行动的精髓，因此早在1941年，他就取得一位更为年轻且杰出的海军飞行员源田实的支持，帮他制定进攻计划，春夏之际，联合舰队内部审阅并讨论了计划提纲，9月递交给日本军令部（Naval General Staff）。该计划包括五个独立却同时进行的军事行动。"Z作战计划"启动那天（1905年5月，东乡海军大将升起Z旗，标志着与俄国在对马岛开战），两支小规模的两栖部队将采取行动进攻美国在威克岛和关岛（Guam）的前哨，扫除"南部地区"附近防御圈内的据点。另一支两栖部队在台湾、冲绳和帕劳群岛（Palau Islands）的日军基地集结，开始在菲律宾登陆，以夺取棉兰老岛（Mindanao）和吕宋岛（Luzon）这两个大岛作为目标。以印度支那南部地区和中国南方为基地的陆海空部队将入侵马来亚（通过在泰国克拉地峡 [Kraisthmus] 占领的据点）和荷属东印度的摩鹿加群岛（Molucca Islands）。与此同时，决定其他四个行动是否成功的最重要的行动是，联合舰队及其4艘大型（及后来两艘小型）航空母舰将悄悄靠近珍珠港，到距其200英里的范围内，供其航空团起降，在其停泊处摧毁美国太平洋舰队的 8 艘战舰和 3 艘航空母舰，然后离开。1940 年 11 月，英国皇家海军使用航空母舰在塔兰托（Taranto）港打败了意大利舰队，山本五十六的参谋们详细分析了该次行动，于是日本对该计划的可行性更加充满信心。

该计划的成功有两个障碍。一个是日本的鱼雷无法在珍珠港战列舰编队的浅水区中使用，不过这很快就得到解决。另一个障碍是，联合舰队或许有在通行过程中暴露，以及安全受到威胁的危险——即使该舰队以最迂回的路线靠近夏威夷，即从日本和西伯利亚之间千岛群岛多风暴的水域起航，按照远离商业航线的路线向东南航行。1941 年 10 月，一艘日本邮轮试航该路线，当它报告说并未看到其他船只或飞机时，暴露的危险就不再被考虑。

11 月 26 日，航空母舰打击部队（Carrier Strike Force）起航；几天后，附属的攻击部队从它们各自的港口随后而来。南云指挥着 6 艘航空母舰、2 艘战列舰和 2 艘重型巡洋舰、3 艘潜艇、一小群护航舰，还有随行的维持打击部队漫长航行的油船队；日本人和美国人是海上补给技术的先锋，这种技术极大地拓展了行动舰队的范围和持久性。然而，他指挥的核心和依靠是 6 艘航空母舰组成的舰队，它们装载着逾 360 架舰载机，包括 320 架鱼雷轰炸机、俯冲轰炸机及护航战斗机，用以执行偷袭珍珠港的任务。如果能够将它们带到起飞点，即战列舰编队所在的瓦胡岛（Oahu）以北 200 英里处，它们完成任务的可能性很大。

美国有关日本计划偷袭珍珠港的战略情报或战术情报都不充足。数年来，美国的历史学家对罗斯福是否"知道"的问题争论不休：那些相信他知道的历史学家认为，他预知日本的"恶行"，从中寻找并发现了他需要促使美国站在英国一边参战的借口。进一步的指责是，罗斯福和丘吉尔之间有个秘密，也许他们 8 月在纽芬兰（Newfoundland）的普拉森夏湾（Placentia Bay）会谈时就已达成共识，将日本的背信弃义作为克服美国国内参战阻力的方式。这两种指责都不符合逻辑。关于第二种情况，丘吉尔无疑不想与日本作战，英国与日本作战的装备少得可怜，丘吉尔只想在与希特勒的作战中得到美国的援助，太平洋地区的宣战事件并不能确保他得到援助；正如我们所看到的，珍珠港事件后不久，希特勒刚愎自用地决定对美宣战，解决了否则白宫和国会也许要商讨数月的外交问题。关于第一种情况，可以证明，罗斯福的先见之明受到严格的限制。尽管美国的密码专家们破译了日本的外交密码"紫色"（Purple）和海军密码 JN 25b，但"紫色"密码只用来传送日本外务省对其驻外外交官的指令；理所当然，这样的指令不包括作战计划的细节，尽管它们的内容在最后的和平岁月里引起过美国窃听者的猜疑，但是这种猜疑并无证据。提供证据的作战计划也没有使用 JN 25b 密码。珍珠港事件前几周，日本的无线电防护措施相当严密，东京、舰队和陆军之间的所有命令都通过通讯员传达，向进攻位置前进的打击部队处于绝对的无线电静默。作为额外的预防措施，南云的舰队在一个庞大锋面的前缘内侧靠近珍珠港，这些锋面常常以军舰的速度横扫太平洋。日本人长期以来实践着这种技术，确保舰队的行动可以受到云雨的保护，以防被任何非常幸运的空中或海上侦察部队发现——防备事实上除了雷达之外任何系统的监视手段。

偷袭珍珠港

珍珠港受到雷达装置的保护；对 1941 年 12 月美国备战太平洋的主要谴责是无视雷达警报。8 月，瓦胡岛北部海岸安装了一套英国雷达装置，定期监测它所覆盖的海域的活动。12 月 7 日清晨 7 点后不久，正当要结束清晨守望时，雷达员在屏幕上前所未有地发现有大量飞机靠近。然而，当雷达员提醒珍珠港的海军值班军官注意时，后者告诉他"不要担心"，雷达员是陆军通信部队的士兵，按他所说的做了。值班军官错误地判断，屏幕上的回波代表空中堡垒（Flying Fortresses）的飞行，按照安排，空中堡垒来自加利福尼亚，不久将着陆于希卡姆基地（Hickam Field）。1941 年 12 月，夏威夷附近有很多空中增援正在进行中；当前，太平洋舰队的两艘航空母舰，即列克星敦号（Lexington）和企业号（Enterprise；萨拉托加号 [Saratoga] 在美国本土整修），正在向威克岛和中途岛运送飞机。雷达光点似乎无害。

事实上，这些光点是南云的空中打击部队的第一波，从距目标战列舰编队 200 英里的瓦胡岛起飞，飞到距目标 137 英里处被察觉——飞行时间不足一小时。它总共有 183 架鱼雷轰炸机和俯冲轰炸机，由零式（Zero）战斗机——此后两年内将成为世界上最优秀的舰载战斗机——护航，数月前所有成员都在假想进攻珍珠港的精确模拟中受过严格训练。日军安排了小心翼翼的侦查计划，弄清了每艘战列舰和巡洋舰的位置；每个目标都指派了一组飞行员。其余的部队掩护攻击者躲避防御工事，并向目标发射炸弹和鱼雷。

这里没有防御。当第一架日本飞机掠过战列舰编队及希卡姆、贝罗斯（Bellows）和惠勒（Wheeler）基地的相关机场目标时，甲板上星期日值班的军人臆断，这些飞机的出现是"例行空袭演习的一部分"。珍珠港舰船上 780 门高射炮的四分之三都无人操纵，全军 31 个炮组中只有 4 个可立即投入使用。许多大炮没有弹药，弹药被收回存贮保管。早上 7 点 49 分，日本人开始偷袭；到 8 点 12 分，老式战列舰犹他号（Utah）沉没，太平洋舰队遭到重创。亚利桑那号（Arizona）爆炸，俄克拉荷马号（Oklahoma）倾覆，加利福尼亚号（California）沉没；其他四艘战列舰全都遭受严重损失。9 点钟，168 架日本舰载机组成的第二波抵达，彻底摧毁了珍珠港。它们离开时，被毁的战列舰名录上多了西弗吉尼亚号（West Virginia），内华达号（Nevada）搁浅——临时指挥它的低级军官迅速作出反应，因而拯救了它——马里兰号（Maryland）、田纳西号（Tennessee）和宾夕法尼亚号（Pennsylvania）严重受损。另外 11 艘较小的舰船也受到攻击，188 架飞机被毁，大部分在为了预防蓄意破坏而比翼停靠的地面上熊熊燃烧。这在美国历史上是史无前例的耻辱，日本所取得的战略胜利似乎和对马岛战役同样完满。在对马岛战役中，日本在一个清晨就将俄国海军势力赶出了太平洋，从此东乡平八郎成为日本的纳尔逊。

可是，珍珠港并非特拉法加角（Trafalgar）。正当日本飞机开始飞回航空母舰时，打击部队指挥官南云忠一中将要求第一批回来的飞行员再次出战，以便彻底摧毁珍珠港。所有人都大感失望忧虑的是，他们没有发现停泊的美国航空母舰。由于无法攻击美国航空母舰，他们能够退而求其次的是，摧毁海军修船厂和油库，这至少可以确保珍珠港无法用作反击日本侵略菲律宾、马来亚和荷属东印度的前进基地。源田实力劝如此行事。南云是勇猛的武士，但却不是纳尔逊，他听完他们的建议，却没有同意。对于他和山本五十六最疯狂的梦想而言，"Z 作战计划"已然获胜。此时，理性的选择是让舰队撤出险境——谁晓得美国的航空母舰或许在哪里行驶着？——保证它的安全，让它准备在下个阶段向南方发起攻势。那时，其他日本海军和海军航空兵，以及五分之一的日本陆军，将冒险主动出击，攻打太平洋西南地区的英帝国、荷兰帝国和美帝国。谁能说接下来什么时候和在哪里需要联合舰队？

日本的征服狂潮

"南方"行动已然展开，英国皇家海军将要感受日本海上空中力量的分量。英国保卫其分散在东南亚和太平洋的属地的计划，取决于在航空母舰的支持下及时将主力舰派遣到守备森严的新加坡海军基地，新加坡位于荷属东印度两个最大的岛屿苏门答腊（Sumatra）和婆罗洲（Borneo）之间马来半岛的底端。

作为预防措施，12月初，新的战列舰威尔士亲王号（Prince of Wales）和旧的战列巡洋舰反击号（Repulse）驶向新加坡。虽然本该有艘航空母舰护送它们，但是由于本土水域航空母舰的伤亡，以及另外唯一一艘不承担任务的航空母舰需要在挪威海湾监视德国战列舰提尔比兹号，因此这意味着这些舰船不得不在没有航空母舰陪同的情况下航行。12月8日，有消息称日军开始在克拉地峡登陆，克拉地峡连接泰国南部地区和马来亚，威尔士亲王号、反击号和若干驱逐舰组成的小型护航队受此提示，从新加坡驶去拦截。登陆日军还占领了本可起飞战斗机掩护这两艘主力舰的机场，而且尽管指挥官海军上将汤姆·菲利普斯（Tom Phillips）爵士接到警告，即强大的日本鱼雷轰炸机部队驻扎在印度支那南部地区，但是他仍然继续航行。12月10日一大早，日军轰炸机发现了他，两艘主力舰在两个小时持续不断的轰击下沉没。日本的岸基飞机击沉一艘崭新的战列舰和一艘著名的战列巡洋舰，是任何英国人都没有心理准备的灾难。这件事不仅颠覆了所有关于英国通过海军实力控制远洋的能力的预想，而且还残酷地打击这个国家的海上自豪感。"在整个战争过程中，"温斯顿·丘吉尔接到海军总参谋长（Chief of the Naval Staff）的电话，听到这个消息后写道，"我从未受过更直接的冲击。"

同样糟糕的消息接踵而至：12月8日和10日，威克岛和关岛受到攻击，这两个岛是前德属岛屿组成的大岛链内的美国前哨基地，日本在太平洋西南地区的防御圈也将基于这个大岛链。关岛立即沦陷；小规模的海军卫戍部队英勇防守威克岛，可是在美国突围部队畏怯地撤退之后，12月23日威克岛在第二轮攻击中沦陷。英属香港抵抗着始于12月8日的围攻，尽管英加卫戍部队苦战到底，但香港还是在圣诞节那天投降。12月，英属吉尔伯特群岛的塔拉瓦岛（Tarawa）和马金岛（Makin）沦陷。12月10日，为了侵占马来亚和菲律宾，日本人展开两栖攻势。

无疑，英国对马来亚防御的失败被视为盟军最可耻的战败之一。在整场战役中，日本人以寡击众，以一敌二。他们开始仅仅投入一个师团和其他两个师团的部分兵力，去对抗英国的三个师和其他三个师的部分兵力。诚然，英国空军人数更多，武器更加精良，但是没有坦克，而日本侵略军有57辆坦克。然而，装备先进并不是日本大获全胜的理由。胜利源自其方法的灵活和机动，与1940年德国在法国展开的闪电战的那些特征类似。英国人从一开始就延误了他们的行程。总司令、空军上将罗伯特·布鲁克—波帕姆（Robert Brooke-Popham）爵士及其资深将领白思华（Percival）将军打算挥师前行，越过泰国边境，夺取克拉地峡潜在的登陆地，以此给日本的进攻来个先发制人。然而，混乱的预警使他们没能采取这样的行动，正如同样混乱的预警困扰着美国对日本的偷袭作出反应。当日本人在前方防御区出现时，他们并没阻挡日军的前进，而是后退到远在后面的、被视为更好的防御位置。这种撤退放弃了宝贵的阵地，包括马来亚最北端的三个机场，这三个机场本来都没有丧失战斗力，不久却为日本人所用。其他很多被丢弃的东西也被侵略者使用，诸如机动车和海船。日本步兵长队坐着俘获的轿车和卡车出发，鼻孔中呼吸着胜利的气息，其他人骑着征用来的自行车向南跟随。乘着渔船的海运部队开始在英国防线后登岸，英国人一接到日本人在他们后方出现的消息，就放弃了该防线。至12月14日，马来亚北部地区全部沦陷；至1942年1月7日，日本人占领了马来亚中部的仕林河（Slim），将守军向南赶到新加坡。

在日本人冲锋前就轻易土崩瓦解了的部队大部分是印度军。它们并非战前印度军队的一线团，那些部队目前在与意大利军的交战中获胜，而是由于战争需要由新近入伍的士兵组成的部队，由缺乏经验的英国军官统领，他们大部分没有学过印度军队里使用的命令语言乌尔都语。因此，两个阶层之间缺乏信任，撤退命令常常被视为匆忙撤走的借口。然而，士气低落并非马来亚指挥崩溃的唯一原因。这些部队没受过丛林作战的训练，也没努力训练自己。即使是坚决的第8澳大利亚师，也因日本先遣部队远远地出现在准备迎击的阵地后方而陷入慌张和混乱。只有英国第2阿盖尔郡及萨瑟兰郡高地人团（British 2nd Argyll and Sutherland Highlanders）一支部队尽展防御本色。战前数月，其指挥官训练士兵将部队侧翼延伸到贯穿防御阵地的公路之后的丛林地带，演示如何化解敌人的侧翼包抄策略。该部队在马来亚中部地区打了大胜仗，尽管损失也比较严重。如果所有部队都采用这种做法，那么在新加坡受到威胁之前，日本的入侵必定会有所拖延，也许还会被制止。

至1月15日，日本第25军5周以来行军400英里，只距该岛要塞100英里，将在未来10天内发起猛烈的攻击，将澳大利亚人和印度人赶出新加坡的掩护阵地。1月31日，守军的后卫部队在第2阿盖尔郡及萨瑟兰郡高地人团剩下的两个风笛手的笛声中离开马来亚，跨过连接新加坡和大陆的堤道，撤退到掩护海军基地不受北岸攻击的防线。此时，马来亚战役的悲剧达到高潮。新加坡刚刚得到从中东赶来的英国第18师的增援，因此尽管在从北向南的撤退中兵力有所损耗，但是白思华指挥 45 个营对抗山下奉文将军第 25 军的 31 个营。在中东与意大利作战获胜的将军阿奇博尔德·韦维尔爵士此时是印度地区总司令，他也指望空军和海军增援部队的到来，用以支援地面部队，他相信闻名遐迩的新加坡海军基地防御工事将确保该地抵抗数月。然而，对二战史最漠不关心的读者都知道，新加坡的防御工事"不值一提"。传说是假的。虽然该岛设置了战略据点和重炮，用以抵御来自大陆的攻击；可是，供应大炮的弹药有误，不适合作战部队。一道最窄处不到一英里宽的海峡将新加坡与柔佛州（Johore）分开。该岛的北岸长逾 30 英里，这要求白思华将他的营队——某些营集结在中央预备队——分散开，一英里一个。腓特烈大帝曾经写道："处处设防等于不设防。"这是战争的残酷真相。山下奉文集结他的部队（此时得到帝国近卫师 [Imperial Guards Division] 的增援），对付该岛西北角的 6 个澳大利亚营，2 月 8 日其部队渡过柔佛海峡（Johore Strait）的狭窄水域。在势不可当的攻击下，澳大利亚第 22 和 27 旅迅速崩溃。中央预备队的反攻没能将日本人从他们的据点赶回海里。到了 2 月 15 日，该岛中部为新加坡全城提供水源的水库，以及由于大量难民涌入而膨胀，超过 100 万的人口，都陷入日本人之手。白思华面临着一场城市浩劫。当晚晚些时候，他走进日本人的战线投降。一位参谋给他拍了照，他拿着一面英国国旗和一面白旗。根据历史学家巴兹尔·柯里尔（Basil Collier）的观点，对于"英国人"而言，这是"其历史上最大的军事灾难"，逾 13 万名英国士兵、印度士兵、澳大利亚士兵和当地义勇军士兵向人数不到他们一半的日本军队投降。大部分被俘的印度士兵被印度民族主义者苏巴斯·钱德拉·鲍斯（Subhas Chandra Bose）催眠术般的呼吁所怂恿，很快投靠日本人，组建印度国民军（Indian National Army），为了印度的独立事业，站在日本一边与缅甸的英军作战。印度人的背叛和白旗事件，是丘吉尔政府及此后的英国政府决不原谅白思华在马来亚战役中灾难性处理失当的众多原因中的两个。1945 年解放后，白思华成为"没有社会地位的人"，官方人等都避开他，每次纪念英国迟来的亚洲胜利的活动都将他排除在外。

珍珠港的指挥官海军上将金梅尔（H. E. Kimmel）被官方遗忘也有着大致相同的原因，尽管他比白思华无辜点。正如即将到来的荷属东印度事件的转折所表明的，在对现代战争行为茫然无措的战场上，1941 年 12 月日本突袭之路上的西方指挥官都无法捍卫他们的职业荣誉，除非在敌人面前舍生取义。在与日本舰队作战的可怕逆境中，荷属东印度的荷兰海军高级军官、海军上将卡雷尔·多尔曼

1942年2月15日,新加坡投降,这是英国军事史上最具灾难性的失败。逾13万名将士沦为战俘。

(Karel Doorman)成为历史英雄——只是因为他在他那沉没的巡洋舰的舰桥台上殉职。荷属东印度抵抗进攻的准备工作做得甚至还不如夏威夷或珍珠港;多尔曼可能将死亡视为从灾难中仁慈地获救,在"南部地区"他的战场上,他并不比白思华、金梅尔负有更多责任。

开启东印度宝库

12月16日,日本进攻英国在婆罗洲的属地,于是开始了对东印度的进攻。显然,日本的进攻不久将蔓延到东起马来亚,经新几内亚至澳大利亚北岸的整个岛链地区。1941年,澳大利亚几乎没有任何防御工事,因为大部分军队被运往海外,和中东、东南亚的英军并肩作战。接着,该地区内尚存的澳大利亚、荷兰、英国和美国军队匆忙集结为一支联系紧密的部队。该部队的代号是ABDA(美国—英国—荷兰—澳大利亚),由韦维尔将军统领。韦维尔控制着小规模的美国亚洲舰队、澳大利亚皇家海军和澳大利亚军的本土防御部队、英国东部舰队的剩余、东印度水域的荷兰海军和荷属东印度军队。荷属东印度军队约有士兵14万名，大部分是当地居民，没有现代战争装备，也没受过现代战争的训练；与专业性很强的英属印度精锐之师不同，他们甚至从没打过仗。ABDA的海军包括11艘巡洋舰、27艘驱逐舰和40艘潜艇。美国急速向爪哇（Java）派送了一百架现代飞机；荷兰只有过时的机型，英国空军部队统统参加——无一幸存——了马来亚的战斗。

日本人征服东印度——对他们而言是生产石油、橡胶和有色金属的宝库，也是大米和木材的产区——的战略构思缜密。他们计划让大量海军和两栖部队接连紧密地进攻2000英里长的群岛上分布广泛的据点：1月进攻婆罗洲和西里伯斯岛，2月进攻帝汶岛和苏门答腊，3月进攻爪哇。进攻帝汶岛的一个重要的附带意图是切断澳大利亚和爪哇之间的空中联系，帝汶岛距离澳大利亚最北端的达尔文港只有300英里。最终，所有部队联合起来夺取荷属东印度的首府、爪哇岛上的巴达维亚（今称雅加达）。

日本登陆部队毫不费力就战胜了他们所遇到的荷属当地部队（当地居民不怎么支持他们）。澳大利亚军则显得更加顽强——2月19日，曾经偷袭珍珠港的航空母舰中的4艘对达尔文港发动空袭，这使澳大利亚军更加斗志昂扬。然而，他们太过势单力薄，无法阻挡大势所趋。ABDA手中唯一重要的筹码是其舰队，只要日本人不使用空中力量对付它，它就是一支令人敬畏的部队。它取得一些初步胜利。1月24日，美国驱逐舰和一艘荷兰潜艇在婆罗洲沿海击沉了日本运输船。2月19日，荷兰和美国驱逐舰在巴厘岛（Bali）沿海攻击其他运输船。2月27日，ABDA指挥部命令联合打击部队（Combined Striking Force）进攻向爪哇逼近的日本入侵舰队，考验海军上将多尔曼的时刻到了。多尔曼的舰船包括2艘重型巡洋舰、3艘轻型巡洋舰和9艘驱逐舰，都是从荷兰、英国、澳大利亚和美国海军抽调出来的。他的日本对手海军中将高木武雄指挥着2艘重型巡洋舰、2艘轻型巡洋舰和14艘驱逐舰。从数字上看，双方似乎势均力敌；从决心上看，正如多尔曼将展示的，日本人丝毫没有优势。然而，日军拥有先进的装备，24英寸口径的鱼雷远比盟军的同类武器先进。

2月27日下午晚些时候，夜晚即将降临，爪哇海战打响。这场日德兰（Jutland）海战以来规模最大的海战以远程炮击战开端。然而当日军靠近发射鱼雷时，他们迅速得分，多尔曼被迫掉转方向，以减少损失。夜幕降临之时，他和日军都离开战场，此后不久，他不得不派大部分驱逐舰去加油。尽管如此，他仍然下定决心要阻止日本舰队运载部队上岸，因此在一片漆黑之中，他又回到他判断日本舰队所在的位置。此时,他的舰队只剩下 1 艘重型巡洋舰、3 艘轻型巡洋舰和 1 艘驱逐舰。此刻,月光皎洁。晚上 10 点 30 分,他再次发现日本人的踪迹;更准确地说,是日本人发现了他。当他和日本舰队的一部分舰船交战时,另一部分日本舰船悄悄靠近他,却未被发现,而且还发射了致命的鱼雷。残存的两艘荷兰巡洋舰几乎立即沉没,德鲁伊特尔号(De Ruyter)带着多尔曼一起沉没。美国军舰休斯敦号(Houston)和澳大利亚军舰佩思号(Perth)逃脱,转天夜晚,在一场英勇战斗之后沉没;日本鱼雷误击了 ABDA 本想拦截的四艘运输船。ABDA 的所有主力部队都被消灭,ABDA 原本主要指望它们将日本人赶出太平洋南部地区和澳大利亚附近地区。

在海上吃了败仗后,陆上的荷兰人也很快被迫投降。3 月 12 日在爪哇的万隆(Bandung),同盟国签署了一份正式的投降书;同一天,已经占领新加坡的帝国近卫师在苏门答腊登陆,这是最后一个尚未落入日本人之手的荷属大岛。日本人在东印度并非不受欢迎:与法国人不同,荷兰人从未给予被征服民族受教育阶层文化和思想上的平等,从未掌握改善殖民统治的技巧。受过教育的印度尼西亚年轻人——正如不久他们所自称的——欣然响应日本人将带来"共荣",正如他们一定会推翻荷兰殖民统治的信息,他们是日本新秩序最热情的合作者。

另一个常常憎恨殖民征服的民族是缅甸人,他们难以驾驭,对大英帝国怀有比他们的印度邻居更为复杂的爱恨交加。英国人总是难以统治缅甸,到了 1886 年才最终征服它(年轻的鲁德亚德·吉卜林笔下的英国兵来源于生活,他们在通往曼德勒 [Mandalay] 的路上挺进)。缅甸人总是不接受战争和征服的结果,1941 年初,一群年轻的持不同政见者,后来成为著名的"三十志士",在昂山(Aung San)的领导下跑到日本,接受训练反抗英国统治。机会到来得比他们预期的还要快。12 月,月初进入泰国的日本第 15 军跨过缅甸边境,夺取了丹那沙林(Tenasserim)的机场。很明显,大规模攻势不久即将展开。

缅甸由一个当地招募的师防守;1 月,第 17 印度师的部分部队与它会合。附近唯一的其他盟军是蒋介石的第 66 集团军,该军以滇缅公路为根据地,(和大部分中国军队一样)其重要性难以预测,此外还有中缅边境上由令人敬畏的美国"醋乔"史迪威("Vinegar Joe" Stilwell)指挥的两个中国师。虽然第 15 军的指挥官饭田祥二郎将军只有两个师,即第 33 师团和第 55 师团,但是它们都受过良好的训练,而且有 300 架飞机援助;相比之下,英国军队没受过很好的训练,而且几乎没有空中支援。

战役一开始就对英国不利。由于军队不多却要防守一道宽阔的战线，第17印度师不久便于2月14日失去了萨尔温江（Salween）上的前沿防线，然后它撤到锡唐河（Sittang）保卫首都仰光（Rangoon），在那里短暂地坚守了一阵，接着在大部分作战部队还没过桥的情况下误炸了锡唐河上唯一的一座桥。

事情很快变得更糟。3月5日，为了扭转败局，亚历山大将军从英国赶来，他的部队被称为"缅甸军"（Burcops），他决定让"缅甸军"的残余部队撤到该国中部的伊洛瓦底江（Irrawaddy）流域准备抵抗。日本第15军此时得到第18师团和第56师团，还有100架飞机的增援，紧随其后。亚历山大希望守住曼德勒以南地区，曼德勒是缅甸的第二大城市，位于卑谬（Prome）和东吁（Toungoo）之间的防线上，一个中国师已经到达那里；可是3月21日，亚历山大却被迫再向后退。此时，他的英国部队和印度部队缺乏补给，精疲力竭，他的缅甸部队开始集体逃亡。他的西面和东面受到侧翼包围的威胁，日本人还迫使中国人向中国边境山区后退。他面临一种两难困境，是沿滇缅公路跟随中国第66集团军（实际上相当于一个师的兵力）——滇缅公路从缅甸的东北地区通向中国，他在那里无法确保物资补给——还是穿越没有路的缅甸西北山区进入印度。最终他选择了后者。4月21日，他同意蒋介石在缅甸的联络官的意见，两支打了败仗的军队应该各走各的路，于是他率领军队出发，在数千难民的随行下，走上"英国军事史上最长的撤退之路"。"缅甸军"的幸存者在9个星期里在缅甸跋涉了600英里，5月19日，他们在钦山（Chin Hills）的达武（Tamu）穿越印度边界，此时恰逢雨季到来，撤退难以继续——幸运的是，这也使日本人无法加紧追击到印度。

开始参战的3万名英国将士约有4000人阵亡；约9000人失踪，其中大部分是离开军队的缅甸人。只有一个缅甸营到达印度，该营大部分士兵是从该国一个少数民族招募来的。许多逃兵接受了昂山的战斗号召，参加他的缅甸国民军（Burma National Army），这支部队于1944年短暂地站在日本一边参战，战争结束后是成功的独立运动的核心。这次溃退还有其他幸存者。"醋乔"史迪威步履艰辛地回到中国，1944年他从中国再次回到缅甸。亚历山大的下属比尔·斯利姆（Bill Slim）将军抵达印度；1944年，他率领凯旋的第14集团军也回到缅甸，该部队是他以溃退的残兵重新组建起来的。其中，第4缅甸步枪队（4th Burma Rifles）是原第1缅甸师唯一幸存的部队。

在缅甸的胜利近乎完成了日本进攻"南部地区"的第一阶段。由于占领了重要的战略位置——印度支那、台湾、马里亚纳群岛、马绍尔群岛和加罗林群岛，日本非常容易向东、南和西侵袭，进攻其所选敌人散布的殖民地和分开的部队，并且将之各个击破。4月22日，当亚历山大接受失败并动身跨越山区进入印度时，"南部地区"内盟国只剩下一个据点仍在抵抗日本人，那就是美国在菲律宾的据点。

菲律宾的陷落

菲律宾不是美国的殖民地，1941年时也还不是主权国家，美国对菲律宾的控制是因为在1898年战争中战胜了西班牙（自16世纪以来菲律宾就属于西班牙）。美国将保护关系延伸到这些岛屿，引进了政府的民主形式，筹建了一支菲律宾军队——1941年由老牌的菲律宾铁腕人物道格拉斯·麦克阿瑟（Douglas MacArthur）将军指挥——并且将整个群岛置于太平洋舰队的羽翼之下。1941年12月，岛上的美国作战部队有1.6万人，不过只有两个成形的团，约有150架作战飞机，16艘水面舰艇和29艘潜艇。1941年7月26日，在1934年美国国会通过的菲律宾临时独立法案所规定的条款下，菲律宾军队为美国服役；可是，10个还处于雏形的师尚不适合作战。唯一准备好战斗的菲律宾部队是菲律宾童军师，虽然他们受过美国式的训练，但是兵力只有1.2万人。

麦克阿瑟将这些部队集结在吕宋岛北部、首都马尼拉（Manila）附近，日本人打算从台湾抽调第14军去对付这些部队。第14军由两个精锐师团组成，即第16师团和第48师团，它们曾在中国打过仗，后援包括拥有5艘巡洋舰和14艘驱逐舰的第3舰队（Third Fleet），拥有2艘战列舰、3艘巡洋舰和4艘驱逐舰的第2舰队（Second Fleet），以及2艘航空母舰、5艘巡洋舰和13艘驱逐舰组成的舰队。以地面为基地的第11航空舰队和第5航空师团将增援航空母舰上的航空团。

美国人遭受的第一场灾难来自空中。正如在夏威夷，他们虽然拥有雷达装置，但却没能在接到它所发出的警告时有所行动；正如在夏威夷，他们的飞机为了预防蓄意破坏而比翼停靠，在日军于12月8日下午发起的第一轮空袭中几乎损失殆尽。12月12日，在菲律宾海域指挥亚洲舰队（Asiatic Fleet）的托马斯·哈特（Thomas Hart）海军上将由于缺乏空中掩护而感到窘迫，出于安全考虑，把他的水面舰艇派往荷属东印度。在荷属东印度，在ABDA的指挥下，它们将在爪哇海战中被消灭。

到那天，第14军已经开始登陆。本间雅晴将军对经由其他7000个菲律宾岛屿中任何一个的间接路线不屑一顾，12月10日他让军队在吕宋岛上岸，开始直接向首都进发。他希望，通过在不同的地点登陆，牵制麦克阿瑟的部队，使之远离马尼拉；守军没有回应，12月22日，他在首都附近展开了另一次大规模登陆，迫使麦克阿瑟退到巴丹半岛（Bataan）的坚固阵地，这里掩护着马尼拉湾和近海的柯雷吉多尔岛（Corregidor）。

巴丹半岛约30英里长，15英里宽，有两座丛林密布的高耸山脉。如果防御得当，即使守备部队缺少物资供应，本也可抵挡住持续不断的进攻。然而，在第一座山区阵地组建防线时，麦克阿瑟的部队犯了和英国人同时在马来亚犯的同样的错误。他们没有将侧翼延伸到山坡的丛林之中；结果，日本入侵者很快绕过了他们的侧翼。退到第二座山区阵地时，他们避免了这个错误的发生；不过，他们已经交出了一半地盘，此时挤在一块方圆十平方英里的地方。而且，防线内除了8.3万名士兵，还有2.6万名平民难民，他们中的许多人是从马尼拉逃到这里的，日本人猛烈轰炸了马尼拉，尽管它已经被宣称是座不设防的城市。所有人员口粮减半配给，可是尽管美国潜艇偶尔突破封锁，给养迅速减少。到了3月12日，麦克阿瑟接到罗斯福的命令，起身前往澳大利亚（带着著名的许诺"我还会回来"），守备部队的给粮已经只有三分之一。4月3日，当本间雅晴发起最终攻势时，巴丹包围圈内的大部分美国人和菲律宾人患有着脚气病或其他营养缺乏症，给粮已经减少到四分之一。五天后，麦克阿瑟的继任者乔纳森·温赖特（Jonathan Wainwright）将军投降。约9300名美国人和4.5万名菲律宾人在历经声名狼藉的"死亡之旅"后抵达战俘营。约2.5万人死于伤病或者虐待。菲律宾守军的最后一批幸存者占据着柯雷吉多尔岛，自4月14日至5月6日遭到炮轰，直至投降；5月4日一天，逾1.6万枚日本炮弹落到小小的前哨阵地，使抵抗难以为继。伴随着该岛的投降，整个菲律宾落入日军之手。然而，与荷属东印度和缅甸的当地居民不同，菲律宾人不愿看到日本人的胜利。他们正确地相信美国的承诺，即让他们完全独立，而且正确地担心日本人的占领预示着压迫和剥削。菲律宾自治领（Philippines Commonwealth）是大东亚共荣圈内日本将遭遇民众反抗的少数地区。

1942年5月6日柯雷吉多尔岛陷落之时，菲律宾人的抵抗对于日本人而言充其量是个枝节问题。这时，他们的战略范围囊括整个西太平洋，而且也深入中国和东南亚。欧洲在东方建立的历史性帝国——缅甸、马来亚、东印度、菲律宾，实际上还有法属印度支那——被纳入他们的势力范围。自1895年至1931年，他们已经占领了中国的属地——台湾、朝鲜和东北，自1937年以来他们侵吞了中国本部的大片地区。赤道以北的所有群岛都是日本的，日本还逐渐侵袭赤道以南的群岛。在美国西岸和英属澳大利亚和新西兰之间有一大片空旷的海洋，分布的岛屿或者太过遥远，或者太过渺小，无法为他们的敌人提供战略反击的基地。从"南部地区"的边缘，日本舰队和海军航空兵准备好深入攻击印度洋，朝向英属安达曼—尼科巴群岛（Andaman and Nicobar，1942年3月占领），朝向锡兰（Ceylon，4月突袭，以一艘英国航空母舰为代价），也许甚至远至东非海岸（实际上，5月一艘日本潜艇在马达加斯加岛沿海出现，这将促使英国人在当年晚些时候占领该岛）。最重要的是，他们的大型两栖——更好的，三栖——舰队保持完好无损。战争进行到目前为止，他们的11艘战列舰、10艘航空母舰、18艘重型巡洋舰和20艘轻型巡洋舰都没遭到严重损害；而美国太平洋和亚洲舰队已然失去——或者无法使用——所有战列舰，很多巡洋舰和驱逐舰，英国和荷兰远东舰队被摧毁，澳大利亚皇家海军被迫退回港口。

面对日本的惊人胜利和占据压倒性优势的战略地位，同盟国赖以保持战略平衡的，只剩下残存的夏威夷海军基地，及其对中途岛的远程依赖，还有美国太平洋舰队的几艘航空母舰，3艘，也许至多4艘。难怪，连像山本五十六这样多疑的人都被骄傲自大冲昏了头脑；1942年5月初，胜利的完成似乎只有一战之遥，他长期以来警惕着的前景徘徊在可能性的最边缘。

十四 航空母舰之战：中途岛

　　1942年5月，在太平洋战争的背景下，下一场战役意味着航空母舰之间的对决。以前从来没有打过这样的仗；可是，如果美国不想把太平洋的控制权交给日本，那么日本海军在珍珠港取得的胜利使得这场仗必不可免。战列舰编队被摧毁，美国太平洋舰队浮在水面上的主力舰只剩下它的航空母舰，它必须找到使用这些航空母舰去对付日本11艘战列舰、10艘航空母舰和38艘巡洋舰的方式，无论它们接下来将在哪里出现。即使战列舰的数目和日本相当，它也难以挑战一支训练有素的航空母舰部队。因此，"制海权"现在取决于赢得制空权，双方海军长期以来都承认这一点。在太平洋深处的某个地方——太平洋可谓地球表面最广阔的空间——日本航空母舰舰队和美国航空母舰舰队将不期而遇，一决雌雄。如果日本获胜，这是很有可能发生的，那么日本在亚洲建立的新秩序将在未来数年中稳如泰山。

　　日本航空母舰舰队在数量上多过美国，比例是10∶3；如果不算它的轻型航空母舰，日本海军仍然享有6∶3的优势。而且，日本的航空母舰和——甚至更为重要——它们的航空大队都是一流的。1941年12月前，美国人认为日本的航空母舰舰队粗糙地模仿了他们的舰队。珍珠港事件揭示出，日本舰队指挥官以极其高超的能力驾驭舰艇，日本的海军飞行员驾驶先进的飞机，凭借精准的技艺投下致命的重型炸弹。零式战斗机在任何海军中都是最杰出的舰载战斗机；凯特（Kate）鱼雷轰炸机和瓦尔（Val）俯冲轰炸机，尽管比美国的轰炸机慢，但是远距离运载量大。

　　日本帝国海军对航空母舰舰队的组建、训练并不次于战列舰舰队。相反，其航空母舰舰队是全国的精锐之师。为此，美国人——和英国人——只能责备他们自己。在1921年召开的华盛顿海军会议上，他们迫使日本人接受对日本可以拥有的主力舰数量的严格限制。比例确定为3艘日本舰艇比5艘英国或美国舰艇。目标是限制日本帝国海军战列舰在太平洋地区的数量，太平洋是两大西方海军的第二大舞台，那时它们身陷谁主宰大西洋的潜在冲突之中。虽然航空母舰也受到这种限制，但是包括航空母舰的目的是防止任何列强把随后可以改装为战列舰的船只伪装成航空母舰下水。日本则反其道而行之。日本已然信服航空母舰可能是未来海军的主导武器,将若干战列舰和战列巡洋舰转化为航空母舰(为了保留适航的船体,英美同样这样做了,否则他们不得不将之废弃),根据1921年签署的条约,日本有权这样做。日本还下水了一批水上飞机母船,目的是稍后将其转化为航空母舰,水上飞机母船是《华盛顿公约》未作识别的类型。

到1941年为止,通过改建和新建,日本人成功组建出世界上最大的航空母舰舰队。该舰队不仅装载着拥有500架舰载机的最大的海军航空部队,而且被归类为——似乎类似于德国的装甲师——一支独特的打击部队,即第1航空舰队(First Air Fleet)。4艘轻型航空母舰能够用于展开外围行动。6艘大型航空母舰——赤城号(Akagi)、加贺号(Kaga)、飞龙号(Hiryu)、苍龙号(Soryu)、翔鹤号(Shokaku)、瑞鹤号(Zuikaku)——集结在一起,用于发动战略攻势。它们组队摧毁了珍珠港。1942年5月,它们准备与美国航空母舰群交战,完成日本在太平洋地区的胜利。

美国的航空母舰尽管数量少,但同样也是其海军的精锐。1927年,列克星敦号(Lexington)和萨拉托加号(Saratoga)在战列巡洋舰船体的基础上改造完成,成为当时世界上最大的战列舰,1942年时仍是强大的舰船;企业号(Enterprise)是稍晚特别建造的一艘航空母舰;约克城号(Yorktown)和大黄蜂号(Hornet)是姐妹舰,它们将从大西洋舰队调来太平洋与企业号会合。它们的舰载机不同于日本的。特别是1942年,美国人缺乏精良的舰载战斗机。可是,美军的机组人员是杰出的,即使与第1航空队的精英比较。毕竟美国是飞机的诞生地,它的青春活力从一开始就孕育着飞翔的热情,美国海军的航空母舰飞行员是同行中的佼佼者。

航空母舰的航空飞行是最难的。起飞和"着陆"技术极为严格:起飞时,没有飞机弹射器的话,飞机会降到船头之下,往往撞入海里;降落时,飞行员必须朝向飞机制动索开足马力,免得挂不上挂钩,又必须飞起来,否则就会撞到航空母舰的飞行甲板上,或者导致可能致命的水上迫降。飞离航空母舰和起飞降落同样冒险。1942年时还没有机载雷达。"多座位"鱼雷轰炸机或俯冲轰炸机的炮手大致查看前行方位和飞行距离,然后指导飞行员飞回希望从晴朗的高空凭借视力找到母舰的海域。战斗机飞行员在他的飞机中一旦看不到母舰,就永远地迷失了,只能凭借猜想或者好运找到归途。晴朗无云的日子里,从1万英尺高算起,太平洋广袤的视觉范围是100英里;可是,攻击任务也许要求飞机飞离航空母舰200

英里,达到他们可以容忍的极限——也许还要超过极限。如果航空母舰返航,或者由于飞行员需要全力向前,飞过能够归航的极限点,归航的飞机将在返航的过程中耗尽燃料,不得不降落到海上,乘坐橡皮艇的机组人员在 2500 万平方英里的大海上也就是个点。只有最勇敢者才会担任航空母舰的机组人员。

日本航空母舰的航空群不仅勇敢,而且颇有经验。到 1942 年 5 月,他们不仅摧毁了珍珠港,而且轰炸了澳大利亚北部的达尔文,攻击东印度的海滨目标。4月,他们跨越了印度洋,在锡兰找到英国东方舰队(Eastern Fleet),攻击科伦坡(Colombo)和亭可马里(Trincomalee)的海军基地,追逐其旧战列舰,使其躲避到东非的港口。相比之下,美国航空母舰的海员们缺乏战斗经验。他们试图解救威克岛(Wake Island),但是没能成功。他们袭击了马绍尔群岛(夸贾林环礁[Kwajalein])、吉尔伯特群岛、所罗门群岛(Solomons)和新几内亚岛。一些机组人员遭遇日本战斗机或者防空炮火;可是,除了击沉一艘扫雷舰外,他们没能实现曾被训练和执行的目标——向敌方作战舰队投放炸弹或鱼雷。

杜利特空袭

突然,5月,出现了两次机会。造成这种结果的背景是极不寻常的。3月,为了报复珍珠港的暴行,"将战火引到日本本土",美军参谋长们和罗斯福总统讨论在日本发动反击的方式。为此,他们必须进攻日本本土群岛,显然这是无法完成的任务,因为群岛所处的位置远远超出美国太平洋基地的飞机航程,而派遣航空母舰投放舰载机也将使执行任务的部队处于绝境。唯一的解决方法是航空母舰装载远程轰炸机,希望它们能够起飞,向关乎日本民族自豪感的目标投掷炸弹:东京。这个任务虽然在理论上是可能完成的,但是几乎没有可行性。尽管如此,华盛顿仍然决定尝试一下。4月2日,美国军舰大黄蜂号在著名飞行健将詹姆斯·杜利特(James Doolittle)上校的指挥下,离开旧金山(San Francisco),飞行甲板上停着 16 架 B-25 中程轰炸机。

计划是,大黄蜂号航空母舰应该驶进距日本 500 英里之内的地区,投放其舰载机,然后撤退,飞机轰炸东京,然后继续飞行,飞到仍由蒋介石——他只被告知会有 B-25 轰炸机降落,而不知道它们的飞行任务——控制的中国大陆地区降落。4 月 18 日,大黄蜂号航空母舰及其护航舰在中途岛和阿留申群岛北部地区之间的路线上驶近,距离东京 650 英里时,被一艘日本海军警戒船发现。指挥特遣部队的海军上将威廉·哈尔西(William Halsey)决定,让 B-25 轰炸机立即起飞，纵然它们处于航程极限，只能飞往太平洋深处寻求安全。杜利特的所有轰炸机从飞行甲板上蹒跚着安全起飞，13架轰炸了东京和日本另外三处目标；4架降落于中国，1架降落于苏联，其他的被飞行员放弃，机组人员在中国上空跳伞。80名飞行员参与了这次不顾一切地冒险，其中71人活着回到美国。

如果杜利特袭击没给日本统帅部留下印象的话，那么它也许会被看作一次惨败。日本政府未向东京市民公开承认这次空袭，东京市民也没把分散的爆炸和美国空袭联系起来；然而，陆军将领和空军将领们，作为天皇的仆人，对轰炸对天皇个人造成的威胁感到震惊。在此紧要关头，日本军令部和联合舰队就太平洋战争的未来走势展开讨论。以海岸为基地的参谋们力主向"南部地区"进军，目标是夺取新几内亚岛更多的领土，以及夺取所罗门群岛和新喀里多尼亚岛（New Caledonia）额外的据点，从那里进攻澳大利亚，进而威胁其长长的靠海一侧与美国西海岸的联系。以山本五十六为代表的联合舰队并不想夺取更多领土，无论这些领土是否具有战略价值，而是想取得战略上的胜利。他们相信，通过入侵夏威夷岛外围的中途岛，他们可以与美国海军剩余的航空母舰决一雌雄，他们确信美国人一定会为中途岛而战。

杜利特空袭终结了这些争论。大黄蜂号航空母舰通过日本防御圈的"锁眼"中途岛，到达投放其舰载机的地点。由于日本的高级军官都不能公然赞成让锁眼通行无阻，因为这样做意味着漠视天皇的安危，因此日本军令部立即收回对联合舰队计划的反对，接受了山本五十六入侵中途岛的建议。已定于5月初执行的扩张新几内亚岛据点的军事行动将继续进行，日军已于3月8日至10日在新几内亚岛建立了据点；通过向位于大岛南部海岸的莫尔斯比港（Port Moresby）沿岸地区调动军队，日本将进一步威胁达尔文和澳大利亚北领地（Northern Territory）。无论如何，掩护登陆的航空母舰一旦撤走，便集结于太平洋中部地区，准备进攻中途岛。

"魔法"在太平洋战争的第一个重要关头帮助了美国人。美军拦截和解密了粗心大意的日方信号——感染了"胜利疾病"，他们后来为此甚感自责——这警示日本太平洋舰队即将侵袭莫尔斯比港。因此，美军派遣航空母舰列克星敦号和约克城号去拦截日本入侵舰队。为日本舰队护航的是三艘航空母舰，即新建的轻型航空母舰祥凤号（Shoho）、重型航空母舰翔鹤号和瑞鹤号。5月7日，祥凤号在遭遇战中被击沉。转天，在一番复杂的策划之后，剩余两艘日本航空母舰和两艘美国航空母舰的舰载机均发现对方母舰，双方母舰在海上相距175英里，激烈交火。翔鹤号受到重创；虽然约克城号只受了点轻伤，但列克星敦号却因航空燃料管道泄漏而起火，不得不被放弃。

珊瑚海（Coral Sea）一战给美国人带来两种有益的结果。此战抑制了日军向澳大利亚海岸阵地的进军，此后日军局限于新几内亚岛北部地区。此战令美国航空母舰和航空人员打消疑虑，他们至少和对手旗鼓相当，此外约克城号还获得了宝贵的作战经验。5月27日，约克城号到达珍珠港，45小时之内就被修好，它的舰长本来估计需要"90天的整修"。5月30日，"约克城"号起航，前去会合企业号和大黄蜂号，准备在中途岛沿海地区开战，企业号和大黄蜂号到目前为止都还未参加航空母舰对航空母舰的作战。

决定命运的五分钟

所有关心战争的美国人都承认，这是在铤而走险。美国使用的五艘航空母舰中，黄蜂号（Wasp）从地中海调回，它曾在地中海帮忙向马耳他运送飞机，萨拉托加号在完成整修后逐步恢复状态。其余三艘航空母舰构成两支特遣部队的核心，即第17特遣舰队*（约克城号）和第16特遣舰队（企业号和大黄蜂号），在巡洋舰和驱逐舰令人印象深刻的护航下出海。然而，指挥作战的将领弗兰克·约翰·弗莱彻（Frank John Fletcher，第17特遣舰队）和雷蒙德·斯普鲁恩斯（Raymond Spruance，第16特遣舰队）清楚，他们将在非常不利的情况下作战。日本第1航空舰队拥有六艘重型航空母舰（事实表明，四艘将驶向中途岛，即赤城号、加贺号、飞龙号、苍龙号），还有战列舰的支援，在飞机方面具有明显的优势：对于中途岛之战而言，日本每艘航空母舰装载70架舰载机，而美国的只装载60架。那天，272架日本轰炸机和战斗机将遭遇180架美国飞机。美军获胜的机会渺茫。

正如在珊瑚海海战前一样，"魔法"行动增加了美军的胜算。日本采取严密措施保护中途岛行动的无线电安全。该行动本身被命名为MI，尽管明显涉及中途岛，但也可能有多种含意；其目标命名为AF。虽然很多包含这些代号的往来通讯被美国"魔法"解密人员截获，但是译文并未表明第1航空舰队的目标。不过，

---

* 原文是"Task Force"，在有的地方或译为特混舰队、机动舰队。——译者注

夏威夷的一名解密人员认为目标是中途岛，他给日本人设下了一个陷阱。他通过夏威夷和中途岛之间可靠的电报联系指示中途岛的守备部队用无线电清晰地发出讯息，中途岛缺乏淡水，这是无关痛痒的行政讯息，他相信不会引起日本人的怀疑。他的信心是有道理的。不久，"魔法"网络的澳大利亚支线拦截了日本的密码传送，该密码表明AF已经报告缺乏淡水。因此，这个恶作剧揭示了日本的目标；后来的译文确定，代号为MI的行动将于6月4日执行。于是，为了对付日本人的到来，第16特遣舰队和第17特遣舰队及时航行到中途岛的东北部。

起初，海军军官们将舰载机视为战列舰舰队的附属，舰载机能够侦察敌军，一旦战斗打响，还可以探明弹着点。甚至到了1942年，英国皇家海军在海军舰载机的职能方面仍然坚持这个观点。然而，在美国舰队和日本舰队中，海军飞行员赢得一种威信，这种威信将传统主义者所钟爱的战列舰降为第二等。他们正确地判定，航空母舰及其舰载机会成为掌控海洋的女王。不过，还没有一场战争证实他们的判断，即使是在登陆部队的支援下在限定的海域内作战的珊瑚海一战也没能提供佐证。此时，他们将在没有陆地的广阔的中太平洋地区检验他们的判断，无论哪个方向，这里都距离大陆2000英里。

6月4日，在中途岛占领军的战列舰和巡洋舰的陪伴下，日本第1航空舰队向小岛范围内移动。与此同时，日本许多其他海军部队也在调动中，一些部队被北派远至阿留申群岛，他们的使命是迷惑美国太平洋舰队的指挥官，迫使他们分散自己的力量。这是过虑了。1942年年中，美国海军在太平洋地区尚且薄弱，为了集结一支战略力量，它不得不将所有主力舰集结在一起。然而，美国海军确实配置了一支山本五十六的舰队中没有的部队：陆基飞机（land-based aircraft），卡塔利娜（Catalina）两栖飞机和驻扎在中途岛环礁的空中堡垒。它们能够对付日本的航空母舰并返航，不必担心在航程之外寻找降落平台，或者更糟糕的，沉没入海。陆基飞机将对中途岛一战的展开产生重要影响。

实际上，针对日本航空母舰的第一步是，一架卡塔利娜水上飞机于6月3日从中途岛起飞，执行侦察任务。它发现入侵舰队向该岛进发，于是确认"魔法"获得的情报是正确的。转天早晨，空中堡垒试图轰炸该舰队，可是没有找到，实际上四架卡塔利娜两栖飞机击沉了入侵舰船中的一艘；虽然只是一艘简陋的运油船，但是这一击足以使指挥航空母舰的日本海军将领相信，正如令人敬畏的南云将军在珍珠港时一样，他必须在开始登陆之前攻克该岛的防御。凌晨4点30分，四艘航空母舰上起飞了九个轰炸机中队，备有用于地面袭击的粉碎性炸弹，并且由四个零式战斗机中队护航。虽然雷达向美国人报警，但是这并不能弥补以环礁为基地的旧式战斗机的劣势。美国战斗机有三分之二被毁，中途岛的军事基地遭到严重破坏，日本轰炸机则完好无损地飞回航空母舰。

突袭舰队的领导人在归途中向南云汇报，应该再次轰炸中途岛——这并不在这位海军中将的计划之中。在他深思熟虑时，中途岛方面开始反击。拂晓时的一次巡逻辨认出南云的航空母舰的位置，于是向上级报告，促使太平洋舰队总司令、海军上将切斯特·尼米兹（Chester Nimitz）命令中途岛再次出动飞机；与此同时，全面指挥特遣舰队的弗莱彻命令企业号和大黄蜂号航空母舰驶入进攻位置，同样还有约克城号航空母舰。中途岛第二波陆基轰炸机的到来促使南云作出决定。尽管他的航空母舰的甲板上塞满从下面拿上来的鱼雷，以便武装返航的飞机，去袭击美国的水面舰艇——应该可以在该区域内识别出它们的位置——此时他取消了该任务，命令它们再次装备粉碎性炸弹，向中途岛发起第二轮攻击。

这需要时间。随着时间的流逝，大黄蜂号和企业号航空母舰到达能够投放鱼雷轰炸机和俯冲轰炸机的位置，并于清晨 7 点投放了轰炸机。一小时后，约克城号航空母舰投放了轰炸机。到早上 9 点为止，中途岛东北方向的天空中密布 150 架美国飞机，飞过两支舰队间 175 英里的海洋。

南云已经知道险情。早上 7 点 28 分，他的一架侦察机已经报告看到敌舰。可气的是，它却没有辨别出敌舰的类型。8 点 20 分，它尝试性地发信号报告出现一艘航空母舰，直到 8 点 55 分，它才警告空中有鱼雷飞机向南云飞来。此时，这位日本海军中将承认，他犯了个严重的错误。他很快取消了重新装备炸弹的命令；可是，考虑到他有数量上的优势，他犯的错误不一定严重。无论如何，他完全忙于其他的事。首先，尼米兹命令升空的中途岛轰炸机遭到他的零式战斗机炮火的猛烈攻击。其次，8 点 40 分至 9 点之间，第二轮攻击中途岛的轰炸机返回降落。它们一回来，周围就挤满了工作人员、补充燃料的软管和装载着鱼雷的军火车，这些鱼雷是为它们执行下一个任务准备的，这次轮到进攻舰船。

正好在 9 点 30 分前，从企业号和大黄蜂号航空母舰飞来的第一批舰载机发现了四艘日本航空母舰及其甲板上挤满重新加满燃料和重新武装的轰炸机，这四艘日本航空母舰以密集的正方形编队航行，零式战斗机组成的战斗空中巡逻

(combat air partol)*在其上方护航。南云不久前改变了航向,因此双方的遭遇从一开始就蕴涵了美国人的运气。可这是暂时的。到9点36分,大黄蜂号的所有鱼雷轰炸机和企业号的十艘鱼雷轰炸机已被击落;它们的俯冲轰炸机由于南云改变路线而颇感迷惑,找不到目标,或者在拥有足够燃料的情况下返回,在中途岛着陆,或者仅仅作水上迫降;所有护航战斗机耗尽燃料,坠入大海。

南云幸运地逃脱了。尽管处于不利地位受到攻击,他依靠数量上的优势度过难关,并且由于他精心策划改变了航向,这一切救他于危难。敌人的攻击机有三分之二被击退或被毁。剩余的攻击机此时能够找到他的可能性微乎其微。

约克城号的鱼雷轰炸机凭借直觉航行,随后被南云的航空母舰和第16特遣舰队飞机的战斗硝烟所吸引,发现了南云。然而,这些轰炸机被迫直线低飞,瞄准发射鱼雷,于是12架中有7架被南云的战斗空中巡逻击落,它们发射的鱼雷都没击中目标。截止到上午10点,南云击退了似乎是美国人发起的最后一轮进攻,准备起飞他自己的飞机,去寻找并摧毁在中途岛远方某处毫无武装的敌人。他的编队有点分散,不过他的舰船都没受损,他的战斗机队也完好无缺。

不幸的是,战斗机暂时处于错误的高度。为了击退约克城号的鱼雷轰炸机,这些战斗机降到海平面的高度,于是将天空让给可能出现的任何俯冲轰炸机队。企业号的一组俯冲轰炸机飞越175英里的海洋,与母舰的其他飞机失去联系,航向有误,凭着运气和机敏的臆测飞向它的目标。1942年6月4日上午10点25分,正是由它们发出海战史上最令人震惊、最具决定性的一击。指挥官韦德·麦克劳斯基(Wade McClusky)少校转向进攻,率领他的37架"无畏"式俯冲轰炸机从14500英尺的高空向日本航空母舰的飞行甲板俯冲。

日本航空母舰上堆满了舰载机和补给燃料、重新武装的设备。高辛烷燃料管在一堆堆丢在一旁的炸弹间横七竖八,这些炸弹被放在发动引擎、准备起飞的舰载机旁边;它们也是造成灾难的因素。首当其冲的是南云的旗舰赤城号。一颗炸弹在鱼雷库引起火灾,20分钟后,由于火势太猛,这位海军中将不得不将他的司令旗转移到一艘驱逐舰上。加贺号身中四弹,由于它自己的航空燃料燃起大火,甚至不得不更快被舍弃。苍龙号被三颗炸弹击中;一颗炸弹在飞行甲板上停靠着的舰载机间引起大火,发动机停了,于是它成了尾随的美国潜艇的牺牲品,中午

---

* 战斗空中巡逻是军事术语,专指战斗机沿固定航线围绕一个区域飞行,通常用以预警及保护该地区不受敌人袭击。——译者注

被潜艇击沉。

正是在这五分钟之内,即 10 点 25 分到 10 点 30 分,太平洋战争的整个进程发生逆转。日本第 1 航空舰队、它所拥有的最好的舰船、现代舰载机和优秀的飞行员都被毁了。而且,灾难尚未结束。飞龙号躲开了攻击,逃脱了——可那只是暂时的。下午 5 点,企业号的俯冲轰炸机发现它正全速逃离中途岛,而后飞龙号被四颗炸弹击中起火,当火势完全蔓延开时,其海员随之沉没。

因此,南云的整个舰队,以及伴随着它的帝国梦想消亡了。山本五十六"可以取得优势"六个月的预言几乎一天不差地实现了。此时,在太平洋地区,舰队级航空母舰之间势均力敌(6 月 6 日,约克城号被一艘潜艇击沉);日本失去的优势无法再弥补——正如山本五十六所知,他曾亲眼见识美国的工业。自 1942 年至 1944 年,有 6 艘舰队级航空母舰加入日本海军;美国则下水 14 艘,此外还有 9 艘轻型航空母舰和 66 艘护航航空母舰,美国组建的舰队是日本所无法抗衡的。此时,日本将转入防御,尽管这场防御战将极大地考验美国及其盟友的勇气和资源。

十五　占领和镇压

尽管日本在中途岛遭遇了灾难性的失败，但是中途岛一战并未使日本失去寸土，也没改变新帝国的疆域。中途岛一战的实际后果将见于遥远的未来，1943年底，美国人在南太平洋和中太平洋渗入日本的防御圈，迫使日本人再次机动作战——到那时，日本已然失去海上制空权。与此同时，日本继续保有征服的大片地区——中国东部和东北、菲律宾、法属印度支那、英属缅甸和马来亚、荷属东印度，加上他们的盟友泰国——在不受西方同盟国干预的情况下管理当地事务。

征服所带来的问题和赢得胜利本身要解决的问题如果不是同样关键的话，也是同样困难的。征服者为了有利可图，必须维持秩序，必须建立新政府，必须支持货币，必须恢复市场，必须维持和剥削经济。然而，日本人并非对建立帝国毫无准备。他们在中国东北有十年管理占领区的经验。更重要的是，他们有一套帝国理论，他们从前殖民主义列强手中夺取征服区民族的主权，而所有这些民族对这套帝国理论并不敌对，也并非不接受。"大东亚共荣圈"的概念在战争爆发前就已在日本陆军、海军和民族主义者中生根发芽，从某种角度来看，它掩饰了帝国主义的野心；从另外的角度来看，它蕴涵了一种真正的日本使命感，作为第一个亚洲强国，日本要领导亚洲其他国家推翻外国统治，赢得独立。亚洲许多人对1942年日本取得胜利表现出很大热情，并且受此感召，他们准备好，甚至渴望与日本合作。

1940年7月，第二个近卫内阁选择的目标是建立亚洲"新秩序"。1942年2月，东条内阁组建大东亚会议（Greater Asia Council），11月建立大东亚省（Ministry for Greater Asia）。一年后，日本泛亚政策的高潮到来。1943年11月，第一届——也是唯一一届——大东亚会议（Greater East Asia Conference）在东京召开。大东亚会议的构成展现了日本在共荣圈内施加行政管理的种种特色。

与会者有伪满国务总理大臣张景惠、汪伪政权行政院院长汪精卫、泰国政府代表旺·怀他耶功亲王（Prince Wan Waithayakon）、菲律宾第二共和国总统何塞·劳威尔（José Laurel）、缅甸总理巴莫（Ba Maw）和"自由印度临时政府"首脑苏巴斯·钱德拉·鲍斯（Subhas Chandra Bose）。伪满国务总理大臣和汪伪政权行政院长是日本的傀儡，毫无权力，是日本剥削沦陷区的有效工具。苏巴斯·钱德拉·鲍斯是以救世主自居的印度民族主义者，为了增强反抗的效果，他故意从英属印度自我流放，于1943年年中乘一艘德国U潜艇抵达日本。虽然他已与甘地和印度国大党（India National Congress）分道扬镳，在印度官方民族主义者中没什么名望，但是他颇受民众的拥护，而且在马来亚俘获的战俘组成的印度国民军中，很多军人都受到他的影响——尽管并非归他指挥，指挥权仍在日本人手中。巴莫是真正热心共荣圈的人；1942年8月1日，在日本的支持下，他的国家宣布独立，当天他作为一国首脑对英美宣战。缅甸独立军（后称缅甸国民军）由一群年轻的民族主义者领导，他们准备站在日本一边参战。泰国亲王代表一个与日本结盟（在其他任何政策都难以实行的情况下）的独立国家，得到的奖赏是邻国缅甸和老挝的领土。何塞·劳威尔是正统却遭流放的菲律宾总统曼努埃尔·奎松（Manuel Quezon）的政治同伴，曼努埃尔·奎松要求他对与日本虚与委蛇。然而，劳威尔随后却皈依泛亚主义，在他担任总统期间，菲律宾于1942年10月14日宣布独立——美国有条件地作出让步。

此次会议不包括印度支那、马来亚和荷属东印度。印度支那——越南、老挝和柬埔寨——虽已被日本占领，但仍保留维希法国的殖民统治，直至1945年3月日本理所当然地怀疑殖民政府已经投靠自由法国，于是推翻了该政府。马来亚有很多华人，而且小规模的共产主义游击运动在华人中蓬勃发展，因此马来亚是不适合尝试自治的国家——尽管相当多的马来穆斯林对日本人并不敌视，日本人曾经答应以后让他们独立。日本人还向荷属东印度的穆斯林作出同样的承诺；当他们与美国人、澳大利亚人继续在新几内亚岛作战时，这并非让后者独立的有利时机，但是1943年9月很多民族主义领袖，包括未来的总统苏加诺（Sukarno），同意加入中央咨议委员会（Central Consultative Committee）或准政府。其他地区，包括香港、新加坡和荷属、英属或澳属帝汶岛、婆罗洲和已占领的新几内亚岛部分，由于战略地位重要，因此全被纳入日本帝国的版图，置于军政府的统治之下。

尽管起初日本的授权取得了成效，但是菲律宾人喜欢美国人，为其相当西化的文化而骄傲，不愿接受日本的占领，暗中孕育着共荣圈内唯一大规模的民众抗日游击运动的发展。在缅甸和泰国，当地劳力被征召而来，和盟军战俘一起从事艰苦的劳作；6.1万名战俘中的1.2万名和27万名亚裔劳力中的9万名死于缅甸铁路的修建。然而在其他地区，被征服者对殖民政府的转变并没多少愤恨。受过教育的阶层最初欢迎日本，后来由于发现日本人和他们先前的欧洲宗主在种族问题上同样傲慢自大，因此渐渐与之疏远。

中国的情况并非如此。作为一个独立的国家，不管1937年以前中国政府如何无能，中国并未挑衅日本，便遭到入侵，而且在日军能够掌控的地区，日本有条不紊地剥削利润。受过教育的阶层对于逝去的帝国体系的悠久和高贵有着清醒的认识，一向怨恨此前一个世纪西方世界的商业渗透和外交侵略，他们如同轻视其他外来文化那样轻视日本文化。然而，仍由国民党控制的地区遭受通货膨胀和不断征兵的破坏，到1945年通货膨胀达到125000%；共产主义影响下的东北地区笼罩着一种与民族性格相抵触的严酷；日本占领区内的农村地区约占中国农业区的40%，持续受到"大米攻势"的蹂躏。在普遍的混乱之中，许多中国人与敌人勾结。1942年，中国共产主义者公开了27名国民党将军投降日本人的事实；更重要的是，占领者和被占领者之间构建起广阔的地方贸易体系。由于日军一般只控制城镇，他们要从周围乡村以武力筹集必需品——这种实践乏味而无效——因此地主和商人迅速与日本地方指挥官达成贸易协议，市场关系让双方都更满意。直到1944年春东京下令展开"一号作战"攻势前，这种勾结盛行于中国西部的大部分地区。

希特勒的"新秩序"

日本"新秩序"的特质是合作；然而，它在概念上是虚假的，自欺欺人式的，在实践上是严苛的，敲诈勒索式的。日本的放肆和残暴是随心所欲、分散不定的。其德国盟友占领政策的模式则完全相反。希特勒的"新秩序"旨在排他地地服务于大德意志帝国（Greater Germany）的利益；用来实现这一意旨的高压政治系统是有计划有条理的，中央制定规则和程序，控制着惩罚、报复和恐怖手段的使用。

到1942年底，德军占领了欧洲14个主权国家的领土：法国、比利时、荷兰、卢森堡、丹麦、挪威、奥地利、捷克斯洛伐克、波兰、希腊、南斯拉夫和三个波罗的海国家爱沙尼亚、立陶宛和拉脱维亚。自1938年开始，奥地利被纳入德意志帝国的版图，此外还有捷克斯洛伐克的苏台德区，自1939年开始，波兰的前德国省份也被德意志帝国吞并。1940年至1941年，德意志帝国又占领了卢森堡、法国阿尔萨斯和洛林省、施蒂里亚（Styria）南部和卡林西亚（Carinthia）南斯拉夫人的省分，这些地区被认为是即将"与德意志帝国联合"的地区，处于内政部（Ministry of the Interior）"特殊的民事管理"之下。丹麦在德国外交部的监督下,保留了民选政府和君主政体。挪威和荷兰受到德意志帝国总督的监督,这些总督直接向希特勒负责;虽然这些国家的君主和政府已经逃亡,但是民政部门保留下来。占领比利时的德国国防军将比利时置于军政府的统治之下,法国的东北地区亦然;不过,法国的维希政府则保有整个国家的民政权,甚至在1942年11月德国国防军的侵略蔓延到"自由区"之后,情况仍然如此。

东欧或南欧则没有权力移交的情况,除了作为傀儡国而被分裂出去的斯洛伐克。南斯拉夫混乱的塞尔维亚区处于军政府的统治下,希腊亦然(尽管1943年9月前意大利占领了希腊和南斯拉夫的部分地区,同时南斯拉夫的某些边境省区被邻国吞并)。波兰东部、白俄罗斯和波罗的海诸国被命名为"奥斯兰"(Ostland),作为殖民地,和乌克兰一起由德意志帝国总督有效管理。捷克斯洛伐克的捷克部分成为德意志帝国的保护国,即波希米亚—摩拉维亚保护国,由德国直接统治,正如波兰的余部由所谓的"普通政府"(General Government)管理一样。紧靠前线后面的苏联地区归军政府控制。

德意志帝国在比利时和法国北部行政区实施特殊的经济措施,这和第一次世界大战中的所作所为如出一辙,比利时和法国北部行政区的煤炭和钢铁工业作为一个单元运转,其产出和鲁尔、被侵占的洛林相协调(这种军事"钢铁煤共同体"的成功将播下战后欧洲经济共同体的种子)。然而,在更广泛的意义上,希特勒的整个欧洲帝国是为经济收益而治理的。在工业化的西方世界,经济和军备部的代表和单个工厂和大型企业的现有管理人员一起制定工作安排,商定产量配额和采购安排。农业市场代理和政府部门也有类似的举措。对于德国经济规划人员而言,西欧的密集型农业是块磁石,1939年26%的德国人口从事农业,却无法满足该国的食品需求。德国指望人口稀少的法国提供重要份额,弥补这种短缺,尤其是在军事动员使德国每三个男子中要有一个参军后,因为战前法国是重要的粮食出口国。丹麦的农业非常高效,也被视为农业进口的主要来源,尤其是猪肉和乳制品。在某种程度上,由于德国统治丹麦适度,丹麦充分满足了德国的要求;在战争的大部分时间里,400万丹麦人为820万德国人供应粮食。尽管法国为入侵的60个德国师生产粮食,并且要将剩余的粮食出口,但它这样做要以减少自己的纳入量为代价;实际上,战争期间法国农业生产力有所降低,这主要是因为缺乏化学肥料,而缺乏化学肥料在纳粹帝国各处都影响着农业的发展。

贯穿战争的始终，向法国采购的所有商品主要由征集所谓的"占领费"来支付，"占领费"是每年对法国税收的任意征用，其数量由德国根据刻意压低的法郎兑马克的汇率规定，对于德国的优惠高达63%。德国对其他被占领国也有相似的举措；可是，恰恰在法国，这个被占领国中最大也是工业化程度最高的国家，德国攫取得最狠，产生的收益最多——自1940年至1944年获得不少于16%的德国国库收入。在某种程度上，德国对法国军事工业的投资抵消了"占领费"，常常是由诸如克虏伯和法本公司（IG Farben）这样的私人企业投资；可是，这样的投资完全是自私的，仅仅是使法国实业家们能够以德国买家最终确定的价格向单一市场维持或增加其待售的商品供应量的投资。

德国在垄断市场购买法国、荷兰和比利时的工业产品——包括用于军事用途的产品，诸如飞机引擎和无线电装置，以及精制钢和未加工的原材料；垄断市场也是市场，而且德国负责采购的当局，诸如法德停战委员会（Franco-German Armistice Commission）的官员，谨慎地维护对方的自主权。德国对西欧劳动力市场的入侵就不是这样的情况了。战争期间，德国工业和农业的发展迫切需要外来劳动力。由于军事方面的需求使国内劳动力的数量减少了三分之一，而且纳粹党的政策排除了大规模雇佣德国妇女的可能性，因此劳动力的稀缺不得不依靠德国以外的地区来弥补。战俘提供了一些劳动力，1940年至1945年，逾100万法国人受雇于德国的农场、矿山和工厂；可是，军事拘禁无法成为劳动力的来源。早在1940年年中，德国就在经济上引诱各地的技术工人，到12月时，有22万名来自西方世界的工人受雇于德国。然而，随着地方经济在1940年的灾变之后纷纷复苏，其他国家抵挡住这种吸引；到1941年10月，德国来自西方国家的外来劳动力并未超过30万名，其中27.2万名外来劳动力来自盟友意大利。

因此，德国诉诸征召。德意志帝国劳动力调配全权总代表（Reich Plenipotentiary-General for Labour）弗里茨·绍克尔（Fritz Sauckel）要求西方被占领国家的行政部门定期提供若干数量的工人，因此，从1942年1月到10月，德国外来工人的数量增加了260万。（在法国，义务劳役最终证明是促使年轻人投奔马基*的主要动力。）这种增长率维持到1943年，主要由于该年9月意大利背叛了轴心国，于是德国也从意大利强征劳动力，又募得150万年轻男子。

然而，西方世界的征募，无论通过激励机制还是通过强迫征召，最终还是不

---

* 马基（Maquis）是指第二次世界大战中抵抗德军的法国游击队及其队员。——译者注

能满足德国的需要。因为要以西欧的标准向来自西方国家的工人支付报酬,以及向他们提供食宿,结果给德国战时经济带来日益繁重的负担。绍克尔提出的解决方法是向东方征召。1942 年,明斯克、斯摩棱斯克、基辅包围战的数万苏联红军战俘构成东方劳动力的直接来源。战争期间,被俘的苏联士兵总数为 516 万人,其中 330 万人死于德军的忽视或杀戮,1944 年 5 月,只有 87.5 万名战俘被登记为"工作"。他们大部分人像奴隶那样劳作;280 万苏联平民也是如此,他们大部分是乌克兰人,在 1942 年 3 月至 1944 年夏德国国防军被逐出苏联之间被带入德意志帝国。起初,他们受到邀请作为"志愿者",第一批新成员发现他们的境遇相当悲惨,以至于他们实际上受到奴役的消息吓得其他人不敢再来,绍克尔不得不采取征召劳动力的方式凑数。波兰的"普通政府"也强制实行了类似的政策。纳粹党卫军成为奴役的工具。它工作的原则在 1943 年 10 月党卫军领袖海因里希·希姆莱于波森(Posen)发表的臭名昭著的演说中表露无遗:"一个苏联人或捷克人的遭遇如何,丝毫不能使我感兴趣……无论其他民族生活得富裕还是像牲畜一样饿死,我全都不感兴趣;只有在我们需要他们为我们的文化做奴隶的时候,我才对他们感兴趣。"

对东方的剥削

乌克兰和奥斯兰的德意志帝国总督、波兰的"普通政府"采用类似措施剥削其掌控的经济体。在波兰,私人企业或者被德国管理人员接管,或者服从德国的管控;在苏联,入侵前所有产品属于国有,首先要考虑的是战后的百废待兴。战争造成的破坏有的是偶然的,多数情况下是故意的,例如战争的破坏导致沦陷区的发电站有四分之三报废。一旦损失得到弥补,包括矿山、油井、制造厂和工厂在内的整个工业结构的运作被委托给国有企业——尤其是负责采矿的矿山和冶炼公司(Berg-und Hüttenwerk Company)、生产石油的大陆石油公司(Kontinentale Oel Company)和生产羊毛纤维的东方纤维公司(Ostfaser Company)——这是德国工业国有化的延伸。后来,当国有企业无法管理俘获的所有工厂时,包括克虏伯、弗利克(Flick)和曼尼斯曼(Mannesmann)在内的私人公司也被分派一些企业监管,成为它们现存企业的一部分。德国人没有损害的一个苏联经济体系是集体农场。尽管集体农场效率低下,尽管希姆莱特别赞成让德国士兵—农民定居"黑土"地区的长期计划,但是本地居民和德国移民向沦陷区提供的补给不多,不足以实现向私营农业的全面转变。在波兰西部和大德意志帝国边缘的其他地区,当地耕种者的土地遭到剥夺，条顿人取而代之；虽然奥斯兰和乌克兰各地致力于恢复私有化，但是一般认为难以舍弃集体制。

德国人带来的这种变化是表面的。1942年2月颁布的《农业法》(Agrarerlass)重组集体制，成立农业公社，声称等同于革命前的乡村社会，在公社中，耕种者被授予私有土地的产权，而德国占领者则充当地主的角色，耕种者要向德国占领者交纳部分农作物作为租金。实际上，耕种者很快发现，在勒索赋税方面，德国人和政委一样严苛，如果不能交付赋税，那么他们就会失去私有土地，不但土地将被征用，而且他们也将被征募为强制劳力。

简而言之，德国在东方的农业政策建立在强制原则的基础上，其整个东方政策（Ostpolitik）亦然。纳粹德国不想赢得它在意识形态宣传中所认定的劣等民族——下等人（Untermenschen）——的善意甚至合作。而且，东方发生的情况也是希特勒帝国其他地方发生的情况。德意志帝国西部的强制、镇压、惩罚、报复、恐怖、根除——纳粹德国通过一系列措施控制欧洲的沦陷区——要比奥得河（Oder）东部地区的更为谨慎。不过，在纳粹党党旗飘扬之地，这些都是统治者通常采用的手段，不受民法约束，只要元首允许，就可以无情地执行。

首先，德国本土的情况就是如此。1933年1月希特勒被任命为德国总理后不久，就放宽了保护性拘留（Schutzhaft）——为了保护他或她免受暴徒的暴力行为而对有关人员实施的保护性拘留——的已有法律规定，以便囊括有关政治活动的"警方拘留"（police detention）。为了监禁"被警方拘留的人"，1933年3月，在慕尼黑和奥拉宁堡（Oranienburg）附近的达豪（Dachau）修建了拘留中心，不久之后，德国其他地方也修建了这样的"集中营"。"集中营"这个词源自19世纪90年代西班牙对古巴的镇压，后来英国人在布尔战争（Boer War）期间也使用这个词。第一批被关押者是共产主义者，元首的好恶决定拘留期限的长短；后来，其他本着良心反对政府的政治反对派也遭到拘留，不管是活跃分子，还是仅仅有所怀疑，到1937年，包括同性恋、乞丐和吉普赛人在内的"反社会者"也被遣送至此。战争开始时，集中营关押了2.5万人。

集中营还不是灭绝营；所有集中营都还只是任意监禁的地方。管理集中营的是党卫军特殊的"骷髅"总队，其首领海因里希·希姆莱从1936年开始还是德国警察总监。特殊的一体化使一位纳粹官员统一控制德意志帝国的政治警察（盖世太保和刑警队），还有普通的民事警察和纳粹党的安全机构（保安处

[Sicherheitsdienst 或 SD]）。自此以后，德国公民易受盖世太保的逮捕，由保安处的官员交给"警方拘留"，由党卫军的"骷髅"总队关押，不受任何司法机构的任何干预。

1939 年至 1941 年的大征服使党卫军／盖世太保的权力及与之结合的军事警察（战地宪兵 [Feldgendarmerie]）的权力延伸到沦陷区。这首先对波兰产生影响，占领波兰后立即开始了对当地社会领袖的攻击：根据"警方拘留"的条款，诸如医生、律师、教授、教师和牧师在内的专业人士被捕，并且被关押在集中营里。很少有人再出来。强迫劳动是集中营制度的基本原则："劳动带来自由"（Arbeit macht frei）的纳粹口号是集中营运作的规则。随着集中营在被征服的土地上越来越多，集中营的人数也在不断增加，给粮却不断减少，工作节奏越来越快，疾病蔓延，于是强迫劳动变成一种死刑。第一批大量死亡的是波兰人，而且在保护性拘留中丧生的人是战争期间该国损失的四分之一人口的一大部分；此后，很少有人能够幸存。对捷克人、南斯拉夫人、丹麦人、挪威人、比利时人、荷兰人和法国人而言，对抵抗，甚至异议的处罚并非拘捕和监禁，而是不经审判的驱逐，往往以死亡告终。在阿金库尔（Agincourt）著名的中世纪战场上，最令人痛苦的纪念物不是 1415 年阵亡的法国骑士的万人坑上的纪念碑，而是阿金库尔城堡大门上庄重的耶稣受难图（calvaire），纪念着一位乡绅及其两个儿子，他们"在 1944 年死于运往

希特勒的"新秩序"：1945 年 4 月 15 日英军解放伯根—贝尔森（Bergen-Belsen）集中营后的万人坑。

纳兹魏勒集中营（Natzweiler）的途中"。

这三名法国人前往纳兹魏勒集中营赴死，纳兹魏勒集中营是德国境内外由纳粹党卫军看管的18个重要的集中营之一。数万人死于奥得河西部的集中营，他们极度劳累，极度饥饿，由于困乏而生病死去，或者在个别情况下被判极刑。然而，西部地区的集中营并不是灭绝营；1945年4月，英军在贝尔森（Belsen）偶然发现骇人听闻的死亡景观是长期营养不良的犯人突发时疫，而非集体屠杀的结果。然而，大屠杀却是集中营制度最恐怖的一面，位于奥得河东部的那些集中营，尤其包括切姆诺（Chelmno）、贝尔赛克（Belzec）、特雷布林卡（Treblinka）、索比堡（Sobibor）和马伊达内克（Majdanek），就是专为大屠杀而修建和运转的。

大屠杀在征服活动中展现不鲜；它曾是蒙古人的标志，被当时的罗马人在高卢（Gaul）推行过，也被西班牙人在南美实行过。然而，它是西方文明进步程度的指针，从17世纪开始，欧洲战争有效地禁止了大屠杀行为；它是纳粹德国回归野蛮的信号，德国在征服之地使大屠杀成为其帝国主义的原则。然而，恢复使用大屠杀作为镇压手段的主要牺牲品，不是那些通过抵抗——过去主要是抵抗引发了征服者的过度残酷——反对德国强权的人，而是一个民族，即犹太人，纳粹意识形态将犹太人的存在视为对其胜利的挑战、威胁和障碍。

犹太人的命运

在德国，纳粹夺取政权后不久，犹太人就在法律上被置于劣势；1935年9月15日后，根据所谓的纽伦堡法令（Nuremberg Laws），犹太人被剥夺了完整的德国公民权。到1938年11月，德国50万犹太人中约有15万人设法移民；可是，许多犹太人前往的仍是纳粹德国国防军即将染指的国家，欧洲犹太人的主要聚居地仍在纳粹德国国防军的势力范围之内，他们还没想到要飞越海洋。这包括波兰东部和俄罗斯西部历史上犹太聚居区里的犹太人，人数约有900万，以及华沙（Warsaw）、布达佩斯（Budapest）、布拉格（Prague）、萨洛尼卡（Salonica）和犹太宗教学术中心、立陶宛的维尔纳（Vilna）的大量犹太人口。自1938年至1939年，德国在外交和军事上取得的胜利将许多东欧犹太人置于纳粹的控制之下；"巴巴罗萨"行动则吞没了其他东欧犹太人。希姆莱立即开始残杀他们，尽管他一直试着建构这样做的合法权力。四支"别动队"（Einsatzgruppen）分成若干"特遣队"（Sonderkommandos），由德国纳粹党卫军、保安人员和当地民兵组成，1941年6月至11月在新征服的地区杀死了100万犹太人。大部分犹太人死于集中扫射，希姆莱认为这种方法效率低。1942年1月，在柏林郊区万塞（Wannsee）国际刑警组织（Interpol）总部召开的会议上——希姆莱是国际刑警组织的主席——他的副手海德里希（Heydrich）提议并且获得权力将屠杀犹太人制度化，这种措施被称为"最终解决"（Endlösung）。自占领之日起，在波兰，犹太人必须生活在限定的犹太人区，此后该命令扩展到其他占领区。因此，不难集拢和"流放"犹太人到东方"重新安置"。犹太人在被送到毒气室之前，往往先被送到与党卫军经济部门管理的工厂相关的集中营，然后日渐瘦弱，而年老体弱者和年幼的孩子则立即被毒死；波兰南部的大集中营奥斯威辛（Auschwitz）适合这两种用途。那些被送往诸如特雷布林卡和索比堡灭绝营的人一抵达灭绝营就被毒死。如此，到1943年底，全世界约40%的犹太人，约计600万人被杀；在幸存的最后一个主要的欧洲犹太人群体——匈牙利的80万名犹太人——中，1944年3月至6月间，有45万人被交给纳粹党卫军，并且在奥斯威辛集中营被毒杀。

到那时，纳粹党卫军经济部门的头目于4月5日向希姆莱报告，有20个集中营和165个辅助劳动营；1944年8月，集中营犯人总数为524286人，其中妇女人数为145119人。1945年1月，总数增加为714211人，其中妇女人数为202674人。在他们当中，犹太人很少，其简单而可怕的原因是德国有效实施了最终解决方案。无论如何，犹太人可能从未构成集中营犯人的多数，因为通常情况下他们的命运是一到达或者到达后不久就被杀；非犹太裔的强迫劳力总是比犹太人多，只要他们还能工作，他们就可以活着。这种反讽透射出纳粹种族政策的冷酷性。自1942年至1945年，欧洲犹太人的迁徙和流放是欧陆每位居民都知道的事。他们的消亡阐释了纳粹统治的野蛮残忍，对每个藐视或违抗纳粹权威的人而言都是潜在的威胁，并且，这告诫人们，对一个民族所做的也许还会降临到另一个民族身上。从某种深远的意义上讲，最终解决方案和纳粹帝国的机器是同一的：因为系统化的大屠杀往往有助于纳粹权力的行使，希特勒几乎一点也不需要费力气统治他所征服的属民。在恐怖的五年中，知道集中营制度本身几乎足以使一群英勇的抵抗者感到绝望无助。

十六 岛战

中途岛的胜利不仅在客观上,而且在主观上改变了太平洋地区的战况。从此时开始,重整旗鼓地美国指挥官们认识到,他们能够转入攻势。问题是:沿着哪条轴线?最终目标是日本本土岛屿,除非东条英机及其政府在必须入侵日本之前认输。不管怎样,日本本土岛屿距离位于夏威夷和澳大利亚的美国剩余太平洋基地达 2000 英里,夏威夷和澳大利亚之间有一条难以对付的日本岛屿要塞链,阻断了美国的两栖进军。自 1941 年 12 月至 1942 年 5 月,毫无准备的防守部队——或者根本没有任何守备部队——迅速丧失的阵地,此时不得不费力地逐步收复。那么,是沿着东印度主要岛屿的路径进军好,还是以北太平洋孤立的小环礁为踏脚石一跃而过好?

对路线的选择意味着对指挥官和军种的选择。1942 年 3 月 30 日,美国参谋长联席会议(Joint Chiefs of Staff)、陆军上将马歇尔(Marshall)和海军上将金(King)同意了太平洋地区战略责任的分配。新的战略布局废除了 ABDA,让太平洋舰队总司令尼米兹及其指挥部坐镇夏威夷,负责太平洋战区,让附近的陆军指挥官麦克阿瑟及其指挥部坐镇澳大利亚,负责西南太平洋战区。选择北部路线,将突显尼米兹及海军的重要性——这是合乎逻辑的步骤,因为太平洋一直是海军的利益所在。无论如何,小规模的海军陆战队是其唯一的军事武器,而且到目前为止,它缺乏跨越环礁向日本进军的运输船舶、战舰和人员。相比之下,陆军把越来越多的人员从训练营运到澳大利亚;西南太平洋战区的路线相应需要较少的海运资源,该路线从澳大利亚附近开始,沿着若干大岛前进,这些大岛至少提供发动攻势所需的部分资源。无论如何,选择这条路线,不仅使陆军变得至关重要,而且也使陆军指挥官变得重要。尽管麦克阿瑟由于防守巴丹而已经成为美国人心目中的英雄,但是美国的海军将领们并不喜欢他。他在同级军官中妄自尊大,没有容人雅量,他们担心如果西南太平洋战区成为反攻的主要地区,麦克阿瑟将会让海军服从陆军行动,从而主导战略方向。

不同军种间进行激烈的协商,最后达成折中方案。美军将采用南方路线;可是,战区又被细分,部分战区分给尼米兹和海军,部分战区分给麦克阿瑟和陆军,陆军对海军运输船、航空母舰和炮击舰队的调用受到严格限制。折中方案于 1942 年 7 月 2 日达成，任务一交给海军，即夺取新几内亚岛东面的瓜达尔卡纳尔岛 (Guadalcanal)。任务二交给麦克阿瑟，即进军新几内亚岛及其近海的新不列颠岛 (New Britain)，日本在那里的腊包尔 (Rabaul) 有一个重要的军事基地；最终，任务三也归了麦克阿瑟，即最后进攻腊包尔。

所罗门群岛的瓜达尔卡纳尔岛将使美国海军和海军陆战队陷入一场殊死搏斗。尽管美军可以从此次行动的出发点新西兰安全靠近瓜岛，但是该岛的三面都受到所罗门群岛其他岛屿的环绕，这些岛屿共同构成狭窄的水道，美国水手称之为"狭槽"(the Slot)。一旦军队登岸，海军将通过这些狭窄的水道向他们提供新的物资补给，并且面临在难以调动、敌人非常容易偷袭的情况下与日本人作战的危险。

第 1 海军陆战师 (1st Marine Division) 是一支精锐的常备部队，它于 8 月 7 日轻易登陆，并且拿下近海的图拉吉岛 (Tulagi)、加布图岛 (Gavutu) 和塔那姆博果岛 (Tanambogo)。日本守军只有 2200 人，很快就被击败。然而，美国海军陆战队在瓜岛的出现引起日本最高统帅部的震怒；"是否能够重新夺回瓜岛，"一份后来截获的文件写道，"是通往他们的胜利还是我们的胜利的交叉路口。"日本人认识到，其防御圈上瓜岛这个裂口将使整个"南部地区"处于危险之中，因此决定不遗余力地把它夺回来。8 月 8 日到 9 日的夜晚，在萨伏岛 (Savo) 附近，他们偷袭了支援瓜岛登陆的美国舰队，击沉了四艘巡洋舰，使一艘巡洋舰和两艘驱逐舰受损。从 8 月 18 日起，他们在舰炮和飞机的援助下，向该岛投入大量增援部队，舰炮和飞机不断攻击美军机场（为了纪念在中途岛海战中壮烈牺牲的海军飞行员亨德森少校，美军将机场改名为亨德森机场 [Henderson Field]）。8 月 24 日，一支舰队运载着到目前为止日本派出的最大规模的援军，被美国海军在瓜岛东面拦截，该水域发生的五场战斗中的第二场随之展开。美国取得了这场东所罗门群岛之战的胜利；尽管企业号受损，但日本却损失了 1 艘航空母舰、1 艘巡洋舰和 1 艘驱逐舰，此外还有 60 架飞机，而美国仅损失了 20 架飞机。

虽然日本人在海上被击退，但是他们在陆地上殊死战斗。美国海军陆战队是精锐部队，他们在瓜岛领教了日军的敬业和种族仇恨，他们在整个太平洋战争期间都感受到这一点。亨德森机场附近尤其成为激战的焦点；海军陆战队称此地为"血岭"。同时，美国海军还把向该岛输送增援的日本夜间驱逐舰护航队称为"东京快车"（Tokyo Express）。美军经常拦截它们。10月11日至12日的夜晚，美军在黑暗中发现并奇袭了日本的巡洋舰队。在这场埃斯帕恩斯角海战（Battle of Cape Esperance）中，美军占得上风。10月26日，两支更大规模的舰队再次在瓜岛东南方的圣克鲁兹岛战役（Battle of Santa Cruz）中相遇，该站的结果迥然不同。日本人有4艘航空母舰参战，100架飞机被击落。尽管美军只有两艘航空母舰参战，飞机损失数量是日本的一半，但企业号受损，杜利特空袭东京的英雄大黄蜂号被击沉。

史诗般的瓜达尔卡纳尔岛之战

在圣克鲁兹岛战役之前，自10月23日至26日，日本人向瓜岛的美国守军发起猛烈的攻势。连日的滂沱暴雨限制了美国飞机在亨德森机场的起降，却并不影响基地在别处的日本飞机展开一系列攻击。在日军尽力向美军运输船封锁瓜岛水域的情况下，美国海军陆战队仍然顽强抵抗、反击，甚至获得增援。自11月12日至15日，双方在"狭槽"激战了三天，现在被称为瓜达尔卡纳尔岛战役，这是日德兰海战以来主力舰的第一次经典对决，是战列舰与战列舰的交锋——这场战役发生在夜间，因此雷达装置成为决定成败的关键因素。11月12日晚，日本旗舰比睿号（Hiei）受到重创，致使转天清晨它沦为企业号航空母舰舰载机的牺牲品，终被击沉。11月14日至15日的夜晚，战列舰雾岛号（Kirishima）42次击中南达科他号（South Dakota）；可是，南达科他号是艘新战舰，而雾岛号则比较陈旧。南达科他号幸存下来，而华盛顿号（Washington）在7分钟内连发9枚口径为16英寸的炮弹，将雾岛号击沉。两星期后，11月30日在塔萨法隆格海战（Battle of Tassafaronga）中，尽管美国的巡洋舰队表现得较差，但是和"狭槽"（由于很多舰船在此沉没，此地也被称为"铁底海峡"[Ironbottomed Sound]）的激战一样，日本的掩护部队也没能让运兵船靠岸。在争夺瓜岛水域控制权的战斗中，数千日本士兵溺水而亡。

此时，由于缺乏增援和补给物资，瓜岛的日本守军开始失去勇气。该岛遍布水蛭、热带黄蜂和疟蚊，随着给粮的缩减，日本军士深受疾病之害。虽然美国人也病倒了——亨德森机场的飞行员只能维系30天作战必需的眼疾手快的能力——但是现在战争有着自己的发展趋势。1943年1月，瓜岛的日军指挥官将其指挥部撤到附近的布干维尔岛（Bougainville）。2月初，"东京快车"开始反向穿梭，将筋疲力尽的生病的守军撤到新几内亚岛。到2月9日，瓜岛的日军正式停止抵抗。

对于美国海军陆战队而言，瓜岛战役是一场史诗般的战役。在该岛战斗过的人具有坚忍的特质，这是参加其他太平洋战役的老兵们几乎没有的。就伤亡而言，该战取胜的代价相对低廉。日军有 2.2 万人阵亡或失踪，而负责进攻的第 1 陆战师和第 2 陆战师则仅有 1000 多人牺牲。在瓜岛战役中，美军制定了他们将在整个太平洋地区用来击败日本人的战术战法。精锐的登陆部队在攻击机和海军炮火的强大支援下，在日本的征服区内夺取、占据重要岛屿，以此作为向日本本土岛屿进攻的踏脚石。正如构思和实行的那样，这是士气和物资之间的竞赛。双方都将展示出极度的英勇；天皇的士兵最终要依赖荣誉观去维持他们的抵抗，美国人却能够使用势不可当的火力，成百上千地杀死他们。这是场不平等的竞赛，从长远来看，美国人注定会取胜。

美军将在远离瓜岛潮湿海岸的另一场太平洋战役中赢得胜利。1942 年 6 月，在成功的中途岛海战辅助攻势中，一支日本部队在阿留申岛链最西端的两个岛屿上登陆，阿留申群岛是美国的领土，是从阿拉斯加（Alaska）到日本的必经之路。美军正全神贯注于其他地方，听任他们的逗留；不过，1943 年 5 月，尼米兹集结了一支部队，在阿图岛（Attu）登陆，对抗日本占领者。他还派出三艘战列舰支援，因为日军曾于 3 月在这些海岛附近打过一场英勇的重巡洋舰之战。日本占领者人数不多（2500 人），可是，在弹药耗尽、剖腹自杀之前，他们消灭了 1000 名美国进攻者。8 月，一支规模更大的部队夺回吉斯卡岛（Kiska），日本人在受到攻击前悄悄地撤离了该岛。

相反，在新几内亚岛，在赤道带上，日军全力坚守，这里的地形非常有利于防守。1942 年 7 月 22 日，他们登陆新几内亚之"鸟"的巴布亚"鸟尾"，在美国取得珊瑚海一战的胜利后，他们改为由海路从北向南环岛前往莫尔兹比港（Port Moresby）。他们试图通过穿越欧文斯坦利山脉（Owen Stanley range）隘口的陆路进军夺取莫尔兹比港，却遭到澳大利亚军队的拦阻，被迫退回在布纳（Buna）和戈纳（Gona）的登陆地。然而，当澳大利亚军队在美军支援下转为进攻时，欧文斯坦利山脉成为盟军前进的障碍，因为穿越该山脉的唯一路线是蜿蜒的科科达山道（Kokoda Trail）。花费九牛二虎之力后，盟军才在日军防守森严的布纳和戈纳城外组建起一支突击队。随后，双方在 1942 年 11 月和 12 月进行了激烈而艰苦的战斗。尽管日本人处于饥饿状态，但是澳大利亚军和美军不得不在极其恶劣的条件下作战，因此士气低落。然而 12 月 2 日，来了一位新将领，即美国的罗伯特·艾克尔伯格（Robert Eichelberger），他重新组织进攻。到 1943 年 1 月 2 日，布纳被攻克；与此同时，澳大利亚第 7 师和美国第 32 师于 12 月 9 日夺取戈纳。伤亡情况再次对日本非常不利：在这场战役中，日军有 1.2 万人阵亡，盟军只有 2850 人阵亡，其中大部分是澳大利亚人。

"马车轮"行动

尽管日本还拥有新几内亚岛的其他据点，但是巴布亚岛（Papua）的胜利终结了对澳大利亚的威胁，为麦克阿瑟集中力量沿着南方路线，穿过所罗门群岛和俾斯麦群岛向菲律宾的反攻进扫清了道路。尽管他的战略计划需要很多"越岛作战"——这基本是夺取飞机跑道的副产品，凭借这些飞机跑道构建彼此交叠的空中控制区——这些"越岛作战"将使被绕过的日本守备部队"无法发挥作用"，但是他战略计划包括很多登陆行动，这些登陆行动对人力、舰船，特别是飞机的需要也许会耗尽可用资源。他的最终目标是腊包尔，腊包尔是日本在新不列颠岛的重要屯兵场，而新不列颠岛又是俾斯麦群岛中最大的岛屿；可是，麦克阿瑟的进军计划需要额外 5 个师和 45 个航空大队，或者约 1800 架飞机。正如 1943 年 1 月卡萨布兰卡（Casablanca）会议指出的，当时太平洋地区已有 46 万名美国士兵，而欧洲战场只有 38 万名，当时已经通过进攻北非开始准备开辟欧洲的第二战场。在华盛顿，麦克阿瑟的要求在各个军种间引起激烈的争论，争论一直持续到 1943 年 3 月。当日军在瓜岛和新几内亚岛与美国士兵和澳大利亚士兵作战，受到牵制时，陆海空三军将领在如何决定太平洋战争的发展上相互角力。到 1943 年 4 月底，计划最终形成，代号为"马车轮"（Cartwheel）。该计划保留了 1942 年 7 月 2 日达成的共识的精神，但它还含有一种重要的修正。此时，尼米兹成为整个太平洋战区的指挥官，而麦克阿瑟负责西南太平洋战区，海军上将威廉·哈尔西负责南太平洋战区的行动，包括从麦克阿瑟侧翼进军。简而言之，麦克阿瑟将从南面包围腊包尔，哈尔西从北面包抄。新几内亚岛和南面的俾斯麦群岛将是前者的职责所在，而所罗门群岛将是后者的责任。一旦麦克阿瑟攻占新几内亚岛的北部海岸和腊包尔所在的新不列颠岛的腹地，哈尔西将沿着所罗门群岛链前进到布干维尔岛，他们将以钳形攻势突击腊包尔。

美国参谋长联席会议及其各个军种的下属正在华盛顿为这次太平洋军事会议而忙碌时，日本人敏锐地意识到他们在太平洋南部地区不得不转为战略防守，于是忙着增援和重组那里的守备部队，以便抵挡住预期的进攻。总指挥是今村均大将，他的指挥部在腊包尔；他统率所罗门群岛的第 17 军。现在，帝国指挥部决定增派一支新军，即第 18 军，去防守新几内亚岛的北部地区。安达二十三中将指挥第 18 军，从朝鲜和中国北部地区带来两个新师团。其中一个师团，即第 51 师团，以及安达二十三的指挥部先在腊包尔登陆，然后乘船前往新几内亚岛的莱城（Lae）新驻扎地。该师在途中遭到美国飞机的拦截，这是当年春天两次出色的空中胜利的第一次。

1942 年 8 月，麦克阿瑟得到一名新的空军指挥官，即空军少将乔治·肯尼（George Kenney）。肯尼将军为美国陆军航空队（USAAF）的反舰战术带来一场革命。以前，尽管陆军飞行员多次报告击败日本海军，但是事后分析显示，他们根本没击中几个目标。肯尼改变了他们的方法。他看出美国陆军航空队选定的从高空进行精确轰炸的方法是失败的根源，于是他训练中程轰炸机的飞行员从较低的位置用航炮和粉碎性炸弹发起进攻。当 1943 年 3 月 2 日第 51 师离开腊包尔前往莱城时，该师首先遭到空中堡垒的拦截，空中堡垒仍然使用旧的高空技术，仅仅击沉了一艘船。转天，100 架中程 B-25 轰炸机、A-20 轰炸机和澳大利亚"英俊战士"战斗机（Beaufighter）再次发现了第 51 师。它们掠过海平面，避过了在高空巡逻对付预期的空中堡垒的零式战斗机的注意，击沉了所有的运输船，还击沉了八艘护航驱逐舰中的四艘。

俾斯麦海海战（Battle of the Bismarck Sea）在物质上获得重大胜利。下个月，麦克阿瑟的空军所取得的精神上的胜利也许更为重要。近期增派来的是 P-38 远程双发闪电式战斗机。由于该战斗机在空战中并非零式战斗机的对手，因此它主要留作对大规模日本飞机编队实施战略性攻击之用，从高空俯冲发动攻击。P-38 成为日军恐怖和憎恶的对象，其引擎发出的声音很快就被南太平洋地区的日本飞行员所熟知。为了应对闪电式战斗机和 B-25 轰炸机取得的成功，山本五十六集结了一支他现有最大的航空队，命令它们于 1943 年 4 月初参加瓜岛及其附近的图拉吉岛之战。4 月初，"一号作战"（I-Go）开始，虽然没能实现击沉尽可能多的运输船只这个目标，但是飞行员的报告则非常不同。和先前的美国空中堡垒飞行员们一样，这些飞行员认为他们击沉的船只实际上毫发无损，只不过是被炸弹激起的水龙击中。可是，山本五十六却相信了。他决定探望他的将士，让他们再接再厉。

山本五十六视察前线的消息从腊包尔通过密码传达给第 8 方面军，一不小心，很快被珍珠港的美国解密员截获破译。尼米兹决定"试着抓住他"。一支闪电式战斗机中队紧急增挂副油箱，以增加航程，成功完成伏击飞行。4 月 18 日清晨，在布干维尔岛的卡希利（Kahili）机场附近，山本五十六的座机被 20 毫米航炮击中，燃烧着坠落于森林中。

6月5日，山本五十六的骨灰被葬于东京。同月稍晚些时候，盟军开始从所罗门群岛和新几内亚岛向腊包尔双向逼近，这是"一号作战"行动想要抑制的结果之一。6月底，美军夺取伍德拉克岛（Woodlark）和特罗布里恩群岛（Trobriand）的其他岛屿——曾经有关于特罗布里恩群岛的原始居民的著名人种学调研——进而确保从海路逼近新几内亚之"鸟"的"鸟尾"。6月，在新几内亚岛的北部海岸上，盟军还向莱城发动两栖攻击；9月16日，该城陷落，然后美军继续前进，经过芬什港（Finschhafen），夺取新不列颠岛格罗斯特角（Cape Gloucester）对面的赛多尔（Saidor），1943年12月26日，美军攻击了新不列颠岛；12月15日，美军在离腊包尔更近的新不列颠岛上的阿拉韦（Arawe）展开辅助的登陆行动。

与此同时，哈尔西与麦克阿瑟并驾齐驱，沿着所罗门群岛链进发。2月，美军占领了紧邻瓜岛的拉塞尔群岛（Russell），6月和7月，攻占了新乔治亚群岛（New Georgia group），8月拿下维拉拉维拉岛（Vella Lavella）。日军试图从陆地和海上向新乔治亚群岛和维拉拉维拉岛发起攻势，但是都没成功。到1943年10月，哈尔西准备进攻布干维尔岛，该岛是所罗门群岛中最西端、也是最大的岛，从布干维尔岛到腊包尔最短的海上距离仅为200英里。在登陆之前，一场试图阻止美军前进的激烈空战失败；日军将该计划的代号称为"RO"，由海军大将古贺峰一制定，古贺峰一继山本五十六之后出任联合舰队总司令。战役一结束，哈尔西于10月27日向布干维尔岛南岸沿海的小宝藏群岛（Treasury Islands）发起两栖攻势，然后于11月1日主攻奥古斯塔皇后海湾（Empress Augusta Bay）。古贺峰一派出由两艘重型巡洋舰和两艘轻型巡洋舰组成的强大舰队防御美军的登陆——想如瓜达尔卡纳尔岛战役中在萨伏岛附近那样打击美军——再次迫使哈尔西冒险以缺乏后援的航空母舰对付他们。然而，美军赌赢了；日军飞机损失惨重（55架对美军的12架），三艘巡洋舰受损。到11月21日，第3陆战师和第37师稳固地立足于布干维尔岛；从这里开始，联合麦克阿瑟向新几内亚岛的进军，钳形攻势的利爪现在直逼腊包尔。

对腊包尔的威胁制造了沿着新几内亚岛北岸从海上进军的可能，麦克阿瑟和哈尔西的部队将从新几内亚岛跳到东印度的摩鹿加群岛（Moluccas），然后再向菲律宾进发。然而，正当腊包尔附近的圈套开始收效时，太平洋地区的战争性质再次发生转变。1943年1月，在卡萨布兰卡会议上，罗斯福、丘吉尔和盟国参谋长联席会议（Combined Chiefs of Staff）同意了深受美国海军欣赏的计划，该计划由美国海军作战部部长（Chief of Naval Operation）、海军上将金提议，打算穿越中太平洋向菲律宾进军，再攻击加罗林群岛和马绍尔群岛。1942年7月2日的决定取消，即让海军支援麦克阿瑟向腊包尔推进，当时美国海军在珍珠港受到重创，在珊瑚海和中途岛的胜利中也遭到损失，仍在艰辛地重组资源。那时，美国海军没有几艘航空母舰，也没有战列舰。1943年初，美国船坞开始弥补这种欠缺；到1943年年中，新战舰——对筹备和支援两栖登陆时的对岸轰炸而言至关重要，并且为航空母舰提供大量防空支援——和新航空母舰已经到来，或将有很多到来，既有舰队级航空母舰，也有轻型航空母舰。1943年5月，英美在华盛顿会议同意，只要盟国迅速膨胀的战略物资输出首先倾向于即将到来的欧洲战事，那么就可扩大对日本的攻势。因此7月20日，为了体现该决定的精神，美国参谋长联席会议委托尼米兹筹备吉尔伯特群岛日本占领区的登陆行动，并且计划随后登陆马绍尔群岛。

前景颇具戏剧性。麦克阿瑟和哈尔西在南太平洋的战役尽管具备两栖性，但实质上仍是传统的陆—海攻势。在一系列相对短距离的跳跃中，海军支援陆军，而且反之亦然。到目前为止，麦克阿瑟跳跃的最长距离是布纳和萨拉姆阿（Salamua）之间的150英里，哈尔西跳跃的最长距离是从瓜岛到新乔治亚岛的100英里。相比之下，中太平洋上岛屿之间的距离属于不同级别。吉尔伯特群岛的塔拉瓦岛和菲律宾群岛主要岛屿吕宋岛之间是长达2000英里的海洋。其间并非完全空旷：中太平洋的环礁数量超过1000个。然而，麦克阿瑟和哈尔西跳跃的岛屿是巨大的旱地构成的跳台，新几内亚岛几乎和阿拉斯加一样大，是法国面积的两倍，而太平洋环礁仅仅是礁湖周围的沙嘴和珊瑚礁，上面有少许棕榈林，这种树在高水位线上难以生根。此前几个世纪，许多仗都像麦克阿瑟打的那样，特别是在地中海和日本的内海。然而，从来没有一场战役如尼米兹现在盘算的——巨人在踏脚石之间跳跃，这些踏脚石彼此分离，可能会把美国海军撕裂。

珍珠港的悲剧发生后的两年里，太平洋舰队有所转变，这使发起中太平洋攻势成为可能。太平洋舰队不再是"战舰"海军，不再是日德兰式的一长队缓慢、陈旧、重炮的平台，用于在相距2万码的对决中寻找敌人并与之战斗。战列舰是新的,比那些仍沉没在珍珠港海底或从珍珠港打捞起来修缮后的舰船速度更快,也更为坚固。航空母舰是新舰种,现在是舰队的刀刃:独立级轻型航空母舰是由快速巡洋舰改装而成的,装载 50 架舰载机,能以每小时逾 30 海里的速度前进;新型埃塞克斯级(Essex-class)舰队航空母舰同样迅捷,装载百架舰载机,大量配备 5 英寸、40 毫米、20 毫米高射炮。到 1943 年 10 月,珍珠港有六艘埃塞克斯级航空母舰,准备率领尼米兹的太平洋舰队作战;它们将组成"快速航空母舰特遣部队",将在逼近菲律宾群岛的过程中,在登陆九个环礁时,保护新建的快速"武装运输舰"及其驱逐舰、巡洋舰和战列舰护航队。

攻击的第一个环礁是英属吉尔伯特群岛的马金岛和塔拉瓦岛,它们位于日本防御圈的最边缘。日军对马金岛的防守比较薄弱,它很快就被攻克,1943 年 11 月 21 日,海军上将查尔斯·波纳尔(Charles Pownall)统率的第 30 特遣舰队及陆战队在马金岛登陆。塔拉瓦岛则是另一番景象。塔拉瓦岛的防守更加稳固(约有 5000 名日军),周围还有许多暗礁,新型陆战队的两栖装甲车(水陆履带牵引车)可以轻易通过,而运载大部分突击队的登陆舰却在此动弹不得。11 月 21 日,美国陆战队终于上岸,可损失却相当惨重。然后,他们发觉被钳制于海滩障碍物之间,而这些障碍物是唯一的掩护。约 5000 人登陆;到黄昏降临之时,500 人战死,1000 人受伤。即使战列舰直接炮轰,也无法摧毁日军的战略要点,只有当日本防守者战死时,他才会停止抵抗。直到转天,拥有坦克的第二支部队在没有防备的沙滩上登陆,从后面进攻,才取得进展——但是境况惨烈。塔拉瓦一战教育了美国海军陆战队,即使是日军占据的最小的岛,战斗也会特别激烈。战地记者罗伯特·谢罗德(Robert Sherrod)记载道:

> 一名海军陆战队员跳过海堤,开始向椰木碉堡里投掷 TNT 炸药。另外两名陆战队员[带着喷火器]爬过海堤。随着另一包 TNT 炸药在碉堡内爆炸,冒出滚滚烟尘,一名穿着卡其布军装的人从入口跑出来。等待着他的火焰喷射器毁灭性的炽焰击中他。这股烈焰一碰到他,日本兵就像一片赛璐珞似的突然燃烧起来。他立即就死了,可是他弹药带里的子弹在他几乎被烧成灰后还爆炸了足足 60 秒。

尽管海军陆战队占有物质优势——也许守军因此而处于绝望——日本人在夜晚发起"死亡冲锋",正如他们在阿留申群岛所做的那样,前仆后继地冲向美国

美国海军陆战队在塔拉瓦岛疾行寻找掩护。敌人的誓死抵抗和夺取环礁造成的严重损失，唤起对海军陆战队两栖装备和战术的深刻反思。

的炮火；转天早晨，在几百平方码的地方，发现了325具尸体。下午，战斗结束：1000名陆战队员牺牲，2000人受伤；日军几乎全部战死。为了不让士兵们在下一场战斗中再经历如此恐怖的事，指挥官们着手紧急建造水陆履带牵引车计划，指定海军舰艇为专门的指挥舰，控制海空轰炸，协调登陆行动，并且精确仿造塔拉瓦岛的防御工事，供指挥员进行练习，训练陆战队员以最佳的方法攻克它们。

　　塔拉瓦岛对中太平洋战役的发展进程产生又一直接而积极的影响。因为日本舰队没有介入，甚至都没在该区域内出现，并且其他岛屿上的日本陆基飞机也没参战，尼米兹断定，让马绍尔群岛其他岛屿的守备部队"自生自灭"是安全的，应该奋力向该群岛最西端的夸贾林环礁和埃尼威托克岛（Eniwetok）前进。1944年2月1日陆战队登陆之前，夸贾林环礁已经遭受舰船和飞机的猛烈打击，舰船和飞机在两天之内攻破北部小岛，陆军第7师在四天之内拿下南部环礁，而且这些部队损失不大。作为进攻埃尼威托克岛和压制日本在该地区的制空权的前奏，尼米兹决定让第58特遣舰队对付特鲁克群岛（Truk）更遥远的环礁，那是日本联合舰队的前沿锚地，能够容纳多至400架飞机。第58特遣舰队实际上由4支独立的特遣部队组成，每支特遣部队有3艘航空母舰，运载650架舰载机。2月17日至

在马里亚纳群岛之战中,一架燃烧着的日本飞机从天空中坠落。1944 年 6 月至 8 月,盟军夺取马里亚纳群岛作为军事基地,盟国海军和空军可以借此切断日本南方帝国的交通运输线,第 21 轰炸机司令部的 B-29 超级堡垒轰炸机可以向日本的本土岛屿展开持续的轰炸战。轰炸战始于 1944 年 11 月 24 日,111 架 B-29 超级堡垒轰炸机从塞班岛起飞,去进攻东京市郊的武藏航空发动机厂。

18 日,在急攻特鲁克群岛的过程中,指挥官海军中将马克·米切尔(Marc Mitscher)发动了 30 次袭击,每次都比日军对珍珠港的偷袭更有效,共摧毁 275 架飞机,击沉 39 艘商船和军舰。这次袭击奠定了米切尔作为快速航空母舰行动大师的声名。这次袭击也确保美军在 2 月 21 日前攻克埃尼威托克岛,尽管用了 5 天时间才战胜日本自杀式的防御。

马绍尔群岛的陷落为攻取马里亚纳群岛开辟了道路,显然,塞班岛(Saipan)和关岛两个大岛是登陆地。尼米兹很焦急。在南方的尽头,在新几内亚岛,麦克阿瑟加紧了他前进的步伐。1943 年 8 月,英美两国在魁北克(Quebec)召开会议,会议承认预计向菲律宾群岛前进的速度太慢,腊包尔还没受到攻击,但是空袭将使之失去价值,麦克阿瑟应该通过一系列两栖攻击沿新几内亚岛北岸进军。11 月的开罗会议明确赞成尼米兹向马绍尔群岛进攻,对麦克阿瑟而言,这贬低了他的战役。次年 2 月,他的参谋们报告,他们认为可以将腊包尔远远丢在后面,猛攻新几内亚岛北部的阿德米勒尔蒂群岛(Admiralty Islands),那里的防守似乎非常薄弱,他抓住了机会。在 1944 年 2 月 29 日至 3 月 18 日间攻占了该群岛,麦克阿瑟立即决定跳到霍兰迪亚(Hollandia)*,这是到目前为止距离最长的一跃——580 英里,中途沿着新几内亚岛的北海岸。4 月 22 日发动奇袭时,那里的日军异常惊慌地四处

---

* 今查亚普拉。——译者注

逃散。整个5月，麦克阿瑟由此向前进军，到达新几内亚岛西北海岸的瓦克德岛（Wakde）和比亚克岛（Biak）。驻守比亚克岛的日军拼死抵抗，战役一直持续到6月底。直到7月，麦克阿瑟才得以完成他的战略计划，于7月30日夺取佛吉克普半岛（Vogelkop），作为他返回菲律宾群岛的出发点，而佛吉克普半岛是新几内亚之"鸟"的"鸟首"。

麦克阿瑟的南方攻势加剧，对中太平洋战役的进程产生间接、意想不到却又至关重要的影响。登陆比亚克岛让日本人颇感惊恐，因此他们决定反击，集结东印度水域的联合舰队夺回该岛；5月底，日本舰船已在海上航行，包括庞大的新战列舰大和号（Yamato）和武藏号（Musashi）。尼米兹准备从马绍尔群岛跳到马里亚纳群岛，而后靠近菲律宾群岛，这一计划的明显证据迫使日本人取消原定行动，联合舰队准备开到中太平洋，在大海中与美军决一雌雄。

在联合舰队到达之前，尼米兹的海军陆战队和陆军第27师已在马里亚纳群岛的塞班岛登陆。塞班岛是个大岛，守军多达3.2万人；与之相应，美军对塞班岛采取的军事行动规模也较大。6月15日，在美军登陆之前，7艘战列舰向登陆区发射了2400枚16英寸的炮弹，在登陆过程中，8艘稍旧的战列舰在飞机的有力支援下持续炮击。第一天就有逾2万名美国将士登陆上岸，这是到目前为止参加太平洋两栖行动规模最大的部队，与1943年地中海登陆的部队规模相当。然而，日本守军激烈抵抗，同时第1机动舰队（First Mobile Fleet）——联合舰队的航空母舰舰队——驶来对抗第58特遣舰队。幸运的是，在菲律宾附近巡逻的美国潜艇飞鱼号（Flying Fish）发现这支舰队正在穿越圣贝纳迪诺海峡（San Bernardino），于是向米切尔发出警报。米切尔立即转入进攻，15艘航空母舰对抗日本的9艘，并且准备展开空中进攻。结果，在米切尔确定日军的位置之前，日军已经获悉他的位置；可是，由于美军的雷达装置、战斗机控制系统和舰载机——新的地狱猫战斗机比零式战斗机更快，装备更高级——更为先进，海军中将小泽治三郎的四次进攻全都失败，或败于航空母舰上空的混战，或败于舰船之间的炮火。6月19日傍晚，当这场绝对优势的战斗（Great Marianas Turkey Shoot）结束时，373架日本舰载机中有243架被击落，而美军只损失了29架飞机；在战斗过程中，美国潜艇用鱼雷进攻、击沉身经百战的翔鹤号和新建的大凤号（Taiho），大凤号是小泽治三郎的旗舰，也是日本海军最大的航空母舰。

事情并未结束。转天，第58特遣舰队发现了正在补给燃料的第1机动舰队，于是用炸弹击沉飞鹰号（Hiyo）航空母舰，击损另外两艘航空母舰和两艘重型巡洋舰。美国人将这两天的战斗称为菲律宾海海战（Battle of the Philippine Sea），日本人则称之为"阿号作战"（A-Go）。菲律宾海海战削弱了日本航空母舰一半的作战能力，损耗了其舰载机实力的三分之二——也许损失甚至更大，因为日本训练体系培养飞行员的速度非常缓慢——第58特遣舰队却几乎完好无损。

日本人在海上受难后，又在陆地上遭灾。塞班岛的一番苦战之后，守军用尽弹药，选择自杀，而非投降；岛上有2.2万名日本平民，据说其中许多人和3万名日本士兵中的幸存者一起自杀，而非屈服。7月9日，美军正式宣布塞班岛被占领。附近的蒂尼安岛（Tinian）的抵抗较为轻微，美军于8月1日攻陷该岛。尽管关岛的驻军誓死抵抗，但是也于8月11日被美国势不可当的攻击打垮。美国人夺取了当时在马里亚纳群岛觊觎的全部领土。新型轰炸机B-29超级堡垒轰炸机（B-29 Superfortress）能从这里出发直接攻击日本本土岛屿。甚至更为重要的是，太平洋舰队可以从马里亚纳群岛着手准备袭击菲律宾北部岛屿，而麦克阿瑟在东印度的进击则威胁着菲律宾南部岛屿。

第四部分

西线战争
1943-1945

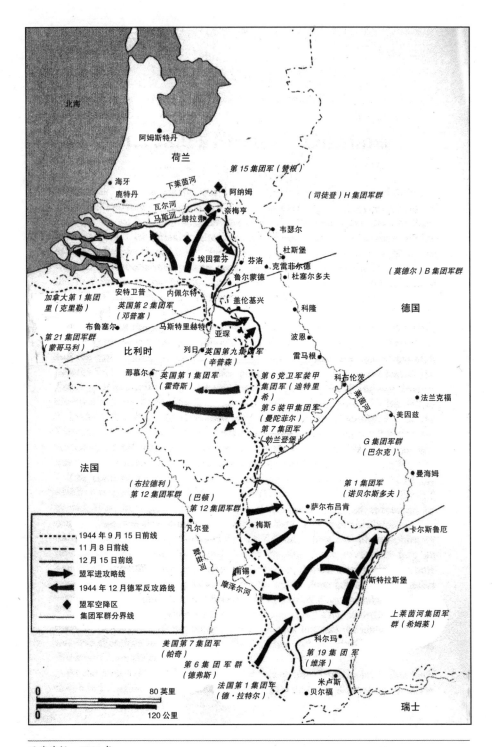

西线战场，1944年

十七　丘吉尔的战略困境

太平洋战争的到来改变了温斯顿·丘吉尔的战略维度。胜利的必然性取代了失败的暗示。"因此，我们终于赢得了胜利！"他在得知日本偷袭珍珠港的消息后回忆起，"是的，经过敦刻尔克；经过法国的崩溃；经过在奥兰的那次可怕的插曲；经过入侵的威胁，当时，除了空军和海军以外，我们是一个几乎没有武装的国家；经过那潜艇战的生死搏斗——险些输掉的第一次大西洋战役；经过十七个月的孤单奋战和十九个月在可怕的苦难中由我负荷的艰巨。我们已经战胜了。"*

日本偷袭珍珠港的消息，如同阿拉曼的胜利，如同1943年5月邓尼茨的U潜艇撤出大西洋，也如同1944年6月6日解放之师在诺曼底安全登陆，是丘吉尔战争的巅峰时刻之一。许多低谷也不可避免，包括威尔士亲王号战列舰和反击号战列巡洋舰在马来亚沿海的沉没——"在全部战争过程中，这让我感到最为刻骨铭心的震撼"，以及新加坡的投降和托布鲁克（Tobruk）的陷落。然而，珍珠港事件发生后，丘吉尔坚信，西方同盟国一定会打败希特勒，随后打败日本。或许，1945年5月8日他所做的出色的宣告胜利的广播演讲，其字句在1941年12月7日的夜晚已然成竹在胸。

然而，战争行为从来就不是简单的，联合作战的行为往往更是异乎寻常地困难。第二次世界大战的反轴心联盟差异巨大，正如希特勒为了安慰自己和属下经常强调的。两个资本主义民主国家因语言相同而联合，因非常不同的国际关系哲学而背道而驰，却在种种事件的促使下意外成为一个马克思主义国家的战时盟国，这个马克思主义国家不仅曾经宣扬资本主义体系必将崩溃，而且直到1941年6月还自愿遵守与他们共同的敌人签定的互不侵犯和经济合作条约。因此，共同策略的协调注定艰难，共同策略不仅包括作战手段，而且还包括战争意图。1941年12月，温斯顿·丘吉尔还无法预见到这有多艰难。

一开始，苏联危机的严重性简化了英美的策略选择。德军开到莫斯科城门口

---

* 参见〔英〕温斯顿·丘吉尔著，韦凡译：《第二次世界大战回忆录》第3卷《伟大的同盟》下部，商务印书馆1975年版，第708页。——译者注

时，西方强国都无法向苏联直接提供军事援助。英国仍然没怎么武装；美国才开始摆脱长达20年的裁军。1941年6月德国发起进攻的那一刻，丘吉尔奉行"我敌人的敌人是我的朋友"原则，向斯大林担保，英国能够省下的每件武器和必需设备都会运到苏联，苏联北部的护航运输队立即启动。8月，盟国在纽芬兰的普拉森夏湾召开会议，在民主自由的基础上签署了《大西洋宪章》（Atlantic Charter）。会议期间，丘吉尔和罗斯福再次强调这个提议，结果9月美国的《租借法案》以优厚的条件扩展到苏联。然而，斯大林无非想开辟第二战场，7月19日他先向丘吉尔提出这个要求，在此后三年中，他多次重复提出并强调这一要求。1941年，开辟第二战场的时机还不成熟。当英国和美国盘算着如何能够一起最大限度地转移希特勒对东方征服战的注意力，并在德意志帝国的边缘地带削弱德国国防军时，它们只能期望苏联可以自保。

在此后的两年时间里，丘吉尔一心一意地思考着进攻希特勒帝国边缘地带的具体地点和强度。他已经在西部沙漠打过一次这样的仗，在另一场战役——摧毁了墨索里尼的东非帝国——中取胜，尽管他在第三次战役中失败，即出兵希腊，但是他保存了实力，以备再战。他常常将挪威紧记在心；实际上，美国参战后，它们将共同开辟第二战场，只是时间早晚的问题。如果德国是美国唯一的敌人，那么也许会更早开辟第二战场，直接对抗希特勒在法国北岸修建的大西洋壁垒（Atlantic Wall）。然而，对于大部分美国人来说，日本这个敌人应该更快受到惩罚。美国海军在太平洋战争中拥有首席指挥权，在太平洋水域倾尽全力。而且，美国海军承认日本海军是个实力相当的对手，渴望在大规模的舰队战中击败日本海军，许多美国士兵，包括著名的麦克阿瑟，也有着和海军一样的愿望，想要打败日本人，为威克岛、关岛和菲律宾群岛的落败报仇雪恨，继而向东京进发。

因此，在太平洋战役的第一年，丘吉尔发现自己处于一种陌生的境遇之中。尽管他不再因为害怕战败而感到压抑，但他同样不再是其国家战略的最高统治者。因为英国只有与美国协调一致才能取胜，所以他不得不顺从白宫和参谋长联席会议委员会的战略决策者的意愿。罗斯福仍然倾向于听从丘吉尔的领导。陆军上将马歇尔和海军上将金则不同。金只对太平洋感兴趣，不关注其他战场。马歇尔仍然负责欧洲的军事行动，不过他认为应该尽早在通向德国的最短路径上开辟第二战场，因此，他对一切推迟开辟第二战场或分散精力的尝试深感怀疑。

丘吉尔对开辟第二战场犹豫不决。1941年7月5日，在谈到第一次世界大战和第二次世界大战中他指挥过的四场损失惨重的两栖行动时，他对安东尼·艾登

(Anthony Eden)喊道:"记住,我的胸前挂着达达尼尔、安特卫普、达喀尔和希腊奖章。"1942年,战事进展顺利,因为美国人派出海军陆战队和若干陆军师在太平洋越岛作战,而且打算于1943年展开跨度更大的两栖跳跃。美军与少量日本驻军作战,数千英里海洋将这些驻军与日本本土的军事基地分开。第二战场将要求所有英美远征军进攻防守稳固的大陆边缘地带,这些远征军一旦有所损失,将很难被替换,在那些边缘地带里面,有着300个师的陆军和一部世界上无与伦比的战争机器。因此,在1942年的战斗过程中,丘吉尔发觉自己正在走上一条日益狭窄陡峭的路。一方面,他不敢减少英国对第二战场的担当,免得美国人断定美军兵力最好部署在太平洋地区(1942年被派往海外的美军主要部署在太平洋);另一方面,他也不敢过多地承担职责,以免要在胜利的机会到来之前收拾美国猛攻大陆造成的残局。珍珠港事件发生前四个月,在普拉森夏湾召开的会议上,丘吉尔同意罗斯福的看法,如果美国参战,民主国家的联合策略将是"先打德国";珍珠港事件发生后的18个月里,他努力说服罗斯福,尤其是马歇尔和他的那些美国将军同伴们,盟军的策略应该是"先打德国——但是时机尚不成熟"。

对丘吉尔而言,和军人们周旋是种新体验。直到那时,他像独裁者似的对待陆军和海军将领——实际上对待政府所有人都是如此——他随意解雇指挥官,甚至连希特勒都认为极端,希特勒将此作为他当元首远比丘吉尔当首相更合理的例证,向他的高级军官们广而告之。"自1939年至1943年间,"英国皇家海军的史官评论道,"没有一位在重要海域指挥作战的海军将领,丘吉尔没想过要去免了他的职——在一些情况下他确实这样做了。"他开除将领的事情臭名远扬。1941年6月,他剥夺了韦维尔在中东的指挥权;14个月后,他又开除了韦维尔的继任者奥金莱克(Auchinleck),两次都采取专横的方式;他还签名批准免除第8集团军三位指挥官坎宁安(Cunningham)、利斯(Leese)和里奇(Ritchie)的职务。他是难以应付的,专横地要求那些仍保留职务的人,尤其是他的总参谋长阿伦·布鲁克,战争期间丘吉尔每天都与阿伦·布鲁克保持联系,每天联系的还有蒙哥马利(Montgomery),尽管斥责那位爱发脾气的人将冒着被以牙还牙的风险。在丘吉尔的眼中,只有将军哈罗德·亚历山大(Harold Alexander)爵士行事毫无差错:即使1944年他在意大利作战时贻误战机,难辞其咎,他的英勇无畏和战士精神仍使他免受苛责。

丘吉尔无法那样对待美国人,至少无法那样对待金或马歇尔。金如皮革般坚韧;马歇尔好像大理石雕像般冷漠,甚至威胁罗斯福(他有此打算——马歇尔决定绝不因总统开的任何玩笑而发笑）。作为美国《租借法案》慷慨款待的座上客，不只是出于外交原因，丘吉尔不得不掩饰、劝说和搪塞，如果在他自己的地盘上，他本会提出要求，发出命令。如果1942年他没能成功说服马歇尔，让马歇尔相信英国战时内阁和美国参谋长联席会议一样渴望尽早开辟第二战场——其实这并非事实，那么美国军事工业的产品本会流向其他地区——如1942年至1943年登陆舰和舰载机的去向，它们属于海军上将金的帝国。丘吉尔在同盟内部的外交实践不得不基于一种完全不同于他用来管理和操纵英国内阁和参谋长委员会（Chiefs of Staff Committee）的方式。他灵光乍现，从他的参谋们用来对付他的方法中发现了这种方式，当他们想要拖延他所中意的计划或劝阻他执行他们认为不可行的计划时，就会使用这些方法——开始时原则上同意，然后以许多详尽论述的异议推翻这一观点。

丘吉尔之所以担心第二战场，是因为只有以势不可当的兵力，以海空排山倒海般的轰炸产生的冲击力粉碎大西洋壁垒及其防守部队，它才能获得成功；1942年，他明白，那样的兵力和后援都是无法获得的。1941年12月，他前往华盛顿参加代号为"阿卡迪亚"（Arcadia）的会议，这是英国人和美国人首次以联合作战者的身份会面商谈战略目标。从会议的基调来看，丘吉尔断定，马歇尔反对他要在地中海（英国人曾在这一地区取得胜利）对德国持续施压的意向，马歇尔想要在太平洋（命运多舛的ABDA）部署一支强大的盟军部队，他居然提议英国将领韦维尔担任指挥官。阿卡迪亚会议最好的结果是，该会议决定成立联合参谋长委员会（Combined Chiefs of Staff），由英国参谋长委员会和美国参谋长联席会议组成；荒谬的是，最糟的结果是，该会议确保美国军方批准了丘吉尔和罗斯福达成的"先德后日"的秘密协议，因此1942年4月马歇尔赶往伦敦，满怀热情地商定时间表。丘吉尔和阿伦·布鲁克因德国在沙漠地带取得的胜利而消沉沮丧，对苏联在克里米亚和顿涅茨河流域失守之后的生存能力颇感悲观，尽其所能地周旋。他们详尽地论证，说服马歇尔支持"大锤"行动（Sledgehammer），即1942年进攻法国的计划；通过更加迂回的方式，也赢得马歇尔对"波莱罗"行动（Bolero）的支持，即美国在英国持续增兵的计划。尽管丘吉尔有着"迷人的魅力，冷静的劝说，粗鲁的坚持，口若悬河般的雄辩，短暂的愤怒和几近落泪的伤感"，他还是没能令马歇尔热衷于后来被称为"火炬"（Torch）的行动，即进攻北非计划。马歇尔的"重申、施压和决心"促使双方采取"围歼"行动（Roundup），即1943年开辟第二战场的计划。

丘吉尔和美国人

4月，丘吉尔向马歇尔作出许多让步，可是当他于6月访问华盛顿时又扳回一城。由于德国和同盟国的实力相差悬殊，1942年穿越海峡的进攻必将招致惨败，因此丘吉尔反对任何这样的举动，这是正确的。他合理地论证"大锤"行动看似过于草率，因此使罗斯福对"火炬"行动（当时代号为"体育家"[Gymnast]）颇感兴趣。丘吉尔主张，如果"波莱罗"行动将大批美国军队调到英国，那么罗斯福的选民们将期待参战。既然1942年他们还不能参与第二战场，为什么不能在1943年"围歼"行动展开前的北非临时行动中使用他们呢？罗斯福将信将疑。7月，罗斯福再次派遣马歇尔到伦敦研究解决问题。马歇尔此时处于顽固的情绪中。英国对提早开辟第二战场的抵制激怒了他，促使他考虑支持金和麦克阿瑟的太平洋事业。尽管这只是马歇尔讨价还价的策略，但却是金想要的结果，7月16日，金陪同马歇尔来到伦敦，丘吉尔感到，未来四天的战略辩论也许是这场战争中最白热化的战略辩论。

战略辩论出现僵局，美国参谋长联席会议要求当年开辟第二战场，而英国参谋长委员会和战时内阁拒不松口。双方同意将问题提交给罗斯福，于是罗斯福总统不得不作出某类他不经常做的决定：在单纯的军事问题上，马歇尔通常是他的引导者。因此，马歇尔应该得胜。然而，丘吉尔剑走偏锋。他不仅于6月访问华盛顿期间给总统平添了许多疑惑，接着，他与罗斯福的私人特使哈里·霍普金斯（Harry Hopkins）往来，通过这种非官方的沟通渠道强化了那些疑惑。起初，霍普金斯几乎和马歇尔一样对英国人是否全心全意持强烈的怀疑态度；然而，丘吉尔、内阁和参谋长委员会的联合外交攻势俘虏了他。此时，在丘吉尔和霍普金斯的游说下，罗斯福决定向参谋长联席会议提出一系列将第二战场排除在外的选择，其中"火炬"行动是最吸引人的。当马歇尔勉强接受这次北非登陆行动时，罗斯福满怀热情地批准了他的选择，而后将预定日期定为10月30日（结果该行动于11月8日展开）。

卡萨布兰卡会议

如此，丘吉尔得偿所愿。然而，他非常清楚，他的胜利只是过渡性的。除非德国实力急剧衰落，或者盟军实力急剧增强，否则1943年他仍将对开辟第二战场负有责任，他还知道他在来年必须找到让英国摆脱这种责任的方式。此刻，辩论的热度已然退却；可是，他明白不久后辩论将再度升温，而且更加白热化，因为自 1940 年以来军事行动首次开始按照盟军的逻辑展开。尽管德国国防军深入苏联南部地区，但是日本人遭到遏制，并在中途岛战败，U 潜艇在美国东岸沿海的"快乐时光"已然结束，沙漠军队将隆美尔牵制在埃及边境，针对德国的轰炸日益猛烈。成功还在延续。10 月，伯纳德·蒙哥马利将军——并非丘吉尔心目中统领第 8 集团军的首要人选——在阿拉曼战役（Battle of Alamein）中取胜，11 月，英美联军在北非登陆，同月，保卢斯的第 6 集团军在斯大林格勒被围。在丘吉尔、罗斯福和他们的参谋长们再度在卡萨布兰卡会面前，艾森豪威尔刚刚通过地面战攻克卡萨布兰卡，德国的衰落已经是事实，丘吉尔曾经承认德国的衰落将是 1943 年开辟第二战场的基础。

自从上次与罗斯福、马歇尔会面后，丘吉尔在 8 月前往莫斯科，向斯大林做出担保，不是 1943 年进攻法国的明确承诺，而是英美联军将进攻法国的强烈暗示。因此，对于丘吉尔而言，代号为"象征"（Symbol）的卡萨布兰卡会议几乎和去年 7 月在伦敦召开的会议同样困难重重。他明白，如果想击败金和"太平洋派"——尽管实行"先德后日"，此时麦克阿瑟统领的军队数量和艾森豪威尔在欧洲统领的军队数量一样多，每个战场都有约 35 万名将士——那么他必须使马歇尔热衷于"火炬"行动的"后继"行动，最好是进攻西西里；然而，丘吉尔只有说服马歇尔相信西西里不会妨碍第二战场，而且英国信守此前一年作出的承诺，他才能做到这一点。这几乎是无解的外交难题，因为丘吉尔无法向他的盟友坦白道出他的恐惧，即使时至 1943 年，他仍然担心穿越海峡的进攻也许会遭遇失败。事实是，在争论了五天之后，问题得到了解决，这几乎完全归功于英国高超的外交技巧。英国一方有备而来。他们带来浮动的通信中心，即一艘设备齐全的信号船，因此他们的运作仿佛伦敦政府机器的延伸。长期管理帝国的经验教会他们如何给在未来事件上立场分歧的政治家、官员和陆海空长官设置陷阱；与美国人不同，他们不必在运转过程中解决内部争执。最后，他们是运用文字的大师。英国皇家空军参谋长、空军上将查尔斯·波特尔爵士（Sir Charles Portal）也许是各方最聪明的部门主管，终于制定出一套文字方案，似乎满足了各方的愿望。因为波特尔知道丘吉尔心里在想什么，他也知道美国人仍处于一团乱的境况，美国人非常急切地抓住他的方案，满足地回家了——有空时才会感到后悔。卡萨布兰卡会议宣布，准许参与"火炬"行动的军队在北非战役结束后即向西西里进军。这几乎是唯一一条丘吉尔关心的条款，因为他明白出兵西西里将妨碍 1943 年第二战场的开辟。美国人将西西里的战事视为众多战事中的一个，依然妄想地中海策略不会影响对大西洋壁垒的攻击。他们用将近一年的时间才认识到，即使是美国庞大的、不断扩充的战争机器，也无法生产出足够的资源，同时维持这两场战事。

卡萨布兰卡会议还作出其他重要的决定，包括在罗斯福的坚持下宣告同盟国唯一能够接受的条款是德国、日本和意大利的"无条件投降"。然而，决定出兵西西里是至关重要的一条，随着1943年的推进，美国人发现越来越难以更改它。造成这种情况的原因是事件的发展，而非英国外交的灵活性。1943年5月在华盛顿召开的"三叉戟"（Trident）会议上，美国人来者不善，"准备应对和反击英国人每个可能的观点，而且得到各类专家的支持，他们的公文包里塞满了论文和统计表"，这是美国陆军作战计划处（US Army War Plans Division）的阿尔伯特·魏德迈（Albert Wedemeyer）将军的描述。魏德迈曾经参加过卡萨布兰卡会议，他对美国人的经历总结道："我们丧失了我们的一切……我们来了，我们听着，我们被战胜了。"美国人决心在制订计划的游戏中不能再输，而且要胜过英国人。他们本该凭借认真的准备，在"三叉戟"比赛中获胜，可是，在会议进行过程中，亚历山大从突尼斯城发来消息称英美联军获胜，英美联军的将士是"北非海岸的主人"。这个好消息，加上丘吉尔巧妙地商讨将地中海战役延伸到巴尔干，说服了美国人支持西西里远征，将进攻西西里视为更可靠的选择。西西里之战始于7月，那里的战事决定他们继而应该同意进攻意大利大陆。马歇尔和他的同僚带着他所要求的"必胜的精神"参加8月在魁北克召开的"四分仪"（Quadrant）会议：无论如何不再偏离第二战场的开辟。然而，在"四分仪"会议期间，西西里传来消息称，意大利将要提出投降。轴心国中的一国首次彻底战败，因之也许能够在靠近德国边界的意大利大陆开辟战场，这再次削弱了美国人想要纯粹开辟第二战场的努力。艾森豪威尔负责展开行动，该行动在华盛顿召开的"三叉戟"会议上稍加补充，旨在让英美联军在意大利登陆；不过，该行动将局限于南部地区，目的是分散德国在选定的第二战场的兵力，此时它的代号为"霸王"（Overlord）。

"四分仪"会议上所作出的决定，并未完全终结丘吉尔推迟登陆行动的持续努力，直到他确信在法国北岸的登陆行动不会损失惨重前，他一直推迟登陆行动。在美军最终经由南线前去参加进攻法国的行动之前，艾森豪威尔向意大利半岛的进发出乎马歇尔的预料。然而，"四分仪"会议是丘吉尔能够提议分散第二战场兵力的最后时机。美国人坚决反对巴尔干的冒险行动，这是完全正确的，不仅由于地形地貌，而且还有国防军本身与铁托（Tito）作战遇到的种种困难，已打消了那种想法。不过，美国人本该对意大利战役设置更为严格的限制，从根本上来讲，意大利战役为德国的意图服务多过为同盟国的意图服务。"四分仪"会议后，美国人捣碎了丘吉尔让地中海战略多元化的所有成果。此后将是"霸王"行动，而且只有"霸王"行动，丘吉尔不再能动摇它。在"三叉戟"会议上，丘吉尔同意任命一名司令为盟军最高统帅（Supreme Allied Commander），负责筹备"霸王"行动计划。在"四分仪"会议上，他作出让步，盟军最高统帅应该是美国人。然而，具有讽刺意味的是，随着形势的发展和美国人的坚持让他越来越咬紧牙关，英国的牙齿变得越来越钝。1943年11月1日，丘吉尔在参谋长委员会上说："这个问题已不再是弥合供求差距的问题。现在，我们的人力已经全被动员起来参战。我们无法再让总数增加；相反，总数在减少。"在衰落感的压抑下，丘吉尔仍然无法为他认为不能再推延的事件确定日期。罗斯福，甚至是面无表情的马歇尔，到那时都不能逼迫丘吉尔面对无法逃避的现实。这将留给无情的斯大林，他们三个人将于11月在德黑兰（Tehran）会面。

十八 非洲的三场战役

第一次世界大战在欧洲爆发三天后蔓延到非洲，德属多哥兰殖民地的西海岸遭到入侵，很快就被来自黄金海岸（Gold Coast）和塞内加尔（Senegal）的英军和法军占领；此后不久，德国皇帝的其他三个殖民地也被协约国控制，德属东非除外，可怕的冯·莱托—福尔贝克（von Lettow-Vorbeck）在那里继续开展游击战，抵抗到底。相比之下，第二次世界大战是逐步蔓延到非洲的。究其原因，理由充分：《凡尔赛和约》的一个结果是将前德属非洲殖民地的主权按照国际联盟（League of Nations）的委任统治制度转交给英国、法国和南非；尽管在地中海和红海海岸拥有大量非洲属地的意大利与德国结盟，但是直到1940年6月意大利并未参加攻击英国和法国的战争，英国和法国也是非洲重要的殖民强国。尽管希特勒在部级官员中保留了一位候任的殖民总督，但是同时他并没采取任何行动将战争向南延伸到地中海对岸。诚然，在意大利宣布支持他前，他缺乏向非洲展开进攻行动的手段，如果不是墨索里尼在非洲发起攻势却屡遭失败，他也没有攻打非洲的动机。

在德国击败法国的过程中，意大利扮演着不光彩的迟到者的角色，德国击败法国的事实刺激了墨索里尼，于是他想在非洲一展拳脚，夺得桂冠。贝当与希特勒签署停战协议，使维希政权得以统治法兰西帝国和法国海军、陆军，因此也使墨索里尼帝国边缘的法国军队中立化，包括叙利亚和黎巴嫩的黎凡特特种部队（Troupes Spéciales du Levant），以及突尼斯、阿尔及利亚和摩洛哥的非洲军（Armée d'Afrique）。此外，停战协议还招致1940年7月3日在法国主力舰队的海军将领们拒绝脱离贝当的掌控后，英国人攻击、摧毁了停泊在米尔斯克比尔（Mers-el-Kebir）的法国主力舰队，在战斗过程中，英军杀死了1300名法国海员，这样的苦难促使法国军队根本不会再支持其前盟友。因此，7月，墨索里尼在非洲意大利兵力最强大而对方兵力最薄弱的地方袭击了英国人。7月4日，埃塞俄比亚的意大利驻军派分遣队占领了苏丹英埃共管区的边城，7月15日，意军攻入英属肯尼亚殖民地，8月5日至19日间，意军攻占了亚丁湾（Gulf of Aden）的整个英属索马里兰（British Somaliland）。

266   这些东非领地仍然属于世界上最重要的帝国主义强国，意大利之所以敢于大肆侵犯东非领地，是因为两国在该大陆一隅实力的差异。在新近征服埃塞俄比亚后，意大利人留在那里，那里只是表面上被平定，在厄立特里亚（Eritrea）和索马里兰旧殖民地，有一支9.2万人组成的意大利军和25万人组成的本土军队，此外还有323架飞机。相比之下，英国人仅仅部署了一支4万人组成的军队，其中大部分人来自当地，还有100架飞机。英国的本土军队包括英勇忠诚的索马里兰骆驼军（Somaliland Camel Corps）、苏丹国防军（Sudan Defence Force）和国王非洲来复枪团肯尼亚营（Kenya battalions of the King's African Rifles），但是他们整体上比敌方人少，而且装备比较落后。法属吉布提（Djibouti）有支1万人的部队，效忠于维希政权（并且一直效忠于维希政权，1942年11月的北非登陆之后，他们才被说服投诚）。

英国从埃及向其东非驻军增援的能力有限，自1882年吞并奥斯曼帝国半独立的封地以来，出于防守埃及西部边境的需要，英国在埃及驻军，以防备意大利留在利比亚（1912年，意大利也从土耳其手中夺取利比亚，开始其殖民统治）的一支20万人的军队，其中大部分是意大利人。英国的战略困境影响深远。时任苏丹内务部长的道格拉斯·纽伯尔德（Douglas Newbold）在1940年5月19日所写的家书中，沮丧地预测即将到来的这场战争的结果："只要意大利想要，卡萨拉（Kassala）就是意大利的。也许苏丹港（Port Sudan）也是，也许喀土穆（Khartoum）也是。在苏丹的40年辛苦努力遭遇重创，我们将信任我们的苏丹人抛给极权主义征服者。"

幸运的是，纽伯尔德对英国能否掌控所有东非领地的担心证明是过于悲观的。意大利的埃塞俄比亚军虽然强大，但却无法大展拳脚。该军领导缺乏自信——尽管意大利总督阿奥斯塔公爵（Duke of Aosta）是个勇敢非凡的人——这支军队缺乏再补给，也无法得到增援。相比之下，英国人可以经由印度洋沿海地区的一系列英国控制的港口从印度和南非调兵，随意增加在该地区的军队数量。1940年4月，中东总司令、陆军上将阿奇博尔德·韦维尔爵士拜访南非总理扬·史末资（Jan Smuts）——他的议会在此前一年的9月投票勉强同意参战——并且带回一项担保，即自治领将在肯尼亚增加一个旅和三个飞行中队。该部队将由丹·皮纳尔（Dan Pienaar）指挥，和史末资一样，丹·皮纳尔也是反英的布尔战争（Boer War）中的老将，还和史末资一样，现在却是帝国事业虔诚的支持者。9月，韦维尔冒险将第5印度师从埃及调到苏丹，与当地的一个英国旅会合。秋季，另外两个南非旅抵达肯尼亚，组建第 1 南非师。12 月，韦维尔在埃及成功反击意大利的利比亚军后，将第 4 印度师作为额外的援军派到苏丹。因此，1941 年 1 月初，驻扎在东非的新的英军指挥官、地中海舰队司令的兄弟阿伦·坎宁安（Alan Cunningham）将军部署了充足的兵力，打算消灭英属领地内的意大利据点，并将战火烧到意大利的埃塞俄比亚帝国。

埃塞俄比亚战役

英国人以前曾经到过埃塞俄比亚，1867 年至 1868 年间，他们为惩罚西奥多皇帝（Emperor Theodore）而开战；在高耸的群山之间作战的艰难，使他们明智地选择了离开。1936 年至 1937 年间，意大利人用飞机、坦克和海量的人力，打败了海尔·塞拉西皇帝（Emperor Haile Selassie）属下装备落后的军队，从而为 1896 年意大利的战败报仇雪恨，那时意大利第一次试图构建埃塞俄比亚帝国，却在阿杜瓦华（Adowa）败在孟尼利克皇帝（Emperor Menelek）的手中。即将到来的埃塞俄比亚之战尽管是欧洲列强之间的战争，但也分享了此前那些战争的精神。这场战争的本质属性仍是殖民主义战争；参战部队中有许多是非欧洲人；层峦叠嶂的地形和道路、铁路和所有其他基础设施的缺失，迫使这场战争不得不按照殖民主义战争的节奏进行，欧洲军队原本依赖道路、铁路和其他基础设施实现调动和物资补给。

英国反攻阿奥斯塔公爵的计划于 1940 年 10 月底在喀土穆确定下来。10 月 28 日，英国陆军大臣安东尼·艾登抵达喀土穆，与海尔·塞拉西、韦维尔、坎宁安和史末资相会，海尔·塞拉西从英国流亡归来，期望重登王位，坎宁安将从 11 月 1 日起执掌指挥权，史末资从南非飞来。史末资和艾登有着强烈的政治意图，极力主张进攻。史末资需要凭借胜利来消弭其反英的民族主义者们对南非参战的反对；这种反对尽管不像 1914 年时那样强烈——当时不甘心的布尔人居然拿起武器反抗——但仍是对史末资领导权的挑战。就艾登而言，他渴望英国能在非洲和伊斯兰世界的阿拉伯地区两者的交汇点上取得胜利，因为他要削弱德国对穆斯林领袖日益增强的影响，诸如德国对耶路撒冷的穆夫提（Mufti）和伊拉克的拉希德·阿里（Rashid Ali）的影响，穆斯林领袖们将英国的困境视为报复它的机会，报复英国曾给他们带来的委屈，例如在巴格达（Baghdad）维持一支帝国驻军和支持巴勒斯坦的犹太人定居点。

海尔·塞拉西是个精明的外交家，他在喀土穆说服艾登，尽管外交部的代表们反对他回到埃塞俄比亚，可是埃塞俄比亚对意大利殖民统治的反抗愈演愈烈，这是削弱他们共同的敌人对埃塞俄比亚的控制的最佳良机。埃塞俄比亚的"爱国者"组织已经在苏丹边界一带活动，英国人向他们提供武器装备。11月6日，一名英国军官奥德·温盖特（Orde Wingate）抵达喀土穆，带着百万英镑的经费和炽热的信仰，他相信可以让"犹大之狮"（Lion of Judah）海尔·塞拉西复位。温盖特是非常规作战传统的代表，这种传统要追溯到早年对印度的征服，新近体现这种传统的是劳伦斯（T. E. Lawrence）。温盖特立即统率"爱国者"组织，他突然潜入埃塞俄比亚，与埃塞俄比亚内部的抵抗运动接触，回来后开始准备护送皇帝越过边境。

1941年1月20日，用一位帝国官方宣传家的话描述，"海尔·塞拉西一世皇帝陛下在皇储……和两支强大的埃塞俄比亚军队和英国军队的陪同下，跨越苏丹和埃塞俄比亚的边界，进入他自己的国家"。长期流亡的仓皇揭露出这种描述的夸张；温盖特的纵队差得令人发笑，他们乘坐的是骆驼，没有现代设备。然而，它至少在向首都亚的斯亚贝巴（Addis Ababa）前进；而且，在若干无果的边界冲突后，英国的主力部队也在向首都前进，他们对意大利的阿比西尼亚（Abyssinian）帝国构成真正的威胁。1月4日和5日，印度师越过蓝尼罗河（Blue Nile）以北的边界，前往传说中著名的贡达城（Gondar）；他们并没遇到多少抵抗，只在某地，一支当地骑手组成的部队，即阿姆哈拉骑兵队（Amharic Cavalry Band），在一名骑着白马的意大利军官的指挥下，与他们的机关枪以死相拼，不成功便成仁。1月20日，苏丹国防军越进蓝尼罗河以南的埃塞俄比亚，苏丹国防军的军官包括著名的人类学家爱德华·埃文斯—普理查德（Edward Evans-Pritchard）（同样著名的阿拉伯问题专家威尔弗雷德·塞西格[Wilfred Thesiger]也是陪同皇帝的温盖特"基甸军"[Gideon Force]中的一员）。最终，2月11日，坎宁安的南非军、国王非洲来复枪团和皇家西非边防军（Royal West African Frontier Force）从肯尼亚向埃塞俄比亚南部地区和意属索马里兰进军。

阿奥斯塔公爵正确地估计出，在这些入侵行径中，最危险的是北面第4印度师和第5印度师的袭击，因此，他将最精锐的部队集结于克伦（Keren）附近，克伦是厄立特里亚的小镇，周围的群山峻岭成为它的屏障，只有穿过幽深狭窄的峡谷才能到达这个地方。2月10日，印度师进攻克伦，后被击退，3月15日再次进攻克伦，遭到反击；可是，正当工兵在系统化地拆除通往克伦路上遍布的路障时，意大利人判定他们被击败了，并向腹地撤退。4月2日，整个厄立特里亚全被攻克。到那时，意大利人的南方阵地也在瓦解之中。坎宁安将军的军队从肯尼亚进入意属索马里兰，发现难以紧跟敌人，当地部队非常敏捷地抛弃他们的意大利军官，用来复枪和弹药在匪盗横行的地区劫获丰厚的战利品带回家。3月底，他从索马里兰向西北方向的埃塞俄比亚中部地区进军，为了开辟通往哈拉尔（Harar）古城的道路，不得不打了一仗，皇家西非边防军中皮肤黝黑的尼日利亚人——坎宁安此前大错特错地不怎么信任这些士兵——一举夺得哈拉尔。自此以后，意大利人对当地部队的掌控开始土崩瓦解；到4月初，在坎宁安和亚的斯亚贝巴之间，只剩下萨伏依掷弹师（Savoy Grenadiers）这一道薄弱的屏障。他们也被横扫到一边，4月5日，首都落入英国人之手。5月5日，海尔·塞拉西由温盖特的"基甸军"护送，凯旋而归。与此同时，阿奥斯塔公爵撤到安巴阿拉吉（Amba Alagi）的山地要塞，5月底投降。阿奥斯塔公爵被英国人囚禁，转年死于肺结核。

实际上，埃塞俄比亚战争此时已然结束。3月16日，英军从亚丁展开两栖登陆行动，夺回了英属索马里兰；首都柏培拉（Berbera）的意大利指挥官痛哭着向一名英国军官交出他的左轮手枪，面对此情此景，这名英国军官心想："战争可以使人非常尴尬。"少数意大利顽固分子向西逃窜，于7月3日向一支从刚果（Congo）赶来的比利时军队投降。在战斗过程中，意大利失去约28.9万名将士，大部分是当地人，多数沦为战俘。胜利者立即分散开，前往其他更加迫切需要他们的战场——印度和南非部队前往西部沙漠，西非和东非部队回到他们的原驻地，1944年他们将从那里被运到缅甸与日本人作战，温盖特将赢得传奇英雄的美名。从中东赶来参战的一支"自由法国"部队又返回中东。苏丹国防军司令、少将威廉·普拉特（William Platt）爵士继续作战，于1942年11月从维希政权辖下的守军手中夺取了马达加斯加岛（Madagascar）——丘吉尔担心它无法也不会对抗日本。埃塞俄比亚的征服者坎宁安启程前往埃及，他将在埃及与隆美尔的对决中名声扫地。

在第二次世界大战的众多战役中，埃塞俄比亚战役比较奇特：在战略上，它是19世纪"争夺非洲"的脚注；在战术上，它是一段华而不实的插曲，充满了骆驼的长途跋涉和山地要塞与沙漠堡垒的简短苦战。在形形色色的参战殖民地军队——玛莎轻步兵团（Mahratta Light Infantry）、拉杰普塔纳来复枪团（Rajputana Rifles）、黄金海岸团（Gold Coast Regiment）、班达边防团（Gruppo Banda Frontiere）——中，法国外籍军团（Foreign Legion）理所当然厕身其中。在戴高乐将军个人的坚持下——当时他急切地寻找着实现他所宣称的反抗贝当和维希政权的途径——外籍军团返回中东参加比尔哈凯姆战役（Battle of Bir Hacheim）前，在克伦战役中活跃而高效，此后声名日盛。

埃塞俄比亚并非地中海南岸的唯一战场，法国沦陷后，戴高乐试图在地中海建立取代维希政权的政权。1940年9月，他领导"自由法国"军队，和英国皇家海军一起进攻塞内加尔的达喀尔，此地是法国在西非的基石。他想以"自由法国"事业号召当地的法国驻军投诚，可惜没能实现；英国皇家海军也没能阻止法国舰队前来驻防港口。尽管9月25日戴高乐不得不败退，但是"自由法国"向西非渗透的努力并非没有成效。8月27日，戴高乐坚定的追随者菲利普·勒克莱尔（Philippe Leclerc）成功地使喀麦隆（Cameroon）倒向"自由法国"一方；听到这一消息，乍得（Chad）的黑人总督也加入"自由法国"，此后不久法属刚果也投诚。在喀麦隆、乍得、刚果和一些投诚的塞内加尔军队的帮助下，勒克莱尔于10月12日入侵加蓬（Gabon），与他同行的皮埃尔·柯宁格（Pierre Koenig）率领纵队进攻首都利伯维尔（Libreville），利伯维尔于11月12日投降。总督马森（Masson）宁可自尽也不投降，表明这场法国人之间"本是同根生，相煎何太急"的战争变得多么极端意识形态化；当天，他的继任者投降。

叙利亚战役

此时，戴高乐控制着西非大海湾一块易守难攻的楔形地区，而且还在非洲大陆上部署了四支独立部队；在埃及部署一个旅，在东非部署一个"师"（这两支部队很快将合并组成英国西部沙漠部队[British Western Desert Force]的一部分）；在西非部署一支驻军，在乍得部署了勒克莱尔的提贝斯提游牧兵团（Groupe Nomade de Tibesti）。勒克莱尔是到目前为止戴高乐追随者中最活跃的一个，1941年春季，他率领势单力薄的部队北上进入意属利比亚，与英国沙漠远程突击队（British Long Range Desert Group）联系，然后于3月1日独自夺取库夫拉（Kufra）绿洲。这是"自由法国"第一次在没有援助的情况下独自战胜轴心国。勒克莱尔意识到这次获胜的重要性，当即鼓励他手下的白人和黑人法国士兵组成的小纵队庄严宣誓（"库夫拉誓言"[Le serment de Kufra]），即除非法国三色旗再次飘扬在已被德国吞并的梅斯（Metz）和斯特拉斯堡（Strasourg）之上，他们决不会放下武器；勒克莱尔以前是圣西尔（Saint-Cyr）军校的学生，属于"梅斯和斯特拉斯堡"毕业班。1941年春季就提出这样的挑战，似乎是一种大胆的举动。也许，甚至不屈不挠的勒克莱尔也不敢预言，三年后他将率领法国士兵沿着香榭丽舍大街前往巴黎圣母院，为巴黎的解放庄严地高唱感恩赞，他也不敢预言1944年11月他的第二装甲师确实将亲眼目睹三色旗在梅斯和斯特拉斯堡升起。

1941年春季，那些支持停战协议的法国人关注的是更多的自相残杀，而非任何解放的愿景。法国维希政权集结的规模最大的军队，即位于摩洛哥、阿尔及利亚和突尼斯的马克西姆·魏刚（Maxime Weygand）将军的庞大非洲军，迄今为止仍在战略范围之外；可是，亨利·但兹（Henri Dentz）将军统率的黎凡特集团军位于叙利亚和黎巴嫩，自然而然成为轴心国代理人颠覆的目标。其军事基地从东翼包抄英国在埃及的军事基地，英意之间的沙漠战役已于12月正式爆发；它还提供一个桥头堡，英国的阿拉伯敌人、伊拉克的拉希德·阿里和巴勒斯坦耶路撒冷的穆夫提通过这一桥头堡得到援助。和魏刚一样，按照停战协议的条款，但兹不得不保持中立；可是，由于他的兵力相对薄弱（他的兵力只有3.8万人，魏刚的兵力是10万人），而且他的部队远离法国，却邻近意大利和巴尔干的轴心国基地，因此他处于压力之下，魏刚则不会有这样的压力。4月初，英国情报部门破译的信息表明，德国人和意大利人联合计划将叙利亚作为集结待命区和根据地，为伊拉克的拉希德·阿里提供物资补给，这位将军已于4月3日在伊拉克推翻了亲英政府。到了5月13日，新破译的信息表明，带有伊拉克标记的德国飞机抵达叙利亚，转天开始轰炸为平息拉希德·阿里政变而出兵伊拉克的英国部队。拉希德·阿里的行动有些冒失，还不成熟。他的军队既不够强大，也不够坚决，不足以战胜英国驻军，根据条约规定，英国驻军占据着巴格达城外海本尼亚（Habbaniya）大型空军基地，而且无法剥夺英国军队享有条约规定的通过巴士拉（Basra）港进入和经过伊拉克的特权。4月30日，拉希德·阿里开始围攻海本尼亚，他的围攻竟被守军所破，5月5日守军将围攻的部队赶离机场。迅速组建的"海本军"（Habforce）从巴勒斯坦穿越沙漠赶来增援，加之第10印度师在巴士拉登陆，伊拉克的英军进入巴格达，于5月31日恢复了亲英政府。

无论但兹如何不情愿，他确实在伊拉克战事中与轴心国共谋，这令英国人下定决心（戴高乐一直在敦促英国人）对付黎凡特集团军；该集团军给在利比亚作战的西部沙漠部队后方造成很大威胁，以致无法容忍。因此，6月23日，四支英国纵队采取行动攻击黎凡特集团军——来自伊拉克的第10印度师和"海本军"进攻帕尔迈拉（Palmyra）和阿勒颇（Aleppo），来自巴勒斯坦北部地区的英国第6师进攻大马士革（Damascus），来自海法（Haifa）的第7澳大利亚师进攻贝鲁特（Beirut）。随后发生的短兵相接并不愉快；在巴勒斯坦北部边界，"自由法国"师的参战造成法国人打法国人的局面，这是到目前为止贝当和戴高乐追随者之间发生的最惨烈的自相残杀。在所有战场上，战斗交织着怨恨：英国人认为他们的流血牺牲更该留给德国人；法国维希政权感到，战争不公平地强加到他们身上。法国黎凡特集团军奋勇战斗，只有第7澳大利亚师成功突破遭遇的防御工事，因为当时该师得到贝鲁特南岸海军的重炮支援。然而，一旦突破，正如7月9日的情形，但兹只得承认他的阵地防守不住了，于是请求投降。7月11日，投降请求得到批准，所有拒绝戴高乐提议的在"自由法国"军队中任职的维希将士可以回家；但兹手下3.8万名败兵中，只有5700人改投戴高乐。包括外籍军团在内的多数人被转运到北非，这些外籍军团曾在很多几乎亵渎神灵的情况下彼此交战，1942年11月盟军将在北非的"火炬"登陆行动中再次遭遇这些人。

尽管小规模的叙利亚战役代价高昂，令人遗憾——战斗过程中有3500名盟军士兵战死或受伤——但是这场战役对英国在非洲战略的影响完全是积极的。意大利在埃塞俄比亚战败，加上伊拉克亲轴心国派系的覆灭，确保了英国在埃及朝向陆地的屯兵场的安全，使西部沙漠部队的指挥官可以专心攻击利比亚的轴心国军队。

利比亚和埃及的战争真正肇始于1940年9月。这是1939年至1945年间发生在非洲战场的三场战役中的第二场。这场战役爆发于埃塞俄比亚战役后不久，先于突尼斯战役两年多。当时，英国人非常重视这场战役，它是英军和敌军陆战的唯一焦点。然而，就战术而言，这场战役确实是一场规模非常小的战役——尽管其战略意义重大——而且其规模无法扩大，意大利军的军事能力不足抵消了当地英军的势单力薄，这些条件决定了开战六个月来该战的特征。

利比亚的胜利

意大利在利比亚的驻军由鲁道夫·格拉齐亚尼（Rodolfo Graziani）元帅指挥，拥兵约20万人，组成12个师，以的黎波里（Tripoli）为基地，的黎波里位于从西西里到利比亚的短航线的终端。阿奇博尔德·韦维尔将军拥兵6.3万人，其主要基地位于亚历山大（Alexandria）。法国陷落和意大利宣战后不久，马耳他于6月实际上变为空军基地，亚历山大也成为地中海舰队的军事基地。到那时为止，意大利在利比亚的驻军在突尼斯边界之外受到法国非洲军的遏制；法国土伦舰队（Toulon fleet）和英国马耳他舰队的联合，足以抗衡意大利蔚为可观的海上实力。然而6月24日后，贝当和墨索里尼签署停战协议，意大利的六艘战列舰瞬间成为地中海规模最大的舰队，英国皇家海军的五艘战列舰在危险中仍然控制着地中海，因为它还拥有两艘航空母舰，而格拉齐亚尼的军队比韦维尔多四倍。

海上显而易见的势均力敌和陆上不可否认的数量优势，促使墨索里尼于1940年9月13日愚蠢地下令进攻埃及。三天后，格拉齐亚尼率军进入埃及境内60英里，命令军队停止前进，以便修建一个坚固的基地。在未来的三个月里，他们逗留于此，建造营地和要塞。然而，毫无疑问的是，墨索里尼误解了这种情况，而且他的进攻设想丝毫未令英国皇家海军感到不安。7月8日至9日，英国H舰队（Force H，以直布罗陀为基地）和地中海舰队（以亚历山大为基地）在撒丁岛（Sardinia）和卡拉布里亚（Calabria）之间的地区与整个意大利作战舰队交火，重创并迫使它撤退。四个月后，11月11日，英国皇家海军航空母舰卓越号的舰载机群，和海军上将安德鲁·坎宁安（Andrew Cunningham）爵士统率的亚历山大舰队一起，在意大利南部的塔兰托海港袭击了意大利战列舰，重创停泊在港内的四艘战列舰。这些战役缔造了英国皇家海军对意大利水面舰队的优势。希腊战役之初，1941年3月28日，英国皇家海军在马塔班角（泰纳龙角）夜战中摧毁了三艘重型巡洋舰，进一步增强了这种优势。其后，尽管意大利海军断断续续地成功穿越西西里和的黎波里之间的海峡护航，轻型的鱼雷舰和小型潜艇在攻击地中海舰队时也冒险取得些许成功，但是墨索里尼的战列舰始终固守于港口。英国海军部曾于1940年6月害怕他们也许不得不放弃地中海，正如英国在1796年处于命运低谷时所做的那样，不过此后这种担心逐渐消除。尽管1941年轴心国艰难地运用空中威力对付通往马耳他和亚历山大的紧急护航，但是轴心国的空中力量仅使英国无法在内海随心所欲，却无法打破英国对内海的控制。

非洲的意大利军队本该是驻扎在利比亚的意大利舰队海陆空协同作战的延伸，由此却被削弱为远征军的角色，类似驻扎在埃及的英国军队，仅仅能够在通过的黎波里基地获得来自西西里的物资补给和增援的范围内发动攻势。1940年9月，意大利向埃及进军，这使其交通线过长。12月9日，西部沙漠部队在理查德·奥康纳（Richard O'Connor）将军的率领下，突然反击意大利军在西迪巴腊尼（Sidi Barrani）防御工事薄弱的前哨基地，意大利守军一溃千里，慌忙沿着海岸向的黎波里撤退，直到2月初抵达400英里以西的贝达富姆（Beda Fomm）才得以喘息。

此次反击被称为"韦维尔攻势"，它塑造了未来两年内西部沙漠战争的典型作战模式。该战俘获的战俘数量不同寻常——逾13万人，这一总数大大有助于缩小格拉齐亚尼的兵力（20万）和韦维尔的兵力（6.3万）之间的差距。该战比较典型，因为其表现形式是，战败一方杂乱无章地沿着唯一一条海滨大道撤退，胜利一方的主力部队紧追不放，同时在穿越沙漠时发动一系列内陆"勾拳"（hooks），旨在将敌人赶出一个又一个港口的设防阵地（自东向西依次是塞卢姆[Sollum]、拜尔迪耶[Bardia]、托布鲁克[Tobruk]、加扎拉[Gazala]、德尔纳[Derna]、班加西[Benghazi]、欧盖莱[El Agheila]、的黎波里），如果可能的话，使沙漠"勾拳"和沿海突击形成钳形攻势。

2月7日在贝达富姆，西部沙漠部队取得了这样的战果。第7装甲师冒险穿越昔兰尼加（Cyrenaica）突出部的沙漠地峡，赶在意大利军前面，切断意大利第10集团军的退路，第10集团军的后卫在海滨大道上受到第6澳大利亚师的逼迫。当它意识到腹背受敌时，该集团军投降——这一结果以决定性的胜利为"韦维尔攻势"的勇猛加冕。

然而，胜利是短暂的，原因有二。其一，丘吉尔决定出兵希腊，抽调了韦维尔的兵力，使他不足以远征的黎波里；其二，希特勒派来一名德国将领和一支小规模的装甲部队，救格拉齐亚尼的军队于水火。当英国师、新西兰师和澳大利亚师启程前往雅典之时，隆美尔和非洲军（Afrikakorps）抵达的黎波里，非洲军最初由第5轻装甲师和第15装甲师组成。尽管隆美尔及其部队对沙漠作战完全陌生，但是先遣部队抵达的黎波里仅仅40天后，3月24日他们准备展开攻势。刚一开战，英国人就被迫放弃贝达富姆的阵地，那里防守薄弱，4月3日，隆美尔攻占了班加西，4月11日，他已然临近四个月前奥康纳（在战斗过程中被俘）发动"韦维尔攻势"的战线；第9澳大利亚师坚守托布鲁克要塞，而托布鲁克却被包围在德意军队的后方。

尽管敌我优势突然发生重要逆转，但是隆美尔却无法扩大这种优势。尽管他有魄力，但却受到沙漠战役地理和地方决定因素的限制：沙漠里什么都不长，在一段绵长的地带内，沿海平原朝向陆地的一边是高地或陡峭的洼地，实际上将军队限制在40英里或更窄的地带内运动。这一地带长达1200英里，西至的黎波里，东至亚历山大，在这一地带内，一连串小港是唯一有军事价值的据点，而且不可或缺。因此，作战方式必然是从一个海上补给据点向另一个猛攻，希望以声势破坏敌人的平衡，进而在缺少水、燃料、弹药、食物和增援——沙漠作战的必需品，按需要的迫切程度依次排列——的情况下克敌制胜。

危险的是，隆美尔的进军使他的交通补给线变得脆弱，补给来自的黎波里；

沙漠中的隆美尔。他于1940年在法国指挥第七装甲师时声名远扬。1941年2月12日，他抵达的黎波里，不久在与英国对手的过招中展现了他对机动作战的掌控力。

的黎波里港和西西里岛的联系受到英国人来自水面、水下和空中的攻击。4月，隆美尔试图夺取托布鲁克，以便缩短他的补给线，但是没能成功；与此同时，英国皇家海军成功完成从直布罗陀途经马耳他到亚历山大的护航任务（代号为"老虎"），马耳他是中地中海至关重要的据点，给西部沙漠部队运来强有力的坦克增援。随着实力的增长，韦维尔转为反攻，在代号为"战斧"（Battleaxe）的行动中，韦维尔试图将隆美尔赶出据点。

"战斧"行动以失败告终，而且损失惨重，这主要是因为英军将坦克置于定位精准的德国反坦克炮——最好的88毫米炮在远距离、畅通无阻的火力带内非常有效，沙漠地形恰恰提供这样的火力带——的火力之中，结果英国装甲部队被打垮，德国装甲部队足以发起反击。"战斧"行动的失败削弱了韦维尔的地位；7月5日，韦维尔被派往印度，印度英军总司令克劳德·奥金莱克（Claude Auchinleck）取而代之。

奥金莱克展开"十字军战役"

此时，沙漠战争也陷入僵局。英国此时还不是美国《租借法案》的完全受益方，无法增援其沙漠部队，使之达到取得决定性胜利的水准；德国从6月开始入侵苏联，无暇顾及非洲军团。1941年夏，非洲战争中双方优势的唯一明显转变发生在远离战斗中心的地区，即在伊朗，德国想在伊朗再次缔造此前4月曾在伊拉克差不多取得了的成功，可是由于8月17日英苏联合向伊朗政府发出最后通牒，德国的尝试受挫；通牒要求盟军有权向波斯湾的港口调兵，特别是运输物资补给，包括《租借法案》规定的重要物资，再经波斯湾运往苏联南部地区和中东。8月25日，英国军队抵达伊朗，欲以武力迫使伊朗接受通牒，伊朗国王的军队反抗英军，结果失败，伊朗国王被流放到南非；苏联军队也进入伊朗北部地区，9月17日在德黑兰与英军会合，此后至1946年，伊朗实际上被分为两个部分，由两个政府管理。

当伊朗被牢牢纳入反轴心国的势力范围时，奥金莱克正在准备着他自己的攻势，他想在埃及边境还击隆美尔。第9澳大利亚师驻守的托布鲁克仍在抵抗；马耳他亦然，尽管它遭受着轴心国发起的猛烈空袭，但是1941年的3次进攻性护航行动——1月的"超额"行动（Excess）、7月的"坚实"行动（Substance）和9月的"斧枪"行动（Halberd）——给马耳他带来新的补给品。此时，奥金莱克的意图是解救托布鲁克，夺回昔兰尼加突出部，准备以此将隆美尔及其意大利附属军——隆美尔的军团主体而非军团战斗力的主体是意大利人——赶出利比亚。奥金莱克的冬季攻势代号为"十字军"（Crusader），始于11月18日，以近700辆坦克对付德意联军的400辆坦克。一开始，解除托布鲁克包围的尝试以失败告终，不过12月10日，在奥金莱克取代阿伦·坎宁安将军指挥第8集团军（9月18日，西部沙漠部队更名为第8集团军）后，第8集团军与取代澳大利亚驻军的英波联军建立了联系；在八个月的围困期间，澳大利亚军队所取得的胜利之一是，以德军的技术以牙还牙，即将攻击坦克引入毁灭性的反坦克火力。

德国在托布鲁克的战败迫使他们撤退远至欧盖莱，去年3月隆美尔曾从欧盖莱发起攻势；11月曾困扰隆美尔的"战线过长"问题现在轮到英军了——因为他们需要将部队调到远东——1942年1月21日当隆美尔发起反击的时候，轮到英军被迫放弃新近赢得的大部分沿海地区，沿着昔兰尼加突出部向加扎拉—比尔哈基姆（Gazala-Bir Hacheim）防线后撤了一半，1942年1月28日，他们抵达加扎拉—比尔哈基姆，然后在此驻防。

现在，双方均感到疲惫不堪，于是停战休养生息；在"十字军"战役期间，英军约有1.8万人伤亡，损失440辆坦克，德意联军有3.8万人伤亡，损失340辆坦克；飞机损失旗鼓相当，双方均损失300架左右。春季，这些损失逐渐得到弥补，到了5月，丘吉尔向奥金莱克施加压力，让他继续进攻；当奥金莱克正准备这样做的时候，隆美尔先他一步，于5月27日发起进攻。随后的战役被称为加扎拉战役，这是沙漠战争中最不顾后果、损失最为惨重的战役之一。有一段时间，隆美尔亲自率领坦克强袭英军防线，依靠敌方的布雷区保护他的侧翼和后方。当他颇富挑战性地身处英军阵地内，击退所有攻击，令英军坦克损失惨重时，他的第90轻装甲师和意大利艾里特（Ariete）装甲师在比尔哈基姆战胜了柯宁格率领的自由法国旅（Free French Brigade）的英勇抵抗，奥金莱克曾命令该旅确保沙漠侧翼的安全。6月10日，柯宁格的手下残兵被迫投降，进攻者北上支援隆美尔的围歼战役，6月14日，奥金莱克决定从加扎拉东撤到靠近阿拉曼的更稳固的阿拉姆哈勒法（Alam Halfa）要塞，在那里，不可逾越的卡塔拉洼地（Qattara Depression）最靠近海洋。托布鲁克作为后方要塞继续驻守，奥金莱克希望托布鲁克抵抗到底，成为一根插在敌人背上的芒刺。

然而6月21日，在仅仅围困了一周之后，第2南非师就放弃了托布鲁克，投降了敌人；投降首先给丘吉尔造成极其严重的打击，当时他在华盛顿与罗斯福协商开辟第二战场的计划。"我并没打算在总统面前掩饰我的震惊，"他写道。"那是一个痛苦的时刻。战败是一件事；耻辱则是另一件事。"尽管投降再度唤起丘吉尔对其军人战斗精神的怀疑——四个月前新加坡的陷落首次引发了丘吉尔的这种怀疑——但是也立即赢得美国人的慷慨解囊，将当时正在组建的美国装甲师所使用的新型谢尔曼坦克（这是同盟国在战争中生产的第一批与马克IV型坦克的火力旗鼓相当的坦克）转派到西部沙漠。因此，300辆谢尔曼坦克和100门自行火炮经海运，绕过好望角，于9月抵达埃及。轴心国在西西里的空军实力仍使沙漠部队无法将地中海用作交通补给线——正如8月向马耳他运送物资补给的代号为"基石"（Pedestal）的护航运输行动的失败所表明的那样。为了向该岛的驻军和居民（由于在无情地空袭之下毫不动摇，他们被集体授予乔治十字勋章[George Cross]）运送燃料和食物这样的最低必需品，英国皇家海军损失了1艘航空母舰和2艘巡洋舰，以及16艘护航商船中的11艘。作为反击，英国沙漠空军（British Desert Air Force）现在阻截了从意大利驶往的黎波里的4支护航舰队中的3支，造成的损失几乎令隆美尔完全失去了坦克燃料和航空燃料。

沙漠战争的胜负并非取决于后勤优势的差距。托布鲁克之耻发生后，丘吉尔决心要赢得胜利，此时他迫切需要用胜利来提高英国作为美国（中途岛接连获胜）和苏联（顽强抵抗德国国防军向苏联南部地区的挺进）的盟友的声望。8月4日至

10日，丘吉尔视察了坐落于开罗的英国中东指挥部，并与南非总理史末资、印度英军总司令韦维尔、帝国总参谋长阿伦·布鲁克、奥金莱克会谈。这位首相决定是时候易帅了。8月15日，他下令哈罗德·亚历山大将军接替奥金莱克出任中东战区总司令；与此同时，伯纳德·蒙哥马利将军接任第8集团军司令。

丘吉尔反省道，让奥金莱克解职如同"射击一头高贵的雄鹿"。奥金莱克外表英俊，拥有军人应该有的全部禀赋，除了杀人本性。然而，此时的丘吉尔已经近乎于绝望，这是他在战争期间最感到绝望的状态；7月1日，他不得不在英国国会下议院的一片责难声中为自己辩护，他担心沙漠战争迟迟无法解决的僵局会进一步削弱他在国内和国际上的领导力。尽管蒙哥马利没有奥金莱克那样的名誉声望，但他是出了名的冷酷无情，丘吉尔指望他在沙漠的关键较量中以毋庸置疑的杀戮本性对付隆美尔。

最终，英国第一次在人力、坦克和飞机的数量方面占据优势。8月，隆美尔拥有的师的数量仍然多过英军，隆美尔有10个师，而英军只有7个师，因此隆美尔于8月31日展开一次局部攻势，进攻蒙哥马利从奥金莱克那里承袭下来的阿拉姆哈勒法要塞。然而，在接任总司令的前几周时间里，蒙哥马利努力加固该要塞，还给他的下属们留下了他决不撤退的深刻印象。在这场艰苦而短暂的阿拉姆哈勒法战役中，英军决不撤退。到了9月2日，隆美尔承认他无法突破对方的防御，他已经损失了50辆坦克，而且还有许多坦克陷入英军密集的布雷区，于是他撤回到原来的阵地。双方停战期间，蒙哥马利为了展开进攻，重新训练他经验丰富的师，同时将新师整合进第8集团军，包括第51高地师。到了10月份，他总共部署了11个师，此外还有4个装甲师，即第1、第7、第8和第10装甲师，这些装甲师拥有1030辆坦克（其中包括250辆谢尔曼坦克）、900门火炮和530架飞机支援。虽然非洲装甲集团军（Panzer Army Africa）拥有500门火炮和350架飞机支援，但是在其10个师中，只有4个师（2个装甲师）是德国部队。意大利师不值得隆美尔信任，其中2个师还是装甲师。惨重的损失和早先的失败使他们士气低落，美国的参战动摇了他们对轴心国事业的信念，他们装备不精，物资补给又断断续续，他们意识到缺乏机械化的运输工具，只能充当隆美尔的炮灰。此时隆美尔认为英军将发起大规模的进攻，而意大利师挡住英军攻势的意愿是不可靠的，他决定用德国部队"严格控制"他们，因此没有任何大段防线是单单由意大利军驻守的。

隆美尔还受到许多别的因素的困扰——就军事而言，他的战线过长，延伸到交通补给线的尽头，距离的黎波里1200英里；就个人而言，他的健康也困扰着他。尽管隆美尔性格坚毅，但并非精力充沛。他忍受着反复出现的胃病，也许是受心理影响，9月22日他因病回国。接替他的是从苏联战场上调来的一名装甲将军格奥尔格·史图姆（Georg Stumme），隆美尔还获悉，一旦他恢复健康，将率领一个集团军群在乌克兰作战；然而10月24日，他在医院接到希特勒的电话，希特勒说："非洲传来了坏消息……局势看起来非常糟糕……你觉得身体状态好到可以回去了吗？"他的身体状态还不足以回到非洲战场，但是转天他就动身了，10月25日晚，他抵达非洲装甲集团军的指挥部，他发现一场激烈的战斗正在席卷着阿拉曼，德意阵地在第8集团军的猛攻下行将崩溃。

"狗咬狗"

蒙哥马利采取的攻势在风格上完全不同于他的前任，沙漠地形有助于自由调动，这促使他的前任们将坦克用作主要的战术工具，以求实现装甲类型的闪电战。蒙哥马利正确地判断出，英国的装甲师没有超过德国人的本事，无论如何，他都不准备满足于仅有调动优势。与其将敌人的装甲集团军从其要塞赶回的黎波里——这样的情况此前已经发生了三次——他更希望在一场定位进攻中决定性地击败他们，进而永远摧毁其攻击力。

因此，他所计划的阿拉曼战役是一场精心策划的步兵—炮兵袭击，由若干重型坦克支援，摧毁敌人固定的防御工事，消灭他们的驻军。只有在他冷酷地预测的"狗咬狗"式混战出现后，才让装甲部队主力进入和突破阵地。这场战役始于10月23日的午夜，456门大炮进行炮火准备，这些大炮集结起来支援步兵沿海滨大道行进，在沙漠再往南的地区还有牵制性突击的支援。牵制性突击没能将敌军驱逐出至关重要的防御地区，10月26日，也就是隆美尔重回非洲指挥作战的第一天，蒙哥马利以装甲部队增强主攻。在苦战一周后，德国的坦克数量锐减为35辆，蒙哥马利成功地穿过装甲集团军的沿海阵地，切开两条"走廊"，11月2日准备好实现突破。此时，隆美尔准备撤退，但被希特勒拒绝，希特勒不允许他这样做，于是隆美尔用残存的兵力占据沿海两条走廊的最北端。蒙哥马利已经通过恩尼格玛密码破译获悉德军意图的变化，因此决定于11月4日将大量装甲部队调到南部走廊。到下午3点左右，第7装甲师和第10装甲师消灭了倒霉的意大利艾里特装甲师，并转移到装甲集团军的后方，艾里特装甲师的旧坦克非常落后。隆美尔无法执行希特勒的"不后退"命令，即使他非常希望能够不后退，但是却知道这场战役已然失败，他指挥所有仍能调动的部队沿着海滨大道匆忙向西撤退。这是2000英里悲惨撤退的开始。

战后批评家责备蒙哥马利，说他在阿拉曼战役后数周时间内没能彻底消灭非洲装甲集团军。他的追击确实小心翼翼；但无论如何，他依然试图追击，11月5日晚，第2新西兰师差点就在富凯（Fuka）成功地侧翼包抄撤退的敌军，并在其后方设立路障。此后，暴雨使越野行军变得艰难，隆美尔的败军逃脱了追击者。总之，消灭敌军的尝试是否可行，甚至是否明智，是难以预料的。蒙哥马利的前任们确实都没能成功追上沿着那条海滨大道撤退的敌军，除了1941年2月的奥康纳。而且，奥康纳的成功只是针对彻底泄气的部分军队取得的——隆美尔的非洲军团至少并非士气消沉。更重要的是，蒙哥马利作战的理论基础无法实现从猛烈进攻到急速追击的突然转变。开战前，他在他的命令中发出警告："这场战役将是艰苦而漫长的。我们的军队千万不要以为，我们有精良的坦克和非常强大的火炮支援，敌人就会全部投降。敌人是不会投降的，这将是一场苦战。步兵必须准备战斗和杀戮，而且在一段漫长的时期内持续这样做。"这确实是场苦战，有很多杀戮：英国士兵的伤亡总数是13500人（近乎蒙哥马利预测到的数字），这是这场战争中到目前为止英军单个集团军遭受的最大伤亡；这个数字占第8集团军的5%，约是步兵数的四分之一。唯有明确的胜利才能证明这样的损失是正当的。如果蒙哥马利贸然发起混乱而损失惨重的追击战，那么隆美尔和非洲军团也许会在机动作战中施诡计而得益，进而贬缩阿拉曼战役的战果，到那时蒙哥马利招致的批评将比他在书生气的战略家回顾往昔的笔下所受的批评更加严厉。

阿拉曼一战后，他的战略——确切地说，他的战略被视为——是一种18世纪的战略，给战败的敌人留出"一座金桥"，即通向的黎波里的海滨大道。沿着这条大道，隆美尔在沙漠空军持续不断的攻击下，开辟出一条道路，于11月20日抵达班加西，自12月26日至1月16日，在扎姆扎姆河谷（Wadi Zem Zem）坚守抵抗，后于1943年1月23日抵达的黎波里。他在途中没有得到任何增援，也没有什么物资补给，他的10万大军（大部分是意大利人）中有4万人沦为战俘，落入英国人之手，而且只有80辆坦克仍在行驶。根据战争胜败的种种特征，非洲装甲集团军在阿拉曼被打败了。蒙哥马利在战场上的首次亮相是将才史上最辉煌的亮相之一。

此时，使非洲装甲集团军免遭立即毁灭的是本该导致其毁灭的一种发展态势。英美联军在非洲装甲集团军的后方出现，准备执行"火炬"行动，打响盟军在非洲的第三场战役。7月，美国人和英国人在伦敦已然同意展开"火炬"行动，以此作为仅次于渡过英吉利海峡入侵的第二个选择，那时他们已被说服1942年还不能冒险采取穿越英吉利海峡的行动。在1943年第二战场开辟之前，正如美国人所希望的那样，"火炬"行动为当年春季已在大不列颠联合王国集结的美军提供用武之地。"火炬"行动还为部分英国本土预备队——由于此时德国入侵的危险已然减弱，这些部队超出了战略需要——以及美国正在动员的90个师的第一批提供了用武之地。军队组建完成时，参加"火炬"行动的军队包括西部、中部和东部三个特混编队，预定各自从大西洋海岸摩洛哥的卡萨布兰卡和地中海岸的奥兰（Oran）和阿尔及尔（Algiers）登陆。西部特混编队（Western Task Force）由乔治·巴顿（George Patton）将军指挥，包括第2装甲师、第3师和第9师，它们直接从美国赶往北非；中部特混编队由美军第1装甲师和从英国赶来的未来第82空降师的部分部队组成；东部特混编队包括英军第78师和美军第34师。整支军队登上美英舰船组成的盟军舰队。在强大的空中掩护下，护航运输队全速前进，没遭到U潜艇拦截，抵达战斗前的位置。11月5日至6日，中部特混编队和东部特混编队穿过直布罗陀海峡，德国海军情报部门向希特勒确认，该舰队是另一个"基石"行动式的护航运输队，它们集结起来是为了赶往马耳他；此后，情报部门转而认为，该舰队将在的黎波里登陆。11月7日，新的迹象表明，它将在北非登陆，这是到那时为止可能性最小的登陆地点，因为希特勒坚信美国人不会促使维希政权进一步投向他的怀抱。这里存在双重误解。事实确实是，美国人接受维希政权与英国敌对的现实，但是他们相信许多贝当的支持者会以不同的眼光看待他们。同样，只要希特勒仍显然是欧洲的主宰，维希法国的许多人就会遵从停战协议；如果他的权力稍有削弱，他们将准备改变效忠关系，以此捍卫法国的长期利益。

北非登陆行动促使这种效忠关系发生了变化。美国人通过马克·克拉克（Mark Clark）将军与当地的反贝当主义者接触，马克·克拉克曾于10月21日乘一艘英国潜艇在距阿尔及尔90英里的舍尔沙勒（Cherchell）登陆。然而，美国人在维护其计划的安全方面过于谨慎，使他们的支持者行动过早，导致维希政权的追随者再次确保对阿尔及尔和卡萨布兰卡的控制，特混编队于11月8日开始在这里登陆（英国海军在奥兰的袭击搞得一团糟）。当时，一件偶然发生的事改变了盟军的命运。贝当的总司令、海军上将达尔朗（Darlan）正巧在阿尔及尔进行私人访问；当美国人选定负责当地事务的法国人亨利·吉罗（Henri Giraud）将军明显无力担此重任时，美国人与达尔朗直接谈判，同盟国的实力说服了达尔朗，

11月8日傍晚，达尔朗宣布停战。这使英国人和美国人能够迅速占领沿海的摩洛哥和阿尔及利亚。贝当立即断绝与达尔朗的关系。11月10日，维希政府总理皮埃尔·拉瓦勒（Pierre Laval）到希特勒的指挥部拜访他，向他担保达尔朗的行为是不法的，但是他的声明对维希政权没有丝毫帮助。希特勒要求他的部队有自由出入突尼斯的权力，接着自行占领了突尼斯，同时命令他的军队转天早晨进入法属"非占领"区（"阿提拉"[Attila]行动）。到11月11日晚，整个法国都处于德国的军事占领之下，维希的贝当政府变得无足轻重。这位元帅在国家元首的位置上苟延残喘，直到1944年9月被迫流亡德国；然而，1942年11月后，两年来他所伪称的维持法国自治被揭示出是一种假象。

德国的反击

在北非战场上，轴心国和同盟国之间军事优势的天平此时决然倒向同盟国一方。两支大规模的盟军部队控制着海岸线的大部分地区，即位于利比亚的蒙哥马利的第8集团军和位于阿尔及利亚和摩洛哥的艾森豪威尔的第1集团军；与此同时，非洲军转向同盟国一方。迟至登陆行动的一周以后，非洲战场上唯一一支仍可调用的轴心国军队是隆美尔被打得支离破碎的装甲集团军，从阿拉曼迅速北撤，距离突尼斯的边境尚有1000英里。11月12日，贝当正式宣告废除北非停战协议，于是迫使突尼斯的法国指挥官向维希政权的轴心国盟友开放港口和机场，突尼斯是唯一一个尚未被西方同盟国占领的法属北非殖民地。第一支德国军队来自法国，于11月16日抵达；这支军队包括第10装甲师、赫尔曼·戈林伞兵装甲师（Hermann Goering Panzer Parachute）和第334师，它们合起来组成第5装甲集团军，并且立即被西调到阿特拉斯山脉（Atlas）以东的防线，以对抗艾森豪威尔的前进部队。

突尼斯的阿特拉斯山脉构成了加倍坚固的军事阵地，因为阿特拉斯山脉在突尼斯城稍南分成多萨尔山（Dorsat）西段和东段；从地图上看，多萨尔山两段类似倒转的Y，尾部位于突尼斯城。起初，第5装甲集团军（12月9日前由瓦尔特·内林[Walther Nehring]指挥，12月9日后由于尔根·冯·阿尼姆[Jürgen von Arnim]指挥）没有兵力驻守多萨尔山西段，到了11月17日，英军和美军巡逻队前进至此。第5装甲集团军还不得不苦战，抵抗英国第1集团军在法国人的支援下对突尼斯城及进口港比塞大（Bizerta）的猛烈进攻。美国第2军携带装甲部队到来，使盟军可以坚守东段防线，直至1943年1月底。他们还从非洲军那里获得更多增援，此时非洲军由吉罗指挥；1月，在卡萨布兰卡会议上，吉罗与戴高乐达成难得的和解，这项和解将维持到1944年4月。

与此同时，德国人也在加固他们在突尼斯的阵地：从西西里调来更多的军队和飞机，隆美尔正经由的黎波里靠近马雷斯防线（Mareth Line）。马雷斯防线是法国人在利比亚—突尼斯边界上修建的防御系统，1939年前对抗利比亚的意大利军；2月初，隆美尔的军队占领了马雷斯防线，从而保护了德军后方不受蒙哥马利的攻击，同时他们驻守多萨尔山东段，保护他们不受艾森豪威尔来自前方的攻击。诚然，至少在短期内，北非的战略形势发生了逆转。隆美尔非但没有陷入第1集团军和第8集团军的钳形攻势，反而集结起一支大军，此时这支军队能从稳固的中央阵地攻击任一边或者甚至两边的敌人。它将要这样做。

第5装甲集团军运用其机动性和装甲兵力，令多萨尔山东段的盟军失去平衡，它依次袭击了力量薄弱的法国第19军和缺乏经验的美国第2军——1月2日攻打丰杜克（Fondouk），1月18日攻打布阿拉代（Bou Arada），1月30日攻打费德（Faid）。这些袭击令法国人组织涣散，原本殖民军就不足以对抗现代坦克，而且还驱散了美国的装甲部队。与隆美尔会谈后，阿尼姆于2月初决定，反击突尼斯南部地区敌军的时机已然成熟。阿尼姆和隆美尔关于如何发动反击的争论，由他们的上级、南线总司令（Supreme Commander South）凯塞林出面解决，2月，他们各有一个装甲师，即第10装甲师和第21装甲师（阿拉曼战役后改组而成），穿过多萨尔山东段的费德隧道（Faid pass）攻击美国第2军，然后南进，令守军惊恐不已，2月19日，强攻多萨尔山西段的凯塞林隧道（Kasserine pass）。盟军在突尼斯的阵地可能会被迫自南向北收缩，然而，英军第6装甲师得到美军第9师炮兵的支援，化解了这种威胁。地形也有助于防守，因为德国坦克要想前进，只能在狭窄的山谷中行驶；1月22日，隆美尔和凯塞林会面，隆美尔承认他对形势的判断有误，他没能抢占先机迅速扩大攻击范围，现在他必须回到马雷斯对付蒙哥马利的进攻，蒙哥马利正在他的后方准备发起攻势。

此时，阿尼姆和隆美尔（2月23日被任命为非洲集团军群指挥官，分别向第1集团军和第8集团军发动骚扰性进攻，不过收效甚微。美国人不仅在凯塞林隧道学到了作战的智慧，而且归由巴顿指挥，巴顿向来无法忍受业余行为；两支英军身经百战，由经验丰富的将领统率。3月20日，正当巴顿在非洲集团军群的后方试探进攻之际，蒙哥马利对马雷斯防线展开突袭，在直接攻击遭到抵抗后，他绕道而行，到3月31日，他将从前的非洲装甲集团军的残部驱赶到多萨尔山东段的尾部。

这次挫败后，德国人和意大利人仍在突尼斯留有大量军队，包括援军和从前的非洲装甲集团军的残部在内，总计逾 11 个师。然而，他们的物资补给情况却比较危急：1 月，51 艘舰船中有 22 艘被击沉，2 月，尽管使用了 MC323 "巨人"（Gigant）机动滑翔机进行空运，用以补充海运，但也只运送了 8 万吨必需物资中的 2.5 万吨；4 月 22 日，盟军战斗机拦截并击落向突尼斯的机场运送汽油的 21 架"巨人"滑翔机中的 16 架；甚至连秘密武器都不足以抵偿德国的劣势。为了对抗同盟国在装甲部队方面的优势，第一批强大的虎式坦克运至突尼斯，可是许多虎式坦克陷于沼泽湿地，若干虎式坦克甚至被同盟国的反坦克武器击穿。而且，希特勒对这场发生于斯大林格勒战役后不久的战役心不在焉，那里也是他徒劳无功地想通过空运维系的要塞。对他而言，早在 3 月 4 日，突尼斯的命运似乎已然注定："这是结束，"当时他预言道，"或许将非洲集团军群撤回来也好。"尽管希特勒于 3 月 6 日命令隆美尔返回德国，但是他一如既往地无法下定决心放弃尚可保全的前沿阵地，这就要求阿尼姆战斗到底。

到 4 月底，阿尼姆只剩 76 辆坦克可资调遣，他试着从当地生产的酒和酒精中为它们的发动机提取燃料。5 月 8 日，纳粹德国空军遭遇一支由 4500 架战斗机组成的同盟国空军，放弃了它在突尼斯的所有军事基地。4 月 7 日至 13 日，第 8 集团军将非洲集团军群从多萨尔山东段驱赶到北面东西两段汇合的尾部，当时非洲集团军群被困于突尼斯城和比塞大的小包围圈内。5 月 6 日，在一场精心准备的进攻中，其前沿阵地被位于突尼斯城对面的第 1 集团军突破。转天，突尼斯城和比塞大均告陷落。在接下来的一周中，后卫部队继续抵抗，而非洲集团军群的残部在缺乏弹药和燃料的情况下试图撤到邦角（Cape Bon）最后的避难所。然而，5 月 13 日，所有地盘失守，仅剩的部队投降；包括德军和意大利军指挥官阿尼姆和梅塞在内的 27.5 万名轴心国将士沦为同盟国的战俘。这是到目前为止盟军迫使轴心国作出的最大规模的投降，对于希特勒而言，这是一种刻骨铭心的耻辱，对于墨索里尼而言，这是一场灾难，他曾致力于在非洲构建和维系一个伟大的意大利帝国。现在，他在非洲大陆上打的三场战役均以惨败告终。希特勒曾经参与其中两场战役，他能经受住这种打击；希特勒仅以足够向独裁者同伴表忠心的兵力冒险，凭借他插手造成的敌人注意力的分散获益。墨索里尼却无法以如此乐观的态度思忖这种结果。他在非洲既损失了更多的意大利军，又声名扫地。此时，他和他的政府能否继续存在下去完全取决于希特勒。

十九　意大利和巴尔干

17世纪的结束语是"奥地利快乐","其他人发动战争,你却举办婚礼"。 诚然,哈布斯堡王朝的习惯是王室联姻,这最终使它的统治者成为欧洲拥有最多土地的君主。意大利是奥地利的对立面——无论是在爱情方面还是在战争方面都是不幸的。1918年以前,意大利的部分地区仍然属于哈布斯堡王朝。1866年,意大利的北部和南部在萨伏伊王朝(House of Savoy)的统治下实现统一,但南北却从未完全和睦;19世纪中期,在从哈布斯堡王朝独立的战争,以及此后在非洲争夺殖民地的战争中,意大利人最好的情况下是劳而无功,最坏的情况是颜面扫地。1896年,意大利远征军在阿杜瓦华遭遇埃塞俄比亚人,在那一战中成为征服非洲大陆过程中少数几个败给本土军队的欧洲军队之一;在1936年成功推翻海尔·塞拉西皇帝的战役中,意大利为阿杜瓦华一战进行报复的举动引起国际社会的不满。

第一次世界大战是意大利代价最高的一场战争,一战经历几乎解释了此后几年意大利在国内外的种种行为。尽管对意大利人的努力评价不高,但是1914年至1918年间,在协约国最难以争夺的前沿阵地上,意大利人坚持不懈地与奥地利人英勇战斗。从1915年5月开始,意大利与英国、法国、俄国休戚与共,意大利人向尤利安阿尔卑斯山(Julian Alps)连续发动了11次攻势,但却没打下多少阵地,反而损失惨重。1917年11月,在第12次战斗中,意大利军遭到一支德国干预部队的突袭,年轻的隆美尔是这支部队中最富有进取心的下级军官之一,意大利军被赶回威尼斯平原,到1918年底,他们恢复元气,足以转而发动进攻,并且结束了这场战争,重拾了尊严。

问题就出在这里。意大利也是胜利者之一;尽管60万名年轻的意大利人为了协约国的事业牺牲了他们的生命,但是英国和法国都不承认意大利自认已经赢得的战利品。法国和英国瓜分了德国的殖民地和土耳其在阿拉伯的地盘,即叙利亚、黎巴嫩、巴勒斯坦、伊拉克和外约旦。意大利得到的全部只是一小块前奥地利的领土和近东一个难以防守的据点。而且,美国和英国于1921年决定签约限制协约国列强拥有的舰队规模,意大利被迫接受条约的限制,这种限制实际上要求意大利的海军实力和英国皇家海军在地中海的实力持平——意大利理所应当地认为它必须在地中海占据主导。

意大利自认有权得到的东西和它在战后实际获得的东西之间的差异，是引起法西斯革命的根源，1922年法西斯革命推翻了意大利王国的现存秩序。在某种程度上，墨索里尼对意大利的工人阶级和下层中产阶级的吸引力仅有一部分是经济上的；这同样也是一名退伍军人对其他退伍军人们的吸引力。时值经济衰退、失业和金融风暴，墨索里尼不仅提供就业机会和储蓄安全，而且还向退伍军人承诺荣誉，向国家承诺它在巴黎和会上所没能得到的领土补偿。在1912年至1913年的巴尔干战争期间，意大利从土耳其奥斯曼帝国手中夺取利比亚，将利比亚转变为海外"帝国"后，于1936年征服阿比西尼亚，于1939年吞并阿尔巴尼亚。意大利对西班牙内战的干预是墨索里尼所做承诺的重要组成部分，他向意大利人承诺他们的国家将在世界舞台上崭露头角；这最终也是他于1940年6月决定站在德国一方参加第二次世界大战的动机。由于1938年的德奥合并，奥地利被德意志帝国吞并，墨索里尼以奥地利为中心建立联盟的幻想破灭了，那是区别于意德轴心联盟的另一种选择，德奥合并自然贬低了他与匈牙利、南斯拉夫签署的双边条约。德奥合并还决定墨索里尼将在第二次世界大战中成为希特勒的伙伴。

然而，客观形势表明意大利决非一个地位平等的伙伴，尽管墨索里尼为此竭尽全力。不仅意大利的经济只能维系德国军费开支的十分之一（1938年意大利的军费开支是7.46亿美元，德国的军费开支是74.15亿美元），在两次战争之间的这段时间内，意大利的军事实力严重下降，因此1940年意大利作为英国和法国的对手（只要在法国的战争仍未结束），实力尚不如1915年它作为奥地利的对手。意大利的步兵师和炮兵师比25年前更为弱小，部分原因是很多师被转化为法西斯党价值可疑的黑衫军，这完全出于墨索里尼的政治妄想。由于前往美国的移民潮，意大利的人力资源持续衰减。意大利的装备尽管雅致，设计精妙，但却是以工匠的方法制作生产，无法与满足大量需求的英国——最终是美国——工厂的产量匹敌。由于墨索里尼过早力推全国性扩充军备，意大利的军队也受到损害。意大利的坦克和飞机落后于英国的坦克和飞机整整一代；当意大利军的装备与1942年远抵英国的美国装备相遇时，它们就成了老古董。

意大利站在德国一方参战最后但最终无效的障碍是，意大利对希特勒为它们选定的敌人没有太多或者完全没有敌意。温和的恐法病也许是意大利人的一种情结；可是，意大利的上层社会特别亲英，而意大利的农民和手工业者极为尊敬美国，而美国对纳粹主义的敌视众所周知，这从一开始就影响着意大利国人的态度——美国参战后更是有着决定性的影响。因此，1940年至1941年间与英国在东非和西部沙漠交锋的是一支缺乏热情的意大利军。1940年10月至11月，意大利军与希腊军作战时表现拙劣，没能增强它的信心。12月韦维尔的反攻严重动摇了意大利军心，尽管1941年2月非洲军团赶来支援，但是意大利军从未真正恢复斗志。虽然隆美尔是位才华横溢的将军，虽然普通的意大利士兵都觉得他很亲切，但是意大利指挥官们不得不铭记，隆美尔的声望来自1917年11月他在卡波雷托（Caporetto）的英勇行为，当时他率领200名符腾堡州（Württemberg）山地兵俘获数千意军。

到1943年5月非洲战役结束时，1941年在东非，1941年至1942年在利比亚，1943年在突尼斯沦为盟军战俘的意军总数逾35万人，比战争伊始驻防墨索里尼的非洲帝国的人数还多。甚至在突尼斯大溃败之前，意军只有31个师的装备，尽管此前一年墨索里尼预计兵力将增加到90个师。意大利第8集团军（拥有22万人的精锐部队）在斯大林格勒遭遇惨败后不久，意大利军又在非洲损失了相当多的精锐部队，变得名存实亡；这两次危机促使意大利最高统帅部反思继续支持墨索里尼和法西斯政权是否明智。意大利的将军们大多来自萨伏伊—皮埃蒙特的北部社会，也就是他们从心底里所效忠的王室所在地。只要法西斯主义对君主和军队有利，他们就默许法西斯主义。一旦法西斯主义显然无法做到这一点，那么他们就开始重新考虑立场。1943年夏，尤其是因为意大利城市开始遭到盟军的空袭，他们密谋除掉墨索里尼。该行动的导火索是1943年7月9日至10日同盟国登陆部队出现于西西里的南部海岸。

将轴心国赶出突尼斯之后，如果英国人和美国人之间没有意见分歧，那么就不会作出进攻西西里的决定。就美国人而言，代号将为"哈士奇"（Husky）的军事行动冒着分散第二战场的兵力，甚至有碍于开辟第二战场的风险。就英国人而言，这似乎预示着无形但非常值得的收益：对地中海中部地区的掌控，可以从这里对法国南部和巴尔干地区轴心国的软肋构成威胁；对墨索里尼的羞辱，也许导致他的倾覆；获取一块进攻意大利本土的踏脚石，如果随后事实表明进攻意大利是容易的、值得的或是必要的。1943年5月在华盛顿召开的"三叉戟"会议上，英国人最终如愿以偿，但那只是因为形势的变化使美国人相信当年不能开辟第二战场。结果，这次进攻令希特勒比墨索里尼——或者其意大利反对者——更为吃惊。希特勒对意大利统治阶级的同情心不抱任何幻想。5月14日，他对他的将军们说：

在意大利我们只能依靠领袖。我非常担心他可能被除掉或采取某种程度上的中立。王室、军官团的全体领导人员、牧师、犹太人［仍然自由；尽管墨索里尼有很多过错，但是他并不反对犹太人］和行政机构的主要部门对我们怀有敌意，或持消极态度……广大民众无动于衷，缺乏领导。领袖现在正把法西斯卫队调集在他的身边。可是，真正的权力在别人手中。而且，他对自己在军事事务上又没有信心，不得不依赖有敌意或无能的将军们。他们拒绝或规避［我］提供的军队，在这种不可思议的答复——至少是领袖的答复——中，可以很明显地看出这种情况。*

希特勒刚刚向墨索里尼提供五个德国师，让它们到西西里和意大利南部地区与四个整编师会合，这些整编师是突尼斯败军的殿后部队，可是希特勒的提议遭到拒绝。作为预防措施，德国制定计划，准备占领意大利（"阿拉里克"行动[Operation Alarich]，以公元5世纪占领罗马的日耳曼征服者命名）。尽管墨索里尼警告说，他猜想在突尼斯取得胜利的同盟国军队将转而进攻西西里，但希特勒坚持认为该岛守备森严，不会被轻易攻克，他认为英美联军将猛攻撒丁岛、科西嘉岛或希腊的伯罗奔尼撒半岛。盟军在希腊登陆的幻象激起希特勒最糟糕的预感；这不仅威胁着在东线德军后方开辟"第三战场"，而且可能会中断德国最重要的原材料补给线，这些原材料是来自巴尔干的矾土、铜和铬，以及来自罗马尼亚普洛耶什蒂油田的最珍贵的石油。

"哈士奇"行动

盟军高超的诈术，包括设置一具带有伪造的绝密文件的尸体，更使希特勒确信在地中海侦察到的敌方入侵舰队将前往希腊、科西嘉岛或撒丁岛，而非意大利。甚至在盟军对西西里的近海岛屿潘泰莱亚岛（Pantelleria）狂轰滥炸，迫使其指挥官于6月11日向同盟国投降后，希特勒仍旧不考虑盟军进攻意大利的可能性。此外，其他地方发生的事分散了希特勒的注意力——针对德意志帝国的联合轰炸机攻势不断增强，德国在大西洋战役中的处境日趋艰难，以及最终决定在苏联展开库尔斯克攻势（"堡垒"行动[Operation Citadel]）。希特勒还刚刚再次

---

* 译文可参见〔英〕戴维·欧文著：《元首与战争》第四部《抓住救命的稻草》。——译者注

换了指挥部。他在乌克兰的"狼人"(Werwolf)指挥部多住了一段时间后，从3月开始，住在度假别墅里，即贝希特斯加登（Berchtesgaden）的伯格霍夫。6月底，他才离开那里，前往密林中的指挥部，即东普鲁士拉斯登堡的"狼穴"(Wolfschanze)，在7月5日开始的"堡垒"行动前，他仅有四天时间在此恢复精力。由于1943年东线战场的战争进程取决于"堡垒"行动的结果——"堡垒"行动企图摧毁苏联红军的进攻潜力——因此当7月9日巴顿和蒙哥马利挥师在帕塞罗角（Cape Passero）的西部和东部开始发起猛攻时，希特勒的注意力有所分散，这是可以理解的。

同盟国投入8个海运师和2个空降师参与进攻——这支舰队不仅极大地超过国防军最高统帅部对其两栖能力的预测，而且远超该岛部署的轴心国兵力。虽然意大利军总指挥艾尔弗雷多·古佐尼（Alfredo Guzzoni）将军部署了12个师，但是其中6个师是静态防御的意大利师，可以忽略不计；其他4个意大利师尽管能够调动，但却不是同盟国的对手；只有第15装甲掷弹兵师（15th Panzergrenadier）和新募的赫尔曼·戈林装甲师（Hermann Goering Panzer Division，纳粹德国地面部队的精锐）是一流的。尽管双方在实力上存在差距，而且进攻方出其不意，但是被称为"哈士奇"行动的西西里登陆行动进展得并不像设想的那般顺利。同盟国的空降部队来自美国第82空降师和英国第1空降师，当缺乏经验的飞行员将他们空降在海上时，强劲的高射炮击落不少飞机，空降部队损失惨重。进攻西西里岛的第四天，英国伞兵夺取位于埃特纳火山（Mount Etna）南面的普赖莫索桥（Primosole bridge）的关键行动尤为惨烈，当时德国第1伞降师（1st Parachute Division）发起了反攻。

然而，针对意大利"海岸"部队发起的海运登陆行动均获得成功，一些"守军"甚至帮助卸下进攻者的登陆艇。7月15日，巴顿和蒙哥马利的上级长官、少将哈罗德·亚历山大爵士得以下令最终清除岛上的轴心国军队。当巴顿占据西西里岛的西半边时，蒙哥马利将进军埃特纳火山的两侧，攻克西西里岛东北部的墨西拿（Messina），从而切断轴心国守军向意大利半岛"靴尖"撤退的后路。结果，巴顿仅仅遭遇了轻微的抵抗，进展迅速，而蒙哥马利对抗的则是赫尔曼·戈林师，他发现无法从通往墨西拿的近路上穿越埃特纳火山的东侧，于是不得不重新部署部队从西侧通行。因此，7月20日，亚历山大命令巴顿推迟对巴勒莫（Palermo）和特拉帕尼（Trapani）的攻击，改为向东沿着海滨大道赶往墨西拿。希特勒派来一位名为弗里多·冯·辛格尔—艾特林（Frido von Senger und Etterlin）的德国联络官监督古佐尼作战,此外还派来五个德国师增援意大利军。现在,希特勒命令其中两个师,即第1伞降师和第29装甲掷弹兵师进入西西里岛增强防御。

盟军遭遇这些部队的抵抗,进展缓慢。直到8月2日,巴顿和蒙哥马利才在埃特纳火山和西西里岛北岸之间组织起一道从东南到西北的战线。甚至那时,他们也只能利用海运部队凭借一系列两栖迂回(8月8日、11日、15日和16日)向前挺进,将敌人从防守稳固的阵地上赶走。不过,古佐尼早在8月3日就已经认识到他根本无法守住,因此开始令他的意大利军横渡墨西拿海峡撤离。8月11日,德军也开始撤离;他们在夜间航行,主要是为了躲避盟军的空袭,进而保住了大部分装备(9800辆交通工具)。8月17日,盟军成功进入墨西拿;但是,敌人已然逃脱。

尽管"哈士奇"行动没能给敌方军队带来更多损失,但是它确实保护了盟军从地中海到中东的交通线;可是,由于西西里岛和北非战争现在已然结束,这一行动并没有什么实质意义。没有任何明显迹象表明,"哈士奇"行动让土耳其和同盟国走得更近;该行动也没吸引苏联战场上的德国部队,因为所有派到意大利的军队,即第16装甲师和第26装甲师、第3装甲掷弹兵师和第29装甲掷弹兵师、第1伞降师均来自西线。"哈士奇"行动是否将对意大利的反法西斯势力施加足够大的压力,以促使意大利改投同盟国一方,仍有待观察。

无论如何,以陆军参谋长、陆军上将乔治·马歇尔为代表的美国人质疑意大利改投同盟国的价值。他们往往认为,直接进攻西北欧是打败希特勒的唯一迅速而可靠的方法。1942年,他们在实践中对这种观点有所调整,但是就论点而言,他们从未改变过。他们怀疑(回顾往事,这种怀疑是正确的)丘吉尔的"外围"战略的逻辑性,这种"外围"战略是针对丘吉尔所谓的希特勒欧洲的"软肋"而采取的,但这些地方与其说是软肋,不如说是赘肉。希特勒重视意大利,是因为丢失意大利将有损他的声望,还因为意大利在侧翼保护巴尔干,而他在巴尔干则拥有真正至关重要的经济利益和战略利益。如果他能够偷听到马歇尔将军把意大利评定为次要战场,那里的军事行动将"制造一个必须投入越来越多东西的真空"的话,希特勒将完全赞同。

虽然如此,意大利即将改投同盟国。盟军抵达西西里,以及西西里岛意军的抵抗微不足道的无可辩驳的事实,此时令意大利的统治阶级相信意大利必须改变立场。在魁北克与罗斯福会谈("四分仪"会议,8月14日至23日)时,丘吉尔收到墨索里尼政敌发来的第一条消息,他评论道:"巴多格里奥[意大利高级将领]承认他将背弃某人……可能希特勒将是那个被欺骗的人。"7月19日,希特勒本人也有同样的感觉。当西西里和库尔斯克战役均在进行中时,他远途飞到意大利,会见了他的独裁者伙伴,保证支持他,打算以空话掩饰一旦意大利背叛,他将以军队迫使意军中立并且夺取半岛防御工事的意图。7月25日,法西斯党最高议会(Fascist Grand Council)开会要求墨索里尼辞去总理一职。当墨索里尼温顺地遵从国王召唤前往皇宫时,他遭到逮捕和监禁。国王维克多·埃马努埃莱(Victor Emmanuel)直接掌管军队,元帅彼得罗·巴多格里奥(Pietro Badoglio)出任总理。

新政府虽然公开宣布它将继续与希特勒并肩作战,但却立即秘密地与同盟国进行直接谈判。8月5日,在意大利新任外交部长拉法埃莱·瓜里利亚(Raffaele Guariglia)向德国大使承诺意大利不会和同盟国谈判的前一天,第一次谈判在西西里进行。不久之后,艾森豪威尔由罗斯福和丘吉尔授权缔结停战协议,只是条款比巴多格里奥预期的还要严厉。当意大利人含糊其辞时,盟军正准备在大陆登陆。意大利人希望盟军在罗马北部登陆,并且伞降着陆夺取首都,以此先发制人,预防他们猜测的希特勒准备占领意大利半岛的行动。最终,8月31日,他们接到最后通牒:或者接受停战条款,实际上是无条件投降——7月28日丘吉尔在英国国会下议院正是这样说的——或者承担结果,这意味着德国的占领。9月3日,意大利人签署了停战协议,他们相信有时间为抵制德国的干预作准备,他们知道签署停战协议的消息一公开,德国必然进行干预。然而,仅仅五天之后,9月8日,艾森豪威尔就将之公告天下,这发生在盟军开始登陆那不勒斯(Naples)南部的萨勒诺(Salerno)的短短几个小时前。

希特勒的对策

萨勒诺登陆("雪崩"行动[Operation Avalanche])并非盟军在意大利大陆展开的第一次军事行动。9月3日,蒙哥马利的第8集团军横渡墨西拿海峡,夺取了雷焦卡拉布里亚(Reggio Calabria),以此作为占领意大利"靴尖"的初步行动。尽管如此,希特勒认为这一行动无关紧要,蒙哥马利也持相同的观点,蒙哥马利因被调整为次要角色而闷闷不乐。相比之下,萨勒诺登陆促使希特勒下令启动"阿拉里克"行动。尽管他无法阻止意大利舰队按照停战条款的要求向马耳他航行,但是德国空军却通过发射一种新武器,即制导滑翔炸弹,在途中成功击沉战列舰罗马号(Roma)。"阿拉里克"行动(此时代号为"轴心"[Achse]行动)

几乎在所有其他方面都进展顺利。

华盛顿不愿发兵意大利,因为同盟国决定应该立即进攻西北欧。因此,对希特勒非常有利的是,艾森豪威尔缺少登陆艇和军队,这迫使他只好到南部登陆。结果,希特勒能够集结那些从西西里逃脱的部队对抗执行"雪崩"行动的军队,他从法国和其他地方调来军队(从苏联临时调来第1党卫军装甲师),派他们占领罗马,征服半岛中部和北部的意军。在进攻之前,他听到互相矛盾的意见:他的爱将之一隆美尔警告不要试图控制南方;身在现场的将领、敏锐的战略分析家凯塞林向他保证能在罗马以南安全建立防线。此时,他同时利用这两个人的聪明才智。隆美尔负责挥师穿越阿尔卑斯山镇压米兰(Milan)和都灵(Turin)的军事抵抗和民间反抗(并且重新俘获数万由于意大利改变立场而获得自由的盟军战俘),凯塞林在南方组织第10集团军,阻碍和遏制萨勒诺登陆。

其他地方的德军迅速把意大利军缴械,将之监禁,或在他们抵抗时,将之消灭。南斯拉夫的意大利占领区归德国或其克罗地亚(乌斯塔莎)傀儡控制。德军还接管了法国的意大利占领区(在那里避难的犹太人结局悲惨)。虽然撒丁岛和科西嘉岛被视为无法防御,但是前者的守军于9月9日,后者的守军于10月1日前巧妙撤离,此前,"自由法国"进攻部队前来营救听到停战消息揭竿而起的当地义军。在希腊的意大利占领区,德国人在战略的运筹帷幄方面真正取得了显著成功。9月9日,德军和爱奥尼亚群岛的意大利守军之间发生战斗(德军残忍地打败了意军,枪杀了所有被捕的意大利军官),这促使英国人不顾美国人强烈而明智的劝阻,于9月12日出兵意大利占领的多德卡尼斯群岛(Dodecanese),并在意大利的默许下,占领了科斯岛(Kos)、萨摩斯岛(Samos)和勒罗斯岛(Leros)。德军由于掌握了当地的制空权——正如美国人所察觉的那样,而英国人却不以为然——而感到可以轻松取胜,于是集结了一支出色的海陆空三栖部队,于10月4日重新夺回科斯岛,迫使萨摩斯岛的守军撤退,到10月16日夺回勒罗斯岛。对英国人而言,多德卡尼斯群岛的行动是奇耻大辱,此后该行动扩展到基克拉迪群岛(Cyclades)。到11月底,德军直接控制了整个爱琴海,俘获逾4万名意大利士兵和数千英国战俘,实际上还断了土耳其想要站在同盟国一方参战的念想——丘吉尔第二次在希腊冒险的首要理由。

这并非希特勒从意大利的背信弃义这堆火中取到的唯一一枚栗子。墨索里尼当时被囚禁于大萨索山(Gran Sasso)的一个滑雪胜地,9月16日,一位名叫奥托·斯科尔兹尼(Otto Skorzeny)的党卫军军官率领一支空降特种部队将他救出。墨索里尼立即宣布在意大利北部地区建立"意大利社会共和国"（Italian Social Republic）；10月9日后，它组建了自己的军队，由仍效忠于墨索里尼的将士组成，由鲁道夫·格拉齐亚尼元帅统领，他曾任利比亚总督，在埃及曾是韦维尔的对手。继意大利法西斯政权之后，墨索里尼建立的又一法西斯政权将使德国对意大利北部的占领所激起的日益汹涌的抵抗，扩展为一场结局残酷悲惨的内战。希特勒对这样的结局漠不关心。意大利改投同盟国的行为，免除了希特勒向意大利大部分地区供应煤炭的义务，而意大利的能源依赖于煤炭；除了自愿在德国工厂工作的意大利工人群体外，还补充了俘虏来的劳动力；而且，这还给希特勒带来近100万战俘，他们也能为德意志帝国劳作。

与此同时，将盟军进攻大陆的影响减小到最低限度的战略努力让希特勒感到满意。隆美尔反对在罗马南部防守意大利，被证明是站不住脚的。凯塞林按照从属关系是德国空军的军官，而按照教育背景和人生阅历却是总参谋部军事精英集团的产物，他认为意大利的地形非常有助于防御，这个观点是正确的。意大利半岛中部的山地，在某些地方几乎高达1万英尺，在朝向亚得里亚海和地中海的东西两面有许多山坡。在这些山坡之间，河流在幽深的山谷中奔流入海。河流、山坡和山脊共同构成一系列相隔若干距离的防线，由于山脊将南北走向的公路推向狭长的沿海地带，而山坡上的天然军事要塞能够俯瞰沿海地带的桥梁，突破变得更加困难。

中地中海部队（Central Mediterranean Force）的参谋人员选择萨勒诺作为登陆意大利的主要地点，萨勒诺恰好属于这种地形学模式。尽管沿海地带异常宽阔平坦（这个因素促使制定计划者选择海滩），但是可以从高地俯瞰沿海深处，维苏威火山（Mount Vesuvius）的山丘又阻断了朝北的出口。如果凯塞林从一开始就拥有足够兵力，他也许会建立横贯半岛的防线，他曾让希特勒相信这在军事上是可行的，也许还会远至那不勒斯。然而，他的第10集团军只拥有7个师的兵力，其中只有第16装甲师达到编制规定的人数，他不得不将仅有的兵力用于防守滩头堡的北侧，目的是不让进攻者迅速前往那不勒斯，进而赢得时间在比该城地势高的地方建立防线（最终被称为冬季防线[Winter Position]）。

尽管第10集团军目前力量薄弱，但是该集团军在盟军进攻意大利的第一周内挫败了执行"雪崩"行动的军队。指挥第5集团军的美国中将马克·克拉克统辖两个军，即英国第10军和美国第6军。两个军在势不可当的海空轰炸支援下，于9月9日轻松登陆。然而，它们在发挥最初优势方面动作迟缓，转天遭到德国后备部队的猛烈反攻，包括那些来自意大利"靴尖"、逃过蒙哥马利军队的德国部队。第16装甲师的反攻尤为惊人。9月12日，第16装甲师从英国人手中夺回重要的巴蒂帕利亚村（Battipaglia），这里靠近德军与美军的分界线；转天，第16装甲师和第29装甲掷弹兵师齐心协力，威胁把盟军的滩头堡一分为二，切断英军和美军的联系，美军已经丧失阿尔塔维拉（Altavilla）和佩尔萨诺（Persano）两地，正准备让突击师重新上船。为了设法守住滩头堡，盟军向前进的德军大肆倾泻炮弹。美国第45师的步兵接踵而至，同时该师的炮兵守住火炮，在海空火力的支援下，最终阻止了德国装甲掷弹兵师的前进。

到了9月15日，由于英国装甲部队和美国空降步兵在滩头堡登陆，危机已然过去。直接指挥第10集团军的海因里希·冯·魏亭果夫（Heinrich von Vietinghoff）将军认识到，现在的局势变得对他不利，凯塞林因此同意德军边战边向他选定的若干山区防线中的第一条北撤。蒙哥马利的第8集团军得到英国第1空降师的增援，9月9日第1空降师在塔兰托登陆。9月16日，第8集团军的先锋从卡拉布里亚出发，在萨勒诺南部与滩头堡的美军取得联系。两天后，德军开始撤退，他们摧毁了身后的桥梁作为掩护，阻止第5集团军的追赶。10月1日，英军进入那不勒斯。同时，第8集团军派出两个师，包括第1加拿大师，沿着亚得里亚海海岸，前去占领福查（Foggia）的机场，盟军打算从该机场向德国南部地区发动战略轰炸。10月初，第5集团军和第8集团军建立起一道连续不断、横贯半岛的防线，该防线长达120英里，沿着沃尔图诺河（Volturno）和比费尔诺河（Biferno），沃尔图诺河位于那不勒斯北部，比费尔诺河在泰尔莫利（Termoli）汇入亚得里亚海。

凯塞林的冬季防线

此时，严酷激烈而又损失惨重的冬季战役开始越过德军守卫通向罗马之路的防线。由于无法沿着中央山脊前进，第8集团军和第5集团军在两侧的海岸只能展开小范围的攻势，各条战线至多20英里长。这一点加上英美协同作战的失败极大地简化了凯塞林的战略，因为这使他在地中海和亚得里亚海侧翼集结精锐部队时，几乎可以在中部地区不设防。驻防意大利的德军来自国防军最高统帅部的中央机动预备队，因此是一流的，而且在意大利战役中自始至终都是一流的。10月，凯塞林让第3装甲掷弹兵师和第15装甲掷弹兵师对付第5集团军，赫尔曼·戈林师备用，将第16装甲师和第26装甲师、第29装甲掷弹兵师和第1伞降师，以及两个步兵师部署在亚得里亚海一侧。盟军只能部署九个师对抗这九个师，其中只有一个是装甲师；尽管克拉克和蒙哥马利额外还有独立的坦克部队，但是他们并没有实质性的优势，也不能完全依靠制空权将德军从其防御工事上赶走。制空权有其局限性，意大利的地形使这点非常明显。同盟国的空军对防御者不能构成任何威胁：守方将防御工事建在陡峭的岩石山坡上面或后面，他们无需移动，只要有最起码的必需品就能坚持抵抗。历史学家们也许会想起，在近代，意大利只有两次在迅猛的攻势下沦陷，第一次是 1494 年被法国查理八世（Charles VIII）占领，第二次是 1800 年马伦哥战役（Marengo）后被拿破仑占领。第一次征服意大利时，法国人在战争中使用了一种革命性的武器，即可移动加农炮（mobile cannon），第二次征服时，法军面对的敌人不仅笨拙，而且彼此对立。1943 年冬，这样的条件并不存在。在战斗中，盟军至多只与坚毅而技艺娴熟的敌人旗鼓相当，敌人只要坚守阵地就一无所失，却获益不少。迫使德军放弃对亚平宁山脉（Apennines）峭壁和露岩的控制，是第二次世界大战中英美与纳粹德国国防军打过的最艰苦、最血腥的一场仗。

盟军地中海部队对意大利之战的残忍感受更深，由于偶然的调派，地中海部队的许多师来自范围非常有限的招募区。美国第 36 师和第 45 师分别来自德克萨斯州和俄克拉荷马州国民警卫队（National Guard），而英国第 56 师和第 46 师来自伦敦和英国中北部。两个印度师，即第 4 师和第 8 师，来自印度统治下尚武的少数族，而第 1 加拿大师由自治领的志愿兵组成，1942 年 8 月迪耶普战役惨败后，自治领显然对英国将领任意牺牲其士兵生命的做法抱有猜疑。其他三支部队由亚历山大指挥，即新西兰第 2 师、法属摩洛哥军和波兰第 2 军，皆以刚毅著称；波兰人尤为勇猛，他们决心让敌人为 1939 年以来给波兰造成的苦难血债血偿。然而，在当时的情况下，这三支部队都无法轻易地弥补它们在前线遭受的损失。贯穿意大利战役始终，所有盟军统帅在指挥过程中由于认识到人类在工具面前的脆弱性而痛苦不堪，这也深深地影响了他们的行为。

萨勒诺一战胜利后，盟军前去进攻冬季防线，紧随而来的是若干最令人筋疲力尽的战斗。冬季防线是凯塞林匆忙在加埃塔（Gaeta）和佩斯卡拉（Pescara）之间修建的防御工事。防线西端基于卡西诺山（Monte Cassino）大修道院要塞，公元 6 世纪圣本笃在此确立了欧洲修道院制度的雏形，这里被称为古斯塔夫防线，是整条冬季防线最坚固的部分。通向古斯塔夫防线的路守备森严，自 10 月 12 日至 1 月 17 日间，盟军为了抵达古斯塔夫防线而发起的五次攻势均损失惨重。

10月12日至15日，第5集团军横跨那不勒斯稍北的沃尔图诺河，建立滩头堡。与此同时，在亚得里亚海沿岸，第8集团军在泰尔莫利另一侧渡过特里尼奥河（Trigno），10月6日攻克泰尔莫利，然后向桑格罗河（Sangro）防线进发。桑格罗河一战（11月20日至12月2日）尤为艰难。第一周，冬雨使河水猛涨，这迫使双方都按兵不动。当蒙哥马利率军过河时，德军在沿海城镇奥托纳（Ortona）的顽强防御使他难以成功，第1加拿大师在奥托纳的巷战中损失惨重。桑格罗河是蒙哥马利在地中海的最后一个战场，此后他被调去指挥"霸王"行动。

在桑格罗河战役进行过程中，第5集团军穿过迷宫般的乡野残垣断壁和敌方毁损的遗迹，缓慢地向加利格里阿诺河（Garigliano）前进，利里河（Liri）河谷从加利格里阿诺河起，经过卡西诺山丘通向罗马。卡米诺山（Monte Camino）、罗通多山（Rotondo）和萨缪克罗山（Sammucro）的山顶俯视着通向利里河的路，自11月29日至12月21日，第5集团军凭借一系列苦战，征服了这三座山。那时，冬季的暴风雪迫使战事中断，直到1月5日第5集团军的美国师和法国师再次攻到拉皮多河（Rapido），这条河在卡西诺山峰下注入利里河。1944年1月20日，作为进入利里河河谷的最后一步，克拉克命令第36（德克萨斯）师在卡西诺山及其与利里河交汇点之间的靠海一侧强渡拉皮多河。

美国工兵指挥官负责清除德军遍布战场的地雷，还负责在河面上架桥，步兵一乘突击艇渡河，他就预先警告说："山谷里没有合适的进路和出路，并被系统化的防御工事所阻断，这些防御工事在一条无法通过的河流后面，因此穿过如此泥泞的山谷展开进攻[将]面临难以应对的局势，导致巨大的损亡。"可怕的是，实践证实了他的预言。来自德克萨斯州的士兵们花了三天时间试图渡河；有些人过了河，但是他们没能得到丝毫的帮助，大部分人游回附近的岸边。放弃该行动时，不到6000人的步兵部队有1000人阵亡。与其对决的第15装甲掷弹兵师的事后报告丝毫没有表露它所造成的灾难，只说它"阻止了敌军过河"。德克萨斯士兵们的进攻被击退，终结了马克·克拉克沿着6号高速公路（Highway 6）早日突击到罗马的所有希望，6号高速公路是地中海沿岸一条南北向的主路。不过，他并没对迅速夺取罗马感到绝望，因为从11月3日开始，在艾森豪威尔的支持下，一项计划准备通过在第5集团军的后方、靠近罗马的安奇奥（Anzio）实施两栖登陆，以此攻破冬季防线。该计划并非完全起源于军事；它带有开辟第二战场的政治色彩，尤其是它旨在以法国南部的另一个登陆行动（"铁砧"[Anvil]，后被称为"龙骑兵"[Dragoon]）与诺曼底的"霸王"行动竞争，因而颇受争议。艾森豪威尔的参谋长沃尔特·比德尔·史密斯（Walter Bedell Smith）将军将"铁砧"行动视为徒劳无功的佯攻。然而，推动该行动的实施是他的职责所在，他认为该行动要求中地中海部队应派大量登陆舰队于1944年底离开意大利前往英国，以此作为对该行动的支援，因为"铁砧"行动只能从意大利北部地区展开。拥有自比萨（Pisa）至里米尼（Rimini）的防线被看成对"铁砧"行动的成败至关重要；为了1944年年中抵达该防线，第5集团军必须迅速攻占罗马北部；要想越过罗马，就要求登陆艇立即在冬季防线后方发起猛攻——由是产生了安奇奥的登陆战和"鹅卵石"行动（Operation Shingle）。

虽然行动的逻辑天衣无缝，但是行动本身却是悲惨的。依照比德尔·史密斯的计划，60艘坦克登陆艇（Landing Ships Tank，关键的两栖舰艇）留在地中海，直到1月15日，后来最终日期延长到2月6日。1月22日，由约翰·卢卡斯（John P. Lucas）少将指挥的美国第6军在罗马以南30英里处的安奇奥登陆，第6军包括英军的大量补充，还包括美国第1装甲师和第3师。登陆行动非常出其不意；无论纳粹德国谍报局（Abwehr）还是凯塞林的参谋们都对该行动的筹备一无所知。如果卢卡斯第一天就冒险冲向罗马，那么他的先头部队也许会抵达罗马，尽管他们很快就会被消灭；无论如何，他本可以"孤注一掷地向内陆进攻"，正如蒙哥马利将在诺曼底试图去做的那样。结果，他两者都没做，只是让大量人员及车辆登陆，确保小滩头堡的安全。因此，他得到的结果最糟糕，他的军队容易遇到危险，却没对敌人构成任何威胁。卢卡斯的无为导致的危机解救了德军，他们匆忙召回离开的士兵组成"应急队"（Alarmeinheiten），这些应急队赶往安奇奥，同时还从冬季防线的北部和平静的战区调来成建制的部队。1月30日，当卢卡斯试图前往内陆时，他发现道路已被封锁；2月15日，新组建的第14集团军向他发起反攻。在希特勒的命令下，代号为"钓鱼"行动（Fischgang）的攻势全面展开，这既是对同盟国的警告，即他能把英美联军的登陆赶下海去，又是向敌国人民证明北欧进攻者所面临的厄运。"钓鱼"行动失败了；然而，它使卢卡斯的部队被围，陷入悲惨和危难的境地。2月23日，卢卡斯被解除职务，接替他的卢修斯·特拉斯科特（Lucius Truscott）将军将在未来三个月中坚守。

盟军的战略危机

马克·克拉克将军没能经由利里河谷和安奇奥夺取罗马，此时他感到必须勇往直前，越过俯瞰 6 号高速公路的卡西诺大修道院要塞。1400 年前，圣本笃曾经选择这里作为冥想的修道士们无懈可击的避难所；修道士们留了下来，却被周围打仗的嘈杂声骚扰着；修道院像以往一样固若金汤。它的周围布满纳粹德国国防军的精锐部队，即第 1 伞降师。当地军的指挥官弗里多·冯·辛格尔—艾特林是圣本笃会的教友，他不同意将修道院建筑用做防御工事；不过，山峦的峭壁和凹角提供了他们在海湾抵抗盟军需要的所有防御设施。

在未来的三个月中，即自 2 月 12 日至 5 月 17 日，盟军发起四次进攻，三次被击退。在第一次卡西诺战役中，美国第 34 师只得到惨痛的教训，即卡西诺阵地无疑相当坚固，防守得特别森严。在第二次战役中，克里特战役的老将伯纳德·弗赖伯格统率第 2 新西兰师和第 4 印度师，于 2 月 15 日至 18 日进攻修道院及其附近的城镇；在他们发起进攻之前，135 架空中堡垒轰炸了修道院，将之夷为平地，但轰炸机和军队都没能将德国伞兵从他们的阵地上赶走。在 3 月 15 日至 23 日发生的第三次战役中，弗赖伯格的部队在甚至更为强大的空中支援下再次发起进攻。攻势再次以失败告终，卡西诺阵地比开始时更为坚不可摧：持续的轰炸使修道院及其下方的城镇沦为一堆废墟，德国伞兵在此挖地道和掩体。

到了 4 月，盟军在意大利的战术谋划几乎陷入僵局。丘吉尔公开痛斥盟军毫无进展。希特勒对第 10 集团军和第 14 集团军取得的胜利感到特别高兴；尽管东线战场的大部分战区正遭到苏联的攻击，尽管德国城市在轰炸机司令部的夜袭之下惴惴不安，然而在意大利，希特勒的英美敌人却在 8 个月的时间内仅仅前进了 70 英里。马克·克拉克也许是第二次世界大战中最以自我为中心的盟军将领，他为自己的前程担心，英军在卡西诺的双重失败加重了他与生俱来对英国人的厌恶。1 月，艾森豪威尔在英国担任盟军最高统帅后，亚历山大成为意大利战场的总指挥，他一筹莫展，甚至连一向尊他为军事贵族典范的丘吉尔都开始怀疑他破解僵局的意志和能力。在胜利的道路上，意大利盟军需要重整旗鼓的计划和新动力。

在胶着的战场的后方，同盟国空军在发挥着它们的作用。指挥空军的是从英国调来的艾拉·埃克（Ira C. Eaker），他曾指挥美国对德国的第一（不成功）阶段战略轰炸。从 3 月开始，他们执行"绞杀"行动（Operation Strangle），旨在摧毁为安奇奥和冬季防线的第 10 和第 14 集团军提供物资保障的后勤网络。尽管地形地貌使针对前线敌军采取的地面攻击任务难以取得成功，但是意大利的公路和铁路成为飞机有利可图的战略目标。埃克的封锁计划是军事逻辑的典范；此后，

4月，亚历山大的参谋长约翰·哈丁（John Harding）开始构思同样符合逻辑的计划，充分利用盟军地面调动的能力。

从上一年年底开始，意大利盟军的实力显著增强。此时，波兰第2军已然全面动员。第8集团军（去年12月蒙哥马利为了执行"霸王"行动回到英国后由奥利弗·利斯[Oliver Leese]指挥）增加了额外的一个印度师、南非装甲师和另一支英勇善战的加拿大部队，即第5装甲师。在安奇奥滩头堡，特拉斯科特的军的规模大了一倍。此外，主要由摩洛哥山地部落民组成的法国远征军攻克了卡西诺和沿海平原之间的区域，对于这些山地部落民而言，山地战是第二天性。为了筹备"霸王"行动，此前一直在意大利战场上作战的六支经验丰富的英国师和美国师撤回英国，援军在很大程度上弥补了这种兵力上的抽调。由于它们根本不同却互补的特质，哈丁开始构思一项作战计划（"王冠"[Diadem]），旨在攻破卡西诺阵地，切开利里河河谷，引诱安奇奥的兵力，目的是在罗马南面包围德军，控制罗马。

哈丁的计划是，凭借一场精心设计的骗局（"丹顿"[Dunton]），让德国人相信另一次两栖攻击将在他们的后方出现，而且距离凯塞林在半岛上撤退的终点线比萨—里米尼阵地更近，以此为掩护，波兰军队将在第四次战役中从北面进攻并夺取卡西诺，法军则从南面渗入山区。这一行动将为加拿大装甲部队和南非装甲部队敞开利里河河谷，而西岸的美军将渡过加利格里阿诺河，与安奇奥军会合，安奇奥军将从滩头堡突破出来，封锁德军向罗马撤退的后路。这预示着一场大规模包围战的胜利。

这一计划主要是指挥法国远征军的阿尔方斯·余安（Alphonse Juin）将军想出来的，他向哈丁和亚历山大承诺他的北非部队有经验找到穿越山区的路，盎格鲁—撒克逊人则对山区茫然无知。5月11日，"王冠"行动启动，北非部队确实能够做到这一点。波兰军队对抗的是德国第1伞降师，他们开始时没能赶上北非部队所取得的进展；不过，在余安的山地兵在摩洛哥非正规军的引导下蜿蜒前进，于5月17日前抵达利里河河谷的入口后，波兰军队最终向卡西诺山发起自我牺牲式的攻击。于是，利里河河谷的入口和沿海地带门户大开，美国步兵师和英国装甲师于5月23日开始前进，同一天，特拉斯科特的第6军团突破了安奇奥滩头堡。

此时，德国第10集团军和罗马都被盟军牢牢掌握，对德国第10集团军的包围不可避免地导致对罗马的占领。罗马被宣告为"不设防的城市"，挤满了逃脱的

1942年5月,一名英国士兵在城堡山下的卡西诺俘获两名德国战俘。波兰第二军团在一场残酷的战斗之后占领了卡西诺。

盟军战俘,他们在若干残存的德国士兵的鼻子底下公开游走,等待着解放。凯旋进城的前景征服了克拉克的战略理性。他常常对亚历山大不耐烦,因为亚历山大的指挥风格是咨议性的,而非强制性的,克拉克还不断怀疑英国盟友想要剥夺他取胜的殊荣,因此他于5月26日下令,让他的美军放弃向北穿过撤退德军的后方,也就是放弃了包围他们的机会,而是直接开进首都。这一重新安排直接使凯塞林受益匪浅。当他的后卫在罗马南面阿尔巴诺丘陵(Alban hills)的瓦尔蒙托内(Valmontone)和韦莱特里(Velletri)拼命打阻滞战时,他催促完整的第10集团军渡过台伯河(Tiber),匆忙赶往哥特防线(Gothic Line)一系列防御工事的第一个要塞,他的工兵们正在罗马和里米尼之间设防。

因此,克拉克于6月4日开进罗马,这只是徒有其表的胜利。甚至连欢迎人群都没有;罗马人担心离开的德军会回光返照,守在紧锁的屋门内,于是使相当有宣传意识的(和上相的)"美国鹰"(American Eagle)——丘吉尔这么称呼他——失去了享受民众敬意的机会。

凯塞林的第 10 集团军和第 14 集团军仍在撤退，在向比萨—里米尼防线撤退的过程中边战边退。比萨—里米尼防线位于以北 150 英里处，他将之看作意大利半岛下一个坚不可摧的要塞阵地。意大利盟军尽力追赶；然而，调走 7 个师——来自北非的 7 个法国师里的 4 个，以及美国第 3 师、第 36 师和第 45 师——去法国南部执行定于 8 月中旬展开的 "铁砧" / "龙骑兵" 登陆行动，使得克拉克无法阻挡德军的撤退。在 8 月初安全抵达哥特防线避难之前，凯塞林成功展开了两次阻滞战，第一次在所谓的维泰博防线（Viterbo Line），然后是在拉西米恩防线（Trasimene Line）。

此时，地中海军事行动的焦点转移到法国南部海岸，那里由德国 G 集团军群的第 19 集团军防守。由于许多部队被调回 B 集团军群，G 集团军群已经兵力枯竭，B 集团军群又被诺曼底的搏斗套牢，而且，尽管 G 集团军群起初包括了 4 个精锐师，但是它存留下来的 8 个师广泛分布于尼斯（Nice）和马赛（Marseille）之间，以致无法完全防卫盟军的登陆地点。虽然丘吉尔长期以来一直反对这一行动，认为它毫无军事价值可言，但是身处华盛顿的马歇尔的参谋则坚持认为，马赛对英美联军进攻法国北部的后勤保障至关重要，而深谙同盟国政治策略的罗斯福则主张，取消该行动会触怒斯大林。因此，8 月 15 日，新组建的美国第 7 集团军在亚历山大·帕奇（Alexander Patch）将军的统率下，在戛纳（Cannes）和土伦（Toulon）之间登陆，此前在海空炮火的支援下，已经有过一次非常成功的空降登陆。军队从各个港口集结而来，这些港口远至塔兰托、那不勒斯、科西嘉岛和奥兰，军队在上岸时没遭受多少损失。尽管这支军队必须为土伦和马赛英勇战斗，不过同时还向隆河（Rhône）河谷发起进攻，迫使德国第 19 集团军，包括第 11 装甲师在内的机动部队杂乱无章地经由阿维尼翁（Avignon）、奥兰治（Orange）和蒙特利马尔（Montélimar）赶往里昂（Lyon）和第戎（Dijon）。到 8 月底，B 集团军群全面撤退，第 19 集团军也没耽搁。帕奇的第 7 集团军的先头部队和巴顿的第 3 集团军于 9 月 11 日在第戎北面会合，第 3 集团军来自诺曼底，到了 9 月 14 日，第 19 集团军大约一半的兵力在阿尔萨斯南部找到掩护，他们在此准备防御通往德国西墙（West Wall）的道路。

在希特勒看来，法国南部的损失本身并没什么要紧；事实上，意大利战役的全过程也许被看作在战略上对德国人有利，这是因为虽然轴心国丧失了广阔的领土，但大量盟军被投入意大利，忙于对抗哥特防线坚固的防御工事，那里距离意大利的工业区和阿尔卑斯山通往大德意志帝国（Greater Reich）边界的道路尚有一段安全的距离；而"铁砧"行动实际上将盟军的两栖舰队和大量后备部队转移到毫无军事作为的地区，并且远离巴尔干，就希特勒的作战部署而言，巴尔干依旧显得至关重要。

巴尔干地区

到目前为止，英国对南斯拉夫抵抗运动的支持并没给纳粹德国国防军带来多少麻烦。尽管多达 30 个轴心国的师在南斯拉夫的山区维持内部治安，但这些部队中包括意大利、保加利亚、匈牙利和克罗地亚（乌斯塔沙）的部队，只有 12 个师是德国的，大部分师军事价值颇低，无法派到重要的战线。即使 1943 年 12 月英国人明确改变对南斯拉夫抵抗运动的支持，即从支持保皇的"切特尼克"转而支持铁托的共产主义游击队（当时共产主义游击队逾 10 万人）后，德国人依然能够迫使抵抗运动不断转移，迫使他们在 1943 年作战季节从波斯尼亚转移到黑山，然后再回去，这一过程导致其部队伤亡 2 万人，此外还有数不清的农村人口死亡。1943 年 9 月，意大利的投降减轻了铁托的压力。铁托因而获得大量投降士兵的武器装备，甚至可以控制意大利人放弃的大部分地区，包括达尔马提亚海岸和亚得里亚海岛。然而，只要德国人继续阻断游击队与外界正规军的直接联系，游击战的规则便仍然适用：铁托给德国与希腊、矿物原料供应区的交通补给线带来强烈的滋扰，但其战略效果却微不足道。

无论如何，1944 年秋，德国在巴尔干的地位开始下降，以致铁托的角色从滋扰升为威胁。在威逼利诱之下，希特勒在巴尔干地区的附庸国保加利亚、罗马尼亚和匈牙利站在他一边被卷入战争。希特勒此时不再能够提供利诱，而对这些国家的安全和主权构成主要威胁的是红军，自 3 月至 8 月间，红军重新征服了乌克兰的西部地区，并向喀尔巴阡山脉的山麓前进，这是南欧与苏联领土的天然边界。同年的早些时候，这些附庸国重新考虑，决定不再与希特勒结盟。从 3 月份开始，罗马尼亚法西斯独裁者安东尼斯库（Antonescu）就与西方同盟国联系；早在 1943 年 5 月，其外交部长甚至试图将墨索里尼拉进单独讲和的计划中去。保加利亚——1943 年 8 月，特别亲德的国王鲍里斯被毒死——于 1944 年 1 月设法亲近伦敦和华盛顿，然后寄希望于取得斯大林的谅解。匈牙利曾于 1940 年 8 月的"维也纳封赏"（Vienna Award）中占了罗马尼亚很多便宜，此时它也在打着自己的算盘：1943 年 9 月，总理卡拉伊（Kallay）与西方联系，目的是通过它们安排向苏联人投降，而其参谋长向国防军最高统帅部参谋长凯特尔提议喀尔巴阡山脉只能由匈牙利军队镇守——旨在不让那么多德军和罗马尼亚军接近该国领土。

即使当德军在意大利全面撤退，苏军势不可当地向喀尔巴阡山脉前进时，希特勒还是能够对付匈牙利。斯洛伐克傀儡国持不同政见的军人迫切却过于乐观地期待苏联红军即将抵达，他们于7月发动了起义，希特勒毫不费力地镇压了这次起义。3月，希特勒要求匈牙利法西斯独裁者、海军上将霍尔蒂解除卡拉伊的职务，授予德国全面控制匈牙利的经济和交通系统，纳粹德国国防军自由进出该国的权力，以此扼杀了匈牙利最初的独立征兆。霍尔蒂于8月29日解散了他的亲德内阁，这让希特勒提防匈牙利的再次背叛。因此，当10月15日霍尔蒂在布达佩斯向德国大使透露，他已与苏联签署了停战协议，霍尔蒂的箭十字党（Arrow Cross）及军队中的亲德者准备控制该政府。霍尔蒂被隔离在他的住所，营救墨索里尼的斯科尔兹尼绑架了霍尔蒂的儿子作为人质后，霍尔蒂被说服向德国人自首。

尽管德国对匈牙利的占领很顺利，但是在那个阶段，这还不能解决巴尔干的一团乱。最终，匈牙利被迫与苏联人展开谈判，因为匈牙利担心如若不然，罗马尼亚也许会和斯大林谈判，确保收复特兰西瓦尼亚（Transylvania）——在"维也纳封赏"时，特兰西瓦尼亚被迫割让给霍尔蒂——匈牙利的担心是非常正确的。然而，匈牙利还是棋差一着；8月20日，苏联红军一从乌克兰渡过德涅斯特河，罗马尼亚国王迈克尔（King Michael）就逮捕了安东尼斯库，致使希特勒于8月23日命令轰炸布加勒斯特，次日罗马尼亚对德宣战。罗马尼亚改投同盟国迫使德国第6集团军（斯大林格勒之战后重组）向喀尔巴阡山脉的隘道撤退。20万人中没有几个人逃脱。他们本可向南逃入保加利亚，可是保加利亚此时向他们关上大门，因为该国政府已于9月5日开始与苏联人谈判（它从未与苏联交过手），很快它的军队与希特勒为敌。在罗马尼亚，第6集团军指挥官弗里斯纳（Friesner）报告："不再有什么参谋部，什么都没有，只有混乱，每个人，从将军到职员，都拿起枪，战斗到底。"

罗马尼亚的背叛立即导致德国失去了普洛耶什蒂油田的使用权，贯穿战争始终，对普洛耶什蒂油田的担忧相当深刻地影响着希特勒的战略决策。在很大程度上，正是这种担忧驱使希特勒首先控制巴尔干，然后才考虑进攻苏联并占领克里米亚，就军事合理性而言，他早就该这样做。由于随后在德国投入生产的合成油厂受到美国第8航空队（US Eighth Air Force）的猛烈攻击，丧失普洛耶什蒂油田更是雪上加霜。然而，希特勒无法指望通过反攻夺回普洛耶什蒂油田，这不仅是因为苏联乌克兰方面军在罗马尼亚背叛后进入罗马尼亚，人数大大超过希特勒在当地的部队；而且还因为保加利亚同时也背叛德国，致使德国在希腊的部队处于危险之中，10月18日，德军撤出希腊，开始艰难地穿过马其顿山区，撤入南斯拉夫南部地区。指挥乌克兰第3方面军的托尔布欣（Tolbukhin）途经罗马尼亚和保加利亚，一路向前，于10月4日进入南斯拉夫首都贝尔格莱德。因此，35万名德国士兵在勒尔将军的E集团军群的指挥下，被迫经由来势汹汹的苏联方面军的侧翼，穿过山谷，逃离希腊，山谷中出没着铁托的游击队，充斥着从意大利空军基地起飞、跨越亚得里亚海前来执行任务的同盟国空军。

另一支德军——F集团军群——的安全现在完全依赖于凯塞林防御意大利北部的能力，F集团军群是希特勒在他的巴尔干占领区所剩的部队。如果意大利北部失守，意大利盟军既能不受约束地穿过诸多"峡谷"向东出击，特别是通向南斯拉夫北部、进而朝向匈牙利的卢布尔雅那峡谷（Ljubljana gap），还能随意从意大利北部海港横渡亚得里亚海发动大型的两栖进攻，此时亚得里亚陆军部队（Land Forces Adriatic）的指挥官们在巴尔干空军（Balkan Air Force，1944年6月在巴里[Bari]组建）的支援下，已经开始小规模的两栖作战。1944年10月，丘吉尔与斯大林在莫斯科召开会议，达成英苏划分巴尔干地区的"百分比协定"，虽然这一协议没有强制力，但仍然引人瞩目。与美国人不同，丘吉尔继续痴迷于巴尔干之战所带来的良机。结果，决定事态发展的不是盟军的筹谋，而是德军的部署。第5集团军和第8集团军抵达哥特防线时，它们的兵力只有21个师，而德国第10集团军和第14集团军由于调来5个新师，加上另外3个师的兵力，总兵力增至26个师。尽管哥特防线比冬季防线长80英里，它有绝佳的横向道路进行支援，即从博洛尼亚（Bologna）至里米尼的古罗马艾米利亚大道（Roman Emilian Way），这条大道可使援军从一处险地迅速前往另一处险地，哥特防线在亚得里亚海沿岸得到不少于13条河流的加强，这些河流汇入大海，每条都构成重要的军事屏障。

此时，这种地形和意大利秋雨乍起的天气，确保凯塞林对意大利北部的控制不会遭到削弱，如果不是对整条哥特防线的控制的话。亚历山大正确地判断出通往波河（Po）开阔平原的路从右边比从左边更容易通行，于是他在8月将第8集团军的主力部队调到亚得里亚海沿岸。8月25日，盟军发起进攻，突破了哥特防线，并前进到距离里米尼不到10英里的距离，此后止步于考卡河（Couca）。当盟军停下来重组时，指挥第14集团军的魏亭果夫赶忙沿着艾米利亚大道增援，阻止盟军前进。9月12日，英军重新发动攻势，但遭到顽强抵抗；第1装甲师损失了许多坦克，因此不得不撤离进攻行动。为了分散英军战场上的敌军兵力，亚历山大命令克拉克于 9 月 17 日在对面海岸展开他自己的攻势，也就是在比萨北部颇为贫瘠的地区。那里的沿海平原非常狭窄，又有群峦俯视，这些山峰让人联想到卡西诺，因此进展极为缓慢。10 月到 11 月，雨水将整个战场变成泥沼，河流涨成难以逾越的洪水，战役一拖再拖，攻方占领几英里土地，却损失几千人。秋季，在亚得里亚海沿岸的战斗中，第 8 集团军伤亡 1.4 万人，加拿大军的损失最为惨重，因为他们位于最前线。12 月 5 日，加拿大第 2 军攻克拉文纳（Ravenna），而后继续向前，于 1945 年 1 月 4 日抵达塞尼奥河（Senio）。第 5 集团军穿越中部山区，发起进攻，于 10 月 23 日抵达距离博洛尼亚不到 9 英里的地区；可是，第 5 集团军也损失惨重——逾 1.5 万人伤亡，该集团军所面临的地形甚至比第 8 集团军战场的地形更难对付。第 5 集团军遭到严重的削弱，因此德军于 12 月发起的突袭收复了它于 9 月在比萨北部夺取的一些阵地。

由于伤亡损失、地形地貌和冬季的恶劣天气，1944 年圣诞节，意大利战役陷入停顿。几乎从 16 个月前登陆最初乐观的几周和在罗马南部的轻松进军开始，战斗就令人精疲力竭。意大利的壮观美景，无论是天然的还是人造的，包括峭壁和山顶村庄、荒废的城堡和湍流不息的河水在内的景致，对于想要征服意大利的军人而言，却常常充满凶险。画家笔下的风景曾令欧洲的收藏家们欢欣不已，这些画家也向每位具有洞察力的将军发出警告，一支军队在他们所描绘的地形上行军谈何容易，尤其是一支被大炮、轮式和履带式车辆所拖累的现代军队。看看萨尔瓦托·罗萨（Salvator Rosa）笔下原始的山地景观和战斗场景便不言而喻。克劳德·洛兰（Claude Lorrain）以柔缓的平原和蓝色的远方组成看似宁静的场景，而这场景同样蕴涵着危险；炮兵军官会自动选择那些画家作画的高处作为他的观测台，从这些高处一目了然，在意大利，守方能够相当轻松有序地防御阵地，乡野之地有着大量的屏障——溪流、湖泊、孤立的小山、山坡和陡峭的隧道。工兵一直是 1943 年至 1944 年意大利战役中的英雄；正是他们在炮火中重建炸损的桥梁，盟军在半岛上进击的过程中每隔 5 英里或 10 英里就会遇到这样的桥梁；正是他们拆除了德军留下的遍布各处的破坏装置和诡雷；正是他们用推土机在荒废的城镇中挖出一条横跨南北的道路；正是他们清理被战争破坏阻塞的海港。步兵也很英勇：其他西线战役都没意大利战役损耗步兵多，在冬季防线、安奇奥周围和哥特防线的军事要塞发生的小规模苦战中，步兵伤亡惨重。由于战役本身的艰辛，首先是意大利冬季的阴冷，盟军和德军都遭受很大损失。正如比德威（S. Bidwell）和格雷厄姆（D. Graham）在他们的战争史中写道："一些陡峭的山崖边缘的哨站由四或五人驻守……如果他们中有一个人受伤，他将不得不和整队人一同留在哨站，或者自己找路下山去救护站……如果他留下来，对于他的朋友们来说，他是个负担，他将冻死或失血过多而死。如果他试着找路下山，很容易在隐蔽的地方休息……或者迷路……而冻死。"顽强驻守卡西诺的第1伞降师的许多德国士兵一定是这样失去性命的；许多在那里和哥特防线攻击他们的美国人、英国人、印度人、南非人、加拿大人、新西兰人、波兰人、法国人和（后来）巴西人亦然。

由于战役已经边缘化，损失和艰辛使双方都更难以承受，尤其是同盟国。德国人明白他们是在德意志帝国南部边界伸臂可达之处抵御敌人。D日（D-Day）后，同盟国不会把任何战斗视作决战。它们最多是维持对希特勒的欧洲"软肋"（丘吉尔语）的威胁，最糟不过是牵制敌军。第5集团军指挥官，也是亚历山大统率下意大利盟军的指挥官马克·克拉克始终维系着他的个人使命感。他相信自己是个伟大的将军，他激励他的下属英勇作战，他对英国式的深思熟虑感到失望，而这损害了第5集团军和第8集团军作战人员之间的和气——这是战役中可叹却不可否认的因素。当反抗德国侵略的精神在意大利人中生根发芽时，下级指挥官和普通士兵也有一种为解放而战的情结。然而，胜利的伟大愿景并没激励他们前进，而是激励着他们那些在法国登陆的同伴。他们的战争不是一场圣战，几乎在各个方面，都是在一个大陆敌人邻海一侧的旧式战略牵制，即1939年至1945年的"半岛战争"。1944年圣诞节，当冬季的到来结束了作战季节，他们依然继续鏖战，这是其意志力和刚毅之心的明证。

二十 "霸王"行动

直到1943年11月前，希特勒不愿向他的将军们或伙伴们承认，由于第二战场在西方开辟，大德意志帝国受到威胁。尽管从"巴巴罗萨"行动的前几周开始，斯大林寄希望于英国——1941年12月后，寄望于英美——向西欧发起反攻，以便从失败中挽救苏联，但是希特勒却阻止了英美这样做。1942年6月，希特勒告诉德军西线指挥部的参谋们，他曾将英国人赶出欧陆一次，他不再害怕他们，他还想品味教训美国人的滋味，如果机会来临的话。8月19日，一场大规模的盟军威力侦察*袭击了法国北部的迪耶普港（Dieppe），主要由加拿大士兵构成的6000人参战军队中，只有2500人设法回到英国。这次胜利增强了希特勒的信心。尽管这次袭击仅仅作为一次试验，测试为开辟第二战场而夺取一个海港到底有多困难，但是希特勒宁可相信他给予敌人沉重的一击，将阻止英国人和美国人发动全面进攻，这也是可以理解的。9月，在向戈林、他的军备部部长阿尔伯特·施佩尔、西线总司令伦德施泰特所做的三小时演讲中，他告诉他们，如果能将盟军的进攻拖延到1943年春以后，到时大西洋壁垒将竣工，"什么都不会影响到我们"。他接着说："我们熬过了食品短缺的最糟糕的时期。增加高射炮和弹药的产量，大本营就将免遭空袭的破坏。春季，我们将以最精锐的部队开进美索不达米亚（Mesopotamia）[伊拉克]，到那时的某一天，我们将迫使我们的敌人在我们选定的地方，接受我们提出的条件。"

到1943年11月，苹果树的花已然开败。1942年所表达出的不屑一顾植根于现实。当时，英军确实仍然受到1940年战败的冲击；美国人还没强硬到接受与纳粹德国国防军作战的严峻考验。希特勒巧妙地向敌方阵地的薄弱环节渗透，这使他确信，1942年不会开辟第二战场，1943年可能也不会，即使这种想法缺乏客观证据。然而，到了1943年秋季，他不能再盲目乐观地轻视德国的困境。英美对德国本土发起的空中攻势日益增强。德军不仅被远远赶出通向伊拉克的道路，而且

---

* 以一定的作战力量对敌进行主动攻击，旨在逼迫敌方采取有力的应对措施，从而暴露其兵力、配置等战术信息。——译者注

还被赶出苏联西部最富庶的食品生产区（基辅，"黑土"区的首府，1943年11月6日被红军收复）。英国人恢复了作为战士的自信，美国人则赢得这种自信。最糟糕的是，大西洋壁垒还没竣工，许多部分甚至还没修建。

因此，1943年11月3日，希特勒签发了第51号元首指令，这是整个战争中希特勒向国防军发出的六份最重要的指令之一。

> 同布尔什维克主义进行的艰苦卓绝而损失惨重的战斗，耗尽了最后的努力……虽然在东线危险依然存在，但是在西线现在出现了更大的危险：盎格鲁—撒克逊人的登陆。东线的地域广袤辽阔，尽管我们失去阵地，甚至大面积地失去阵地，但是对德国的神经系统而言可能并非是致命一击。西线则完全不同。如果敌人在那广阔的前线成功突破我们的防御工事，紧接着的结果将是难以预见的。所有迹象都表明，敌人将向欧洲的西线战场发动攻势，最迟在春季，也许甚至更早。因此，我不能再为了增援其他战场而继续削弱西线。所以，我决定加强西线的防御力量，尤其是那些英国[使用带翼导弹的]远程轰炸将要开始的地方。

第51号元首指令继续详述了加强西线总司令的兵力的具体措施。这些措施包括向他的作战区增调装甲师和装甲掷弹兵师，确保如果没有希特勒个人的同意，任何部队都不得撤退。1943年11月，西线总司令（伦德施泰特）在巴黎附近圣日耳曼（Saint-Germain）他的司令部指挥比利时和法国的所有德国地面部队，这些部队编组成第15集团军和第7集团军（B集团军群）、第1集团军和第19集团军（G集团军群）。两个集团军群沿着卢瓦尔河（Loire）南北分界，第1集团军防守比斯开湾，第19集团军防守地中海海岸，第15集团军在比利时和法国北部，第7集团军在诺曼底。德国人不知道的是，盟军预定要攻击的正是诺曼底。

伦德施泰特拥有46个师，不久将增加到60个师，包括10个装甲师和装甲掷弹兵师。6个装甲师在卢瓦尔河北岸，4个在南岸。这是非常恰当的。签发第51号元首指令时，希特勒的作战部长约德尔在纳粹党省长会议上提醒大家："无法用一套防御工事，沿着2600公里的前线，深入全面地巩固沿海战线……因此，为了打造"重心"[Schwerpunkte，军事行动的重心]，必须在西方拥有强大的机动预备队，特别是装备要精良。"战略分析表明，盟军针对西线德军（Westheer）的重心一定由在英国集结的兵力构成，并位于英吉利海峡沿岸，即使得到地中海另一个战略重心的增援。因此,德军装甲部队集结在卢瓦尔河北岸。

装甲部队非常关键,因为西线总司令的其他师几乎无法移动。在布列塔尼驻扎的两个伞降师和序列号在271至278之间和349至367之间的陆军师战斗力强,尽管它们缺乏机械化运输工具。其他部队不仅素质一般甚至低下,而且如果它们要离开各自的长期基地前往进攻前线,那么必须完全依赖于法国的铁路系统。它们的炮兵和物资补给小分队都靠马拉;步兵小分队的前进速度并不比拿破仑甚至查理大帝(Charlemagne)的军队快,除非是自行车侦察连。此外,德军不得不在盟军空袭的威胁下前进,希特勒于1942年9月29日已然承认这一点,盟军的空中威力绝对是至关重要的。铁路甚至公路上的行军遭到严重阻截。唯独装甲师拥有快速越野活动的能力,因此,应该将装甲师部署在进攻区附近,在步兵援军抵达前坚守阵地,这是生死攸关的。海岸则由"本地"(bodenständige)师驻守,它们虽然无法调动,但是可以在混凝土修筑的防御工事内躲避盟军的海空炮火轰击。它们的阵地俯瞰着海滩,它们将在海滩上布置雷区和铁丝网,设置路障;大部分防御材料是从比利时的要塞区和1940年德国国防军冲锋陷阵时幸存下来的马其诺防线上抽调来的。

大西洋壁垒的计划在理论上是卓越的。如果完成的话,该计划将成功弥补德国空军在西线的劣势,1943年底德国空军在法国只有300架战斗机(牵制同盟国空军,攻击发起那天,同盟国空军总共拥有1.2万架各种型号的飞机);然而,第51号元首指令签发那天,大西洋壁垒离完成还差得很远。在希特勒阻挡住进攻危险的两年中,西线德军过的是一种田园般的生活。西线总司令格尔德·冯·伦德施泰特并不是个狂热分子。1941年12月被调离东线战场后,他在圣日耳曼生活得相当安逸,读读侦探小说,允许他的参谋们经常用英语交谈,这是"贵族"格调的标志,德国国防军的传统主义者们以此与东线德军中希特勒赏识的"纳粹"将军相区别。下层军官照着行事。他们在法国生活得很惬意。生存和允许生存是军民关系的特征,如果说并未积极协作的话,民众也并不怎么支持萌芽中的抵抗运动。1942年实施的强制劳动不得人心,因为它征召年轻的法国男子去德国的工厂,和1943年仍被关押在那里的百万法国战俘一起工作;维希政府准军事性质的警察机构"法兰西民兵"(la Millice)也不受欢迎,它越权惩处同胞们的蔑视。占领收益甚大;在高估马克币值50%的情况下,德国向法国国库征税,不仅让法国为德军开进本土而蒙羞,而且还让德国国家银行(Reichsbank)在交易中获利。无论如何,这些只是战败的方方面面,总的来说,战败并没影响法国民众。大部分人顺从地接受了（"非常得体的"）德军士兵存在的事实；德国人非常愿意被指派到德国国防军作战区内这个唯一轻松的岗位，他们也许采着玫瑰，吃着黄油和奶油，长官驱使他们，他们才工作。

1943年12月，隆美尔的到来结束了这种舒适的生活，他首先视察了防御工事，继而开始统率B集团军群。自从3月因病离开突尼斯后，隆美尔在意大利北部无所事事，第51号元首指令签发时，希特勒选择他救场，让他负责西线防御。根据传记作家德斯蒙德·扬（Desmond Young）的描述，"[他]突然跑到沿海防区安适的参谋部来，就像北海上刮起一股冷飕飕的令人讨厌的风一样"。隆美尔发现，尽管他们在法国拥有的炸药足以制造1100万颗地雷，但是1941年以来仅仅布雷170万颗——他提醒参谋们，他在北非与英军作战时，英军在两个月中就布雷100万颗。在他抵达后的数周时间内，布雷速度从每月4万颗提高到每月100万颗，到5月20日前，400万颗地雷已然就位。自11月至次年5月11日间，在海滩和可能的空降着陆场上，德军设置了50万个路障，隆美尔还命令每月从德国额外运送200万颗地雷。5月5日，他对秘书说："我比以往任何时候都更自信。如果英国人多给我们两周时间，我就一点疑问都没有了。"

无论如何，不能只用大西洋壁垒来确保法国沿海的防御。隆美尔既是机动作战的大师，又是在西方盟国具有空中优势的情况下作战的令人尊敬的老将，他知道在盟军登陆的那一刻，如果想击败他们，他必须让坦克抵达海边。为了做到这一点，他必须解决两个问题：第一个问题是确认盟军将在哪里登陆；第二个问题是在他和装甲部队之间建立最短的指挥链。两个问题相互联系，相互交织。为了证明在西线总司令之下拥有装甲师的个人指挥权是正当的，他必须能够表明他知道装甲师在哪里能物尽其用；但是，只要盟军以错误消息和虚假骗局掩饰其意图，他便无法令人信服地指挥装甲师。

镜子战争

1943年5月在华盛顿召开的"三叉戟"会议上，进攻西北欧的军事行动被命名为"霸王"行动。盟军为"霸王"行动设计了一个骗局，这个假计划意在让敌方相信，盟军将在加莱海峡（Pas de Calais）——英吉利海峡在加莱附近的一段最窄——而不是在诺曼底或者布列塔尼登陆（尽管希特勒还担心挪威遇袭，他对挪威极其敏感，其有利结果是1944年至1945年11个德国师被牵制于此）。在加莱海峡登陆具有军事意义：从这里可以快速横渡到平坦的沙滩，沙滩和内地之间没有高崖阻断，从那里前往低地国家（Low Countries）和德国的路径短。这个假计划被称为"坚忍"行动（Operation Fortitude），该计划的重点在于让德国情报部门——德国国防军的"阿布维尔"和陆军的西线外军处（Foreign Armies West section）——察觉美国第 1 集团军群（First US Army Group，简称 FUSAG）的存在，该集团军群位于加莱海峡对岸的肯特和苏塞克斯，其实这完全是虚构的。美国第 1 集团军群向空中发出假的无线电传送信息；真实信息中假装涉及它。信息中提到巴顿将军是该集团军群的指挥官，巴顿是位骁勇善战的陆军领袖，他的声望为德国人所熟知。为了强化这个概念，即美国第 1 集团军群将在通往德意志帝国的短线登陆，同盟国空军在执行"霸王"行动的预先轰炸计划时，向塞纳河（Seine）东岸投了三倍于西岸的炸弹。到 1944 年 1 月 9 日，假计划奏效了：当天"厄尔特拉"拦截的信息中涉及美国第 1 集团军群，随后其他信息亦然。这是"坚忍"行动的操作人员需要的证据，证明他们的计划正在起作用。当然，他们不能期望永远分散德军对选定的登陆地点诺曼底的注意力；不过，他们希望在真正展开诺曼底登陆前将德国对诺曼底登陆的预期降到最低，诺曼底登陆后让德军对下一阶段盟军将在加莱海峡发起"真正"进攻的担忧继续存在。

希特勒仅仅部分地受骗。3 月 4 日、3 月 20 日、4 月 6 日，他提到诺曼底登陆的可能性。4 月 6 日，他说："我赞成把我们所有的兵力放到这里。"5 月 6 日，他让约德尔打电话提醒伦德施泰特的参谋长君特·勃鲁门特里特（Günther Blumentritt），说他"特别重视诺曼底"。然而，除了早春时节指派装甲教导师（Panzer Lehr）和第 116 装甲师驻守诺曼底，他对西线总司令的陈兵布阵没做任何决定性的改变；诚然，他于 7 月底同意德军从加莱海峡渡过塞纳河进入诺曼底之前，在"霸王"行动开战的关键数周内，他本人仍有盟军会发动"第二次"进攻的错觉。

无论如何，他兼顾两地的观点影响了隆美尔通过直接攻击拨开骗局迷雾的强烈愿望。隆美尔的观点是，与其让装甲部队留在中央预留队，然后在盟军空袭时无法调动它们，不如把若干装甲部队部署在右侧的海岸，即使其他装甲部队部署有误。1944 年 1 月底，他从大西洋壁垒的视察员转而担任 B 集团军群（第 7 集团军和第 15 集团军）总司令，成为伦德施泰特的直接下属，负责战区防务。他几乎立即陷入与上级的争执。伦德施泰特从未打过德国空军不占优势的仗。因此，他认为，即使在敌人的登陆艇抵达之后，仍有时间对军情作出慎重的评估，然后再让后备部队发起反攻。隆美尔清楚，慢悠悠的反攻会被敌方飞机摧毁。根据他在埃及和突尼斯的个人经验，他知道盟国的空军实力有多强大，他相信只有让装甲部队"前进"，让装甲部队立即投入战斗，才能与敌人交锋，挫败敌人的进攻。

在隆美尔与伦德施泰特的争执中，一位将军凭借他的个人经验，另一位将军倚仗因袭的军事智慧，最终这一争执传到希特勒的耳朵里。1944 年 3 月 19 日，当两个人来贝希特斯加登拜访他时，他根据自己的主张解决了这个争执，却不合两个下属的胃口。他将 B 集团军群 6 个装甲师组成的西线装甲集群（Panzer Group West）分开；3 个师分给隆美尔，3 个师分给伦德施泰特——不过，附加条件是，伦德施泰特的装甲师（第 21 装甲师、第 116 装甲师和第 2 装甲师）在没有直接得到国防军最高统帅部希特勒的作战参谋的同意时不能调用，随之而来的延误风险甚至比一开始隆美尔所担心的还要大。

由于第 21 装甲师是"霸王"行动的计划者选定的海滩附近唯一一个装甲师，因此隆美尔想要迅速展开反击的打算从一开始就难以如愿。5 月 15 日，昔日他在沙漠上的对手蒙哥马利在进攻前就评估道：

> ［隆美尔］将尽力使我们陷入"敦刻尔克"的境地——不是在他选定的地面上打装甲战，而是完全避免装甲战，用他自己的坦克向前突击，不让我们的坦克登陆。在 D 日，他将试图（a）迫使我们离开沙滩；（b）保护卡昂（Caen）、巴约（Bayeux）、卡朗唐（Carentan）……我们必须向海岸猛攻，在他能够调来充足的后备部队驱赶我们之前，找到合适的据点……当我们忙于这些时，空军必须加紧巡逻，必须让敌人的后备部队难以坐火车或公路赶往滩头阵地。

如果蒙哥马利知道他写这份评估时，隆美尔—伦德施泰特—希特勒之间关于如何部署装甲部队的争执严重减少了西线德军战胜登陆部队的机会，那么他将会大大消除对 D 日能否成功的担忧。

1944 年 1 月 2 日，蒙哥马利被任命为登陆部队的指挥官。直到 1943 年 11 月斯大林、罗斯福、丘吉尔在德黑兰召开会议，"霸王"行动的指挥官都还没有任命。美国陆军参谋长、陆军上将乔治·马歇尔和英帝国总参谋长、陆军上将阿伦·布鲁克爵士都被各自的政府首脑许诺了职务，不过 8 月后布鲁克明白，出于国际政治的原因，盟军最高统帅应该由美国人担任。然而，恰恰是在德黑兰，任命问题发展到白热化。斯大林用这个问题来考验英美对同盟国第二战场的贡献。

"英国人真的相信'霸王'行动,"他问道,"还是他们只不过说说而已,为的是让苏联消除疑虑?"面对丘吉尔的抗议,斯大林要求不晚于会议结束后一周内任命一名最高统帅。丘吉尔默许,罗斯福同意作出选择。然而12月5日,在限期的最后时刻,罗斯福认识到,他不能让他的助手马歇尔离开华盛顿,并且这样告诉了马歇尔;因此,盟国远征军最高司令部(Supreme Command of the Allied Expeditionary Force)将归由艾森豪威尔统领。由于艾森豪威尔颇具战略才能,而非战术才能,因此在将法国土地上的"立足点"巩固为德国国防军无法赶走盟国解放军的"滩头阵地"之前,军事行动权归地面指挥官蒙哥马利。

蒙哥马利曾在意大利指挥第8集团军,而后直接从意大利前往英国,抵达英国后充满活力地投身于"霸王"作战计划的合理化,他在地中海的部下已然熟知他的活力,但这却弄得盟军最高司令部喘不过气来。1943年1月丘吉尔和罗斯福在卡萨布兰卡会面后,盟军最高司令部司令(已任命但未就职)的参谋长、陆军上将弗雷德里克·摩根(Frederick Morgan)爵士一直在整理在西北欧登陆的计划。盟军最高司令部的活动并不缓慢,但相当谨慎。一旦最高司令被任命,摩根就要将一份毫无瑕疵的军事评估呈献给他。他的英美同僚从基本原则出发,首先确定可能在哪里登陆。数量最多的喷火式战斗机的作战范围划出盟军可以不受挑战地享有空中优势的战区。该战区从加莱海峡延伸至诺曼底的科唐坦半岛(Cotentin peninsula);那些地方以东和以西的海岸可以排除在外。然而,在此战区内,长长的海岸线从地形学上讲是不适合登陆行动的:科区(Pays de Caux)的白垩质悬崖太过陡峭,塞纳河河口太过犬牙交错,科唐坦半岛本身容易被从底部封锁。因此,通过排除法,只有两条沿海地带得到推荐:一条是有着逐渐倾斜沙滩的加莱海峡,一条是塞纳河和科唐坦半岛之间的诺曼底海岸。加莱海峡的吸引力在于,它既邻近英国海岸,又是通往德国的"短线";然而,正是由于这些原因,可以判断出它是德国人预计盟军将要进攻的地方,并且防守得最为稳固。因此,盟军最高司令部选择了诺曼底。

因为选定的诺曼底海滩没有港口,还因为德国人可以指望在瑟堡(Cherbourg)和勒阿弗尔(Le Havre)附近狙击盟军,盟军决定修建两个人造浮动港(名为"桑葚"),一旦夺取海滩,便将它们拖到海滩。开始的登陆行动由3个师执行,它们将在海空炮火猛烈轰击下乘登陆艇登陆;空降部队将被空投到选定的滩头堡的两端,以确保侧翼的"阻击阵地"。滩头堡一确立,增援部队将从海上源源不断地被运进"滩头阵地",从那里攻入布列塔尼,而后进攻法国西部。最终将有100个师经行诺曼底；美军主力直接从美国坐船而来，构成其中的多数。

无论如何，成功有赖于将德军能够对抗登陆行动的兵力最小化。尽管能够确保进攻舰队本身的情报不会泄露，还可以不考虑德国的海空干预，但盟军最高司令部一致认为至关重要的是，在进攻区的重心卡昂附近，应该"在D日有不多于3个[德国师]，'D+2'日不多于5个，'D+8'日不多于9个"。简而言之，登陆的第一周将是盟军和德军在滩头堡内外增加兵力能力的比拼。德军无法阻止盟军集结；相反，盟军可以阻止德军。因此，进攻行动的决定性因素将是，运用盟国的空中威力攻击公路、铁路和桥梁，伦德施泰特的60个师将通过公路、铁路和桥梁奔向战场。盟军的空中威力对法国运输系统的基础设施造成的破坏越大——无论随后盟军向法国本土运输军队的能力有多大损失——海运师越能从登陆行动和滩头阵地最初的战斗中挺过来。

1944年1月，蒙哥马利抵达伦敦。他对盟军最高司令部的主要观点没有提出异议。然而，他和最终继他之后指挥地面行动的艾森豪威尔，都在经由马拉喀什（Marrakesh，丘吉尔在这里疗养肺炎）前往英国的途中，简要阅读了作战计划，他们一致认为必须"在更广阔的战线上"发起"更大规模的"进攻。简而言之，他们要把美军和英军的登陆分开进行，两者的规模都要更大，要大幅度地增加空降的贡献。蒙哥马利提醒道，就目前的情况来看，"[德国]后备部队也许会将我们成功牵制于薄弱的掩护阵地内，我们的海滩可能会处于持续的火力覆盖之下"。他回忆起萨勒诺，由于德国反应迅速，一次精心策划的进攻几乎前功尽弃。

因此，到了1月21日，蒙哥马利提议扩大登陆行动，五个海运师并排展开登陆行动，两个美国师在西面，两个英国师和一个加拿大师在东面；最初的"两个空降旅"将增加为在科唐坦半岛底部横跨维尔河（Vire）空降的两个美国空降师，以及在卡昂和海洋之间横跨奥埃纳河（Orne）空降的英国第6空降师。在维尔河和奥埃纳河上建造空降场，目的是阻止德国军压缩两条河之间的两栖滩头堡；在滩头堡内，五个海运师得到预先装载在登陆艇内的另外两个师的增援，它们将为进攻发起后登陆和部署的援军赢得阵地。包括谢尔曼"水陆"坦克在内的特种装甲部队将陪同步兵突击到登陆地点；由排障坦克组成的（英国）第79装甲师将在海滩外为突击营前往内地开路。

身为最高司令的艾森豪威尔立即支持这些提议。剩下的唯一困难是，登陆行动扩大后，如何集结登陆必需的登陆艇。（美国）海军作战部部长、海军上将金既是个反英派，又是太平洋两栖战争的热衷者，他直接控制着盟军登陆艇产量的最大份额，因为绝大多数登陆艇是在美国船坞下水的（美国在战争期间建造了8.2万艘登陆艇）。D日的突击师数量几乎翻倍，要求运送和支援它们的舰船数量也要成比例地增加。这些舰船包括坦克登陆舰（LST）、坦克登陆艇（LCT）、人员登陆艇（LCI）、机械化登陆艇（LCM）和车辆人员登陆艇（LCVP），以及万能的两栖装甲车（DUKW或"鸭子"）。虽然金在太平洋地区有多余的舰船，尤其是极其重要的坦克登陆舰，但他既不愿意将任何舰船从一个大洋调往另一个大洋，也不愿意利用地中海不再需要的那些可用舰艇。结果，盟国远征军最高统帅部（艾森豪威尔被任命后盟军最高司令部改称此名）不得不同意将"霸王"行动从5月推迟到6月，执行该行动的成员匆忙四处寻找登陆艇。此外，最初定于和"霸王"行动同时进行的"铁砧"行动，即法国南部的登陆行动，也延迟了一个月。

后来的调查表明，登陆艇的短缺只是错觉，并非客观存在。到了1943年，单单英国船坞坦克登陆舰的产量已经足以让D日的那些师登陆；美国坦克登陆舰的产量更是额外的奖励。盟军最高司令部的人员认为，美国海军与日军作战的需要使美国无法公平分配登陆艇；可事实似乎是，这种短缺是在欧洲错误分配的结果，而非盟国远征军最高统帅部的太平洋同伴故意为之。此外，"铁砧"行动的延期尽管确实是由于缺少登陆艇引起的，但实际上有助于而非阻碍了"霸王"行动的成功。尽管最初它被设想为对北部行动的回应（因此是"铁砧"），以同心行动粉碎西线德军，然而执行"铁砧"行动的军队——四个法国师和三个美国师——并没强大到可以在西线德军的后方发起主攻，尽管地中海集结了许多登陆艇，但由于意大利战役相互冲突的需求，兵力依然无法增加。"铁砧"行动的真正价值在于它的牵制性；正如我们将要看到的那样，仅仅是"第三次"登陆造成的威胁，和加莱海峡的"第二次"登陆一样，在北部迫切需要德国师在诺曼底与真正的登陆行动作战的几周内，将德国师牵制在了普罗旺斯（Provence）。

盟军的长处，德军的弱点

1944年春，对于集结在英国南部的进攻部队而言，也许什么都缺的观念会让一切难以发生。英吉利海峡沿岸布满天然的大锚地——奇切斯特（Chichester）、朴茨茅斯、南安普顿、普尔（Poole）、波特兰（Portland）、普利茅斯、费尔茅斯——这些锚地内停满军舰和运输船。正在集结的舰队——本该只在诺曼底沿海集结，英吉利海峡在那里最宽——规模相当大，被分成七支海运部队，其中两支要停泊远至南威尔士和东英吉利。B部队和L部队将在进攻前一天启航，D日当晚，在夜幕的掩护下，在英吉利海峡中部的"Z区"与其他五支部队会合，这些部队将横渡扫雷艇先锋清理过的海峡，从"Z区"继续列队向五个海滩前进，突击步兵和水陆坦克将在这五个海滩登陆；海滩自西向东依次名为犹他（Utah）、奥马哈（Omaha）、黄金（Gold）、朱诺（Juno）和宝剑（Sword）。海军的"海王星"行动（Operation Neptune）准备以6483艘舰艇参航，包括4000艘登陆艇和数百艘"武装运输舰"，此外还有一支由7艘战列舰、2艘海防战舰、23艘巡洋舰和104艘驱逐舰组成的炮击部队。它们的作用是与大西洋壁垒的沿海炮火交战并摧毁它们。数队备有火箭炮的登陆艇提供近距离的火力支援，其他登陆艇运载着自行火炮，在随海运步兵席卷海滩前，这些自行火炮将"自行冲入"德国海滨阵地。在炮击部队和两栖部队之后，登陆艇带来进攻所需的基础设备——"滩头勤务"，建立交通管制和信号站，组织排障和疏散伤亡人员。突击工兵、水陆两栖推土机、爆破坦克和铺路机也紧随其后。1.2万架飞机组成的英美空军将支援登陆行动，在最前线将设置前进空管，负责召集战斗机和对地攻击机的火箭炮、炸弹和机关枪火力。

在这1.2万架飞机中，逾5000架是战斗机；1944年6月6日，胡戈·施佩勒将军的第三航空队（Third Air Fleet）在英吉利海峡沿岸只有169架可用飞机对付它们。1000架达科他型飞机（Dakotas）将3个空降师的伞降营空运到目的地，其他数百架运输机将拖曳满载空降步兵、炮兵和工兵的滑翔机。然而，空军最强大的元素是由英国皇家空军轰炸机司令部和美国第8航空队提供的，为了筹备和支援进攻行动，它们被临时抽调自针对德国的战略轰炸。此前几周，"庞然大物"——兰开斯特式飞机（Lancasters）和堡垒轰炸机（Fortresses）——带着英国第2和美国第9航空队的中型轰炸机，在很大程度上已然摧毁了法国北部的铁路系统。D日的夜晚和早晨，轰炸机司令部和第8航空队分别史无前例地投掷了5000吨重的炸弹——由于路程短，它们可以放弃部分燃料运载炸弹——旨在在紧临海滩的地方突破德国的防御。

盟军势不可当的空中优势不仅确保进攻时的火力支援，而且还确保免遭侦察。在1944年的前6个月内，记录上只有32架德国空军的飞机在白天掠过英国上空；6月第一周，只有一次，发生在6月7日，这天为时已晚——此时，盟军飞机闯入法国空域就像燕子飞过一样普通。与此同时，"厄尔特拉"时时监控法国内外部队调遣的情况，而纳粹德国谍报局却无论如何也无法得知盟军信号的意义；盟军小心翼翼地控制这些信号，以此掩饰英国西部存在进攻部队，反而让德军更加确信虚构的美国第 1 集团军群在肯特。纳粹德国谍报局能够利用它在英国的特工网的报告作为补充,这些报告热切地评估兵力情况、时间选择情况,最重要的是进攻目标情况。然而,由于貌似自由的德国特工实际上已被英国的反间谍机构("双十字委员会"[Double-Cross System])*策反,他们的报告不仅没有什么价值,而且起着误导作用。英国人担心,在里斯本(Lisbon)和安卡拉(Ankara)的特工在他们的控制之外,也许通过推测偶然发现真相,但是没有人这样做;唯一严重的泄密虽然提及了"霸王"行动,但是没有细节(这就是被误解和夸大的"西塞罗"事件),这是土耳其男仆在安卡拉不顾大使的安全卖给纳粹德国谍报局的。

因此,西线德军、国防军最高统帅部和希特勒在"霸王"行动前的数周时间内,没有获得任何有效的相关预警;6 月 5 日到 6 日的夜晚,对特定的德国沿海雷达站的人为干扰,以及在英吉利海峡狭窄的加莱海峡对岸出现冒充的突击舰队和航空队误导了最后的情报。然而,D 日数周前,希特勒和西线德军在物质上成功增援了反击部队,包括那些在诺曼底的部队。自 4 月至 6 月间,卓越的装甲教导师从匈牙利回到夏特尔(Chartres),距离海滩仅一天车程,第 21 装甲师自布列塔尼被调往卡昂;富有作战经验的第 352 步兵师和第 91 步兵师被部署在沿海阵地,第 352 步兵师防守奥马哈海滩,D 日该师在此地给美国第 1 师造成严重伤亡。当这些重新部署完成时,选定的海滩被三个而不是两个步兵师防守,此外还有另一个师就近支援;四个而不是三个装甲师近在咫尺,一个几乎直接位于英国海滩的对面。是审慎,而非预见,导致这些新部署,结果增强了西线德军在主要据点的抗敌能力,精确得仿佛正确的情报在引导着他们的新定位。

不管怎样,到 6 月的第一周为止,在进攻部队执行登陆计划前,盟国远征军最高统帅部已经尽其所能地削弱敌人的抵抗。在这一周中,士兵们被限制在营帐之中,与世隔绝,以看电影和听音乐会唱片为乐。人们相信 D 日那天伤亡会很大——实际上军队指挥官们相信伤亡会非常大。大部分美国人和一些英国人没有任何作战经验,镇定地思忖着即将到来的严酷考验;总的说来,在沙漠和意大利打了三年仗后回国的那些英国师就不那么漫不经心。他们知道德国国防军的凶残,不想在他们防御通往德意志帝国道路的过程中与之交锋。陆军中尉埃德温·布拉莫尔(Edwin Bramall)是作战经验丰富的国王皇家来复枪队第

---

* 英国军情五处成立的著名的双重间谍系统,又称双十字架委员会。——译者注

2营（2nd King's Royal Rifle Corps）的一名新中尉（也是一位未来的英国参谋长），他认为该营士兵"疲惫不堪"："他们已然竭尽全力。那些好样的或者晋升，或者受了伤。"相反，艾森豪威尔的海军副官发现那些还没参加过军事行动的年轻的美国军官们"像正在生长的玉米一样精力旺盛"，他自问："他们将在战斗中如何表现？他们在未来3个月的时间内看起来会怎么样？"海军中校布彻（Butcher）和陆军中尉布拉莫尔的担忧同样是毫无根据的。大部分英国军队无论多么厌战，都接受了诺曼底的考验；美国人几乎一夜之间就变成熟了，再次证明作战3分钟胜过练兵3年。此外，在诺曼底以最凶猛闻名的部队是第12党卫军装甲师的"希特勒青年团"（Hitler Jugend），其士兵直接募自1943年年满16岁的纳粹青年团成员。

6月第一周周末，英吉利海峡暴风雨大作。艾森豪威尔和蒙哥马利原本指望好天气会与有利的月中潮汐变化一起出现，这让他们失望了；原定6月4日为D日，可是狂风大作，波涛汹涌，海空登陆无法实现。空降师暂停行动，从远港航行而来的海运师返航，主舰队坚守在海港。直到6月5日傍晚，才有消息称天气有所好转，可以发起进攻，于是D日定于转天早晨。

拂晓，登陆部队——和岸上部队——遭遇的场面也许比任何士兵、海员或飞行员曾在任何战斗伊始见到过的场面更为激动人心。在诺曼底海岸，自东向西、向北远至海天交界处的洋面上挤满了舰船，差不多上千；随着飞机飞过，在天空中隆隆作响；伴随着轰炸，海岸线开始消失在浓烟和灰尘之中。"拉布雷切

一个德国人眼中的盟军在诺曼底海滩上发起攻势。

(La Breche)和滨海利翁(Lion-sur-Mer)的村庄，"皇家炮兵部队的上尉亨德利·布鲁斯(Hendrie Bruce)报告说，"到处都有爆炸，团团肮脏的浓烟和砖灰从目标地区升起，飘向大海，一度将我们的目标完全遮住。"在乌云密布之下，英国步兵、加拿大步兵和美国步兵从登陆艇上下来，在海岸的障碍物之间择路而行，冲向掩体躲避敌人的炮火，努力到达海滩尽头悬崖和沙丘的隐蔽处。

进攻发起时间(H-Hour)取决于从一个海滩到另一个海滩的潮汐变化，定于早晨6点到7点30分之间，登陆行动最初的几分钟是最糟糕的，除了对在奥马哈海滩难逃一劫的美国人来说。然而，浑身湿淋淋、惶惶不安地踏着海浪，沿着长达60英里的诺曼底海岸线前进的步兵并非当天在法国登陆的第一批盟军战士。在破晓的黑暗之中，3个空降师的伞降部队，随后是滑翔机营的先头部队，已经被空投在维尔河和奥埃纳河的下游河段，那里划定了滩头堡外侧的界限。英国第6空降师被经验丰富的飞行员紧密地空投于开阔的草原上，空投进行得很顺利，士兵们迅速集中并向目标移动。目标是奥埃纳河及其东邻的迪沃河(Dives)上的桥梁，这些桥梁各自为战或被炸毁，炸桥是为了阻止德国装甲部队沿着海岸压缩英国海运部队的滩头堡。美国第82空运师和第101空运师就没那么幸运了。飞行员缺乏经验，科唐坦半岛的窄颈容易错过，维尔河谷充满蓄意用来防御的洪水。一些美国伞兵掉进大海，许多人被洪水淹没，许多人由于航向有误而分散，为了躲避高射炮，降落的地方距离目标几英里远；第101师的"范围"是"25英里乘15英里的区域，零散的'批次'甚至更远"。24小时后，"啸鹰"(Screaming Eagles)师*只集结了3000人，一些人将在敌人防线后游荡数天，顽强作战，直到弹尽粮绝。

德营的混乱

当时，美国伞兵的散布被认为是一场灾难，尤其是他们崇尚条理的指挥官更是这样看。回顾起来，这实质上可被视为加重了盟军给德国对手造成的混乱和迷茫。例如，6月6日清晨，指挥第91师的将军在开完反攻会的归途中，甚至在他还不知道进攻已经开始的时候，便已遭四处游走的美国伞兵的伏击而战死。在其他地方，德军指挥官们有时要花几个小时才能明白，受到"霸王"行动攻击的德国部队送来的报告，不同于此前三年干扰他们占领法国的炮击和水陆突袭。此前

---

* "Screaming Eagle"是美国第101空降师的绰号。——译者注。

一天，德国空军的天气预报员由于恶劣的天气预测，忽视了即将发起进攻的可能性。不幸的是，隆美尔暂时回德国休假，伦德施泰特在圣日耳曼处于昔日出征者的睡眠时段（他曾是1914年被派去入侵法国的某师师长，对警报和突袭比较麻木），而希特勒在贝希特斯加登辖区内的上萨尔茨堡山（Obersalzberg）的度假别墅里正准备入睡，直到攻势发生6小时后他召开中午例会时，才收到进攻已然开始的确切证据。

不过，当觉察到登陆行动已经开始的确切迹象后，当地指挥官作出了反应。这些迹象发生得太快。由于92台雷达站中只有18台处于运转之中——盟军电子战小组在加莱海峡地区没有将之卡阻——极少的可用的德国夜间战斗机（大部分长期用于防守德意志帝国）忙于对付假想的从英吉利海峡狭窄地区逼近的航空队。真正的伞降行动没有受到丝毫攻击，因为伞降行动位于任何一台正在工作的雷达站的有效范围之外。凌晨两点，海运舰队的声音最终在距科唐坦半岛12英里的海域被检测到。凌晨4点，勃鲁门特里特给身在贝希特斯加登的约德尔打电话，请求准许调动装甲教导师前往海滩，可是约德尔告诉他要等到天亮的侦察行动明确战事后才行。迟至凌晨6点，当海军轰炸已经彻底摧毁海滩时，在受到威胁的地区作战的第84军向第7集团军汇报，这"似乎是掩护行动，配合稍后在其他地方展开的进攻"。

因此，第709师、第352师和第716师三个德国师将在上级指挥部没有立即派出任何增援的情况下承受盟军八个师的攻击。第709师和第716师尤其发现自己处于绝境。这两个师的装备都不太好，而且缺乏机动手段。德国第709师防守的是第82空降师和第101空降师空投的地区，以及美国第4师将从海上发起进攻的犹他海滩。这几乎是不可能完成的任务。美国第4师是一支杰出的部队，在第一波中就向海滩投入九个训练有素的步兵营。第82空降师和第101空降师是美军的精锐，接受训练应对扑朔迷离的战局，并且积极备战；其18个营尽管分散，规模却是同级别常备军的两倍。诚然，德国第709师非常普通；它的六个营发现被包围了，而且寡不敌众，就没做过多的抵抗；在打了几枪之后，海滩的三个营就投降了。盟军在犹他海滩的伤亡人数是197人，是D日伤亡最少的，对照总共有2.3万人在该海滩登陆，这个伤亡人数比较轻微。

第716师在滩头堡东端的黄金海滩、朱诺海滩和宝剑海滩对抗英国第50师、加拿大第3师和英国第3师，第716师的作战能力并不比第709师强，还被空投在其后方的第6空降师弄得无所适从。英军又将两个突击旅派往登陆处，此外还有三个装甲突击旅；谢尔曼水陆坦克事先在离海滩尽可能近的地方下登陆艇，因此步兵从一登陆就有掩护火力。如此众多得到很好支援的步兵登陆，对分散的德国守军造成重要的影响。在宝剑海滩和朱诺海滩，英军和加拿大军几乎毫发无损地上岸了，然后迅速向内陆进击；当天早晨刚过，英国第3师与第6空降师会合。在黄金海滩，第50师喜忧参半：两个登陆旅中有一个在沙丘前登陆，毫不费力地穿越沙丘；另一个则遭遇防守森严的海滩村庄，那里并没受到海军的轰炸。不幸的是，谢尔曼水陆坦克来晚了，与此同时，两个先头营，即汉普郡团第1营（1st Hampshires）和多塞特郡团（1st Dorsets，185年前踏进印度的第一个英国团）第1营受到重创。

在支援突击旅的炮兵中，有一个炮手叫查尔斯·威尔逊（Charles Wilson），他描述了一幅"下船"最后一刻和"上岸"最初一刻极为混乱的场景，可怕的死亡和千钧一发的生机交织于几码的距离之内，这反映了D日从一个滩头堡的末端到另一个滩头堡的情况。他的坦克登陆艇（LCT）载有4门25磅重的自行火炮，这些火炮在接近岸边时一直在向岸上的目标开火：

> 我们在进攻时中了两颗水雷——桩上的瓶雷。尽管我们的活动坡道受损，站在上面的一名军官阵亡，但没能阻止我们。我们停在沙坝上。第一个冲出去的人是一名全副武装的突击队士官。他像一块石头一般消失在六英尺的水中。我们抓着网绳，把火炮拉上岸，将活动坡道扔入冰冷的海水中。在汹涌的波涛之中，很难抓牢网绳，我们反而被拖向一些水雷。我们扔掉绳子，向岸上爬。挣扎时我的鞋子和背心都不见了，只剩下短裤。有人递过来香烟，可是烟都浸湿了。乔治所在的布伦机枪运载车是最先从坦克登陆艇上下来的小型装甲车。它漂了一会儿，碰到一个水雷沉没了。乔治从车上跳下水，向岸边游去。炮兵指挥部所在的半履带车下了船，另一辆在后面跟着。海滩布满残骸，有一辆燃烧着的坦克，一包包毯子和工具箱，尸体和尸体碎片。我身边的一个小伙子被炮弹炸成两半，他的下半身倒在沙滩的一片血泊之中。半履带车停了，我挣扎着穿上衣服。

到上午9、10点，第50师克服了最初的困境，到黄昏时分，几乎前进到巴约的郊区，比D日其他盟军更接近规定目标。到此时为止，它比美国第1步兵师更靠近目标，美国第1步兵师在奥马哈海滩经受了最严酷的进攻考验，付出惨重的生命代价，如同计划者为进攻的早晨所有登陆部队感到担心的那样惨重。与第1师交手的是第352师，6月6日的第352师是沿海阵地中最精锐的德国部队。而且，该师防御的海滩背靠陡峭的鹅卵石海岸，在险峻的悬崖上可以俯瞰两端。因此，很难在海滩上找到出路，而悬崖提供了制高点，在登陆艇靠岸甚至刚下水时，这里的火力直接轰击下面的海运步兵师。谢尔曼水陆坦克在波涛汹涌的海面上下艇时离岸太远，因而沉没。它们没有直接的火力支援。结果悲惨。第1营第116步兵团的痛苦体验：

> 活动坡面被放下的十分钟内，[领先的]连队变得迟缓，几乎无法行动。所有军官和军士或者被杀，或者受伤……这成了为生存和营救而战。水中的人在后面推着受伤的人上岸，那些到达沙滩的人爬回水里，拉起其他人登陆，免得他们被淹死。在进攻海滩的20分钟内，A连不再是突击连，而是成了个凄凉的小救援队，专注于生存和拯救生命。

如果诺曼底所有德国守军都像第352师那样训练有素、坚决果断，如果更多谢尔曼水陆坦克遭到意外，奥马哈海滩的彻底失败也许会在所有五个海滩间此起彼伏地重演，结局将是悲惨的。很幸运，第1营第116步兵团的命运只是个极端的例子。总体上，奥马哈海滩的登陆行动损失惨重。D日美军的4649名伤亡人员中，大部分是在这里作战的。可是，在奥马哈海滩，也有些营毫发无损地上岸，甚至那些被折磨得最惨的部队也最终聚集了它们的幸存者，离开了海边。D日结束时，所有选定的登陆地点均被盟军掌控，即使滩头堡在某些地方不到1英里宽。随着黄昏的来临，赫然耸现的问题是，彼此分隔的立足点是否能够联结在一起，德军将以什么样的兵力反攻。

1944年6月6日D日，突击队员们向岸边跋涉。

集结战

由于所有德国步兵师都无法调动,因此唯有依靠 B 集团军群和国防军最高统帅部调动装甲师还击进攻者。在四个进攻区内或离进攻区近的地方,只有位于英国宝剑海滩和空降滩头堡东侧、卡昂附近的第 21 装甲师距离现场够近,足以施加决定性的影响。第 21 装甲师的指挥官,和隆美尔一样,在 D 日早晨没在那里(隆美尔迅速从乌尔姆[Ulm]坐车赶回来,晚上 10 点 30 分抵达 B 集团军群指挥部)。隆美尔的参谋长汉斯·斯派达尔(Hans Speidel)于早晨 6 点 45 分获得德国国防军最高统帅部同意第 21 装甲师出兵的许可,可是两小时后,指挥链的下一位,埃里希·马克斯(Erich Marcks)将军才发出战斗命令。该命令要求坦克深入探察宝剑海滩和朱诺海滩之间的缺口,阻止英军向距离海边只有八英里的卡昂前进,迫使滩头堡之敌向中央收缩。

从宝剑海滩向卡昂前进的是一个英国步兵旅,由国王希罗普郡轻步兵团(King's Shropshire Light Infantry)第 2 营率领。步兵们本该和斯塔福德郡义勇骑兵队(Staffordshire Yeomanry)的坦克同行,但坦克却在海滩上陷入特大交通堵塞之中。因此,国王希罗普郡轻步兵团在到达每一个德国防御阵地时,不得不用传统火力和行动夺取每个阵地,进展得相当缓慢。下午,坦克追上了他们,然而 6 点,这支纵队遭遇第 21 装甲师的先头部队,第 21 装甲师在赶往前线的路上被一个又一个浪费时间的任务耽搁了。第 21 装甲师的炮火立即迫使国王希罗普郡轻步兵团隐蔽起来,此地距离卡昂不到 3 英里远,第 21 装甲师的第 22 装甲团前去进攻滩头堡。"如果你不能将英国人扔进大海,"马克斯以再正确不过的先见之明警告团长,"我们将输掉这场战争。"然而,马克 IV 型坦克遭遇斯塔福德郡义勇骑兵队的萤火虫(Firefly)反坦坦克(装有 17 磅反坦克炮的谢尔曼坦克),损失惨重。少数部队与仍在坚守滨海利翁的第 716 师步兵取得联系;但当第 6 空降师的 250 架滑翔机习过德军的头顶,为横渡奥埃纳河的伞兵带来增援时,这些德军断定会被切断后路,于是撤退。黄昏降临时,尽管卡昂仍在德国人手中,但是宝剑滩头堡的四周完好无损,D 日危机已然过去。

尽管德国人无法知道——马克斯的悲观预测只是凭借灵感的猜测——他们已然失去在开始阶段扑灭进攻的机会。6 月 7 日和 8 日,下一支离得最近的部队,第 12 党卫军装甲师(希特勒青年团)突袭了卡昂西侧的加拿大军滩头堡,给它造成了严重的损失,但是希特勒青年团没能突破到海边;一个德国军官报告说,看到一些人"沮丧地哭泣"。与此同时，盟军连接起宝剑海滩和朱诺海滩、黄金海滩之间的缺口，以及英军海滩和美军海滩（6月10日英军加入奥马哈海滩，6月13日奥马哈海滩和犹他海滩联结起来）之间的缺口。盟国海军同时在向前线增援的比赛中也胜过敌人。盟军在"集结战"中获得成功的原因很简单。英吉利海峡是宽阔的水上通道，完全被盟军控制；只有几条船因碰到水雷、受到鱼雷快艇的攻击而遭受损失；尽管一些新的装备换气装置的潜水艇从布列塔尼成功抵达英吉利海峡，但是它们的损失惨重，总体效果微不足道。相比之下，不仅法国公路和铁路的承载能力比盟军运输舰队低得多，而且整个法国北部内陆都在盟国空军的眼皮底下，从6月6日开始，这使发动进攻前摧毁交通基础设施和白天射击所有移动物体的努力事半功倍。7月17日，在一次地面进攻中，隆美尔本人在指挥车上被一架英国战斗机击中，身负重伤。

即使希特勒允许第15集团军、第1集团军和第19集团军大规模地向第7集团军增援，它们也难以速抵战场。事实上，7月底之前，希特勒不允许从最近的第15集团军调兵，以免加莱海峡突然出现"第二次进攻"，他勉强准许从第1集团军和第19集团军调兵。装甲师最先行动；第9党卫军装甲师和第10党卫军装甲师在波兰执行反攻任务后归来，用了4天时间穿过德国，又用了11天时间才从法国边界抵达诺曼底，这完全是空袭的结果。非机械化师的行军甚至更为困难。例如，第275师花了3天时间（6月6日至8日）走了30英里从布列塔尼到诺曼底，然后又花了3天时间抵达它的战斗位置。与此同时，盟军增援部队在24小时内从英国南部移至诺曼底。因此，诺曼底之战的第一个月变成正在赶来的盟军和企图抓住并消灭这些盟军的德国机动师之间的搏斗，这些盟军试图夺取对于成功发起进攻和突破来说被认为至关重要的阵地。美军争夺的重要阵地是科唐坦半岛和瑟堡港，它们位于滩头堡内（6月18日他们抵达半岛的大西洋海岸）；对于英军而言，重要阵地是卡昂及其周围，他们能够从这里进入开阔平原，直接通向100英里外的巴黎。

蒙哥马利希望6月6日拿下卡昂；失败后，他发起三次不同的进攻，想要攻克该城。6月7日到8日，加拿大军展开的局部攻势被第12党卫军装甲师挫败；6月13日，卡昂西侧展开的装甲攻势主要被诺曼底的一个虎式坦克营挫败；最终，第15苏格兰师展开大规模攻势（6月26日至7月1日），代号为"赛马场"（Epsom），但被新近赶来的第9党卫军装甲师和第10党卫军装甲师挫败。最后一刻，"赛马场"行动将奥东河（Odon）对岸的阵地纳入囊中，奥东河是奥埃纳河的支流,和奥埃纳河交汇于卡昂。最前方的据点,即加夫吕村(Gavrus)被占领,由第 2 阿盖尔郡及萨瑟兰郡高地团(2nd Argyll and Sutherland Highlanders)(巴拉克拉瓦[Balaclava]战役的"细红线")镇守,四年前它们被迫在圣瓦莱里(Saint-Valery)投降,此后在英国重组。英国第 11 装甲师的支援坦克试图突袭到奥东河南岸的开阔地带,但却失败了,在惨烈地战斗了五天之后——4020 人伤亡——"赛马场"行动取消。

波卡基的战斗

与此同时,美军正在压制科唐坦半岛的德国守军,即德军第 243 师、第 709 师、第 91 师和第 77 师。其中,第 77 师和第 91 师两个师装备精良,训练有素;进攻的是美军第 4 师、第 9 师、第 29 师和第 90 师,它们经验尚浅,对复杂地形准备不足。这片灌木篱笆是两千年前凯尔特农民耕种的农田的边界,不久将成为臭名昭著的波卡基(bocage)乡村的支柱。两千年来,相互缠绕的植物根系卷着泥土,形成厚达 10 英尺的土堆。"尽管 D 日之前在英国谈论过它,"第 82 空降师的詹姆士·加文(James Gavin)将军写道,"但是我们谁都没真正预料到这里的情况将会如此艰难。"后来在战役中,美军给谢尔曼坦克装配"推土铲",可是 1944 年 6 月,坦克无法穿过树篱,火力和视线亦然。对于德军而言,这片灌木篱笆每隔 100 码或 200 码组成几乎坚不可摧的防线。对于进攻的美国步兵而言,它们是死亡陷阱。在树篱前面,青涩的美国步兵丧失了勇气,第 1 集团军军长布拉德利(Bradley)不得不极其频繁地要求疲惫不堪的伞兵们冲锋。"AA"师(All American)和"啸鹰"师对任务从不畏缩;然而,坦克的不断损失,使这些精锐部队面临生死存亡的考验。刚赶来的第 30 师的陆军中尉西德尼·艾兴(Sidney Eichen)在科唐坦半岛遇到一群伞兵,问道:"你们的长官在哪儿?"他们答道:"都死了。"他问:"那么,现在由谁负责?"某中士说:"我。""我看着这群胡子拉碴、满眼通红的美国兵,他们穿着脏兮兮的衣服,萎靡不振地走着,我疑惑不解:我们就要这样去打几天仗?"

无论如何,德军被逐步赶到瑟堡周围。为了不让盟军得到法国港口,希特勒打算坚守这些港口作为要塞,无论内陆地区失去多少阵地,他过去在克里米亚和未来在波罗的海诸国就是这样做的。6 月 21 日,他告诉港口指挥官卡尔·威廉·冯·施利本(Karl Wilhelm von Schlieben)将军:"我希望你在这场战斗中表现得像格奈森瑙(Gneisenau)防御科尔伯格(Colberg)那样(1807 年普鲁士抵抗拿破仑的壮举之一)。"五天后,瑟堡失守;该要塞指挥官请求美军向正门开炮,以便给他一个投降的借口。随后,他和所有部下立即打着白旗出城。6月26日,希特勒要求伦德施泰特开始对所有可能负有责任的军官展开军事法庭调查。第7集团军军长弗雷德里希·多尔曼(Friedrich Dollmann)将军当晚服毒自尽,他的指挥部指挥了诺曼底之战。1941年,苏联红军发生了很多起自杀事件,但到目前为止,德国国防军发生的自杀事件并不多;随着阴霾开始慢慢笼罩德意志帝国,自杀事件日益增多。

1944年6月中旬,希特勒到了千钧一发的危急关头,这是自17个月前斯大林格勒投降以来他遇到的最糟糕的时刻。尽管他最终于6月12日向英国展开了秘密武器战,可是V-1飞弹的发射率比预期低得多,每天约80个,只有一半抵达伦敦,而且还有很多飞弹哑火。在整个诺曼底战役过程中,在他唯一一次视察法国时,6月17日,一个失控的飞弹直接撞到希特勒在马吉瓦尔(Margival)的地下指挥所。此外,尽管西线的危险相当大,可此时东线战场的危机突然加重了他的战略困境。6月22日,"巴巴罗萨"行动的三周年,苏联红军展开"巴格拉基昂"行动(Operation Bagration),在六周残酷无情的装甲攻击中,消灭了中央集团军群,并将苏联防线从白俄罗斯向西推300英里,到达华沙城外维斯图拉河岸;30个师,35万名德国士兵,在战争中伤亡或被俘。

在"巴格拉基昂"行动的那些可怕的日子里,诺曼底的西线德军继续损失数以千计的士兵,但最终成功守住防线。因此,瑟堡失守后,诺曼底前线的虚假稳定正好给希特勒在拉斯滕堡每日召开两次的战务会议带来一种轻松感。7月初,尽管第7集团军的步兵兵力持续减少,树篱战斗中持续不断的消耗使之接近枯竭,但是滩头阵地的范围似乎"稳定下来"。蒙哥马利致力于夺取卡昂;他没能于6月6日攻克这里,此时他构思别的计划,以卡昂作为连续攻击的焦点,消灭德国的机动部队,而盟军逐渐增加了用于突击的后备部队。6月19日至21日,滩头阵地的增援被英吉利海峡的飓风阻断,美国的船只受损,英国的"桑葚"人造浮动港遭破坏。可是,临时的拼凑很快弥补了战力的损失,至6月26日,盟军已有25个师登陆,另有15个师将从英国赶来,对抗德国的14个师。这不仅是西线德军的四分之一,而且还包括其装甲师的三分之二,即12个装甲师中的8个。希特勒可能认为,盟军的进攻已被控制住。伦德施泰特则不这样认为;7月5日,他建议希特勒"讲和",他的西线总司令一职立即被克鲁格取代。蒙哥马利每天从"厄尔特拉"情报机构获悉西线德军遭受的损失与日俱增,他要坚决执行他的计划,使卡昂成为诺曼底战役的"熔炉"。

7月7日，在英国皇家空军向卡昂投掷2500吨炸弹之后，实际上已经摧毁了这座"征服者威廉"（William the Conqueror）的古都，英国第3师、第59师和加拿大第3师进击该城。它们没能夺取市中心，但占领了全部郊区。这次行动代号为"查恩伍德"（Charnwood），几乎将卡昂和诺曼底其他德国据点都隔断。还有迹象表明，美军的持续施压促使敌军装甲部队前往科唐坦半岛的军事基地，根据计划，最终的突击将在这里发起。因此，蒙哥马利决定再一次与德国装甲师巅峰对决，为进入通向巴黎的开阔地带探路、扫清障碍。这次新的攻势将被命名为"古德伍德"（Goodwood），将从奥埃纳河东岸的"空降滩头堡"发起，然后进入奥埃纳河和迪沃河之间的走廊地带。只有一段高地，即布尔盖比山脉（Bourguébus），封锁了从走廊地带到通向巴黎的公路的出口。

参与"古德伍德"攻势的是英国在诺曼底的所有三个装甲师，即近卫装甲师（Guards）、第7装甲师和第11装甲师，"古德伍德"攻势肇始于7月18日。此前是自行动开展以来最为猛烈的航空"地毯"式轰炸，让守军完全措手不及，让幸存者惊魂未定。德国坦克在冲击中被毁，进军初期俘获的战俘像喝醉了似的向后方踉跄而行。到上午9、10点，英国坦克已在前往目的地的中途，似乎胜利在望。此后，德军表现出非凡的弹性和临机作战能力：第21装甲师一位名叫汉斯·冯·鲁克（Hans von Luck）的团长从巴黎休假回来，直接抵达战场，寻找逃脱轰炸的炮兵和装甲兵，匆忙协调防御。包括德国空军防空炮兵连在内的炮兵开始忙着减缓英国坦克的前进速度，第1党卫军装甲师的工兵营——德国工兵（Pioniere）在紧急情况下被用作步兵——急忙在布尔盖比山的山顶挖战壕，而第1党卫军装甲师和第12党卫军装甲师的坦克迅速前去组建反坦克屏障。英国第11装甲师强行突破到山脚下时，已经是下午3点左右；英国坦克开始登山，它们遭到上方制高点口径为75毫米和88毫米火炮的齐射。法夫及福弗尔义勇骑兵团（Fife and Forfar Yeomanry）的先头部队被火海覆盖。前去救援的第23轻骑兵团（23rd Hussars）受创同样惨重。"到处都是伤员，燃烧着的人跑来跑去，痛苦地挣扎着找掩护，"团史记载道，"冷酷的穿甲弹雨将已然无助的谢尔曼坦克打成筛子。实在太明显了，那天我们无法'突围'……那天早晨前去参战的一大串装甲部队中，有106辆坦克此时在小麦田里受损或失灵。"

正确的数据是，单单第11装甲师就损失了126辆坦克，超过其兵力的一半；近卫装甲师在首场战斗中也损失了60辆坦克。"古德伍德"攻势近乎于一场灾难。蒙哥马利在战后声明,其实并没指望该攻势可以实现突破,丘吉尔和艾森豪威尔都对声明感到不耐烦。无论如何,盟军在内地进击得相当缓慢,丘吉尔逐渐失去耐心。7月20日,也就是"D+43"日,"古德伍德"攻势最终停息,D日前计划者在地图上划的"阶段线"显示,到那天时盟军应该在前往卢瓦尔河的中途。事实上,部队甚至还没抵达"D+17"日应该抵达的那条线。最后,蒙哥马利不得不和丘吉尔争辩,试图说服丘吉尔他的宏观计划保持着自己的逻辑,不久就会有结果。

尽管蒙哥马利不得不为自己开脱,但他把对"古德伍德"攻势的失望置于度外,并认为"古德伍德"攻势符合战略需要,这是正确的。因为该攻势确实牵制了B集团军群的装甲后备部队,越来越多的迹象表明,美军的重大攻势正在酝酿之中,这些装甲部队集结起来准备对付美军的攻势,正当此时,"古德伍德"攻势令这些装甲部队向英军前线回撤。7月,美军在科唐坦半岛南部的波卡基打了一场可怕而又损失惨重的仗。7月18日至20日,第29师和第35师在争夺圣洛(Saint-Lô)的战斗中分别损失了2000人和3000人——这是同一时期英国装甲师在卡昂东部地区遭受的伤亡损失数量的5倍。德军的损失甚至更大:第352师是美军的主要对手,在奥马哈海滩的顽强抵抗后仍坚持作战,在圣洛之战后几乎损失殆尽。自6月6日以来,它的伤亡人数使第7集团军的伤亡总数增至11.6万人,只有1万名补充兵员来自德国的后备军(Ersatzheer)。物资损失同样严重:5月至7月德国工厂生产的2313辆坦克中,有1730辆被炸毁,其中三分之一是在法国被摧毁,到6月底,只补充了17辆坦克。德军在盟军滩头堡四周投入的兵力几乎达到极限;它将在最薄弱的地方遭受猛烈一击。

7月25日清晨——在错误的开端后,当时美国飞机轰炸了自己的步兵——美军四个步兵师和两个装甲师在猛烈的地毯式轰炸后攻击了圣洛的西部地区。它们属于有"闪电乔"(Lightning Joe)美称的柯林斯(Collins)将军的第7军。柯林斯因严格要求下属而闻名,当天发生的事恰恰证明了这一点。在第7军前进的路上,指挥装甲教导师的弗里茨·拜尔莱因(Fritz Bayerlein)将军证实了进攻的力度:"一小时后,我和任何人都失去了联系,甚至失去了无线电通信联系。到了中午,什么都看不见了,只有灰尘和烟雾。我的前线像月亮的面庞,我的部队至少损失了70%——阵亡、负伤、发疯或失去知觉。"转天以另一场地毯式轰炸开始。此前一天前进了不到1英里,此时增至3英里,美国第2装甲师抵达阵地,蓄势待发。拜尔莱因回忆,西线总司令、同时也是B集团军群的新司令克鲁格"发话","不惜任何代价也要守住沿着圣洛—佩里斯(Saint-Lô-Périers)公路的防线。然而这条防线已被突破"。克鲁格答应增援一个党卫军坦克营，60 辆虎式坦克；坦克营却只带来 5 辆虎式坦克。"那天夜晚，"拜尔莱因接着说，"我召集卡尼西（Canisy）西南面我的残余部队。我总共有 14 辆坦克。我们只能撤退。"装甲教导师或许一度曾是德军最精锐、当然也是最强大的装甲师。它的境遇标志着西线德军在诺曼底的六周战斗中损失之惨重。不过，希特勒仍然固执己见，要求必须重建崩溃的前线，必须扭转战事。

七月刺杀密谋

美军的突破行动代号为"眼镜蛇"（Cobra），在"眼镜蛇"行动之前五天，一群军官在希特勒的指挥部试图刺杀他。7 月 20 日，陆军上校克劳斯·冯·施陶芬贝格（Claus von Stauffenberg），一名在后备军任职的身有残疾的老兵，在拉斯滕堡的会议桌下放置了一枚炸弹，然后逃脱飞往柏林，密谋在德国全境以军事委任取代纳粹的领导。由于一系列不幸事件，刺杀行动失败了。炸弹只是炸伤了希特勒，却没能炸死他。早先的误解——爆炸是敌对分子的蓄意破坏行为——被修正。于是，参与密谋的通信官无法阻断拉斯滕堡与外界的通信联系。因此，戈培尔能够动员忠于希特勒的将士在柏林对密谋作出反应。密谋者很快遭到逮捕，他们中的几个人，包括施陶芬贝格，在当天晚上就被枪决。到黄昏来临之前，政变危机被化解了，希特勒再次掌权，即使他被隔离在拉斯滕堡的地堡。然而，可以理解的是，7 月 20 日的密谋强化了他对军队高层深持的所有偏见，施陶芬贝格是军队高层的典型。他是一位贵族，一名虔诚的基督教徒，一名骑兵——希特勒不仅憎恨教堂和贵族，而且还厌恶马、骑术、骑士服饰及其所象征的一切——他之所以参与推翻希特勒的政变，是因为他认清元首将使祖国面临战败的致命危险，他期盼纳粹失势并受到惩罚，纳粹主义的罪孽将促使他的同胞觉醒。简而言之，施陶芬贝格的动机是爱国而非道德，尽管他对这次刺杀行动倾注了他的道德感。对于他的爱国精神和道德准则，希特勒有的只是憎恨和轻蔑，他自然将这些感情转移到所有他认为属于施陶芬贝格的社会阶层和职业等级的人。他相信，太多这样的人在指挥西线德军。法国驻军总司令海因里希·格拉夫·冯·斯图普纳格尔（Heinrich Graf von Stülpnagel）将军当然参与其中；希特勒相信，隆美尔也参与了，即使隆美尔并非来自"旧"军官阶层，而且自 7 月 17 日以来，他受重伤躺在医院里。希特勒还怀疑克鲁格同谋，尽管没有证据，自 7 月 4 日以来，克鲁格作为西线总司令和 B 集团军群的指挥官，是与"盎格鲁—撒克逊人"作战的关键。

只有在圣洛对美军的突破展开坚决——而且也是成功的——还击，才可以使希特勒相信他的怀疑没有根据，并使他再次相信西线德军在为国家社会主义革命做贡献。

对西线德军忠诚度的考验——同时希望以此实现西线战事的战略逆转——是，以所有可用的装甲部队向美军先头部队的侧翼实施反击，美军先头部队正从波卡基乡村和大海之间的圣洛向南朝布列塔尼内陆进发。8月2日，拉斯滕堡派来的使者、国防军最高统帅部作战部副部长沃尔特·瓦利蒙特抵达克鲁格在拉罗什盖恩城堡（La Roche-Guyon）的指挥部，瓦利蒙特认为他将与这位陆军元帅讨论撤退到法国内陆防线的问题。然而，抵达之后，他发现希特勒同时下令，要求尽快开始反攻，反攻从莫尔坦（Mortain）开始，向大海进逼，希特勒希望反攻将会"迫使盟军在诺曼底的整个阵地向中央收缩"——正如8月8日瓦利蒙特回到拉斯滕堡时发现的那样。

8月7日，莫尔坦反攻开始。第116装甲师、第2装甲师、第1党卫军装甲师和第2党卫军装甲师四个装甲师立即投入战斗，此外，德军还打算投入另外四个装甲师，即从法国南部调来第11装甲师和第9装甲师，7月27日希特勒已经把这两个师许诺给克鲁格，以及从卡昂调来第9党卫军装甲师和第10党卫军装甲师。这八个装甲师合在一起，部署了1400辆坦克，在代号为"卢提西"（Lüttich，列日 [Liège]）的行动中，率领西线德军向进攻者展开大规模的反包围，结果将堪比30年前同一天鲁登道夫在列日突破法军后方。正如希特勒在瓦利蒙特被派去见克鲁格的前一天晚上告诉他的话，"目标仍是将敌人限制在其滩头堡内，让他在那儿遭受严重损失，使他精疲力竭，最终将他消灭"。

二十一　坦克战：法莱斯

以"卢提西"行动开局的战役将发展成西线战场规模最大的装甲战，如果说不是第二次世界大战中规模最大的装甲战的话。只有此前一年7月发生的库尔斯克战役集结了更多德国装甲师——12个，对比诺曼底的10个装甲师；可是在库尔斯克，挫败德国攻势的是布雷区和反坦克炮，而非机动反击。相比之下，法莱斯隘口战役采取的形式是大规模调动20个装甲师（10个德军装甲师，10个盟军装甲师），在逾800平方英里的乡野之地，坦克对坦克，进行了长达两周的疯狂机动和激烈搏斗。

到了1944年夏，闪电战的奥秘早已不复存在。1940年夏，克莱斯特和古德里安能够依靠坦克的若隐若现——甚至传言——吓得步兵逃跑或投降。现在，指挥官不再能有如此期待。虽然没有经验或胆战心惊的步兵看到坦克来了仍会逃跑，在诺曼底这样的情况很多；但是有经验的步兵知道，因为他们已被教导，在面对装甲部队的进攻时，逃跑甚至比坚守阵地更加危险。到了1944年，坦克不再作为独立的先头部队，不像在它们的黄金时期时那样；在支援炮兵的掩护炮火之下，坦克与其特种步兵，即装甲掷弹兵，紧密协同前进。如此，为安全而离开战壕的防御步兵会暴露于各种火力之下：坦克自己的火力、坦克步兵的火力和相关炮兵的火力。因此，面对这种最可怕的袭击，守军努力守住他们的阵地，依靠自己的反坦克武器在牵制进攻者，同时呼叫炮兵支援和空袭——如果可能的话——希望友方坦克前来与敌人的坦克作战。简而言之，到了1944年，坦克不再是独立自主的战略工具，而是精心策划的战术消耗的一部分，通过不断损耗抵抗力量取得效果，而非像长剑似的突破敌方前线。

坦克的地位由"赢得战争胜利"的革命性武器沦为日常的战术工具，这符合军备史长期建立起来的模式。铁甲舰、鱼雷和机关枪一经产生就被誉为使防御甚至战争本身"比登天还难"；反过来，每一种武器都被找到应对之道，"革命性"的武器被纳入稍作改变、比以往更为复杂的作战系统。尽管坦克经历了类似的转换过程，但是它的自主性从一开始就遭到质疑，在两大理论家之间争论不休，这两位理论家的名字常常和坦克的发展联系在一起。富勒（J. F. C. Fuller）少将于 1917 年在康布雷（Cambrai）策划了第一场大规模的坦克攻势，他认为在未来战场上只有坦克才有存在的地位；巴兹尔·李德·哈特（Basil Liddell Hart）是 20 世纪 20 年代和 30 年代与他在纸上交锋的友好对手，哈特认为坦克不会单独打胜仗，包括步兵和炮兵在内的所有兵种将来都会被机械化，组建的军队将类似由或大或小的装甲、机动的"陆舰"组成的舰队。

李德·哈特太具有前瞻性；直到第二次世界大战结束 40 年后，只有最先进的国家才掌握财富和工业资源将它们的野战军完全机械化。不过，是他而非富勒看到了真正的未来。时至 1944 年，"陆舰队"的雏形已然存在。正是凭着装甲师和装甲掷弹兵师组成的陆舰队，西线总司令奋力试图击败盟军的进攻；正是凭着装甲师和机械化师组成的陆舰队，蒙哥马利和布拉德利得以包围并消灭 B 集团军群。盟军坦克在挫败德军发起的法莱斯隘口战役，以及向前推进并在敌人周围设置包围圈方面发挥关键作用；可是，与坦克同行的步兵巩固并坚守坦克赢得的阵地，支援炮兵和飞行中队完成法莱斯包围圈内的清剿任务。法莱斯战役是一场诸兵种协同作战的战役，其性质恰好表明战争肇始以来装甲战术理性化的程度，战争初始时，装甲将军仿佛天下无敌。

实际上，坦克地位的下降可以追溯到战争发展的早期。尽管甘末林有时决策失误，但他在 1940 年 5 月 13 日德军横渡默兹河后立即认识到如何对装甲攻势做出正确还击；方法是要在连接坦克先头部队和步兵部队的狭窄地带发起装甲反攻。戴高乐的第 4 装甲师 5 月 18 日在拉昂发起一次这样的反攻，法兰克军（Frankforce）*于 5 月 21 日在阿拉斯发起另一次这样的反攻。无论如何，因为时间上的不协调，而且没有得到大量步兵和炮兵的支援，两次反攻均以失败告终。正是德军而非盟军从这些经验中获益。在阿拉斯，指挥第 7 装甲师的隆美尔通过征用高射炮营的重型（口径为 88 毫米）高射炮阻止皇家坦克团（Royal Tank Regiment）在避开装甲掩护后突入他的部队中央，从而避免了过度暴露。口径为 88 毫米的高射炮阻挡了英国重型坦克——隆美尔装有轻型火炮的装甲车做不到这一点——这使隆美尔免于战败，如果当时战败，也许他的职业生涯就毁了。

阿拉斯战役向德国人强调了一点，即与实力相当的敌人打装甲战时最有效的方式是联合使用坦克和反坦克武器；他们在与英国人在沙漠作战时学到这一点，

---

* 哈罗德·法兰克（Harold Franklyn）的部队代号为"法兰克军"（Frankforce）——译者注。

这些战术在进攻和防守中均奏效。1941 年 4 月，在第一次托布鲁克之战中，非洲军团凭借坦克突破设防港口周边，可是许多坦克很快被澳大利亚反坦克部队击毁，因为守军封锁了进攻者后面的缺口，阻止德国步兵前来支援。不久，隆美尔将这些分而胜之（divide-and-win）的战术用于对付英国沙漠军队。自 1941 年 11 月至 1942 年 6 月间，在西迪雷泽格（Sidi Rezegh）和加扎拉空旷的沙漠战中，隆美尔完善了这一方法，他让英国坦克与自己的坦克交战，以撤退诱使敌人进入反坦克炮的弹幕，然后当英军遭受的损失使其无法展开机动防御时再前进。摩托化步兵和自行火炮部队与坦克同行，从而确保攻克英军阵地。

由于某些外在原因，自 1940 年以来德国装甲师坦克的数量减半，这对隆美尔运用这些战术而言是个有利条件。1940 年底，希特勒缩减装甲师坦克兵力的意图是积累若干盈余，以便能够组建新的装甲师；实际上，自法国陷落至启动"巴巴罗萨"行动，德国装甲师的数量已然翻倍。减半的间接效果是，迫使德国指挥官们更好地运用装甲师的非坦克元素，尤其是机械化步兵（装甲掷弹兵）和自行火炮炮兵。真正的坦克—步兵—炮兵协同作战原则正是来自于这种必要性，1943 年至 1944 年，德国装甲师将坦克—步兵—炮兵协同作战推向高度实践性，因为它们日益发现敌人的坦克数量超过自己，尤其是在苏联前线。即使当装甲师的坦克兵力缩减到不足 200 辆（1940 年时的标准是 400 辆）时，德国装甲师证明自己和更强大的盟国装甲部队同样或更为厉害——如 1943 年 2 月第 10 装甲师在突尼斯的凯塞林隘口击溃美国第 1 装甲师时证明的那样。从战争中期开始，英美装甲师仿效德国装甲师的组织模式，裁减装甲营，补充更多的摩托化步兵和自行反坦克炮兵，令各兵种实现更好的平衡。美国人凭借强大的机动能力，实际上能将"装甲步兵"放进履带运输车，机动性得到明显提高。虽然如此，德国最好的装甲部队——有特权的党卫军装甲师和诸如陆军的装甲教导师和空军的赫尔曼·戈林装甲师这样受宠爱的装甲师——仍比盟军最好的装甲部队还要先进，直到诺曼底战役和白俄罗斯战役结束后，前线作战和后方空袭所造成的不断损耗开始削弱它们的实力，后备军和坦克工厂难以弥补其人员和装备的损失。

装甲战的技术

无论如何，仅凭更好的组织和更丰富的经验，无法说明 1942 年初至 1944 年底德国在同等条件下能向工业强国联盟发动装甲战的原因。紧要关头，德国装甲部队的品质也非常出众。除一两个特例外，德国装甲车比盟国装甲车精良。尤其是英国装甲车，比德国产品拙劣得多。尽管英国首先发明了坦克，又在 1916 年 9 月首次将坦克用于作战，而且在很大程度上构建起装甲战的理论基础，但它在第二次世界大战中却没能建造出有战斗力的坦克。火力、防护和机动性之间至关重要的平衡是成功设计坦克的基础，而这却困扰着英国人。英国马克 I 型步兵坦克（Infantry Tank Mark I）很结实，隆美尔在阿拉斯发现只有口径为 88 毫米的高射炮才能击穿这种坦克，但它几乎毫无机动性。丘吉尔步兵坦克同样坚韧，但也快不了多少。只有诞生于 1944 年，装备英国装甲师侦察营的克伦威尔（Cromwell）巡航坦克才既有速度，又有防护；该坦克的火炮却仍显不足。结果，1944 年英国师依靠美国谢尔曼坦克充当坦克部队的主力，然而，谢尔曼坦克也有缺点：尽管速度快，稳健，易维护，但却易燃烧，缺乏火力。英国为提高英美装甲能力所做的最大贡献是，将其令人生畏的 17 磅反坦克炮配在特别改造过的谢尔曼坦克上，改造成所谓的萤火虫坦克，1944 年至 1945 年，萤火虫坦克不仅是对抗德国重型装甲部队的利器，也成为英国装甲部队的主力。谢尔曼坦克的主要优点及对美国工业实力的颂扬是，它可以批量制造。自 1943 年至 1944 年间，美国生产了 4.7 万辆坦克，几乎全是谢尔曼坦克，而德国生产了 2.96 万辆坦克和突击炮。1944 年，英国仅仅生产了 5000 辆坦克。

在德国的敌人中，只有苏联在坦克的生产数量和质量方面能与德国匹敌。1944 年，苏联总共生产 2.9 万辆坦克，大部分是卓越的 T-34 坦克。这种坦克的大部分技术归功于美国独立设计师沃尔特·克里斯蒂，在财政紧缩导致美军经费变得相当有限时，苏联从他手中买到设计蓝本。苏联人在克里斯蒂设计的底盘和悬架之外添加了全天候引擎、倾斜的装甲板和有威力的火炮，终于创造出搭配均衡的设计，实际上，1942 年阿尔伯特·施佩尔接替弗里茨·托特博士担任德国军备部部长时，德军已在考虑批量复制这一设计，替换老化的马克 IV 型坦克。最终，马克 V 豹式坦克（Mark V Panther）的生产避免了德国耻辱地承认技不如人。尽管新型坦克在库尔斯克遭遇失败——迟至 1944 年 1 月，希特勒称它是"爬行的亨克尔 177"，影射一种令人失望的轰炸机——为发展马克 V 豹式坦克所做出的努力在诺曼底最终被证明是有意义的，在那里，党卫军装甲师的许多装甲营都配备了这种坦克。然而，甚至 1944 年，马克 IV 型坦克仍是装甲部队的骨干。马克 IV 型坦克诞生于 1939 年前，在设计梯图上属于最后一个系列，设计梯图上每种新设计都比前一种更大。马克 IV 型坦克特别容易改装，不断得到改进；最终，当它配备"长筒"75 毫米火炮作为主要武器装备后，几乎堪与 T-34 抗衡。

马克 IV 型坦克的前辈，特别是马克 III 型坦克，也易于改装为自行反坦克突击炮，从1943年2月开始，在坦克先驱海因茨·古德里安担任坦克兵总监 (Inspector-General of Panzer Troops) 后，突击炮和坦克合并为新的"装甲军种"。这些武器的劣势是，它们只能向车辆前方开火；由于它们没有复杂的炮塔机制，生产比较廉价，当它们被部署在战场上精选的防御阵地时，其低矮的外形不易令敌人发觉。它们的设计相当合理，令苏联人、美国人、英国人广泛模仿，在很大程度上为诸如党卫军第 17 装甲掷弹兵师这样的装甲掷弹兵师提供机动火力，党卫军第 17 装甲掷弹兵师是盟军在法国遇到的劲敌。德军对坦克和突击炮没作区分。实际上，1943年古德里安重组装甲军种的主要困难是，炮兵不愿让出对突击炮的控制，据高级军官所述，控制突击炮给了炮兵赢得骑士铁十字勋章的唯一机会，那是德国国防军奖励军人英勇作战的最高荣誉勋章。

德国指挥官们认为，唯一一个在性质上与众不同的装甲战工具是马克 VI 虎式坦克，这种坦克没有分配到师，而是独自组织成营，受中央控制，用以执行关键性的进攻和反攻任务。虎式坦克也有缺点——其庞大的体积带有德国坦克设计中逐渐蔓延的"巨人症"特征，使其缺乏速度，而且其炮塔移动缓慢笨重。不过，它拥有 88 毫米火炮和厚达 100 毫米的装甲板，事实证明它在静态作战——如果不是机动作战的话——中始终比其他作战坦克先进。所有盟军将士回忆起从远处开始响起的虎式坦克引擎发出的噪音，都感到敬畏。

虎式坦克、豹式坦克、马克 IV 型坦克和突击炮都将在诺曼底大规模装甲战中发挥作用，这场大战将于 8 月 6 日至 7 日夜晚在莫尔坦肇始，在法莱斯隘口的浩劫中达到极致。希特勒经常在地图的图示中瞥见机会，受到启发，他断定美军从诺曼底涌入莫尔坦和海洋之间狭窄的走廊地带，这为发动决定性的反击提供了机会。"我们必须像闪电一样出击，"8 月 2 日他对国防军最高统帅部的作战参谋说道，"当我们抵达海边时，美国人的滩头堡就会被切断……我们甚至可能切断整个滩头阵地。在切断已然突破的美国人时，我们一定不能停顿。然后就轮到他们了。我们必须像闪电一样向北推进，从后方击败整个敌军前线。"

正是这个决定让第 116 装甲师、第 2 装甲师、党卫军第 1 和第 2 装甲师并肩站在距大西洋仅 20 英里的莫尔坦，这里是奥马尔·布拉德利（Omar Bradley）将军的美国第 1 集团军的侧翼，第 1 集团军正向南涌向布列塔尼。然而，对于它们、西线德军和希特勒而言悲惨的是，自 8 月 5 日以来，部署这些装甲师的通讯信号被"厄尔特拉"解密部门监控；德军以布雷塞（Brécey）和蒙蒂尼（Montigny）

为目标的消息传到蒙哥马利的指挥部后,四个美国师,即第 3 装甲师、第 30 师和第 4 师在第 2 装甲师的支援下,阻断了德军沿塞河(Sée)河谷挺进的路径,希特勒曾指定它们走这条路到海边。

西线德军的磨难

8 月 6 日到 7 日的夜晚,约 200 辆德国坦克(在第一线)为了达到出其不意,在没有炮火准备的情况下发起进攻,分两路从塞河两岸挺进。南路占领了第 30 师的前哨,不过美国步兵沉着冷静地在高地上挖掘战壕,将备有突击炮类武器的反坦克装甲营调到前面,摧毁了 14 辆坦克,阻挡了德军的进攻,盟军等待在天亮和天气好转的时候调来作战飞机,对敌军造成更大的打击。如此,一个非常普通的美国步兵师就解决了党卫军第 2 装甲师的先遣部队,该部队几乎是装甲军种的无敌剑。

在北岸,美国第 9 师的步兵甚至更轻易地击败了第 2 装甲师和党卫军第 1 装甲师(阿道夫·希特勒师,这支部队从未辜负过元首);第 116 装甲师师长因拒绝出兵而遭到免职。拂晓,美国第 2 装甲师发起反攻,该师"凭空出现",这是官方史学家在"厄尔特拉"的秘密仍被严守时记下的。8 月 7 日,美国第 2 装甲师和英国第 2 战术航空队(Second British Tactical Air Force)发射火箭弹的台风式战斗轰炸机将第 2 装甲师的坦克兵力削减到 30 辆,当天台风式战斗轰炸机出击了 294 架次。希特勒从拉斯滕堡发来命令,要求"继续不顾一切地大胆进攻……每个人必须相信会取得胜利"。然而,当黄昏降临莫尔坦战场时,执行"卢提西"行动的各支部队都遭遇了失败。

8 月 7 日发生的其他事件平添了西线德军的磨难。那天,蒙哥马利向滩头堡尽头对面的德国防线发起新的攻击,目标朝向法莱斯。此前有过两次失败的突击,一次是 7 月 25 日加拿大军沿着"古德伍德"攻势的踪迹发起的,另一次是 8 月 2 日英军向科蒙(Caumont)发起的("蓝衣"行动 [Operation Bluecoat])。始于 8 月 7 日的"总计"行动(Operation Totalise)并未取得蒙哥马利预期的全胜,纵然该行动前进行了和两周前美军的"眼镜蛇"行动前同样猛烈的地毯式轰炸。这次行动再次由加拿大军发起,他们遭遇死敌党卫军第 12 装甲师(战役初期,希特勒青年师对加拿大战俘展开了一次大屠杀,此后该师的士兵被加拿大军俘获后难逃一死)的拼死抵抗。然而,加拿大军此时比战争中的任何时候都更强大;它自己的第 4 装甲师和流亡的波兰第 1 装甲师新近与它会合,波兰第 1 装甲师尤其有理由清算德军，因为它的士兵知道博尔—科马罗夫斯基（Bor-Komorowski）指挥的本土军*和德国占领军警戒部队目前正在华沙鏖战，所以更加充满仇恨。虽然"总计"行动没有实现原定目标，但是该行动促使这两个装甲师挺进到可以威胁在诺曼底作战的整个德国装甲部队后方的阵地。

此时，德国装甲部队（除了党卫军第 12 装甲师，该师仍位于英军前线）有 10 个师集结在滩头堡的最西端，秩序混乱。装甲教导师起初是德军的"示范"师，6 月 6 日前还是装甲军种最强大的师，此时成了空壳子；6 月底以来，所有 4 个党卫军装甲师，即第 1 装甲师、第 2 装甲师、第 9 装甲师和第 10 装甲师均在缠斗中遭到重创；从一开始装甲实力就薄弱的党卫军第 17 装甲掷弹兵师更是弱不禁风；第 2 装甲师、第 21 装甲师和第 116 装甲师的坦克都损失惨重，最后一次损失发生在莫尔坦战役中；只有第 9 装甲师于 8 月从法国南部调到诺曼底，在很大程度上还保存完好。甚至第 9 装甲师都没有足额的 176 辆坦克（一半是马克 IV 型坦克，一半是豹式坦克）；平均坦克兵力只有这个数字的一半，装甲教导师几乎连一辆坦克都没有。

此外，这些装甲师待错了地方。德国步兵师数量锐减，残存的步兵师分为 3 组，一组有 7 个师，位于英军和加拿大军向法莱斯进军的路上；一组有 5 个师，散布于美军向布列塔尼突击的路上；剩下的 19 个师，仍坚持在崩溃的滩头堡周围，自 6 月 6 日开始，它们就固守于此。所有这些师都即将陷入被包围的险境，英加第 21 集团军群向南挺进，切断了德军通往塞纳河的退路，美国第 12 集团军群向东进击，在德军背后与之会合。可是，新近被命名为第 5 装甲集团军的几个装甲师处于极度危险的境遇之中。希特勒想在莫尔坦挫败美军突击的黄粱美梦，将它们带到诺曼底战场的最远处，它们在那里不得不从盟军合围的铁钳中拼死逃生。

党卫军第 12 装甲师在"总计"行动中认识到突围的代价将有多大，第 4 装甲师的三个加拿大步兵营第一次使用装甲运输车，在进攻中只有七个人战死；与之相随的装甲兵力如此强大，以致同时终结了德国国防军享有盛誉的坦克指挥官米夏埃尔·魏特曼（Michael Wittmann）的生命。魏特曼在抵达诺曼底之前曾经摧毁了 117 辆苏联坦克；在诺曼底，他是挫败 6 月 13 日英军进攻波卡基村的主要人物。8 月 7 日，他在虎式坦克上被 5 辆谢尔曼坦克困住，它们用齐射火力摧毁了虎

---

* "Polish Home Army"的译法众多，丘吉尔的《第二次世界大战回忆录》的中译本译为"波兰地下军"，《苏联与 1944 年的华沙起义》一文译为"波兰国家军"，此外还有"波兰家乡军"、"波兰救国军"等译法。——译者注

式坦克。考虑到盟军对滩头堡进行的增援和德军在那里的损失，这种实力上的悬殊便是普遍存在的，而且将以数学上的必然性决定诺曼底之战的最终结果。

8月8日，布拉德利（艾森豪威尔在他身边）和蒙哥马利进行了电话会议，加快了这种必然性的步伐。美国人建议，由于不久前展开的"古德伍德"行动、"眼镜蛇"行动和"总计"行动对第7集团军和第5装甲集团军的猛烈攻击，它们显然已经不能再作调动，因此从战略意义上考虑，应该放弃D日之前构思的计划，即在诺曼底向南远至卢瓦尔河"大范围"地包围德国国防军。相反，他们提出由美军打出一记"短勾拳"，旨在和英军、加拿大军在法莱斯附近迅速集结。蒙哥马利同意"未来的奖赏颇丰"，他让布拉德利向其下属乔治·巴顿下达必要的命令，巴顿指挥那些执行"短勾拳"计划的部队。

1944年春D日假计划的作者打着巴顿的幌子哄骗纳粹德国谍报局，此时在诺曼底战场上，巴顿是一位有实权的人物。正是他的第3集团军负责圣洛的突破点，他的魄力激发他的军队突破防御区，进入开阔的乡野。"要第3集团军穿过阿夫朗什（Avranches）的走廊地带，"他后来写道，"是难比登天的行动。两条公路通向阿夫朗什；只有一条在桥边。我们两个步兵师和两个装甲师在24小时之内穿过这条走廊地带。没有计划，因为根本不可能制定计划。"巴顿一如既往地夸大他所取得的成就。阿夫朗什调动的后勤保障混乱不堪，"眼镜蛇"行动在战术上获得的胜利更多地归功于他的第7军指挥官柯林斯的个人领导能力，而非巴顿自己的才干。然而，如果没有巴顿严苛的行动命令，也就不会有美国第3集团军的闪电战。

第3集团军的突破确实是一次闪电战；这是第二次世界大战中西方盟军第一次——结果也是

巴顿（左）和蒙哥马利罕见地亲切交流。他们俩的关系经常很紧张。巴顿和蒙哥马利都是性情中人，喜好炫耀，前者那把著名的枪筒上嵌了珍珠的左轮手枪和后者的军帽徽章把这点表露无疑。站在他们中间的是布拉德利将军，他的指挥风格更加柔和。

最后一次——真正实践这种作战形式。闪电战不仅需要集结的装甲部队突然凶狠地插入敌方战线，而后迅速扩大这种胜利；而且还要求包围并消灭突破点之后的敌军。这是纳粹德国国防军于 1940 年在法国、1941 年 6 月至 10 月在苏联西部运用的作战模式。此后，任何作战部队都无法实现这一模式。1942 年春夏两季，德国国防军向苏联南部大规模进军，却没能达到让红军此前一年九死一生那种规模的包围，而 1943 年和 1944 年初的东线大战或者是消耗战，诸如库尔斯克战役，或者是重击苏军的正面进攻。自 1941 年至 1943 年间，隆美尔及其英国对手沿着北非海岸展开的闪电奔击更像旧式的骑兵突袭而非决战；如果 1942 年 11 月执行"火炬"行动的英美盟军没有抵达阿尔及利亚，谁知道这场游戏会拖多久？在意大利，地形不适合突破，闪电战的电流没有触碰任何一场战斗；在诺曼底战役的最初阶段，由于德军稳固的防御系统和迅猛的反攻，蒙哥马利向德军展开装甲闪电突击战的努力也都失败了。1944 年 6 月苏联红军消灭中央集团军群的巴格拉季昂行动，重复了德军"镰刀收割"和"巴巴罗萨"所取得的惊人胜利的形式和效果，是此前三年战斗中唯一的一次。

以牙还牙

1941 年 9 月基辅包围战后闪电战衰落，1944 年 8 月重振闪电战雄风的机会再现于法国，这其中有个重要原因：闪电战的效果依赖于合作，或者至少是敌人的默许。1940 年在法国，同盟国既默许，又配合。由于没在阿登山区的前线布置足够多的反坦克防御工事——障碍物、反装甲武器、坦克反击部队——同盟国当时相当于怂恿德国发动装甲攻势；盟军向比利时前进，恰在德国装甲师急速西进之时，让最好的机动师向东越过这些德国装甲师的侧翼，它们的积极配合导致自己的孤立和最终被围。

至少是德国的敌人很快意识到，默许和配合对手的闪电战计划要遭到惩罚。实际上，正如我们已经看到的那样，1940 年 5 月德国发动闪电战的第一周，法国和英国就都正确地觉察到，正确的反应是当装甲纵队驶向目标时进攻装甲纵队的侧翼。苏联人最终也同样引以为鉴，在库尔斯克这个他们有时间准备的防区，苏联红军不仅切断了德国的先遣部队，而后还以密集的布雷区和火力据点网吞没了进攻部队，将其磨碎。尽管早在 1918 年步兵部队已经配备反坦克炮，但是库尔斯克之战被视为反坦克炮真正发挥预期作用的第一场战役——在不依靠装甲部队支援的情况下，打败，而且如果可能的话摧毁进攻的敌军坦克。

时至1944年，每个英美步兵师都有60至100门反坦克炮，以及几百个手持式反坦克榴弹发射器；后者是最后一招的武器，而前者是真正的坦克克星。反坦克炮效力的增强不仅是因为它应用得越来越广泛，而且还因为战争中期发给步兵使用的反坦克炮的口径增大——57毫米是标准的，75毫米的很常见，特种部队里还有更大的80毫米和90毫米反坦克炮。一般而言，装甲能被直径和它厚度一样的炮弹击穿，只有最厚的坦克装甲板才会超过100毫米。因此，正如执行"卢提西"行动的德国装甲师在莫尔坦进攻美国第30师时发现的，步兵现在能在猛烈的装甲攻击下守住阵地，并给敌人造成损失。

此时，面对敌方更具优势的坦克部队，以及真正可以自卫的步兵编队，第5装甲集团军的阵地摇摇欲坠。最有希望的策略是，沿着第7集团军占领的突出部的南北两边构建防护性侧翼，在突出部后面，在诺曼底被打垮了的德国步兵师能够开始向塞纳河撤退。如果指挥第5装甲集团军、第7集团军和B集团军群的克鲁格可以随意作出战略决策的话，毋庸置疑，他一定会下令这样部署他的部队。可是，希特勒不给他做决策的自由。相反，8月10日，希特勒命令克鲁格转天继续执行"卢提西"行动："[装甲]进攻失败了，因为它发动得过早，因此太过薄弱，而且天气条件也对敌人有利。要以强大的部队在其他地方重新进攻。"在汉斯·艾伯巴赫（Hans Eberbach）将军的指挥下，六个装甲师将在更西南的方向发起攻势。

向西南方向进攻将令装甲师自投罗网，艾森豪威尔的"短勾拳"此时正在第7集团军附近陈兵布阵。这样，闪电战的导演希特勒恰恰策划了最适合将他的装甲打击部队送入坟墓的作战行动。与敌人在闪电战中对德国国防军的默许和配合所带来的一切危险相比，希特勒现在决意采取的战术比敌人曾经的举动更为密切地配合敌方的闪电战。他在西线的直接下属克鲁格意识到，"当敌军正在自己的后面忙于布置绞杀的圈套时，一支20个师的庞大军队兴高采烈地准备进攻是不可行的"。然而，克鲁格获悉党卫队和盖世太保怀疑他与刺杀行动有牵连，而且他们的怀疑有事实依据，他因此行动受限，这种限制甚至比与7月20日刺杀密谋有关的大部分德军将领所受的还多。虽然克鲁格知晓刺杀行动正在酝酿之中，因为许多密谋策划者此前在苏联是他的部下，但是他既没切断自己与密谋的联系，当被邀请加入刺杀行动时，也没为表忠心而拒绝；"是的，如果这头猪死了"是7月20日傍晚他所说的话。他现在意识到，只有接受"不顾前线作战条件的指挥"的正确性，他才能免受怀疑，正如第7集团军参谋长所言，即"从东普鲁士决断战事"。他的两个直接下属,第 7 集团军的保罗·豪塞尔(Paul Hausser)将军和第 5 装甲集团军的塞普·迪特里希(Sepp Dietrich)将军,都是新近被希特勒任命取代陆军将领的党卫队军官,眼下他们钻了克鲁格命令重新进攻的空子,将他们的部队东调,于是远离美军"勾拳"的合围。克鲁格接受其调遣的军事逻辑,可是,他感到不得不采纳重新发起攻势的提议,正如希特勒命令的那样。8 月 15 日,他前去探察他的两支部队此时深陷其中的包围圈,目的是让希特勒相信他正在执行命令。具有讽刺意味的是,当天发生的事恰恰造成相反的效果。他在指挥车里遇袭,恰如 29 天前隆美尔遭遇的那样,他用白天的大部分时间潜伏在战壕里,午夜才抵达第 7 集团军的指挥部。在他无法与外界联系的这段时间里,希特勒——对他而言,8 月 15 日是"我生命中最糟糕的一天"——认为,B 集团军群指挥官正在计划"率领全部西线军队投降"。深夜,希特勒决定罢免克鲁格,派"元首的救火队员"瓦尔特·莫德尔(Walther Model)接替他,并且命令这位丢脸的陆军元帅返回德国。克鲁格无疑预料到他回国后就会被盖世太保拘捕,于是在归国途中服毒自尽。

克鲁格的自杀无法弥补率领 B 集团军群陷入当前窘境的错误。就莫德尔在重建破损不堪的前线时所展现出来的所有才能而言,他也不能拯救 B 集团军群。希特勒对美国闪电战的配合,使 B 集团军群深陷重重危机之中,只有匆忙撤退才能使其残余力量免遭彻底歼灭。残余力量实际上是现在 B 集团军群所有的师;不过,约 30 万名德国士兵身陷法莱斯包围圈,被包围的 20 个师中有 8 个师已经溃散,而最精锐的装甲师——党卫军第 1 装甲师、第 2 装甲师、第 9 装甲师和第 116 装甲师——的坦克兵力分别缩减为 30、25、15 和 12 辆。恢复"卢提西"行动是不可能的了。对幸存者而言幸运的是,希特勒在改换指挥官的同时也改变了他的态度。8 月 17 日,莫德尔带着在塞纳河重建防线的命令抵达法国,他受命坚守足够多的阵地,用以维系 V 型武器对英国的攻击,保护德国边境不受直接攻击。

突如其来的事件挫败了他的使命。8 月 19 日,巴顿的先遣部队在巴黎西北面的曼特斯(Mantes)抵达塞纳河。8 月 14 日,布拉德利下令扩大艾森豪威尔打出的勾拳,这给被围困的德军以喘息之机,那天之后,美军集结于阿让唐(Argentan),拦堵 B 集团军群逃脱必经的隘口侧翼,它们并没北上会合法莱斯的英加盟军。然而,盟军对曼特斯的猛攻打破了德军在塞纳河维系防线的希望,此后塞纳河仅仅沦为 B 集团军群为了逃出诺曼底而必须逾越的障碍。与此同时,为了以后在其他地方调用防空部队,所有防空部队撤离了包围圈,包围圈内的德军被持续不断的空袭击垮,而英军和加拿大军从法莱斯一路打到阿让唐,将瓶塞塞进了瓶颈。瓶颈之处来了一支新的盟军部队,即波兰第1装甲师,它是仍与德国人作战的波兰流亡大军的西线代表,8月18日至21日,波兰第1装甲师在三天孤注一掷的战斗中,占领并固守法莱斯和阿让唐之间的尚布瓦(Chambois)制高点。波兰坦克和步兵向公路发起一系列攻势,B集团军群通过这条公路向塞纳河各个桥梁和渡口鱼贯而行;不过,负责防守的是同样勇猛的党卫军第12装甲(希特勒青年)师,这是它在诺曼底执行的众多至关重要的作战任务中的最后一个。

巴黎的解放

直到8月21日,希特勒青年师成功守住法莱斯包围圈的瓶颈,自8月19日至29日间,约30万名士兵得以逃脱,更惊人的是,约2.5万辆车辆在夜色的掩护下跨过德军工兵修建的浮桥和渡口。然而,在他们身后,逃兵留下了20万名战俘,5万名阵亡将士和两支部队的装备残骸。盟军不断空袭堵塞的道路和包围圈,到处都是烧毁和损坏的坦克、卡车和大炮的碎片。在诺曼底,逾1300辆坦克受损;装甲师貌似以某种秩序奔逃,却没能从这场浩劫中带出来超过15辆坦克。装甲教导师和第9装甲师两个装甲师名存实亡;在塞纳河西岸作战的56个步兵师中有15个不复存在。

希特勒指挥若干逃亡部队进入并且占据英吉利海峡沿海港口作为要塞。他已经驻防洛里昂、圣纳泽尔(Saint-Nazaire)和拉罗切利大西洋港口,然而布拉德利于8月3日决定为了从西面包围B集团军群,不沿大西洋海岸向南挺进,于是占据这些港口便失去了意义。相比之下,占领英吉利海峡港口的决定是战略上最为重要的决定之一。这种思想蕴涵于希特勒早些时候坚持占据波罗的海和黑海港口的思维模式之中,甚至在腹地落入红军之手后也要占据这些港口,但在当前这种情况下,后勤保障的现实情况证明这种想法更具合理性:苏联红军丝毫不靠海运补给,而英美军队几乎完全依靠海上运输。阻止它们占据勒阿弗尔、布伦、加莱和敦刻尔克这几个英吉利海峡港口,严重削弱了英美为前进部队提供必需品的能力,而且还将对下一个秋季和冬季解放战争的发展产生极为重要的影响。

希特勒要占领英吉利海峡港口的决定再次展示了他的鬼才,在千钧一发之际,避免了他在军事上的愚蠢导致最糟糕的结果。可是,这无法弥补他对巴顿的闪电战的任性配合,闪电战最终在法莱斯包围战挫败了西线德军。占领英吉利海峡港口也绝无可能弥补盟军的合围给德军坦克和受训士兵造成的不可替代的损失。然而，这却缓解了后继的结果，有助于确保当希特勒于1944年8月发起第二次世界大战西线战场的又一次——也是最后一次——大规模装甲攻势时，可以在比诺曼底战果所预示的更为平等的条件下这样做。

英吉利海峡的各个港口挤满了第15集团军的留守部队，其剩余部队在逃往西墙的路上与第7集团军和第5装甲集团军的逃兵会合，这是解放史诗在巴黎演完前的最后一个举动。随着诺曼底战役逐渐发展到高潮，希特勒制定计划将法国首都改造成设防的大据点，使第7集团军能够通过巴黎有序地撤退到索姆河和马恩河防线，然后利用该城本身作为战场，给盟国追军造成极为惨重的损失，即使付出把这座城市"夷为平地"的代价。

两个新情况缓和了这种结果。其一，8月15日第二拨盟国进攻部队抵达法国，不是通过长久以来预期的加莱海峡到德国的"短路线"，而是出现在遥远的南方，在尼斯和马赛之间。盟军第7集团军是执行"铁砧"行动的工具，该行动由三个美国师和四个法国师发起，它轻松击败维泽（Wiese）将军统率的第19集团军的抵抗，然后沿着隆河河谷疾行，于8月22日抵达格勒诺布尔（Grenoble）。第7集团军的出现和它决定性地击退约翰内斯·布拉斯科维茨（Johannes Blaskowitz）将军的G集团军群所剩唯一一支有效的机动部队，即第11装甲师，威胁从迄今为止意想不到的方向穿过阿尔萨斯—洛林进攻西墙。此外，当盟军的新攻势从南面威胁巴黎和德国后方的联系时，守住它变得更加希望渺茫。

第二个新情况来自巴黎本身。巴黎民众并没公开抵抗。3月，民众以喧嚣的公众集会向贝当表示欢迎；迟至8月13日，拉瓦勒回到巴黎，希望再次召集下议院（Chamber of Deputies），以便授予他合法的政府首脑的权力，使他有权和解放军商谈。然而，民众逐渐滋生出一种反抗德国占领的精神，一旦占领军的日子明显屈指可数，武装抵抗运动便在街头爆发。8月18日，西岱岛（Ile de la Cité）的巴黎警察实际上揭竿而起，秘密抵抗随即聚集在它的旗帜之下，其中左翼的法兰西自由射手游击队（Franc-Tireurs et Partisans，简称FTP）人数最多。到了8月20日，德国守备部队发现很难维持对街道的控制，大巴黎的军事和行政总督迪特里希·冯·肖尔蒂茨（Dietrich von Choltitz）提出谈判，并且达成停战协议。无论如何，战斗达到的规模此时改变了盟军解放巴黎的计划。虽然希特勒命令把巴黎变成西方的斯大林格勒，但是艾森豪威尔和蒙哥马利坚决反对他们的军队进攻巴黎周边，"直到一个合理的军事计划出台"。然而，一旦有迹象表明巴黎正在尽力解放自己，盟军领袖感到必须支援起义者。适宜的干预手段近在咫尺。

在解放巴黎期间,法国抵抗运动的成员在躲避一名德国狙击兵。

自8月1日以来，效忠于戴高乐将军的法国第2装甲师正在诺曼底。同盟国尚未承认戴高乐的法国领导人头衔。8月20日，戴高乐将军自己也抵达诺曼底——他并未受到邀请，也未经宣布，而且还选择了一条迂回的路线。8月22日，布拉德利传达艾森豪威尔的命令，勒克莱尔将军统率的法国第2装甲师直攻巴黎。住在兰布莱（Rambouillet）法国总统别墅的戴高乐批准了这一命令，并且准备随后前往巴黎。

8月23日，法国第2装甲师跋涉了其据点和巴黎郊区之间的120英里。进入巴黎，它遭到德军的顽固抵抗，勒克莱尔放弃当天进入首都的希望。此后，他受到美国人说"法国人正跳着舞去巴黎"（战斗穿插着宴会）的刺激，派一支坦克步兵小分队抄后路潜入巴黎市中心。8月23日晚9点30分，法国第2装甲师的三辆坦克从以1814年拿破仑一世的胜利命名的蒙米莱尔（Montmirail）、尚波贝尔（Champaubert）和罗米利（Romilly）直抵巴黎市政厅（Hôtel de Ville）。次日，该师的大部队击败德军最后的抵抗，攻入巴黎历史悠久的中心街区，与小分队会合，又过了一天，戴高乐抵达巴黎。作为法军装甲战的始祖，他比任何人都清楚，最先受闪电战打击的法国首都被本国复国军的坦克解放，是多么令人惬意的事。

二十二　战略轰炸

1944年1月12日，英国皇家空军轰炸机司令部总司令、空军中将阿瑟·哈里斯（Arthur Harris）写道：

> 很明显，轰炸机司令部能够给予"霸王"[行动]最好的而且确实是唯一有效的支援是，如有机会就猛烈轰炸德国本土合适的工业目标。如果我们试图以袭击占领区的炮台、海防、通信站或[弹药]库取代上述过程，那么我们就没将最好的武器用于军事用途——它原本是为了这样的用途而装配和受训的——反而让它去执行无法有效执行的任务，因此我们将犯下无法挽回的错误。尽管这也许表现出"支援"军队的假象，但事实上却是我们能够帮的最大的倒忙。

"轰炸机"哈里斯对将他的战略轰炸机从对德国的"区域"轰炸调去"精确"轰炸法国所达到效果的预言，被戏剧性地证实是错误的。首先，他的飞行员表明他们现在已经掌握极其精确地击中小目标的技术，即使面临德军的顽强抵抗，他们也有能力维持这种"精确"轰炸。3月，哈里斯和指挥第8航空队的卡尔·斯帕茨（Carl Spaatz）将军的异议都被驳回，第8航空队相当于美国的轰炸机司令部，这两支空军皆由艾森豪威尔的副官、空军上将阿瑟·特德（Arthur Tedder）爵士领导。从那时起，战略空军展开针对法国铁路系统的轰炸，它们将在两个多月的时间内损失2000架飞机和1.2万名飞行员。轰炸机司令部调整了作战比例，它在3月把70%的炸弹投掷到德国；4月，向德国投下1.4万吨炸弹，而向法国投落2万吨；5月，向法国出动了四分之三的架次。6月，再次增强对法国的攻击，向占领区及其周围的军事基础设施投下了5.2万吨炸弹。

此外，恰与哈里斯的预见矛盾的是，英国皇家空军的轰炸机惊人地执行了它的任务，不仅的确非常有效地"支援"陆军，而且大大有助于加深德国在诺曼底的惨败。在军事发展史上，与英军、美军相比，德军属于老一代。德军除了装甲师和摩托化师之外，短途调动依靠在公路上徒步，长途调动依靠铁路；所有物资补给和重型装备都只用铁路运输，某些部队甚至拥有自己的机车运输队。因此，法国铁路系统的中断和桥梁的破坏不仅严重限制了德军的调动能力，更从根本上严重限制了它的作战能力；4月至6月间，以及在此后的诺曼底战役过程中，法国铁路的运转几乎陷于停滞，法国北部主要河流上的大部分桥梁遭到破坏或者至少是损坏，损坏程度相当严重，难以很快修好。

很多破坏是由英国第2战术航空队和新近组建的美国第9航空队的中程轰炸机和战斗轰炸机完成的；单单5月20日至28日间，美国雷电式（Thunderbolt）战斗机和英国台风式对地战斗机就在白天的大部分时间里"横扫"法国北部，摧毁了500辆机车。然而，严重得多的结构性破坏——对桥梁、铁路站、机车维修厂——则是战略轰炸机的杰作。到5月底，法国铁路交通运输量减少为1月的55%；到6月，对塞纳河上桥梁的破坏使该数据减少为30%，其后又降为10%。早在6月3日，伦德施泰特手下一名绝望的军官发送一份报告称（被"厄尔特拉"破译），由于盟军持续向铁路系统施加巨大压力，铁路当局"正在慎重考虑更多修复工作是否有价值"。

1944年6月和7月德国西线总司令所维持的铁路运输能力，仅够为第7集团军和第5装甲集团军提供所需食品、燃料和弹药的最小量（却无法再向巴黎供应粮食，巴黎在解放前夕处于饥馑的窘境）。只有作战部队不作调动，物资补给才能确保送达；德意志帝国和德国本土之间临时搭建的交通网络特别脆弱和僵化，以致前线军队只有固守在这一网络的终点时才能依赖它。一旦离开，它们就要冒着缺乏必需品的风险——因此它们不能"在法国边战边撤"。当巴顿的闪电战摧毁滩头堡周边的防御工事时，德军只能尽快向交通网络连接的下一个设防据点撤退；那就是法德边界的西墙。

因此，无论外围战事还是中心战事，诺曼底战役证实哈里斯错了。就目前来看，空军直接支援陆军，在战略上取得了卓越的成功。尽管如此，不可避免且可以理解的是，哈里斯确实应该抗拒上层命令轰炸机部队不再攻击德国城市的压力。毕竟，轰炸机司令部有理由为自己感到自豪，因为它是三年来西方列强向德意志帝国领土直接施压的唯一作战工具（美国第8航空队最近参战）。而且，哈里斯是空军的代言人，而空军独特的存在理由便是去轰炸敌人的本土。

另一方面，德国空军从不赞同这样的作战原则。1934年德国空军诞生时，空军将领们考虑是否应该将它建设成一支战略轰炸机部队。可是，他们最终放弃了这种选择，因为他们断定德国飞机制造业不够发达，无法提供必要的大型远程飞机。类似苏联空军，德国空军作为陆军的侍女逐渐发展成熟，空军将领们也乐于接受这样的角色，大部分空军将领以前曾是陆军军官。因此，自1940年至1941年间，德国空军向英国展开的"战略"作战是由中程轰炸机发起的，中程轰炸机原本设计执行地面支援任务。1943年8月君特·科尔登（Günther Korten）接替汉斯·耶顺内克（Hans Jeschonnek）担任德国空军总参谋长时，他开始"紧"组建战略轰炸机军种，可是这种努力却以失败告终，因为缺乏适合的飞机，这是十年前他的前任作出的有关德国空军未来决定的直接结果。

科尔登和军备部部长施佩尔都相信，也许可以通过反击苏联的工业后方挫败1943年苏联红军发起的攻势，正是这种信念促使科尔登试图赋予德国空军战略作战能力，尽管为时已晚。简而言之，危机迫使他采纳一代英美空军已然采纳并从容改进的策略。当他不得不以权宜之计，匆忙改造中程轰炸机，重新训练飞行员，以便展开"突破"行动时——结果，短期的紧急情况使他没机会采取这些行动——哈里斯已然指挥着一支强大的、拥有一千架轰炸机的航空机队，这些轰炸机都有四个发动机，这支航空机队发展了许多年，尤其用于执行突破任务。

制空权

实际上，英国致力于战略轰炸的概念能够追溯到第一次世界大战的最后几年。即使1918年"独立的空军部队"仅向德国本土投落534吨炸弹，但是直接攻击敌人后方是空军分内之责的观点已然成为战略思想。意大利飞行员朱利奥·杜黑（Giulio Douhet）将这种观点阐释为条理分明的制空论，其影响程度相当于20世纪20年代马汉的制海论。与此同时，英国尽管并未受益于复杂的理论，但是皇家空军建立起世界上第一支战略轰炸机组成的"海空军"（air navy）。其作战职能根源于皇家空军之"父"休·特伦查德（Hugh Trenchard）爵士在第一次世界大战最后几个月里为协约国最高战时委员会（Allied Supreme War Council）准备的一份研究报告。"有两种因素，"当时他写道，"精神效果和物质效果——目标是在两方面都获得最大效果。实现这个目标的最佳途径是袭击工业中心，你（a）通过攻击军事物资中心造成军事损失和生命损失；（b）通过攻击德国民众中最敏感的部分——即工人阶级——对民心产生最大影响。"

通过提倡这种简单而残忍的战略——轰炸工厂，恐吓那些在工厂里工作和居住在附近的人——特伦查德建议把战争拓展为全面战争，到目前为止文明国家只在包围城市时承认这一原则。在攻城战中，军队在行动时常常遵循的法则是，选择留在城墙内的民众在围城后将处于困苦之中:饥饿、轰炸,一旦围墙被攻破,投降会遭到拒绝,还有掠夺和抢劫。攻城战的道德观几乎毫无异议地被泛化,这表明第一次世界大战多么接近大规模的攻城,以及战争的进行多么严重地降低了战争领袖、民众和军人的敏感度。实际上,特伦查德的建议几乎毫无争议:这些建议在当时没有遭到西方协约国的任何原则性反对;一旦战争结束,这些建议影响英国和法国政府,促使英法制定政策防止"空袭",使"空袭"的影响最小化,或使它们自己向未来敌人发起空袭的空军实力最大化。因此,在凡尔赛,协约国坚决要求永远撤销德国空军;然而时至1932年,英国的斯坦利·鲍德温(Stanley Baldwin),当时联合政府里的一位要员,沮丧地承认:"轰炸机总是会用完的。"而英国皇家空军的将领们不断为扩充轰炸机队而斗争,甚至不惜以牺牲本土空防的战斗机队为代价。

英国皇家空军对轰炸的信奉源自攻击是最佳的防御形式的信念。30年代末,空军部计划处处长、空军中将约翰·斯莱塞(John Slessor)以经典形式表达了他的军种观点,他提出向敌方领土发动攻势的直接结果是迫使敌人的空军处于防御和次要地位,间接但最终却是决定性的结果是摧毁敌人发动战争的能力。他在《空军力量与陆军》(Airpower and Armies, 1936)中写道:"至少这样的结论难以驳斥:倘若可以维持任意时长的空袭,即使时间间隔不规则,那么前所未有的猛烈空袭现今能够限制军事工业的产量,以致使之无法按照1918年的模式满足军队对武器、弹药和几乎每种军需品储备的巨大需求。"

第二次世界大战伊始对战略轰炸造成的后果的担忧特别强烈,特别普遍——国际左翼厉声谴责西班牙内战期间佛朗哥的空军及其德意盟友的远征空军对共和国城镇的轰炸,其中毕加索(Picasso)的《格尔尼卡》(Guernica)是重要的证据,这些谴责极大地增强了这种担忧——反常地,希特勒甚至加入了主要参战国之间心照不宣的协议,不做第一个突破道德禁令(和利己主义底线)的人。

希特勒并未将这种禁令扩展到不去攻击不能反击的国家——因此,德军在1939年9月轰炸了华沙,1940年5月轰炸了鹿特丹——或者不去攻击那些可以反击的国家的军事目标。在最传统的战争公约中,对包括机场、海港、铁路枢纽在内的军事目标的轰炸是合理的。无论如何,直到1940年仲夏,所有参战国都未侵犯对方的城市。甚至不列颠战役之初,希特勒坚持认为,攻击只限于机场和可能被视为带有军事性的目标,例如伦敦码头。然而,随着不列颠战役毫无结果地持续着,这样的限制越来越难以坚持。当"逼迫皇家空军战斗"的争论白热化时，德军直接袭击了人口密集的目标，希特勒寻找途径证明有理由突破底线。7月19日，在向德意志帝国国会发表的胜利演说中，他宣称布赖斯高地区弗赖堡（Freiburg-in-Breisgau）已经遭到法国空军或英国空军（戈培尔归罪于两者）的轰炸；事实上，5月10日德国空军一架迷航的飞机误袭了该地区。8月24日，德国空军另几架迷航的飞机误炸伦敦东部，导致转天夜晚英国皇家空军报复性地空袭了柏林，希特勒抓住机会宣布德军将毫不留情。"[英国人]宣称他们将增加对我们城市的攻击[丘吉尔还没这样做]，那么我们会将他们的城市夷为平地。我们将阻止这些空中强盗的行为，"9月4日他在柏林体育宫殿（Berlin Sports Palace）对狂热的观众说道，"这个时刻就要到了，我们中的一方将屈服，那一定不是国家社会主义德国。"

轰炸机司令部的危机

1940年冬，当英国轰炸机司令部正式展开轰炸战时，它还缺乏足够的实力摧毁德国。在希特勒于1923年11月8日发动"啤酒馆政变"的纪念日上，它不恰当地轰炸了慕尼黑，德国空军为了报复，袭击了科芬特里（Coventry）的工业城市，摧毁或损坏6万幢建筑物。英国皇家空军试图将这种针锋相对的局面升级，12月20日夜晚，它袭击了曼海姆（Mannheim），但在很大程度上，它却错过了该城，造成的损失只是科芬特里损失的五分之二，如果用民众伤亡总数来计算的话——曼海姆死亡23人，科芬特里死亡568人——可怕的是，从那时开始，这成为衡量战略轰炸成功与否的标准。由于曼海姆空袭是对"区域轰炸"的一次操练，或是在只缺正式名分的情况下直接袭击民众的一次演习，轰炸机司令部现在发现自己处于尴尬的境地之中，其道德水准降到和德国空军一样低，却无法与德国空军的区域轰炸能力相匹敌，更不用说超过了。1940年至1941年冬季"闪电战"期间，伦敦和其他英国城市遭到猛烈轰炸；1940年12月29日，德国空军单单在伦敦市区就引起1500次火灾，摧毁了塞缪尔·佩皮斯（Samuel Pepys）、克里斯多佛·雷恩（Christopher Wren）和塞缪尔·约翰逊（Samuel Johnson）熟悉的大部分剩余街道。1940年，甚至到了1941年，没有任何一个德国城市遭到同样程度的破坏。1940年9月3日，丘吉尔对战时内阁说，轰炸机司令部"必须优先于海军或陆军"，实际上，它是而且在未来几个月仍是"摇摇欲坠地向德国出口炸弹的空运军种"。

轰炸机司令部的无能最耻辱地表现在1941年轰炸过程中英国飞行员和德国民

众之间的死亡"比率"上；前者的数量居然超过后者。这种不平衡有若干种解释。一种是物质上的解释：英国轰炸机质量低劣，到那时为止还缺乏速度、航程、高度和向远距离目标大量载弹的能力。另一种是地理上的解释：为了抵达德国——到那时为止还只是西德——轰炸机必须飞过法国、比利时或荷兰，德国人已然在这些地方部署了由战斗机和防空炮组成的易守难攻的防御网。第三种也是最重要的解释是技术上的：由于英国皇家空军没有远程战斗机护航，这对在白天空袭时保护轰炸机而言是必不可少的，因此轰炸机司令部只得在夜间执行轰炸任务，它还缺乏导航设备找到它飞过的城市内的指定目标——工厂、调车场和发电厂——甚至找不到城市本身。根据1941年8月丘吉尔的私人科学顾问彻韦尔勋爵（Lord Cherwell）提出的建议而筹备的一份研究报告，精确地证实了对轰炸机司令部轰炸得"过广"，甚至过于疯狂的猜疑。巴特报告（Butt Report）的主要结论是："那些飞机在空袭目标时，每三颗炸弹中只有一颗炸弹落入距离目标5英里的范围内……对法国港口的轰炸，每三颗炸弹中有两颗落入此范围内；对整个德国的轰炸……四颗里有一颗落入此范围内；对鲁尔区[德国工业的心脏地带，也是轰炸机司令部的主要目标]的轰炸，十颗里只有一颗落入此范围内。"

1941年，700架飞机没能执行任务后返回，简而言之，轰炸机司令部的人员主要为了炸毁德国乡野而战死沙场。相比丘吉尔和英国民众寄希望于把它作为将战争直接引到希特勒门口的唯一工具，这种结果使它势必要陷入危机。1941年底，危机发生了。早在1941年7月8日，丘吉尔写道："有一种东西将打败[希特勒]，那就是极重型轰炸机从本国向纳粹本土发起绝对强大的毁灭性攻击。"在丘吉尔的激励下，英国皇家空军首先致力于扩充轰炸机司令部的计划，预计扩充至4000架重型轰炸机（当时每天可用的轰炸机的数量仅为700架）；这个目标被承认难以实现后，轰炸机司令部接受已经部署的轰炸机未来必须用于杀戮德国民众的观点，因为它们无法精确打击德国民众工作的工厂。2月14日，空军参谋部（Air Staff）下令强调自此以后军事行动"应该关注敌国民众的斗志，尤其是产业工人的斗志"。为避免这一点未被领会，空军上将查尔斯·波特尔（Charles Portal）爵士转天写道："我想新的目标显然是高楼林立的地区[住宅区]，而非诸如造船厂或飞机制造厂……如果还没理解到这一点的话，那么要弄得非常清楚才行。"

恰当地说，原本就该是贵族知识分子的波特尔揭示出区域轰炸的核心思想，因为这归根结底基于阶级偏见——这种观点认为无产阶级潜在的不满是一个工业国家的"阿喀琉斯之踵"。1925年，李德·哈特写道，他设想轰炸会"使贫民区趋向疯狂挣扎和劫掠",如此便夸大了特伦查德于1918年提出的那套理论的第一种情况。统治阶级深怕暴动,暴动也许会导致革命,即布尔什维克在遭受战争破坏的俄国取得的胜利在1917年后重燃欧陆,这种担忧是波特尔、哈特和特伦查德先入之见的决定因素。事实将会证明,区域轰炸的效果将极大地增强无产阶级对苦难的忍耐力——特别是"炸毁住房",1942年3月彻韦尔在一篇重要的论文中曾经大力提倡这种轰炸;可是1942年初,无产阶级的阶级敌人——正如马克思已经指明的——有着相反的预期。"轰炸机大亨"向德国的工人阶级开战,他们确信由此将引发德国工人阶级及其统治者之间的决裂,这将与第一次世界大战的煎熬带给沙皇俄国的那种决裂相同。

空军参谋部在选择执行新政策的人员时也带有强烈的阶级特性。绰号"轰炸机"的阿瑟·哈里斯是粗鲁却一心一意的指挥官。他对区域轰炸政策的正确性既没在思想上有所质疑,也没感到良心不安,他用尽方法——增加轰炸机的数量,改进技术轰炸辅助装置,精心谋划欺骗手段——将其效果最大化。"很多人都说光凭轰炸不能赢得战争,"1942年2月22日,他担任轰炸机司令部司令后不久在海威科姆(High Wycombe)的轰炸机司令部对采访者说,"我的回答是,这还没有尝试过。我们走着瞧。"

幸运的是,哈里斯挂帅时,第一种有助于更精准轰炸的导航设备即将投入使用,即无线电定位系统"奇异"(Gee)。"奇异"系统类似1940年至1941年德国空军借以导向英国目标的"无线电波"系统。它传送两组无线电信号,使接收信号的飞机可以在网格图上绘出其精确位置,依此在预定点上发射炸弹。继"奇异"系统之后,精确轰炸装置"双簧管"(Oboe)系统于12月诞生,随后被安装在"探险者"(Pathfinder)部队的蚊式轰炸机(Mosquitos)上,H2S雷达于1943年1月诞生,这种雷达向导航员提供飞机下方带有显著陆标的地形图。

这三种导航装置极大地提高了轰炸机司令部寻找目标的能力,尽管是1942年8月特种部队"探险者"中队的组建使之取得关键性的进展。"探险者"部队备有多种飞机,包括速度快、可以高空飞行的新型蚊式轻型轰炸机。这支部队先于轰炸机群用燃烧弹和照明弹"标明"和"证实"目标,向目标开火,然后主力部队再向目标投弹。哈里斯强烈反对组建"探险者"部队。他认为,"探险者"部队自然剥夺了普通的轰炸机中队的领导位置(英国将领用同样的观点反对组建突击队),而且还缩减了区域轰炸部队的规模。然而,当"探险者"部队表明它们能比轰炸机司令部的普通成员更有效地找到目标时,哈里斯很快不得不放弃反对意见。

"重型"轰炸机的诞生

在哈里斯担任司令的时候，一种大大改进的新型进攻工具出现了，这也有助于哈里斯对区域轰炸的投入。战争伊始英国使用的轰炸机，即汉普顿（Hampden）、惠特利（Whitley）和优雅的威灵顿（Wellington）轰炸机，都不足以胜任。继它们之后，重型的斯特林（Stirling）和曼彻斯特（Manchester）也有缺陷，因为它们分别缺乏高度和动力。哈利法克斯（Halifax）轰炸机，尤其是1942年开始执行任务的兰开斯特（Lancaster）轰炸机则属于新一代。1942年3月，兰开斯特轰炸机首次执行飞行任务，事实表明它能够远程运载大量炸弹，这种轰炸机最终装载了10吨"大满贯"炸弹，而且相当坚固，足以经受德国夜间战斗机的猛烈攻击而不被击落。

尽管如此，开始时，哈里斯只关心数量，不关心质量。他的目的是，在一个德国城市上空，集结尽可能多的轰炸机，目标是摧毁其防御工事和消防部队。3月对巴黎雷诺工厂的成功空袭促使他于1942年3月28日到29日夜晚空袭了波罗的海沿岸历史悠久的汉萨同盟小镇吕贝克。他冷酷地坦承他的意图："就我看来，摧毁一个不太重要的工业小镇要比未能摧毁一个工业大城好……我要我的手下'沾到血腥'……换个环境品味成功。"吕贝克是中世纪木制建筑的精品，全部焚毁，95%的空袭部队完好无损地返回基地。"比率"使哈里斯相信他发现了胜利的秘诀。

4月的四个夜晚，轰炸机司令部在波罗的海沿岸另一个中世纪小镇罗斯托克（Rostock）再度取得这种纵火式的成功。哈里斯写道："这两次空袭破坏德国本土的总面积达到780英亩，为[对英国的]轰炸抱了一箭之仇。"德国空军出于报复实施了所谓的"贝德克尔旅行指南"（Baedeker）行动，袭击了巴斯（Bath）、诺威奇（Norwich）、埃克塞特（Exeter）、约克（York）和坎特伯雷（Canterbury）几个历史名城。然而，德国空军无法匹敌哈里斯接下来的升级战，表现形式为5月1000架轰炸机空袭科隆（Cologne），即第一次"千机轰炸"。通过抽调训练部队和维修厂里的飞机，轰炸机司令部在德国境内第三大城市的上空，集结出到目前为止德国上空见过的数量最多的飞机，它们将市中心的所有建筑炸毁，除了著名的大教堂。

轰炸机司令部新战术的成功，不仅依赖于飞机数量的增加和寻找目标能力的提高，而且还依赖于直接采取纵火的方式。其后，轰炸机既装载小型燃烧弹，也装载大型高性能炸弹，比例是二比一。在科隆，600英亩土地被烧毁。6月，对埃森（Essen）和不来梅的"千机轰炸"也取得类似的效果；埃森位于德国工业中心鲁尔区，3月至4月间已被袭击了八次。1943年春夏两季，轰炸机司令部致力于"鲁尔战役"，纵火效果提高数倍。

到那时，向德国展开的战略轰炸攻势已经成为两支空军的战役。1942年春，美国陆军第8航空队抵达英国，8月第一次执行空袭任务，攻击了鲁昂（Rouen）的调车场。依照战争前陆军航空队的军官们秉持多年的哲学，空袭是在白天展开的。由于迫切需要摧毁在美国水域内活动的敌方海军，他们逐渐研制出能在白天用大量炸弹精确轰炸小目标的飞机和轰炸瞄准器。诺登投弹瞄准器（Norden bombsight）是迄今安装在战略轰炸机上最为精确的光学仪器。装有这种仪器的轰炸机，即B-17轰炸机，以远程和重型防御装备而著称，重型防御装备对美国人的信条而言至关重要，美国人认为由于缺乏令人满意的远程战斗机，轰炸机要能杀出一条通往目标并返回的道路，而不遭受严重的损失。然而，航程和装备方面的要求严重影响了B-17的载弹量。在正常情况下，一架B-17轰炸机的载弹量很少超过4000磅，在许多次行动中，低至2600磅。艾拉·埃克少将的第8航空队由执行海上防御任务改为执行大陆进攻任务，因此注定要在白天执行深入敌后的任务，以补充轰炸机司令部对德国本土及其占领区的夜袭。到1943年1月，埃克拥有500架可调用的B-17轰炸机。

轰炸机联合攻势

1943年1月，在卡萨布兰卡会议上，《卡萨布兰卡指令》（Casablanca Directive）正式提出将美国走向成熟的对德轰炸与英国持续的对德轰炸整合起来，这为向关键目标展开"轰炸机联合攻势"（在5月确定代号为"抵近射击"[Pointblank]）奠定了基础。按照优先级顺序，这些目标依次为德国潜艇建造厂、飞机制造厂、交通线、炼油厂，以及敌方军事工业的其他目标。然而，目标的明确化掩饰了英国人和美国人对作战方式的尖锐分歧。埃克拒绝接受英国人将他的B-17轰炸机用于区域轰炸的观点。他依然认为，B-17轰炸机最好用于精确轰炸哈里斯轻蔑地不予考虑的"万灵药"目标。就哈里斯而言，他也拒绝改变他选定的方式。结果，两支空军事实上将《卡萨布兰卡指令》确定的"花名册"一分为二，英国皇家空军继续在夜间轰炸"其他目标"，也就是德国主要城市的建筑密集区，而美国陆军航空部队（USAAF）致力于在日间袭击德国经济的"瓶颈"。

向美国陆军航空部队提建议的经济分析家们选择的第一个"瓶颈"是位于德

国中部施韦因富特（Schweinfurt）的滚珠轴承厂，1943年8月17日第8航空队轰炸了此地。分析家们建议，该厂提供飞机、坦克和U潜艇传动装置的重要部件，摧毁该厂将使德国武器装备的生产陷入瘫痪。这个说法只是部分正确，因为德国在雷根斯堡的另一个厂和中立的瑞典还有其他的供应来源，瑞典不仅位于同盟国目标区域之外，而且由于依赖煤炭进口与德国联系紧密。这种做法完全是灾难性的。空中堡垒机群不得不在日间没有战斗机护航的情况下依靠自卫穿越法国北部和半个德国，遭到战斗机攻击而损毁。229架B-17轰炸机参与此次行动，其中36架被击落，"损耗率"达到16%，这是轰炸机司令部规定单次任务"可接受"损耗率的三倍多。此外，补充空袭雷根斯堡时又损失了24架B-17轰炸机，100架返回的轰炸机也遭受严重损失，因此显然8月17日是灾难性的一天。战前的轰炸机自我防御理论被证明是一种错误。第8航空队推迟深入德国敌后的任务，推迟了五周，直到远程战斗机发展到可以护送日间轰炸机前往它们的目标时，第8航空队才彻底重返战场。

空袭汉堡

美军延缓轰炸战的同时，英军对德国西部城市造成甚至更大面积的破坏。"鲁尔战役"从3月持续到7月，近800架飞机参战，出击1.8万架次（单个任务），向德国工业心脏地带投弹5.8万吨。5月和8月，哈里斯也被迫执行两次"万灵药"任务，均获全胜。在执行第一次任务时，一支受过特殊训练的飞行中队，即617中队，摧毁了莫奈河（Möhne）和伊德河（Eder）大坝，此地供应鲁尔区使用的大部分水电；8月，一次重要的空袭损毁了波罗的海沿岸佩纳明德（Peenemünde）的实验室和机器制造厂，情报部门获悉，德国正在此处修建秘密飞弹库。

比较而言，更对哈里斯胃口的是7月对汉堡进行的四夜空袭，这引起一场"火焰风暴"，将德国北部大港纵横6.2万英亩的中心地区化为灰烬。"火焰风暴"并非轰炸力量能够随意达到的效果；它特别需要天气实况和摧毁民防的配合。不管怎样，当"火焰风暴"出现时，结果是悲惨的。中央部分大火以飓风风速吸食周围的氧气，令地窖和掩体里的躲避者窒息而死，还将碎片吸入旋涡，温度升高至各种易燃品都会燃烧的程度，使它们仿佛自燃一样着火。1943年7月24日至30日间，这种情况在汉堡出现。天气长期炎热、干燥，起初的空袭炸坏了847处给水总管，不久火势的核心温度达到华氏1500度。当这场大火最终熄灭时，汉堡只有20%的建筑保持完好；4000万吨碎石阻塞在市中心，3万名居民死亡。在该城的一些地区，死亡人数占居民总数的逾30%；20%的死者是儿童，女性死者比男性高出40%。

计算战争期间汉堡因空袭所导致的死亡人数时，人们发现这只比1939年至1945年期间从该城招募的士兵在战斗中的死亡率低13%；多数人死于1943年7月的大空袭。汉堡并非英国皇家空军唯一引起"火焰风暴"的城市。10月在卡塞尔（Kassel）也达到同样的效果，只是伤亡人数略少，大火烧了七天。后来，维尔茨堡（Würzburg，4000人死亡）、达姆施塔特（Darmstadt，6000人死亡）、海尔布隆（Heilbronn，7000人死亡）、伍珀塔尔（Wuppertal，7000人死亡）、威悉（Weser，9000人死亡）和马格德堡（Magdeburg，1.2万人死亡）也同样被燃尽。

无论如何，汉堡空袭鼓励哈里斯将目光投向德国西部工业城市和汉萨同盟港口以外的地区。在德国空军向伦敦实施"闪电战"期间，轰炸机司令部承担报复任务，柏林成为其确定的第一批目标之一。1943年11月，哈里斯决定，在即将到来的夜晚比较长的季节中，柏林是其部下的主要目标，因为夜晚会提供他们与德国战斗机作战的最佳保护。上一次空袭柏林发生在1942年1月，此后由于柏林与轰炸机司令部的基地相距甚远，而且柏林防御稳固，这两种因素结合起来使空袭柏林的"损耗率"格外高，因此柏林便暂时离开了"目标"清单。8月和9月进行的试探性空袭表明，由于哈里斯极大地提高了轰炸能力，德国首都已经成为比以往更为脆弱的目标，于是1943年11月18日到19日的夜晚，轰炸机司令部发动"柏林战役"。

自那天夜晚至1944年3月2日，轰炸机司令部向该城发动了16次大的空袭。1940年8月以来英国皇家空军发起的所有空袭中，受损的建筑区不超过200英亩，柏林继续作为德意志帝国和希特勒欧洲的首府正常运行。柏林还是一个重要的工业、行政和文化中心：大的旅馆、餐馆和戏院蓬勃发展；豪华住宅区的生活如常，例如达勒姆（Dahlem），那是与希特勒作对的资产阶级上层的家园。"蜜丝"瓦西契可夫（"Missie" Vassiltchikov）在柏林是一位亲英的白俄避难者，也是"七月密谋"（July Plot）的主要参与者亚当·冯·特罗特（Adam von Trott）的心腹，她觉得直到1943年底，战前生活根本没被"敌人的行动"（在英国，这种表达被用于指称空袭死亡的原因）打乱。她继续参加宴会，跳舞，以诸如参加战争岁月在霍亨索伦—西格马林根（Hohenzollern-Sigmaringen）举行的最后一场盛大的德国贵族婚礼这样的借口，不去戈培尔的宣传部（Propaganda Ministry）工作，直到柏林之战肇始的那一刻。

其后，战争的乌云迅速逼近。时任柏林市长的戈培尔说服了450万居民中的100万人在轰炸机司令部实施主要攻击前离去。那些留下的人开始经历第二次世界大战中所有城市的居民所遭受的空袭中最持久的一场。柏林没有遭受火焰风暴；柏林主要建于19世纪和20世纪，街道宽敞，有很多露天场所，因此不会发生大火灾。然而，高性能炸药和燃烧弹的无情喷淋破坏甚大，仅仅1月就发生了六次空袭。虽然只有6000个柏林人在这场空袭中丧生，这是因为11个巨大的混凝土"高射炮塔"掩体建造坚固，但是到1944年3月底，150万人流离失所，该城2000英亩地方成为废墟。

柏林之战的结束，不只是因为哈里斯的飞机要用于筹备D日行动。就柏林建筑物和防御工事遭受的破坏和轰炸机飞行员的折损"比率"而言，就连哈里斯也得承认，柏林遭受的损失更少。尽管到1944年3月，他平均每天使用1000架轰炸机，空袭部队的损失增至"可接受的"最大值5%，有时达到10%（具有讽刺意味的是，所有空袭中损失最惨重的不是柏林空袭，而是1944年3月30日的纽伦堡空袭，损耗率超过11%）。由于轰炸机飞行员在有资格休假前必须飞满30次任务，因此在统计学上每个飞行员都面临完成服役期前被击落的可能性。在实践中，完成5次以上飞行任务的飞行员比新手的存活率更高，新手大比例地出现在"可接受的"5%的损耗中。然而，当损耗率朝着10%攀升，甚至经验丰富的飞行员也阵亡了。幸存者感到在劫难逃，士气相应低落，表现为"匆忙"轰炸，提早返回基地。

损耗率的升高表明德国防御措施暂时取得成功。轰炸机越深入德国后方，它们暴露给德国高射炮和战斗机攻击的机会就越多。夜间轰炸初期，德国空军发现拦截英国皇家空军的难度，和1940年至1941年英国皇家空军应对德国夜间"闪电战"的难度相当。1942年，由于战斗机控制性能的改进，同样由于武器装备的升级，德国空军取得更多成功。高射炮尽管吓坏了轰炸机飞行员，但它却是一种次要的破坏工具。防空炮火无法触及在3万英尺高的地方飞行的"探险者"部队的蚊式轰炸机；而一旦战斗机被导向目标，它们的攻击范围是400英尺。1940年10月以后，在荷兰，即轰炸机司令部的飞机前往德意志帝国的必经之地，德国人开始在所谓的卡姆胡贝尔防线（Kammhuber Line）上部署一支装有雷达的夜间战斗机部队，这些夜间战斗机通过"维尔茨堡"地面雷达站被导向入侵者。为

在柏林上空,第 94 轰炸大队的一架 B-17 轰炸机被击损,它的横尾翼被位于上方的友机投落的炸弹砸中。1943 年 8 月 17 日,第 94 轰炸大队猛烈地轰击了命运多舛的雷根斯堡。

了还击，英国皇家空军给飞机装上雷达探测装置，增加了轰炸机群的密度，以便向战斗机呈现为一个更小的目标，最后（1943年7月）是投落金属箔条"窗口"（Window）——第一次用于汉堡空袭——对德国雷达进行干扰。最终，所有这些权宜手段均被克服：德军熟练把轰炸机司令部的电子散发物作为目标信号，巧妙地改进雷达装置，克服了"窗口"，也熟练地提高自己的战斗机编队的密度，以适应轰炸机群的密度。1943年底，把日间战斗机用作夜间战斗机的强大的"野猪"（Wild Boar）机群，补充了装有雷达的夜间战斗机组成的"家猪"（Tame Boar）机群；由于缺乏雷达，它们通过无线电和灯标导航接近轰炸机，而后在高射炮和探照灯提供的光亮中进攻。

物资战

如果轰炸机司令部是德国唯一一个空中敌人，那么1944年春轰炸机司令部已经接近于认输了。然而，美国第8航空队仍致力于日间精确轰炸战，此时它已在英国集结了一支1000架B-17轰炸机和B-24解放者轰炸机（Liberator）组成的机队，准备向德国显示什么是"美国人所指的真正的物资战"。迄今为止，除了突袭施韦因富特和雷根斯堡损失惨重外，第8航空队还没冒险深入德国发动大规模的空袭。从1944年2月（2月20日至26日的"大星期"）开始，在新任指挥官斯帕茨（Spaatz）和詹姆斯·杜利特的领导下——杜利特是1942年4月空袭东京的英雄——第8航空队转向德国空军必定防御的目标：先是飞机制造厂，后是12个合成油生产厂。1943年，希特勒才华横溢的军备部部长施佩尔通过分解生产过程，将各个生产部门分散到新的小地方，尤其是德国南部，大大减少了敌方空军的目标。然而，飞机制造厂，尤其是油厂无法分散，于是它们便成为"强大的第8航空队"的主要目标。

此外，第8航空队拥有抵达这些目标的手段。日间轰炸要有战斗机护航；由于喷火式战斗机的航程不足以抵达德国，因此1941年轰炸机司令部放弃了日间轰炸。1943年，美国战斗机的航程也在很大程度上限制了第8航空队对法国和低地国家的攻击。8月后，在美国战争部副部长罗伯特·洛维特（Robert A. Lovett）的推动下，P-47雷电式战斗机和P-38闪电式战斗机配备副油箱，即能够在紧急情况下丢弃的外部辅助油箱；这些副油箱延长了战斗机的航程，使它们可以飞越鲁尔区。1944年3月，一种配备副油箱的新型战斗机成群出现，即P-51野马式战斗机（Mustang），它可以飞到甚至飞过距英国基地600英里的柏林。P-51野

德国上空，美国第 8 航空队的一架 B-17 轰炸机。注意护航的 P-47 雷电战斗机的雾化尾迹。

马式战斗机是一种新现象：拥有短程拦截机性能的重型远程战斗机。它曾被延缓生产，因为它是由英美共同生产的，缺乏强有力的支持者。英国人将著名的"灰背隼"引擎（Merlin engine）插入动力不足的美国机身；斯帕茨和杜利特一认识到其性能的改进，他们就要求批量生产，总共将建造 1.4 万架。3 月，该机型成群出现在德国的天空中，开始削弱德国空军的兵力。

"霸王"行动的筹备结束后，尽管还要临时分散一些兵力到法国北部攻击德国的秘密武器库，"抵近射击"行动以双倍兵力继续展开。第 8 航空队继续攻击德国的合成油厂，甚至在诺曼底战役期间。到了 9 月，其战绩甚至超过预期。自 3 月至 9 月间，德国的石油产量从 31.6 万吨下降到 1.7 万吨；航空燃料的产量下降到 5000 吨。此后，德国空军以储备为生，到 1945 年初几乎耗尽储备。与此同时，两支轰炸机部队协同作战，不分昼夜地轰炸德国城市，火力尤其集中于运输中心。到 10 月底，每周可调用的铁路车皮数从标准的 90 万个下降为 70 万个，到 12 月时，这个数字仅为 21.4 万个。

美国陆军航空部队和英国皇家空军日夜进行空袭，两支空军在 1944 年至 1945 年秋季、冬季和春季三季分别动用了逾 1000 架飞机，战略轰炸使德国经济陷入瘫痪。由于东西边境均有敌军存在，占领区组成的缓冲区不再能够保护德意志帝国。德国空军败给并落后于日间轰炸机护航队，最终少数几架幸存的德国战斗机也无法起飞。尽管防空体系从其他军种调用 200 万人——也许是轰炸战的主要理由——由于夜间轰炸机群太过密集，而且移动迅速，交战只用若干分钟，高射炮便逐渐失效。1945年，盟军轰炸机的数量超过德军，损耗率反而低至平均每次任务的1%。

毋庸置疑，野马式战斗机成为第8航空队的空中堡垒和解放者轰炸机的护航机，以及稍后作为攻击性战斗机巡逻队的一部分去搜寻敌人，这直接导致了攻守双方优势的突然反转。1943年底，德国空军的日间战斗机打败了美国人的轰炸战，1944年初，其夜间战斗机又打败了英国的轰炸战。野马式战斗机使第8航空队恢复了深入德国领土的能力。结果，这使德国空军缺乏燃料供应，由此彻底削弱了德国空军维持它于1943年至1944年给轰炸机司令部造成的高损耗率的能力。这为英军在1944年年底的全天候作战中达到美军的破坏能力开辟了道路，进而确保了1945年年初德国工业产量将陷入停顿——无论是由于物质损毁，还是由于物资供应的钳制。

因为轰炸机所取得的胜利高峰和德国国防军在战场上的失败、盟军占领越来越多的德意志帝国领土同时发生，所以战略轰炸倡导者声称拥有胜利秘诀的说法从未而且永远无法得到证实。美国陆军航空部队轰炸日本的战绩，更好地证实了这种说法，这场轰炸战由柯蒂斯·李梅（Curtis LeMay）将军指挥的第21轰炸机司令部（XXI Bomber Command）发起：1945年5月至8月间，美军向日本最大的58个城市投落15.8万吨炸弹，其中三分之二是燃烧弹，这些城市主要都是木制建筑，摧毁了地表面积的60%，使其民众变得一无所有，陷入绝望。甚至在向广岛和长崎投下原子弹、苏联红军在中国东北发动闪电战之前——这是日本决定投降的两点原因——美国轰炸机无疑已然让日本国民的抵抗意志达到极限。

相反，轰炸机攻势从未摧毁德国民众的斗志。猛烈的空袭使个别城市的民众极为不幸。1945年2月14日夜晚，德累斯顿（Dresden）遭到毁灭性打击，直到战争结束后才再次开始运转；然而在柏林，公共交通和服务业自始至终得以维系，并在1945年4月柏林地面战期间仍然发挥作用。在汉堡，5万人死于轰炸，轰炸主要集中于1943年7月，死亡人数几乎等同于战争期间英国的死亡人数（6万人），而在五个月的时间内，工业产值恢复到正常状态的80%。自1943年至1945年间，在盟军的空袭下，德国城市男女的适应力——也许特别是妇女，因为相当多的妇女为战争所迫担当家长——最能体现德国人遵纪和刚毅的名声。

战略轰炸给德国民众造成的损失可悲地高：鲁尔区的乡镇有8.7万人死亡，汉堡至少有5万人死亡，柏林有5万人死亡，科隆有2万人死亡，相对小的城市马格德堡（Magdeburg）有1.5万人死亡，袖珍的巴洛克古镇维尔茨堡有4000人死亡。总共算起来，约60万名德国民众死于轰炸攻势，80万人受重伤。在死亡人员中，儿童约占20%，在汉堡，女性死亡人数超过男性死亡人数多达40%，在达姆施塔特多达80%，这两个城市都发生了火焰风暴。此后，除了丧亲之痛和流离失所外，还有物资匮乏：钢铁产量减少多达30%，电机工程减少25%，电力减少15%，化学药品减少15%，石油实际上减少100%，再加上1945年5月交通运输系统近乎完全陷入停顿，幸存者无法开始进行重建工作；交通运输系统的崩溃也激化了燃料短缺的情况，使消耗量减至勉强维持的最低值。

比较而言，因为到投降的时候整个德国都被占领，所以德国民众没有挨过饿，如1918年11月后协约国维持战时对德封锁期间发生的那样。军队，甚至苏联红军收集食物，负责分发。1943年至1945年致力于破坏德国经济的盟国空军几乎在战争一结束就忙于向那些刚刚在炸弹舱里装着高性能炸药和燃烧弹飞过的城市运送必要的补给品。

在战役过程中，盟军轰炸部队付出惨重的代价：1944年一年，第8航空队损失了2400架轰炸机；贯穿二战始终，轰炸机司令部阵亡了5.5万名将士，比第一次世界大战中阵亡的英国陆军军官数量还多。然而，阵亡的飞行员无法获得给予"失去的一代"的那种纪念。尽管他们与希特勒的殊死搏斗让多数英国人感到闷闷不乐的满意，但他们的战斗却从未赢得整个国家的支持，其道德受到了公开质疑。在英国下议院，工党议员理查德·斯托克斯（Richard Stokes）提出质疑，在上议院，奇切斯特主教贝尔（Bishop Bell of Chichester）的质疑更为执著。英国最重要的保守党家族族长索尔兹伯里侯爵（Marquess of Salisbury）也在私人信件中对此持怀疑态度。他们都认为，引用索尔兹伯里阁下的话说，"当然德国人是始作俑者，但是我们不以魔鬼为榜样"。这与民族良心挥之不去的自责相吻合，因此战争结束后，"轰炸机"哈里斯没能得到授予其他所有主要的英国指挥官的贵族头衔，他的部下也没能得到与众不同的勋章。无路可退的英国人不愿承认他们的人格曾经降低到敌人的水平。胜利时，他们记得他们相信公平竞赛。战略轰炸也许甚至是不明智的策略，当然不能算公平竞赛。关于战略轰炸的过程及结果，连最始终如一地执行它的人都避而不谈。

二十三　阿登山区和莱茵河

德军总是善于应对危机，他们毫不迟疑地远离诺曼底灾难。希特勒不得不接受法莱斯战役的结果，尽管此前他不许在索姆河和马恩河防线上修建任何防御工事，但是B集团军群暂时将这一防线作为大西洋和西墙之间的中间阵地。结果，自8月19日至29日渡过塞纳河后，西线德军没能也没有试图停止撤退，直到9月第一周抵达欧洲北部重要水路——斯海尔德河（Schelde）、默兹河和莱茵河的支流——上的防御据点。9月3日，英国人夺取布鲁塞尔，民众热烈欢庆，转天夺取欧洲最大的港口安特卫普。到了9月14日，盟军占领了整个比利时和卢森堡，还有荷兰的一部分，9月11日美国第1集团军的侦察部队实际上在亚琛（Aachen）附近跨过德国边界。8月15日，法美盟军的先遣部队在普罗旺斯登陆，9月11日，它们在第戎附近与巴顿的第3集团军会合。此后，这些部队作为第6集团军群突破了阿尔萨斯防线。到9月第二个周的周末，欧洲北部形成一条连绵不断的战线，从比利时境内的斯海尔德河河岸延伸至瑞士边城巴塞尔（Basel）的莱茵河源头。

无论如何，艾森豪威尔最得力的下级巴顿和蒙哥马利抵达德国边境附近时，他们都认为更明晰的战略和更恰当地分配物资将导致西墙的崩溃。这场争论随后以"广泛战线对决单刀直入"（Broad versus Narrow Front Strategy）闻名，其根源可以远远追溯到"霸王"行动，当时针对法国铁路系统发起的空袭达到高潮。那时，盟军彻底摧毁了法国的铁路桥梁、铁路线和车辆，当各路军队最终于8月突破滩头堡，其前进只能依靠卡车和公路进行补给。盟军希望，随着军队的前进，通过逐步占领英吉利海峡沿岸的各个海港（这里是兵家必争之地，还因为希特勒的飞弹发射基地在同一地区），卡车路线可以变短；可是，希特勒坚决要求B集团军群离开要塞，去驻守勒阿弗尔、布伦、加莱、敦刻尔克和斯海尔德河河口，因此使这种希望落空。尽管盟军于9月12日夺取勒阿弗尔，于9月22日夺取布伦，于9月30日占领加莱，敦刻尔克则固守到战争结束，但是对盟军而言更危急的是，11月初斯海尔德河河口的防御工事仍由德军控制。

回顾往昔，可以看出，没能占领海尔德河河口，进而没能为盟军横渡英吉利海峡的补给舰队直抵安特卫普开辟道路，是诺曼底战役后最不幸的失误，安特卫普紧靠加拿大第 1 集团军、英国第 2 集团军和美国第 1 集团军的后方。而且，这个失误几乎是不可原谅的，因为从 9 月 5 日开始，"厄尔特拉"向蒙哥马利的指挥部提供情报说，希特勒决定（9 月 3 日）阻止盟军使用英吉利海峡的港口和水路；早在 9 月 12 日，第 21 集团军群蒙哥马利的情报部门报告说，德国人打算"尽可能长时间守住通向安特卫普的路，没有了安特卫普，港口基地尽管损失不大，却无法再为我们服务"。

蒙哥马利——尽管屡屡接到警报，而且有悖于他自己敏锐的军事判断力——拒绝撤回他的部队，去清剿斯海尔德河河口。相反，他决定让盟国第 1 空降集团军（英国第 1 空降师、美国第 82 空降师和第 101 空降师）渡过默兹河和莱茵河下游，在北德平原建立一个据点，夺取德国战时经济的心脏地带鲁尔区。9 月 10 日——他对西北欧地面部队的指挥权正式移交给艾森豪威尔，由于战功卓著，蒙哥马利晋升为陆军元帅——他确保盟军最高统帅同意该计划，9 月 17 日，代号为"市场花园"的行动开始了。

"市场"行动获得完胜，美国空降师夺取了埃因霍芬（Eindhoven）和奈梅亨（Nijmegen）的桥梁。"花园"行动没能成功，英国第 1 空降师降落在更远的阿纳姆（Arnhem）的莱茵河桥上。因为德国第 7 伞降师在克里特岛的经历，即它在被直接投向目标时惨遭屠杀，所以盟国空降部队认为，空降地点应与选定目标有一段距离，伞兵应该先集合并拿上装备，再向选定目标集中。第 1 空降师安全着陆；可是，当它朝阿纳姆的桥梁前进时，发现附近由第 9 党卫军装甲师和第 10 党卫军装甲师的残余部队驻守，这些装甲师在诺曼底历尽磨难后，正在该地区重整旗鼓。这两个师只征召到一个连的坦克、一些装甲车和半履带车；然而，即使是装甲师的残余部队，拥有的火力也比第 1 空降师强大，第 1 空降师由 75 毫米便携榴弹炮提供火炮支援，该师的一个炮兵军官将这些榴弹炮描述为"没什么杀伤力"。英国伞兵在接近阿纳姆两座桥中的一座时，亲眼目睹这座桥崩毁于莱茵河中，此后他们成功夺取并占据另一座桥。他们坚守这座桥直到 9 月 20 日，每时每刻都在盼望英国坦克前来救援，但是前来会合的近卫装甲师正陷在一条两边都被水淹没了的路上，无法以预计速度前进。此时，德国援军在阿纳姆周边聚集，将盟军压缩得更紧，9 月 24 日，英军收到撤退的命令。有些人乘坐临时准备的渡船过河，许多人游过莱茵河，回到南岸。只有 2000 多人逃脱；1000 人在战斗过程中阵亡，6000 人沦为战俘。第 1 空降师名存实亡。

阿纳姆一战是德军自诺曼底逃亡以来取得的第一次明显的胜利。然而，德军此时还在打着不太受关注却比较成功的亚琛防御战，与此同时，也忙着增援斯海尔德河河口的据点，显然蒙哥马利的第 21 集团军群对此并未察觉也一定没去阻止。第 21 集团军群杂乱地向布鲁塞尔挺进，其间绕过了留在法国北部地区和比利时南岸的德国第 15 集团军的非机械化部队。新任指挥官古斯塔夫·冯·赞根 (Gustav von Zangen) 将军利用调离阿纳姆之机，撤出这些残余部队，即九个师，总计 6.5 万人，他们渡过斯海尔德河河口，前往瓦尔赫伦岛 (Walcheren) 和南贝弗兰 (South Beveland) 的沿海地区，在布雷斯肯斯 (Breskens) 的南岸留下一个桥头堡。直到 10 月 6 日前，重组后的第 15 集团军一直没有受到蒙哥马利的攻击，最后蒙哥马利意识到只要无法使用安特卫普（其出海口仍由德军控制），解放者的后勤据点就不稳固，于是他命令加拿大军夺取和清剿斯海尔德河浸水的堤岸，这将成为 1944 年冬季盟军展开的最艰难、最不愉快的行动。11 月 8 日战斗结束时，河边的两个布雷区仍需清理，直到 11 月 29 日，也就是占领安特卫普 85 天后，安特卫普才最终开放船运。

与此同时，临时拼凑的后勤保障，包括自诺曼底海滩至各个战区纵横 400 英里的高速卡车通道，每天运载 2 万吨补给品，使盟军可以在各处战场重新发起攻势。在紧靠蒙哥马利部队的美军阵地，布拉德利的第 12 集团军群遭遇西墙，自 1939 年以来西墙本已破损失修，但后来迅速得到修复。艾森豪威尔希望从亚琛两侧协同挺进，在冬季战斗结束前突破至科隆。然而，11 月 16 日，当第 1 集团军和第 9 集团军发起进攻时，事实证明西墙仍是坚不可摧的障碍，尽管盟军突破了西墙本身，但是西墙后的地形地貌，尤其是赫特根 (Hürtgen) 森林里浓密的灌木丛是盟军无法突破的。在战线的南端，巴顿仍为此前 8 月艾森豪威尔拒绝支持他从塞纳河"单刀直入"而烦恼，这时，他在洛林与巴尔克的 G 集团军群机动作战，G 集团军群由逃离法国南部的师和匆忙从德国本土军 (German Home Army) 募集来的援军组成。德国人受益于摩泽尔河 (Moselle)、默尔特河 (Meurthe) 和塞勒河 (Seille) 一系列河防和 1870 年至 1914 年修建的旧的法国防区所提供的防御优势，他们逐步撤退，在 11 月 18 日至 12 月 13 日的鏖战中，阻止了巴顿的第 3 集团军占据梅斯。直到 12 月 15 日，盟军才完全接触到沿着萨尔河 (Saar) 防线的西墙下段。随着冬季里第一场大雪的到来，巴顿的先遣部队渡过萨尔河，成功夺取若干小的桥头堡。德弗斯 (Devers) 的第 6 集团军群由美国第 7 集团军和法国第 1 集团军组成，尽管它们不得不艰辛地穿越山峦起伏的孚日山脉 (Vosges) 作战，但是更成功地将德军从阿尔萨斯赶到南方。11 月 23 日，美国部队开进斯特拉斯堡，可是科尔玛 (Colmar) 附近的抵抗保护了其后的莱茵河上游和西墙，12 月中旬，德军仍在拼死抵抗法军，阻止法军占领该地。

德国赢得喘息之机

1944年的秋季和初冬，盟军之所以减慢向德国外围防御前进的速度，主要是因为作战所需的后勤保障存在越来越多的困难，盟军每个师的需求量远比德军每个师的需求量大，每天需要700吨补给，而德国每个师每天只需要200吨补给。此外，德国军队的战斗力也有所增强。9月初，希特勒责令戈培尔在本土军（"七月密谋"后，其指挥官弗罗姆[Fromm]被免职处决，现由希姆莱指挥）内筹集25个新的国民掷弹兵（Volksgrenadier）师，用以补充西线的防御兵力。通过在德国境内各指挥部、基地和静态部队"仔细"搜罗人力，也为自诺曼底撤回西墙的残损各师补充了兵员。自9月1日至10月15日间，以这种方式额外找到15万人——尽管西线的损失恰与这个数字相同——西线总司令（9月2日伦德施泰特再次被任命为西线总司令）的储备兵力还有9万人。此外，尽管诺曼底战役后英美"抵近射击"轰炸攻势全面继续，不过9月德国工业中军用物资的产量比战争中的任何月份都高，这是由于施佩尔远离传统中心分散生产和装配的策略取得了成功。结果，1944年坦克和突击炮的产量接近于苏联同时期的产量。生产的1.1万辆中型坦克和突击炮、1.6万辆反坦克装甲车和5200辆重型坦克足以维系现有的装甲师作战（尽管它们在诺曼底和白俄罗斯损失惨重），而且还为13个新的装甲旅提供了物资装备，其中9个装甲旅随后将重组为力量薄弱的装甲师。

在希特勒的总部，德军需要用强烈的自欺来展示这种重建和改组真的弥补了1944年那个悲惨的夏季所遭受的损失。然而，希特勒是一位自欺的高人，也是一位抓住最后一根稻草的艺术的大师。尽管他坚决不许手下任何一位指挥官投降，无论出于什么样的原因，但是他本人往往甘于接受阵地难以避免的折损。他认为这使敌人战线过长，使他有机会反击，反击将弥补所有已造成的损失，并且重新夺回失陷的领土。这种自我防御机制使他能够证明1942年11月他不许保卢斯从斯大林格勒突围是正确的，1943年3月时机成熟时却不让阿尼姆将集团军群撤出突尼斯是正确的，刚刚过去的8月迫使第5装甲集团军在莫尔坦反攻中全军覆没也是正确的。诺曼底战役后，其实在该战役完全结束前，同样的欺骗模式开始投射在希特勒的战略考量中。8月19日，当第7装甲集团军和第5装甲集团军仍在挣扎着试图逃出法莱斯包围圈的瓶颈地带时，希特勒召集凯特尔、约德尔和施佩尔，命令他们开始筹备重建西线德军，因为他计划于11月在西线发起重要反攻；9月1日，他预言道，"夜晚、雾和雪"将使盟国空军停飞，进而为胜利奠定基础。

9月16日，希特勒在"狼穴"向作战参谋宣布他决定要发起进攻，此前几天，他命令约德尔准备一份计划大纲。那时，他第一次透露"守望莱茵"（Wacht am Rhein）的地点和目标，"守望莱茵"是进攻行动的代号。"我已经作出一项重大决定，"希特勒宣布，"我将转入进攻……在阿登山区范围外，目标是安特卫普。"随着计划的推进，他的推理更详细地显现出来：安特卫普是进攻德国所需物资的潜在的主要供应海港，尽管9月中旬盟军仍然无法使用它。如果德国人拿下安特卫普，那么将使盟军对德国的进攻推迟数月。与此同时，他的V-2火箭将给伦敦造成日益严重的损失，使英国民众消沉，V-2火箭的主要发射基地恰恰位于安特卫普那边。此外，安特卫普距西线德军在阿登山区的据点仅60英里，在向安特卫普挺进的过程中，希特勒将切断英国第2集团军、加拿大第1集团军与位于更南方的美军之间的联系，包围并消灭它们。如此，在西线战场上，双方力量将变得旗鼓相当，如果没有实际上逆转的话，秘密武器日益增长的力量将使希特勒重获战略主动。然后，轮到东线德军在东部边界攻击苏联军队，因此德国由于在敌人之间占据中心位置而受益匪浅，能够恢复理论上的固有优势，赢得胜利。

希特勒沉迷于他为自己构建的美梦之中，他即将从阿登山区展开进攻的事实使他对美梦更为深信不疑。因为正是在阿登山区的德国一侧，即艾弗尔（Eifel），他聚集了1940年突破法国前线的军队，而且，他的装甲师正是穿越阿登山区前去奇袭。1944年，正如1940年的情形，艾弗尔和阿登山区浓密的森林和狭长的山谷为他的士兵提供保护，使得空中监视几乎难以奏效；在凸凹不平和植被密集的曲径上，新的装甲师能够聚集起来，向进攻位置前进，而最不必担心这些装甲师的存在和意图会被过早发现。1944年秋，盟军最高统帅部认为阿登山区是次要战线，粗心地重犯了法国最高统帅部四年前所犯的战略错误，盟军最高统帅部将大量军队（英军和美军）集结于北部和南部，使阿登山区第二次成为薄弱的地带，1940年5月克莱斯特和古德里安曾经利用这里的弱点。

虽然如此，希特勒委托执行"守望莱茵"行动的将军们并不像希特勒那样对计划非常自信。10月底，伦德施泰特和接替克鲁格担任B集团军群指挥官的莫德尔都认为该计划站不住脚。他们共同想出了另一个计划，他们称之为"小办法"（Small Solution），以区别于希特勒的"大办法"，旨在骚扰阿登山区对面的敌军，而非试图去消灭它们。希特勒拒绝接受。11月3日，希特勒先派约德尔去见莫德尔，告诉莫德尔计划是"不能变更的"，12月2日，希特勒把莫德尔和伦德施泰特叫到柏林的帝国总理府——11月20日他永远地离开拉斯滕堡后，这里是他主要的指挥部——亲自向他们强调这一点。他向他们作出的唯一让步是，再次推迟进攻的开始日期（已从11月25日向后推迟），并给该行动授予了一个新代号，即"秋雾"（Autumn Mist），起初莫德尔用这个名字指代"小办法"。

"希特勒要我所做的，"参与行动的两个集团军之一的指挥官"赛普"迪特里希（Sepp Dietrich）抱怨道，"就是渡河，夺取布鲁塞尔，然后勇往直前，拿下安特卫普。这要在全年最糟糕的时候穿越阿登山区，不仅雪齐腰深，而且没有足够的空间让四辆坦克并行，更别提装甲师了。直到早上8点天才亮，下午4点天又黑了，重组的师主要由小孩和患病的老人组成——而且正值圣诞节期间。"这是一个对希特勒最忠诚的支持者作出的分析，这种分析特别准确。参与行动的部队是两个装甲集团军，即第5装甲集团军和第6装甲集团军，由曼陀菲尔（Manteuffel）和迪特里希指挥，曼陀菲尔是德国装甲部队指挥官里最卓越的后起之秀之一；他们部署了八个装甲师、一个装甲掷弹兵师和两个伞降师，大部分师都参加过诺曼底战役，因此其指挥官经验丰富，而且自法莱斯撤退以来，它们再次达到兵员定额。它们包括第1党卫军装甲师、第2党卫军装甲师、第9党卫军装甲师、第12党卫军装甲师、第2装甲师、第9装甲师、第116装甲师、装甲教导师、第3装甲掷弹兵师、第15装甲掷弹兵师（属于提供支援的第7集团军）、第3伞降师、第5伞降师。然而，表象和现实有着天壤之别。尽管付出种种努力为这些师搜罗人力和装备，结果例如第1党卫军装甲师和第12党卫军装甲师达到兵员定额，但是即使诸如第2装甲师和第116装甲师这样一流的部队也只分别配备100辆坦克，而为装甲先遣部队提供支援的国民掷弹兵师则装备不良，兵力不足，其士兵还是德国的"少数族裔"，由于德国边境的变化，他们才获得德国国籍。例如，第62国民掷弹兵师有许多从德意志帝国吞并的地区征召而来的捷克兵和波兰兵，他们根本不会说德语，还同情他们要去进攻的盟军；第352国民掷弹兵师曾在奥马哈海滩战斗到底，全军覆没，重建的第352国民掷弹兵师里都是飞行员和海员；第79国民掷弹兵师由后方指挥部"裁减"的士兵组成。

该计划的另一个不足之处是缺乏燃料。展开攻势时，附近的燃料储备只有最小需求量的四分之一，大部分燃料保存在莱茵河东岸，德军希望进攻先头部队在前进过程中从美军那里夺取物资供应。尽管如此，希特勒坚信，"秋雾"行动会取得成功。12月12日，希特勒在伦德施泰特的指挥所向将领们讲话时，描绘了一幅"各怀鬼胎的多种因素"联盟的图景，"一方面是极端的资本主义国家，另一方面是极端的马克思主义国家……一个垂死的英帝国……一个一心想取而代之的原殖民地美国……如果我们现在能够发动几次更为猛烈的攻击，那么这个人为支撑的共同战线随时随地都可能轰然坍塌"。

这些已然发出的进攻信号没能引起盟军的注意，究其原因，部分因为B集团军群在筹备"秋雾"行动期间遵循谨慎的安全措施，部分因为盟军最高统帅部密切关注自身在亚琛、萨尔河和阿尔萨斯的行动。"秋雾"行动的D日，即12月16日早上，只有四个美国师对抗德国的进攻，在经验不足的第9装甲师的支援下，美国第4师、第28师和第106师被部署在方圆近90英里的地区内。在这三个步兵师中，有两个步兵师在赫特根森林的战斗中损失了9000人，而后被派往阿登山区休整；第三个步兵师，即第106师，对战斗相当生疏。

12月16日清晨，第6装甲集团军和第5装甲集团军旋风般地袭往阿登山区这些不能胜任且措手不及的美国守军。在中央，美国第28师很快被打垮，在北面，第106师的前锋被包围；只有在南面，第4师得到第9装甲师的支援，德军前进得比预期的慢。而且，在这混乱的一天中，负责阿登山区的布拉德利的第12集团军群指挥部没能意识到正在进行的攻势的危急程度。由于冬季的恶劣天气"封闭"了机场，盟军失去了空中侦察，由于德国严格的无线电安全措施，盟军也没能拦截相关情报，盟军认为进攻是局部和牵制性的，并未紧急回应这一正在形成的危机。

当天，布拉德利偶然拜访了艾森豪威尔，幸运的是，艾森豪威尔更为警觉。他决定调派附近的军队去击败这两个装甲师，即从第9集团军调派第7师，从第3集团军调派第10师，去防卫德军进攻的侧翼，以免德军的进攻发展成为全面攻势。巴顿在萨尔河作战，他仍然坚信他处于突破点，自然反对这种调动；可是，事实证明艾森豪威尔的谨慎是正确的。发起攻势的第二天，即12月17日，第1党卫军装甲师抵达重要的圣维特（Saint Vith）路口，一条山谷小路从这里通向默兹河，进入比利时平原，再通向安特卫普。美国第7装甲师先遣部队的出现挫败了第1党卫军装甲师的突破，其后第1党卫军装甲师发现由于美军一次又一次的阻击，无法进入开阔乡野——也无法前往斯塔沃格（Stavelot）附近巨大的美军燃料库，美军依靠这些燃料库进行再补给。

正当第6装甲集团军偏离直接通向安特卫普的西北路线，被迫逐渐转向正东路线时，第5装甲集团军在通往蒙泰梅（Monthermé）的南线取得更大进展，1940年克莱斯特的装甲部队在此渡过默兹河。突破的关键是巴斯通尼（Bastogne）的十字路口，这里是稀疏的公路网的交汇点，这些公路从艾弗尔延伸到阿登山区及更远处。夺取巴斯通尼对于"秋雾"行动的成败至关重要。12月19日拂晓，装甲

1944年12月17日,第1党卫军装甲师的精锐部队在一个重要的道路交叉口上。他们乘坐的是水陆两栖汽车。

教导师距该镇仅两英里;可是夜间,美国第101空降师以风驰电掣般的速度,从100英里外的兰斯(Reims)乘卡车抵达该镇,阻止德军。伞兵的装备相当落后,无法与坦克搏斗;可是,他们在小镇里展开巷战,顽强抵抗,阻止装甲教导师的步兵进入该镇,因此把巴斯通尼转变为第6装甲集团军前进轴线上甚至比圣维特(12月23日陷落)更有效的路障。

到圣诞节前,巴斯通尼完全被德军包围,第5装甲集团军继续前进;装甲教导师绕路而行,在圣休伯特(Saint-Hubert)一带出现,距默兹河仅20英里。可是,圣诞当天,就整个进攻前线而言,德军前进的步伐开始放慢,装甲集团军挺进盟军防线突出部的锋芒正在变弱。盟军的对策开始奏效。12月20日,面对布拉德利的坚决反对,艾森豪威尔将反击迪特里希的第6装甲集团军的行动指挥权交给蒙哥马利,第6装甲集团军位于最邻近安特卫普的"突出部"的北面;12月17日至21日间,来自巴顿的第3集团军的各师在南面反击,效果不亚于这位英国指挥官发动的反攻。从12月20日开始,蒙哥马利不断从"厄尔特拉"破译的情报获悉第6装甲集团军和第5装甲集团军的意图,于是迅速采取措施从比利时北部地区调来英军,守卫默兹河上的桥梁，而迪特里希的先遣部队正在向这些桥梁前进。此后，蒙哥马利认为，进攻者现在与19个美国师和英国师交战，包括诸如美国第82空降师和第2装甲师这样经验丰富的部队，其前进的努力只会让他们自己疲惫不堪。

事实证明，蒙哥马利的分析是完全正确的。事实上，尽管当时并没认识到，但是在德军进攻的第一天，美国师许多步兵排和反坦克小组不怕牺牲，顽强抵抗，尤其是地处最初进攻路径上的第28师和第106师，为挫败德国装甲师的锐气作出极大贡献。它们给敌人造成了严重的损失，损坏——如果不一定摧毁——敌人的装备，打乱了敌军攻势取得成功所严格依赖的时间表。

12月26日，艾森豪威尔的指挥部收到第一份证据，表明"秋雾"行动已然失去活力。天空放晴，盟国空军第一次可以有效地参与行动。巴顿的第4装甲师突破"突出部"的南面，解救了被围困在巴斯通尼的第101空降师。霍奇斯（Hodges）第1集团军的第2装甲师在塞勒（Celles）附近发现了因缺乏燃料而无法动弹的德国第2装甲师，这里距离迪南的默兹河5英里，盟军摧毁了德军的大量坦克。事实上，在德国第2装甲师与盟国第2装甲师实力悬殊的遭遇战中，德军几乎失去了进攻开始时拥有的全部88辆坦克和28门突击炮。

时至12月28日，蒙哥马利确信"秋雾"行动已然失败，尽管他希望德军继续进攻，甚至发起更多攻势。进攻发生于阿登山区的"突出部"之外，在萨尔河上，布拉斯科维茨的G集团军群对决帕奇的第7集团军，德军拿下并暂时占据莱茵河西岸的一块三角形阵地。这一短暂的胜利使希特勒更认为他正确地筹划了进攻战略，即使发起进攻的时候东线战场甚至比西线战场更迫切需要巩固防御。然而实际上，"北风"行动（第二次攻势的代号）引起轻微的政治恐慌，而非军事恐慌，根本没为"秋雾"行动作出贡献。1945年1月3日，蒙哥马利向"突出部"的北面和西面集中展开反攻，迫使希特勒于1月8日命令先头四个装甲师从毫无掩护的阵地撤退。1月13日，美国第82空降师和英国第1空降师在阿登山区突出部的中央取得联系，到1月16日盟军前线得以恢复。

自12月16日至1月16日间，第5装甲集团军和第6装甲集团军使美国第12集团军群约1.9万人阵亡，1.5万名美国士兵沦为战俘。进攻的前几天，德国人在比利时民众中散播恐慌，在远至巴黎的军队中引起担忧——担心并防备奥托·斯科尔兹尼让秘密小分队潜入盟军防线后方进行偷袭（实际上没能成功）。德国发起的攻势也让华盛顿和伦敦弥漫的有关战争提早结束的乐观主义为之一震。希特勒向下属们谈及"战局的缓解……敌人不得不放弃所有的进攻计划。他不得不重组军队。他不得不把已经精疲力竭的部队再次拖上战场。他在国内受到严厉的批评……他已经不得不承认在8月以前结束战争已没有希望，也许到明年年底也不能。这意味着形势的转变，也许两星期前没人会相信"。

希特勒有些夸张；他也极大地误解了阿登战役的真正意义。当然，这场战役给盟军造成了损失，但是那些损失是可以忍受，可以弥补的。英军的人力资源达到底线，但是美军并非如此。9月以来，美军用船将21个师运抵法国，其中包括6个装甲师；1月至2月间，又有7个师登陆，其中包括3个装甲师，都全副武装，达到兵员定额。相比之下，在阿登山区，西线德军有10万人伤亡或被俘，损失了800辆坦克和1000架飞机。其中许多于1944年1月1日德国空军对盟国在比利时的机场实施的代号为"博登普拉特"（Bodenplatte）的最后攻势中被丢弃。这些损失均无法弥补，无论人员的损失，还是物质装备的损失。德国国防军的资源已然枯竭，德国军事工业的产量落后于日常消耗量，更别提沉迷于猛烈进攻所造成的巨大消耗。单就武器制造至关重要的钢铁而言，在鲁尔区，由于10月至12月间的轰炸，钢铁产量从每月70万吨锐减到每月40万吨，而且还在持续下降；交通运输系统的中断意味着，将武器零部件从生产地点运到装配地点变得越来越难。

"秋雾"行动的所有价值在于，该行动暂时拖延了西方盟国攻入德国本土的准备工作，代价却是从东线战场调走或无法提供阻止苏联红军继续向波兰南部和波罗的海诸国进军所需的人力和装备。11月和12月期间，2299辆坦克和突击炮，18个新师投入西线战场，可是只有921辆坦克和5个新师用于东线，在那里，苏联的225个步兵师、22个坦克军和29个其他装甲部队对抗德国的133个师，其中30个师已在波罗的海诸国陷入包围。希特勒"最后的孤注一掷"，正如阿登战役被描述的那样，是极没远见的。它以巨大的代价赢得一点点时间，它没能实现目标，没能消灭蒙哥马利的军队，没能收复一寸失地。

事实上，尽管1月和2月"将军"产生影响——1945年它们站在德国一边——但西方盟军迅速从"秋雾"行动的震惊中缓过神来，考虑到莱茵河西岸更加易守难攻的地形条件，稳扎稳打地前进，正如苏联红军目前在波兰、匈牙利和南斯拉夫所做的那样。1月，西墙西面的两个德国突出部被占领，即亚琛北面的鲁尔蒙德（Roermond）三角地和斯特拉斯堡南面的科尔玛孤岛。2月和3月，艾森豪威尔的军队沿着整条前线进发，在韦瑟尔（Wesel）和科布伦茨（Koblenz）之间抵达莱茵河，夺取科布伦茨和特里尔（Trier）之间的摩泽尔河北岸。到了3月的第一周，盟国和德国腹地之间只剩下了莱茵河。

第五部分

东线战争
1943–1945

东线战场的崩溃，1945年

二十四　斯大林的战略困境

1944年，希特勒决定将德国最后的军队投入西线的冬季攻势，而不是将它用在东线反攻苏联红军的蚕食。以后见之明来看，这次用兵也许是第二次世界大战中最不当的决定之一。在东线，德国既没有地理方面的防御便利，又没有人为的防御工事。在西线，英美盟军和德国内地之间既有齐格菲防线（西墙），又有莱茵河。驻守这些天堑屏障的部队尽管相对薄弱，却足以令艾森豪威尔的军队在海湾停留数月，而第6党卫军装甲集团军和第5装甲集团军集结了希特勒最后的坦克预备队，如果它们被部署在维斯图拉河防线和喀尔巴阡山脉作战，而不是被调往阿登山区冒险，或许会赢得等量的时间。希特勒决断的思路是众所周知的：在西线，盟军暴露于朝向安特卫普的反击之下，如果反击成功，那么他的军队便可随后投入东线的攻势，使苏联红军坐卧不安。简而言之，希特勒宁可争取胜利的机会，也不满足于推迟失败的到来。事态的发展将使他哪种结果都得不到。选择阿登攻势，尽管可以稍稍推迟盟军横渡莱茵河的行动，但实际上就此确保了东线苏联红军的攻势不受阻挡，无论斯大林选择何时发起攻势。

一般而言，人们仍然没有注意到，希特勒陷入双重危机是因为他所面临的三重，而不是两重威胁。在西线，他面对盟军进攻莱茵河的危险。在东线，苏联红军在两条相隔甚远的广大战线上威胁大德意志：一条是从波兰经由西里西亚朝向柏林；另一条是从匈牙利东部地区朝向布达佩斯、维也纳和布拉格。由于希特勒无法得知斯大林会选择这两条轴线中的哪条作为主攻线，因此先处理西线的危机，然后再将攻击力量东调——往往假设德军历经战斗的洗礼会幸存下来——对抗苏联红军是具有积极战略意义的，但无论红军主力出现于喀尔巴阡山脉的北侧还是南侧，尽管希特勒只能猜测，下述事实最终证明这种判断是正确的：到1944年11月，斯大林本人对直接攻击柏林，还是攻击其他地方分散并消灭东线德军的作战力量还在犹豫不决，布达佩斯—维也纳轴线是后一种策略最显而易见的选择。

从1942年苏联红军在斯大林格勒能够转入反攻的那一刻开始，东线战场的绝对规模、兵力与空间的比率、物资供应的不稳定、公路和铁路交通的匮乏反复迫使斯大林在两条战线之间作出类似的选择。1941年执行"巴巴罗萨"行动的夏季几个月中，甚至德国军队也不得不将中央集团军群的前线封闭六周，此时北方集团军群和南方集团军群在通往列宁格勒和基辅的道路上追赶着中央集团军群。这些军队处于实力鼎盛之时，其指挥官因胜利而兴奋不已，先锋是雄伟壮观的装甲部队，还有充足的人力储备作为后援。相反，在斯大林格勒才第一次转入攻势的苏联红军受到重创，规模史无前例，在18个月中损耗严重，将领们的自信心被一系列灾难所动摇，在补充的新兵中，过于年轻和过于年长的所占比例过大。这支军队甚至必须学习如何作战；在学会前，其行动必然局限于回应德军的进攻，通过正面进击德军由于战线过长而兵力薄弱的地方来占据阵地。

此外，苏联自下至上的军事结构到处存在不足之处。斯大林本人是位反复无常的军事领袖，他周围的文武官员缺乏在战争压力下指挥陆海空三军的经验，斯大林必须临时构建一个指挥结构为他效力。由于苏联体制的性质和他本人不够坦率的个性，斯大林不能动员并汇集民众的支持，而这种支持曾经增强了丘吉尔使英国重整旗鼓应对危机的能力。苏联各族并未形成一个民族国家，工业化和集体化的经历使数百万人与共产党权威相疏远，排他和强制性的统治方式更玷污了苏联共产党，斯大林本人凭借对同志实施选择性的恐怖行动来支配该党，他对于自己不过是集体领导中的领导者之一这一谎言的维持使之更加令人厌恶。

在某种程度上，爱国主义精神是可以被人为唤起的。可以重提俄罗斯历史上的史诗，可以恢复俄罗斯过去的英雄——伊凡雷帝（Ivan the Terrible）、亚历山大·涅夫斯基（Alexander Nevsky）、彼得大帝（Peter the Great）——的名誉，塑造纪念帝国主义时期凯旋将领（库图佐夫和苏沃洛夫）的装饰和勋章，恢复革命时期废除的等级和服装。在一个表面上信仰无神论的国家，东正教教会本是被轻视的对象，此时甚至被借以鼓吹卫国战争（Great Patriotic War）是圣战；作为回报，1943年9月，苏联政府同意教会自革命后遭到压制以来第一次召集宗教会议。然而，这些仅仅是权宜之计，无法替代有效的战略指挥机构，斯大林必须提供这样的机构，否则他将愧为战争领袖，苏联将战败，他自己也将灭亡。

"巴巴罗萨"行动的最初几周，斯大林确实像是快要崩溃了。"一周来，"约翰·埃里克森教授描述道：

> 到处是"苏联政府""中央委员会"和"苏维埃人民委员会"（Sovnarkom）的匿名者、组织的吵闹声，以及党的喋喋不休的敦促……斯大林不由自主，毫无退路地致力于战争，在第一个悲惨的周末之后，他"将自己锁在他的住处"

至少三天。当他出现时,根据一位直接见到他的军官说,他"精神萎靡,紧张不安"……[他]在这些早期的日子里,很少出现在最高统帅部;对于一切实际目标而言,主要的军事管理相当混乱,总参谋部的专家被派去方面军指挥部,总参谋部运转缓慢,令人难以忍受……最高统帅部的讨论搁浅于行动管理的沼泽;制定战略行动任务时,斯大林和他的军官们忙于处理细节,浪费了宝贵的时间——分发给步兵单位(标准型或骑兵型)的步枪种类,或者是否需要刺刀,如果需要,它们该是三刃吗?

为公平起见,必须指出,希特勒也用讨论军事细节来搪塞和规避危机所造成的压力,如果危机持续存在的话,他常常拒绝讨论其他事项,正如留存下来的斯大林格勒元首会议记录的片段所揭示的那样。相反,斯大林迅速回归现实。1941年7月3日,即战争的第11天,斯大林向苏联人民发表广播讲话——这几乎是史无前例的事——将"同志们、公民们、兄弟姐妹们"当作他的"朋友",向他们致辞。此外,他立即采取行动,让苏联政府处于战争状态。他这样做的方式对于西方人而言,几乎是不可思议的,因为他们秉持国家机构与政党、公民权力与军事权威、官僚和指挥官之间的严格区分。在和平时期,苏联体制在这些方面的区分模糊不清;斯大林在他为战争所塑造的结构中强化了这种模棱两可。6月30日,他的第一个行动是建立国防委员会,监督战争在政治、经济和军事方面的问题;国防委员会委员包括斯大林、外交人民委员莫洛托夫、自1925年至1940年担任国防人民委员的伏罗希洛夫、党内的得力助手马林科夫,意味深长的是,还有秘密警察(NKVD)的头头贝利亚,委员范围后来略有扩大。7月19日,斯大林任命自己为国防人民委员,8月8日秘密担任最高总司令一职;作为最高总司令(尽管他仍只被看成国防人民委员),他控制了最高统帅部,实际上,最高统帅部是国防委员会(GKO)的执行机构,负责监督总参谋部和作战指挥员或方面军。由于国防委员会的行为和决策必然蕴涵着人民委员会的权力,斯大林是人民委员会主席,由于他还能调遣总参谋部的军官(尤其而且最经常的是朱可夫和华西列夫斯基),指挥方面军或者指挥特定的军事行动,因此斯大林自上而下主导着卫国战争(他在7月3日的广播中使用了"卫国"一词)的方向。虽然他小心翼翼地向苏联人民掩饰着他最终负责指挥决策,而且仅当确实取得若干实质性胜利时,他才以元帅、总司令和"伟大的斯大林"的身份出现,但实际上从1941年7月开始,斯大林就是总司令。他在扮演这个角色时是无情的。当中央集团军群于10月继续向莫斯科挺进时,他的自信心遭到严重动摇,其严重程度几乎和 6 月时一样,可是,他从未放松以恐惧控制下属:免职、羞辱,甚至用处决作为失败后的处罚。10 月,丘吉尔的军事助手伊斯梅(Ismay)将军访问莫斯科时,记录下这样的印象:"[斯大林]进屋时,每个苏联人都变得沉默寡言,显而易见,这些将军们的眼中透露出一贯的恐惧,他们生活于这种恐惧之中。看到勇敢者沦落到如此卑屈,实在是令人恶心。"

少数几个人例外。朱可夫尤为果敢,没被梅赫利斯吓倒,梅赫利斯是斯大林用来扳倒其他人的总政治部主任。朱可夫的优势在于,1939 年他在蒙古的一场短暂的未经宣战的日苏边境战争中指挥坦克成功击败日本人;更重要的是,他天生坚强,能够接受斯大林罢免他的总参谋长一职,继续担任作战指挥官,而毫不怀疑自己的能力,他知道斯大林也赏识他的才能。像朱可夫这样的还有其他人,特别是罗科索夫斯基和科涅夫。1944 年时,这三个人都在指挥方面军,在很大程度上解决了斯大林寻找得力下属的困难。

然而,与此同时,斯大林必须做大量工作,指挥卫国战争,亲自督导红军;的确,与其他参战国的最高统帅相比,斯大林在更大程度上主导着苏联作战。希特勒和他的将军们共存于一种持续的紧张状态中。丘吉尔通过论证施加他的意志,随着美国人为战争作出越来越多的贡献,他的论点越来越不占上风。罗斯福主要是管理而不是指挥他的司令们。比较而言,斯大林则颁布命令。他掌握所有信息,无论他在哪里,无论白天还是黑夜,无论在克里姆林宫还是他在孔策沃(Kuntsevo)的近郊别墅,或者是德国空袭莫斯科时他在莫斯科地铁站台上的临时指挥部;他发出所有命令。他每天召开三次战务会议,奇怪的是,这与希特勒的惯例类似,中午先听取报告,其后下午四点开一次会,最后午夜至凌晨三四点之间在政治局委员在场的情况下直接向总参谋部军官下达命令。

华西列夫斯基实际上是斯大林的作战参谋,和约德尔在希特勒指挥部发挥的作用相同,他敏锐地观察然后记录统治者的指挥方法。他记录了在战争的第一年斯大林就建立起对军队的掌控,也就是说比希特勒掌控德国国防军快得多,这也许是由于斯大林先前的作战经验,内战期间他当过第一骑兵集团军的政委。在最初的几个月中,斯大林太过自信:1941 年,他不准撤退,直至贻误战机,使防守部队无法逃出包围圈,因此他几乎该为基辅的灾难负全责;1942 年,他没考虑到德国重新进攻苏联南部的危险,让铁木辛哥的方面军去哈尔科夫进行反攻,总之由于过早出击,结果逾 20 万名苏联将士沦为战俘——几乎是此前一年包围战的重现。从那以后，他变得更加谨慎。最终，朱可夫和华西列夫斯基提议对斯大林格勒实施双重包围；1942年9月13日，在斯大林的办公室里，他们向他概述了这个计划，他们说服了斯大林持有的谨慎异议后，才使他接受了这个计划。

回顾往昔，朱可夫高度评价了斯大林作为指挥官的价值，最重要的是，斯大林作为一位军事经济学家胜人一筹，他知道如何募集预备队，即使在各个方面军消耗大量人力之时。当然，他在斯大林格勒及随后两年取得的成就是，无论何时东线德军的战略失误给他提供获益良机时，附近总有预备队——他向英国人估计，苏军始终超过德军约60个师，也许估计过高。1943年7月，当德军在库尔斯克战役的进攻阶段筋疲力尽时，他调动预备队发起反攻。8月，他用预备队再次夺回哈尔科夫这个争夺最激烈的苏联城市，维系了在库尔斯克取得的胜利。到了10月，由预备队担纲的秋季攻势夺回此前两年东线德军在进击苏联过程中赢得的所有最宝贵的领土——自北向南长650英里、自西向东长150英里的广袤土地，在这之后，只有第聂伯河这个大草原上最后的真正重要的军事屏障挡在红军面前。到11月底，红军在第聂伯河的欧洲一侧获得三个大桥头堡，切断了克里米亚与东线德军的联系，随时准备进军波兰和罗马尼亚。

颇具讽刺意味的是，胜利使斯大林进退两难。在斯大林格勒战役前，他一直在避免战败；在库尔斯克战役前，他仍然需要面对德军采取主动的风险；在向第聂伯河挺进前，他以战时的临机应变为红军提供食物，补给兵员。其后，如同丘吉尔，他知道他"毕竟赢了"。德国的装甲集群不再存在，而他重新拥有苏联最富饶的农业区和工业区。此时，他能够指望盟军分担红军消灭德国国防军的重担。1943年11月在德黑兰，丘吉尔的总参谋长布鲁克注意到，斯大林迅速而准确地评价时机和形势，他"和丘吉尔、罗斯福同样厉害"。凭借外交史上最残酷的公开责难的计谋，斯大林让丘吉尔深感惭愧，因而同意全力展开"霸王"行动，同意指定一位指挥官和一个日期。此后，斯大林确信，从1944年年中开始，希特勒将面临两堆大火，一堆火在西方燃烧的同时，他可以选择在哪里生起另一堆火最为有利。事实表明，他选择进攻北方战线，消灭中央集团军群，将德国人赶回维斯图拉河。可是，这个决定并未让他一劳永逸。他仍然面临选择，或者（类似西方盟国）在最后一击中全力以赴，在德国东部和柏林的最后一战中消灭德国国防军，或者将红军主力调往欧洲南部，在那里构建一个和希特勒的《三国同盟条约》等效的苏联翻版，由此确保苏联在未来几十年中不受侵犯。

这是个诱人的选择。斯大林并没选择加入第二次世界大战；但是甚至在第二次世界大战开始前,他就已经选择从导致这场大战的紧张态势中获益。在战争爆发后的 21 个月中,他虽然置身事外,但却从战争的进程中受益匪浅。由于与希特勒结盟,他依次得到波兰东部,然后——互不侵犯条约使他可以不受限制地进攻芬兰——是卡累利阿东部,再然后是波罗的海诸国,最后是罗马尼亚的比萨拉比亚和北布科维纳。"巴巴罗萨"行动在第二次世界大战最残酷的战斗中吞噬了他的国家。然而,到了 1944 年夏季,斯大林开始重新思索,从地缘政治学的角度看,苏联如何在战争的结束时获益最多。与希特勒相比,斯大林甚至更把战争视为政治事件。在"巴巴罗萨"行动和库尔斯克战役之间,"力量的相互关系"对他不利。此后,它们开始变得对他有利。当希特勒在西线准备最后的攻势时,斯大林正在考虑在哪里可以更好地抓住希特勒在东线的战略失败所呈现的机会。

二十五　库尔斯克和夺回苏联西部

在1942年至1943年的斯大林格勒战役中损失惨重,这让希特勒疲惫不堪,意志有所动摇。1943年2月21日,古德里安由于意外地再次被任命为装甲兵总监而去乌克兰指挥部面见希特勒时,发现他和1941年12月他们最后一次见面时非常不同:"他的手颤抖着,他的背弯着,他的目光呆滞,他的眼睛向外突出,没有了先前的光芒,他的脸颊泛着红斑。他更容易激动,容易不冷静,容易发脾气,容易作出不明智的决定。"

希特勒的决策意志也受到削弱。自莫斯科战役开始至苏联红军在斯大林格勒包围并消灭第6集团军,希特勒全面实践着领袖原则(Führerprinzip)。他专横地将那些打了败仗或冒犯了他的将军们免职,让政府(Generalität)的其他人严格服从他的命令。除了7月没能从沃罗涅日大胆南进外——博克因此而被撤职——将领们一丝不苟地执行他的决定;这确实是问题。虽然1942年的胜仗完全归功于希特勒,但是败仗也完全归咎于他,即高加索战线过长和在斯大林格勒的失败。结果,东线德军损失了20个师,这折磨着他的良心,因此甚至在两年后,他向一位医生承认,不眠之夜他的脑海中充满了形势图的幻象,这份形势图上标注着德军被消灭时占据的位置。他的军事至交——约德尔和凯特尔——无言的责备令他难以忍受;他的反省还要更加痛苦。

因此1943年春,在部署东线德军的战略战术时,希特勒将行动的自主权授予其下属,这是自1940年他第一次指挥作战以来他的下属们从没有过的待遇,当然也决不会再有——尽管在其他政策领域,他继续提出要求。由于他认为隆美尔既缺乏"乐观主义",又缺乏"忍耐力",于是他严重干预1943年春针对英美盟军的北非战事,从中央预备队派出宝贵的装甲部队,要求戈林将空军中队从西西里调到突尼斯机场。与此同时,他以德国空战的日益恶化威吓戈林的下级——盟国"昼夜不停"的轰炸始于2月25日,在接下来的数周中,英军或美军猛烈空袭柏林、纽伦堡、埃森、不来梅、基尔、莫奈河和伊德河大坝。他要求找到并获得报复英国的手段,命令古德里安提高德国坦克的产量,批准戈培尔公布"全面战争"计划,2月7日在拉斯滕堡召开的纳粹党省长会议上,戈培尔向他概述了这一计划。然而，1943年上半年，希特勒在其主战场东线战场直接指挥行动时，却莫名其妙地暂时只发挥间接作用。

这对东线德军并非没有好处。东线德军有一位最杰出的沙场老将，陆军元帅、南方集团军群指挥官埃里希·冯·曼施泰因，他对红军由于调动迟缓而展现的战机非常敏感，还强烈反对心理胁迫，希特勒以这种心理胁迫征服其下级将领的思想独立。可是2月间，斯大林格勒战役失败和他亲自尝试援救保卢斯的第6集团军失败后，苏联红军意想不到地成功袭击了顿河西岸的重镇哈尔科夫，使曼施泰因颜面扫地。

红军在斯大林格勒取得的胜利，以及随后引发的整个德军南线的混乱，使苏联最高统帅部第一次有望夺取主动，将东线德军彻底赶出乌克兰这个德国在苏联最重要的占领区。到1月底，计划出台，即到春季解冻前，命令南方面军和西南方面军挺进到第聂伯河防线，这是继顿河和顿涅茨河之后的第三大河流运输线。此后，附近的方面军前进，转向西北，从乌克兰北部地区攻击中央集团军群，将之驱赶至斯摩棱斯克。这个重大攻势的第一步，也是至关重要的一步，由方面军机动集群（Front Mobile Group）负责，该部队由波波夫（M. M. Popov）将军指挥，由四个坦克军组成，将作为瓦图京的西南方面军的先导发起进攻，然后向哈尔科夫挺进。

从表面上来看，苏联最高统帅部的计划是合适的，因为苏联在斯大林格勒的胜利给德军带来三个危机。红军从斯大林格勒进军，将曼施泰因的顿河集团军群（2月12日重新命名为南方集团军群）赶回南线战场的"大门"罗斯托夫。克莱斯特的A集团军群被迫从高加索撤退，撤到亚述海海岸，他的战线和曼施泰因的战线之间留下一道长达100英里的缺口。此外，瓦图京持续进攻斯大林格勒西北方向由匈牙利人防守的沃罗涅日，1月14日后威胁切断曼施泰因的北翼与克鲁格的B集团军群（2月12日后改名为中央集团军群）的联系。最高统帅部筹划的攻势在开始阶段就有好兆头，预示了成功。2月2日至5日间，苏军向顿河下游施加强大压力，于是在曼施泰因的坚持下，希特勒不得不同意放弃罗斯托夫，同时于2月14日从沃罗涅日向顿河上游进军，将瓦图京的西南方面军吸引到哈尔科夫。该城爆发了一场民众参与的苦战，尽管精锐的第1党卫军装甲军（阿道夫·希特勒警卫旗队 [Leibstandarte Adolf Hitler] 和帝国师 [Das Reich]）竭尽全力，然而德军战败，被迫于2月16日放弃该城。结果，南方集团军群和中央集团军群之间裂开一道将近200英里长的缺口。

然而，苏联最高统帅部犯了两个致命的错误。一个是高估了红军的能力。另一个是低估了曼施泰因。"沃罗涅日方面军和西南方面军，"研究卫国战争最著名的西方史学家约翰·埃里克森教授认为，"进行了激烈的战斗，战场空旷广袤，所到之处哀鸿遍野，撤退的德军炸掉尽可能多的桥梁、建筑物和机场，破坏尽可能多的铁路线和公路。"可是，波波夫的先遣部队开始进攻时仅有137辆坦克（并不比一个德国装甲师通常拥有的坦克数量多），到了2月中旬，只剩下53辆坦克，而所谓的沃罗涅日方面军第3坦克集团军只有6辆坦克。

2月12日，依照最高统帅部的总体指令，瓦图京决定"扩大"攻势，这是不谨慎的，即使敌方指挥官只有中等资质，只有少量坦克预备队。然而，敌人恰是曼施泰因——德军和苏军所谓"作战"指挥层面的大师——因此扩大攻势是一种蛮勇。甚至在危机达到高潮之前，希特勒已命令7个师从法国赶到前线，2月17日他亲自抵达前线与曼施泰因交换意见，借口是视察南方集团军群的反击，并召集东线德军开展"全面战争"。转天，戈培尔在柏林体育宫向德国民众发表煽动性演说时宣告开展"全面战争"。"决战的结果取决于你，"希特勒在当天的命令中写道，"在距离德意志帝国边境1000公里的地方，德国现在和未来的命运悬而未决……整个德国本土都被动员起来……我们的年轻人涌入德国城市和工作场所周围的防空工事。越来越多的师在路上。迄今不为人知的独特武器在去往前线的路上……这就是我为什么要飞过来见你，用尽各种方法让你坚持防御战，并将之转变为最终的胜利。"事实上，反击并非希特勒的想法，而是曼施泰因的。2月6日，曼施泰因紧急前往拉斯滕堡面见希特勒时，使希特勒准许他反击。不仅如此，他还得到了必要的装甲突击队——其兵力令波波夫的装甲部队显得微不足道。他将所有可调用的装甲预备队集结在重组的第4装甲集团军中，将之与第1装甲集团军并排驻扎在顿涅茨河和第聂伯河之间的狭窄地带，而瓦图京的西南方面军正在试图渡过第聂伯河插入德军后方。

瓦图京的调动非常危险，威胁把A集团军群切断在亚述海岸的滩头堡中，希特勒实际上准许从这里将部队空运给曼施泰因。逾10万人将以这种方式运送；可是，在他们或任何西线警戒师抵达前，曼施泰因已然开战。2月20日，他的两支装甲集团军集中攻击波波夫的方面军机动集群的侧翼，这支集群仍在赶往不到50英里远的第聂伯河渡口。苏联上级指挥部没能完全把握局势变化的严重性。指挥部催促波波夫前进，2月21日，总参谋部甚至命令瓦图京侧翼的马利诺夫斯基（Malinovsky）的南方面军更加积极地参与进攻："瓦图京的军队以非凡的速度前进……其左翼的停顿是由于你的方面军没有采取积极行动。"实际上,波波夫已经面临被围的危险,燃料开始用尽,他在既定路线上遭到阻碍。到2月24日,尽管有些增援,波波夫还是只有50辆坦克,而单单他的左翼就面对德军逾400辆坦克。到2月28日,当德国坦克抵达顿涅茨河岸时,波波夫的集群和瓦图京的西南方面军的其他大部分军队遭到包围,有些部队只是因为河面仍未解冻才得以逃脱。

曼施泰因再次进攻

此时,波波夫攻势的失败使曼施泰因可以进入其计划的第二个阶段,即夺回哈尔科夫。现在,第4装甲集团军开始得到从西方派来的增援,包括党卫军骷髅师(最初由集中营护卫队组成),党卫军骷髅师前去会合第1党卫军装甲军的阿道夫·希特勒警卫旗队和帝国师。上个月,它们没能保住哈尔科夫,这让那些受意识形态影响的战士盛怒不已。3月7日,它们凭借强大的实力,展开进攻,誓死夺回这座城市。到了3月10日,北部郊区的战斗相当惨烈,两天后,该城和防守到底的若干苏联军队遭到全面包围。现在,德军恰恰包围了红军原本希望从这里开始包围希特勒军队的地点,威胁着红军的中央部分。对于苏联最高统帅部而言,局势突然变得相当危险,它没派援军去救助被围困在哈尔科夫的部队,而是让它们奔向附近库尔斯克南面的沃罗涅日方面军,它们在那里成功地守住一块阵地,该防区不久后将

泥、装甲部队、一望无垠的空地是东线战场上春季战役和秋季战役的三大永恒要素。图为德军三号(Stug III)自行突击炮越过泥潭。

成为所谓库尔斯克突出部的南线。由于这些军队奋力防御,而非全力进攻,因此1943年苏军的春季攻势可被视为失败,类似此前一年莫斯科战役胜利后发起的进攻。一些苏联将领已经预见到这样的结果。例如沃罗涅日方面军的指挥官戈利科夫(Golikov),曾在红军取得全胜时示意一个下属:"到第聂伯河有200到230英里,距离春天的无路可通期(rasputitsa)有30到35天。你自己下结论吧。"

无路可通期是每年两次的湿雨季节,由秋季暴雨和春季解冻引起,泥土道路变得泥泞不堪,周围的大草原变成沼泽,1941年和1942年时给德军带来很大困扰,耽搁了向莫斯科、乌克兰和斯大林格勒的进军。此时,无路可通期却带来德军欢迎的喘息之机。由于东线德军所有的预备队都集结在南方,因此红军能够重新开辟通往列宁格勒的路线,能够去攻击自莫斯科战役以来被孤立在德米扬斯克包围圈北部的部队——尽管不是为了防止其逃脱。红军还能向莫斯科西面的维亚济马(Vyazma)突出部持续施压,迫使希特勒例外准许那里的德军撤往预先准备好的短战线,即所谓的"水牛防线"(Buffalo Line)。湿季持续时,尽管给敌人造成了巨大的损失——意大利军损失了18.5万人,匈牙利军损失了14万人,罗马尼亚军损失了25万人,根据德国国防军自己的估计,将近50万名德国人阵亡——然而,在各个重要地区,苏联红军也无法继续进攻。

"堡垒"行动

尽管在斯大林格勒的冬季,东线德军于千钧一发之际在南线逃过一劫,然而恰恰在红军承认失败的那一刻,希特勒和将领们又开始琢磨着再次发起进攻。"真正的战斗才刚刚开始,"1943年2月23日斯大林在红军建军节(Red Army Day)发表演说时告诫他的将士们。他和苏联最高统帅部都明白,目前红军的兵力已然消耗殆尽,在接到《租借法案》的援助物资和迁至新址的乌拉尔山脉工厂开始生产前,在下一批年轻的新兵和"彻底征募"的年长者受训前,苏联无法组建预备部队,无法令将领们稳妥地转入进攻。德国的考量则恰恰相反。由于无路可通期和红军的筋疲力尽给了东线德军以喘息之机,因此德军必须尽快发起进攻,否则将承担无所作为的后果。

问题是:从哪下手?在很大程度上,这将是在这场战争中最后一次由将领们自己解决这个问题。希特勒坚持占据斯大林格勒作为"堡垒"所导致的结果,严重动摇了他的自信心,削减了他在指挥官们眼中的个人威信,因此他暂时不愿向下属发出任何战略命令。在哈尔科夫反击前,2月17日至19日视察曼施泰因的指挥部时，他听取了有关反击成功可能带来的机会的讨论。讨论在克莱斯特（A集团军群）、约德尔、新上任的陆军总参谋长蔡茨勒和曼施泰因之间进行，他们的讨论比在本土拉斯滕堡希特勒所允许的无拘无束得多。为时三天的会面将要结束时，不时伴随着苏联的炮火声。希特勒决定加以干预，取消一项典型曼施泰因式特别大胆的建议，即在克里米亚北部"退一步，进两步"的策略，因为这需要暂时放弃某些阵地，希特勒的性格非常反对这一点。另一个建议是集中进攻正在变大的库尔斯克突出部，希特勒没有拒绝这项建议，只是留给蔡茨勒和东线德军的将领们去实施。

3月和4月，无路可通期导致休战，这是贯穿战争始终东线战场双方将士度过的最长的休战期，德军和红军的参谋们都忙于为夏季必然展开的大战制定详细的计划，而其最高统帅不可思议地在互相怀疑中彼此趋同，都在试图修改参谋们的建议，甚至拖延行动的必然性。斯大林似乎无法理解将军们的战略分析逻辑，他相信整个苏联前线都受到威胁，尤其是莫斯科对面，他赞成将可用兵力用于"骚扰性"进攻，至少确保1943年德军不会赢得第三个夏季胜利。4月12日，在高级将领会议上，斯大林同意应该优先在库尔斯克突出部建造纵深防御工事，但是他还坚持在德军前进的所有主轴线上都应该修建防御工事。斯大林的观点不同于此时具有丰富经验的将领们的观点，如瓦图京和朱可夫断定库尔斯克必定是东线德军将要进攻的地区，苏军正确的回应是尽可能地重兵防守该战线，以便承受装甲攻势，但不该将苏联最高统帅部积累的预备队只派往库尔斯克，而该分配一些部队组建一个集群，红军随后以该集群展开自己的反击。4月8日，朱可夫就这个想法向斯大林解释说："在不久的将来，我军以先发制人的攻势阻止敌人，我认为这是没有意义的。如果我们在防御工事里将敌人打垮，消灭他的坦克部队，然后调来新的预备队，转入全面进攻，坚决摧毁他所有的主力部队，这将会更好。"

尽管希特勒原则上同意进攻库尔斯克突出部的想法，但是他认为日期可以改变，并仍然古怪地对进攻形式犹豫不决。尽管4月15日他签发了让南方集团军群和中央集团军群于5月3日进攻库尔斯克突出部的命令，但是他几乎立即重新考虑，并向蔡茨勒提议应该进攻突出部的前端。这个提议挑战了所有正统的军事观念——正统观念往往认为必须切断突出部的军队，而非正面进攻它们——4月21日蔡茨勒劝阻了希特勒的这个提议。莫德尔将指挥两支进攻军队中的一支，他使希特勒相信，观察到的苏联防御实力将使他们花费比预期更多的时间，除非他获得更多坦克。因此，希特勒同意推迟若干天，直到新上任的装甲兵总监古德里安找到额外的坦克。由于古德里安（头衔只是一个管理者）介入作战计划，延迟的时间变得更久。古德里安特别熟悉苏联坦克生产的数量和质量，正是他提出要增加德国坦克的产量与苏联抗衡。5月2日，他向希特勒概述了运送坦克的计划，这使延迟行动显得比较明智。他不仅许诺生产更多坦克——每月逾1000辆，数量逐渐增加，这是1939年德国年产量的10倍——而且坦克的质量要更好，包括新的马克V豹式坦克和88毫米炮车"家族"，即"大黄蜂"（Hornet）自行反坦克炮、虎式坦克和"斐迪南"（Ferdinand）自行突击炮，它们在战场上被认为所向无敌；希特勒尤其指望豹式坦克促成库尔斯克的胜利，可是古德里安——不是施佩尔——发出警告，豹式坦克尚未摆脱发展"缺陷"。于是，5月4日，希特勒在慕尼黑与其高级将领们召开另一次会议后，将进攻库尔斯克推迟到6月中旬，该行动此时代号为"堡垒"。

比较而言，苏联工业不仅继续以德国速度的两倍生产坦克，而且除了杰出的T-34型坦克，现在还生产出更重型的坦克，包括有85毫米火炮的KV-85型坦克，它是超重型约瑟夫·斯大林型坦克（Joseph Stalin）的第一种，最终将安装122毫米火炮，还有与德国人喜欢的无炮塔突击炮等效的各种装备。苏联反坦克武器的生产甚至更加惊人。苏联组建了逾200个反坦克预备团，配备强大的76毫米火炮，而2.1万门更轻型的反坦克火炮已然分发给步兵部队。"到1943年夏季，"约翰·埃里克森教授认为，"苏联步兵的装备仿佛专打反坦克战。"加上装甲储备和反装甲储备，红军此时拥有很多炮兵部队。"炮兵部队是战神"，斯大林如是说。炮兵往往是苏联红军最重要的军种。到了1943年夏，红军的炮兵部队在世界上最为强大，无论是装备质量还是装备数量。1942年，所有炮兵师都已组建起来——这是一个全新的军事概念——并且配备新型152毫米和203毫米火炮。这些部队包括四个喀秋莎火箭炮师；这一革命性的武器使每个师每次齐射可以射出3840枚炮弹，总重量为230吨。喀秋莎成为东线最可怕的武器之一，它使步兵即便不因巨大的爆炸效应而丧失战斗能力，也会感到晕眩，失去方向感，于是德国人迅速仿制喀秋莎。

红军重整装备给东线德军带来很大危险。在可怕的"巴巴罗萨"行动期间东迁到乌拉尔山的工厂重新投入生产，使红军的重整装备成为可能。更不幸的是，根据4月12日苏联最高统帅部作出的评估，4月和5月间大量物资涌入库尔斯克突出部，包括1万门火炮、反坦克炮和火箭炮。突出部——面积约为7200平方英里——里的民众被动员起来挖战壕和反坦克壕沟，而工兵埋设地雷，前线地雷密度是每公里逾 3000 颗。防守突出部的中央方面军（罗科索夫斯基）和沃罗涅日方面军（瓦图京）布置了自己的防御阵地，每个阵地包括三英里长的前线和两个后方阵地。最终，30 万名百姓在后方劳作，库尔斯克突出部共有八条防线，排成长达 100 英里的梯形。这在战场上是史无前例的，甚至在西线战场战壕战达到高潮时也没像它这样。

希特勒对选择"堡垒"行动日期的搪塞，反映出他对该行动的可行性的质疑——以及那些执行该行动的指挥官的质疑，例如第 9 集团军的莫德尔。起初，莫德尔请求该计划给他两天时间让装甲部队渗入突出部的北部。可是，4 月 27 日，他带着有关苏联在库尔斯克的防御工事的航空摄影抵达贝希特斯加登，希特勒离开拉斯滕堡阴湿的森林后正在此地度假，莫德尔请求给他更多坦克和更长时间。"当莫德尔告诉我时，"一年后希特勒回忆道，"他将需要三天时间——当时我感到犹豫不决。"无论是否犹豫，希特勒并没果断地取消"堡垒"行动。他的信心仍然不足，不过蔡茨勒却信心满满。这位第一次世界大战中英勇善战的步兵中尉想在 1943 年做"了不起的事"，对他来说，那意味着在东线战场他负责的唯一地区打上一仗。希特勒也同意必须做些事，不能任由红军壮大到 1944 年展开大规模攻势。可是，除了斯大林格勒战役让他一直沮丧，他还有其他事烦心：不仅突尼斯的局势不断恶化，5 月以德意军队投降告终，而且墨索里尼的地位越来越不稳定，也不知道盟国接下来在地中海将要进攻哪里，德国的民防危机越来越严重，英国轰炸机司令部和美国陆军航空部队的空袭越来越猛烈而深入。6 月间，希特勒又三次推迟"堡垒"行动：6 月 6 日，当时古德里安要求更多时间集结坦克预备队；6 月 18 日，还有 6 月 25 日，当时莫德尔提出更多反对意见。最终在 6 月 29 日那天，希特勒宣布他将回到拉斯滕堡，"堡垒"行动将始于 7 月 5 日。7 月 1 日抵达时，他向他的参谋解释道："苏联人在等待时机。他们在用时间为冬季做准备。我们不许他们这样，否则将有新的危机出现……因此我们必须干扰他们。"

"干扰"的要求与 1941 年和 1942 年夏季吹响的闪电战的号声相差甚远。这揭示出苏联战争两年间希特勒的视野变得多么狭隘。尽管他多次挫败红军，红军仍然相当强大，由于严酷的进攻计划和此前两年他对东线德军秉持的"固执态度"，东线德军变得非常薄弱。1943 年 7 月初，红军有 650 万人，自战争爆发以来实际上数量有所增加，尽管红军单单沦为战俘的人数就逾 300 万；相比之下，东线德军有 310 万人，自 1941 年 6 月 22 日以来减少了 20 万。师的数量保持在约 180 个，可是，人员和装备（除了颇具特权的党卫军各师）都不够编制。红军师的规模也比较小，每个师约有5000人，但是师的数量与德军相当，而且正在增加，并得到大量"非师"单位的补充，包括特种炮兵部队。此外，德军完全依靠本国工业的产量满足其物资补给，而苏联人此时却获得越来越多的《租借法案》援助物资，包括大量重要的马达驱动的车辆；仅至1943年年中，就有不少于18.3万辆美国现代化卡车抵达苏联。与此同时，战争正在摧毁东线德军的运输工具——马；时至1942年春，东线德军损失了25万匹马，这是进入苏联的马匹总数的一半，此后马匹损失以相同的速度持续增加。

然而，策略问题并非"堡垒"行动的关键所在，这里还要单独考虑打击力量。德军的打击力量相当可观，散布于莫德尔的第9集团军和霍斯的第4装甲集团军，第9集团军进攻库尔斯克突出部的北面，第4装甲集团军进攻南面。它们总共部署了约2700辆坦克，拥有1800架飞机的支援，这是东线战场针对有限区域集结的前所未有最大规模的军队。莫德尔统率8个装甲师和装甲掷弹兵师，拥有7个步兵师的支援，霍斯掌握11个装甲师、1个装甲掷弹兵师和7个步兵师。计划简单明了。莫德尔和霍斯将在奥廖尔和哈尔科夫之间切断库尔斯克突出部的"瓶颈"，会合后包抄并消灭瓦图京和罗科索夫斯基的60个师。

入炉

进攻始于7月5日凌晨4点30分，斯大林在瑞士的"露西情报网"（Lucy ring）显然提醒过他这个日期。埃里克森将这场战斗描述为：

> 在12个小时内，双方激烈交火，库尔斯克的熔炉越烧越旺。装甲部队继续集结，以战争中前所未见的规模前进。双方的指挥部注视着火炉炽烈地升温，略感严酷而麻木的满足：德国军官从未见过如此多的苏联飞机，而苏联指挥官……从未见过如此坚不可摧的德国坦克集群，它们都涂着绿色和黄色的伪装。这是运动中的坦克舰队，以100辆和200辆甚至更多组成的大队前来，第一梯队是20辆虎式坦克和"斐迪南"突击炮，第二梯队是50至60辆中型坦克，然后是由装甲车掩护的步兵。现在，苏联的坦克部队进逼主要防御战场，接近4000辆苏联坦克和近3000辆德国坦克和突击炮缓缓进入这场大战，它们将连续咆哮几个小时，留下越来越大堆的死尸和垂死的人、燃烧着的或残缺的装甲板、破损的运兵车和卡车，大草原上升起滚滚浓烟。

7月6日，罗科索夫斯基反击莫德尔，试图夺回第一天丢失的阵地，但是他的军队被前进的德国师击退。7月7日，第18装甲师、第19装甲师、第2装甲师和第20装甲师进入奥霍瓦塔（Olkhovatka）高地，距离出发点30英里，它们可以据此从北面俯视库尔斯克，并且俯视苏军在突出部内部的交通运输线。苏联的防守部队被消灭，可是预备队刚好及时赶到，没让德军得手。与此同时，在南面，霍斯指挥三个党卫军装甲师，即阿道夫·希特勒警卫旗队、帝国师和骷髅师，还有第3装甲师、第11装甲师和强大的大德意志（Grossdeutschland）装甲掷弹兵师，也坚持不懈，取得进展。瓦图京原本打算于7月6日发起反攻，可是考虑到德军部署的兵力，他决定继续防守。到7月7日傍晚，霍斯的装甲"拳头"打穿苏联的防御外壳，距离从南面防守库尔斯克的奥博扬（Oboyan）不到12英里。此时，北面和南面的装甲攻势大有实现会合之势，而"堡垒"行动的逻辑正依赖于这种会合。

然而，苏联的防御使穿透行动的损失极为惨重。整条战线由土木工事交叉而成，苏联的反坦克炮兵连各自为战，向德国先遣部队的单个坦克齐射。7月10日，霍斯被迫用上装甲预备队，即第10装甲师和党卫军维京师（SS Viking Division），以便维系南面取得的进展，可是不管怎样，前进速度开始减缓。此外，朱可夫和华西列夫斯基于7月11日从斯大林和苏联最高统帅部那里获得直接指挥战斗的权力，现在他们要让苏联的预备队投入全面反攻。7月11日，他们命令罗科索夫斯基右侧的布良斯克方面军（波波夫）进攻莫德尔的侧翼。更重要的是，7月12日，他们调来科涅夫的草原方面军（Steppe Front）的坦克预备队，与霍斯的第4装甲集团军在库尔斯克南面交锋。该决定也许将促成第二次世界大战中规模最大的坦克战。埃里克森写道："在普罗霍罗夫卡（Prokhorovka）的范围内，苏联和德国两支大规模的装甲部队，投入巨大的坦克战旋涡，参战坦克逾1000辆。两个德国装甲集群……各自集结约600和300辆坦克；罗特米斯特罗夫（Rotmistrov）的第5近卫集团军（Fifth Guards Army）[来自科涅夫的预备队]有900辆坦克——接近势均力敌，此处德军还派上约100辆虎式坦克。"这场大战打了一整天，

在近距离平射射程内，苏联T-34型坦克和几辆KV型坦克迅速向德国军队移动，德军的虎式坦克原地开火；接近后各自为战时，几十辆坦克转来转

去，正面和侧面的装甲更易穿透，一旦坦克的弹药爆炸，炮塔从破损的外壳飞出几码远，或者燃起大火……伴随深夜的降临，战场上空雷云堆积，炮火减弱，坦克停了下来。坦克、火炮和死尸皆陷入沉寂，闪电闪动，大雨滂沱。普罗霍罗夫卡大屠杀（Prokhorovskoe poboische）顷刻结束，逾300辆德国坦克（其中有70辆虎式坦克）……残破地躺在大草原上……苏联第5近卫坦克集团军超过一半的坦克凌乱地躺在同一地区。双方都得到和给予了可怕的惩罚。无论如何，德国从南面和西面发起的进攻遭到遏止。在奥博扬，进攻已然停止。

"堡垒"行动不只在霍斯的南面攻击中没能实现预定目标。"由于罗科索夫斯基的中央方面军守卫在中俄罗斯（Sredne-Russki）高地的大斜坡上，从北面进攻库尔斯克也被阻止，而且罗科索夫斯基手头有大量预备队。"

没人比希特勒更乐于承认失败。"这是我最后一次采纳总参谋部的建议，"7月13日他与曼施泰因、克鲁格开会决定该行动的未来后对他的副官说，因此他下令停止"堡垒"行动。曼施泰因确信，只要将东线战场最后一支装甲预备队给他，他仍能切断突出部。可是，希特勒断然拒绝。将领们曾经说服他，装甲部队的突击能够突破库尔斯克突出部的防御，尽管其防御强度和实力都是空前的，结果事实证明他们错了。"堡垒"行动持续到7月15日，尽管苏联损失惨重，超过一半的参战坦克被毁，但此时轮到他们做决定了。无论如何，德军付出的代价同样很大，例如第3装甲师、第17装甲师和第19装甲师现在合在一起只有100辆坦克，而战役开始时它们拥有450辆坦克。此外还有战略层面的损失。尽管古德里安——和施佩尔——作出许多努力，但是德国的坦克产量仍然无法实现为1943年制定的每月生产1000辆坦克的目标；平均每月只生产330辆。在"堡垒"行动的几天中，德军损失了比这更多的坦克，第4集团军的装甲部队有160辆坦克完全毁在战场上。结果，中央装甲预备队现在全被耗尽，此前东线德军经常能于危难之际调用它。德国目前的坦克产量主要用于补充装甲师的自然损耗，因此无法重建这支装甲预备队。幸亏乌拉尔山脉一带的重工业生产逐步发展，1944年红军生产坦克的速度将接近每月2500辆，远比损失坦克的速度要快，足以使坦克数量出现净增长。因此，库尔斯克一战的主要意义在于，它使德国丧失了未来夺取主动的手段，苏联自然而然掌握了主动权。

苏联在库尔斯克战役后乘胜追击，起先是笨拙和试探性的。苏军向库尔斯克突出部北面奥廖尔的进攻，是其装甲部队与四个德国装甲师之间的一场硬仗，四个德军装甲师试图阻止苏军前进，损失很大。与此同时，向突出部南面别尔哥罗德（Belgorod）的挺进由新赶来的指挥官托尔布欣（Tolbukhin）负责，遭到反击后，红军被迫于8月1日撤退。无论如何，红军的这些进攻耗尽了克鲁格和曼施泰因剩下的预备队，于是斯大林于7月22日同意向哈尔科夫发起新的攻势。8月3日，苏联展开进攻，结果是毁灭性的。德国第167师首先遭到苏联第6近卫集团军大规模炮兵部队的轰击，第6近卫集团军隶属瓦图京的沃罗涅日方面军。几个小时后，当德军防御区被火夷为平地后，一支苏联坦克纵队实现突破。8月5日，苏联拿下别尔哥罗德，到了8月8日，在第4装甲集团军的侧翼打开一道缺口，直接通向100英里外第聂伯河的渡口。

此时，曼施泰因告知希特勒，必须从西部调给他20个师的增援，否则他必须放弃顿涅茨河流域及其所有矿产和工业资源，这些资源对于德国和苏联持续作战而言至关重要。希特勒对这一最后通牒的回应是，既没有援军，也不许放弃顿涅茨河流域，他提出第三种选择。他没有能力提供增援，实际上，由于在意大利的阵地日益受到威胁，他将包括精锐的阿道夫·希特勒警卫旗队在内的各师从苏联撤到意大利。然而，考虑到东线的危机不断深化，此时他勉强同意建造与沿着莱茵河的"西墙"相配的"东墙"（此前他一直不同意），以此为屏障，东线德军能够防守1941年至1942年夺取的土地。"东墙"从亚述海海岸向北延伸到南方集团军群的指挥部扎波罗热（Zaporozhe），而后沿着第聂伯河和捷斯纳河（Desna），经由基辅和切尔尼科夫（Chernigov），北至普斯科夫（Pskov）和佩普西湖（Lake Peipus），最终在纳尔瓦（Narva）抵达波罗的海。

希特勒下令立即开始修建这道防线，这也将是条"停止"线，东线德军不能撤到这条防线后。实际上，德军既缺乏修建它的人力，又缺乏修建它的物力，而红军也不会给他们修建这条防线所必需的时间。与此同时，红军在南部战线全线挺进，于8月23日拿下哈尔科夫这个争夺最激烈的苏联城市（此后一直由苏联掌握），而后同时横渡顿涅茨河及其短支流米乌斯河。这些进攻威胁包围克莱斯特的A集团军群，它仍占据着克里米亚那边的桥头堡，也危及第6集团军的阵地，第6集团军是曼施泰因的南方集团军群最南端的部队，位于克里米亚以北。8月31日，希特勒批准再向南撤退。可是，中央集团军群的防御此时已在三个地方被突破了，在红军的重压下，东线德军的南部防线全线崩溃。到了9月8日，苏联的先遣部队距离第聂伯河不到30英里，到了9月14日，苏军威胁基辅。克鲁格的中央集团军群无法继续防守捷斯纳河，仅在一个月前这里被指明为"东墙"的一部分。同一天，索科洛夫斯基的西方面军开始向中央集团军群战区内的斯摩棱斯克挺进，这里曾是1941年大包围战的中心，那时东线德军在苏联大获全胜。转天，希特勒允许德军撤退到第聂伯河、索日河（Sozh）和普罗尼亚河（Pronya）防线，1941年7月的大闪电战大致抵达该防线；不过，指令来得太晚，德军已然来不及有序地撤退了。这演变为一场争夺河流阵地的比赛，许多德国部队失败了，因此到9月30日，红军在第聂伯河上有五个桥头堡——若干桥头堡是通过伞降袭击夺取的——包括紧邻普里佩特沼泽南面的大片占领区。

对于东线德军而言，这是夏季战斗的悲惨结果，因为西岸是高高的陡坡，第聂伯河是苏联南部防守最为稳固的阵地。在连续五周的战斗过程中，沿着650英里的战线，德军被迫撤退了150英里，尽管希特勒下令，德军撤退时应该执行"焦土"政策，要毁掉工厂、矿山、发电站、集体农场和铁路，但是破坏小组没能摧毁公路网络，红军沿着这些公路前进。此外，希特勒下令修建的防御工事尚未取得丝毫进展。"东墙"成了留在地图上的一条线，没能转变成土木工事、布雷区或障碍区。

红军不断壮大的实力

相反，对于红军而言，夏季战斗取得了胜利。红军完成了库尔斯克战役胜利后斯大林和最高统帅部制定的所有目标，尽管人员损失和物资支出继续保持较高水平——7月和8月惊人地消耗了4200万枚炮弹——苏军实力及其进攻能力不断增强。到了10月，苏联的兵力达到126个步兵军（每个军有两到三个师）、72个独立的步兵师、5个坦克集团军（3到5个师）、24个坦克军（2到3个师）、13个机械化军（2到3个师）、80个坦克旅、106个独立的坦克团和大量炮兵部队——6个炮兵军、26个炮兵师、43个自行火炮团、20个炮兵旅和7个喀秋莎火箭炮师。为了标示红军取得的进展，几个方面军重新命名。10月的第一周，沃罗涅日方面军、草原方面军、西南方面军和南方面军改名为第1、第2、第3和第4乌克兰方面军，为下一阶段的攻势停顿重组。北面的几个方面军不久将改称为第1和第2白俄罗斯方面军和第1、第2波罗的海方面军。红军一往无前。

冬季是进攻的最佳时机。苏联士兵对这个季节更加熟悉，他们也比德国士兵装备得更好。德国步兵的脚在被称为"骰子盒"的军鞋里冻伤。红军士兵穿着抵御冻伤的毡鞋,战争期间美国特地为苏联定制了1300万双毡鞋,按照《租借法案》的约定运到苏联;苏联士兵还知道照看鼻孔结冰的驮畜,以及让机动车辆在零度以下的严寒中行驶的小诀窍——其中之一是将汽油和润滑油混合在一起,德国国防军则痛苦地学习着这些花招。直到这第三个冬季,当希特勒最后准备承认胜利遥遥无期时,东线德军才得到充足的御寒装备(在第一个冬季里,德军士兵往他们的制服里塞满破报纸);苏联士兵的常规补给中包括绵羊皮和毛皮衣服。

伴随着冬季第一次霜冻的降临,新改名的各个乌克兰方面军开始渡过第聂伯河下游发起进攻。此前,红军在人力和物力方面的积淀还不足以沿着整条战线发起攻势,因此在未来的18个月里,红军将展开一系列攻势,先从右翼或南面进军,然后再从左翼或北面进军;秋季,苏军展开左翼进攻的第一击。目标出现了。到目前为止,东线德军最薄弱的部队是占据克里米亚及其入口的第17集团军。希特勒非常重视对克里米亚的控制,这既因为1942年夏他费了九牛二虎之力才得到它,又因为他一直相信克里米亚是盟军空袭普洛耶什蒂油田的最佳位置。10月27日,第4乌克兰方面军(托尔布欣)向克里米亚发起大规模进攻,希特勒首先想到向罗马尼亚求援,他相信罗马尼亚会与他患难与共;当罗马尼亚领袖扬·安东尼斯库将军不愿增加他在东线战场的砝码时,希特勒仅仅命令,第17集团军必须继续战斗,坚守到底。在苏联的重压下,距离最近的第6集团军不久便被赶到连接克里米亚和大陆的地峡(彼列科普地峡 [Perekop isthmus])那边,苏联红军还从克赤半岛的亚洲海岸登陆。到了11月30日,21万名德国士兵不仅被孤立于克里米亚,而且面临即将到来的战斗。

与此同时,另外三个乌克兰方面军沿着整个第聂伯河下游进攻,威胁到曼施泰因的南方集团军群的侧翼。第3和第2乌克兰方面军首先在曼施泰因南侧的克里沃罗格(Krivoy Rog)附近夺取了一个大的桥头堡;此后,11月3日,第1乌克兰方面军打过第聂伯河,在普里佩特沼泽以南夺回基辅,这是自斯大林格勒包围战以来东线战场最为壮观的时来运转。

11月,白俄罗斯方面军和波罗的海方面军也在普里佩特沼泽北面采取行动,从布良斯克出发,重新攻克斯摩棱斯克——1941年这里曾是红军的伤心之地——并且威胁维帖布斯克。它们现在走的路线是1812年拿破仑去莫斯科走的那条路,只是方向相反,因此令希特勒担心波罗的海诸国和通向波兰1939年东部边境之路的安全。

12月份,天气异常暖和,水路网络和普里佩特沼泽上游的小湖尚未冰冻,东线德军暂时不难渡过第聂伯河上游向西防守斯摩棱斯克—明斯克路线。然而，希特勒在第51号元首指令（11月3日）中宣布，他迫切地感到英美盟军将在西线发起进攻，他"无法再为支援其他战场而削弱西线"。实际上，他"因此决定加强防御"；这个决定意味着，东线德军不再能指望来自所谓的国防军最高统帅部战区——法国、意大利和斯堪的纳维亚——的增援，而是必须凭借一己之力和可以找到的诸如本土军这样的补充兵员战斗。

1943年12月，在基辅突出部的战斗中，一名德国步兵的脸上写满了精疲力竭。

"东线地域辽阔，"希特勒在第51号元首指令中承认，"尽管我们可能丧失土地，甚至大量土地，但是不会对德国的神经系统构成致命打击。"这种看法意味着他也许准备接受东线元帅们提交的方案，其中最重要的来自曼施泰因，即与红军交战最有利可图的方式是，在发动进一步攻击前采取撤退的战略。其隐含的意义并没得到实践。1943年至1944年的冬季，红军的兵力甚至比以往更多；可是，希特勒不愿让出原来占领的土地——特别是在南部战线。希特勒不仅依然期盼保有尼科波尔（Nikopol）和克里沃罗格（Krivoy Rog）的矿产，而且不断强调如果克里米亚成为苏联的空军基地，罗马尼亚油田有遭到进攻的危险，特别让他痴迷的是，他坚持认为克里米亚的沦陷将促使土耳其站到盟国一边参战。

希特勒下令撤退

曼施泰因将其战地指挥所撤到以前希特勒在乌克兰的文尼察夏季指挥部。1月，他两次前往拉斯滕堡，论证撤退的理由，但是两次都遭到拒绝。此时，在朱可夫的直接指挥下，第1、第2乌克兰方面军展开不懈的进攻，曼施泰因的南方集团军群团结一致，坚守战线，起初南方集团军群撤退得比克莱斯特的A集团军群慢。1月10日，第3、第4乌克兰方面军展开猛攻，A集团军群在坚守尼科波尔和克里沃罗格时几乎陷入包围，在希特勒万不得已正式签发撤退指令后，A 集团军群遗弃了大部分大炮和交通工具，最终逃脱。到了 2 月中旬，南方集团军群也处于极大的困境之中，它的两个军被瓦图京围困在第聂伯河和切尔卡瑟（Cherkassy）西面的文尼察，2 月 17 日，在集结了所有可用的装甲部队帮它们突围后，二者才得以逃脱。之前，科涅夫的第 2 乌克兰方面军在乌曼（Uman）附近阻挡住第 1、第 4 装甲集团军很有威胁的进攻，而第 1、第 4 装甲集团军的行动使曼施泰因的坦克所在位置不佳，无法遏制普里佩特沼泽南面第 1 乌克兰方面军随后的进攻。到了 3 月 1 日，第 1 乌克兰方面军跨过波兰 1939 年时的边境，开始威胁利沃夫，距离喀尔巴阡山脉不到 100 英里，这是从东面进攻南欧的唯一一道山岳屏障。

北部战线也危机重重。1 月 15 日，北方集团军群也遭到攻击，现在北方集团军群由格奥尔格·冯·屈希勒尔（Georg von Küchler）将军指挥。苏联列宁格勒方面军、沃尔霍夫方面军和第 2 波罗的海方面军三个方面军火速进发，到 1 月 19 日为止，攻破了北方集团军群在这三个地区的防御，拓宽了连接列宁格勒和苏联其他地区狭窄的走廊地带，在一千天的围困之后解放了这座城市；对列宁格勒的封锁使 100 万居民饥饿而死，1 月 26 日，对列宁格勒的封锁正式宣告解除，该城的所有炮兵部队鸣 24 响礼炮。然而，在列宁格勒之后，是规划的"东墙"唯一已经竣工的部分。在苏军进攻列宁格勒的初期，希特勒不同意撤退，申斥屈希勒尔应该在卢加河构筑中间据点，因为他拥有东部地区最强大的军队。可日益明显的是，德军缺乏时间和资源，因此 2 月 13 日，希特勒被迫同意向"黑豹"（Panther）防线撤退。东墙从纳尔瓦至佩普西湖和普斯科夫湖的一段被称为"黑豹"防线。撤退和放弃克里米亚一样，让希特勒有种极度的政治恐惧，因为他相信——有理由——这会促使芬兰为了单独的和平而与苏联展开秘密谈判。

无论如何，希特勒目前的困难仍是军事性，而非政治性的。2 月底，总参谋长蔡茨勒向他担保，至此已消灭 1800 万兵役年龄的苏联人，斯大林的人力储备只有 200 万人；相反，10 月中旬，东线外军处（Foreign Armies East）处长莱因哈特·盖伦（Reinhard Gehlen）上校提醒，将来红军会"在人员、装备和宣传领域超过德国"。盖伦是对的，蔡茨勒错了。此时，红军恰好集结了类似中央装甲预备队那样的部队，战场上哪有突破机会，红军就能将它调到哪里，希特勒曾经同意国防军陆军总司令部将中央装甲预备队投入库尔斯克沸锅战。到了 2 月中旬，苏联最高统帅部在南方集团军群的对面集结了五个坦克集团军；第六个坦克集团军于月底抵达。2 月 18 日，斯大林下达命令，让它们于 3 月初发起进攻：第 1 乌克兰方面军于3月4日展开进攻；第2和第3乌克兰方面军于3月5日和6日与之会合。比较而言，苏军人数比德军多，步兵比例为二比一，装甲部队的比率比二比一还高。

紧要关头出现了一个障碍。指挥第1乌克兰方面军的瓦图京陷入乌克兰分离主义游击队——苏联人、德国人和波兰人为了普里佩特沼泽边陲地区控制权而进行的幕后战争的战士，红军的进攻现在使这种争夺显得无关紧要——设下的埋伏，2月29日受了致命伤。这是苏联统帅部的重大损失；不过，他的职位立即由朱可夫接任，如同在斯大林格勒，朱可夫直接掌控即将到来的攻势。这场战役以毁灭性的炮击开始，自从炮兵部队在战争中取得巨大发展以来，这已经成为红军作战方式的鲜明特征。第1乌克兰方面军很快在第1装甲集团军和第4装甲集团军的侧翼打开一道缺口，奋力向前；第4装甲集团军在伊尔门湖（Lake Ilmen）附近的卡门内茨（Kamenets）被围，被迫突围。第2、第3乌克兰方面军对付更薄弱的A集团军群，进展甚至更快。到了4月15日，它们粉碎防御，并渡过所有三条河，即布格河、德涅斯特河和普鲁特河（Prut），德军也许希望这三条河会挡住红军的进攻。第2、第3乌克兰方面军夺回敖德萨，把第17集团军孤立在后方的克里米亚。此外，4月8日，托尔布欣的第4乌克兰方面军突然扩大其在克里米亚克赤半岛的桥头堡，一路向前，在塞瓦斯托波尔周围的小"口袋"里包围了第17集团军的幸存者，恰如1854年英法军队对俄军所做的那样——1941年伦德施泰特也曾那样对付过红军。自1941年11月至1942年7月间，在为期8个月的围困中，塞瓦斯托波尔的苏联守军英勇抵抗。1944年5月初，希特勒承认，他无法继续防守该城，5月4日至8日的四个夜间，德军撤离；可是，逾3万名德国士兵被弃于此，5月9日苏联红军解放该城时，他们沦为战俘。

对于红军而言，南部战线的夏季攻势取得了胜利。自3月至4月中旬，红军前进了165英里，控制了三处潜在的防御阵地；还夺回了一些苏联最富庶的地区，虽然这些地区受到严重破坏；夺去了希特勒所珍视的战略前哨；给A集团军群、南方集团军群和中央集团军群造成无可挽回的损失。驻守克里米亚的第17集团军全军覆没，损失了逾10万名德国及其盟国罗马尼亚的士兵。

南部战线的崩溃已经促使希特勒对那里的东线德军作出粉饰性的调整。3月30日，他将曼施泰因和克莱斯特召唤到拉斯滕堡，告诉他们南部战线需要"新名称、新口号和精于防御战略的指挥官"，希特勒宣布他们被解职了。曼施泰因被莫德尔取代，这位将军曾在"黑豹"防线稳住列宁格勒战场，克莱斯特由斐迪南德·舍尔纳（Ferdinand Schörner）将军取代，舍尔纳既是纳粹政权的狂热信徒，又是一位好名之徒。这样一来，两位重要的装甲突破专家离开了，取而代之的却是能够残酷无情地让士兵服从命令和奴隶般顺从元首权力的人。蔡茨勒也是一位严格遵守纪律的人，听到这个消息后，他充满良知地递交辞呈。希特勒拒绝了他的辞呈，警告他说"将军是不能辞职的"。

几天后，希特勒下令南方集团军群和A集团军群分别改名为北乌克兰集团军群和南乌克兰集团军群，这完全是空洞无力的姿态，象征着他表明决心要夺回那片现在他已不再拥有的地区。然而，他不仅缺乏进攻手段，甚至无法找到预备队去打一场防御战；1944年春，希特勒在法国面临着海上进攻的威胁，在意大利面对着盟国突破的现实。在东线，拥有战略主动的是斯大林，在乌克兰取得胜利后，斯大林计划着下一步的进攻，要将东线德军从苏联的土地上彻底赶出去。

5月，斯大林提拔了两位高级参谋，任命什捷缅科（S. M. Shtemenko）担任总参谋部作战部长，任命铁木辛哥代表最高统帅部监督苏联前线——波罗的海和黑海之间长达2000英里——的各个战区，报告可能发生的情况。他们的分析如下：坚持向喀尔巴阡山脉进发，虽然可以增强对罗马尼亚、保加利亚、匈牙利，最终是南斯拉夫的威胁，从而具有政治优势，但是很危险，因为这将拖长暴露给中央集团军群的侧翼。从列宁格勒沿着波罗的海海岸向南进发，将威胁东普鲁士，但不会危及德国的核心地带，也冒着被中央集团军群反击的风险。因此，如此权衡之后，最佳战略是彻底摧毁中央集团军群，该集团军群仍然占据着历史上俄罗斯领土的最重要部分，还在通往柏林的大路上守卫着华沙通道。这要求在组织上作出若干调整，尤其是对与中央集团军群作战的白俄罗斯方面军和波罗的海方面军的增援和划分。考虑到红军新近建立起为改变路线迅速集结兵力的能力，这种重新部署是可行的。

"巴格拉基昂"行动

4月份，"西部"战场得到重组。白俄罗斯方面军和波罗的海方面军各自分成三部分。新将领得到任命，资深指挥官——华西列夫斯基和朱可夫——负责监督。坦克增援和炮兵预备队集中于白俄罗斯方面军。整个战场的南北两端协同进行牵制行动——在北面不仅起到牵制作用，因为夏季攻势的附属成分之一是发动突袭，让芬兰退出战争。最终，在普里佩特沼泽南岸的第一乌克兰方面军由经验丰富的科涅夫指挥，由从其他乌克兰方面军调来的坦克集团军加以充实，在普里佩特沼泽附近长途奔袭，包围莫德尔的北方集团军群的侧翼，最终攻击中央集团军群。这是红军发起的最雄心勃勃的行动。它所缺的只是个名字；5月20日，斯大林接到来自总参谋部的详细计划，他宣布该行动将被称为"巴格拉基昂"，这是1812年拿破仑入侵期间在白俄罗斯和莫斯科之间的博罗季诺（Borodino）负伤身亡的将军的名字。

列宁格勒方面军向芬兰的进攻始于6月9日，尽管发起进攻的兵力不多，但不久就耗尽了芬兰军队的微薄储备。7月28日，芬兰总统辞职，将职务移交给民族主义领袖曼纳海姆元帅，曼纳海姆立即单独进行停战谈判。8月底，他的停战谈判得到回应。

与此同时，斯大林为启动"巴格拉基昂"行动设定了一个日期。去年11月在德黑兰，他向丘吉尔和罗斯福保证，该行动将与D日同时发生。他选定的日期是6月22日，即希特勒无端突然进攻苏联的三周年纪念日。在接下来的三个夜晚，中央集团军群后方的苏联游击队忙着在德军供应后勤物资的铁路线埋炸药；6月19日、20日、21日，逾4万包炸药爆炸。不过，国防军陆军总司令部和国防军最高统帅部排除了这些攻击表明红军准备发起进攻的可能性。5月初以来，东线战场鸦雀无声，盖伦的东线外军处坚持认为，这些信号暗示红军准备向北乌克兰集团军群发起新的攻势；盖伦称之为"巴尔干解决方案"，而这恰恰是苏联最高统帅部已然否决的计划。德国空军根据自己的情报部门和侦察飞行所得的信息得出相反的观点：空军已然查实，苏联集结了4500架飞机进攻中央集团军群。6月17日，这一警告传到希特勒耳中，提醒了他，促使他命令第4航空军展开破坏性进攻，第4航空军是他在东线的最后一支完好无损的空中打击部队。然而，苏联的集结过于庞大，任何进攻都是无效的，而且此时将地面部队调到中央集团军群的前线去做后援已经太迟了。

6月22日凌晨4点，"巴格拉基昂"行动以短暂的炮击开始，步兵侦察部队随后展开进攻。朱可夫关切的是不应该在空阵地上浪费进攻能量。转天，红军真正展开进攻，在密集的飞机编队支援下，更多的步兵部队向德军主要的防御工事压上，为后方的坦克开路。它是166个师的先遣部队，进攻有2700辆坦克和1300门突击炮提供支援，而与之对决的中央集团军群在长达800英里的战线上只有37个师，装甲部队的支援也很无力。

受难的第一支德国军队是第9集团军，它防守集团军群战线的南面。在进攻的第二天，第9集团军面临着被第1、第2白俄罗斯方面军包围的危险，6月26

日,希特勒允许它撤退到明斯克以东的贝尔齐纳河(Berezina,1812年拿破仑的大军曾在此地遭到猛烈的攻击),可惜太迟了。附近的第4集团军是下一支受难的德国军队。尽管6月26日希特勒也批准该集团军撤退,但是第4集团军被困在第1、第2白俄罗斯方面军更大的包围圈中,6月29日在明斯克以东遭到挫败。到"巴格拉基昂"行动第一周周末,行动所到之处,三支德国军队损失了近20万人和900辆坦克;第9集团军和第3装甲集团军只剩空壳,每个集团军只有三或四个作战师,第4集团军则全线撤退。此时,希特勒面临着东线战场裂开的大口,同时还为其他大小危机感到心烦。盟军在法国登陆,建立了据点,芬兰正在崩溃,6月22日他喜爱的大将迪特尔在飞返镇守北极地区德国阵地的途中死于空难,1940年迪特尔曾在挪威北部挽回败局。6月28日,希特勒以莫德尔取代陆军元帅恩斯特·冯·布施(Ernst von Busch)出任中央集团军群指挥官,以北乌克兰集团军群为预备队,莫德尔正在成为元首的"救火队员"。

然而,纵然是莫德尔的灭火能力,也无法压制这把正在摧毁他的集团军群的大火。到了7月2日,莫德尔断定第4集团军已然无望平安回到明斯克,因为它此时在贝尔齐纳河受到牵制,第2白俄罗斯方面军已在列佩利(Lepel)渡河。因此,他尽力试图让该城各面的逃生路线保持畅通,但是苏联装甲部队——7月2日罗特米斯特罗夫的第5坦克集团军沿着明斯克—莫斯科公路一天行军30英里——迅速前进,很快打乱了这个计划。7月3日,明斯克陷落,第4集团军在该城东面被围;其10.5万名士兵中,有4万人在突围时阵亡。7月5日,在最后一次空投补给品后,幸存者开始投降;7月8日,第12军的指挥官正式提出投降;到了7月11日,包围圈里的人停止抵抗。

实际上,第4集团军的被围终结了白俄罗斯之战;7月17日,红军正式庆祝胜利,5.7万名战俘在莫斯科大街穿过静静的人群走向集中营。到那时为止,进攻的几个苏联方面军的先遣部队已经抵达遥远的战场西部,那里的俘虏已经成为囚徒。7月4日,苏联最高统帅部下达新的目标,命令它们沿着从拉脱维亚的里加(Riga)到波兰南部的卢布林(Lublin)的弧线前进,攻击东普鲁士的边境。在这场战争中,德意志帝国的本土第一次受到威胁。7月的第二周,它们继续前进;到了7月10日,立陶宛首都维尔纳(Vilna)落入苏军之手,第3白俄罗斯方面军踏上德国的土地。7月13日,科涅夫的第1乌克兰方面军带着1000辆坦克和3000门大炮展开攻势,进攻加利西亚东部古老的奥匈帝国堡垒利沃夫。利沃夫是个难攻的目标,防守比较稳固,7月27日,利沃夫陷落;到那时,罗科索夫斯基的第

1白俄罗斯方面军转而向南，绕着普里佩特沼泽的边缘前进。8月第一周周末，两个方面军抵达维斯图拉河及其支流华沙南面的圣河（San）防线，第1波罗的海方面军和其他白俄罗斯方面军渡过涅曼河（Niemen）和维斯图拉河北部支流布格河，从另外一侧威胁华沙。

背叛感让希特勒深感压抑。虽然普通的德国士兵仍然效忠于他，可是他的军官中开始出现叛徒，作为一个阶层，他从不相信他的军官们。"塞德利茨"（Seydlitz）集团由那些在斯大林格勒投降的人组成，他们转而从事"反法西斯主义事业"，在"巴格拉基昂"行动前夕，他们积极使用无线电和传单向中央集团军群进行宣传；16位被俘的将领被苏联人说服，于7月22日签署一项"呼吁"，他们宣称损失的35万名士兵是"在碰运气的游戏中牺牲"。两天前，陆军上校克劳斯·冯·施陶芬贝格试图在指挥部里刺杀希特勒，这是计划以一个西方可以接受的政府推翻国家社会主义政权的密谋的开始。那天，蔡茨勒从总参谋长的职位上消失不见；他被免职了，还是仅仅逃跑了，始终不明。8月1日，波兰本土军占据了华沙市中心。

波兰本土军在华沙起义的动机很复杂；对红军——到8月1日紧邻维斯图拉河——没能救援爱国者的解释也很复杂。7月29日，由波兰共产主义者在苏联的控制下开办的苏联柯休兹柯电台（Radio Kosciuszko）呼吁起义，并且承诺苏联的援助近在咫尺。波兰本土军陷入两难：依照埃里克森的观点，"不采取行动，意味着落个实质上的纳粹走狗的骂名，采取行动会因力量薄弱而被消灭，斯大林坚持认为他们力量薄弱"。斯大林有他自己的波兰属军，即人民军（People's Army），目前正为"巴格拉基昂"行动而战。他还扶植了另一个波兰政府，该政府在新近夺取的波兰边城自封，西方称为"卢布林委员会"。8月3日，斯大林会见了波兰流亡政府总理斯塔尼斯拉夫·米科拉茨克（Stanislaw Mikolajczyk），米科拉茨克来莫斯科商讨未来与苏联政府的关系。斯大林首先宣称不知道起义，然后警告说他无法容忍"伦敦"波兰人和"卢布林"波兰人的分裂，拒绝提供主要由英国提出的向起义者提供武器的计划中的装备，令他感到遗憾的是，德国在华沙附近的反攻使第1白俄罗斯方面军无法继续前进，但是8月9日他最终向米科拉茨克担保，"我们将尽一切可能提供援助"。

那时已然太迟了。实际上，莫德尔凑齐了足够多的装甲部队，于7月29日在普拉加（Praga）附近向罗科索夫斯基的第1白俄罗斯方面军发起防守反击战，普拉加是维斯图拉河边的华沙郊区。希特勒授权希姆莱镇压华沙起义，希姆莱随后调来部队，包括德国罪犯组成的迪勒汪格旅（Dirlewanger brigade）和苏联叛军组成的卡明斯基旅（Kaminski brigade），这两个旅最近由党卫军组建，负责执行特别残忍的内部安保行动。在战役爆发后的24小时内，它们向该城居民——无论是否是战士——展开恐怖行动，在起义被镇压前，搏斗、大屠杀和区域轰炸致使20万人丧生。

二十六　抵抗和间谍

温斯顿·丘吉尔任命休·道尔顿（Hugh Dalton）负责特别行动委员会（Special Operations Executive）的时候，指示他说："现在让欧洲燃烧起来吧。"特别行动委员会成立于1940年7月22日，它的成立是出于丘吉尔明确的愿望，旨在激发和赞助欧洲沦陷区内针对希特勒统治的抵抗运动。在欧洲沦陷区反抗希特勒统治的历史上，1944年8月的华沙起义最契合丘吉尔所谓"燃烧起来"的愿望。华沙起义让希特勒面临尖锐的内部军事危机；激发希特勒帝国其他地区被压迫的人们也这样做；证实了战争期间丘吉尔向英语国家所说的话——时机成熟之时，战败的人准备好起来反抗暴政；展现四年传统战争期间英美"特别"机构在欧洲占领区边缘地区所组织的颠覆和破坏的"暗"战的效果。

因此，华沙起义粉墨登场。然而，从历史的角度看，必须承认的是，就波兰本土军在与希特勒的警戒部队为时七周的战斗中所表现出的英勇和遭受的苦难——1万名战士和也许多达20万名平民被杀——而言，华沙起义并非对残酷统治的自发反应。根据客观评估，华沙起义并未严重削弱希特勒在大体上维持波兰国内秩序的同时，继续对红军展开有效防御的能力，起义爆发的那一刻，红军停驻在维斯图拉河的远端。相反，起义提前爆发，这是因为本土军考虑到在红军抵达波兰建立斯大林的傀儡政权前，德国人在白俄罗斯战役中的失败使流亡政府有机会夺取波兰首都，机不可失，时不再来；然而，本土军的考虑是站不住脚的，因为苏联人没能在军事上向德国人持续施压，德国人反而在没调用前线兵力的情况下还击并且最终打败了起义者。

因此，华沙起义远不能证明一系列相似暴动中较早的一场如何为促使希特勒走向战败作出贡献，它只是个可怕的警告，告诫那些仍由德国国防军控制的地区想要拿起武器反抗希特勒的属民，即使在战争的后期，暴动仍是多么危险。如果华沙起义尚未充分说明这一点的话，那么6月法国南部反纳粹游击队马基（Maquis）和7月斯洛伐克人的经历则更加充分地证实了这一点。D日当天，在法国，格勒诺布尔（Grenoble）地区的马基队员们在韦科尔（Vercors）高原举起义旗，从韦科尔高原利用隆河河谷的路线开始袭击德国军队；到了7月，韦科尔地区聚集了数千马基队员,其中大部分人是强迫劳役计划的逃亡者。G集团军群在其责任范围内到处受到小规模袭击的骚扰,其后决定对这一孤立脆弱的抵抗运动根据地杀一儆百,于是封锁了韦科尔高原,用滑翔机将党卫军空降到山顶上,7月18日至23日间,德军残忍地杀害了他们在那里找到的每一个人。与此同时,德国警戒部队还以小规模行动镇压了斯洛伐克人在捷克斯洛伐克东部地区的叛乱。斯洛伐克附属军揭竿而起,反抗占领部队,期盼苏联即将出兵干预,可是他们却并没得到救援,最终以失败告终。希特勒无需镇压更多起义——除了解放期间巴黎精心选择时机的起义——他的军队仍站在征服的领土上。

韦科尔大屠杀让那些遵从丘吉尔"让欧洲燃烧起来"政策的人更为沮丧,这次起义得到特别行动委员会的支持和供给;特别行动委员会的一个联络小组(代号为"杰伯奇"[Jedburghs])被空降去支援韦科尔地区的马基队员,7月14日马基队员们收到空投的1000件武器和弹药,这是由美国陆军航空部队空运到韦科尔高原的。可是,这种供给毫无用处。尽管抵抗组织由一名法国军官率领,但是抵抗组织的战士们完全缺乏与职业军队——无论如何,他们被灌输要残酷地镇压抵抗——作战的经验和训练。

华沙、斯洛伐克和韦科尔起义在第二次世界大战进程中发生得很晚,在希特勒统治的欧洲的历史上是关键事件,自1939年至1945年间其他抵抗和颠覆希特勒统治的活动都必须以它们为尺度来衡量。(德国防线后苏联和南斯拉夫的游击战是例外,需要单独审视。)既然这三场起义的结果都具有带来颠覆、破坏和抵抗计划意想不到的效果的特点——1940年6月后丘吉尔(他后来受到罗斯福的支持),以及欧洲流亡政府非常热心支持这样的计划——那么该计划可被视为代价巨大、误入歧途的失败。所有这些失败的起义中,英勇的爱国者都遭受极为惨重的损失,而镇压他们的德国军队付出的代价却微不足道;结果,客观地讲,抵抗组织圆满完成的所有较小、较初步的行动均为无关紧要、没有意义的冒险。如果这是对欧洲抵抗运动和盟国对这些运动的筹划和支援的公正判断,那么它失败的原因是什么呢?

丘吉尔误解了对意识形态专制的抵抗所能取得的成果,他的同胞中许多才华横溢、精力充沛的男男女女也都持有这样的误解,其根源在于完全误解了公众信念在征服政治中所扮演的角色。英国的历史充满了征服和对征服的抵抗。在丘吉尔的个人生涯中,武力极大地拓展了大英帝国在南非、西非和东非,在中东,在阿拉伯以及在东南亚的版图。然而,英帝国主义的洪流往往受到外部因素的影响:

反帝国主义的持续影响，无论是国内还是国外，以及大英帝国缔造者们自己所秉持的公平和托管理念。在1857年至1858年"大叛乱"期间，面对印度的反叛和暴行，维多利亚王朝中期的统治者无情镇压，希特勒的警戒部队可能从中学到一点皮毛。此后的统治者提出更加公正的帝国哲学。"最终自治"成为原则，在维多利亚时代后期和后爱德华时代，非洲的殖民主义政府在这一原则的基础上建立起来；凭借"托管"概念，英国经国际联盟委任统治非洲和阿拉伯的托管地；布尔战争后，英国让南非共和国"尽快自治"；第一次世界大战后，英国在印度的统治也弥漫着同样的思潮。

英国对统治其庞大的20世纪帝国的权力自愿有所节制，其关键在于遵从自己的民主信仰，以及关注其他民族的好感，尤其是也秉持这些信仰的美国人。尽管20世纪30年代丘吉尔由于反对将印度政府移交出去而和他的党派分道扬镳，但是他在情感上，如果并非在理智上，作为最教条的自由主义者致力于自决原则。而且，根据他在布尔战争中与布尔人交战的经历，他明白对自由的渴望是何等热切，占领国对任何受到独立信仰感召的民族坚持施加异族统治是何等艰难。对现代历史的回顾强化了丘吉尔的个人经验，现代历史中充满了民众成功反抗外国征服和统治的例子——例如，西班牙人和普鲁士人反抗拿破仑，以及美国殖民地居民反抗乔治三世。

希特勒的帝国哲学

很难想象丘吉尔和希特勒秉持的帝国哲学如此不同。尽管丘吉尔赞成帝国主义，但是他相信人的尊严；希特勒则认为"人的尊严"是资产阶级的无聊话题。正如盎格鲁—撒克逊世界里读过《我的奋斗》——1940年时他们仍然为数甚少——的那些人所承认的，希特勒轻蔑地拒绝让那些不属于日耳曼种族的人实行自治的想法。出于权宜之计，他准备与日本人联合；出于忠诚，他将墨索里尼（"恺撒的后代"）和意大利人纳入日耳曼帮；他在思想上对现代希腊人情有独钟，他认定现代希腊人是在温泉关防御亚洲游牧民族的人，并且将他们视为顽强的战士；他承认在种族上与斯堪的纳维亚人是远亲，他渴望英国人也接受一头衔，他还将此拓展到那些认同他事业的荷兰人和说佛兰芒语的比利时人；他准备必要时认可的少数族裔还囊括芬兰人和波罗的海各民族；只要他们站在他这边，他就取消对匈牙利人、罗马尼亚人、斯洛伐克人和保加利亚人的种族歧视。对于到1941年底他统治下的其他欧洲人，他不屑一顾。他们要么属于那些因屈服于罗马统治

（希特勒的政治记忆比较长）而声名有损的集团，例如法国人，要么属于斯拉夫民族的乌合之众，即波兰人、塞尔维亚人、捷克人，尤其是俄罗斯人，俄罗斯人的历史是一种臣服于超级帝国的历史。

结果，希特勒根本没有受到道德规范的影响，而道德规范容易影响盎格鲁—撒克逊人的帝国观。他肯定对这种自在感到欣喜，他轻而易举地推翻了波兰、捷克斯洛伐克和南斯拉夫的自治政府；以是否方便的标准衡量用以取代合法政权的当局是否公正：如果继任的管理者可以发挥作用，给他的占领军带来最少的麻烦，那么他乐于让他们不受干扰地当政。因此，从1942年2月开始，他将挪威的权力移交给奎西林政权（维德孔·奎西林[Vidkun Quisling]是北欧当地的独裁者），将议会政府的权力持续赋予丹麦人，迟至1943年丹麦人才进行民主选举，归来的候选人中97%是爱国者，甚至1942年11月希特勒将德国的军事占领扩大到整个法国后，还让贝当在表面上，如果并非在实质上，充当至高无上的法国国家元首。

希特勒占领政治的复杂性，体现在西欧和东欧反抗其占领政权的复杂模式中。无论如何，反抗模式不仅由希特勒选择强加给特定占领区的政权性质所决定。此外，还有三个因素发挥作用：第一个因素是左派观点；第二个因素是英国人（1941年12月后，还有美国人）能给当地抵抗组织提供援助的程度；第三个因素是地理。

地理是个常量，最好先来分析它。任何反抗敌人占领的运动的成功程度直接取决于这些抵抗运动所在地地形的难度——以这一附加条件发生影响：艰难的地形、山峦、森林、沙漠或沼泽，缺乏支撑非常规军的必要资源，因此需要外部的物资供应。然而，德国占领的欧洲大部分地区，或者在地形上不适合非常规行动，或者距离盟国支援在那里活动的非常规军的军事基地太远，因此无法轻易定期获得物资补给。例如丹麦的反抗精神比较强（尽管有同情希特勒反布尔什维克宣传的军事和政治团体），但是非常不适合游击战，因为丹麦地势平坦，没什么树木，而且人口密集；荷兰大部分地区、比利时和法国北部也有着类似的情况。在所有这些地方，秘密活动易被警方监控——贯穿欧洲占领区，国内警察从一开始就接受了征服者的权威和管理——也易招致报复性惩罚。德国人或其附属的警戒部队，例如维希政权的民兵（Milice）展开的报复轻而易举、残酷无情，对大部分人来说是种足够的威慑。此外，对报复——等级从宵禁到逮捕、抓作人质、流放到处决——的恐惧引发告密，反过来直接增强了德国控制的有效性。大部分抵抗组织开始组建时，不得不投入很多精力提防告密者，却难以完全成功。

西欧沦陷区中地形适宜抵抗运动的唯一地区是挪威奥斯陆以北地区；可是，那里人烟稀少，德国占领军的密度相当高，因此必须在国外组织所有游击战。挪威抵抗组织的战士们（他们在1943年2月摧毁了弗米尔[Vermork]的重水工厂，致使德国原子弹武器计划陷于瘫痪）得到英国突击德国边远军事哨所计划的增援，从苏格兰潜入挪威，取得非常理想的效果，促使希特勒在战争期间重兵防守挪威；可是，内部抵抗本身没有多少战略意义。

东欧和东南欧的某些地区从地形上看适宜游击战，特别是波兰喀尔巴阡山区、捷克斯洛伐克的波希米亚森林、南斯拉夫大部分地区、希腊本土的山区及其大岛、意大利的阿尔卑斯山区和亚平宁山区。然而，直到1943年7月墨索里尼倒台后，意大利的抵抗组织才得以发展，而捷克斯洛伐克距离支援抵抗组织的外部基地太过遥远，因此抵抗组织无法生根发芽。虽然捷克流亡政府掌管着战争期间欧洲境内为盟国服务的最有效的情报组织，但是特别行动委员会发起的捷克国内抵抗运动唯一重要的行动，即1942年5月暗杀党卫队"波希米亚—摩拉维亚（Moravia）代理保护人"莱因哈特·海德里希（Reinhard Heydrich），招致恐怖的报复（利第斯[Lidice]村庄的居民遭受灭顶之灾），因此这样的努力绝无仅有；其中一个刺客一被伞降到他的祖国，就向盖世太保投诚，出卖了其他刺客，这在很大程度上揭示了希特勒占领政策的有效性。在希腊，特别行动委员会早在1942年秋就建立起广泛的特工网，他们中的许多人是在牛津和剑桥受过教育、精通古典文学艺术的学者，他们受到亲希腊派（其中最重要的是拜伦）的感召，19世纪20年代这些亲希腊派曾经援助希腊人反抗土耳其人，德国人残酷无情地对待游击活动，因此英国军官不久发觉他们实际上不得不劝阻积极分子，不让他们攻击占领者。

在波兰——1939年后再次分裂，西部省份属于德国，东部省份属于苏联，只有中心区属于"普通政府"，仍是独立的行政实体——"本土军"由身处伦敦的波兰流亡政府指挥，在1944年8月爆发华沙起义前，避免向占领军发起挑衅性的军事行动。尽管波兰人掌控仅次于捷克的第二高效的情报网络（其成就之一是向英国政府提供飞行失事的德国无人驾驶武器的关键部分），但是他们从一开始就决定，国家利益在于保存本土军的实力，在德国崩溃的那一刻，本土军可以为争取恢复独立而战。然而，由于难以获得武器，本土军的军事行动也受到限制。缺乏武器是1943年4月本土军没有插手德国人摧毁华沙犹太区的原因之一，当时，在党卫队将领于尔根·施特鲁普（Jürgen Stroop）的指挥下，党卫军和民兵在街头巷战中系统消灭了英勇的犹太抵抗组织。1944年前，特别行动委员会飞机的航程不足以抵达波兰中部；甚至在 1943 年夺取意大利的军事基地后，这些飞行仍显得漫长而危险。苏联偶尔给予轰击德国的西方空军加油的便利，却拒绝为飞往波兰空降武器的飞机提供这种便利。苏联还拒绝向本土军提供武器。

苏联的态度取决于它与流亡政府、本土军的政治分歧，这种分歧甚至延续到 1941 年 8 月签署协议后，协议释放了苏联手中的波兰战俘，让他们在中东加入英国军队。斯大林在政治上将本土军视为波兰共产党潜在的对手，1941 年 6 月后他开始通过波共资助在苏联的波兰流亡军队。这是"巴巴罗萨"行动对希特勒统治下欧洲反抗德国占领的运动发展的唯一负面影响。这些努力在其他地方几乎全是积极的。在共产国际的持续控制下，只要《莫洛托夫—里宾特洛甫条约》仍然有效，欧洲各国的共产党就无法参加针对德国占领的抵抗运动。《莫洛托夫—里宾特洛甫条约》一经撕毁，欧洲所有的共产党都接到命令展开颠覆活动，无论政治色彩如何，抵抗组织的效能有了明显提高。这种效果或者归结于共产主义者和非共产主义抵抗组织的合作，特别是在荷兰，共产主义者的保密能力远超那些新近组建的秘密组织，或者归结于左派和右派之间富有创造力的竞争，正如在法国：戴高乐由于担心"自由法国"在本土也许会受共产党的领导，于是创建泛抵抗组织的"秘密军"（Secret Army），由受他管辖的全国抵抗委员会（National Resistance Council）指挥。共产主义者和非共产主义集团之间的联姻是一种权宜之计。法国共产党暗地保留只要时机成熟就扩充其政治势力的意图，1944 年 8 月解放后的过渡期里，法国共产党确实针对对手建立了地方恐怖统治；不过，在 1941 年 6 月至 1944 年 7 月间，这种联姻有助于团结，总体上增强了抵抗力。

从客观上说，必须承认的是，在希特勒统治西欧期间，抵抗组织的主要成就是心理上，而非物质上的。抵抗运动最明显的标志是地下报纸（1941 年荷兰传阅着 120 种不同的刊物），最具煽动性的活动是价值不同的情报经由秘密网络传到伦敦。一些网络落入敌手，被"转化"；例如，自 1942 年 3 月至 1944 年 4 月间，北极网络由德国人"经营"。这种挫折对盟国作战没造成太多伤害，却导致许多勇敢的男男女女（特别行动委员会认为女特工比男特工出色）直接被伞降到盖世太保手中。地下报纸的出版和情报网络的运转，其附属活动还包括从占领区偷运受伤的飞行员、偶尔的破坏活动和零星的暗杀，这些都为维护国家自豪感作出很大贡献，可是，任何活动都没能动摇德国控制系统，德国控制系统既高效，又特别经济。研究抵抗运动的历史学家们自然不愿透露作为抵抗组织敌手的德国警戒部队的具体数量（负责民众的是帝国保安部，负责军人的是战场宪兵 [Feldgendarmerie]），然而战争期间,警戒部队在法国的总数可能都没超过6500人;1943年,德国在法国第二大城市里昂的警察部队包括100名秘密警察和400人的警戒部队。德军驻扎在法国的各师(1944年6月有60个师)并不担负任何安保职责,因为它们几乎完全驻扎在沿海地区,没有能力那样做。针对德国警戒部队,抵抗组织部署了至多11.6万名武装人员,这是1944年7月统计的数字,当时盟国解放军抵达法国,使其兵力达到最强。在严格意义上的占领期,武装人员数量很少,规模很小,他们的活动一直受限;在1942年的前九个月里,暗杀德国警戒官员的总数为150人,而战争期间大规模的破坏活动不超过五起(干扰铁路网络的行为比较多,但主要局限于D日登陆前后几个月)。

让德国占领下的西欧"燃烧"的流行观点,首先出现于约翰·斯坦贝克(John Steinbeck)那鼓舞人心的小说《月亮落下了》(*The Moon is Down*,1942),此后被一批作家传承,因此被视为浪漫而可以理解的神话。西欧城市和乡村非常不适合这类持久的游击活动,民众容易招致报复。当得到外部常规军的补给和支援时,持久的游击活动是游击战的唯一形式,而游击战迫使征服者从前线转移大量军事投入。在希特勒的这场战争的整个进程中,他只在两个战区面临如此有效的游击抵抗:一个是东线战场的后方,斯大林经过一番犹豫之后支持、供

德国警卫部队从绞刑架上砍下苏联平民的尸体。

给，最终增援集中于普里佩特沼泽天堑的游击队；另一个是南斯拉夫。

起初，苏联游击队以 1941 年夏德国穿过白俄罗斯和乌克兰行进过程中所孤立的正规师残部为基础，在被切断与上级指挥部的联系和物资供应后，这些幸存者保持斗志，持有若干工具继续战斗。然而，他们依靠白俄罗斯和乌克兰的志愿者补充兵员，斯大林既怀疑这些人是靠不住的少数族裔，又怀疑他们会偷偷地和占领当局合作。从一开始，斯大林让苏联内务人民委员会（秘密警察）负责游击队；指挥体系被称为三重组织（orgtroika），由国家、政党和苏联内务人民委员会军官构成。迟至 1943 年夏，乌克兰游击队员的数量不超过 1.7 万人。1944 年 1 月，当游击队员归由红军管理，乌克兰的 13 个游击旅有 3.5 万人；1944 年 6 月"巴巴罗萨"行动前夕，游击队执行了 4000 次拆毁铁路的行动，人数达 14 万人。在苏联的支持下，他们不断壮大，尽管遭到德国的残酷镇压。从 1944 年春季开始，前线交战的德军中"休整"的部队常常加入党卫军反游击特种部队，它们在"游击滋生的"地区执行清剿任务，毫不留情地烧杀屠戮；行动经常报告"杀掉"多达 2000 人，除了男子，还包括妇女和儿童。战后历史学家根据德国记录所进行的调研表明，这样的清剿极为有效，苏联对游击队所取得的效果的估计太过夸张，游击队造成的损失，无论是对德国国防军的人力还是物力，只有苏联官方声称的一小部分。苏联估计，在顿河以西的奥廖尔地区，游击队员杀掉 147835 名德国士兵，西方学者阿姆斯特朗（J. A. Armstrong）质疑这种观点，他主张伤亡人数是 3.5 万人。

南斯拉夫游击队

正是南斯拉夫使历史学家最终赞成游击战有效，并且断定抵抗组织为第二次世界大战中德国国防军在欧洲的失败作出贡献。毫无疑问，南斯拉夫是个特例。南斯拉夫地形多山，深谷纵横，周围是海岸线，容易与特别行动委员会的海空补给部队联系，理论上适合非常规战争。南斯拉夫的塞尔维亚人习惯于反抗土耳其人，也习惯于在其境内抵抗 1914 年至 1915 年奥地利的入侵。1941 年 4 月希特勒的侵略凌辱了其民族自尊心，由于侵略过于突然，还留下数以百计拥有武器和土地的军队，他们为非常规的军事行动奠定了基础。首先揭竿而起的是塞尔维亚的保皇派，由塞尔维亚正规军军官德拉查·米哈伊洛维奇指挥。他的"切特尼克"从一开始就和克罗地亚的"乌斯达莎"不同，切特尼克是塞尔维亚语，用来称呼反抗土耳其占领当局的人，克罗地亚的"乌斯达莎"在斯洛文尼亚和克罗地亚与意大利占领军联合；不难理解，他们还反对匈牙利、保加利亚和阿尔巴尼亚在王国的北部和东部边境侵占南斯拉夫的边地。然而，确切地说，他们是与德国人做对，德国人在历史上的塞尔维亚地区扶植了傀儡政府，早在1941年5月，他们就向德国人展开游击战。

1941年9月，特别行动委员会与"切特尼克"联系，1942年夏开始向他们提供武器和金钱。特别行动委员会起初向米哈伊洛维奇派出特使赫德森（D. T. Hudson）上尉，赫德森还偶然发现反保皇派游击队，他们自称为"游击队员"，由经验丰富的共产国际特工、化名为铁托的约瑟普·布罗兹（Josip Broz）率领。赫德森很早就认为，作为轴心国占领者的对手，铁托比米哈伊洛维奇更重要，他怀疑米哈伊洛维奇想要学习波兰模式，将"切特尼克"建设为塞尔维亚的"本土军"，保存其实力，直到外在环境使他可以从国内解放整个国家的那一刻。他的怀疑对于米哈伊洛维奇来说有失公允，因为1942年"切特尼克"就向德国人展开游击战，（正如"厄尔特拉"所揭示的）直到1943年，德国人始终视他们为麻烦的敌人。不过，毫无疑问的是，米哈伊洛维奇是极端的塞尔维亚民族主义者，他拒绝与铁托合作组织全国性的抵抗运动。1941年11月，他的"切特尼克"为了控制塞尔维亚西部地区，开始与游击队员交战，他提早与意大利人签署局部停战协议，以便获取武器，迅速展开内战。

米哈伊洛维奇政策的主旨是使塞尔维亚人免受占领者的报复和暴行——考虑到国内发生战争的惨烈结果，这个目的是可敬的，但随后国内战争依然发生，导致损失了战前人口的近10%（140万）。铁托则没有这样的考虑。在革命的传统中，他命令游击队与占领者苦战到底。到1943年底，他在特别行动委员会（其南斯拉夫部门由左翼军官负责）的眼中是南斯拉夫游击战领袖中最出色的一位。从1944年春开始，英国所有的援助都给予铁托的游击队，而不再给米哈伊洛维奇。尽管美国战略情报局（American Office of Strategic Services）的一些官员仍与"切特尼克"保持联系，但是英国人抛弃了他们，结果促使他们更加紧密地与德国人合作，1943年11月米哈伊洛维奇与德方签署局部停战协议，以此作为继续与铁托打内战的手段，这也加深了盟国对他们的偏见，正如赫德森一开始表达的那样。

与此同时，铁托逐步建立起他的军队，在南斯拉夫中部和南部地区日益野心勃勃地进攻德国人。当这些进攻开始威胁德国人对该国矿产资源及其对希腊的交通运输线的利用时，希特勒不得不下令调来大量军队，展开大规模的镇压。直到1943年9月意大利倒台，20个意大利师长期驻扎在南斯拉夫和阿尔巴尼亚（特别行动委员会也在那里资助小规模的游击活动），此外还有6个德国师。意大利占领军瓦解后，德国人额外补充了7个师，还有保加利亚军的4个师。1943年2月，游击队在波斯尼亚的内雷瓦特河（Neretva）发起攻势，败给意大利人和德国人，后二者也付出一些代价，这促使他们在接下来的五月展开"黑色"（Schwarz）行动。参加行动的德国及其附属国部队逾10万人，将铁托赶出撤退到达的黑山。12月，类似的攻势席卷波斯尼亚西部，1944年5月，在波斯尼亚南部展开的"跳马"（Knight's Move）行动取得重大胜利，铁托被迫寻求英国的援救，逃往意大利的巴里——尽管9月停战时，他获得大量意大利武器，使他可以将参战人数增加至约12万人。

不久，英国皇家海军将铁托送回南斯拉夫，虽然只是远远地送到维斯岛（Vis），他在那里建立起支持游击行动的根据地。与此同时，6月在巴里组建的英国巴尔干空军（British Balkan Air Force）向南斯拉夫国内的游击队运送了大量（主要是美国的）武器。8月，铁托离开维斯岛，前去拜访斯大林，直到1944年2月，斯大林对支持铁托的战斗不冷不热；在莫斯科，铁托"允许"苏联军队进入南斯拉夫，9月6日苏联红军开始从罗马尼亚越过边境。红军的到来，以及10月希特勒决定撤离希腊，使游击队的处境有所改变。F集团军群在巴尔干半岛遭到红军的包抄，在亚得里亚海岸遭到意大利盟军的包抄，立即匆忙撤入南斯拉夫中部。10月20日，首都贝尔格莱德落入红军和游击队联军之手。8月，斯大林与铁托在莫斯科会面时曾经作出担保，只要在军事上不再有存在的必要，红军就会撤出南斯拉夫，1945年5月德国投降后，他确实兑现了承诺。

米哈伊洛维奇是战争中一位悲剧人物。铁托的优势地位促使他进一步与德国人串通；他努力去讨盟国的欢心，但为时已晚，因此彻底失败。他在塞尔维亚中部山区躲避铁托的军队，一年多后，他在1946年3月被捕，6月在贝尔格莱德被审判，7月17日被行刑队枪决。他辩解说，"我想要很多东西，我着手很多事情，但是世界飓风卷走了我和我的事业"，这一抗辩已被纳入第二次世界大战的言行录。他说，"命运"对他残酷无情，事后看来确实如此，对他的许多控诉已经得到原谅。他的悲剧源于在一个少数民族组成的国家中担任民族主义领袖，为了分而治之，希特勒故意利用这种民族差异。

事后来看，铁托的功绩并没有那么巨大。战争结束时，他被广泛赞誉为唯一一位欧洲抵抗运动的领袖，以游击战解放了他的国家。许多战略评论家更是称颂他为东线战场和地中海战场牵制了大量德军及其附属军队，因此大大影响了那些战场的结果。实际上，现在人们普遍认为，南斯拉夫的解放是 1944 年 9 月苏联军队抵达该国的直接结果。现在看来，铁托时代最令人惊讶的是，在取得胜利的那一刻，斯大林居然极不明智地同意将红军撤出南斯拉夫——这种判断失误将使苏联从一开始便丧失战后对东欧的控制。从战略上来看，对铁托牵制希特勒主战场兵力数量的估计有所夸大。占领南斯拉夫的主力军是意大利人。在意大利崩溃后，希特勒确实不得不将部署在南斯拉夫的德国师数量翻倍，从 6 个师增加到 13 个师；可是，它们大多不适合与红军或意大利的盟军作战。只有一个师，即 1943 年春从苏联调来的第 1 山地师是一流的；其他部队，包括党卫军"欧根亲王"山地师、"弯刀"（Handschar）山地师、第 104 师、第 117 师和第 118 师，或者由来自中欧的德裔组成，或者由本地应征入伍的非日耳曼少数族裔组成，包括很多来自波斯尼亚和阿尔巴尼亚的巴尔干穆斯林。它们非常不适合与苏联、英国和美国的机械化部队交战；它们在南斯拉夫的出现，甚至它们的存在本身就说明，那里的战斗更类似于内战，而非国际战争。在某种意义上，希特勒让塞尔维亚人对抗克罗地亚人，让保皇派对抗共产主义者的诡计适得其反；因为尽管他对这个国家唯一真正感兴趣的在于利用它的资源，以及自由使用从这里到南欧的交通运输线，但他最终成为其国内争斗的一方。就客观的军事条件来看，虽然参与南斯拉夫战事没对他造成多少损失，但是如果在 1941 年 4 月取得势如破竹般的胜利后，他不怕麻烦，组建泛南斯拉夫附属政权，负责维持国内的秩序，而不是恶意用其领土贿赂南斯拉夫的邻国，以便施加占领政策，那么他的政治军事部署将会大为简化。他的这些占领政策很快被证实是无效的。

特别行动委员会尽管受到许多历史学家——其中一些是其前官员——的吹捧，但是它在很大程度上没能像它所声称的那样，极大地促进希特勒的战败，因为它在主战场南斯拉夫的战绩含糊不清。美国战略情报局（OSS）展开的活动也同样如此，该局组建于 1942 年 6 月。根据 1942 年 6 月 26 日战略情报局和特别行动委员会签署的划分职责的协议，战略情报局主要负责支援意大利的游击队和匈牙利、罗马尼亚、保加利亚的新抵抗运动。意大利的抵抗运动没给德国人增添什么麻烦，匈牙利、罗马尼亚和保加利亚的破坏分子也丝毫没能让德国人为难。特别行动委员会和战略情报局共同致力于心理战（在英国，它由特别行动委员会的上级组织经济战务部 [Ministry of Economic Warfare] 通过政战局 [Political Warfare Executive] 加以资助），令新闻记者和在该机构任职的知识分子异常兴奋；这对占领国舆论的影响较小，对德国民众的士气也没什么影响。广播站企图向德意志帝国境内进行"黑色宣传",可以理解的是,这无法使德国人信服,因为他们每天眼睁睁地看着盖世太保向德国社会施加绝对控制。德国国内反抗纳粹统治的唯一一个非军事性组织,即巴伐利亚的白玫瑰天主教徒团(Catholic Bavarian White Rose group),几乎于1943年2月一诞生就被残酷地镇压。盟国对经济战所作出的努力同样徒劳;购买瑞典未来生产的滚珠轴承这一重大成就在战争后期(1944年年中)才得以实现,在此举能够见效前,盟国已用传统的军事手段取得胜利。

因此,必须指出的是,盟国向希特勒发起并维系的"间接"攻势——向游击队、破坏和颠覆活动提供军事援助——实际上对他的战败没起多少作用。1944年6月6日,这是战争中希特勒能够完全控制1939年至1941年征服而来的大片地区的最后时刻,他在欧洲部署了300个师,可以确定的是,其中不到20个师负责国内治安。在中部地区之外的南斯拉夫,德国国防军战线之后很远的苏联西部部分地区,希腊、阿尔巴尼亚和南法山区从事抵抗运动的小根据地,这些地方的抵抗对于希特勒从事的更大规模的战争而言,都是渺小的,欧洲沦陷区在高压政策之下毫无生机。丘吉尔、罗斯福和那些流亡政府向被征服的民众所许诺的"解放的黎明"特别诱人,但是它仅仅表现为德国国防军战区边缘的零星炮火。

间谍病菌

如果有秘密活动渗透和腐蚀了希特勒的帝国结构,那么这些秘密活动所采取的形式完全不同于1940年7月丘吉尔曾经相当乐观地提出的"燃烧起来"。对于德国国防军而言,抵抗运动只不过是小麻烦而已;间谍活动则是使其生命系统变得衰弱的病菌。1939年至1945年盟国与希特勒间接交战的过程中,真正的胜利不是由英勇无畏、往往有勇无谋的破坏者或游击队员所取得的,而是由匿名的间谍和坐办公桌的密码译解员所取得的。

到目前为止,在这两者中,间谍稍显次要。人们普遍认为,"人工情报"(Humint,人力情报,该行业的行话)非常重要,甚至比参加抵抗运动的战士更为重要;认为它肯定远比"信号情报"(Sigint,通信情报)重要。在相当大的程度上,政府遵照民众对间谍价值的评估。一个"适当的特工"渗透进敌人的内部会议,他迅速而直接将他们的商议和决定传递给友好阵营的上级,这种想法貌似吸引着每一位战争领袖;在第二次世界大战中,丘吉尔、罗斯福、斯大林和希特勒全都沉迷于这种方式。例如,德国国防军情报部门"阿布维尔"使希特勒相信,它在英国拥有一个广泛的特工网络,1944年6月后,它能够报告无人驾驶武器袭击伦敦的准确性。特工 A-54，也许是"阿布维尔"军官保罗·萨梅尔（Paul Thümmel），通过捷克的情报部门向丘吉尔和后来的罗斯福提供有关德国能力和意图的重要信息。斯大林得益于国际共产主义运动的成员们对苏联事业的奉献，凭借以瑞士为根据地的"露西情报网"，获取有关德国在欧洲沦陷区的活动的信息，利用理查德·佐尔格在日本的网络，获取有关德国军事意图的警报，凭借"红色管弦乐队"（Red Orchestra），获得有关德军战役命令的逐日情报，1941 年至 1942 年间，利用舒尔茨—博伊森德国空军网络（Schulze-Boysen, Luftwaffe，"红色管弦乐队"的一个组成部分）获取技术数据；通过由英国情报部门官员安东尼·布朗特（Anthony Blunt）、盖伊·伯杰斯（Guy Burgess）和吉姆·菲尔比（Kim Philby）组成的"剑桥共产国际"，斯大林也断断续续地把握着英美更高战略的脉搏。

然而，在某种程度上，所有这些情报来源都不理想，或者效果有限。例如，特工 A-54 的信息太过零散，无法提供一幅条理分明的德国战略图。"红色管弦乐队"位置不佳，无法监听关键的德国军事活动。舒尔茨—博伊森网络不稳定，很快就被破获（117 名成员被绞杀）。佐尔格与共产国际网络太过分离，始终无法获得信任（尽管他无疑影响了 1940 年冬斯大林把军队从西伯利亚调到莫斯科的决定）。"露西情报网"传送的信息也许经过瑞士情报部门出于自身需要而进行增减。另一个解释是，"露西情报网"的信息或者直接源自布莱切利，或者通过瑞士情报部门的盟国特工取自布莱切利。"剑桥共产国际"也许是斯大林所有网络中最具影响力的一个，尽管方向相反；菲尔比蓄意诽谤施陶芬贝格圈子的可信性，决定性地劝阻了英国政府支援刺杀希特勒的密谋，无疑斯大林认为这不利于他在战后控制德国的长期计划，因为刺杀者公然宣称自己是反共产主义者。所有网络中最不理想的是"阿布维尔"在英国的分支；早在 1939 年，由于一个间谍被捕，它被策反，此后，它向德国发出的所有信息都由英国"双十字委员会"的人员编撰，"双十字委员会"随后控制了被捕的特工。控制者的一大功绩是，说服德国无人驾驶武器部队的参谋逐步缩短发射导弹的航程，因此多数导弹落到了伦敦以南。

"厄尔特拉"的角色

与"信号情报"相比，"人工情报"对第二次世界大战战略导向的贡献似乎更边缘、更杂乱，通讯情报涉及拦截、解码和理解无论以何种方式传送的敌方的安全信息，以及保护自己的信息不被敌方拦截。在实践中，第二次世界大战中被拦截的多数信息是无线电通讯信息，它们由复杂的数学密码保护，尽管发送某些信息的是更为古老的由秘密的电报密码本组建的代码系统；很多战术情报，即英国人所谓的"Y"，是从"低级"密码传送的信息中收集的，在战争最激烈时甚至来自双方不用代码（en clair）交流的信息。

所有五个主要的参战国，即德国、英国、美国、苏联和日本，都付出昂贵而巨大的努力，保护自己的无线电通讯，并试图渗入敌方的无线电通讯（沿着陆上通讯线路传送的电传、电报和电话通讯——1943年占德国所有海军通讯量的71%——通常很难获得，用途也有限）。小的参战国，尤其是波兰、法国和意大利（它们的编码和密码非常安全）也在无线电之战中发挥了重要作用。特别是波兰人，他们最早成功入侵德国的军用机密码（恩尼格玛），然后透露给法国人，最终使英国人可以定期迅速破译恩尼格玛，于是为"厄尔特拉"的诞生奠定了基础，从1940年底开始，"厄尔特拉"向盟国揭示了真正可以带来胜利的信息。

"厄尔特拉"取得的巨大成就众所周知（美国"魔法"组织渗入日本海军和外交密码同样重要，却较少为人所知），因此考量双方的得失应该等待其他参战国对密码战胜负的品评，这比它们自己所持的观点更有意义。例如，苏联人对恩尼格玛密码也许获得了自己的胜利；研究"厄尔特拉"的历史学家哈维·欣斯利（Harvey Hinsley）教授谨慎地指明这一点。苏联的高级密码当然品质一流，这也表明了它解读其他密码的能力；在1941年前的若干年中，它并没遭到外国情报部门的攻击（1941年6月22日后，丘吉尔禁止英国政府密码学校做此尝试）。不过，1941年至1942年间，苏联的大部分中级和低级密码被德国人解读，也许此后亦然；解码产生重要的战术情报。1941年底，德国人还成功破译了美国陆军武官的密码，解密了美国联络官从开罗发来的信息，向隆美尔提供有关沙漠中第8集团军的重要情报。

比较而言，德国最重要的成功是破译英国海军密码本。在英国陆军和空军转而使用更为安全的密码后很久，英国海军部仍然坚持使用这些密码本。这些密码本（1号、2号、3号和4号）更恰当地说是编码本：信息中的字母按照标准表转化为数字，然后以数学技术"超级加密"，这些数学技术定期更改。该系统的弱点是，如果敌方搜集并分析足够多的无线电通信，那么也许能够复原密码本，然后运用标准计算数学概率破译超级加密。这正是德国海军密码解译局（Beobachtungs-Dienst 或 B-Dienst）的功绩；到了1940年4月，密码解译局解读了英国海军参照1号密码本编码通讯的30%–50%；自1941年9月至1942年1月间，当2号密码本有所改变时，密码解译局再次大量破译这些通信内容；它在破译取而代之的4号密码本时不太成功；不过，自1942年2月至1943年6月间，经过短暂的中断后，密码解译局解密了 3 号密码本多达 80% 的内容，往往是"实时"解密。"实时"是密码员的专用词，意思是敌方拦截和破译被发出的信息的速度和己方接收并译解信息的速度一样。密码解译局对英国海军 3 号密码本的成功解密使盟国损失惨重，因为这些密码被用于在伦敦和华盛顿之间传送有关横跨大西洋护航的信息；结果，根据哈罗德·欣斯利的研究，密码解译局"有时"在护航运输队启航"10 到 20 个小时前得到有关护航行动的信息"。这样的信息是决定邓尼茨 U 潜艇群狼战术成功与否的关键，在这些情报的提醒下，德方能够将群狼战术主要部署在东西向护航的航道上，经常彻底摧毁盟国的护航运输队。直到英国海军部接受使用联合密码机（CCM）——美国和加拿大海军也使用这种密码机，1943 年这种密码机得到普及——德国海军对大西洋战役护航密码的掌握才宣告终结。到那时，盟国已凭借常规军事手段，在战争中占据优势。

在陆战和空战中，盟国陆军和空军不像英国海军部那样自负地坚持使用那些编码本，把优势让给敌方；它们从一开始就使用密码机系统，结果其安全传输无懈可击。德国机构也使用密码机系统，在英美采用密码机系统十年前就已采用，可是战争爆发时它发觉自己——无意间——配备的是半过时的系统。因此，坐落于牛津和剑桥之间（并从此地汲取大部分禀赋）的布莱切利的英国政府密码学校（GCCS）成功破译了德国使用的恩尼格玛机加密的信息。

恩尼格玛机的外形类似于便携式打字机，可是按下一个键则开启装置的内部系统，输入的字母被分配给另一个字母，在随后按下 200 兆次前逻辑上不会重复。因此，可以理解的是，德国人认为恩尼格玛机传送的信息无法"实时"破译，人类社会无论何时确实都难以做到这一点。不幸的是，对于他们而言，他们被骗了；由于需要向接收站说明发射信号的恩尼格玛机适于传输的方式，密码员开始每段信息时，必须重复同样的字母顺序。这就创建了一种模式，受过训练的数学家能够以之为"突破口"，进而破译它的全部意思。布莱切利征募的数学家包括通用计算理论的创始人阿伦·图灵（Alan Turing）、运行分析的重要先驱戈登·韦尔什曼（Gordon Welchman），以及第一台电子计算机（在布莱切利，由于它规模庞大，被称为"巨人"）的设计师马克斯·诺曼（Max Norman）和制造者托马斯·弗洛尔斯（Thomas Flowers），因此这些"突破口"可以迅速用于立即并完全解读拦截到的德国信息——最终实现"实时"。

布莱切利的成功也有重要的例外。德国空军"密码本"——德国各个部门使用不同的恩尼格玛译码通讯方法——比陆军和海军的密码本更易被破译，一些海军密码本从未遭到破译；值得注意的是，盖世太保的密码本也没被破译过，尽管它从 1939 年开始直到战争结束时从未改变。恩尼格玛的安全性非常依赖于德国发送者的经验和技术；缺乏经验、疲劳或懒惰的密码员在程序中出错，给了布莱切利很多"破译"其通讯的机会。盖世太保的密码员则一丝不苟；海军官员使用"鲨鱼"密码本控制北大西洋上的 U 潜艇，他们也很小心谨慎。1942 年的大部分时间，密码解译局定期实时解读 3 号海军密码本，"鲨鱼"则让布莱切利无能为力；在这些月份中（2 月至 12 月），德国人是大西洋战役无线电之战的胜利者。结果，盟国几十万吨船舶被击沉。

然而，对于英国支配西方无线电之战的通则而言，"鲨鱼"插曲只是个特例，美国人在太平洋占据优势，他们在战争爆发前就破译了日本海军密码机密码（JN25b）和外交密码机密码（紫色），成绩堪比布莱切利。贯穿战争始终，盟军成功地向敌人隐藏了自己，盟军联合取得的胜利无疑引发了这样的疑问：如果盟军可以如此直接地获得其对手发出的最机密的内部消息，那么他们为什么有时会遭到敌人的大规模奇袭？珍珠港、克里特岛和阿登山区攻势便是显例。答案是，即使是最一流的情报系统，它的有效性也是有局限的，这些奇袭分别采取不同形式恰恰说明了这一点。例如，在珍珠港事件前，日本人将舰队藏在太平洋深处，并实施了绝对的无线电静默措施，让各舰队根据事先制定的计划前往进攻位置，从而掩饰了其意图；尽管美国人有所察觉，但是他们当时否定了本可使他们预防进攻的情报。在进攻阿登山区前，德国人也让他们的进攻部队实施了无线电静默措施。尽管如此，起初由于军队的调动，他们在不知不觉间向盟军充分透露出打算进攻的预兆，因为一个特别敏感的情报组织已经察觉到危险，并且向上级机构发出警告。然而，情报部门和高级指挥部都认为，1944 年 12 月德军太过薄弱，不可能在阿登山区发起进攻；因此，他们忽视了相反的迹象，于是陷入困境。

克里特岛的个案揭示了使用情报的第三种局限，而且也是特别令人沮丧的局限：由于自身的弱点而不能根据明确的警告采取行动。1941 年 5 月德国伞降部队登陆前，"厄尔特拉"——评估、分发布莱切利解密的原始译文的组织——已经根据拦截的恩尼格玛信息获悉德军的战斗命令和德军的计划。然而，该岛的英国指挥官弗赖伯格不仅缺少军队，而且还（更具讽刺意味的是）缺乏使他能在危险地点迅速集结反攻部队的运输工具。结果，尽管德军最初损失惨重，但是他们夺取了重要的飞机场，因此可以运来援军，击败守军。

事关情报有效性的第四种局限，也是普遍的局限：需要保护信息来源。例如，广为流传的是，1940年11月丘吉尔"允许"科芬特里遭到轰炸，因为如果对袭击采取特别的防御措施，将向德国人暴露"厄尔特拉的秘密"。现在，人们知道这种理解是错的；尽管丘吉尔确实预先通过"厄尔特拉"得到空袭科芬特里的警报，但却为时已晚，无法采取防御措施——如果时间允许的话，他一定会采取防御措施，无论是否会危及"厄尔特拉"的安全。更有说服力的谴责是，"巴巴罗萨"行动数周前，英国人没有以信息来源的权威性来验证他们向苏联发出的德国将要发起进攻的警告。然而，由于斯大林打着相反的如意算盘，想要不惜一切代价安抚希特勒，因此将"厄尔特拉"的秘密泄露给他也许会带来危险。既然如此，正如在其他需要考虑这点的情况下，丘吉尔将信息来源的长期安全置于眼前利益之上无疑是正确的。

尽管盟国掌握敌方秘密通讯的有效性存在着固有局限和人为局限，但毫无疑问的是，"厄尔特拉"和美国的"魔法"组织是盟国在第二次世界大战中取得重要战略成功，甚至是决定性战略成功的原因。首次也是最重要的一次成功是中途岛海战的胜利，美军在获悉日本意图后，能够以处于劣势的航空母舰舰队摧毁规模更大的敌军。中途岛海战是第二次世界大战中最重要的海战，扭转了太平洋战局，为美国的最终胜利奠定了基础。在欧洲战场上，"厄尔特拉"在阿拉曼战役之前和期间向蒙哥马利提供了重要情报，事关隆美尔的兵力和意图，后来还及时提醒身处意大利的亚历山大，德国打算在安奇奥滩头堡发起反攻——"整场战争中最有价值的一次破译"，这是拉尔夫·班尼特（Ralph Bennett）阐述"厄尔特拉"在地中海扮演的角色时的观点。"厄尔特拉"情报部门还使亚历山大可以恰当安排此后从安奇奥突围的时间，1944年8月，雅各布·德弗斯（Jacob Devers）将军之所以能在普罗旺斯登陆后安全地沿着隆河河谷迅速追赶G集团军群，因为他知道不会遇到抵抗。

然而，"厄尔特拉"对西线战争的最大贡献发生于诺曼底战役期间，当时布莱切利给蒙哥马利提供德军前线日常兵力、盟军空袭效果的信息，例如6月10日的空袭摧毁了西线装甲集群的指挥部，最后还通报说希特勒命令德军在莫尔坦反攻巴顿突击布列塔尼部队的侧翼——这一消息导致B集团军群装甲预备队的覆没，导致西线德军在法莱斯"口袋"逐步陷入包围。莫尔坦破译肯定是二战进程中所有将领得到的情报中最重要的。

更难说明的是，"厄尔特拉"是否"缩短了战争的进程"，正如有时表现的那样,或者甚至实质上改变了战争的进程。"厄尔特拉"没取得类似1942年6月美国译解密码员发现中途岛是日本舰队目标那样重大的胜利,那才是一次真正具有转折性的情报行动。尽管1942年12月对"鲨鱼"密码本的破译极大地促进了转年春季大西洋战役的胜利,但是与之相应,英国也付出德国密码解译局同时破译英国海军护航密码的代价。"厄尔特拉"没在很大程度上影响空战的进程,尽管德国空军密码本并不安全,而且在德军和西方盟军的地面战斗中,不能说"厄尔特拉"始终对偷听方有利。这是因为,正如克劳塞维茨对战斗著名而准确的评论所提醒我们的,在战场上,即使消息最灵通的将军的意图和成就之间也会存在"摩擦力":意外事件、误解、耽搁、违抗不可避免地扭曲了敌方的计划,因此无论己方事先知道什么,都无法完美地部署军队加以应对,仿佛一定可以击败敌人;由于"摩擦力"和自己对着干,也不能指望顺利执行反击措施。虽然"厄尔特拉"减少了盟军将领的"摩擦力",但是无法彻底消除"摩擦力"。

如果我们转移焦点,探讨在秘密作战的范围内,密码分析对盟军的价值比抵抗运动更大还是更小,那么答案很简单。密码分析确实始终更为重要。即使没有抵抗运动或"厄尔特拉",第二次世界大战的西线战场也可以获胜;但是,抵抗运动付出惨重的代价,而且相对于心理意义而言,它的实际意义微不足道。相反,"厄尔特拉"的代价几乎为零——整套机构只雇佣1万人,包括职员和密码员——而其实际价值相当巨大,心理意义无法估量。其证据既来自德国,也来自盟国。"厄尔特拉"以独一无二的方式维系着极少数知晓其秘密的西方决策者的信心。战争结束20年后,当德国对手发现英国人和美国人每天都读着他们最机密的通信时,变得哑口无言。

二十七 维斯图拉河和多瑙河

中央集团军群的覆灭使德国在东线战场的战略阵地沦为废墟。军事方面的影响足够严重。此时，中央集团军群的残部驻扎在维斯图拉河防线，距离柏林不到400英里，其背后是广大的波兰平原，在它和首都之间除了奥得河毫无障碍。在波罗的海沿岸，此时由斐迪南德·舍纳尔（Ferdinand Schörner）指挥的北方集团军群受到威胁，舍纳尔是希特勒选出的"立场坚定"的将领之一，波罗的海方面军向里加推进，包围了拉脱维亚北部地区和爱沙尼亚——国防军陆军总司令部将之称为"库尔兰口袋"。集团军群在那只能依靠海运补给，可是希特勒却不允许放弃该阵地，因为他坚决要求保有波罗的海的自由使用权，以便训练他的新U潜艇艇员。在夏季的战斗中，德国军队所遭受的物质损失令人吃惊。自6月至9月间，东线战场阵亡人数攀升到21.5万人，失踪人数达到62.7万人；加上西线的损失和受伤人数，总数增加到将近200万，或者说相当于自战争伊始至1943年2月军队遭受的伤亡总数，包括在斯大林格勒的伤亡。到1944年底，106个师——战斗序列中的三分之一——被解散或重组，比1939年9月胜利时代来临前参战的军队还多。

希特勒不愿从战斗序列中划掉这些师。因此，他对已经发生的屠杀的解决方法是，命令组建和旧师序列号相同的新师，不过此时还要定名为"国民掷弹兵"（Volksgrenaclier）师。尽管德国军需工业的产量有所增加，1944年9月施佩尔将之提升到前所未有的高度，但是国民掷弹兵师只有1万名士兵（1939年的师由1.7万人组成），缺少反坦克火炮，侦察营使用自行车。即使如此，总共也只能组建66个国民掷弹兵师，代替1944年西线战场和东线战场损失的75个步兵师。它们征召自德国本土军。"七月密谋"后，希特勒让党卫军领袖海因里希·希姆莱指挥本土军。7月23日后，军礼也被废除；相反，所有军人要伸出手臂高呼"希特勒万岁"。7月20日后，古德里安取代蔡茨勒担任陆军总参谋长，他接受了这个要求，并同意建立"名誉军事法庭"，即在人民法庭审判军官队伍中的嫌疑犯之前把他们从军官团剔除。

"巴格拉基昂"行动结果的政治内涵甚至比其军事内涵更具威胁性。苏联的胜利威胁着整个巴尔干联盟的完整性，该联盟是希特勒于1940年8月至1941年3月通过《三国同盟条约》煞费苦心建立起来的。8月20日，第2乌克兰方面军和第3乌克兰方面军向南乌克兰集团军群展开进攻，在五天之内渡过普鲁特河，抵达多瑙河三角洲。这次进攻的重点是罗马尼亚第3集团军和第4集团军，罗马尼亚人陷入恐慌，改变立场。8月23日，罗马尼亚国王迈克尔在布加勒斯特发动宫廷政变，逮捕了希特勒在罗马尼亚的帮凶扬·安东尼斯库（Ion Antonescu），以包括共产主义者在内的"民族统一"政府取代了亲德政府。8月24日，希特勒以轰炸布加勒斯特作为回击，罗马尼亚国王对德宣战。为了表明罗马尼亚已经改变立场，而且也为国家雪耻，罗马尼亚军队的残部立即入侵仍属希特勒阵营的匈牙利，光复了特兰西瓦尼亚省，1940年8月按照《三国同盟条约》的相关条款，该省被割让给匈牙利。苏联人起初并不承认此举是盟国行为。苏联已经侵占普洛耶什蒂及其油田这颗希特勒经济帝国皇冠上的明珠，8月28日苏联人作为征服者进入布加勒斯特。直到9月12日，苏联才承认停战，允许罗马尼亚保留特兰西瓦尼亚，但是收回比萨拉比亚省和北布科维纳省，这些省份是苏联根据《莫洛托夫—里宾特洛甫条约》瓜分的战利品。

罗马尼亚对希特勒的背叛煽动了保加利亚。从传统来看，保加利亚人是最亲俄的斯拉夫人，1941年3月他们谨慎地没加入与苏交战的《三国同盟条约》。他们准许德军在保加利亚设立军事基地，运输设备；他们参与瓜分南斯拉夫，也向希腊派遣占领军，但是没有一个保加利亚士兵与红军作战。实际上，自1943年开始，保加利亚出现小规模的反德游击运动，这使保加利亚更容易改变立场。1943年8月国王鲍里斯去世后，希特勒失去了最可靠的保加利亚支持者；尽管继任的政府在探索改变立场的可能性时遭到西方同盟国的断然拒绝，但是该政府知道必须摆脱与德国的同盟关系。然而，伴随着红军的到来，9月9日"祖国阵线"（Fatherland Front）宣布举行民族起义，取代政府——9月5日该政府已然向苏联请求停战——并且夺取政权。10月18日，红军进入索非亚（Sofia），15万名士兵组成的保加利亚军倒戈。

德国北方战线的崩溃促使芬兰重新考虑自己的立场。在意识形态上，芬兰人从来都不是希特勒的盟友。他们极度追求民主——即使在沙皇统治下仍然成功保有国民议会——他们与苏联的争端是领土方面的。一旦在"巴巴罗萨"行动期间收复曾在冬季战争末期被迫割让的领土（连同拉多加湖以东领土，他们声称在历史上拥有这片土地），他们就停止行动。早在1944年1月，他们就通过华盛顿与同盟国接洽，但是被警告，苏联对单独媾和要价很高：恢复1940年的边界状态，割让芬兰矿业中心和通往北冰洋出口的佩特萨摩（Petsamo），以及巨额赔款。这些条款在当时看来似乎过于严苛；随着"巴格拉基昂"行动的展开，它们变得越来越吸引人。6月间，芬兰总统里斯托·吕蒂（Risto Ryti）直面希特勒和斯大林的矛盾要求：他必须或者正式拒绝与苏联单独媾和（德国的最后通牒），或者投降（苏联的最后通牒）。在芬兰实际领导人曼纳海姆元帅的施压下，吕蒂向里宾特洛甫担保，芬兰不会单独媾和。然而，曼纳海姆私下决定利用这一保证赢得时间。7月间，他设法在芬兰设防边境上延阻苏联的攻势，直到北方集团军群的撤退将苏联北方面军向西引到波罗的海诸国。8月4日，曼纳海姆出任总统一职，废弃了吕蒂的承诺，并与莫斯科直接谈判。9月2日，他与德国断绝关系，9月19日与苏联签约，条款和1月份的差不多。最重要的差异是赔款减半，由准许苏联使用波卡拉半岛（Porkala peninsula）的海军基地加以补偿，这个海军基地靠近赫尔辛基（Helsinki），而且芬兰人要在拉普兰（Lapland）把德国第20山地集团军缴械，以此抵消部分赔款。正如曼纳海姆私下里承认的，芬兰军队既没实力也不愿意将第20集团军从芬兰赶到补给来源挪威，直到1945年4月，该行动才得以完成，当时幸亏有苏联的帮助。

尽管芬兰军人非常出色（在德国国防军的盟友中，就一对一来说，唯独他们自视并被视为与德国军人同样出类拔萃，甚至比德国军人更厉害），不过到了1944年底，相对于希特勒的战略危机而言，芬兰似乎无足轻重。匈牙利虽然位于遥远的南侧，在罗马尼亚和保加利亚之后成为战斗前线，但是它对德意志帝国的外围防御工事而言至关重要。匈牙利军人也被誉为骁勇善战，他们在为哈布斯堡王朝的皇帝们服务——并在反抗他们的统治——时赢得声名。然而，匈牙利的独裁者、海军上将霍尔蒂错误地参与了针对苏联红军进行的"巴巴罗萨"行动，一旦拿走德国国防军这个防护盾，他们的装备无法应战。南乌克兰集团军群（9月初改名为南方集团军群）的瓦解和罗马尼亚的背叛，使匈牙利此时面临苏联的猛攻而无力抵抗，甚至在喀尔巴阡山脉防守森严的阵地上也无法击退红军。霍尔蒂希望英美盟军从意大利挺进南斯拉夫，这样他就不必在德国人和苏联人之间作出选择。盟军由于内部分歧而并未采取那样的行动；而且，霍尔蒂通过驻瑞士大使与美国人联系，8月美国人告诉他，他必须自己与苏联人谈判。罗马尼亚一进攻他在特兰西瓦尼亚的军队，他便别无选择，只能这样做。9月底，匈牙利代表团抵达莫斯科，商议投诚的条件。然而，霍尔蒂单方面破坏了实现和谈的可能性，因为他于3月允许希特勒将德国军队驻扎在匈牙利的土地上。10月6日，苏联红军朝着德布勒森（Debrecen）进攻匈牙利东部地区，以此对霍尔蒂在莫斯科的代表施压，占领军——得到三个装甲师的增援——发起反击，挫败了进军。此时希特勒已得到霍尔蒂即将变节的风声。他知道，霍尔蒂已经下令他的第1集团军和第2集团军单方面撤退，这两支军队仍在和南方集团军群并肩作战；希特勒还怀疑霍尔蒂正要宣布改变立场。因此，10月15日，他授权斯科尔兹尼绑架了霍尔蒂的儿子——斯科尔兹尼在这方面是行家，然后要求独裁者答应将权力转交给亲德派。10月16日清晨，霍尔蒂放弃摄政，德国军队控制了整个布达佩斯。那时，第2乌克兰方面军距离匈牙利首都只有50英里，可是德国人仍将安全控制布达佩斯数月之久。

巴尔干半岛的起义

与此同时，希特勒还挫败了其东方附属国另一次背叛的企图。捷克斯洛伐克解体后，自1939年10月开始，斯洛伐克由约瑟夫·蒂索（Joseph Tiso）统治，他是签署《三国同盟条约》的人，也是德国对苏作战的战时盟友。从春季开始，斯洛伐克充斥着内部冲突。当"伦敦"捷克人，也就是流亡海外的合法政府，指望战后协议使他们重新掌权时，持不同政见的斯洛伐克人通过秘密的捷克斯洛伐克共产党与莫斯科取得联系，莫斯科赞助一支小规模的流亡军驻扎在苏联领土上。蒂索傀儡政权的斯洛伐克军的一部分驻扎在东线战场，仍归德国控制；其他部分驻扎在国内，日益受到爱国者的影响。亲苏的游击战活跃于斯洛伐克东部地区，8月初"巴格拉基昂"行动将第4乌克兰方面军吸引到斯洛伐克东部地区。8月底，亲苏的游击队突然采取行动。他们直接与红军联络，绕过"伦敦"捷克人和持不同政见的"斯洛伐克国民议会"，8月25日，他们发动全国性的起义，驻扎在国内的斯洛伐克军也站在他们一边，而且期待喀尔巴阡山脉另一侧苏联人的支援。苏联人的回应远比曾对华沙的波兰本土军所作出的回应更为积极。他们立即派出联络官，第1乌克兰方面军和第4乌克兰方面军展开攻势，援救起义者。他们还将部分捷克流亡军从苏联空运到斯洛伐克，将其他捷克流亡军纳入乌克兰方面军，穿越喀尔巴阡山脉，打过斯洛伐克各个关口。然而，外在压力和内在压力并没强大到足以制服希特勒为了维护其在斯洛伐克的地位而作出的反应。两个德国军，即第24装甲军和第11军，被派去驻守喀尔巴阡山脉的阵地，包括关键的杜克拉隘口（Dukla Pass）。9月底，苏联第38集团军在第1捷克斯洛伐克（流亡）军的援助下，仍在杜克拉隘口战斗，直到10月6日，杜克拉隘口才被攻克。与此同时,在东部战区精于反游击战的警戒部队也加入战斗。由少数族裔组成的党卫军两个师,即第18"霍斯特·维瑟尔"师(Horst Wessel,德裔)和第14加利西亚师(Galizian,乌克兰人)集结起来发起反攻,此外还有德军的五个师;到了10月18日,"迪勒汪格"旅和"卡明斯基"旅也被从华沙调来,以其凶残的本性对付斯洛伐克人。10月18日至20日间,"自由斯洛伐克"在11处遭到袭击,到10月底,起义被镇压。为了营救起义者,苏联第38集团军和第1捷克斯洛伐克军(由卢德维克·斯沃博达[Ludwik Svoboda]将军指挥,1968年"布拉格之春"后,苏联安排他接替杜布切克)伤亡8万人;几乎所有没能逃到山上去的起义者或是死在战场上,或是死在集中营。

在巴尔干战场的最南方,事实表明,希特勒在巩固防御方面不如在匈牙利和斯洛伐克那般成功。自从1943年9月意大利人投降以来,对希腊的占领正在崩溃,至少1.2万件武器落入抵抗组织之手。希腊游击队英勇战斗,顽强反抗占领者,正如120年前他们的祖先为了解放祖国而与土耳其人作战时所表现的那样。特别行动委员会派出许多英国联络官潜入希腊大陆和岛屿,他们被拜伦的余韵所感动,自视为19世纪20年代解放战争期间与爱国者并肩作战的亲希腊者的后继。然而,在抵抗组织发起进攻的村庄附近,德国展开猛烈的报复;在纽伦堡审判时,一名控方律师证实,"在希腊有1000个利第斯[利第斯是海德里希被暗杀后被灭绝的捷克村庄],不知道它们的名字,它们的居民也被忘记了"。因此,特别行动委员会主要致力于限制而非鼓励游击队;可是,英国联络官无法制止右翼抵抗组织和左翼抵抗组织之间的暴力行为,同南斯拉夫一样,不同的抵抗组织服从不同的权威——ELAS服从希腊共产党,EDES服从开罗的希腊流亡政府。意大利人——德国人对待意大利人几乎和对待他们抓到的游击队员一样残忍无情——投降后,德国人恢复并维持秩序,可是,随着他们的巴尔干阵地开始崩溃,从9月12日开始,他们撤离希腊岛屿(除了克里特和罗得斯),后于10月12日撤离整个希腊。德国人离开后,英国人抵达这里,ELAS和EDES的第一轮内战爆发;圣诞节那天,由于第2伞兵旅和其他部队插手对抗ELAS,在英国人悲惨地付出生命代价后,希腊内战得以平息。

如果德国控制希腊和阿尔巴尼亚的E集团军群能够寻路穿过伊巴尔河(Ibar)河谷和摩拉瓦河(Morava)河谷,与南斯拉夫的F集团军群会合,它有望逃出生天。第3乌克兰方面军的攻击此时得到保加利亚军的援助,使E集团军绝望地负隅顽抗。与此同时,苏联红军以南斯拉夫首都贝尔格莱德为目标,进攻F集团军群的东翼。9月6日，第3乌克兰方面军跨过南斯拉夫边界，促使铁托从亚得里亚海维斯岛的英属机场飞往莫斯科，商讨红军在南斯拉夫领土上采取行动的条件。这是一次弱国谈判的非凡实践。到了9月28日，铁托说服斯大林同意从第3乌克兰方面军调出军队共同进攻贝尔格莱德，可是一旦完成作战任务，苏军就将撤离，让铁托负责民政。10月14日，贝尔格莱德之战打响，10月20日结束；在守城过程中，1.5万名德国士兵战死，9000人沦为战俘。10月22日，铁托让他的游击队以胜利者的姿态穿街过巷；他的"贝尔格莱德营"打了三年游击战，其最初的成员中只有两名仍在军中。

此时，南斯拉夫的其他地区对苏军而言唾手可得；E集团军群与F集团军群合并，正在固守自贝尔格莱德郊区至阿尔巴尼亚边界的无法防御的南北向侧翼。然而，10月中旬在莫斯科，斯大林同意丘吉尔的建议，不同寻常地划分了巴尔干半岛的"势力范围"，将南斯拉夫的50%给了英国。苏联外交中些许出乎意料的守法主义倾向推动了这一协议；可是，斯大林也另有他图。希特勒在布达佩斯成功发动了反对霍尔蒂的政变，这破坏了通过停战谈判迅速进入匈牙利平原的可能性。现在，必须争取沿着多瑙河河谷靠近维也纳；这需要很多兵力，也就意味着红军无法在南斯拉夫中部山区分散兵力，那里的地理环境甚至使支离破碎的E集团军群、F集团军群也能与红军难分高下。因此10月18日，苏联最高统帅部命令托尔布欣将第3乌克兰方面军停在贝尔格莱德以西地区，然后往回走到多瑙河，参加即将到来的匈牙利之战。

此时，匈牙利的德军得到增援，部分匈牙利军队（第1集团军和第2集团军）被迫帮德国作战。10月19日，南方集团军群发起反攻，在斯大林明确命令"尽快夺取布达佩斯"后，马利诺夫斯基的第2乌克兰方面军于10月29日开始进攻，在路上发现12个德国师。11月4日，苏联红军抵达东郊，可是此后遭到阻止；11月11日，红军继续进攻，随后战斗持续了16天，该城的大部分地区被毁，却仍在德军手中。尽管德军前线自10月中旬以来撤退了100英里，但到此时为止，德军前线自西向东依托德拉瓦河、巴拉顿湖（Lake Balaton）和喀尔巴阡山脉两翼坚固的防御工事。维也纳，这个斯大林想要的战利品，仍在150英里外的多瑙河河畔安然无恙。

此后，匈牙利战役按照自己的逻辑进行，与红军远在喀尔巴阡山脉另一侧为最终进军德国所做的准备工作完全脱钩。10月5日，马利诺夫斯基的第2乌克兰方面军展开攻势，打算从西北方包围布达佩斯，而托尔布欣的第3乌克兰方面军前往巴拉顿湖和多瑙河之间该城南部充当疑兵。到了 1 月 31 日，第 3 乌克兰方面军距离市中心不到 7 英里，该城派出特使提出投降条款。布达佩斯完全陷入包围，居民遭受极大的煎熬，德国和匈牙利守军的处境看起来似乎毫无希望。然而，希特勒决定采取斯大林格勒式的装甲营救行动。他解除了布达佩斯战场上第 6 集团军指挥官马克西米利安·弗里特—皮可（Maximilian Fretter-Pico）的职务，取而代之的是另一位莫德尔型"立场坚定的"将领赫尔曼·巴尔克（Hermann Balck），12 月底，从中央集团军群调来第 4 装甲军，和已经到场的第 3 装甲军协力展开反击。1945 年 1 月 18 日，第 4 党卫军装甲师开始进攻，在随后的三周时间内，第 4 装甲军和第 3 装甲军拼死战斗，通过公路和铁路从一个中枢迅速转移到另一个中枢，可怕地警告马利诺夫斯基和托尔布欣，经验丰富的德国坦克兵仍能给墨守成规、按照可预期的固定路线前进的苏联军队带来很大损失。到了 1 月 24 日，第 4 装甲军挺进到距离德军在布达佩斯的防线不到 15 英里的地方，如果希特勒愿意的话，守军能够安全突围。然而，和 1942 年 12 月曼施泰因向斯大林格勒发起冬季攻势时一样，他要重新夺回城市，而非撤离。第 4 装甲军在疯狂战斗三周后筋疲力尽，这一痴心妄想彻底破灭。

与此同时，在防线内，苏联红军集结大量 152 毫米火炮和 203 毫米榴弹炮，一点点地削弱德军在该城北半部佩斯（Pest）的阵地。德国守军在多瑙河河畔陷入包围，1 月 15 日，他们全部投降。在布达（Buda），也就是佩斯在南岸的姐妹城，激烈的抵抗持续到 2 月 5 日，马利诺夫斯基命令发起最后的攻击。德军顽抗一周，在下水道延阻苏军前进，可是到了 2 月 13 日，他们再也无力抵抗。苏联最高统帅部声称，自 10 月 27 日开始，杀死 5 万名德国士兵和匈牙利士兵，13.8 万人沦为战俘；众所周知，只有 785 个德国人和约 1000 个匈牙利人逃离布达佩斯。红军的伤亡损失没有公开，也许和敌人的损失差不多。

匈牙利还会发生一场战斗，在巴拉顿湖，希特勒从这里获取最后的合成油供应。可是，到 2 月 15 日巴拉顿湖战斗打响时，一场更大规模的战斗蓄势待发，那场战斗将实现战争的终极目标：攻战柏林。自 2 月初开始，朱可夫的第 1 白俄罗斯方面军和科涅夫的第 1 乌克兰方面军在奥得河两岸跨河而立，只待最高统帅部明确作战计划，部署必要的兵力，它们就准备投入进攻。1 月 15 日，希特勒离开艾弗尔山（Eifel，海拔 500 米）的西部指挥部，返回帝国总理府，他曾在艾弗尔山俯瞰阿登反攻。尽管他谈及秘密武器仍将带来胜利，但还是感到决战在即，决心亲自上阵。

通往柏林之路

此时,希特勒在东普鲁士的拉斯滕堡指挥部落入苏军之手,希特勒曾在那里指挥这场世界大战的大部分战役。1944年9月15日,红军在喀尔巴阡山脉以北展开攻势,三个波罗的海方面军和列宁格勒方面军开始进攻舍尔纳的北方集团军群,试图切断它在波罗的海诸国与中央集团军群的联系,切断经由东普鲁士前往德国的交通运输线。舍尔纳指挥约30个师,将它们部署在守备森严的地区,但却缺乏发起反击所需的机动部队。因此,尽管他的集团军群能够减缓苏联红军的推进,但却无法打败它,10月13日,在为时八天的战斗后,巴格拉米扬(Bagramyan)的第1波罗的海方面军攻克里加。苏军突破到海岸,从而在"库尔兰口袋"包围了北方集团军群(不久改名为库尔兰集团军群),该集团军群将毫无意义地孤立于此,直至战争的结束;红军与它进行了六次单独的战役。9月芬兰的背叛促使舍尔纳(在他于1月被调去指挥中央集团军群前)放弃了爱沙尼亚,并在拉脱维亚集结部队,处境有所改善。10月,驻扎在东普鲁士和立陶宛之间默麦尔港口的四个师也被包围,它们顽抗到1945年1月。

现在,波罗的海方面军扫清了通往东普鲁士之路(实际上,8月17日,第3白俄罗斯方面军的一支纵队已经进入东普鲁士),大规模进攻变得轻而易举。11月初,苏联最高统帅部为发动大规模进攻制定计划,让科涅夫的第1乌克兰方面军和第1白俄罗斯方面军两个方面军承担更多职责,因为它们最直接地横亘在通往柏林的道路上,斯大林见证了朱可夫的战功,因此直接把第1白俄罗斯方面军的指挥权授予朱可夫。此时,这两个方面军在兵力上都极大地超过德国任何一个集团军群。它们控制着163个步兵师、32000门火炮、6500辆坦克和4700架飞机,或者说是目前苏联所有步兵实力的三分之一和坦克的一半。它们合起来实力远超敌对的德军,即中央集团军群和A集团军群,步兵部队是德国的两倍多,装甲部队是将近四倍,炮兵部队是七倍,空军是六倍。在战争中,红军第一次在人力和物力方面占据优势,在此之前,德国国防军只在西线处于劣势。中央集团军群和A集团军群此时由新上任的将领汉斯·莱因哈特(Hans Reinhardt)和约瑟夫·哈尔佩(Josef Harpe)指挥,辖71个师、1800辆坦克和800架飞机;所有部队都人员不足,防御能力主要依赖于"要塞",希特勒现已指定普鲁士和西里西亚的边镇柯尼斯堡(Königsberg)、因斯特博格(Insterburg)、弗尔博格(Folburg)、斯德丁(Stettin)、屈斯特伦(Küstrin)、布雷斯劳(Breslau)为"要塞"。

苏联最高统帅部的计划是，让朱可夫率先沿着华沙—柏林轴线推进，而科涅夫以布雷斯劳为目标。二者都是对德国防御的直接猛攻，毫无花招的猛攻此时已经成为红军作战的独特、残忍而可怕的手段。进攻前数天，单单朱可夫的方面军就接到逾100万吨物资供应；运载这些物资的是1200列火车和2.2万辆美国提供的十轮大卡车，这是苏联后勤保障系统的支柱。科涅夫的方面军几乎储备了同样多的物资。每个方面军每日必需品的数量是2.5万吨，燃料和弹药略少。

1945年1月12日，科涅夫首先在弹幕后发起进攻，弹幕是以前线每千米设置300门火炮的密度射击而成——炮兵火力山呼海啸似的集结。到了第一天傍晚，他的坦克突破了第4装甲集团军的前线，深达20英里，地点和1915年德国人和奥地利人在与沙皇军队交锋的戈尔利采—塔尔努夫（Gorlice-Tarnow）会战中实现大突破的地点完全相同，只是方向相反。重要的波兰修道院要塞克拉科夫（Cracow）受到威胁；过了克拉科夫，通往布雷斯劳和西里西亚工业区的道路通行无阻，施佩尔在西里西亚集结了许多德国军工厂，它们处于英美轰炸机部队的射程之外。

两天后，在华沙—柏林轴线上，在另一次颇具毁灭性的轰炸之后，朱可夫从华沙南面的维斯图拉河滩头堡开始进攻。不久，该城被围，并不可避免地被希特勒指定为"要塞"，可是，在他派来的援军与守军会合前，华沙于1月17日失守。1月20日，出于对东西线指挥官的失望，希特勒宣布将刚刚从阿登反攻的彻底失败中解脱出来的第6党卫军装甲集团军调到东线："我要在苏联人最意想不到的地方发起进攻。第6党卫军装甲集团军这就去布达佩斯！如果我们在匈牙利展开攻势，那么苏联人也将不得不离开。"疯狂转移宝贵的防御资源表明，希特勒是多么不了解德国国防军的日渐衰落和苏联辅助作战的滴水不漏；事实表明，乌克兰方面军完全能够对付第6党卫军装甲集团军的干预，朱可夫和科涅夫丝毫没有改变向柏林的推进。

1月21日，希特勒再做最后的挣扎，他下令组建新的集团军群，即维斯图拉河集团军群，还将指挥权授予希姆莱（也负责本土军），尽管希姆莱非常不适合担任军事指挥官，但是效忠元首的信念也许可以替代将才。维斯图拉河集团军群被部署在受到威胁的前线后，该集团军群几乎没有其他部队，只有国民突击队（Volkssturm）——德国民兵组织，由于年龄太小或太大，这些人无法服兵役，9月25日希特勒组建这支部队，由纳粹党秘书长马丁·鲍曼统领。

向奥得河挺进

国民突击队不久将为德国领土而战。1月22日，科涅夫的第1乌克兰方面军在施泰瑙（Steinau）渡过奥得河；罗科索夫斯基的第2白俄罗斯方面军于1月14日渡过纳雷夫河发起进攻，此时已经深入东普鲁士。大量红军踏进德国的领土，迫使大批难民逃往任何通向安全地区的脆弱出口。被封锁的德国国防军在东面败北的消息仿佛突然之间人所共知，全民陷入恐慌，为了逃出红军部队所到之处，德国人急切地冲向被雪封闭的路。数天内，德国人在东部聚居区长达800年的历史，以200万东普鲁士人发疯似的离乡背井朝着德国内陆或沿海地区迁移告终；在随后的数周时间内，5万人撤离皮芳（Pillau）港，还有90万人在但泽寻求援救，他们中的许多人为此在新泻湖（Frisches Haff）结了冰的湖面上艰难跋涉。许多人逃脱了，许多人没能逃脱。并不敌视红军的约翰·埃里克森教授描述了这种可怕的情景：

> 挺进以速度、狂暴和野性为特征。村庄和小镇被烧，苏联士兵任意掠夺，对那些装扮着任何纳粹勋章或标志的家庭诉诸原始复仇……一些过分装饰的纳粹党肖像照将是在桌椅、厨具中摧毁整个家庭的导火索。难民队伍，加上被逐离集中营的盟国战俘，还有不再在农场或工厂里被奴役的苦工，徒步跋涉或者坐着农用拖车，一些人被苏联坦克纵队的重型卡车撞倒，一些人、马被碾为血污，这些重型卡车和T-34型坦克两侧的突击步兵一同向前疾行。被强奸的妇女手被捆在运载她们家人的农用拖车上。在1月份昏暗的天空下，伴随着深冬的阴郁，家人们拥挤在壕沟里或者路边，父亲们打算枪杀自己的孩子或者啜泣着等待什么时候上帝不再愤怒。苏联方面军指挥部最终出面，坚决要求恢复军纪，以"行为准则"对待敌方民众。可是，这种可怕的大潮汹涌而起，宣扬这些内容的路边海报和胡乱涂抹的标语上的过火语言，以及前方地区是"法西斯畜牲的窝"也在推波助澜，持续刺激着丧失理智的、此时身在苏联阵营的前战俘或不愿当兵却在红军途经波罗的海诸国时被拉进来的农民，他们毫无怜悯之心。

喀尔巴阡山脉以北的德国集团军群无法遏制这股洪流；唯一有碍朱可夫和科涅夫向柏林不断前进的是他们自己物资供应的减少，炮兵部队的配置庞大，发射每100万枚炮弹要消耗5万吨物资,还有兵员的损失——1月底两个方面军平均每个师只有4000人——和"元首要塞"的抵抗。罗科索夫斯基的方面军于1月27日攻陷默麦尔,2月9日拿下托伦(Thorn),到4月中旬夺取柯尼斯堡;朱可夫和科涅夫的方面军于2月22日攻克波森(波兹南),3月29日拿下屈斯特伦,直到战争结束的前一天才夺取布雷斯劳。其他地方的沦陷带给红军更大的宣传效应:1月21日,罗科索夫斯基的第2白俄罗斯方面军拿下坦能堡(Tannenberg),1914年这里发生的"奇迹"之战使东普鲁士免受俄国沙皇的统治,撤退的德国人设法在炸毁陆军元帅兴登堡的纪念碑前保全了他的遗骨和他指挥的团的团旗(它们现在挂在汉堡的德国国防军军官学院 [Bundeswehr Officer Cadet School] 的大厅里)。1月27日,科涅夫的第1乌克兰方面军无意中发现奥斯威辛灭绝营,那是大屠杀的主要地点,这里的工作人员没能将受害者悲惨的遗物——衣服、假牙、眼镜和玩物——移走。同时,德国东部边境的一些地方防守稳固,抵抗坚决,阻断或威胁着苏联方面军正在朝着柏林向西猛攻的进军路线,其中许多地方曾是条顿骑士的要塞,条顿骑士曾有一次将日耳曼势力的触角向东推进到斯拉夫人的土地上。

然而,到了2月初,当盟国领导人聚集起来在克里米亚半岛的雅尔塔(Yalta)召开欧洲战争的最后一次重要会议时,朱可夫和科涅夫的方面军稳固地驻扎在奥得河防线,准备开始向柏林发起最后的进军。它们对面的德国集团军群——此时重组为维斯图拉集团军群和中央集团军群,中央集团军群由向元首献身的舍尔纳指挥——徒有其名。在东普鲁士,第3装甲集团军仍然活跃,2月15日,它向苏联军队的侧翼发起短暂的反击;2月17日,第6党卫军装甲集团军在巴拉顿湖以东的匈牙利境内向托尔布欣的第3乌克兰方面军展开希特勒曾允诺的牵制攻势。可是,现在德国国防军没有时间了。德累斯顿是德意志帝国最后一个未被摧毁的城市,到处挤满了难民,为了增强奥得河战线的反坦克弹幕还搬走了高射炮。2月13日,德累斯顿遭到英国轰炸机的空袭,生灵涂炭,被夷为平地。尽管有时引用的数据称死亡30万人,这大概有些夸张,但是至少有3万人在空袭中被杀。战略轰炸的拥趸从未能够为这次空袭的结果提出令人信服的军事理由,这一结果很快在德国众所周知,在战争的最后几个月中沉重打击了民众的斗志。尽管希特勒以最后600辆坦克作为用途待定的部队,发起了巴拉顿湖攻势,但是很快遭遇坚不可摧的苏联防线。与此同时,E集团军群在南斯拉夫转向亲德的克罗地亚防区。南方集团军群的残部将所剩兵力聚集起来,封锁通往维也纳的道路。可是，战争的决定性一点在屈斯特伦和布雷斯劳之间徘徊，在那里，沿着奥得河和奈塞河（Neisse），朱可夫和科涅夫的方面军准备疾行通往柏林的这最后45英里路。

二十八 城战：围攻柏林

围城作战似乎属于第二次世界大战之前的年代，第二次世界大战战役的胜败似乎完全取决于装甲纵队的猛攻、两栖登陆部队的袭击和轰炸机集群的飞行能力。然而，城市与大河或山脉一样，是战争地形不可或缺的组成部分。一支军队——无论机械化程度如何之高，实际上恰恰因为它的机械化——必须像对待普里佩特沼泽和默兹河峡谷那样重视城市。在东线战场上，希特勒曾经选定三座"布尔什维克主义城市"——列宁格勒、莫斯科和斯大林格勒——作为东线德军进攻的目标，每座城市都使他的决战陷入不幸。他还指定若干城市为要塞——西面的加莱、敦刻尔克和鲁尔区，东面的柯尼斯堡、波森、默麦尔、布雷斯劳，严重阻碍了敌军向德意志帝国心脏地带的挺进。都市有着纵横交错的街道，坚固的公共建筑群，错综复杂的下水道、地道和地下交通运输网，燃料和食物仓库，这些都是军事阵地，与军队能为防御边境而修建的任何据点同样强大，也许确实比马其诺防线或者西墙更为稳固，马其诺防线和西墙只不过是设法以人造方式重塑城市固有的特征。1945年1月16日，希特勒返回柏林，他默默地决定此后不再离开柏林，这确保了最后的围城大战将是柏林之战，尽管持续时间比列宁格勒之战短，但甚至比斯大林格勒之战更为激烈。他闪烁其词，他本应离开柏林的最后时刻正是他生日那天，即4月20日。"我必须在这里进行决策，"他在生日傍晚告诉剩下的两名秘书，"否则就去下面战斗。"

对于最后的挣扎而言，柏林可谓固若金汤。它的城市规模大，比较现代，设计有度，在德国城市中独具特色。汉堡紧密聚集在易北河（Elbe）港口周围，在1943年7月仿佛自燃般焚毁；1945年2月，德累斯顿脆弱的历史街区像火绒一样腾腾燃烧。柏林尽管在战争期间一直遭受猛烈的轰炸，却是一个更加强韧的目标。19世纪和20世纪公寓楼群建于坚实而深厚的地基上，沿着宽阔的林荫大道和大街相距一定间隔，林荫大道和大街是有效的隔火道。在1943年8月至1944年2月的柏林战役期间，轰炸机司令部摧毁了该城约25%的建筑物聚集区。不过，柏林从未遭遇像汉堡和德累斯顿那样的火焰风暴，必要的公共服务系统也没遭到彻底破坏，后来还修建了新的道路。由于寓所被毁，许多柏林人前往临时居所或搬到城外，在留下的废墟上，建筑仍然屹立，仿佛强大的军事屏障。

在市中心，纳粹反抗的脉搏依然在跳动。1944年底，希特勒在帝国总理府的地下修建了地堡。这个地堡在面积和深度方面拓展了1936年挖的防空洞。地堡有18个小房间，位于总理府花园地下55英尺处，有独立的供水、供电和空调系统，通过一部电话交换机及无线电通讯线路与外界联系。地堡也有自己的厨房、生活区和堆满物资的贮藏室。对喜欢地下生活的人而言，地堡完全自给自足。尽管希特勒在战争中长期生活在拉斯滕堡和文尼察简朴的半地下环境，他感到需要呼吸新鲜的空气；晚餐后的漫步是他最喜欢的独白时刻。然而，1月16日，他从总理府下到地堡，除了2月25日和3月15日的两次远足，以及偶尔在楼上他往日的居所附近游荡之外，在此后的105天内，他没离开过这里。德意志帝国最后的战役在地堡会议室里指挥；柏林之战亦然。

柏林没有自己的守备部队。贯穿战争始终，除了法国停战和"巴巴罗萨"行动之间难得的短暂和平，德国军队一直在前线；留在德意志帝国的本土军仍在征募或接受训练。在首都内，唯一有作战价值的部队是柏林近卫营（Berlin Guard Battalion），它逐渐发展为大德意志师。它主要扬名于镇压"七月密谋"，并将在围攻柏林的过程中战斗不息。然而，随着维斯图拉河集团军群从奥得河撤回首都，柏林守军得到加强。围城战开始时，守军兵力约为32万人，由第3装甲集团军和第9集团军组成，对抗朱可夫、科涅夫和罗科索夫斯基方面军的将近300万人。维斯图拉河集团军群中最重要的部队是第56装甲军，包括第18装甲掷弹兵师和党卫军"北欧"师（Nordland），以及第20装甲掷弹兵师、第9伞降师和新组建的慕赫堡师（Müncheberg）的残部；慕赫堡师是以军校和增援部队为基础、毫无作战经验的"空壳"军。此外，还有形形色色的国民突击队、希特勒青年团、警戒部队、防空部队和党卫军部队；党卫军部队包括法国党卫军"查里曼"突击营（Charlemagne Assault Battalion）和党卫军"瓦隆"师（Walloon）分遣队，"瓦隆"师由亲纳粹的说法语的比利时人组成，由狂热的纳粹分子莱昂·德格勒尔（Léon Degrelle）指挥，据说希特勒曾经说过他像喜欢儿子那样喜欢德格勒尔，德格勒尔将率领"瓦隆"师在帝国总理府的废墟上死战到底。

3月的后几周和4月的前几周，朱可夫和科涅夫的方面军集合了进攻柏林所需的兵力和物资。朱可夫为他的炮兵部队准备了700万枚炮弹，投放密度是每1000米前线聚集295门火炮；科涅夫需要渡过奈塞河夺取进攻阵地，他将从奈塞河发起进攻，聚集了120个工兵和13个架桥营抢夺据点，此外还有2150架飞机掩护此次行动。

当朱可夫和科涅夫正为重要的进攻做准备时，托尔布欣和马利诺夫斯基开始离开匈牙利中部地区，向维也纳进军。4月1日，他们的坦克纵队开始北上，穿越辽阔的多瑙河平原，无视只有7到10辆作战坦克的德国装甲旅。到了4月6日，托尔布欣的先遣部队已经开进维也纳的西郊和南郊，4月8日，市中心发生了激烈的战斗。当地的党卫军殊死抵抗，无暇顾及历史遗址的安危，将历史遗址作为战略要点。在环城大道的建筑物附近爆发了近距离的炮战，在老城中心区的葛拉本大道（Graben）和考特纳街（Körtnerstrasse）发生激烈的战斗，1683年这里曾经抵御土耳其人的围攻。此外，城堡剧院（Burgtheater）和歌剧院（Opera House）也全部烧毁。不可思议的是，霍夫堡皇宫（Hofburg）、阿尔贝蒂娜博物馆（Albertina）和艺术史博物馆（Kunsthistorischemuseum）幸存下来；可是4月13日，当德国守军的幸存者最终北上，越过多瑙河上的帝国大桥（Reichsbrucke）时，重要的欧洲文明宝库之一在他们身后熊熊燃烧，付之一炬。

强渡莱茵河

此时，在西面，德意志帝国的重要城市也遭到盟军的进攻。3月初，八个集团军沿着莱茵河的西岸排成一线，自北向南有加拿大第1集团军，盟国第1空降集团军，英国第2集团军，美国第9集团军、第1集团军、第3集团军和第7集团军，法国第1集团军，这最后一支集团军面对河彼岸的黑森林。艾弗尔高原的复杂地形仍将巴顿的第3集团军和帕奇的第7集团军与莱茵河隔断，不过到了3月10日，两军成功经由狭长的走廊地带抵达莱茵河沿岸。艾森豪威尔强渡莱茵河的计划是，在广阔的战线上发起精心谋划的进攻，最激烈的战斗交给北面的加拿大军、英军和美国第9集团军、第1集团军，旨在包围重要的鲁尔工业区。英国第2集团军和美国第9集团军的行动分别代号为"战利品"（Plunder）和"手榴弹"（Grenade），它们迅速发起惊人的攻势，在大规模的空袭和炮火掩护下，利用大量两栖舰艇，将盟国空降集团军的两个师空投在德国在河东岸的防御工事后方。3月23日，盟军开始进攻，遭到轻微的抵抗；此时，盟国解放军有85个师，共400万人，而西线德军的真正兵力只有26个师。

然而，一个偶然事件改变了艾森豪威尔计划的进程。3月7日，隶属于美国第1集团军的第9装甲师先遣部队发现科隆以南的雷马根有一座无人防守的铁路桥横跨在莱茵河上，于是猛冲过桥，在对岸建立起桥头堡。这起初并没发挥什么作用，可是3月22日，巴顿的第3集团军在奥本海姆（Oppenheim）附近发动奇袭，建立了另一个桥头堡。因此，盟军在远远分开的两个地方攻破了德国在莱茵河的防御，一处在鲁尔，另一处在莱茵河与美因河在美因兹（Mainz）的交汇处，进而以大规模的合围威胁德国国防军在西线的整个阵地。3月10日，希特勒解除了伦德施泰特的战场总指挥一职（这是这位老战士第三次也是最后一次免职），取代他的是从意大利调来的凯塞林，凯塞林在意大利成功遏制了英美盟军在半岛的挺进；可是，此时临阵易帅无法扭转七个盟国集团军必然突破德国西部省份的战事。当英军和加拿大军朝着汉堡奋力进入德国北部地区时，美国第9集团军和第1集团军继续包围鲁尔，并于4月1日攻克鲁尔，迫使32.5万名德国士兵投降，指挥官莫德尔被迫自杀。同时，巴顿的第3集团军开始急速插进德国南部地区，5月初距离布拉格和维也纳不到30英里。

4月11日傍晚，美国第9集团军抵达易北河，此前一年易北河被指定为苏联和西方占领德国的分界线。在马格德堡（Magdeburg），第2装甲师渡过易北河夺取了一个桥头堡，转天第83师在巴尔比（Barby）建立了另一个桥头堡；士兵相信他们将要去柏林，因为4月14日第83师拓展了桥头堡后距离柏林只有50英里。然而，他们被误导了，传言很快不攻自破。艾森豪威尔受限于同盟国之间的协议，根据协议，中部战区的美国军队将留在原地，而英军和加拿大军继续横扫德国北部，最南部的美军和法军攻入巴伐利亚，占领盟国情报部门表明德军也许正在组织"全民堡垒"的地区。占领柏林则完全留给红军。

无论如何，这并非简单的作战行动，而是军事竞争对手之间的竞赛。1944年11月，斯大林许诺朱可夫——作为他个人的军事顾问、高级陆军参谋和作战指挥官，朱可夫是红军胜利的重要缔造者——他有特权攻克柏林。此后，4月1日，苏联最高统帅部在莫斯科召开会议，商讨确保苏联而非西方列强首先进入德意志帝国首都的问题。在这次会议上，总参谋部的安东诺夫（A. I. Antonov）将军提出如何划分朱可夫和科涅夫方面军分界线的问题。如果不让科涅夫向柏林挺进，那将使最后的决战更显艰难。斯大林听取了讨论，而后在形势图上用铅笔画了一条线，标明红军在距离该城40英里范围内的进军路线。此后，他说："谁先攻进去，谁拿下柏林。"

柏林的陷落

4月16日,两个方面军开始行动,渡过奥得河。在朱可夫的方面军中,引领进攻的荣誉归于崔可夫的第8近卫集团军(先前是守卫斯大林格勒的第62集团军),士兵们发誓在即将到来的战役中绝不退缩。然而,他们所遭遇的德军抵抗尤为坚决,在这天结束时,取得更大进展的是科涅夫的方面军。4月17日,科涅夫推进得更快,逼近柏林的施普雷河(Spree),他在电话中劝说斯大林,还是他现在所处的南面是更佳的攻击位置,而不应该直接从东线进攻,朱可夫的装甲纵队正在那里与德军反坦克小组激战。此时,朱可夫对他的下级指挥官失去耐心,他要求他们亲自率军突破德军的防御;表现出"无力执行任务"或者"缺乏决心"的军官将立即被撤职。这样的警告使穿越塞洛(Seelow)高地的进军速度突然显著加快。到了4月19日傍晚,朱可夫的将士已经突破奥得河和柏林之间所有三道防线,准备开始攻城。

此时,罗科索夫斯基的第2白俄罗斯方面军从北面进攻奥得河下游仍在坚守阵地的德国守军,以此协助朱可夫。朱可夫更关注科涅夫方面军穿过施普雷河畔的科特布斯(Cottbus)向国防军陆军总司令部所在地佐森(Zossen)的疾行,因为这将导致从南面夺取首都上流社会聚集的郊区。4月20日傍晚,科涅夫命令他的先遣部队"今晚绝对要攻入柏林",而朱可夫集结第6突破炮兵师(Breakthrough

希特勒在庆祝他的56岁生日,在铺满碎石的总理府花园里,他轻拍着第三帝国少年卫士的脸颊。

Artillery Division）的火炮，开始炮轰第三帝国首都的街道。

4月20日，希特勒在地堡中举行了奇特而庄严的仪式，庆祝他的56岁生日。他简短地检阅了党卫军"弗伦茨贝格"师（Frundsberg）的一个小分队，还向一组"希特勒青年团"成员授予勋章，盟军空袭德累斯顿后他们成为孤儿，现在正保卫首都。这将是他最后一次出现在公众面前。尽管如此，他对德国人的统治仍然完好。3月28日，他解除了古德里安的德国陆军总参谋长职务，以汉斯·克雷布斯（Hans Krebs）将军取代他，克雷布斯曾在莫斯科担任武官，此时在地堡中希特勒身边正式就职；不久，元首还将免除那些想方设法进入地堡为他庆祝生日的人的职务，包括空军总司令戈林和党卫军首领希姆莱。并不缺乏愿意执行这些命令的德国人；更令人印象深刻的是，也并不缺少准备继续为纳粹政权而战的德国人，无论他们是否遭到"无处不在的军事法庭"的恐吓，他们开始将逃兵吊死在街灯柱上。贯穿战争始终，凯特尔和约德尔是他每次战务会议的心腹，4月22日，他们离开地堡，前往柏林以北30英里的福斯坦堡（Fürstenberg）避难，那里离拉文斯布吕克（Ravensbruck）集中营很近，拉文斯布吕克集中营里有一群所谓的"名流"（Prominenten），即出身名门的外国战俘，他们被当作人质扣押。4月21日，海军总司令邓尼茨在最后一次拜见元首后，立即奔赴波罗的海沿岸基尔附近的布隆（Plön）；3月，他将海军指挥部迁到那里。4月23日，军备部部长施佩尔来了又走；其他拜访者包括仍任外交部长的里宾特洛甫，希特勒的副官尤利乌斯·绍布（Julius Schaub），他的海军代表、海军上将卡尔—杰斯科·冯·普卡梅尔（Karl-Jesko von Puttkamer）和他的私人医生西奥多·莫尔勒（Theodor Morell）博士，圈内许多人认为莫尔勒给希特勒服用使人上瘾的药物，以此确保他的特殊地位。

实际上，还有其他几个人克服重重艰险前往地堡，包括接替戈林担任空军总司令的罗伯特·里特·冯·格莱姆（Robert Ritter von Greim）将军和著名试飞员汉娜·瑞奇（Hanna Reitsch），瑞奇曾经驾驶一架训练飞机成功着陆于柏林东西轴线（East-West Axis），而在地堡外，自4月22日希特勒明确宣布他拒绝离开——"谁想走，谁走！我不走！"——至4月30日希特勒自杀的一周时间内，柏林守军继续激烈抵抗进攻的苏联军队。

4月21日清晨，朱可夫的坦克开进北郊，跟随坦克的部队为攻城战而重组：崔可夫参加过斯大林格勒战役，知道什么是必要的。在六门反坦克炮的支援下，一连步兵、一队坦克或突击炮、几个工兵排和喷火兵排组成突击队。根据攻城战的理论，先用攻击性武器爆破或烧毁城市街区的防御工事，步兵的进攻紧随其后。重型火炮和火箭炮毁灭性地齐射，为下一阶段的巷战作准备。医疗队紧随其后；街头巷战造成特别多的伤亡，这不仅是因为近距离的枪炮射击，而且也是楼层之间的坠落物或残骸的倒塌带来的结果。

4月21日，佐森落入科涅夫方面军之手，这里复杂的电话和电传打字机中心仍在接收德国未被征服地区的部队发来的信息。转天，斯大林最终划定向柏林中部进军的推进路线。科涅夫的战区被排在安哈尔特（Anhalter）火车站一线，这一位置确保他的先锋距离国会大厦和希特勒的地堡150码。朱可夫的军队已经深入城市街区，正如去年11月斯大林所承诺的那样，朱可夫终将成为"柏林的征服者"。

尽管如此，德国人仍在坚决抵抗。在地堡中，希特勒不断询问离柏林最近两支尚存的军队的下落，即瓦尔特·温克（Walther Wenck）将军的第12集团军和西奥多·巴斯（Theodor Busse）将军的第9集团军。尽管他责骂他们没能前来营救他，但是这两支部队正在顽强战斗，从西面和东南面阻止或击退苏联的进军。不过，到了4月25日，科涅夫和朱可夫分别从南面和北面成功包围该城，为了削弱城内的抵抗，他们集结了前所未有的兵力。在向市中心进攻的最后阶段，科涅夫以每1000米650门火炮的密度集结炮兵，几乎车轮挨着车轮，此外还调来苏联第16和第18航空兵集团军，驱赶仍然试图向防区内运送军需品的德国空军残部，它们或者取道柏林滕佩尔霍夫机场（Tempelhof），或者借助市中心东西轴线（格莱姆和瑞奇惊人地从这里降落并最终起飞离开）。

4月26日，在1.27万门火炮、2.1万门火箭炮和1500辆坦克的支援下，46.4万名苏联士兵环绕市中心，准备发起最后的围攻。此时，柏林居民的情况令人毛骨悚然。数以万计的人挤进俯瞰市中心、防高性能炸药的大混凝土"高射炮塔"；其他人几乎毫无例外地钻进地窖，地窖里的生活条件迅速变得污秽不堪。食物、水短缺，持续不断的轰炸中断了电和煤气的供应，使污水处理系统瘫痪；此外，苏军作战部队之后徘徊着第二梯队，他们中许多人是被释放的罪犯，对任何年龄或性别的德国人都怀恨在心，以强奸、抢劫和杀戮发泄着仇恨。

到了4月27日，当燃烧的建筑物和激烈战斗所产生的烟幕升到柏林上空1000英尺处时，仍由德国人控制的市区已经锐减到约10英里长、3英里宽东西向的带状区域。希特勒询问温克的行踪；可是，温克无法实现突破，巴斯的第9集团军也一样，而曼陀菲尔的第3装甲集团军的残部正在西撤。现在，柏林由残兵防守，包括外国党卫军的残部——波罗的海各民族和"查理曼"师的法国人，以及德格勒尔的"瓦隆"师，它们在地堡周围陷入混战。4月28日，热衷国家社会主义革命的最后这批人发觉，他们在为帝国总理府附近威廉街（Wilhelmstrasse）、班德勒街（Bendlerstrasse）上的政府建筑而战。约翰·埃里克森教授描述了这一场景：

> 柏林著名的蒂尔加滕（Tiergarten）动物园里拍打翅膀、发出尖叫的鸟和骨折、受虐的动物陷入噩梦。"地窖部落"主宰着城市的生活，他们匍匐爬行，平添了这些坚持求生的部落化社群的恐惧，他们分享着一点点温暖，拼命到处找吃的。当炮击结束，突击队碾过房屋。穿过广场时，后面跟着一群残忍、醉醺醺、反复无常的强奸犯和无知的掠夺者……在那时苏军还没横冲直撞的地方，党卫军搜索背叛者，根据不容反抗、不容借口的鹰派年轻军官的命令，私刑绞杀单纯的士兵。

同一天，帝国总理府和国会大厦附近中心区的德国守军烧断施普雷河上的毛奇桥（Moltke bridge），试图以此延阻北面的苏军攻入这个所谓的"大本营"。炸药损坏了这座桥，但是没能摧毁它，转天清晨，借着黑暗的掩护，苏军冲过这座桥。随后是内政部大楼的激战，苏联人把它称为"希姆莱之家"——此后不久是国会大厦。4月29日清晨，战斗距离帝国总理府不到0.25英里，帝国总理府被苏军猛烈的炮轰摧毁，在坑坑洼洼的花园之下55英尺，希特勒作出他生命中最后一个决定。他用这一天的第一部分时间口述了他的"政治遗嘱"，吩咐继续为反对布尔什维克主义和犹太人而斗争，然后他把这份遗嘱的几份副本委托给可靠的下属，命令他们偷偷穿越火线，把副本交给国防军最高统帅部的指挥部、陆军元帅舍尔纳和海军元帅邓尼茨。他分别任命舍尔纳接替他担任德军总司令，任命邓尼茨为国家元首。如此，邓尼茨在布隆的指挥部成为德意志帝国临时政府所在地，邓尼茨在那里停留到5月2日，然后转到石勒苏益格—荷尔斯泰因（Schleswig-Holstein）的米尔维克（Mürwik）海军学院，在弗伦斯堡（Flensburg）附近。希特勒撤了施佩尔的职，因为最近施佩尔被揭发有拒绝执行"焦土"政策的不服从行为，他还把戈林和希姆莱开除出纳粹党，因为戈林胆敢觊觎希特勒接班人的地位，希姆莱则未经授权企图擅自与西方盟国商讨和平方案。希特勒在政治遗嘱中任命里特·冯·格莱姆为空军总司令，还向邓尼茨指明其他18项军事和政治任命。此外，他娶了伊娃·布劳恩（Eva Braun）。伊娃·布劳恩于4月15日抵达地堡，两人在一位柏林市政官员的主持下举行了婚礼，这位官员是从保卫"大本营"的国民突击队紧急召唤而来的。

4月28日到29日的夜晚，希特勒彻夜未眠，4月29日下午，他回到他的私人生活区。他参加了晚上的会议，会议开始于10点，但这次会议只是例行公事，因为当天早晨支持地堡无线电发射天线的气球已被击落，电话交换台不再与外界联络。柏林"要塞"指挥官卡尔·威德林（Karl Weidling）将军发出警告，到5月1日前，苏军一定会突破总理府，他力劝应该命令仍在战斗的部队逃出柏林。希特勒驳回这种可能性。显然，他自有打算。

4月29日到30日的夜晚，希特勒首先向女士们——秘书、护士、厨师——告别，这些女士在最后几周继续侍候着他，然后向男士们——副官、纳粹党官员和行政官员——告别。4月30日清早，他睡了一小会，而后参加了最后一次战务会议，总理府的党卫军指挥官威廉·蒙克（Wilhelm Mohnke）在会上报告了建筑物周围的战斗情况，然后休会和两名他最喜欢的秘书格尔达·克里斯蒂安（Gerda Christian）和特劳德·琼格（Traudl Junge）共进午餐，她们在拉斯滕堡和文尼察陪他度过漫长的年月。他们吃面条和沙拉，偶而谈论狗；希特勒刚刚用他打算自己用的毒药毒死了他所珍爱的名叫布龙迪（Blondi）的阿尔萨斯牧羊犬和4只小狗，希特勒检查了狗的尸体，确信这种毒药有效。伊娃·布劳恩，现在是希特勒夫人，留在她的居住区；此后，大约3点钟，她和希特勒一起现身，与鲍曼、戈培尔和仍留在地堡的其他高级随从握手。其后，希特勒夫妇回到私人生活区——戈培尔夫人短暂却歇斯底里地冲进来恳求他逃往贝希特斯加登——据在外边等候的殡仪队估计，几分钟后，他们一起吞食了氰化物。同时，希特勒还以军用手枪饮弹自尽。

一小时前，朱可夫方面军第3突击集团军（Third Shock Army）第150师第756步兵团第1营的士兵将9面红色胜利旗（Red Victory Banner，此前军事苏维埃将之分给军队）中的一面插在国会大厦二楼，选定占领这里象征着围攻柏林的终结。这座建筑刚刚遭到89门口径为152毫米和203毫米的苏联重型火炮的直接轰击；可是，这里的德国守军仍未受损，坚持战斗。建筑内的激战持续了整个下午和晚上，直到10点多后，红军发起最后的进攻，第756团第1营的两名红军战士米哈伊尔·叶戈罗夫（Mikhail Yegorov）和梅利通·坎塔利亚（Meliton Kantaria）在国会大厦的穹顶升起了红色胜利旗。

到那时，殡仪队已在总理府花园的一个弹坑中焚化了希特勒和他妻子的尸体。

红旗在德意志帝国国会上空飘扬。在柏林一战中,苏联红军损失了逾30万人。

他们从总理府的车库拿来汽油,浇到尸体上点燃,火焰熄灭后,将骨灰埋在附近另一个弹坑里(5月5日苏联人从这里将之挖出来)。炮弹落进花园和总理府,"大本营"的所有政府建筑内都展开激战。希特勒任命邓尼茨接替他担任国家元首的同时,任命戈培尔为帝国总理,尽管如此,戈培尔觉得重要的是与苏联人联系,协商停战事宜,以便为和谈作准备,在地堡所弥漫的魅惑氛围中,他认为这是可能的。4月30日深夜,一名上校作为特使被派往最近的苏联指挥部,5月1日清早,克雷布斯(Krebs)将军穿过燃烧的废墟,前去与在场的苏联高官商谈。克雷布斯将军自3月28日开始担任陆军总参谋长,但此前是驻莫斯科的武官("巴巴罗萨"行动展开时),会说俄语。这位高官是崔可夫,时任第8近卫集团军指挥官,而两年前他曾在斯大林格勒保卫战中指挥苏联守军。

奇特的四方谈判展开了。崔可夫听完克雷布斯的话,然后通过电话联络朱可夫,朱可夫再告诉身在莫斯科的斯大林。"崔可夫报告,"这位将军说,"步兵将领克雷布斯在这里。德国政府授权他与我方进行会谈。他说,希特勒已经自杀身亡。我请你汇报给斯大林同志,现在权力掌握在戈培尔、鲍曼和海军总司令邓尼茨手中……克雷布斯提议立即停止军事行动。"然而,克雷布斯和鲍曼、戈培尔一样,仍然受到下面这种想法的迷惑,即同盟国准备把希特勒的继任者当作一个主权国家政府机构的合法继承人来看待。斯大林很快厌倦了这种谈话,突然宣布唯一的条款是无条件投降,然后回去睡觉了。朱可夫继续坚持了一小会,然后宣布派出他的代表索科洛夫斯基将军,然后挂断电话。索科洛夫斯基和崔可夫与克雷布斯进行了冗长的谈判,克雷布斯难以提供凭证,地堡中的最新发展如此令人捉摸不透(他通过跑腿的信使与地堡联络两次)。最后,崔可夫也失去耐心。5月1日下午的早些时候，他告诉克雷布斯，新政府的权力局限于"宣布希特勒已死、希姆莱是卖国贼、与三国政府——苏联、美国和英国——商谈彻底投降的可能性"。崔可夫向他自己的部队下达命令："加紧开火……别废话。猛攻这个地方。"5月1日傍晚6点半，柏林城内每门苏联火炮或火箭炮都在向未被征服的地区开火。对于仍留在地堡内的那些人来说，这种轰击足以表明继任的希望渺茫。约两个小时后，戈培尔和他的妻子——她刚刚用毒药毒死自己的六个孩子——在总理府花园中希特勒的坟冢附近自杀身亡。他们的尸体被更加草率地火化，就近掩埋。地堡里的其他人，无论下属还是如鲍曼那样的贵族，现在组织起来逃生，穿过燃烧的废墟，逃往远郊他们希望安全的地方。与此同时，苏联军队——可以理解的是，在这显然是围攻柏林的最后几分钟，他们不愿冒伤亡的风险——在持续不断的炮火齐射后，逐渐向内逼近。5月2日清早，第56装甲军请求停火。早晨6点，柏林"要塞"指挥官威德林向苏联人投降，他被带到崔可夫的指挥部，他在那里发出投降命令："1945年4月30日，元首结束了他自己的生命，因此只剩下留在这里——曾经向他宣誓效忠——的我们了。根据元首的命令，你们，德国士兵们，要继续为柏林而战，尽管事实是弹药用尽，大势已去，我们进行再多的抵抗都没意义。我的命令是：立即停止抵抗。"

用约翰·埃里克森的话说："5月2日下午3点，苏联停止炮击柏林。四周逐渐变得安静。苏联军队欢呼雀跃，拿出食物和饮品。听到这一刚刚下达的停火命令时，苏联坦克纵队沿着曾经的希特勒阅兵路线像接受检阅一样停下来，战士们从坦克里跳出来，拥抱所有人。"他们周围的和平实是一种坟墓。约12.5万名柏林人死于围城期间，很多人选择了自杀；自杀者包括克雷布斯和地堡中的其他人。然而，也许其他数以万计的人死于4月德国人自东向西的大迁移，800万人离开他们在普鲁士、波美拉尼亚和西里西亚的家园，去英美占领区躲避红军。由于整场战争中最离奇的一次安保措施失效，1944年间德国人获悉莫斯科、伦敦和华盛顿划定的分界线，德国国防军在西线的最后一场战斗力求使横渡易北河的撤退路线畅通无阻，直至最后一刻。民众似乎也知道安全区在哪里，赶在红军前面抵达安全区——可是付出了惨痛的代价。

红军为赢得柏林围攻战的胜利而付出的代价同样巨大。自4月16日至5月8日间，朱可夫、科涅夫和罗科索夫斯基的方面军有304887人伤亡或失踪，占其兵力的10%，是这场战争中（除了1941年大包围战的被俘人数）红军遭受伤亡损失最严重的一次。此外，对德意志帝国城市的最后围攻尚未结束。布雷斯劳坚守到5

月6日，围攻该城给苏联造成6万人的伤亡；在布拉格，"德意志帝国保护国"的首都，捷克国民军抵抗组织发动起义，德国傀儡"弗拉索夫军"投诚，并和党卫军的守备部队发生了小规模冲突，因为他们希望将该城交给美国人——最终希望落空，5月9日红军进城时，弗拉索夫的部队付出血的代价。

到那时为止，在仍属希特勒帝国的地区，战争几乎全都结束了。4月29日，党卫军将军卡尔·沃尔夫（Karl Wolff）在意大利达成局部停战协议，该协议定于5月2日宣布。5月3日，海军上将汉斯·冯·弗里德堡（Hans von Friedeburg）率丹麦、荷兰和北德的德军向蒙哥马利投降。5月7日，邓尼茨从石勒苏益格—荷尔斯泰因的弗伦斯堡其政府临时所在地派约德尔去法国兰斯的艾森豪威尔指挥部，签署了德国的无条件投降书。5月10日，同盟国在柏林召开会议，批准了投降书。只有很少苏联人于1944年10月从芬兰潜入挪威的最北端，5月8日，挪威未受损伤的德国守军投降。5月9日，"库尔兰口袋"停止抵抗。5月9日，敦刻尔克、拉帕利斯（La Pallice）、拉罗切利和罗什福尔，也就是西欧最后一批"元首要塞"投降，5月10日，海峡群岛（Channel Islands）、洛里昂和圣纳泽尔也投降。在西线，这场战争最后投降的地点是赫尔戈兰岛（Heligoland），该岛于5月11日投降。

和平没给在战争中流离失所的人带来安宁，他们成群围绕在胜利大军之间和身后。1000万德国国防军战俘、800万德国难民、300万巴尔干逃亡者、200万苏联战俘、数百万的奴隶和强迫劳力——战争结束后，"背井离乡者"的悲剧元素将萦绕欧洲十年——遍布战场。5月8日，在英国和美国，人群涌上街头，庆祝"欧洲胜利日"（VE Day）；英美士兵给欧洲带来胜利，而此时，被征服者及其受害者在战争导致的废墟上到处搜寻食物和庇护所。

第六部分

太平洋战争
1943—1945

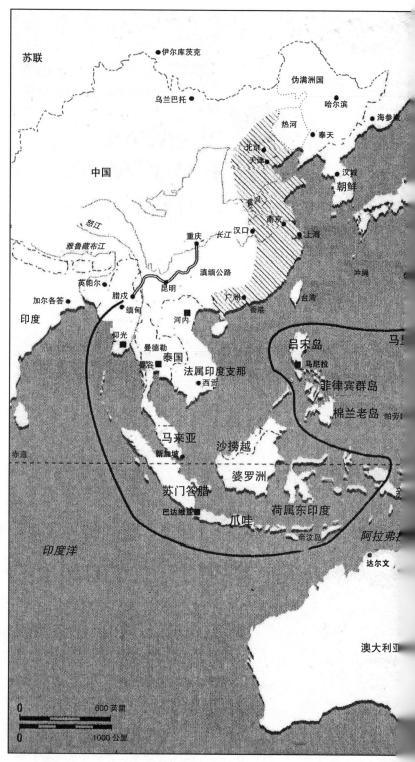

盟军在太平洋和亚洲的挺进，1945年3月

堪察加半岛　　　阿留申群岛

日本直接占领的
中国大陆地区

-岛群岛

美军前进线，
1945年3月

中途岛

夏威夷群岛
瓦胡岛
珍珠港
夏威夷

威克岛

埃尼威托克岛　马绍尔群岛
夸贾林环礁

马金岛
塔拉瓦岛

罗林群岛
吉尔伯特群岛

所罗门群岛　　　　　菲尼克斯群岛
埃利斯群岛
瓜达尔卡纳尔岛　　托克劳群岛
圣克鲁兹岛

埃斯皮里图桑托岛　新赫布里底群岛
萨摩亚群岛

珊瑚海　　　　　　　　　　　　　　　社会群岛
新喀里多尼亚岛
斐济群岛

新西兰

二十九　罗斯福的战略困境

1945年4月12日，罗斯福的死讯在柏林地堡中激起一阵乐观情绪。在这场大战的最后一年间，希特勒以两条信念维持斗志：他的秘密武器将摧毁英国人的意志；同盟国内部一个颓废的资产阶级共和国、一个奄奄一息的帝国和一个马克思主义独裁政权之间的矛盾必将导致同盟的瓦解。到了1945年3月，当他的V2火箭被迫转移到已然无法袭击英国的发射位置时，他知道秘密武器失败了。此后，他更加不顾一切地盼望同盟国之间产生冲突。4月初，他府上的政治哲学家戈培尔向几个至交解释了这样的争吵何以可能发生。根据历史学家休·特雷弗—罗珀（Hugh Trevor-Roper）的观点，戈培尔"发展了他的论题，即出于历史的必要性和公正性，命运的改变在所难免，如七年战争中勃兰登堡家族的奇迹"。在七年战争中，当普鲁士的腓特烈大帝将要被俄国、奥地利和法国组成的联军打败时，俄国女皇伊丽莎白意外去世，继位的沙皇是腓特烈大帝的崇拜者；而后同盟瓦解，腓特烈大帝的普鲁士躲过一劫。1945年4月，在听到美国总统辞世的消息时，戈培尔大呼："女皇死了！"他"欣喜若狂地"给希特勒打电话"祝贺"他。"这是转折点，"他说，"这将会写在天上的繁星之间。"

希特勒本人暂时分享着戈培尔的这份幸福感。在战争的后几年，他越来越对腓特烈大帝产生共鸣，他甚至愿意相信，他的运程也许再现了那位普鲁士国王的运程。他特别愿意相信，罗斯福的死将导致同盟内部产生他所预期的无法弥补的破裂，因为他持有一种根本误解，即美国人民不好战，由于总统的诡计，他们才陷入争斗。"这场战争的始作俑者，"1941年8月他对一名西班牙外交官说道，"是罗斯福，以及他的共济会会员、犹太人和全体犹太布尔什维克主义者。"他说，无论他相信与否，他有罗斯福是"犹太裔"的证据。他毫无疑问被美国政府中犹太官员的人数所困扰，包括财政部长亨利·摩根索（Henry Morgenthau）。1944年9月，摩根索要将战败的德国变成一个农耕游牧国家的计划遭到泄露，而且在德国再版，这非常有助于戈培尔为"全面战争"做宣传。

希特勒对美国参战的理解几乎完全悖于事实。1941年12月前，孤立主义肯定是美国政坛上的一股强大力量，直到珍珠港事件发生前，美国的父母们自然不愿看到他们的儿子去国外打仗。然而，很少美国人反对1940年开始实施的重整军备措施，这些措施将舰队规模翻倍，给拥有7800架战机的空军——其规模是德国空军的三倍——分配资金，通过征兵将陆军人数从20万人增加到100万人。此外，当战争降临时，整个国家反应热烈。在闪电战和大西洋战役的18个月间，一种"闷闷不乐"感在美国愈演愈烈；对希特勒的敌意同样日益加深，他成为美国文明所抵制的一切的范例。和1914年的欧洲一样，最终战争的到来几乎是一种救赎，因为优柔寡断和静观无为折磨着美国人，他们丝毫不惧失败。

罗斯福也将希特勒看作暴君和罪犯。然而，希特勒所谓的罗斯福将其身后的美国人不情愿地拖向战争，和事实不符；更准确地说，希特勒没能客观地解读或分析珍珠港事件发生前几个月罗斯福的战争政策。罗斯福对美国参加第二次世界大战的态度仍然非常暧昧，在他担任美军总司令的三年半时间里，他的战争意图和目标同样模糊不清。

到目前为止，在1939年至1945年亮相的主要人物中，罗斯福是最高深莫测的一位。尽管斯大林的手段显得诡计多端、口是心非、背信弃义，但是他坚定地追求一些非常有限的目标：他要维持他作为党、政、军首脑的地位，无论必须撤谁的职，甚至必须杀掉谁，他也要保住权力；与此同时，第一要使苏联避免失败，第二要将德国国防军从苏联的领土上驱逐出去，第三要从红军最终的胜利中获取领土上、外交上、军事上和经济上尽可能多的利益。无论希特勒的心灵多么神秘，可是他也有明确的，也许过于野心勃勃的战略：他要为凡尔赛报仇，尔后让德国主宰欧陆，再征服苏联，最终排除盎格鲁—撒克逊强国对欧洲事务的任何影响。丘吉尔显然是位爱国者、浪漫主义者和帝国主义者：胜利始终是他的心愿；其次才是考虑如何在确保英国在欧洲的利益和保存大英帝国海外殖民地的情况下获得胜利。他"天生坦率，从不猜疑"，正如他的妻子所描述的那样，这自然将他的动机展现给所有在战争中与他交往过的人。尽管他常常吹毛求疵、为人执拗，但他无法持续虚伪，他轻信他人陈辞中慷慨的表象，而且他演讲的力度和高贵深深鼓舞着他的听众和他自己。

罗斯福同样是一位卓越的演说家；诚然，他的影响范围比丘吉尔还广，因为他不仅精通文绉绉的事先准备的演讲——例如，1941年1月他在致国会的咨文中宣布"四项自由"，或者珍珠港事件发生后他发表的"国耻日"演说——而且还擅长个人方式的无线电广播，以他的"炉边闲谈"吸引着千家万户，这是他自己发明的政治交流媒介，他还擅长诉诸个人感情色彩的竞选演说，根据地点和听众的不同而有着微妙的变化，以及狡猾而坦率的新闻发布会、私人电话，最重要的是面对面的谈话，这些谈话讨人喜欢、风趣滑稽、东拉西扯，吸引着对话者，对话者被这种滔滔不绝震住，最终几乎完全不知所云。罗斯福是语言的魔术师。根据他的传记作家詹姆斯·麦格雷戈·波恩斯（James McGregor Burns）的观点，罗斯福将访客送离美国总统办公室时，他的"豪爽、坦率、亲切"令访客着迷；可是，访客却很少带回对他们提出的难题或疑问的任何回答。罗斯福的谈话也许首先"从他自己的经验和记忆寻找意义和支柱"。他有许多观点和几个根深蒂固的价值标准，这恰恰是他所属阶级和年代的美国人的价值标准：他信仰人的尊严和自由，无论是经济机会，还是政治妥协，他深切地同情穷人的艰辛，憎恨诉诸暴力；可是，他没有什么政策，既没有和平政策，也没有战争政策，而他又非常讨厌战争本身。

因此，他对美国参战的态度暧昧不明。在1940年和1941年最黑暗的时刻，丘吉尔之所以饱含斗志，是因为一种信念，即新世界最终将重建旧世界的平衡。罗斯福给了他充分的理由相信会有这样的结果。几乎从希特勒开战的那一刻起，罗斯福就实行针对轴心国的美国武装中立政策，美国向英国和法国贩卖武器，却拒绝向德国出售武器，然后批准"现款自运"的武器船运不受限制，并且逐渐将美国在大西洋上的防护扩展到与英国有关的护航运输。罗斯福首先明确了中立区，有效地防止U潜艇进入美国水域，而后于1941年4月将中立区扩展到海洋中央，允许美国战舰执行护航运输任务。1940年丹麦陷落后英国曾立即占领冰岛，1941年7月罗斯福派遣美国海军陆战队取代驻守冰岛的英军。1941年3月11日，罗斯福说服美国国会通过《租借法案》，实际上，这允许英国凭借日后偿还的承诺向美国借用战争物资；2月，罗斯福在华盛顿发起英美参谋会谈（ABC-1会议），就大部分战略基本原则取得一致意见，包括"先打德国"，12月后这些基本原则在实践中得以执行。

因此，根据种种外在表现，丘吉尔有理由相信，这位总统正在带领他的国家站在英国一边插手战事；当然，希特勒敏锐地意识到这种危险，严格命令他的U潜艇指挥官，不要以任何方式丝毫激怒美国人——甚至在1941年6月罗斯福批准冻结德国在美国的所有资产之后。丘吉尔通过大西洋彼岸的保密电话（德国人有时能够窃听）与美国总统展开私人谈话，这使他更强烈地感知总统对战事的热忱。1941年8月，丘吉尔从普拉森夏湾会谈带回一项协议，协议规定美国海军将保护包括一艘美国船只在内的护航运输队中的所有船只，这实际上是挑衅邓尼茨击沉美国军舰的手段。从普拉森夏湾回来后,丘吉尔告诉战时内阁说,罗斯福"显然决定他们应该参战";罗斯福的最终结论是,"他将发动战争,但不宣战,他将变得越来越具挑衅性"。如果德国人"不喜欢",罗斯福说,"他们可以进攻美国军队。"

丘吉尔的参谋长们则更持怀疑态度,他们的感想与丘吉尔不同。一位名叫伊恩·雅各布(Ian Jacob)的参谋在日记中写道,美国海军"似乎认为,只要我们在海上没被打败,这场战争就能赢",陆军"在一两年内看不出能有何作为"。他觉察到,没有"一位美国军官表现出丝毫与我们并肩作战的热情。他们是许许多多有魅力的个体,可是他们似乎和我们生活在不同的世界里"。此外,10月31日,德国人最终发出挑衅,他们在大西洋击沉美国驱逐舰鲁本·詹姆斯号(Reuben James),115名美国人丧生,罗斯福并没将之视为宣战的事件——尽管这是比例如"东京湾"(Gulf of Tonkin)事件更令人不能容忍的侵略行径,1964年约翰逊总统利用"东京湾"事件批准美国对越南进行军事干预。

罗斯福对德国击沉鲁本·詹姆斯号驱逐舰的无动于衷,可被当作理解1941年他仍持有的"战略之谜"的关键,正如传记作家詹姆斯·麦格雷戈·波恩斯描述他的特性:

> 罗斯福遵循一项简单的政策:向英国提供它所短缺的所有援助。这项政策是英美友谊的长期遗产的一部分;这是阻碍希特勒在西方的野心的实际方式;两个国家能够轻松地执行这项政策,因为它们已习惯了相互合作;这也适合罗斯福的性格,适应英国的需要和压力,势头良好。可是,这并非宏大战略……它并非来自政治和军事选项的明确比较……首先,这一战略是消极的,因为只有轴心国采取行动迫使美国参战,这项政策才能取得全部效果——也就是说,美国与英国联合采取军事和政治行动。这项政策既非战争战略,也非和平战略,却是只在战争发生时才发挥效力(除了向英国提供战争物资和在大西洋采取一些防御行动外)的战略……[罗斯福]仍在等着希特勒作出重大的挑衅行为,即使承认那也许根本不可能发生。最重要的是,他相信运气,相信他久经考验的选择时机的才能……他没有计划。"我等着大势所趋!"5月他告诉摩根索——显然,那必须是猛力的一推。

相信运气和等着大势所趋几乎是罗斯福从珍珠港事件担任总司令到他生命的尽头为人处世的特征。修正主义历史学家认为，在美国参战前和参战后，他都在暗地里搞鬼：他从英国的孤立无援和对武器的迫切需求中，看到清算其海外投资的方法（正如它们确实为"现款自运"而出售变卖），进而看到将世界上最大帝国——他不喜欢这样的制度，如同不喜欢他本国的工业托拉斯和金融卡特尔一样——的霸主削弱为一个顶不住美国压力放弃其殖民地的民族国家的方法。无疑，这种看法赋予罗斯福他所没有的马基雅维利主义。马基雅维利说，战争应是君主的唯一专业；罗斯福确实是独特的文艺复兴式的君主，他通过爱将哈里·霍普金斯处理大部分事务，他不许官员——甚至是无情的马歇尔——成为对他而言必不可少的人，他以魅力和空洞的恭维配合高傲的慷慨，他给那些让他不满的人制造政治密狱，他拥有私人乡村豪宅，躲避华盛顿（罗斯福没有戴维营）的热闹和乏味，他甚至在白宫正式包养情妇，将30年的发妻、他的表妹视为王室联姻的尊贵配偶。可是，在战略上，罗斯福并非不择手段，原因很简单，新世界的财富、权力和民族精神将其统治者从旧世界的狭隘需要中解放出来，旧世界需要伪装和诽谤。美国建基于"避免纠缠不清的联盟"原则；美国逐渐变得富足，可以抵制诱惑，不去追求对弱国廉价和暂时的优势。

结果，罗斯福能够对参战保持淡漠，参战与他的脾性不符。其他领导人并没有这样的超然态度。当然，丘吉尔沉迷于最高指挥权，日夜专注于作战，让房间、套房，甚至整所住宅适应他作为战时首相的需要，相对于其他服装（尽管他的手边也有名誉空军准将和五港营［Cinque Ports Battalion］名誉上校的制服），他更喜欢他的"连衣裤"，他要求没完没了地听"厄尔特拉"拦截的情报，他和他的军事顾问随时保持密切联系。"巴巴罗萨"行动展开后，希特勒将自己转变成一位军事隐士，只见几个人，只见他的将领们，纵然如此，他还是觉得他们的陪伴令他烦恼。奇怪的是，斯大林的战时例程在模式上和希特勒一致——秘密、夜间活动、不愿与人交往。在珍珠港事件后，罗斯福几乎丝毫没有改变他的生活模式。他没受到空袭的威胁，继续在白宫生活，偶尔在海德公园（Hyde Park）度假，他按照时间表行事，将有条不紊和目标明确表现得淋漓尽致。马歇尔的日子以分钟计算：他唯一的放松是午饭时分在他办公的地方看望妻子，他边吃午餐，边从车里走向走廊。罗斯福吃掉拿进美国总统办公室的一盘食物，直到上午10点才开始工作，夜间很少接听电话。根据波恩斯的描述，在一个星期内，他会做几件固定的事情：

周一或周二,他会见国会四大人物——副总统、发言人和两院的主要领导;周二下午和周五上午,他会见新闻媒体;周五下午,他主持内阁会议。[此外]罗斯福干工作似乎毫无章法可循。有时,他匆匆完成有关重要事务的约见,有时却在无关痛痒的问题上浪费时间。他总是忽视大部分信件……他接听许多电话,拒绝其他电话,会见无关紧要且沉闷无聊的人,却忽视其他显然更具政治能量或思想能量的人——所有一切都根据某种无人知晓而又神秘莫测的优先结构,也许连他自己也不清楚是怎么一回事。

这种模式,或者缺乏模式,自1941年12月7日持续到1945年4月12日。不像经常东奔西跑的丘吉尔——他去巴黎(在法国陷落前),去开罗,去莫斯科,去雅典(当英国军队和ELAS叛军之间的炮火声震撼着雅典时,他在那里度过1944年的圣诞节),去罗马、那不勒斯、诺曼底、莱茵河——罗斯福则很少出游。由于得过小儿麻痹症,罗斯福身有残疾,谨慎的新闻报道对读者几乎完全掩盖了这一点。当然,这限制了他的机动性。可是,当他愿意时,他依然会去旅行。战争期间,他仅有的几次旅行包括,1943年1月去卡萨布兰卡,两次去魁北克(1943年8月和1944年9月),1944年夏季去夏威夷和阿拉斯加,1944年底去开罗和德黑兰,1945年2月去苏联克里米亚半岛的雅尔塔。他并未直观地看到战争,没看到轰炸后的城市,没看到前线的军队,没看到战俘,没看到战役的后效,或许他不愿意去看;他指导美国的战略,如同曾经指导新政那般——凭借高傲的修辞,凭借对权力结点罕见却关键的攻击。

事实上,罗斯福总共有四次果断行动。第一次是他支持"先打德国"的决定。1940年11月,海军作战部部长、海军上将斯塔克(Stark)提出"先打德国",1941年2月至3月,英美ABC-1会议采纳了这一提议,8月在普拉森夏湾丘吉尔也表示赞同,但是直到珍珠港事件发生后,"先打德国"才被奉为国家政策,当时罗斯福凭借他的战略头脑,命令先打败强敌再打弱敌,出于政治情感的考虑,罗斯福本来也许容易屈服于报复日本的民众诉求。第二次是1942年7月他解决了马歇尔和伦敦的英国人之间的分歧,事关授权在北非展开"火炬"登陆行动,但这次远征的结果却颇为暧昧。第三次是1943年1月他坚持在卡萨布兰卡要求"无条件投降",高尚地向美国曾据以向南部邦联开战的条款致敬。最后一次是1945年2月在雅尔塔会议上他决定疏远丘吉尔,直接与斯大林商谈欧洲的未来。

普拉森夏湾会谈和开罗会议为罗斯福在雅尔塔会议上的主动性埋下伏笔，在普拉森夏湾，丘吉尔不愿接受《大西洋宪章》更为自由化的条款——实际上是让大英帝国致力于推动英国殖民地的独立；在开罗会议上，罗斯福向蒋介石展现出"院外援华集团"般的过分温柔。在开罗，英国人被说服，放弃在中国的治外法权这一历史性权力，作为他们相信蒋介石的领导权在名义上与西方民主国家平等的象征。

蒋介石将会使罗斯福失望。有悖于这位美国总统的期待，蒋介石既没对中国的政治结构和经济结构作出调整——现实主义者也许会问，如果更富饶的半壁江山还在敌人手中，他怎么能这样做？——也没利用美国的援助和建议，使中国的战斗力最大化，这些援助和建议先由史迪威慷慨施予，在蒋介石厌倦了史迪威的训诫后，再由魏德迈取而代之。

因此，到雅尔塔会议期间，罗斯福私下划掉了蒋介石；为了在表面上敷衍一下，中国成为联合国安理会（雅尔塔会议决定成立联合国安理会并确定了其结构）的常任理事国，可是，由于蒋介石没取得多大进展，因此他也没分享到多少胜利的果实，当然也不会让他吞并印度支那，尽管在开罗时曾经提过要把印度支那给他。在雅尔塔会议上，波兰也被划掉，尽管从1939年9月1日开始，波兰日夜奋战，拥有一支流亡军，在与德国国防军作战的军队中，规模仅次于苏联、美国和

1945年2月，三大巨头在雅尔塔，雅尔塔会议确定了战后东欧和中欧的格局。

英国,名列第四;在雅尔塔会议上,波兰东部省份被永久地转让给苏联——1920年划定的边界过于慷慨,尽管罗斯福和斯大林的这一交易与其说是一种政治阴谋,不如说是一种政治现实,因为红军已经占领了整个波兰。

比较而言,在雅尔塔会议上,最重要的决定关系到太平洋战争的前景,由罗斯福和斯大林直接商定。罗斯福之所以愿意牺牲波兰的未来,愿意敲定分割德国,非常慷慨地将占领区的一大部分给予苏联,主要是因为他渴望让红军在战斗中击败日本。雅尔塔会议召开时,美国既没确信它的核研究计划将导致原子弹试验成功,也没让军队前进到也许可以登岸征服日本的位置。对硫磺岛的两栖进攻尚在准备之中,还没展开;毁灭性地用燃烧弹进攻日本也尚未开始。另一方面,红军对欧洲战场的投入显然已经接近尾声,西伯利亚大铁路从苏联西部直通中国东北边界,1904年至1905年,沙皇尼古拉二世(Tsar Nicholas II)的军队在此遭遇惨败。报仇雪恨的良机是斯大林战时优先考虑的事。然而,美国总统时时关心的是,斯大林何时会利用这一良机。为确保他趁早攻打日本,罗斯福在雅尔塔会议上花尽心思。他最终付出的代价是,诋毁他们共同的波兰盟友心目中的丘吉尔,允许苏联占领主权独立的中国的领土——其实美国无权这样做——从根本上确保不单单以美国人的生命为代价夺回日本在太平洋的战利品。对于一个见证过美国海军、海军陆战队和麦克阿瑟的部队从新几内亚岛向菲律宾群岛英勇进军的国家而言,雅尔塔会议上的外交代价——当一个远离欧洲的国家的领土加上英国的美名与美国更多的人员伤亡相比较时——似乎微不足道。

三十　日本在南方的战败

自1941年12月至1942年5月间，从偷袭珍珠港到英国人被赶出缅甸，在这"取得优势"的六个月中，日本人成功地做到了其他五个帝国主义列强——西班牙、荷兰、英国、法国和俄国——此前试图做却没能做成的事：成为中国周边海洋的主人，将征服的地区和强大的中心位置连接起来。事实上，如果把中国也算在对西太平洋地区抱有帝国野心的强国之中，那么日本甚至超越了它所取得的成就。中国人只是建立起对越南的文化控制，他们的权力无法完全渗入印度支那的其他地区、东印度群岛、马来亚和缅甸。1942年年中，日本人征服了所有这些地区，而且正在准备在上述大部分地区建立傀儡政权；日本还是数千岛屿的霸主，在北京政府看来，这些岛屿是未知的地域；自1931年以来，日本侵占了中国东北和中国大陆其他地区的大片领土，并把这些领土和海上、周边蚕食的地区连起来。

单就领土情况而言，在1944年年中，日本的势力范围是1942年征服高潮时希特勒控制的地区的1.5倍——前者是600万平方英里，后者是400万平方英里。然而，希特勒以强征人力压榨他的帝国，在前线和占领区部署了逾300个德国师和附属国的师。相反，日本仅仅部署了六分之一的军队，只有11个师团可用于机动作战。其他军队在中国腹地与蒋介石展开冗长、日渐削弱、（显然）最终无果的战争。这种情势使日本处于根本不平衡的战略境地。尽管地图上看它的位置稳固，因为它占据了战场的"中心位置"，所有军事理论家都认为那是最值得占领的地区，然而后勤学却推导出一个不同的结论。众多日本据点彼此之间的陆路联络即便有可能实现，往往也非常困难，尤其是中国南部地区、印度支那和缅甸，这是因为山脉构成了它们的边界。由于美国潜艇指挥官大胆而有效的劫掠，海路联络同样令人沮丧，而且日益危险。太平洋和东印度群岛之间的联络受到潜艇和美国空军的威胁，美国空军以地面为基地或以航空母舰为基地。最终，由于中国国土面积大，日本军队无法有效调动，日军身陷镇压或者占领——在此过程中，他们受到数以千计的所谓中国"伪军"的协助，这些伪军属于1939年建立的汪精卫伪国民政府——少有余力进攻中国军队本身。

中国军队分属两个敌对的阵营，一个是合法的国民党政府军，统帅是蒋介石，另一个是共产党的军队，统帅是毛泽东。依照战前协定，二者同意停止内战、一致对日，可是，这一协定经常被打破。无论如何，二者的行动非常不协调，因为毛泽东的根据地在遥远的西北方，在长城以外位于黄河大转弯的延安附近，历史上中央政府的对手们在那里开创基业，而蒋介石被迫深入南方，身处 500 英里以外的重庆陪都附近。在这两者之间还有军阀的残余部队，1911 年帝国土崩瓦解后军阀割据局面形成；日本人与军阀勾结，还从他们当中征募伪军。

与军阀的军队和伪军相比，蒋介石的军队在军事上更胜一筹——但仅此而已。1943 年，蒋介石的军队在理论上有 324 个师，因此是世界上规模最大的军队，但实际上只有 23 个装备充足的师，而且这些师规模小，只有 1 万人。装备和物资补给完全依靠美国人，而美国人又依靠英国人提供的便利，让运输机沿"驼峰航线"从印度飞到中国南部，印度孟加拉（Bengal）和中国四川省之间的山脉高达 1.4 万英尺。此前，这些物资补给经由"滇缅公路"（Burma Road）从曼德勒运送而来；可是，自从 1942 年 5 月缅甸落入日本人之手，这条道路就被封闭了。蒋介石不仅依靠美国人提供武器装备和衣食生计，而且还依靠美国人提供军事训练和空中支援——陈纳德（Claire Chennault）将军指挥飞虎队的几十架飞机提供空中支援，飞虎队最初是 1941 年美国向中国提供飞行员和飞机组成的"美国航空志愿队"（American Volunteer Group）。此外，蒋介石依靠美军充当他的精锐部队，因为他麾下最有效的部队是美军第 5307 临时团，规模类似旅，它将成为著名的"麦瑞尔突击队"（Merrill's Marauders）。蒋介石同意"醋乔"史迪威担任名义上的总司令，"醋乔"史迪威对中国人颇不耐烦，在程度上仅次于对待正与他配合的英国人。

侵华日军有 25 个师团，它们成功地将毛泽东牵制在西北"解放区"，迫使蒋介石背靠南方的缅甸山脉，因此在东方，在第二次世界大战前两年半的时间内，日军无须机动作战。侵华日军已经控制了中国大部分富饶的地区，东北、黄河流域、长江流域，以及南方港口周围的飞地，即福州、厦门、香港和广州，还有中国南海重要的海南岛。日本从中国取其所需，尤其是米、煤、金属和东北的工业产品，却很少为遭遇"抵抗"——理智的中国人对此采取观望态度——而烦恼，和蒋介石、毛泽东的军队交战也不多，最重要的是，日本继续在中国为所欲为，榨取占领战略性"中心位置"的所有便利。

"一号"攻势和"乌号"攻势

太平洋舰队突然驶入中太平洋,这驱散了日本的自鸣得意。尼米兹的猛攻旨在像一把剑一样插入日本中央阵地的心脏。这从根本上威胁日本对中国南海——这里是太平洋的"地中海",冲击着中国大陆、泰国、马来亚、东印度、中国台湾和菲律宾的海岸——的控制,这种控制对于日本维系它在"南部地区"的帝国而言是至关重要的。因此,1944年1月25日,东京帝国指挥部向身在中国的司令松井石根将军下达命令,要求展开大规模进攻。1943年春季,日本向中国展开了最后一轮攻势,当时华北方面军扫荡了北京以西的山西和河北两省。此时的计划是在南方占领更多领土,目标是既在北京和南京之间打出一条直接贯通南北的铁路线,又扫荡南方蒋介石地盘内的美军机场,陈纳德的空军已然拥有包括战略轰炸机在内的340架飞机,它们从这些机场起飞,折磨着遍及中国的日本远征军。

1944年4月17日,"一号"攻势(豫湘桂会战)打响。同年早些时候,"乌号"联合攻势(英帕尔战役)在缅甸打响。奇怪的是,日军的这两项计划没能及时协调起来,无论是目标还是目的——除了就全局而言,以及有助于使敌人面临复杂的突击。事实上,盟军在中国南方和在缅甸的战役反倒相互联系。首先,蒋介石的军队基于重庆,经由"驼峰航线"获得物资补给;其次,中国军队实际上由史迪威指挥,在中国南方作战,目标是重新打通"滇缅公路";再次,中国军队在印度接受训练,以此作为提高蒋介石军队素质的手段。然而,帝国指挥部并没命令在缅甸指挥第15军的牟田口廉也将军沿着"滇缅公路"向北进攻,进而援助"一号"攻势。相反,帝国指挥部仅仅命令他全面入侵印度,方向完全不同。

牟田口廉也全心全意地致力于"乌号"作战计划。自1942年11月至1943年2月间,他的前任饭田成功抵挡英军沿孟加拉湾的阿拉干(Arakan)海岸向缅甸发起的攻势。此后,1943年2月到4月间,钦迪特支队(Chindit forces)在组建者奥德·温盖特(Orde Wingate)的率领下深入敌后,展开非正规的军事行动,但也以失败告终。然而,温盖特的部队在印缅边境层峦叠嶂、无路可走的地带成功突破日军前线,确实给牟田口廉也留下深刻的印象。他担心,温盖特的突击支队曾经行进之处也许会有更大规模的盟军部队接踵而至。他还设想,他自己的勇士可以按照温盖特的路线反其道而行,以此作为防卫缅甸的最佳途径,挫败盟军为重开"滇缅公路"(美国工兵正在路尽头的印度利多[Ledo]继续修筑道路)所做的努力,粉碎史迪威从中国南方发起的日益深入的猛攻,从而间接支援在中国本土展开的"一号"攻势。

牟田口廉也的进攻精神完全符合进攻是最好的防守这一原则。1943 年 11 月 15 日，盟军东南亚战区司令部（South-East Asia Command）成立，充满活力的海军上将路易斯·蒙巴顿（Louis Mountbatten）勋爵担任盟军东南亚战区总司令。事实上，盟军东南亚战区司令部正在计划它自己的攻势，旨在恢复盟军在缅甸的力量。这些谋划中的军事行动包括，在阿拉干发起另一场攻势，即从阿萨姆邦（Assam）跨过印缅边界向亲敦江（river Chindwin）发起主攻，这是通往缅甸中部平原的大门，中国军队从云南省向缅甸东北部发起两次攻势，其中一次将由史迪威统率的中国部队在麦瑞尔突击队的支援下展开进攻，另一次将由钦迪特支队攻击密支那（Myitkyina），在密支那突入日军后方。

因此，牟田口廉也的行动不仅仅是一次攻势，而且还是一次先发制人。为了这次行动，由寺内伯爵指挥的整个缅甸方面军（Burma Area Army）得到增援，部分援军来自泰国，部分援军来自印度国民军（Indian National Army）第 1 师。苏巴斯·钱德拉·鲍斯（Subhas Chandra Bose）在马来亚和新加坡被俘的 4.5 万名印度人中，征募了 4 万名表明同情其事业的人，组建成印度国民军。然而，牟田口廉也的破坏性进攻却被另一场攻势捷足先登——1943 年 11 月英国人继续尝试突破潮湿的阿拉干。因此，2 月 4 日，日军第 55 师被派去防御阿拉干的英军前线，任务是阻止英军前进。月底，第 55 师团在费了九牛二虎之力后，被驱散并被迫退回出发点。与此同时，日军第 18 师团艰难地应付着史迪威向密支那的进军，3 月温盖特的第 2 钦迪特远征队按期乘滑翔机空降在密支那后方。

因此，3 月 6 日，牟田口廉也正是在如此动荡的缅甸北部开始他的"乌号"攻势，当时他的三个师团渡过亲敦江入侵印度，第 31 师团朝科希马（Kohima）进发，第 15 师团和第 33 师团朝英帕尔（Imphal）进发。

阿萨姆邦高山中的这些小地方战前曾是茶业中心。这些地方不利于英印军队建立军事基地，此时前线上的部队和印度其他地区的公路联系也不畅通。此外，指挥英国第 14 集团军的威廉·斯利姆（William Slim）中将正准备转为进攻，而且他所处的位置没有遇到攻击。在斯利姆卓越的领导下，第 14 集团军摆脱了 1942 年春从缅甸痛苦撤退及八个月后从阿拉干屈辱退却后的低落。然而，在日本侵略高潮之际，它尚未与日军展开过全面战斗。

斯利姆已然嗅到日军进攻在即的气息，他并未感到特别意外。因此，他说服蒙巴顿哄来美军充足的空运，于 3 月 19 日至 29 日间，将第 5 印度师这支英印军队中最有经验的部队从阿拉干战场空运北上,他自己则将物资补给和增援运送给边界的守军,为了展开攻势,他一直在搜集物资,这批补给和增援便来自于此。他还严格命令下级指挥官,没有上级的允许,不许撤退。由于英国守军坚守层峦叠嶂的印缅边境的关键点,并没打算全线防守,因此日军实现了包围科希马和英帕尔的目标,但却无法占据通往印度平原的边境公路。4月4日,科希马被围,转天英帕尔被围。随后的战斗是这场战争中最艰苦的战斗之一,双方时常在和地区专员废弃住宅的网球场差不多大的范围内奋战,这里构成科希马山脊无人区的一部分。空运补给线不定期地为科希马的英军提供物资,这里的英军比在英帕尔的更经常地得到补给。日军则没有丝毫补给;尽管生病、消瘦,他们困兽犹斗,甚至在季风来临后,仍然坚持进攻。6月22日,在被围困了80天后,英帕尔获救,四天后,牟田口廉也被迫建议寺内,现在第15军应该撤退。7月初,帝国指挥部同意撤退,幸存者沿着热带雨水淹积的道路,挣扎着渡过亲敦江,回到缅甸平原。最初有8.5万人入侵印度,此时只剩下2万人;逾一半伤亡人员死于疾病。日军指挥官怀疑印度国民军第1师变节,因此残酷地对待该师,该师不复存在。

此时,缅甸战役的焦点转到东北战场,日军在此固守阵地,与史迪威和钦迪特对决;与此同时,斯利姆开始准备让第14集团军渡过亲敦江,发起延迟的攻势,夺回曼德勒和仰光。然而,随着牟田口廉也"乌号"攻势的失败,缅甸本身不再是帝国指挥部的当务之急。尽管"一号"攻势在中国南方进展顺利——结果美国政府开始担心蒋介石的政权即将崩溃——南太平洋和中太平洋的局势继续恶化。在新几内亚岛,7月鸟头半岛(Vogelkop)陷落,此后9月15日摩罗泰岛(Morotai)失守,该岛位于新几内亚岛和菲律宾南部棉兰老岛的中间;同在9月15日,关岛和塞班岛陷落后,美军占领帕劳群岛的贝里琉岛(Peleliu),这是美军在中太平洋战场已经攻克的距菲律宾最近的地点。此时,对菲律宾的进攻蓄势待发,这将打开中国、印度支那和日本本土的大门。

莱特岛登陆的时间表

麦克阿瑟和尼米兹获胜的程度和速度让华盛顿的参谋长联席会议及其计划制定者相当吃惊,结果使得进攻的确切属性此时再次引起争论。正如在欧洲战场,1943年盟军最高统帅指定的参谋长们制定了向德国边界进军的时间表,此后战事的进展之快超出预料,曾经看来好像重要的各种行动此时逐渐变得微不足道。在欧洲，战事的发展使得夺取大西洋港口显得无关紧要，这些港口是从美国本土向在法国中部作战和进攻南法的美军提供物资补给的基地。在太平洋地区，失去战略意义的行动是夺取中国南方沿海港口，以便为陈纳德的空军基地、进攻台湾和占领菲律宾南部棉兰老岛提供补给。在这些计划中，有两项计划自行取消。"一号"作战计划在中国南方取得胜利，导致陈纳德丧失了大部分靠近海岸的机场，从而使夺取附近港口变得无足轻重；台湾的面积是夏威夷的两倍，而且它有世界上最高的海崖作为屏障，进攻台湾预计需要很多军队，因此在欧洲战役结束前，无法聚集如此之多的军队进攻这里。在哈尔西的航空母舰仅在棉兰老岛遭遇轻微抵抗后，9月13日，进攻棉兰老岛的计划也被取消。哈尔西反而极力主张应该先在莱特岛（Leyte）登陆，莱特岛位于群岛的中央，他主张此后军队于12月前往最北端的岛屿吕宋岛，这比原计划提前了两个月。由于这一时间表正中麦克阿瑟的下怀，因此得到他的支持。麦克阿瑟认为，海军作战部部长金海军上将前进得过于缓慢。自7月26日开始，参谋长联席会议主席和作战指挥官们展开辩论；9月15日，辩论结束，参谋长联席会议批准麦克阿瑟于10月20日开始在莱特岛登陆。

菲律宾的日军准备不足，无法抵挡盟军的进攻。事实上，全体日军正在为他们早些时候的胜利付出代价。他们越过了克劳塞维茨所谓的"进攻的顶点"，发现拥有的地区使防守能力不堪重负，面对愤怒的敌人，而敌人的资源与日俱增。尽管欧洲战场的战争需要使太平洋地区美国陆军和海军陆战队可用的人力受到限制，但是1944年全年美国陆军航空部队获得更多更好的飞机，特别是B-29超级堡垒轰炸机，这种轰炸机的航程足以从中国南方的老基地和塞班岛的新基地飞去轰炸日本本土。美国海军的特定战场是太平洋，资源几乎多得用不完；美国海军拥有新的战列舰、巡洋舰和驱逐舰、快速攻击运输舰、大大小小的登陆艇，不过最重要的是新航空母舰：从1941年开始，21艘埃塞克斯级（Essex-class）航空母舰投入使用或者将要投入使用，航空母舰舰队总共可为3000多架舰载机提供飞行甲板，这支舰载海军航空兵部队的规模是日军最大时的三倍。

相比之下，日本已经过了军工生产的顶峰。自1937年以来，日本陆军已被全面动员起来，规模固化为约50个师。自1941年以来，日本海军持续作战，已然遭受严重的损失，无法凭借造船厂的产量弥补。自1941年至1944年间，只有5艘舰队级航空母舰下水。商船舰队的损失更大，使日本处于崩溃的边缘。由于日本不能自给自足，或者无法满足自己的原材料需求，因此自由使用西太平洋海域对日本经济的运转至关重要；这对"南部地区"范围内日本驻军的维系、增援和调动也是必不可少的。1942年间，美国潜艇击沉180艘日本商船，共计载重72.5万吨，新建船只补充了其中的63.5万吨；油轮吨位实际上有所增加。然而，1944年，因为美国潜艇指挥官的技艺提高，他们从基地出发，前往更远的新几内亚岛、阿德米勒尔提群岛（Admiralties）和马里亚纳群岛，击沉的舰船总数增加至600艘，总吨位增加至270万吨，比1942年和1943年击沉的总数还多。到1944年底，日本商船的一半和油轮的三分之二遭到毁坏，东印度的石油供应几乎中断，本土岛屿的进口水平下降了40%。

商船舰队的损失迫使日本海军使用驱逐舰取代商船，运输军队和军事物资补给，这严重阻碍了军队在受威胁的地点之间的穿梭调动，从而影响了日本对菲律宾的防御。帝国指挥部已然正确地预测到，美军计划先从新几内亚岛进攻最南端的棉兰老岛，然后再进攻最北端的吕宋岛，以此作为进攻日本的踏脚石；可是，他们没有预料到，美军将根据战事改变他们的计划。结果，莱特岛的驻防甚至比棉兰老岛还薄弱。尽管1944年10月20日日军在菲律宾有27万人，但是新加坡的征服者和"北部地区"指挥官山下奉文在莱特岛只有势单力薄的第16师团。该师团只有1.6万人，难以对抗那天早晨在莱特湾开始登陆的沃尔特·克鲁格（Walter Krueger）第6集团军的4个师。

尽管日本陆军对莱特登陆措手不及，日本海军却不尽然。此时，日本海军一分为二，剩余的航空母舰及其护航舰留在日本水域，战列舰——仍有9艘，包括世界上最大的战列舰大和号和武藏号，排水量7万吨，装有18英寸炮——位于新加坡附近的"林加锚地"（Lingga Roads），靠近在东印度的石油补给，这些石油无法运输到日本本土。日本舰队的这两部分明智地避免卷入最近的美军登岛行动，即9月15日登陆帕劳群岛的贝里琉岛——最初的中太平洋战略计划中未被取消的行动，该战略计划已然失去意义（尽管它让经验丰富的第1海军陆战师饱受煎熬）。本土舰队没能逃脱莱特岛登陆前盟军空袭台湾、冲绳和吕宋的连累，10月10日至17日间，美国第3舰队摧毁了逾500架日本舰载机和岸基飞机；可是，海军中将小泽治三郎的航空母舰舰队安然无恙，位于林加的联合舰队主力仍然完好。

正是在这样的情况下，帝国指挥部决定向掩护莱特岛登陆的美国第3舰队和第7舰队发起决定性的海上攻势，代号为"捷-1"（Sho-1）。这次攻势极为复杂，日本的重大攻势往往如此，实质上，这次进攻是牵制性的：小泽治三郎的航空母舰从日本内海驶来，引诱哈尔西的第 3 舰队离开莱特岛海滩；此后，战列舰和重型巡洋舰分成第 1 突击舰队、第 2 突击舰队和 C 舰队，进攻莱特湾的运输船和登陆艇，并且摧毁它们。第 1 突击舰队将通过圣贝纳迪诺海峡（San Bernardino Strait）接近莱特岛北部，第 2 突击舰队和 C 舰队将通过苏里高海峡（Surigao Strait）接近莱特岛南部。

历史上规模最大的海战即将发生，这次海战甚至比日德兰海战的规模还大，不过，和日德兰海战一样，由于误报和误解而混乱不堪。首先进入战场的是海军中将栗田健男的第 1 突击舰队，它从林加启航，在途中遭到美国潜艇的拦截和打击，于 10 月 24 日从西路驶向圣贝纳迪诺海峡。虽然支援它的岸基飞机重创哈尔西第 3 舰队的美国航空母舰普林斯顿号（Princeton），普林斯顿号最终沉没，但是这些飞机在与美国地狱猫战斗机的对决中遭受更为惨重的失败；随着时间的流逝，美国鱼雷轰炸机攻击了栗田健男的战列舰。下午，武藏号被 19 颗鱼雷击中，超过了它庞大的船体能够容忍的程度，晚上 7 点 35 分，武藏号翻船下沉。栗田健男决定，在无法确保小泽治三郎的航空母舰（他未闻它们的消息）支援的情况下，他不能让大和号战列舰、其他两艘战列舰和十艘重型巡洋舰在圣贝纳迪诺海峡的狭窄水域冒险，因此停止前进，退回林加。

然而，当他这样做的时候，"捷 –1"计划正处于胜利的边缘，因为哈尔西在停驻在吕宋岛南端附近的第 3 舰队旗舰新泽西号（New Jersey）上刚刚得到消息称，以北 150 英里处看到小泽治三郎的航空母舰。哈尔西曾因谣言而闷闷不乐，谣言称他在菲律宾海战中让日本人太过轻易逃脱，他决心要让小泽治三郎吃点苦头。因此，他当场制定计划，留下部分舰船，命名为第 34 特遣舰队，负责保卫圣贝纳迪诺海峡，而他则挥兵北上，寻找并摧毁日本航空母舰。

此时两次改变想法意外地改变了战争的进程。第一次是栗田健男改变想法。由于联合舰队责备他贻误战机，他以此为辱，改变路线，最终于 10 月 24 日至 25 日夜晚穿过圣贝纳迪诺海峡，继续朝莱特湾航行。第二次是哈尔西改变想法。他接到报告后特别兴奋，报告称小泽治三郎的航空母舰不堪一击，于是他决定不留任何舰船保卫圣贝纳迪诺海峡，而是让这些本该组成第 34 特遣舰队的舰船和他一起北上攻击小泽治三郎的航空母舰。

突然间，"捷 –1"计划的胜利近在咫尺。栗田健男的第 1 突击舰队将在莱特湾附近出现，那里只有驱逐舰和护航航空母舰组成的单薄的舰队保护登陆部队。与此同时，海军中将志摩清英的第 2 突击舰队和海军中将西村祥治的 C 舰队朝苏里高海峡进发,将从南面袭击莱特岛登陆部队的后方。当哈尔西继续北上,打算与日军的航空母舰对决时,他不知道的是,美军对莱特岛的进攻将沦为一场灾难。

在两支正在挺进的日本舰队和灾难之间,只有圣贝纳迪诺海峡三艘弱小的护航航空母舰和苏里高海峡海军上将奥尔登多夫(Oldendorf)的六艘战列舰。奥尔登多夫的战列舰是属于过去的幽灵,因为它们全都建造于第二次世界大战前,其中五艘战列舰是从珍珠港的海底打捞上来的。然而,在随后的几年中,它们被修造一新,重新装备,尤其是配备了现代雷达装置。10月24日至25日的夜晚,在一片漆黑之中,西村的舰船影像清晰地出现在奥尔登多夫的雷达屏幕上。在战列舰扶桑号(Fuso)靠近时,奥尔登多夫的驱逐舰击伤扶桑号;此后,奥尔登多夫的战列舰进行齐击,彻底摧毁了它,还击沉了另一艘名为山城号(Yamashiro)的日本战列舰。C舰队的幸存者撤退,在第2突击舰队驶过它们,走向潜藏在苏里高海峡的危险时,这些幸存者竟没向第2突击舰队发出警报。第2突击舰队同样遭受损失,匆忙改变路线,尾随西村的踪迹。

美国人在苏里高海峡之战中逃过一劫。在圣贝纳迪诺海峡的第二轮战斗中,美国人便没那么幸运了。栗田健男的第1突击舰队在武器上远超横亘在它和登陆舰队之间的任何美国部队,而美国海军主力尚在远方。哈尔西巡航追击小泽时,一些消息纠缠着他,包括臭名昭彰的"第34特遣舰队在哪,全世界都想知道",虽然这最后几个字是被误解的安全填充*,但是它们永远令哈尔西感到烦恼。同时,栗田健男驶到保护登陆舰队的战列舰中间。他先发现了弱小的五艘护航航空母舰,这群护航航空母舰由商船改造而来,速度不快,没多少舰载机,其装备用于反潜而非鱼雷攻击。尽管如此,这五艘护航航空母舰泰然自若,英勇无畏,应付自如。当海军上将克利夫顿·斯普雷格(Clifton Sprague)以最快的速度调动第3特遣舰队逃脱16英寸和18英寸炮的炮弹时,他的飞行员驾驶舰载机出击,向日本战列舰发射反潜炸弹。一艘名为冈比亚湾号(Gambier Bay)的美国航空母舰被击中,燃烧起来。在第2特遣舰队派来的一群"小型航空母舰"支援下,其他舰船设法在其护航驱逐舰的空袭和鱼雷攻击掩护下撤退。面对这种大拇指汤姆式的挑战,兼因小泽的航空母舰没有出现而气馁,栗田健男决定停止行动,穿过圣贝纳迪诺海峡撤退。此时是10月25日上午10点30分。

---

* Security Padding,是为了增加敌方解析密码的难度而插入的无意义词句。但在这一事件中,"全世界都想知道"(The whole world wonders)被错误地当作尼米兹发送给哈尔西的电报正文交给后者,因此被误解为严厉的讽刺和斥责。——译者注

在南面，奥尔登多夫的战列舰急忙从苏里高海峡赶来营救，但是仍有三小时的航程；在北面，哈尔西改变行程，不再追击小泽治三郎，但是甚至需要更长时间才能赶到现场。不过，哈尔西的舰载机让敌人付出了代价。在清晨的攻击中，这些飞机击沉了轻型航空母舰千岁号（Chitose）和瑞凤号（Zuiho）。第二轮攻击摧毁了航空母舰千代田号（Chiyoda）和参加过珍珠港事件的老将、小泽的旗舰瑞鹤号；尽管这些航空母舰只有180架舰载机参战，但是它们的毁灭实质上标志着日本主要海军航空兵的消亡。此外，日军还损失了三艘战列舰、六艘重型巡洋舰、三艘轻型巡洋舰和十艘驱逐舰，全部加在一起，是珍珠港事件爆发以来日本帝国海军遭受损失总量的四分之一。

因此，莱特湾海战不仅是规模最大的海战，而且还是海军史上最具决定性的一场海战，尽管对美国人来说，这是一场险胜。为莱特岛而战更是一件旷日持久的事情。日本人认识到他们能否占据菲律宾取决于莱特岛的防御，于是匆忙从各个岛屿的其他地方用驱逐舰调来援军——第8师团、第26师团、第30师团和第102师团，还有来自中国、逐渐减少的总预备队的精锐第1师团。美国人也增援了他们最初登陆时的四个师，因此到了11月，他们拥有六个师——第1骑兵师、第

1944年10月25日在莱特湾，美国护航航空母舰"圣洛"号遭到一架日本神风突击机的直接撞击。不到一小时后，"圣洛"号沉没。

7空降师、第11空降师、第24师、第32师、第77师、第96师。* 在接下来的这个月中,战斗相当艰苦。12月6日,日军发起反击,试图夺取莱特岛上重要的美军机场区。日军反击失败后,莱特岛战役实际已告结束。日军损失了7万人,而美军损失了1.55万人。

1945年1月9日,克鲁格的第6集团军从莱特岛及附近的民都洛岛(Mindoro)和萨马岛(Samar)——这两个岛也已被扫清了障碍——出发去进攻吕宋岛,菲律宾首都马尼拉就位于吕宋岛。在遥远的南方,澳大利亚第1集团军在新几内亚岛、新不列颠岛和布干维尔岛肃清日军的抵抗。在缅甸,斯利姆的第14集团军于12月2日夺取亲敦江畔的葛礼瓦(Kalewa),向缅甸平原展开攻势,蒋介石的军队在美国的援助下也在东北战场取得进展。指挥中国军队的不再是刻薄的史迪威,因为他依次与英国人、中国人,最后和罗斯福总统闹翻。10月18日,史迪威被免职,他的职责平分给1941年美国"胜利计划"的设计师阿尔伯特·魏德迈(Albert C. Wedemeyer)将军和丹尼尔·苏丹(Daniel Sultan)将军。前者担任美国驻中国战区总司令;后者此时指挥缅甸的麦瑞尔突击队(改名为战神特种部队)和在印度受过训练的中国军队。

在中国,"一号"攻势威胁要打开一条从日本占领的沿海地区通向蒋介石的陪都重庆的通道,蒋介石的军队得到在印度受过训练、从缅甸归来的两个师的增援,终于在贵阳设法挡住了"一号"攻势。"一号"攻势实现了次要目标,打开了从印度支那北部地区通向北京的通途,可是,该攻势并没摧毁蒋介石的军队。事实上,1945年1月,蒋介石的精锐部队(在苏丹的指挥下)最终成功经由8月史迪威占领的密支那,突破缅甸北部山区,和所谓的滇西国军(Y-Force)会合,滇西国军也是蒋介石的部队,从云南赶来。1月27日,两支部队重新开辟滇缅公路,从而确保了从印度的英美基地到重庆附近的国民党心脏地带直接的陆路供应线。不过,日本人仍然统治着中国南方。英军朝着缅甸平原陈兵列阵,第14集团军正朝着缅甸平原进军,无论是魏德迈的军队、苏丹的军队,还是蒋介石的军队,都无力阻止日军在长江以南的任何坚决行动。1945年春季,正如自1941年以来的每一年,中国战争的前景与西太平洋水域日军和美国海军舰队及其两栖部队大战的结果紧密联系在一起。

---

* 此处实际列举了七个师。原文如此。——译者注

三十一　两栖战：冲绳

随着攻占菲律宾和马里亚纳群岛，太平洋地区的战争进入两栖战的高潮阶段。1945年，在日本于1942年制定的"防御圈"内部或者附近的一些地方，地面战斗继续存在；在缅甸和菲律宾北部，战斗确实异常惨烈，马尼拉将成为和华沙一样遍野荒芜的鬼城。然而，太平洋战争的性质此时发生了根本改变。这不再是两个相互独立而又相互竞争的美军战略计划，即海军以势不可当的力量支撑各海军陆战师在遥远的小环礁登陆，而陆军则凭借短距离迂回行动，以更大兵力夺取南亚和东南亚的大块陆地。此时，海军和陆军联合向日本本土的外围岛屿发动大规模的两栖行动，每次都有若干个师，即很多舰队、海军航空兵和紧密集结的舰载部队参加行动。这些军事行动的成败完全取决于海员、士兵、飞行员和海军陆战队员的联合两栖作战能力。

参谋长联席会议对计划中行动的结果很有信心，其中最重要的是登陆琉球群岛的冲绳岛，该岛距日本本土最南端的大岛九州岛仅380英里。此时，美国两栖作战技术已经相当高超，已发展了很长时间——这些技术确实在太平洋战争中不断进步。比较而言，两栖作战概念尤其归功于美国海军陆战队，他们早在第二次世界大战开始前20年就已经认识到学习如何才能最好地将军队从船上转移到岸上的需要。美国海军陆战队提出，船和岸之间的转换本质上是一种战术行军。虽然这种看法特别简单，但是此前的海洋强国均未认识到这一点。尽管英国人和法国人通过海军力量展现军事实力，进而建立起强大的帝国，但是他们都没意识到，部队登陆的方式不仅仅是将士兵放到舰船的小艇上，然后让他们在水边下艇登陆。1915年在加利波利，英法联合展开大规模的两栖登陆行动，结局悲惨。蒸汽舰载艇将草草改装的驳船拖拽到岸边，驳船一靠岸就面对着土耳其的机关枪，船上的士兵们落水被杀。第一次世界大战后，美国海军陆战队下定决心，绝不让美国人面临这样的命运。无可否认，海军陆战队要将两栖登陆战术变成一技之长是有制度原因的，因为海军陆战队担心——在两个较大组织夹缝中生存的小组织常常会有这样的担心——会被陆军或海军吞并；然而，原因不单单如此。海军陆战队已然预见到美日爆发太平洋战争的危险。它还看出，只有运用特殊方法和特殊装备才能获胜，于是开始发展这两个方面。

美国海军陆战队两栖战理论的设计师是厄尔·埃里斯（Earl Ellis）少校，1921 年他首先提出登陆是"船岸战术行军"的概念。埃里斯强调，登陆部队需要在离开舰船时拥有最猛烈的火力掩护，需要奔跑下船登陆，需要在干燥的内陆而非海滩本身占据第一批阵地。简而言之，海洋和海滩将被视为无人之地。要在敌方高水位标志之上的第一道防线内外展开战斗。这一观点的实现，不仅需要特殊训练，而且需要特殊用途的装备。一是俯冲轰炸机，从航空母舰上起飞，如果可能的话，由海军陆战队自己的航空兵飞行员驾驶；俯冲轰炸是向敌人沙滩据点精确开火的基本手段。另外是"专用"登陆艇，能够迅速有力地突破船岸之间的危险地带，拥有能够抵达海滩的构造，无需等待潮汐便可登陆和后退。随着时间的推移，美国海军陆战队发现，需要两种、最终三种类型的登陆艇。第一种是履带式水陆两用车或水陆履带牵引车，如果可能的话配有装甲，事实上，它可以从水中开出来，在车上的人登陆前驶过海滩；它的雏形诞生于 1924 年，由非常富有创造力的美国坦克先驱沃尔特·克里斯蒂（他还发明了 T-34 型坦克）制造。第二种是较大的海滩艇，用来运载第二波登陆人员；成功的典型是希金斯登陆艇（Higgins boat），该艇建立在民用设计的基础上，原本由新奥尔良的希金斯公司为了在密西西比河三角洲使用而建造。第三种是具备海滩坦克能力的登陆艇；1941 年 11 月，美国海军船舶局（Bureau of Ships）的约翰·尼埃德梅耶（John Niedermair）在短短数天之内画出战争期间建造的第一批逾 1000 辆坦克登陆艇（Landing Ships Tank，简称 LST）的草图。当然，这三类登陆艇也能用于转运登陆部队上岸后需要的物资补给。

到了 1945 年初，太平洋舰队拥有所有三类登陆艇和许多变种，数量庞大；美国海岸警卫队（United States Coast Guard）专门负责给海军陆战队的登陆艇配置人员。此外，太平洋舰队拥有许多装载登陆部队和登陆艇的快速"武装运输舰"，这些"武装运输舰"可以和两栖特遣部队的驱逐舰和航空母舰并驾齐驱。此外，还有许多可供海军将领和陆军将领联合指挥作战的专用指挥舰。

早在 1944 年 7 月，在莱特岛登陆前，盟军已经制定了向琉球群岛进军的计划，当时指挥第 5 舰队的海军上将雷蒙德·斯普鲁恩斯（Raymond Spruance）建议，应该绕过中间位置，特别是台湾，一大步跨到日本人的家门口。起初，海军作战部部长、海军上将金认为这项计划太过艰巨。然而，到了 9 月，由于欧洲战争的持久性和麦克阿瑟深入菲律宾，美军显然无法集结更多军队，于是金的态度变得温和。此时，尼米兹指挥六个海军陆战师和五个陆军师，拥有足够规模的独立军队，使他可以展开大规模的军事行动。因此，1944年9月29日，金、尼米兹和斯普鲁恩斯在旧金山会面，同意将冲绳岛作为转年两栖行动的首要目标。由于向琉球群岛进发的主要意图是确保更好的空军基地，准备轰炸日本，并猛攻介于日本本土和台湾岛、吕宋岛日军机场之间的"空中走廊"，因此会议还同意在附近夺取一个可以更快攻占的较小的岛屿作为辅助基地，为B-29超级堡垒轰炸机提供补给站和紧急降落场。小笠原群岛的硫磺岛似乎是最佳选择。10月3日，参谋长联席会议签发命令，2月进攻硫磺岛，4月进攻冲绳岛。

"天号"计划

日本人同时也在修改他们的未来作战计划。1943年9月，他们承认1942年的防御圈已然防守不住了，于是规划了新的"绝对国防区"（Absolute National Defence Zone），从千岛群岛到日本本土的北端，包括中太平洋的小笠原群岛、马里亚纳群岛和加罗林群岛，以及西南太平洋的新几内亚岛西部、东印度和缅甸。随后，1944年美军深入该区域，以致日军不得不放弃以防御该区域为基础的作战计划，其设计师被从政府中赶了出去；7月，东条英机辞去总理一职，更温和的小矶国昭取而代之，不过内阁中仍有陆军省和海军省的代表，确保内阁仍受军方控制。到1945年春季，除了中国（"一号"攻势仍在继续），其他地方的战事极度恶化，因此帝国大本营不得不再次深思。为了防御剩余的日本防卫线上最薄弱的

美国海军陆战队队员在地狱般的硫磺岛上，硫磺岛是太平洋上的一个小岛，由2.3万人组成的日本驻军死守到底。

据点，包括中国大陆和印度支那之间的海南岛、中国沿海地区、台湾，最后还有琉球群岛，帝国指挥部制定了代号为"天号"的作战计划。防御琉球群岛的子计划代号为"天一号"，在琉球群岛中，冲绳被认为是最危险的岛屿，以中国台湾和日本本土为基地的4800架飞机奉命执行这次计划。由于缺少燃料限制了飞行架次，而且严重限制了飞行员的训练时间，因此"天一号"将是一种新型攻势。飞机将装载高性能炸药，执行单程飞行任务，直接撞向美国舰船，美国人称之为"神风"自杀性攻击。

在莱特湾战役的最后一天，美国人已先尝到神风战术的滋味，不幸的是，那些自杀任务是仓促之间临时安排的。"天一号"准备得更加有条不紊，2月19日，当第3海军陆战师、第4海军陆战师和第5海军陆战师攻击硫磺岛时，"天一号"计划尚未准备就绪。这是身处硫磺岛的美军所享有的唯一仁慈；炮火猛烈，防守稳固，坑道将硫磺岛弄得千疮百孔，厚厚的火山灰覆盖着玄武岩基岩，硫磺岛使海军陆战队遭受了太平洋战争中最糟糕的登陆经历。水陆履带牵引车失去牵引力，陷在海滩上，被战列舰炮击三天都未能消灭的近程火炮的齐射摧毁；步兵挖掘战壕，但这些战壕在刚刚深到可以提供掩护的时候就坍塌了；伤员躺在海滩上等待撤离时再次受伤。战地记者罗伯特·谢罗德（Robert Sherrod）曾经参加过塔拉瓦岛战和其间大部分岛屿登陆行动，他认为这是他见过的最糟糕的战役；他说，"士兵在极度暴力中战死沙场"。3月16日，当美军最终拿下硫磺岛时，6821名美国士兵阵亡，2万人受伤，超过登陆人员的三分之一；2.1万名日本守军所剩无几。

冲绳，最后一战

硫磺岛一战向准备参加冲绳战役的美国军队发出可怕的警告，包括第1海军陆战师、第6海军陆战师和第7海军陆战师，以及陆军第7师、第27师、第77师、第81师和第96师。由于硫磺岛一战第一天伤亡惨重，美军决定进行最猛烈的炮火准备，美军还没对太平洋岛屿发起过如此猛烈的炮击。炮火从3月24日持续到31日。炮火准备过程中，近3万枚大口径炮弹落到登陆地带。4月1日，第1海军陆战师、第6海军陆战师、第7师和第96师搭乘一支1300艘舰船组成的舰队，其中包括18艘战列舰、40艘航空母舰和200艘驱逐舰，乘水陆履带牵引车和希金斯登陆艇迅速赶到岸边，打算夺取岛屿中部，那里有机场，而后对付南北部两个方向的抵抗。

1945年4月1日，两栖登陆艇乘着水花向冲绳岛驶去，同时一艘战列舰的16英寸火炮轰击着海岸线。夺取该岛时，美军有近5万人伤亡，其中逾1.2万人阵亡。相比之下，日军有11.7万人伤亡，其中11万人战死。

　　冲绳是个大岛，长近80英里。美军夺取冲绳的计划是以一种假设为基础的，即由于到目前为止只有一处可以登陆，日军将在水边坚决抵抗，然后在美国空军和海军炮火的重击下，日军将向内陆败退，退向越来越难以防守的据点。日本人预料到美国人的这种假设，于是采取相反的计划防守冲绳。他们在海军陆战师和陆军师登陆时没做任何抵抗，而后诱敌深入，来到岛内他们视为坚不可摧的防线附近作战，同时神风式地决死攻击近海船只。最终的目标是将舰队驱逐，慢慢消灭岛上的美军。

　　岛上日军约有12万人，对抗第一天登陆的5万名美国士兵——这个数字最后增加到美国第10集团军的近25万人。日军有第24师团和第62师团，加上大量非师级部队，组成第32军，由牛岛满将军指挥。牛岛满比帝国指挥部的参谋们更为现实，因为他承认在冲绳岛取得胜利是种奢望；尽管如此，他依然打算给进攻者造成最大伤亡，于是做了相应的准备。坑道和射击阵地将冲绳岛弄得千疮百孔，许多射击阵地隐藏着大口径武器；战斗阵地构成一系列防线，从他正确判断出美军将要登陆的海滩延伸到南北高地。

　　4月1日，美军几乎毫发无损地登陆。此后，第1海军陆战师和第6海军陆战师（战争中第一次以征兵补充志愿兵）向北扫荡该岛的北部，再前往更加崎岖的南部山区与陆军第7师和第96师会合作战。到了4月6日，随着伤亡人数的增加，双方在马其内特防线（Machinato Line）接触，该防线掩护着南部城市首里和那霸。正是在那天，日军开始向近海舰队展开空中和海上攻势。

　　3月18日到19日，第58特遣舰队在刚毅的海军上将米切尔的指挥下，袭击了内海（Inland Sea），以此为登陆行动做准备，此时美国人已经意识到日本人打算如何坚守冲绳岛。尽管美国舰载机摧毁了约200架日本飞机，但是特遣舰队本身同样损失惨重。航空母舰黄蜂号被一架神风突击机严重击损，凭借快速火力射击才得以幸免，美国人的这项技术此时胜过其他所有海军。另一艘名为富兰克林号（Franklin）的航空母舰被两枚炸弹击中，几乎化为灰烬；舰上724名海员遇难，这是太平洋战争中美国幸存舰船死亡人数最多的一次。

　　4月6日，神风突击机发起猛烈进攻；同时，在遥远的北方，日本最后可用的水面舰队——庞大的战列舰大和号在一艘巡洋舰和八艘驱逐舰的护航下从日本起航。大和号将日本本港最后2500吨堪用的燃料搬上船，开始单程航行。它的使命是突击冲绳海滩附近的护航队，给两栖部队造成无法挽回的损失。然而，在大和号进入目标范围很久之前就已被发现，4月7日中午，第58特遣舰队的280架舰载机向大和号发起攻击。从中午到下午2点，大和号被

冲绳岛战役期间，1945年5月11日，美国航空母舰邦克山号的飞行甲板被两架神风突击机直接撞击后一分种内的景象。美国舰队在冲绳岛附近海域行驶的两个月中，日军执行了1900次神风突击任务，击沉38艘战列舰，大部分是较小型号的战列舰，击损十多艘。日军还牺牲了战列舰大和号，派它执行自杀任务，其装载的燃料只够单程。4月7日，300架美国飞机将大和号击沉于冲绳岛附近的海面。

六颗鱼雷击中,失去速度和操纵,成了接下来数轮美国飞机攻击的盘中餐,下午2点23分,大和号翻船沉没,船上2300名船员几乎全都葬身大海。跟随大和号的巡洋舰和七艘护航驱逐舰中的四艘也沉没了。这支"特种水面攻击舰队"(Special Surface Attack Force)进行了日本帝国海军在这场战争中的最后一次出击。

事实证明,击退神风突击机要困难得多。4月6日,约900架飞机进攻两栖舰队,其中三分之一的飞机执行自杀任务。到那天结束时,尽管击落了108架飞机,但是三艘驱逐舰、两艘弹药船和一艘坦克登陆艇沉没。4月7日,神风突击机再次发起进攻,一艘战列舰、一艘航空母舰和两艘驱逐舰被神风突击机击中。美军的对策是,增加雷达哨驱逐舰的掩护,将雷达哨驱逐舰部署在冲绳岛附近方圆95英里的海域内进行预警。不久,16艘雷达哨驱逐舰就位,其中11艘位于东北方位和西南方位之间的半圆之内,离日本和台湾最近。无论如何,40年后,英国特遣舰队将在福克兰群岛(Falklands,马尔维纳斯群岛)再次发现,雷达哨掩护将为舰队的大舰船提供预警;可是,雷达哨的使命是牺牲,因为即将到来的敌军容易选择这些船作为攻击目标。这就是美国驱逐舰的命运。自4月6日至7月29日间,14艘美国驱逐舰被自杀飞行员击沉,此外,掩护范围内另外17艘坦克登陆艇、弹药船和各种各样的大型登陆艇也被击沉。在冲绳岛神风突击战中,逾5000名美国海员阵亡——这是美国海军在这场大战的各个环节中损失最为惨重的一次,包括珍珠港事件。

自4月6日至6月10日间,除了许多小任务,神风特工队发起10次50到300架飞机的大规模攻击,攻击美国战列舰、航空母舰和驱逐舰;历史悠久的企业号、新航空母舰汉考克号(Hancock)和邦克山号(Bunker Hill)都是神风特工队的牺牲品,斯普鲁恩斯的旗舰邦克山号上的396名海员葬身大海。美国航空母舰在机舱以上、飞行甲板以下装备水平装甲,当神风突击机落到甲板上时,很容易着火。3月,第57特遣舰队的4艘英国航空母舰在冲绳岛附近与美军会合,英国航空母舰的主要优势是,为了预防在狭窄的欧

从美国航空母舰邦克山号上转移伤员。

洲水域可能遭遇的炮火，它们在飞行甲板装备上装甲，因此神风突击机的攻击不会给它们造成严重损害。

最终，神风攻击无法持续，因为日本飞行员和飞机均开始耗尽；4月神风突击机的袭击次数比5月多，5月又比6月多得多，6月只有四艘舰船被击沉。然而，只要陆军和海军陆战队在岸上作战，雷达哨就一定要留在原地——因此容易受到损害或被击沉，船员们的神经几乎不堪重负。随着战役的延长，尼米兹对第10集团军指挥官西蒙·波利瓦尔·巴克纳（Simon Bolivar Buckner）将军越来越失去耐心，抱怨他以如此速度推进战线失去了"船和一半时间"。巴克纳是1862年美国内战时期与尤利塞斯·格兰特（Ulysses S. Grant）交战的巴克纳将军之子，他坚决为他有条不紊的战术辩护。连续不断的山脊防线拖延着发起的每次攻势。绵绵不绝的雨水冲洗着这些防线，使试图提供支援的坦克动弹不得，日本人疯狂守护着这些防线，无论他们是受过训练的步兵，抑或完全没有经验的海军岸上人员，差不多都死战到底。直到6月底，抵抗才停止，在最后几天中，约有4000名日本士兵投降。所有日本高官，包括牛岛满，都剖腹自杀，他们的许多下属和一

美国海军陆战队队员小心翼翼地等待着投入日军要塞的炸药包爆炸，冲绳岛的地形极其险恶，这里见证了太平洋战争中一些最惨烈的战斗。

些日本国民亦然。冲绳岛居民总数一开始有45万人，这些居民遭遇悲惨；至少7万人，也许多至16万人，在战斗过程中死去。数千人在岛上数不清的洞穴中避难，随后守备部队占据这些洞穴作为战略据点，当美国步兵以喷火枪和高性能炸药进攻时，避难者被杀。

对于作战部队而言，冲绳岛战役是所有太平洋战役中最残酷的一战。美国陆军师有4000人阵亡，海军陆战队有2938人阵亡；763架飞机被毁，38艘舰船沉没。日军损失了16艘舰船，几乎难以置信地总共失去了7800架飞机，逾千架飞机因执行神风突击任务而机毁人亡。岛上日军——岸基海员和前线步兵、职员、厨师、冲绳岛劳动义务兵——想方设法地寻死，所剩无几。美军捕获的战俘总数是7400人，包括受伤过重而无法自杀的人；所有其他人拒绝投降而自杀，总数为11万人。

三十二 超级武器和日本的战败

冲绳岛一战留下可怕的前车之鉴,预示着随着太平洋战争逐渐向日本本土防御圈逼近,等待美军的将会是什么。这是靠近日本帝国心脏地带的第一场大岛之战,其代价和持续时间预示着一旦美国海军运载陆军士兵和海军陆战队队员在内海海岸登陆,他们将面临更为严峻的考验。据从未证实的消息称,在进攻日本的过程中,预计将有"100万人伤亡",甚至"100万人死亡",这个数字开始在美国战略规划者中流传。这给如何在没有民族悲剧的情况下胜利完结太平洋战役的讨论蒙上一层可怕的阴影。

到目前为止——这并不意味着轻视在前线作战并阵亡的美国海员、海军陆战队队员和陆军士兵的勇气、奉献和自我牺牲精神——太平洋战争还只是一场小规模的战争。参战的大型舰船数量超过其他任何战场部署的数量:12艘战列舰、50艘航空母舰、50艘巡洋舰、300艘驱逐舰和200艘潜艇,1945年美国太平洋舰队不仅是世界上规模最大的海军,而且是有史以来规模最大的海军;太平洋舰队消灭了日本帝国海军,后者只有少数几艘舰船仍然浮在水面上,却没有燃料出海。美国海军航空兵有数以万计的岸基飞机,包括B-29超级堡垒轰炸机,其中250架超级堡垒轰炸机自3月开始经常空袭日本城市,造成灾难性的影响。

就地理范围而论,太平洋战争是一场规模庞大的战争,波及逾600万平方英里的陆地和海洋。然而,就参战人数而论,和欧洲战争相比,这场战争规模非常小。苏联在欧洲战场动用了1200万人,对抗德军的1000万人,欧洲战场还有500万英军的大部分和1200万美军的约四分之一。相反,在太平洋地区,尽管日军动用了600万人,但是在日本本土以外作战的总数的六分之五都派到中国战场;在各个岛屿作战的人数也许并没超过美国派去的兵力。自1941年至1945年间,125万美国军人被投入太平洋战场和中缅印战场;然而,其中只有45万人属于陆军师或海军陆战师,而且在这29个师中,只有大约6个陆军师和4个海军陆战师经常打持久战。1944年年中,在欧洲战场,300个德国师和附属国师对抗300个苏联师、70个英国师和美国师,与之相比,太平洋战争"地面作战"的规模确实比较小——如果不考虑日本岛屿守军所遭受的骇人听闻的伤亡情况的话。

冲绳岛战役后的一段时间里，作战规模突然有可能迅速扩大。德国投降意味着美国动员起来的全部 90 个师和大英帝国 60 个师的大部分可用于进攻日本，此外还有斯大林决定宣战后立即派上战场的部分红军（1943 年 11 月，他在德黑兰承诺，一旦德国战败他就会这样做）。然而，根据冲绳岛战役的经验，即使如此之多的军队也无法确保日本在本土的战败将是迅速而毫不费力的。虽然冲绳岛和日本本土在地形上比较相似，但是日本本土为守军提供一大串山脊、山脉和森林据点，这些据点将阻止进攻者向前推进。这种前景令美国决策者们感到惊骇。6 月 18 日，参谋长联席会议主席威廉·莱希（William Leahy）海军上将在会议中向杜鲁门总统指出，陆军师和海军陆战师在冲绳岛遭受了 35% 的伤亡，预计进攻九州岛也会造成类似的伤亡比例，盟军选择九州岛作为进攻的第一个日本本土岛屿，将有 76.7 万人参加战斗，因此死伤总数共计 26.8 万人，约和到目前为止美军在全世界各个战场战死的人数一样多。

杜鲁门的意见是，他"希望有可能在日本全境预防冲绳式战役再现"。1945 年 5 月底，参谋长联席会议在华盛顿制定计划，要求 1945 年秋进攻九州岛（代号为"奥林匹克"[Olympic]），1946 年 3 月进攻日本主要岛屿本州岛（代号为"小王冠"[Coronet]）。各个军种勉为其难地同意了这项计划。陆军坚持认为，只有进攻才能决定性地结束战争，在很大程度上，陆军的观点由麦克阿瑟决定。海军则主张夺取中国沿海的军事基地，从这些基地能够展开近距离战略空袭，以此削弱日军的抵抗，无需在两栖登陆行动中拿美国人的生命冒险，美国陆军航空队默默地支持这种观点。然而，到目前为止，战略轰炸给日本本土造成的损失并不大，对日本政府作战意志的影响也微不足道。

日本城市的破坏

不管怎样，在参谋长联席会议签发"奥林匹克"行动和"小王冠"行动的命令前，战略轰炸战已经朝着另外的方向发展。类似 1942 年英国轰炸机部队的长官们，美国人被迫放弃轰炸机是一种精密工具的信念——他们的这种信念比英国人还要教条得多——不得不将轰炸机视为一种钝器。他们之所以转变观念，是因为日本（模仿 1943 年至 1944 年德国施佩尔的计划）成功地将武器零部件的生产从主要的工业中心散布到新工厂去，第 20 航空队难以找到或者袭击这些新工厂。1945 年 2 月，柯蒂斯·李梅将军抵达马里亚纳群岛，执行新的轰炸战术，这里成为第 21 轰炸机司令部超级堡垒轰炸机的重要基地。目标不仅锁定为日间使用高性能炸药在高空实施精确袭击，而且还锁定为在夜间使用燃烧弹在低空实施喷淋，这恰恰是1942年"轰炸机"哈里斯将"千机轰炸"作为恐怖工具在一个又一个德国城市制造火焰风暴时所使用的方法。可是，李梅的飞行员们所用的燃烧弹装满胶状汽油，远比英国皇家空军使用的燃烧剂更为有效；更重要的是，日本木纸构筑的脆弱城市远比欧洲砖石结构的城市更容易燃烧。

3月9日，轰炸机司令部向东京展开攻势，325架飞机只携带燃烧弹，在夜幕的掩护下低空飞行。在几分钟的轰炸过程中，市中心起火，到清晨，16平方英里的地区已然烧尽；26.7万幢建筑全部焚毁，火焰风暴中心的温度使城市运河里的水沸腾。根据记录，8.9万人死亡，多一倍的人在城市医院接受治疗。轰炸机的损失则低于2%，随着作战兵力的集结，损失率将进一步下降。不久，李梅司令部的兵力增加到600架飞机，向一个又一个城市发起进攻；到了6月中旬，日本另外五个最大的工业中心遭到破坏——名古屋、神户大阪、横滨和川崎——26万人被杀，200万幢建筑被毁，900万至1300万人流离失所，无家可归。

破坏无情地继续着，美国轰炸机飞行员几乎没有任何损失，而日本的损失却是惊人的；到了7月，日本60个大城镇地面面积的60%被燃尽。然而，正如麦克阿瑟和其他军事顽固派所主张的，这些破坏似乎无法阻止日本政府继续作战。4月初，小矶国昭没能单独和中国达成和平协议，他的首相一职被一位温和的傀儡取代，即78岁的海军上将铃木贯太郎；尽管东条英机的首相一职被免，但是他通过在陆军中的威望仍对内阁决策保有否决权，他和其他军国主义者决定死战到底。这一决定强索牺牲，甚至连希特勒都没在战争将要结束的几个月内要求德国人作出这样的牺牲。食物定量配给减少到维持生存所需的1500卡路里以下，100多万人开始到处挖掘树根，从树根中能够提取出一种航空燃料。在经济方面，铃木指派一个内阁委员会调查当前情况，根据它的报告，钢铁工业和化学工业处于崩溃的边缘，海上仅剩下100万吨船舶，难以维系日本本土各个岛屿之间的运输，不久，铁路系统也将停止运营。但依旧无人胆敢论及和谈。5月，美国代表艾伦·杜勒斯（Alan Dulles）试图通过瑞士的日本公使馆与日本接洽，无果而终；1945年在日本，逾400人被捕，仅仅因为被怀疑支持谈判。

探求革命性的武器

仲夏，美国政府不仅对日本的不妥协态度开始失去耐心，而且希望以一种独

1945年5月29日，B-29超级堡垒轰炸机在横滨上空进行日间空袭，它们的P-51护航机在空袭中击落26架日本战斗机。

特、壮观而又明确无误的方式结束战争。根据"魔法"拦截的情报，它知道铃木内阁类似之前的小矶内阁，继续与苏联人进行秘密谈判，铃木内阁希望苏联人担当调停人；它还知道日本不肯停战的主要症结是1943年发表的"无条件投降"声明，所有愚忠的日本人都将之视为对帝国体系的威胁。然而，由于苏联丝毫未加调停，而且由于德国投降后召开的波茨坦会议表明无条件投降无需涉及废除天皇，因此在夏季里美国不愿再等待下去。7月26日，同盟国向日本广播了《波茨坦公告》，宣称除非帝国政府答应无条件投降，否则就要"彻底摧毁日本本土"。自7月16日以来，杜鲁门总统知道，"彻底摧毁"处于美国的力量范围之内，因为那天，第一颗原子弹在新墨西哥州沙漠中的阿拉莫戈多（Alamagordo）成功引爆。7月21日，当波茨坦会议尚在进行中时，杜鲁门和丘吉尔原则上同意使用这种武器。7月25日，杜鲁门告知斯大林，美国拥有"具备超乎寻常杀伤力的新武器"。转天，战略空军指挥官卡尔·斯帕茨将军接到命令，"大约1945年8月3日后，一旦天气适于目视轰炸，就将第一颗特殊炸弹投向下列目标之一：广岛、小仓、新潟和长崎"。美国已然决定通过使用革命性的超级武器终结第二次世界大战。

探求革命性的武器是19世纪中叶战争工业化最直接、最持久的结果之一，是此前战争革命的逻辑延伸和必然延伸。直到15世纪，作战仍是一种肉搏，战场上

483 的输赢取决于谁的体力能够维持更长时间。火药的发明改变了这一点；由于可以用化学方式储藏能量，这把虚弱的人和强壮的人拉到同一水平，并且将战争中的优势转移到拥有高超智慧和昂扬士气的一方。因此，首次将工业化的产品导向军事用途的尝试表现为，通过提高弹丸的速度，使化学能量翻倍；后装式带弹匣的步枪和后来的机关枪便是结果。它们的意图是以金属的重量抵消士气和智慧。

当人类的应变能力和适应能力证实工业时代的战士能够在火力取得巨大突破的情况下幸存时，军事发明家们改变了路数。他们开始不再将独创能力用于解决杀伤全体战士的问题，而是用于解决进攻和摧毁防护系统的问题，士兵们在防护系统内存身——在陆地上，防御工事；在海上，装甲舰船。甚至在工业时代之前，人类的独创性已然探求以秘密行动破坏舰船的方法，潜艇和鱼雷的概念酝酿于航海时代。自1877年至1897年间，鱼雷和潜艇均作为实用的武器出现，而且确实改变了海战的性质。坦克诞生于1916年，预示着陆战的相应转变。

然而，这种预示是一种错觉。尽管坦克和潜艇在本质上似乎是战略武器，但是很快它们或多或少展现了战术性；也就是说，它们在对阵时易受防范措施的影响，并且它们攻击的是敌方作战系统的产物而非结构。无论它们在前线造成多大的人力物力损失，只要敌人能够以内部资源弥补，便可以继续作战。坦克和潜艇在战斗中被毁，不得不以当前的产出加以弥补，于是坦克和潜艇生产本身成为工业能力的负担，因此仅仅增加而非减少胜利的代价。

这种洞见是第一次世界大战最重要的军事遗产之一。这将导致战略轰炸理论的诞生。战后数年，英国空军和美国空军转而认为，运载高性能炸药的重型轰炸机是最终能够迅速摧毁敌人的作战手段，因而根本无需陆军或海军进行"决战"便可赢得胜利，结果事实表明，高性能炸药对敌方工业中心的堑壕体系并不奏效。此外，英国人相信，如果在夜间展开"战略轰炸"，那将明显减少轰炸部队的损失，而美国人独自得出意大利独断论者朱利奥·杜黑提出的结论：装备精良的大型日间轰炸机能够自卫，空中堡垒便是明证。

484 正如我们所见，战争进程表明战略轰炸理论是站不住脚的。它之所以失败，主要原因是人类取得了最伟大的军事科学成就之一，即雷达的发展。在战争爆发前，英国人发明了雷达，1940年，雷达提供了一系列有效而固定的预警站，在不列颠战役期间，这些预警站迅速引导战斗机司令部，使之精确防御即将到来的德国空袭。英国人发明了吸波材料，使雷达可以在定向弧度的"厘米"波长内发挥作用，1942年吸波材料投入使用。这些发展极大地缩减了雷达装置的体积，提升了接收影像的精确度，使操作员可以搜索特定的空域，这意味着夜间战斗机可以安装高效的搜索雷达；吸波材料的进一步运用是1944年8月发明的微型雷达引信，它在能够击毁飞机的范围引爆防空炮弹。用它来对付V-1飞弹取得了巨大成功。然而，当德国人发展出"厘米"波雷达技术时，他们开始给夜袭德意志帝国的轰炸机司令部造成重创；他们还发现了用于防空炮弹的微型雷达引信的秘密，相应地给执行日间轰炸任务的美国部队造成损失。

到了1944年，已然众所周知的是，战略轰炸在欧洲无法赢得战争的胜利（恰如1945年年中，对日本本土的燃烧弹轰炸显然无法打败日本），只有轰炸机司令部和美国第8航空队的教条主义者们不以为然。事实表明，战略轰炸机类似潜艇和坦克，是易受防范措施影响的武器，需要昂贵的"专用"防卫设备加以保护，是物资损耗的牺牲品，其损耗给军工生产强加沉重而持久的负担。如果存在一种东西可以作为赢得战争胜利的革命性武器，那么就要另辟蹊径去探求它。

希特勒的"复仇武器"

在一个探求领域内，德国人取得比其他任何参战国更大的进步。他们即将配置弹道导弹。德国研究无人驾驶武器的历史悠久，这主要与两位人物的生命轨迹相交织，即维尔纳·冯·布劳恩（Werner von Braun）和沃尔特·多恩伯格（Walter Dornberger）。冯·布劳恩是技术专家，他年轻时对周游太空的梦想相当痴迷，到了20世纪20年代，这转变为热衷于火箭的应用实验。多恩伯格是一位炮兵军官，在第一次世界大战中，他在重型炮兵部队服役，1930年，他在军械局（Army Weapons Office）负责火箭武器的研发。大环境使两个人不期而遇，1932年他们开始一起做火箭点火测试。布劳恩提供专业技术，多恩伯格定义成功火箭必须满足的实践标准。"我曾是一名重炮兵，"他写道，"到现在为止重炮的最高成就是庞大的巴黎炮（Paris Gun）。"这种炮发射"带有25磅高性能炸药、口径为21厘米的炮弹到约80英里开外的地方。我对第一架大火箭的设想多少是将1吨高性能炸药发射到160英里开外的地方"。他还"提出一些军事要求，其中每1000英尺距离仅仅允许[距选定的落点]偏差2或3英尺"。最终，他"坚持认为我们必须能够经由公路完好无损地运输火箭，而且火箭不能超过公路车辆设定的最宽值，因而这限制了火箭的大小"。

多恩伯格的规定既体现了其思想的制度根源，同时又展现了他对火箭潜能的惊人预见。他坚持要能够用公路运输火箭，这可以追溯到305毫米和420毫米火炮的特征，1914年德国炮兵部队用这些火炮摧毁了比利时的堡垒；这种规定确保德国未来的弹道导弹将是炮兵的武器。另一方面，他对射程、精确度和弹头大小的要求将德国火箭研究引向遥远的未来。实质上，他所要求的是可运输弹道导弹的雏形，20世纪末，这种弹道导弹将成为超级大国的重要战略武器。他后来强调成功的生产模型（德国人称为A-4，盟军称为V-2）应该靠拖车（牵引车）移动，拖车还是V-2的发射平台，这样，他促进了"运输—起竖"发射车的出现，在我们的时代里，"运输—起竖"发射车使苏联SS-20战略导弹和美国潘兴2（Pershing 2）战术导弹变得特别"难以摧毁"，导致它们的存在使得领先的两个军事强国达成有史以来世界上第一次绝对的裁军协议。

德国陆军决定投资火箭研发，是受到《凡尔赛条约》有关规定的刺激，该条约不许德国拥有重炮，却没禁止火箭。然而，到了1937年，当V-2前身的研发工作进展到能够使布劳恩和多恩伯格获得资金保障，在波罗的海的佩纳明德岛建立实验场时，希特勒已经完全撕毁了《凡尔赛条约》。火箭研发组的当务之急是，维持继续研究的资金。因为V-2将成为陆军的武器，陆军支持该计划，并且负担经费。1942年10月，发射实验成功，12月，军备部部长施佩尔批准大规模生产，1943年7月7日，希特勒在看过一段导弹发射的影片后，称它是"战争的决定性武器"，并且宣布"无论[布劳恩和多恩伯格]需要多少人力物力，都必须立即提供"。

到了1943年，英国人已然获悉德国弹道导弹计划进展顺利。1940年挪威接到一位尚不知名的德国善意人士的警告，也就是所谓的"奥斯陆报告"（Oslo Report），警告伦敦德国有导弹研究计划。此后，线索中断。然而当新证据于1942年12月表明德国正在发展弹道导弹，并于1943年4月表明德国空军也在实验无人驾驶飞机时，警报再度响起。这两条线索均来自"人工情报"（人力情报，或者说以特工联络获取的消息），这是"人工情报"在战争中取得的少数成功之一。到了6月，同盟国确定两项德国计划都集中在佩纳明德岛，实际上，德国空军正在佩纳明德岛的一端发展FZG-76（V-1飞弹），而多恩伯格和布劳恩在另一端研发V-2火箭。6月29日，丘吉尔亲自命令轰炸机司令部猛烈空袭佩纳明德岛，8月16日到17日的夜晚，330架飞机袭击并摧毁了佩纳明德岛。

佩纳明德岛空袭严重阻碍了德国的无人驾驶武器计划，直到1944年6月12日，第一颗飞弹才落在英国；9月8日是V-2火箭首次成功空袭的日子。到那时，德国空军第155团已经被赶出V-1飞弹能飞抵英国的阵地；结果，在生产的3.5万颗V-1飞弹中，只有9000颗向英国发射，其中逾4000颗被防空火力或战斗机攻击摧毁。V-2 火箭没从法国北部选定的发射地点发射出去；从荷兰发射，它们仅能飞抵伦敦，有 1300 颗 V-2 火箭突袭伦敦，10 月后，同样数量的 V-2 火箭突袭安特卫普，当时安特卫普是盟国解放军重要的后勤基地。

自 1944 年 9 月 8 日到 1945 年 3 月 29 日间，V-2 火箭炸死 2500 个伦敦人，最终第 21 集团军群攻陷了它们的发射基地。英国侥幸逃过一劫——也许还有美国，因为布劳恩和多恩伯格已然设订了一种导弹的规格，它被命名为 A10，这种导弹利用 V-2（A-4）作为第二级，射程达到 2800 英里，能够飞越大西洋。此外，同盟国甚至尚未开始研发这样的导弹，而且无论如何也没有防范措施。这些导弹还有可能带有如它们自己一样具有革命性的弹头。德国还有核武器计划。

德国核武器计划化为乌有是第二次世界大战中的无上仁慈。这是由于一些复杂的原因，包括纳粹德国因迫害犹太人而扼杀了杰出的科学天才，还有多至十数个机构的研究计划无效叠加，这些机构都想给元首带来成功发展超级武器的消息，以此取悦于他。1945 年 5 月在德国到处搜索信息的美国原子武器情报组发现，"他们大约和我们直到 1940 年时的情况差不多，那时我们尚未开始对这种炸弹的任何大规模研发工作"。希特勒对核武器的热情正如他对弹道导弹的热情一样，在这场战争中来得太迟了，以致无法确保它们的决定性作战部署，在他生命的最后几个月中，希特勒试图在他周围为那些工作注入新的活力，发誓要给敌人无法还击的报复。然而，事实表明，"虽然 1942 年 [他] 已获悉原子武器的可能性，但是德国人无法分离 U235[基本的裂变元素]，当他们显然开始依靠离心机小规模分离该元素并且建造铀反应堆时，他们仅仅最近才在制造金属铀方面取得成功……到 1944 年 8 月，实验还没进展到让他们知道在反应堆能够发挥作用前将要克服怎样的困难"。

简而言之，当同盟国的原子武器计划接近尾声时，德国人距离制造原子弹还有数年差距。1939 年 10 月，当时世界上最著名的科学家、因受纳粹政权迫害而移居美国的阿尔伯特·爱因斯坦，在两名更年轻的物理学家的触动下，给罗斯福总统写信提醒道，德国也许热衷于原子武器计划，建议美国本身应该研究原子武器的可能性；罗斯福组建"铀委员会"，1941 年 7 月，铀委员会报告这种计划可行，如果这样的话，该计划将是"决定性的"。英国一直以来将优秀的人力资源投入自己的研究，只是资金不足，1942 年，英国专家和美国专家合作，共同努力。到了 1945 年，12 万人受雇于"曼哈顿计划"（Manhattan Project），该计划成功分离出铀 235 和合成元素钚，成功将引爆装置发展为轰炸机运载的武器弹头。

爆心投影点——1945年8月6日原子弹袭击广岛后的惨况。一个新的军事时代已然开启。

1945年8月6日清晨，B-29超级堡垒轰炸机艾诺拉·盖号（Enola Gay）在广岛上空投落的正是以铀235为裂变材料的原子弹；几小时后，约7.8万人死在或者将要死在这片废墟上，白宫发表声明要求日本人投降，否则"他们将遭到来自空中的毁灭"。日方没作出任何回应，8月9日，另一架B-29超级堡垒轰炸机从蒂尼安岛起飞，向长崎市投下另一颗原子弹，杀死2.5万人。如此，美国暂时用尽核武器，等待着已经造成的损害结果。

4月，苏联向日本政府正式宣布废除1942年签订的《苏日中立条约》，8月8日，苏联向日本宣战，第二天展开大规模攻势。虽然苏联曾经答应过西方盟国它会进攻日本，但是随着实施原子弹空袭的日子越来越近，美国人对此越来越不感兴趣。当杜鲁门在波茨坦告诉斯大林美国拥有"秘密武器"时，斯大林并没表现出有多意外；诚如现在我们所知道的，由于某些西方科学家的背叛，尤其是流亡海外的德国共产党员克劳斯·福克斯（Klaus Fuchs），苏联已经知道了这个消息。美军参谋长马歇尔尤其坚持认为，苏联的出兵干预对盟国事业的成功来说不再是必要的，反而将使苏联在远东获得利益，美国将有理由对此感到后悔。马歇尔同样承认，无法阻止苏联人发起攻势，德国投降以后，苏联人就为攻势做准备。三个远东集团军群均由装备最精良、欧洲战役经验最丰富的将士组成，第3远东集团军群由著名的马利诺夫斯基元帅指挥。这些部队高度机械化，日本关东军（Japanese Kwantung Army）却不然。尽管关东军有75万人，并被视为最为精锐的帝国军队，但是最近它却没有多少作战经验。关东军苦苦守卫着通往中部东北平原的道路，8月13日，苏联第6近卫坦克集团军突袭易受攻击的乡村，迅速包围大部分关东军。日军残余部队被迫撤离，渡过鸭绿江，进入朝鲜半岛北部，那里的战斗持续到8月20

1945年9月2日，在东京湾，麦克阿瑟注视日本投降。

日日军最终瓦解。

到那时，太平洋战区其他地方的日军向其附近的盟军投降。8月15日，裕仁天皇在日本政府前所未有的公开演讲中，发表《终战诏书》，通过广播向他的士兵、海员和人民宣布他的政府决定和敌人谈判。他解释道，战局"并未好转，世界大势亦不利于我"，敌方开始"使用新型最残酷之炸弹"，他用一系列奇怪晦涩却从未提及投降的词汇号召他们接受和平的到来。少数强硬派不以为然，暂时试图继续战斗；少数顽固分子剖腹自杀。天皇的其他7000万臣民立即陷入战败状态。8月28日，麦克阿瑟抵达横滨，设立美军占领当局，制定日本新宪法。9月2日，在停泊于东京湾的美国战列舰密苏里号（Missouri）的甲板上，英国、苏联、中国、法国、澳大利亚、新西兰和加拿大代表出席签字仪式，麦克阿瑟和日本外相、参谋总长和海军代表在投降书上签字。第二次世界大战落下帷幕。

尾　声

三十三　第二次世界大战的遗产

大战已然结束，可是对于曾经参战的人而言，恢复和平的过程混乱繁杂而又飘忽不定。在一些战争所及的地方——希腊、巴勒斯坦、印度尼西亚、印度支那和中国——和平几乎完全没有重返。在希腊，尽管1944年圣诞节时ELAS游击队被雅典的英军打败，但是它在北部山区仍然保有基地，1946年2月，它的共产党领袖决意继续进行内战。这场战争持续到1949年8月，农村居民付出惨痛的代价，其中70万人逃往政府控制的城镇；许多家庭失去孩子，数以千计的孩子被劫持，长大成为共产党控制的边境地区的游击队战士。

在巴勒斯坦，犹太民族家园（Jewish National Home）的英国支持者很快发现他们与犹太复国主义移民存在冲突，这些英国人是国际联盟（后来的联合国）托管该地区的统治者。英国人担心与当地阿拉伯人之间的关系受到损害，因此拒绝提高对犹太移民人数的限制，1939年这一限制确定为7.5万人，即使华盛顿请求伦敦庇护10万名集中营幸存者，英国人仍然没有同意。不久，半官方的犹太复国主义民兵组织"哈加纳"（Haganah）被迫与反对托管政府的极端犹太恐怖主义组织为伍。1945年10月，"哈加纳"开始进行破坏活动，制造了500起爆炸事件，到1946年春，巴勒斯坦部署了8万名英军，国内濒临公开叛乱的边缘，万一巴勒斯坦的阿拉伯人认为英国人打算允许犹太人大规模移民或者放弃托管，那么这将变成一场公开战争。

在印度尼西亚和印度支那，英国人也发现身处地方民族主义和异国在场的烈焰之中。在不久前被称为荷属东印度的印度尼西亚，当政治犯从战俘集中营被释放时,爪哇人开始攻击他们以前的殖民统治者,为了恢复秩序,1945年11月,整个第5印度师进行了为期19天的战斗。印度兵和他们的英国军官得到日军援助,曼斯布里奇(E. C. Mansbridge)少将释放了日本战俘,重新武装他们,留为己用,直到与受过日本人训练的印尼军队的战斗停止为止。

1945年9月,当第17印度师被派去重新占领印度支那南部地区时,其指挥官同样使用被释放的日本战俘。在日本投降所留下的权力真空中,处于萌芽阶段的越盟(Viet Minh)和胡志明的军队掌权。在北部地区,几个大国在波茨坦会议上商定,应该暂时由中国国民党军队驻防,初来乍到的中国将领和胡志明建立起共存关系。在南部地区,英国人认为,根据《波茨坦公告》,从越盟手中攫取民政管理权是他们的职责所在,他们发现要想这样做,需要重新武装的日本士兵的帮助。10月,由勒克莱尔率领的一个法国师抵达印度支那,勒克莱尔是戴高乐主义者的英雄,1944年8月,他解放了巴黎。他重建法国殖民当局的权力遭到抵制,但是无论如何,他仍然这样做了,代价是"稻田战"的滥觞,这场战争采取种种形式,持续了30年。

在中国,共产党和国民党之间的战争首先开始于20世纪20年代,第二次世界大战期间中断。双方均掌握大量军队:毛泽东有近50万兵力,蒋介石有超过200万兵力。1937年,他们达成停战协议,只要双方共同与日本侵略者作战,该协议就保持不变。日本的战败将5万名美国海军陆战队士兵和战时总参谋长乔治·马歇尔将军带到中国,他肩负延长停战协议的使命。1946年1月,毛蒋双方确实同意延长停战协议;可是,这种共识的基础不稳。蒋介石最为关注重建他在东北的地位,此前一年的8月苏联人占领了东北,他们忙于剥夺这三个省(中国富庶的地区)的工业资源,声称这是他们应得的日本战争赔款。蒋介石无法阻止这些掠夺;然而,他下定决心,苏联人不该让毛泽东的军队接替他们成为占领者,到1946年2月1日,苏联人同意撤离东北。因此,当双方正在协商停战协议时,他忙着将部队从中国南方他的控制区调往东北,尽管这些军队调动不可避免地会与毛泽东的军队发生局部冲突。虽然美国调停人尽其所能,但是零星的冲突注定会膨胀为彻底决斗,到1946年7月发展为全面内战。美国试图通过拒绝给予国民党军事援助来消弭双方的敌对状态,结果增加了共产党人的胜算,当1947年1月马歇尔将军被杜鲁门总统召回时,共产党人重新进攻。不久,他们把战争推进到黄河流域和东北。由于日军的占领,5000万中国人流离失所,200万孤儿失去亲人,现在这种痛苦再度来袭。

同盟国审判了逾 5000 名日本军官，他们发动了太平洋战争和"七七事变"，其中 900 人被判处死刑，在大多数情况下，这主要是由于他们虐待盟军战俘。在东京审判主要战犯时，25 个日本领导人因普通战争罪受到控告，7 人被判处死刑；其中包括东条英机和小矶国昭（继任首相），如果近卫文麿没服毒自杀的话，也许还包括他。东京审判的灵感来自规模更大、更广受关注的纽伦堡审判，自 1945 年 11 月至 1946 年 10 月间，纳粹领导人受到审讯。在纽伦堡，共有 21 名被告，其中一位被告（鲍曼）缺席，指控五个组织——德意志帝国内阁、纳粹党的领导集团、党卫队／保安部、盖世太保和总参谋部。就单个战犯而言，他们被控以破坏和平罪、战争罪、反人类罪的一种、几种或全部，2 人被宣告无罪，8 人被判处监禁、无期徒刑到 10 年徒刑不等，11 人被判处死刑。被判处死刑的包括戈林，他设法拿到毒药，在行刑前夜自杀身亡；党卫队的卡尔滕布鲁纳（Kaltenbrunner，希姆莱在被抓时自杀）；沦陷区的 3 位总督弗兰克（Frank）、罗森堡（Rosenberg）、赛斯—英夸特（Seyss-Inquart）和劳工事务全权负责人绍克尔；希特勒的作战参谋凯特尔和约德尔两位将军签署了 1942 年的"突击队令"（Commando Order），该命令下令杀害穿制服的突击队人员，这使他们的罪行成立；里宾特洛甫；纽伦堡反犹法令的制定者弗利克（Frick）；纳粹主义主要的反犹喉舌施特莱歇尔（Streicher）。在一系列针对次要战犯的后续审判中，另有 24 人被判处死刑，主要是因为他们所犯下的暴行，35 人被宣判无罪，114 人遭到监禁。此后，各国国家法院还逮捕、审判、判处了其他一些战犯，这些战犯曾在这些国家犯下罪行。

法律界继续就纽伦堡体系的法理学展开争论；然而，无论在审判进行时还是后来，审判程序和判决的自然公正都被德日曾经发动战争侵略过的国家民众们普遍接受。在第二次世界大战中，估计约有 5000 万人死亡；由于战争的性质，确切数字无法得知。到目前为止，在参战国中，损失最惨重的是苏联，苏联在战斗中损失至少 700 万人，此外还有 700 万平民死亡；大多数平民死于饥馑、报复和强制劳役，其中多数为乌克兰人和白俄罗斯人。相对而言，波兰是参战国中损失最严重的；其战前人口的约 20%，即约 600 万人，没能活下来。波兰约有一半的战争受害者是犹太人，而且在其他东欧国家的死亡人数中，犹太人也占多数，包括波罗的海诸国、匈牙利和罗马尼亚。内战和游击战导致 25 万希腊人和 100 万南斯拉夫人丧生。无论是军人还是平民，东欧的伤亡人数比西欧多得多——德国人打压斯拉夫人的局部战争的强度和残酷可见一斑。三个欧洲国家法国、意大利和荷兰伤亡惨重。1940年6月前和1942年11月后，法国军队有20万人战死；40万名平民死于空袭或在集中营遇难。意大利损失了逾33万人，其中一半是平民，荷兰死亡20万人，除了1万人以外都是平民，死于轰炸或者驱逐出境。

无论是相对而言，抑或绝对而言，西方战胜国遭受的损失远远少于任何主要盟友。英国军队损失24.4万人。此外，它的联邦和帝国战友损失了10万人（澳大利亚损失2.3万人，加拿大损失3.7万人，印度损失2.4万人，新西兰损失1万人，南非6000人）。约6万名英国平民在轰炸中丧生，其中一半死于伦敦。尽管1945年5月5日，日本"气球炸弹"（balloon bomb）在俄勒冈州（Oregon）炸死主日学校班级野餐的一名妇女和五名儿童，但是美国并没有直接的平民伤亡；与日军战死120万人相比，美军的伤亡人数是29.2万人，其中包括海军的3.6万人和海军陆战队的1.9万人。

德国首开战局，几乎战斗到希特勒的"午夜过五分钟"，为战争的罪恶付出了惨痛的代价。在物质上，德国城镇顶住了比薄弱的日本居民点遭受到的更为猛烈的轰炸。然而，到了1945年，柏林、汉堡、科隆和德雷斯顿实际上已然化为瓦砾，而且许多小地方遭受巨大损失。

审视第二次世界大战所造成的文化损失时，有理由认为，大部分损失发生在德国领土上。远见卓识使欧洲大图书馆和艺术藏品得以保存下来；威廉皇帝收藏的珍宝被存放在柏林动物园的旗塔里，英国国家美术馆的画作在战争期间被存放在威尔士的洞穴中。建筑瑰宝就其本质而言无法保护。幸运的是，欧洲大部分最美丽的城市没有发生过战斗，意大利除外。虽然柏林遭到破坏，可它主要还是一座19世纪的城市；伦敦大部分18世纪前的建筑在闪电战中被烧毁；古典的列宁格勒遭到轰炸，沙皇村（Tsarkoe Selo，幸而现在完全重建）这样的名胜被烧毁；巴洛克风格的德雷斯顿付之一炬；华沙老城许多街区被毁（自1945年以来按照伯纳多·贝洛托[Bernado Belotto]的画作奇迹般地再度重建）；维也纳老城在1945年的战斗中严重受损；多瑙河两岸的布达佩斯被毁；文艺复兴时期风格的鹿特丹市中心烧成灰烬；"征服者威廉"的中世纪城镇卡昂一蹶不振。然而，颇具历史影响的巴黎、罗马、雅典、佛罗伦萨、威尼斯、布鲁日、阿姆斯特丹、牛津、剑桥、爱丁堡和几乎所有其他重要的欧洲建筑圣殿依然完好无损。

相反，德国的历史古城却遭到可怕的破坏，无论大小，包括波茨坦（它是普鲁士国王们的"凡尔赛宫"）、于利希（Jülich）、弗莱堡（Freiburg-im-

Breisgau)、海尔布隆、乌尔姆、弗罗伊登施塔特、伍兹堡（Würzburg）和瓦格纳音乐节的中心拜罗伊特（Bayreuth）。在西部，构成鲁尔工业中心的28个城镇及其周边都遭到猛烈攻击；南德意志首府斯图加特（Stuttgart）被炸毁；事实上，在1945年春阻止苏联进军的防御战中，德国东部最大的城市布雷斯劳被毁。

自1939年至1945年间，德国人为了发动和支撑与邻国的战争，付出比物力代价更大的人力代价。逾400万德国军人死于敌手，59.3万名平民在空袭中丧生。尽管盟军的轰炸杀死的妇女比男子多——比例是60：40——不过，1960年德意志联邦共和国的妇女人数仍然超过男子人数，比例是126：100。在"失去的一代"中，德国男女比例失调问题不像苏联那样严重，战后在苏联，妇女人数超过男子人数三分之一；可是，即使在苏联，人们也没经历过1945年战败使德国人体验的那种强迫迁移所带来的恐惧感。

将德意志人赶出东方包括两个阶段，其结果都很悲惨：第一个阶段是仓皇逃离红军；第二个阶段是蓄意将民众从定居区驱逐出去，德意志人已经在这些定居区生活了好几代，在一些地方，甚至生活了上千年。在第二次世界大战中，1945年1月的大逃亡几乎是一首独一无二的人类苦难悲歌——除了集中营。由于"巴格拉基昂"攻势的冲击，东普鲁士挤满了来自波罗的海诸国和波兰德意志人定居区的难民。想到红军在德国本土对遇到的第一批德国人会做什么，东普鲁士的居民不寒而栗，大批离乡背井，在寒冷的冬季，向波罗的海沿岸跋涉。1月间，约有45万人撤离皮劳港；另有90万人沿着40英里长的堤道前往但泽，或者走过维斯图拉潟湖结了冰的湖面，找到等待着的船只——其中一艘船中了苏联潜艇的鱼雷，船上8000人遇难，这艘船成为淹死人数最多的一次海难的坟墓。德国国防军英勇战斗，近乎发狂地掩护难民的营救；希特勒外交部国务秘书的儿子、德意志联邦共和国前任总统理查德·冯·魏茨泽克（Richard von Weizsäcker）曾在新潟湖一战中赢得一级铁十字勋章。

在1945年最初的几个月中，可能有100万德国人死在西逃路上，或者死于饥馑，或者死于虐待。1945年冬季，东欧剩下的大部分德意志人——他们生活在西里西亚、捷克的苏台德区、波美拉尼亚和其他地方，共计约1400万人——被有条不紊地聚集起来，然后向西运送，主要前往德国境内的英国占领区。这些被运送的人抵达时一贫如洗，常常处于死亡的边缘。很多人没能完成这可怕的旅程，据估算，25万人在被从捷克斯洛伐克驱逐的过程中死亡，125万人在被从波兰驱逐的过程中死亡，60万人在被从东欧其他地方驱逐的过程中死亡。到1946年，欧洲易北河以东的德裔人口从1700万人锐减为260万人。

这种驱逐常常伴随着暴力犯罪，根据战胜国在1945年7月召开的波茨坦会议上达成的协议，驱逐并不是非法行径。协议第十三条声明，"将留居波兰、捷克斯洛伐克和匈牙利的德意志人驱逐回德国"；而且在波茨坦，西方盟国同意重划德国边界，将东普鲁士的一半给予波兰（另一半归苏联），连同西里西亚和波美拉尼亚。这些新调整，与波兰被迫将东部省份割让给苏联相抵，使波兰在版图上西移了100英里；从人口统计学的角度来看，在将德国人从其新的西部边疆赶出去的情况下，这确保战后波兰完全属于波兰人。

《波茨坦公告》比《雅尔塔协定》影响深远，《波茨坦公告》决定了战后欧洲政体的未来。在雅尔塔，英国和美国对苏联的让步事后被西方政治家和评论家普遍谴责为"背叛"，尤其是背叛了反共产主义的波兰人。正如罗斯福和丘吉尔当时所承认的，红军胜利挺进波兰，使斯大林为最重要的东欧国家所制定的计划成为既成事实。这使得"伦敦波兰人"在战后华沙政府中没有一席之地，华沙政府将由共产党影响下的"卢布林委员会"控制。波茨坦会议进一步筹谋了战后的安排。波茨坦会议要求东欧德意志人——波兰、捷克斯洛伐克的"德国化"边疆和斯拉夫、波罗的海诸国更分散的商业、农业、思想文化聚居区的德意志人——西迁重新定居，在很大程度上使欧洲的种族边界恢复到9世纪初查理曼帝国初建时的边界状态，一下子解决了最大的"少数族裔问题"，确保苏联在未来两代人的时间内控制中欧和东欧。

苏联随后拒绝配合1945年后德国占领区内举行的自由选举，这额外强化了1946年温斯顿·丘吉尔在富尔顿（Fulton）发表演讲时宣称的共产主义欧洲和非共产主义欧洲之间的"铁幕"。1918年的战后协议导致霍亨索伦帝国和哈布斯堡帝国的崩溃，从中催生出自治的"后继国家"，使其政治局面变得特别多样化，1914年前这两大帝国曾经掌控欧陆的东半部。波茨坦会议则果断地简化了这种局面。在1945年后的欧洲，易北河以西仍然属于民主政体；易北河以东则实行单一的政治制度，由斯大林的苏联控制和支配。

1945年后，易北河以东地区被迫接受斯大林主义，以这种方式解决了"德国问题"，这个问题自1870年以来一直困扰着欧洲。这并非解决了如何缔造持久和平的问题，无论是在欧洲，抑或是在全球。1943年在德黑兰，美国、英国和苏联同意建立联合国取代国际联盟，发挥更大作用。1945年4月，联合国诞生于旧金山。联合国本是维持国际和平的工具,各成员国提供兵力组成联合国军,负责指挥联合国军的总参谋部受安理会(包括英国、美国、苏联、法国和中国 5 个常任理事国)管辖。苏联反对组建总参谋部,加上其后动用了否决权阻止维持和平的决议通过,很快削弱了安理会的权力。斯大林的外交政策或者被理解为布尔什维克重新致力于激发资本主义世界的革命,或者更实际地被理解为以军事进攻威胁西欧反共国家,借以巩固 1945 年苏联取得的胜利,这种外交政策并没直接挑战联合国的地位。撇开赞助捷克斯洛伐克的反民主政变和 1948 年对柏林实行封锁,战后斯大林并没采取措施直接威胁雅尔塔会议和波茨坦会议所缔造的欧洲稳定。他在其他地方挑战西方在世界上的地位——在菲律宾,在马来亚,最重要的是在朝鲜半岛,1950 年 6 月,他支持共产主义北方进攻非共产主义南方。

事实上,1945 年 8 月后,苏联让它在欧洲的军队复员,和美英同样迅速,如果说并非同样彻底的话。到了 1947 年,红军的规模锐减三分之二;剩余军队仍然足以超出美国和英国占领军数倍——1948 年莱茵河的英军只有五个师的兵力,巴伐利亚的美军只有一个师——虽然苏联的持续优势促使北美和西欧于 1949 年形成北大西洋联盟,但是这种差距并没使苏联冒险将领导权拓展到易北河以西。

对此存在多种解释。一种解释是,尽管苏联的外交政策粗糙严酷,但是这种外交政策由一种截然不同的律法主义加以指导,这种律法主义将苏联局限于雅尔塔会议和波茨坦会议所确定的势力范围。另一种解释是,美国对核武器的垄断,严格来说持续到 1949 年,但是其后十年间也发生了效力,阻止了苏联在外交政策上的冒险。第三种解释,也是在争论中最令人心悦诚服的解释是,战争的创伤压制了苏联人民及其领导想要再度体验的念头。

第一次世界大战的遗产是令战胜国而非战败国相信战争的代价超过其收益。第二次世界大战的遗产,可以说,是让战胜国和战败国都相信这一点。自从法国大革命以降,"每个人都是战士"是先进国家组织军队的原则,在很大程度上也是组织社会的原则,这一原则于 1939 年至 1945 年达到顶峰,这样做使这些国家承受了巨大痛苦,以致它们将发动战争的概念从其政治哲学中剔除出去。美国的战争损失最小,获益最多——1945 年,战争使美国的工业生产力比世界其他国家加在一起还强大——能够积攒足够多的国家认同去打两场规模小但损失惨重的亚洲战争,一场在朝鲜,一场在越南。就人力损失而言——如果不谈物力损失——英国历经战争而相对安然无恙,它仍然保有进行一系列小规模殖民主义战争的意愿,法国也会这样做——法国是另一个人力损失不太严重的国家。相反，纵然战后苏联向假想敌显示肌肉，但是却避开让其士兵直接冒险的武力对抗；最近，苏联闯入阿富汗，阵亡人数是美国在越南阵亡人数的四分之一，这似乎强化而非削弱了这种看法。自 1945 年 5 月以来，尽管 1956 年德意志联邦共和国恢复征兵制度，但是没有一名德国士兵被敌人所杀，这样，死亡的可能性越来越小，而不是越来越大。日本是 1939 年至 1945 年最无所顾忌地发动战争的国家，如今受到战后宪法约束，规定无论任何情况下诉诸武力作为国家政策的工具都是不合法的。第二次世界大战的政治家都没愚蠢到宣布，打这场仗是为了"以一场战争终结所有战争"——正如第一次世界大战的那些政治家所做的那样。然而，这可能恰是其持久的影响。

参考文献

五十本有关第二次世界大战的书籍

有关第二次世界大战的参考文献可谓汗牛充栋。这些参考文献大多不全面，这并不奇怪，因为到1980年单单苏联就出版了1.5万种书籍。尽管如此，从大部分好的二战通史书中可以找到重要的参考书目，诸如卡沃科雷西（P. Calvocoressi）、文特（G. Wint）和普里查德（J. Pritchard）编撰的《全面战争》（*Total War*）的修订版（伦敦，1989年）。

我想与其提供这样的参考书目，不如展示五十本英文书籍，这些书籍合起来可以勾画出一幅由这场战争中最重要的事件和主题组成的综合画面，使这场大战变得易读，根据这些书籍，最普通的读者都可以获得他自己对战争的想象，以此作为深入阅读的向导。这一书单不可避免地体现出我本人的兴趣和偏见，当然并不全面；例如，它不包含关于1939年波兰战役、斯堪的纳维亚战役或意大利战役的书籍；它没什么关于西方水域内发生的海战和空战的内容；它偏向于欧洲而非太平洋的激战。然而，这些侧重主要是由于著作的空白。依然没有任何书籍满足我本人为波兰战役或意大利战役所设定的标准。如果这种判断似乎轻视了美国、英国和英联邦史官们的卓越著作，那么请注意的是，由于篇幅所限，我只能涵盖本书出现的若干书籍，却不得不省略另一些。我没能囊括用英语以外的语言撰写的书籍，尽管我特别期待包括国防军最高统帅部的战争日志，即希特勒作战参谋的日常记录。其全称是：施拉姆（P. Schramm）主编的《国防军最高统帅部战场日记》（*Kriegstagebuch des OKW der Wehrmacht*），第1册至第8册，1963年在慕尼黑出版。这五十本书籍的出版地大多是伦敦，除非另外说明，版本都是最近的，包括那些英译本。

有关战役的必要指南是文森特·艾斯波西多（Vincent J. Esposito）上校的

《西点军校版美国战争地图集》(The West Point Atlas of American Wars),两卷,1959年在纽约出版;其中包括主要战场的细致入微的地图,无论美军是否参战,对开页辅以清晰的叙述。

希特勒的人格对第二次世界大战而言至关重要,有关希特勒的传记,写得最好的还是阿伦·布洛克(Alan Bullock)的《希特勒,一个暴政的研究》(Hitler, a Study in Tyranny),出版于1965年。此外,戴维·欧文(David Irving)的《希特勒的战争》(Hitler's War)描述了希特勒如何指挥德国作战,该书出版于1977年,被评为"希特勒没有写出来的自传",理所当然是有关1939年至1945年历史最重要的六本书之一。罗伯特·奥内尔(Robert O'Neill)的《德国陆军和纳粹党》(The German Army and the Nazi Party)出版于1966年,基本描绘了这两个组织战前的状况及其关系。两本有关战争年代希特勒和德国政府、陆军关系的书籍耳熟能详:一本是瓦利蒙特(W. Warlimont)的《德国国防军大本营》(Inside Hitler's Headquarters),1962年出版,由希特勒的一位作战军官所写,另一本是施佩尔(A. Speer)的《第三帝国内幕》(Inside the Third Reich),1970年出版;施佩尔从1942年开始担任希特勒的军备部部长,他是位才华横溢的技术专家,然而却让自己沦为宠臣。特雷弗·罗珀(H. Trevor-Roper)撰写了两本重要著作,一本是《希特勒的战争指令》(Hitler's War Directives),1964年出版,另一本是《希特勒末日记》(The Last Days of Hitler),1971年出版,成为他永恒的经典。

泰勒的《第二次世界大战的起源》尽管存在争议,却是该主题的最佳入门书。关于战争在西方的发端,优秀的历史著作是阿利斯泰尔·霍恩(Alistair Horne)的《将要战败》(To Lose a Battle),1969年出版;盖伊·查普曼(Guy Chapman)的《法国为何陷落》(Why France Fell),1968年出版,详细分析了这一持续多年的难题。罗伯特·帕克斯顿(Robert Paxton)少为人知的《维希的游行和政治》(Parades and Politics at Vichy)谈及若干推论,该书于1966年在普林斯顿出版,研究了"贝当元帅领导下的法国军官集团",还精彩剖析了抵抗与合作的两难困境。有关希特勒在西方取得的胜利果实的最佳著作是泰尔夫·泰勒(Telford Taylor)的《破碎波》(The Breaking Wave),1967年出版,该书还论及希特勒在不列颠战役中的失败。

不论希特勒是否曾反复思考过进攻英国,到1940年秋,他的关注点正在转向东方。马丁·范·克里韦尔德(Martin van Creveld)在《希特勒的战略,巴尔干线索》（*Hitler's Strategy, the Balkan Clue*）一书中探究了希特勒思想演进的阶段，在战争史中提供了一种最原始的战略和外交政策分析，该书于1973年在剑桥出版。有关巴尔干战役关键问题的杰出专著是《克里特之争》（*The Struggle for Crete*），由斯图尔特（I. M. D. Stewart）所写，1955年出版，斯图尔特是遭德国空降部队袭击的英国军营里的一位军医。对德国人而言，西部沙漠之战是他们向地中海进军的附属品，有很多著作是关于西部沙漠之战的，然而写得最好的是科内利·巴尼特（Correlli Barnett）的《沙漠将军》（*The Desert Generals*），出版于1983年。

巴尔干战争是希特勒进攻苏联的前奏。约翰·埃里克森比所有其他用英文撰写东线战争的史家都更胜一筹，他出版了三部权威著作：1962年出版的《苏联最高统帅部》（*The Soviet High Command*）、1975年出版的《通往斯大林格勒之路》（*The Road to Stalingrad*）和1983年出版的《通往柏林之路》（*The Road to Berlin*）；虽然后两本书层级过于复杂，但是对处于交战状态的红军和苏联人民的描写非常到位。德国人发动战争的事实，以及这场战争弄巧成拙的属性，在达林（A. Dallin）撰写的学术性很强的《德国在苏联的统治》（*German Rule in Russia*）一书中表露无遗，该书于1957年在纽约出版。关于遭受重创的苏联如何维系抵抗，言简意赅但至关重要的专著是琼·博蒙特（Joan Beaumont）的《武装起来的同志们》（*Comrades in Arms*），出版于1980年，该书尽管关注英国对苏联的援助，但也讲述了不少美国更大规模援助的内容。

希特勒在苏联的麻烦，加上此后不久美国参战，使同盟国一方第一次掌握战略主动。两本重要的专著概述英国为了自己的利益制定战略战术，即迈克尔·霍华德（Michael Howard）撰写的、1972年出版的《欧陆的承诺》（*The Continental Commitment*）和1968年出版的《第二次世界大战的地中海战略》（*The Mediterranean Strategy in the Second World War*）；后面这本书坦然承认英国不愿迎合美国直接进攻西北欧的热忱。有关美国参战后英美的联合战略决策，两册重要的美国官方史提供了精彩的文献综述，一册是斯涅耳（E. Snell）的《1941年至1942年联合作战的战略计划》（*Strategic Planning for Coalition Warfare, 1941-2*），1953年在华盛顿出版，另一册是马特洛夫（M. Matloff）的《1943年至1944年联合作战的战略计划》（*Strategic Planning for Coalition Warfare, 1943-4*），1959年在华盛顿出版。与之相关，探究独特的战略选择是如何出炉的书籍是格林菲尔德（K. R. Greenfield）主编的《指挥部的决策》

(*Command Decisions*),1960年出版于华盛顿。

我们现在知道同盟国战略——有时是战术——的制定取决于英国解读德国保密通讯("厄尔特拉")的能力和美国解读日本保密通讯("魔法")的能力,因此本书目必然要囊括若干有关这两方面内容的书籍。迄今,最重要的著作是官方史的第一册,欣斯利(F. H. Hinsley)(和其他人)的《第二次世界大战中的英国情报》(*British Intelligence in the Second World War*),1979年出版;该书包含拦截德国密码系统恩尼格玛、"厄尔特拉"的组建和早期作用,以及由此获得的情报等重要资料。另外,戈登·韦尔什曼在《小屋的六个故事》(*The Hut Six Story*)中详述了重要的技术细节,韦尔什曼是布莱切利密码破译中心的先驱,该书于1982年出版。罗纳德·列文(Ronald Lewin)在1978年出版的《厄尔特拉走向战争》(*Ultra Goes to War*)和1982年出版的《美国的魔法》(*The American Magic*)中宽泛地记述了"厄尔特拉"和"魔法"的影响,可信度很高;第二本书还阐明美国人如何以破译日本密码为布莱切利的成就锦上添花。还有两本著作详细研究了运转中的"厄尔特拉",一本是比斯利(P. Beesly)的《极为特别的情报》(*Very Special Intelligence*),出版于1977年,论及大西洋之战,另一本是班尼特(R. Bennett)的《厄尔特拉在西方》(*Ultra in the West*),出版于1979年,涉及西北欧战役。

有关美国在太平洋地区的战争的著作甚多。对西方人而言,最具启发性的入门书是理查德·斯多瑞(Richard Storry)的《日本现代史》(*A History of Modern Japan*),1960年出版,这位学者曾是东南亚英军情报部门的军官,在日本不幸地决定偷袭珍珠港之前,他在日本教书。威尔莫特(H. P. Willmott)的《平衡中的帝国》(*Empires in the Balance*),1982年出版,综观太平洋地区各个敌手在战争第一年之前和期间的兵力和战略,尤其熟悉日本一方。最好的太平洋战争通史是罗纳德·斯佩克特(Ronald Spector)的《鹰击骄阳》(*Eagle against the Sun*),该书文笔优美,内容精彩,出版于1988年,还叙述了中国和缅甸发生的事件。如果不介绍塞缪尔·埃利奥特·莫里森(Samuel Eliot Morison)撰写的第二次世界大战中美国海军行动官方史的巨著,那么则有所公允;实际上,他的第四卷《珊瑚海、中途岛和潜艇行动》(*Coral Sea, Midway and Submarine Operations*),1949年在波士顿出版,精彩生动地描绘了这两次极其重要的战役,充分表明官方编史计划的意义。有关太平洋战争的政治策略,最重要的综览是克里斯托夫·索恩(Christopher Thorne)的《同一类盟友》(*Allies of a Kind*),

1978 年出版，副标题是"美国、英国和对日战争，1941—1945 年"（*The United States, Britain and the War against Japan, 1941–5*），该书准确地记述了这些内容，也是外交史的典范。

日本的经济资源和美国可用的经济资源之间的差距最终导致日本的战败，海军大将军山本五十六曾经这样提醒帝国政府。研究战争进程中潜在的经济因素的代表作是阿伦·米尔沃德（Alan Milward）的《战争、经济和社会，1939—1945 年》（*War, Economy and Society, 1939–45*），1977 年出版，浓缩了他有关国家战时经济的多本专著。我经常利用一本与众不同的巨著阐释经济是如何适应作战的特殊需要的，那就是《武器的设计和发展》（*The Design and Development of Weapons*），1965 年出版，由波斯坦（M. M. Postan）和其他人合撰，它是一册英国官方史；然而，该书并没涉及英国对原子武器计划的贡献，的确，任何一本令人满意地涵盖第二次世界大战原子弹发展和使用的书籍都没涉及这一点。有很多著作探讨了用常规轰炸摧毁经济的问题；我要特别指出马克斯·哈斯丁（Max Hastings）的《轰炸机司令部》（*Bomber Command*）一书，1987 年出版，因为该书探究了战役给德国人和参战人员两方面造成的影响。德国相应地通过 U 潜艇战役攻击盟国的战时经济，对此也有很多研究；彼得·帕德菲尔德（Peter Padfield）给缔造并指挥 U 潜艇舰队的海军上将立传，1984 年出版的《邓尼茨，最后的元首》（*Dönitz, The Last Führer*）是份难得的研究，也是一幅迷人的"纳粹战争领袖肖像"。

在数以千计的描写西北欧战役的书籍中，我只选择一本，那就是切斯特·威尔莫特（Chester Wilmot）的《欧洲争夺战》（*The Struggle for Europe*）；尽管该书已有再版，我依然使用 1952 年出版的原始版本。威尔莫特是一位战地记者，他有效地发明了撰写当代军事史的现代方法，将政治分析、经济分析、战略分析与战斗的亲身经历相结合。尽管他的许多观点遭到质疑，一些观点甚至被推翻，但是对我而言，他的书仍是第二次世界大战史中至高无上的成就，将对事件的强烈兴趣与对基础性具体事实的冷静剖析相结合。正是这本书第一次唤起我对战争作为历史的兴趣，而且随着时间的流逝，我越来越感到惊奇。

威尔莫特正确地认识到，战争是"大军队"的战争，是对已经萌芽的盎格鲁—撒克逊人热衷于秘密行动的重要补救。这种热衷逐渐膨胀，直到认为非正规战役和抵抗运动比斯大林格勒或者诺曼底更为重要。抵抗形式仍是战争故事的基本因素。写得最好的综述是迈克尔的（H. Michel）的《暗战》（*The Shadow*

War），1972年出版，最佳个案研究是迪肯（F. W. Deakin）的《四面楚歌的山峦》（*The Embattled Mountain*），该书出版于1971年，考量了南斯拉夫发生的最重要的抵抗运动。瑞恩斯（W. Rings）在1982年出版的《与敌共存》（*Life with the Enemy*）一书中，非常本真地叙述了故事的另一面，即德国尽力缔造一个欧洲帝国。赖特林格（G. Reitlinger）撰写的、1953年出版的《最终解决方案》（*The Final Solution*）首先客观地关注帝国最黑暗角落的骇人之处；一直以来，学者们详细编撰了大屠杀的历史，他的书主要关注犹太人，而非被纳粹种族灭绝机构系统残杀的许多其他族群，然而至少我认为这本书仍具震撼力，颇具启发性，警示后人，这是后来的出版物所缺乏的。

最终是有关战争的个人传记。在数千名士兵的故事中，太平洋战争中一个士兵的故事时常萦绕在我的心头，即《老猎犬》（*With the Old Breed*），1981年在加利福尼亚州的诺瓦托（Novato）出版。斯莱奇（E. B. Sledge）现在是一名生物学教授，曾在第1海军陆战师作战。他描述了一个逐渐长大的十几岁孩子在他始终钟爱的战友堕落为"20世纪野蛮人"的环境中仍然挣扎着当一个文明人，这是战争文献中最令人印象深刻的一份记录，由于作者并非职业作家，他在纸上再现他的经历时充满艰辛，因此该书更加感人至深。相反，辉煌的文学成就当属吉拉斯（M. Djilas）的《战时》（*Wartime*），1977年出版，吉拉斯是南斯拉夫的知识分子，是铁托抵抗运动的重要成员，曾与斯大林谈判，作为游击队员打过仗，可最终与他的上级闹翻，拒绝接受"英雄"精神，这种精神曾经驱使成千上万的仁人志士谱写了第二次世界大战的悲歌。我选的最后两本书与妇女的体验有关，作为战时那代人的一半，妇女的命运承受了战争带来的如此之多的苦难。玛丽·瓦西契可夫（Marie Vassiltchikov）的《柏林日记》（*Berlin Diaries*）1985年出版，是一位亲英的苏联白人的自传，命运将她抛入第二次世界大战爆发时纳粹德国的中心，该书展现了轰炸空袭下人们依然乐观的非凡场面，展现了即使战争阴影逐渐逼近但仍奇怪地持续着的常态，展现了战争年代一位漂亮的贵族女孩能够公开展示出的对纳粹官僚的高度蔑视。克丽斯特贝尔·比伦贝格（Christabel Bielenberg）是一位英国妇女，她的丈夫参与了暗杀希特勒的"七月阴谋"，她也持有同样的蔑视；《过去的我》（*The Past is Myself*）首次出版于1968年，她在这本书中叙述了她英勇无畏，最终成功将她的丈夫从盖世太保手中营救出来的经历，展现了作为权力的敌人，即使是位妇女，也必须为了保护她爱的人不受迫害，而在蔑视和顺从之间权衡，而这种权衡的余地又是多么狭窄。

本书目也许可以十倍长；可是，我选择了50本书概述。扩充阅读还包括：《停战，冷战的开始，1945—1946年》(Armed Truce, The Beginnings of the Cold War, 1945-6)，1986年出版，休·托马斯（Hugh Thomas）的这本书不仅是解读战争结果的重要指南，而且还是现代史的巨著，使用资料严谨，叙述范围惊人。没有关于战争本身的历史，肯定包括我的，能在质量或权威性上与之媲美。

索引

ABDA 美国 - 英国 - 荷兰 - 澳大利亚 214-17
Adachi, General Hatazo 安达二十三中将 245
Afghanistan 阿富汗 497
Afr ica 非洲 265-84
    Italian invasion 意大利入侵 105, 115, 119-20, 265-6, 287
aircraft 飞机
    Battle of Britain 不列颠战役 73-81
    bombers 轰炸机 346-61
    carrier 航空母舰 222-3
    German 德国 50-1, 76-7, 129-31
    UK 英国 76-7, 175-6, 352-3
    US 美国 354-5, 359
    USSR 苏联 129-30
aircraft carriers 航空母舰 208-11, 221-2
Alamein, Battle of 阿拉曼战役 278-9
Albania 阿尔巴尼亚 122
Aleutian Islands 阿留申群岛 243
Alexander, Field Marshal Sir Harold 陆军元帅哈罗德·亚历山大爵士 217-18, 259-60, 263, 277, 289, 299-300, 304-6, 422
Amann, Max 马克斯·阿曼 21
Amphibious warfare 两栖战 472-3
Andrews, Lieutenant-Colonel L.W. 陆军中校安德鲁斯 136-7
Anschluss 德奥合并 31
Antonescu, General Ion 扬·安东尼斯库将军 302, 396, 425
Antonov, General A.I. 安东诺夫将军 440
Anvil, Operation "铁砧"行动 297, 300-1, 315-16

Aosta, Duke of 阿奥斯塔公爵 266-9
appeasement policy 绥靖政策 31-2
Ardennes offensive 阿登攻势 365-72
armies 军队 3-8,11-16
arms 武器 8, 14-15, 482-3
    Germany 德国 172-3
    technology 技术 334-6
Armstrong, J.A. 阿姆斯特朗 413
Arnim,General Jürgen von 于尔根·冯·阿尼姆将军 282-4
Atlantic, Battle of 大西洋战役 83-95
Atlantic Charter 《大西洋宪章》459
Atlantic Wall 大西洋壁垒 308-10
atomic weapons 原子武器 482, 486-7
Auchinleck, Field Marshal Claude 陆军元帅克劳德·奥金莱克 259, 275-7
Aung San 昂山 216-17
Austria, annex ation of 吞并奥地利 31
Autumn Mist, Operation "秋雾"行动 367-72
Avalanche, Operation "雪崩"行动 291-4

B-Dienst 德国海军密码解译局 87, 90, 419-20
Ba Maw 巴莫 231
Badoglio, General Pietro 彼得罗·巴多格里奥将军 290-1
Bagramyan, Marshal Ivan 伊凡·巴格拉米扬元帅 431
Bagration, Operation "巴格拉基昂"行动 326, 339, 401-4, 425
Balck, General Hermann 赫尔曼·巴尔克将军 430

Baldwin, Stanley 斯坦利·鲍德温 73, 349
Balkans 巴尔干 301-6, 425-31
　invasion of 入侵 114-29, 142
　see also countries by name 依名称参见各国
ballistic missiles 弹道导弹 484-7
Barbarossa "巴巴罗萨" 141-69
　decision 决策 108-13, 118, 141-2
　Moscow 莫斯科 157-61, 166-8
　and Red Army 和红军 142-8
　Stalin's reaction 斯大林的反应 148-54
　winter 冬季 161-6
Barratt, Air Chief Marshal Sir Arthur 空军上将阿瑟·巴勒特爵士 55
Battle of Britian 不列颠战役 73-81
Bayerlein, General Fritz 弗里茨·拜尔莱因将军 328
Beaufre, General André 安德烈·博弗尔将军 60
Bedell Smith, General Walter 沃尔特·比德尔·史密斯将军 297
Belgium 比利时 49, 52, 56-8, 59-60, 64, 233
Bell, Bishop of Chichester 奇切斯特主教贝尔 361
Belotto, Bernardo 伯纳多·贝洛托 493
Beneš, Eduard 爱德华·贝奈斯 31-2
Bennett, Ralph 拉尔夫·班尼特 422
Bergonzoli, General Annibale 安尼贝·贝尔贡佐利将军 119
Beria, Lavrenty 拉夫连季·贝利亚 154, 380
Berlin 柏林 493
　bombing of 空袭 357
　siege of 围城 436-47
　Soviet advance 苏联进军 431-5
　Soviet occupation 苏联占领 495-6
Bessemer, Henry 亨利·贝西默 8
Bidwell, S. 比德威 305
Billotte, General Gaston 加斯顿·比约特将军 50, 65
Bismarck "俾斯麦"号 173
Bismarck Sea 俾斯麦海 244-5

Blaskowitz, General Johannes 约翰内斯·布拉斯科维茨将军 344, 370
Bletchley Park, Code and Cipher School 布莱切利公园，密码学校 88, 132-3, 419
Blitzkrieg 闪电战 45-72
　US style 美式的 339, 341
　in USSR 在苏联 339
Blomberg, Field Marshal Werner von 陆军元帅维尔纳·冯·勃洛姆堡 31
'Blue' plan "蓝色"计划 180-3
Bluecoat, Operation "蓝衣"行动 337
Blumentritt, General Günther 君特·勃鲁门特里特 59, 311, 320
Blunt, Anthony 安东尼·布朗特 417
bocage campaign 波卡基战役 325-30
Bock, Field Marshal Fedor von 陆军元帅弗雷多·冯·博克 49-50, 66, 101, 104, 106, 110, 150, 151, 154, 158-63, 166-7, 168, 180-3, 383
Bolero, Operation "波莱罗"行动 261
bomb, atomic 原子弹 482, 487
bombing, strategic 战略轰炸 75, 346-61, 484
Bor-Komorowski, General Tadeusz 塔德乌什·博尔-科莫罗夫斯基将军 337
Boris, King of Bulgaria 保加利亚国王鲍里斯 118, 302, 425
Bormann, Martin 马丁·鲍曼 101, 433, 445, 492
Bose, Subhas Chandra 苏巴斯·钱德拉·鲍斯 231, 464
Bradley, General Omar 奥马尔·布拉德利将军 325, 332, 336, 338, 364, 369
Bramall, Lieutenant Edwin 陆军中尉埃德温·布拉莫尔 318
Brauchitsch, Field Marshal Walther von 陆军元帅瓦尔特·冯·布劳希奇 45-8, 64, 65, 101, 110, 142, 158, 169
Braun, Eva 伊娃·布劳恩 443, 444
Braun, Werner von 维尔纳·冯·布劳恩 484-6
Brest-Litovsk 布列斯特-立托夫斯克 151
British Expeditionary Force (BEF) 英国远征军 46,

52, 58, 65-7

Brooke, Field Marshal Sir Alan 陆军元帅阿伦·布鲁克爵士 53, 66, 259, 260, 277, 312-13, 382

Brooke-Popham, Air Chief Marshal Sir Robert 空军上将罗伯特·布鲁克—波帕姆爵士 212

Broz, Josip see Tito 约瑟普·布罗兹，见铁托

Bruce, Captain Henry 陆军上尉亨德利·布鲁斯 319

Buckner, General Simon Bolivar 西蒙·波利瓦·巴克纳将军 477

Budenny, Marshal Semyon 谢苗·布琼尼元帅 143-4, 154-5, 186

Bulgaria 保加利亚 107, 118, 120-1, 302, 425

Burgess, Guy 盖伊·伯杰斯 417

Burma 缅甸 94, 216-18, 231-2, 462-6, 471

Burns, James MacGregor 詹姆斯·麦格雷戈·波恩斯 455-8

Busch, Field Marshal Ernst von 陆军元帅恩斯特·冯·布施 402

Busse, General Theodor 西奥多·巴斯将军 442

Butcher, Commander 海军中校布撤 318

Butt Report 巴特报告 351

Byron, George Gordon, Lord 乔治·戈登·拜伦勋爵 118, 410

Caen 卡昂 323-5, 327

Caprilli, Captain 卡普里利上尉 12

Carlyle, Thomas 托马斯·卡莱尔 15

Cartwheel, Operation "马车轮"行动 244-51

Casablanca Conference 卡萨布兰卡会议 244, 262-4, 282, 354-5

'Case Red' "红色计划" 65

'Case Yellow' "黄色计划" 46-8

Cassino, Battle of 卡西诺战役 295, 296, 298-9

casualties 人员伤亡 493-5

cavitron valve 吸波材料 484

Chamberlain, Neville 内维尔·张伯伦 31-2, 64

Chang Chung-hui 张景惠 230

Chapman, Professor Guy 盖伊·查普曼教授 56

Chennault, General Claire 陈纳德将军 462, 466

Cherbourg 瑟堡 325-6

Cherwell, Lord (Professor Frederick Lindemann) 彻韦尔勋爵（弗雷德里克·林德曼教授）351

Chetniks 切特尼克 126, 414-15

Chiang Kai-shek 蒋介石 199-202, 217, 223, 459, 461, 462, 471, 491

China 中国 94, 459

  armies 军队 462-3

  and Burma 和缅甸 217

  civil war 内战 491

  and Japan 和日本 199-202, 232, 461-4, 471, 490-1

  supplies 物资补给 201, 462-3

Choltitz, General Dietrich von 迪特里希·冯·肖尔蒂茨 344

Christian, Gerda 格尔达·克里斯蒂安 444

Christie, Walter 沃尔特·克里斯蒂 146, 334, 473

Chuikov, General Vasili 瓦西里·崔可夫将军 146, 187-9, 192, 440, 441, 445-6

Churchill, Winston Spencer 温斯顿·斯宾塞·丘吉尔

  and A-bomb 和原子弹 482

  and army command 和军队指挥权 259-60, 277

  and Atlantic Charter 和《大西洋宪章》459

  on Clark 对克拉克 300

  and Crete 和克里特岛 136, 138

  and Egypt 和埃及 120

  and Ethiopia 和埃塞俄比亚 269

  and French strategy 和法国战略 55, 65, 69-70

  on Freyberg 对弗赖伯格 131

  ideology 意识形态 407

  and intelligence 和情报部门 417-22

  and invasion of Italy 和进攻意大利 290-1, 306

  and Japanese entry into war 和日本参战 197, 209-11, 258

  and Overlord 和"霸王"行动 313, 328, 382

  and Pacific war 和太平洋战争 247

  and Poland 和波兰 459-60, 495

and resistance 和抵抗运动 405-7
and Roosevelt 和罗斯福 257-8, 455-6, 459
and Stalin 和斯大林 147-8, 185-6, 258, 262, 304, 429, 495
and strategic bombing 和战略轰炸 351-2
strategy 战略 258-64
and supplies 和物资补给 83
and Tobruk 和托布鲁克 276-7
and US entry into war 和美国参战 258
war aims 战争意图 454
and Yugoslavia 和南斯拉夫 123
ciphers 密码 87-9, 132-3, 417-23
Citadel, Operation "堡垒" 行动 288, 387-91
Clark, General Mark 马克·克拉克将军 281, 293, 294, 296-300, 305-6
Clausewitz, Karl von 卡尔·冯·克劳塞维茨 423, 467
codes see ciphers 编码 见密码
Collier, Basil 巴兹尔·柯里尔 214
Collins, General Joe 乔·柯林斯将军 328
Cologne, 'Thousand Bomber' raid 科隆，"千机轰炸" 354
Concentration camps 集中营 237-9
Conscription 征兵 11-14
Coral Sea, Battle of 珊瑚海战役 224-6
Corap, General André 安德烈·科艾普将军 58, 60, 62
Coventry 科芬特里 422
Crete 克里特 106, 129-40, 421
Creveld, Professor Martin van 马丁·范·克里韦尔德教授 115, 127
Crimea 克里米亚 159-60, 161, 180-3
Cripps, Stafford 斯塔福·克里普斯 147
Cunningham, General Alan 阿伦·坎宁安将军 259, 267-9, 275
Cunningham, Admiral Sir Andrew 海军上将安德鲁·坎宁安爵士 273
Czechoslovakia 捷克斯洛伐克 31-2, 409, 427-8, 495-6

Daladier, Edouard 爱德华·达拉第 31-2
Dalton, Hugh 休·道尔顿 405
Darlan, Admiral Jean Francois 海军上将让·弗朗索斯·达尔朗 281
de Gaulle, General Charles 查尔斯·戴高乐将军 51, 55, 63, 65, 67, 70, 269-72, 332, 344-5, 411
Degrelle, Léon 莱昂·德格勒尔 437-8, 442
Denmark 丹麦 37-8, 234
Dentz, General Henri 亨利·但兹将军 270-1
Devers, General Jacob 雅各布·德弗斯将军 422
Dietl, General Eduard 爱德华·迪特尔将军 38, 402
Dietrich, General Sepp 塞普·迪特里希将军 127, 341, 367
Dill, General Sir John 约翰·狄尔将军、爵士 122
Dollmann, General Friedrich 弗雷德里希·多尔曼将军 326
Dönitz, Admiral Karl 海军上将卡尔·邓尼茨 84-7, 90-3, 175, 441, 443, 447
Donovan, Colonel William 威廉·多诺万上校 123
Doolittle, Colonel James 詹姆斯·杜利特上校 223-4, 358-9
Doorman, Admiral Karel 海军上将卡雷尔·多尔曼 214-16
Dornberger, Walter 沃尔特·多恩伯格 484-5
Douhet, Giulio 朱利奥·杜黑 74, 348, 483
Doumenc, General Aimé 埃梅·杜芒克将军 54, 60
Dowding, Air Chief Marshal Sir Hugh 空军上将休·道丁爵士 80
Dragoon, Operation "龙骑兵" 行动 297, 300-1, 315-16
Dresden 德累斯顿 360, 493
Dulles, Alan 艾伦·杜勒斯 482
Dunkirk 敦刻尔克 66-7
Dynamo, Operation "发电机" 行动 66

Eagle, Operation "鹰"行动 78
Eaker, General Ira C. 艾拉·埃克将军 298-9, 355
East Indies 东印度 214-15, 250-51
Eberbach, General Hans 汉斯·艾伯巴赫将军 340
Ebert, Friedrich 弗里德里希·艾伯特 19
economies, national 国民经济 82-3, 173-8
  see also production 参见生产
Eden, Anthony 安东尼·艾登 66, 259, 267
Edwards, Paul 保罗·爱德华兹 178
Egypt 埃及 104-5, 115, 119
Eichelberger, General Robert 罗伯特·艾克尔伯格 244
Eichen, Lieutenant Sidney 陆军中尉西德尼·艾兴 325
Einstein, Albert 阿尔伯特·爱因斯坦 487
Eisenhower, General Dwight D. 德怀特·艾森豪威尔将军 262-4, 281-2, 291, 313-15, 338, 344, 364, 369, 438-9
Ellis, Major Earl 厄尔·埃里斯少校 473
Engels, Friedrich 弗里德里希·恩格斯 3, 6
Enigma cipher machine 恩尼格玛密码机 88, 132-3, 419, 420
Erickson, Professor John 约翰·埃里克森教授 148, 156, 165, 170, 379, 385, 389-91, 404, 433-4, 442-3, 446
Espionage 间谍 417-18
Ethiopia 埃塞俄比亚 120, 266-70, 344
Evans-Pritchard, Edward 爱德华·伊凡-普理查 268

Falaise Gap, Battle of 法莱斯隘口战役 331-45
Falkenhorst, General Nikolaus von 尼古拉斯·冯·法尔肯霍斯特将军 37
'Final Solution' "最终解决" 238-9
Finland 芬兰 35-6, 108, 169, 401-2, 425-6
Fischer, Fritz 弗里茨·费舍尔 1
Fletcher, Admiral Frank John 海军上将弗兰克·约翰·弗莱彻 225

Flower, Desmond 德斯蒙德·弗劳尔 80
Flowers, Thomas 托马斯·弗洛尔斯 420
food 食品 6-7, 82-3
Foote, Alexander 亚历山大·富特 148
Formosa 台湾 474
Fortitude, Operation "坚忍"行动 311
France 法国
  army 军队 51, 53-4
  Blitzkrieg 闪电战 45-72
  casualties 人员伤亡 493
  invasion 入侵 61-72
  occupation 占领 233-4, 310
  resistance 抵抗运动 406
  surrender 投降 70-2
Franco, General Francisco 弗朗西斯科·佛朗哥将军 105
Frank, General 弗兰克将军 492
Frederick II, King of Prussia(the Great) 普鲁士国王腓特烈大帝 125, 213, 453
Free French forces 自由法国军队 269-71, 276, 411
Freikorps 自由军团 18-22
Fretter-Pico, General Maximilain 马克西米利安·弗里特—皮可将军 430
Freud, Sigmund 西格蒙德·弗洛伊德 11
Freyberg, Major-General Bernard 伯纳德·弗赖伯格少将 131, 133, 136, 138-9, 298, 421-2
Frick, Wilhelm 威廉·弗利克 491
Friedeburg, General Hans von 汉斯·冯·弗里德堡将军 447
Friesner, General Johannes 约翰内斯·弗里斯纳将军 303
Frisches Haff 维斯图拉潟湖 495
Fritsch, General Werner von 维尔纳·冯·弗里奇将军 31
'Fritz' Plan "弗里茨"计划 108-9
Fromm, General Friedrich 弗里德里希·弗罗姆将军 365
Fuchs, Klaus 克劳斯·福克斯 487
Fuller, Major-General J.F.C. 富勒少将 332

Galland, Lieutenant General Adolf 陆军中将阿道夫·加兰特 78, 81
Gamelin, General Maurice 莫里斯·甘末林将军 52-5, 59, 62, 64, 332
Gavin, General James 詹姆士·加文将军 325
Gehlen, Colonel Reinhard 莱因哈特·盖伦上校 339, 401
Genda, Minoru 源田实 207, 210
George VI, King of Great Britain 英国国王乔治四世 72
Georges, General Alphonse Joseph 阿方斯·约瑟夫·乔治将军 54-5, 59, 60, 63, 65
Gericke, Captain Walter 沃尔特·格里克上尉 135, 139
Germany 德国
　aircraft 飞机 50-1, 76-7, 129
　arms 武器 172-3
　army 军队 54, 141-2
　casualties 人员伤亡 494-5
　economy and production 经济和生产 82-3, 173, 178, 233-7
　marshalate 元帅军衔 101-3
　post-war 战后 493-5
　rockets 火箭武器 484-7
　tanks 坦克 51, 176, 333-4, 335, 340-1
　U-boats U 潜艇 83-95
Gilbert Islands 吉尔伯特群岛 212, 248
Giraud, General Henri 亨利·吉罗将军 58, 281
Goebbels, Josef 约瑟夫·戈培尔 192, 329, 357, 365, 384, 385, 445, 453
Goering, Hermann 赫尔曼·戈林 25, 67, 75, 77-9, 80, 101, 111, 130, 383, 441, 443, 491
Golikov, Marshal F.I. 戈利科夫元帅 387
Goodwood, Operation "古德伍德" 行动 327, 337
Gordov, V.N. 戈尔多夫 186
Gort, Field Marshal John 陆军元帅约翰·戈特 54-5, 66-7

Graf Spee "格拉夫·施佩" 号 37, 84
Graham, D. 格雷厄姆 305
Gransard, General P.P.J. 格朗萨尔将军 61
Graziani, Marshal Rodolfo 鲁道福·格拉齐亚尼元帅 119, 272-3, 293
Greece 希腊 106, 115-18, 120-2, 126-8, 428-9, 490, 492
Guadalcanal 瓜达康纳尔岛 241-3
Guam 关岛 211
Guariglia, Raffaele 拉法埃莱·瓜里利亚 291
Guderian, General Heinz 海因里兹·古德里安将军 45, 48, 51, 63-5, 110, 150-1, 158-68, 176, 331, 335, 383-9, 424, 440
Guzzoni, Alfredo 艾尔弗雷多·古佐尼 289-90

Hacha, Emil 埃米尔·哈查 32
Haganah "哈加纳" 490
Hague Convention《海牙公约》152
Haile Selassie, Emperor 皇帝海尔·塞拉西 267-9
Halder, General Franz 弗郎茨·哈尔德将军 46-9, 64, 65, 70, 108-10, 124, 151, 157-60, 165, 180, 184-5
Halifax, Lord 哈利法克斯勋爵 53
Halsey, Admiral William 海军上将威廉·哈尔西 224, 244, 246-7, 466, 469-70
Hamburg 汉堡 355-6, 361
Harding, General John 约翰·哈丁将军 299
Harpe, General Josef 约瑟夫·哈尔佩将军 432
Harris, Air Chief Marshal Arthur 阿瑟·哈里斯空军上将 346-8, 352-3, 355-7, 358, 361
Hart, Admiral Thomas 海军上将托马斯·哈特 218-19
Hassell, Ulrich von 乌尔里希·冯·哈塞尔 57
Hausser, General Paul 保罗·豪塞尔将军 341
Hess, Rudolf 鲁道夫·赫斯 21, 25, 141, 148
Heusinger, Colonel Adolf 阿道夫·豪辛格上校 159
Heydrich, Reinhardt 莱因哈特·海德里希 239,

409, 428
Heydte, Baron von der 冯·德·海德特男爵 135
Higgings Company of New Orleans 新奥尔良的希金斯公司 473
Himmler, Heinrich 海因里希·希姆莱 30, 235-9, 365, 404, 424, 441, 443, 492
Hindenburg, General Paul von 保罗·冯·兴登堡将军 27, 434
Hinsley, Professor Harold 哈维·欣斯利教授 419
Hirohito, Emperor 裕仁天皇 204, 488
Hiroshima 广岛 482, 487
Hitler, Adolf 阿道夫·希特勒
  and Allied invasion 和盟军的进攻 307-16, 325-6, 335-6, 340-3, 362-3
  and Allied invasion of Italy 和盟军进攻意大利 288-92
  anschluss 德奥合并 31
  and appeasement 和绥靖政策 31-2
  Ardennes Campaign 阿登战役 365-8, 377
  army command 军队指挥权 54, 259, 379, 458
  and Barbarossa 和"巴巴罗萨" 142, 152, 157-9, 166, 168-9, 176
  and Battle of Britain 和不列颠战役 75-9, 80-1
  bomb plot against 刺杀行动 329-30
  and Bulgaria 和保加利亚 120
  and 'Case Red' 和"红色计划" 65
  and 'Case Yellow' 和"黄色计划" 46-8, 55
  and concentration camps 和集中营 237
  and Crete 和克里特 129, 139
  and Czechoslovakia 和捷克斯洛伐克 31-2
  death 死亡 444
  and Dietl 和迪特尔 38-9
  and Freikorps 和自由军团 21-2
  French defeat 法国战败 71
  and the generals 和将们 28-34
  and Graf Spee 和"格拉夫·施佩"号 37
  and Greece 和希腊 105-6, 115-18, 121
  and Hungary 和匈牙利 427, 430
  ideology 意识形态 21-2, 82, 112-113, 407-8,

453-4
  and intelligence 和情报部门 417
  and Kursk 和库尔斯克 387-91, 393-9, 401-4
  and Manstein Plan 和曼施泰因计划 48-9, 59, 64
  and Mussolini 和墨索里尼 288, 408
  Nazi revolution 纳粹革命 26-8
  and North Africa 和北非 105, 120, 274, 278, 281-4, 383
  and Plan 'Blue' 和"蓝色"计划 180-5
  and Poland 和波兰 32-5
  Putsch 政变 23-6
  and rockets 和火箭武器 485-6
  and Scandinavia 和斯堪的纳维亚 36-9
  Soviet offensive on Berlin 苏联进攻柏林 431-3, 436-7, 440-41
  and Stalingrad 和斯大林格勒 189-92, 383-5
  and strategic bombing 和战略轰炸 350
  and tanks 和坦克 335, 340-2
  and U-boats 和U潜艇 85
  and USA 和美国 197, 453-4
  and USSR 和苏联 103-4, 107-13
  and Volksgrenadiers 和国民掷弹兵 424
  and war supplies 和战争物资 172-3
  and Yugoslavia 和南斯拉夫 122-7
Ho Chi Minh 胡志明 491
Hodges, General 霍奇斯将军 370
Hoepner, General Erich 埃里希·霍普纳将军 51, 162-4, 165, 168
Homma, General Masaharu 本间雅晴将军 219
Hong Kong 香港 211-12
Hopkins, Harry 哈里·霍普金斯 261, 457
Horthy, Admiral 海军上将霍尔蒂 124, 302, 426-27
Hoth, General Hermann 赫尔曼·霍斯将军 51, 151, 158, 164, 165, 182-3, 392
Hudson, Captain D.T. 赫德森上尉 413
Hull, Cordell 科德尔·赫尔 202, 205
Hungary 匈牙利 104, 302-3, 426-7, 430-1, 492
Huntziger, General Charles 查尔斯·亨茨格将军 60, 71

Husky, Operation "哈士奇" 行动 288-91

Iceland 冰岛 87
Ichi-Go offensive "一号作战" 463, 466, 471
Iida, General Shojira 饭田祥二郎将军 216-17, 464
Imamura, General Hitoshi 今村均将军 245
imperialism 帝国主义 17-18, 407-9
Indo-China 印度支那 204, 490, 497
　see also countries by name 依名称参见各国
Indonesia 印度尼西亚 215-16, 490
industrialisation 工业化 7-8
industry 工业
　Germany 德国 172-3, 358-9
　occupied countries 占领国 233-5
　UK 英国 175-8
　USA 美国 177-8
　USSR 苏联 108-9, 170-1

intelligence 情报部门
　and Crete landings 和克里特登陆 132-3
　Czechoslovakia 捷克斯洛伐克 409
　espionage 间谍 417-18
　of Japanese strategy 日本战略情报部门 202-4, 209
　'Lucy' network "露西情报网" 148, 391, 417-18
　Overlord "霸王" 行动 311, 317
　Poland 波兰 410
　U-boats U潜艇 88-9
　and USSR 和苏联 148-9
Iran 伊朗 275
Iraq 伊拉克 271
'Iron Curtain' "铁幕" 495-6
Ironside, Field Marshal Sir Edmund 陆军元帅埃德蒙·艾恩赛德爵士 59
Irving, David 大卫·欧文 113
Ismay, General Sir Hastings Lionel 哈斯丁·莱昂内尔·伊斯梅将军、爵士 380
Italy 意大利

Allied campaign in 盟军在意大利的战役 291-306
casualties 人员伤亡 493
invasion of Africa 侵占非洲 265-6
invasion of Greece 侵占希腊 116
Mussolini's rise 墨索里尼上台 286
Winter Position 冬季防线 294-7
World War I 第一次世界大战 285
Iwo Jima 硫磺岛 474, 475

Jacob, Ian 伊恩·雅各布 456
Japan 日本
　A-bombing 原子弹轰炸 487-8
　and China 和中国 199-202, 232, 461-4, 471, 491-2
　defeat 战败 461-71, 487-8
　Doolittle raid 杜利特空袭 223
　economy 经济 82, 173-5
　Leyte Gulf 莱特湾 466-71
　Okinawa 冲绳 472-8
　preparations for war 战争筹备 202-5
　production 生产 467
　strategic bombing of 战略轰炸 480-2
　strategy 战略 197-205
Java 爪哇 215-16, 490
Jeschonnek, General Hans 汉斯·耶顺内克将军 50, 348
Jews 犹太人 238-9, 490
Jodl, General Alfried 阿尔弗雷德·约德尔将军 104, 108-10, 130, 159, 167, 184, 192, 308, 366-7, 383, 387, 441, 447, 492
Juin, General Alphonse 阿尔方斯·余安将军 299
Junge, Traudl 特劳德·琼格 444

Kallay, Miklos 米克洛什·卡拉伊 302
Kaltenbrunner, Ernst 恩斯特·卡尔滕布鲁纳 492
kamikaze tactics 神风战术 472, 475-8
Kantaria, Meliton 梅利通·坎塔利亚 444

Keitel, General Wilhelm 威廉·凯特尔将军 46, 71, 101, 130, 366, 383, 441, 492

Kenney, General George 乔治·肯尼将军 245

Kesselring, Field Marshal Albert 陆军元帅阿尔伯特·凯塞林 48, 50, 75, 101, 282, 292-7, 300, 304, 439

Khrushchev, Nikita S. 尼基塔·赫鲁晓夫 156, 177

Kielsmansegg, Captain Graf von 格拉夫·冯·基尔曼塞格上尉 63

Kiev 基辅 156, 160-1

Kimmel, Admiral H.E. 海军上将金梅尔 214

King, Admiral Ernest 海军上将欧内斯特·金 240, 247, 258-60, 261, 315, 466, 474

King, General Edward 爱德华·金将军 219

Kinzel, Manfred 曼弗雷德·金泽尔 94

Kipling, Rudyard 鲁德亚德·吉卜林 11, 16

Kirponos, General Mikhail 米哈伊尔·基尔波诺斯将军 146, 148-9, 156-7, 160

Kleist, Field Marshal Ewald von 陆军元帅埃瓦尔德·冯·克莱斯特 45, 111, 157, 160, 181, 184, 191, 331, 387, 395, 398-400

Kluge, General Günther von 君特·冯·克鲁格将军 101, 153, 158, 168, 326, 329, 340-1, 395

Knowles, Commander Kenneth 指挥官肯尼思·诺里斯 88

Koenig, Pierre 皮埃尔·柯宁格 270, 276

Koga, Admiral Mineichi 海军大将古贺峰一 246

Kohima 科希马 465

Koiso, Kuniaki 小矶国昭 474, 482, 492

Konev, Marshal Ivan 伊凡·科涅夫元帅 146, 168, 380, 392-3, 398-403, 431-5, 438, 440-2, 446

Konoye, Prince Fumimaro 近卫文麿公爵 197-8, 201, 203, 230, 492

Korea 朝鲜半岛 497

Korten, Günther 君特·科尔登 348

Koryzis, Alexander 亚历山大·科里齐斯 127

Krebs, General Hans 汉斯·克雷布斯将军 440-1, 445-6

Kretschmer, Otto 奥托·克雷茨克默 94

Krueger, General Walter 沃尔特·克鲁格将军 468, 471

Krupp, Alfred 阿尔佛雷德·克鲁伯 8

Küchler, General Georg von 乔治·冯·屈希勒尔将军 398

Kulik, G. I. 库利克 144-6

Kuomintang 国民党 462
see also Chiang Kai-shek 参见蒋介石

Kurita, Vice-Admiral Takeo 海军中将栗田健男 469-70

Kursk 库尔斯克 288, 381-2, 386-93

landing craft 登陆艇 315, 321-2, 473-4

Lattre de Tassigny, General Jean de 让·德·拉特尔·德·塔西尼将军 69

Laval, Pierre 皮埃尔·拉瓦勒 121, 281, 344

Leahy, Admiral William 海军上将威廉·莱希 480

Lebrun, Albert 阿尔伯特·勒布伦 55, 70

Leclerc, General Philippe 菲利普·勒克莱尔将军 270, 344, 491

Leeb, Field Marshal Ritter von 陆军元帅里特·冯·莱布 49, 101-3, 150, 155-9, 161-2

Leese, General Oliver 奥利弗·利斯将军 259, 299

Lelyoshenko, General D. D. 列柳申科 168

LeMay, General Curtis 柯蒂斯·李梅将军 481

Lend-Lease《租借法案》88, 93, 176-7, 258, 455

Leningrad 列宁格勒 161-2, 493

Leopold, King of Belgium 比利时国王利奥波德 57

Lettow-Vorbeck, General von 冯·莱托—福尔贝克将军 265

Leyte Gulf, Battle of 莱特湾战役 466-71

Libya 利比亚 119, 266, 272-4

Liddell Hart, Basil 巴兹尔·利德尔·哈特 332, 352

Lindemann, Professor Frederick (Lord Cherwell) 弗雷德里克·林德曼教授（彻韦尔勋爵）352

List, Field Marshall Wilhelm 陆军元帅威廉·李斯特 101, 184

Löhr, General Alexander 亚历山大·勒尔将军 131, 304
London, bombing of 轰炸伦敦 79, 351, 486, 493
Lorrain, Claude 克劳德·洛兰 306
Lossberg, Colonel Bernhard von 伯恩哈德·冯·洛斯伯格上校 102, 104, 108
Lossow, General Otto von 奥图·冯·罗索将军 24-5, 30
Lovett, Robert A. 罗伯特·洛维特 359
Lucas, General John P. 约翰·卢卡斯将军 297
Luck, Hans von 汉斯·冯·鲁克 327
'Lucy' network "露西情报网" 148, 391, 417-18
Ludendorff, General Erich 埃里希·鲁登道夫将军 24-5
Luftwaffe 德国空军 50, 75-81, 348
Lüttich, Operation "卢提西"行动 340-1
Lutyens, Edwin 埃德温·鲁琴斯 16

MacArthur, General Douglas 道格拉斯·麦克阿瑟将军 218-19, 240-1, 244-5, 247, 250, 262, 466, 474, 480-1, 488
McClusky, Lieutenant-Commander Wade 韦德·麦克劳斯基少校 228
Machiavelli, Niccolò 尼克罗·马基雅维利 457
McNeill, Professor William 威廉·麦克尼尔教授 4, 9, 12
Madagascar 马达加斯加岛 269
Maercker, General Ludwig von 路德维希·冯·梅克尔将军 19-20
'Magic' "魔法" 202-5, 224, 246, 419, 422, 482
Maginot Line 马其诺防线 47, 50-8, 69
Malaya 马来亚 212-13, 231
Malenkov, Georgy 格奥尔基·马林科夫 154, 379
Malinovsky, Marshal R.Y. 马利诺夫斯基元帅 386, 430, 438, 488
Malta 马耳他 130
Manchuria 中国东北 200, 230-1, 461-3, 487, 491
Mannerheim, Marshal Carl Gustav 卡尔·古斯塔夫·曼纳海姆元帅 36, 162, 169, 401, 426
Mannheim 曼海姆 350
Mansbridge, Major-General E.C. 曼斯布里奇少将 490
Manstein, Field Marshal Erich von 陆军元帅埃里希·冯·曼施泰因 47-9, 60, 110, 150, 161, 180-3, 384-88, 398-400
Manteuffel, General Hasso von 哈索·冯·曼陀菲尔将军 368, 442
Mao Zedong 毛泽东 203, 462-3, 491
Marianas Islands 马里亚纳群岛 250, 467
Marita, Operation "马里塔"行动 118, 122
Market Garden, Operation "市场花园"行动 363
Marshall, General George C. 乔治·马歇尔将军 240, 258-64, 290, 312, 457, 487, 491
Marshall Islands 马绍尔群岛 249
Marx, Karl 卡尔·马克思 5
Matsui, General Iwane 松井石根将军 463
Matsuoka, Yosuke 松冈洋右 201
Maxim, Hiram 海勒姆·马克沁 7
Mekhlis, L.Z. 梅赫利斯 144, 380
Mende, Karl Heinz 卡尔·海因兹·门德 72
Merrill's Marauders "麦瑞尔突击队" 462, 471
Metaxas, General John 约翰·梅塔克萨斯将军 116, 120
Michael, King of Romania 罗马尼亚国王迈克尔 303, 425
Middleton, Drew 德鲁·米德尔顿 58
Midway 中途岛 223-9, 423
Mihailović, Draza 德拉查·米哈伊洛维奇 126, 413-15
Mikolajczyk, Stanislaw 斯塔尼斯拉夫·米科拉茨克 404
Mikoyan, A.I. 米高扬 170
Milch, Field Marshal Erhard 陆军元帅埃哈德·米尔希 50, 75, 101
militarisation 军事化 3-22
Milward, Professor Alan 阿伦·米尔瓦德教授 82
Minsk 明斯克 151, 153

Mirković, General Bora 布拉·米尔科维奇将军 122-3

Mitchell, General William 威廉·米切尔将军 74

Mitscher, Admiral Marc 海军上将马克·米切尔 249-50, 476

Model, Field Marshal Walther 陆军元帅瓦尔特·莫德尔 160, 342, 367, 388-93, 400, 402-4, 439

Mohnke, SS Brigadeführer Wilhelm 党卫军少将威廉·蒙克 444

Molotov, V.M. 莫洛托夫 33, 105, 106-7, 154, 165

Molotov-Ribbentrop Pact《莫洛托夫—里宾特洛甫条约》33, 35, 102-3, 107, 117, 148-9, 410-11

Montgomery, Field Marshal Bernard 陆军元帅伯纳德·蒙哥马利 59, 140, 259, 262, 277-97, 312-14, 324-32, 336-9, 344, 362-4, 370-1

Morell, Dr Theodor 西奥多·莫尔勒博士 441

Morgan, General Sir Frederick 弗雷德里克·摩根将军、爵士 313

Morgenthau, Henry 亨利·摩根 453

Moscow 莫斯科 108-9, 157-61, 166-8

Mountbatten, Admiral Lord Louis 海军上将路易斯·蒙巴顿勋爵 464

Mufti of Jerusalem, the 耶路撒冷的穆夫提 267, 271

Mussolini, Benito 贝尼托·墨索里尼 20, 31, 33, 69-70, 105-6, 115-20, 265, 272, 284-91, 408

Mutaguchi, General Renya 牟田口廉也将军 463-6

Nagasaki 长崎 482, 487

Nagumo, Admiral Chuichi 海军上将南云忠一 208-11, 266-9

Nazi Party 纳粹党 22, 26-8

Nehring, General Walther 瓦尔特·内林将军 282

Netherlands 荷兰 49, 56-7
  East Indies 荷属东印度 215-16

Neuhoff, CSM 连军士长纽霍夫 135

New Guinea 新几内亚 224-5, 243-4, 224-5, 471

Newbold, Douglas 道格拉斯·纽伯尔德 266

Niedermair, John 约翰·尼埃德梅耶 473

Nimitz, Admiral Chester 海军上将切斯特·尼米兹 227, 240-3, 244, 247-50, 463, 466, 474, 477

Nishimura, Vice-Admiral Shoji 海军中将西村祥治 469

Nobel, Alfred 阿尔佛雷德·诺贝尔 8

Noël, Léon 利昂·诺埃尔 71

Nomura, Admiral Kichisaburo 海军上将野村吉三郎 203, 205

Norman, Max 马克斯·诺曼 420

Normandy 诺曼底 311, 313-14
  see also Overlord 参见"霸王"行动

Norway 挪威 36-9, 311

Nuremberg 纽伦堡 492

occupation 占领 230-239
  Asia 亚洲 230-2
  Eastern Europe 东欧 235-9, 410
  Western Europe 西欧 232-5

O'Connor, General Richard 理查德·奥康纳将军 119, 273, 279

Office of Strategic Services (OSS), USA 美国战略情报局 416

Okinawa 冲绳 474, 475-8, 479

Oldendorff, Admiral Jesse 海军上将杰西·奥尔登多夫 469-70

Osterkamp, General Theodor 西奥多·奥斯特坎普将军 78

Overlord, Operation "霸王"行动 264, 307-30
  bocage Campaign 波卡基战役 325-9
  deception plans 骗局 310-16
  forces 军队 316-19
  German confusion 德国混乱 319-22
  Panzer response 装甲部队的反应 318, 322-5

Overstraeten, General Robert van 罗伯特·冯·奥弗斯特里特将军 57

Overy, Dr Richard 理查德·奥弗里博士 73-4

Ozawa, Admiral Jisaburo 海军上将小泽治三郎 250, 469-70

Pacific 太平洋
  East Indies 东印度 214-18
  Japanese occupation 日本的占领 230-2
  Japanese strategy 日本的战略 206-8
  Malaya 马来亚 211-14
  Midway 中途岛 221-9
  Pearl Harbor 珍珠港 208-11
  Philippines 菲律宾 218-20
  US counter-attack 美国反攻 240-51
Pahlavi, Reza Shah 礼萨汗·巴列维 275
Palestine 巴勒斯坦 490
Papagas, General Alexandros 亚历山大·帕帕戈斯将军 120, 125, 126-7
Paratroops 伞兵部队 129-30, 139-40
  Crete 克里特 133-40
  Overlord "霸王" 行动 320
Paris, liberation 解放巴黎 342-5
Park, Air Vice-Marshal Keith 空军少将基思·帕克 80
Pas de Calais 加莱海峡 311, 313
Patch, General Alexander 亚历山大·帕奇将军 301, 370, 438
Patton, General George 乔治·巴顿将军 280-3, 289, 301, 311, 338-9, 362-5, 369-70, 438-9
Paul, Prince of Yugoslavia 南斯拉夫摄政保罗王子 122
Paulus, General Friedrich von 弗雷德里希·冯·保卢斯将军 108, 181-2, 186, 187, 189-92
Pearl Harbor 珍珠港 206, 208-11
Peenemünde 佩纳明德 486
Percival, General Arthur 阿瑟·白思华将军 212-14
Pétain, Marshal Philippe 菲利普·贝当元帅 64, 69-72, 105, 121, 272, 281, 344, 408
Peter, King of Yugoslavia 南斯拉夫国王彼得 122

Philby, Kim 吉姆·菲尔比 418
Philippines 菲律宾 218-20, 231-2
Phillips, Admiral Sir Tom 海军上将汤姆·菲利普斯爵士 211
Pienaar, Dan 丹·皮纳尔 266
Platt, General Sir William 威廉·普拉特将军、爵士 269
Poland 波兰 459-60, 495
  casualties 人员伤亡 492
  invasion of 入侵波兰 33-5
  resistance 抵抗运动 405-6, 410
  and USSR 和苏联 403-4, 410, 495-6
Popov, General M.M. 波波夫将军 384, 386, 392
Popov, V.S. 波波夫 151
population growth 人口增长 4-6
Portal, Air Chief Marshal Sir Charles 空军上将查尔斯·波特尔爵士 263
Potsdam Conference 波茨坦会议 482, 495-6
Pownall, Admiral Charles 海军上将查尔斯·波纳尔 248
Prien, Günther 君特·普里恩 94
Pripet Marshes 普里佩特沼泽 150
production, war 军工生产 8, 170-8, 233-6
Puttkamer, Admiral Karl-Jesko von 海军上将卡尔-杰斯科·冯·普卡梅尔 441

Quadrant Conference, Quebec 魁北克"四分仪"会议 263-4
Quisling, Vidkun 维德孔·奎西林 37, 78, 408

Rabaul 腊包尔 244-6
radar 雷达 76, 352-3, 484
Raeder, Admiral Erich 海军上将埃里希·雷德尔 37, 102, 111
Ramsay, Admiral Bertram 海军上将伯特伦·拉姆齐 67

Rashid Ali 拉希德·阿里 267, 271
Red Army 红军 142-8, 179, 377-81, 395-7
　purges 清洗 109, 129-30, 142-4
Red Orchestra "红色管弦乐队" 417-18
Reichenau, Field Marshal Walther von 陆军元帅瓦尔特·冯·莱希瑙 101, 168
Reinhardt, General Hans 汉斯·莱因哈特将军 51, 432
Reitsch, Hanna 汉娜·瑞奇 441
resistance 抵抗运动 405-17
Reynaud, Paul 保罗·雷诺 64, 69, 70
Rhine, crossings 横渡莱茵河 363-4, 438-40
Ribbentrop, Joachim von 约西姆·冯·里宾特洛甫 33, 105, 107, 197, 441, 492
Richthofen, General Wolfram von 沃尔弗拉姆·冯·里希特霍芬将军 184, 189, 191
Ritchie, General Sir Neil 尼尔·里奇将军、爵士 259
Ritter von Greim, Field Marshal Robert 陆军元帅罗伯特·里特·冯·格莱姆 441, 443
rockets 火箭武器 484-8
Rodimtsev, A.I. 罗迪姆采夫 187
Röhm, Captain Ernst 恩斯特·罗姆上尉 21-2, 24-5, 29
Rokossovsky, Marshal K.K. 罗科索夫斯基元帅 146, 156, 165, 168, 189-91, 380, 390-3, 403, 434, 440, 446
Romanenko, General P.L. 罗曼年科将军 144-5
Romania 罗马尼亚 103-4, 117, 120, 302-3, 425, 492
Rommel, Field Marshal Erwin 陆军元帅埃尔温·隆美尔 61-5, 68-72, 120, 274-93, 310-12, 320-3, 330, 333, 383, 419, 422
Roosevelt, Franklin D. 富兰克林·罗斯福 457-8
　and Churchill 和丘吉尔 257-8, 455-6, 459
　death 逝世 453
　and intelligence 和情报部门 417
　and Japan 和日本 204-5, 208-9, 455
　Lend-Lease 《租借法案》 258, 455

neutrality 中立 69, 206, 455
　and Overlord 和"霸王"行动 313
　and Pacific war 和太平洋战争 247
　and Stalin 和斯大林 459-60, 495
　and strategy 和战略 259, 261-3, 453-60
　and U-boats 和U潜艇 206, 455-6
Rosa, Salvator 萨尔瓦托·罗萨 305
Rosenberg, Alfred 阿尔佛雷德·罗森堡 492
Rowehl, Theodor 特奥多尔·罗威欧 147
Royal Air Force (RAF) 英国皇家空军
　Bomber Command 轰炸机司令部 346-61
　Fighter Command 战斗机司令部 75-81
Rubarth, Hans 汉斯·鲁巴特 61
Ruby, General Edouard 爱德华·鲁比将军 55, 61
Rundstedt, Field Marshal Gerd von 陆军元帅格尔德·冯·伦德施泰特 47-50, 66, 68, 101, 142, 150, 155-60, 167-8, 308-12, 320, 326, 367, 439
Ryti, Risto 里斯托·吕蒂 426

Saint-Lô 圣洛 328-30, 338
Salisbury, Marquess of 索尔兹伯里侯爵 361
Salomon, Ernst von 恩斯特·冯·萨罗蒙 19
Sangro, battle 桑格罗河战役 295-6
Sassoon, Siegfried 齐格弗里德·萨松 53
Sauckel, Fritz 弗里茨·绍克尔 235, 492
Schaub, Julius 尤利乌斯·绍布 441
Schelde estuary 斯海尔德河口 362-3
Schepke, Joachim 约西姆·施普克 94
Schlieben General Karl Wilhelm von 卡尔·威廉·冯·施利本将军 325
Schlieffen, Field Marshal von 陆军元帅冯·施里芬 49, 59, 108
Schmundt, Rudolf 鲁道夫·施蒙特 48, 102, 104, 159, 185
Schörner, Field Marshal Ferdinand 陆军元帅斐迪南德·舍尔纳 400, 424, 431, 443
Schulze-Boysen network 舒尔茨—博伊森网络 417

Schuschnigg, Kurt von 库尔特·冯·许士尼格 31
Sealion, Operation "海狮"行动 75, 80, 102, 104
Seeger, Alan 阿伦·西格 16
Senger und Etterlin, Frido von 弗里德·冯·辛格尔·艾特林 289, 298
Serbs 塞尔维亚人 122-3, 126
Serrigny, Bernard 伯纳德·塞里尼 69
Seyss-Inquart, Arthur 阿瑟·赛斯—英夸特 31, 492
Sherrod, Robert 罗伯特·谢罗德 248, 475
Shima, Vice-Admiral Kigohide 海军中将志摩清英 469
Shirer, William 威廉·夏伊勒 101
Sho-l plan "捷-1"计划 468-9
Shtemenko, General S.M. 什捷缅科将军 400
Sicily, Allied invasion 盟军进攻西西里 287-91
'Sickle Stroke' "镰刀收割"计划 49-50, 65
signals intelligence 信号情报 87-9, 132-3, 202-4, 418-23
Simović, General Dušan 杜森·西莫维奇将军 122
Singapore 新加坡 213-14
Skorzeny, Colonel Otto 奥托·斯科尔兹尼上校 292, 302, 371, 427
Sledgehammer, Operation "大锤"行动 261
Slessor, Air Marshal Sir John 空军中将约翰·斯莱塞爵士 349
Slim, General William 威廉·斯利姆将军 217-18, 465-6, 471
Smuts, Jan 扬·史末资 266-7, 277
Sokolovsky, Marshal V.D. 索科洛夫斯基元帅 146, 395, 445
Somaliland 索马里兰 120, 265-6
Sorge, Richard 理查德·佐尔格 147, 167-8, 417-18
Spaatz, General Carl 卡尔·斯帕茨将军 346, 358-9, 482
Spain 西班牙 73, 105
Spears, General Edward 爱德华·斯皮尔斯将军 70

Special Operations Executive (SOE), UK 英国特别行动委员会 405-6, 409, 413-14, 428
Speer, Dr Albert 阿尔伯特·施佩尔博士 101, 172, 334-5, 348, 358, 366, 441, 443, 485
Speidel, Lieutenant-General Hans 汉斯·斯派达尔中将 323
Sperrle, General Hugo 胡戈·施佩勒将军 75, 101, 316
spies 间谍 417-18
Sprague, Admiral Cliftion 海军上将克利夫顿·斯普雷格 470
Spruance, Admiral Raymond 海军上将雷蒙德·斯普鲁恩斯 225, 473-4
Stackelberg, Karl von 卡尔·冯·斯塔克尔伯格 63, 68
Stalin, J.V. 斯大林
  and A-bombs 和原子弹 487
  and Churchill 和丘吉尔 147-8, 185-6, 258, 262, 304, 429
  counter-attack 反攻 387-8, 399-404
  demand for Second Front 开辟第二战场的要求 258, 262, 307
  and Finland 和芬兰 35-6
  and German invasion 和德国入侵 148-9, 154, 160, 164-5, 179-80, 185-7
  and Hungary 和匈牙利 430
  and intelligence 和情报部门 417-18
  and Japan 和日本 480
  pact with Germany 《苏德互不侵犯条约》 33
  and Poland 和波兰 404, 410, 495-6
  post-war foreign policy 战后外交政策 495-6
  purge of generals 清洗将领 109, 129-30, 142-4
  Red Army command 红军指挥权 146-7, 380-1, 458
  and Roosevelt 和罗斯福 459-60
  and siege of Berlin 和围攻柏林 440-2, 445
  strategy 战略 377-82
  and Tito 和铁托 415, 429

war aims 战争目标 454, 460
Stalingrad 斯大林格勒 185-92, 384-5
Stauffenberg, Colonel Claus von 克劳斯·冯·施陶芬贝格上校 150, 329, 403, 418
Steinbeck, John 约翰·斯坦贝克 178, 412
Stewart, I.M.D. 斯图尔特 136
Stilwell, General Joe 乔·史迪威将军 216-17, 459, 463-6, 471
Stokes, Richard 理查德·斯托克斯 361
strategic bombing 战略轰炸 75, 346-61, 480-2
Streicher, Julius 尤利乌斯·施特莱歇尔 492
Stresemann, Gustav 古斯塔夫·史特瑞斯曼 25
Stroop, General Jürgen 于尔根·施特鲁普将军 410
Student, General Kurt 克特·司徒登 130-1, 134-6, 138, 140
Stülpnagel, General Heinrich Graf von 海因里希·格拉夫·冯·斯图普纳格尔将军 329-30
Stumme, General Georg 格奥尔格·史图姆将军 278
submarines 潜艇 83-95
Sukarno, Dr 苏加诺博士 231
Sultan, General Daniel 丹尼尔·苏丹将军 471
Suner, Serrano 塞拉诺·苏涅尔 105
super-weapons 超级武器 482-8
supplies, war, Battle of the Atlantic 大西洋战役的军事补给 82-95
Surigao Strait 苏里高海峡 469
Suzuki, Admiral Kantaro 海军上将铃木贯太郎 481, 482
Svoboda, General Ludwik 卢德维克·斯沃博达将军 428
Syria 叙利亚 270-2

Takagi, Admiral Takeo 海军中将高木武雄 215
tanks 坦克 331-2, 483
  Blitzkrieg 闪电战 45-72
  German 德国 50-1, 176, 334-4, 335, 340-1

Soviet 苏联 109, 146, 334
UK 英国 175, 334
US 美国 266-7, 334
Tarawa 塔拉瓦岛 247-9
Taylor, A.J.P. 泰勒 1
Tedder, Air Chief Marshal Sir Arthur 阿瑟·特德上将、爵士 346
Tehran Conference 德黑兰会议 313, 401
Teilhard de Chardin, Pierre 皮埃尔·泰亚尔·德·夏尔丹 16
Ten-Go plan "天号"计划 474-5
Ten-Ichigo plan "天一号"计划 474-5
Tennyson, Alfred, Lord 阿尔佛雷德·坦尼森勋爵 14
Terauchi, General Count 寺内将军、伯爵 464

Thailand 泰国 216, 232, 464
Thesiger, Wilfred 威尔弗雷德·塞西格 268
Thoma, Ritter von 里特·冯·托布 115, 160
Thomas, Lieutenant W.B. 托马斯中尉 134
Thümmel, Paul 保罗·萨梅尔 417
Timoshenko, Marshal S.K. 铁木辛哥元帅 144, 146, 149, 154-9, 167, 168, 183, 186, 381, 400
Tiso, Joseph 约瑟夫·蒂索 427
Tito, Marshal 铁托元帅 301-2, 303, 413-15, 429
Tobruk 托布鲁克 119, 275-6
Todt, Dr Fritz 弗里茨·托特博士 104, 171-2, 335
Togo, Admiral 海军大将东乡 207, 210
Tojo, General Hideki 东条英机将军 200-1, 203-5, 230, 474
Tolbukhin, Marshal F.I. 托尔布欣元帅 303, 394, 396, 399, 429-30, 435, 438
Torch, Operation "火炬"行动 261, 263, 280-1
Totalise, Operation "总计"行动 338
transport 运输 7, 146
Trenchard, Sir Hugh 348-9
Trevor-Roper, Hugh 休·特雷弗—罗珀 453
trials war crimes 战争罪行审判 491-2
Trident, Conference, Washington 华盛顿"三叉

载"会议 263-4

Tripartite Pact《德意日三国同盟条约》104, 107, 115, 120

Trotsky, Leon 列夫·托洛茨基 143-4, 186

Trott, Adam von 亚当·冯·特罗特 357

Truman, Harry S. 哈里·杜鲁门 480, 482, 487, 491

Truscott, General Lucius 卢修斯·特拉斯科特将军 297-300

Tsolakoglu, General George 乔治·楚拉科格卢将军 127

Tukhachevsky, Marshal 图哈切夫斯基元帅 143-4

Tunisia 突尼斯 281-4

Turing, Alan 阿伦·图灵 420

Turkey 土耳其 117-18

U-boats U 潜艇 83-95
 Ciphers 密码 87, 420

U-Go offensive "乌号"攻势 464-6

Ultra intelligence "厄尔特拉"情报部门 89, 132-3, 147, 418-23

Union of Soviet Socialist Republics (USSR) 苏联
 advance on Berlin 向柏林挺进 431-8, 440-7
 and the Balkans 和巴尔干 428-31
 Barbarossa (q.v.) "巴巴罗萨"（参见）141-69
 and Bulgaria 和保加利亚 107
 casualties 人员伤亡 492
 counter-offensive 反攻 186-7, 381-2, 384-94
 German retreat 德军撤退 398-401
 industry 工业 108-9, 170-1
 intelligence 情报部门 148-9
 Lend-Lease《租借法案》93, 177, 258
 and Poland 和波兰 403-4
 Red Army 红军 142-8, 179, 378-81, 395-7
 supplies 物资补给 92-3, 170-1, 176-7
 tanks 坦克 109, 146, 334
 war production 军工生产 170-1

United Kingdom (UK) 英国
 aircraft 飞机 76, 175-6, 352-3

Battle of Britain 不列颠战役 73-81

Burma 缅甸 463-6

casualties 人员伤亡 493

Crete 克里特 131-40

economy and production 经济和生产 175-6

German bombing of 德国轰炸英国 350, 353-4

Greece 希腊 117-20, 127-8, 428-9

Lend-Lease《租借法案》88, 177

Malaya 马来亚 212-15

North Africa 北非 266-70, 272-83

SOE 特别行动委员会 405-6, 409, 413-16, 428

strategic bombing 战略轰炸 346-50

tanks 坦克 175, 334

United States of America (USA) 美国
 aircraft carriers 航空母舰 222
 casualties 人员伤亡 493
 economy and production 经济和生产 178
 Marine Corps 海军陆战队 241-3, 248-51, 467, 472-5, 493
 Navy 海军 247-8, 479
 neutrality 中立 88, 454-5
 OSS 美国战略情报局 416
 tanks 坦克 266-7, 334

Upham, Charles 查尔斯·乌普海姆 131

Uranium 铀 486-7

Uranus, Operation "天王星"行动 190-2

Ushijima, General Mitsuru 牛岛满将军 476, 478

V-1 bombs V-1 飞弹 486, 487

V-2 rockets V-2 火箭 485-6

Vasilevsky, A.M. 华西列夫斯基 183, 187, 380-1, 392, 401

Vassilchikov, 'Missie' "蜜丝"瓦西契可夫 357

Vatutin, General N.F. 瓦图京将军 146, 165, 189, 384-6, 388-9, 398-9

Vercors 韦科尔 406

Versailles Treaty《凡尔赛条约》28-9

Vichy government 维希政府 71-2, 105, 233, 281

Colonies 殖民地 231, 265, 270, 281
Victor Emmanuel, King of Italy 意大利国王维克多·埃马努埃莱 291
Vietinghoff, General Heinrich von 海因里希·冯·魏亭果夫将军 294, 305
Vietnam 越南 497
Vlasov, General A.A. 弗拉索夫将军 156, 168, 446
Volksgrenadiers 国民掷弹兵 365, 424
Voronov, Marshal N.N. 沃罗诺夫元帅 191
Voroshilov, Marshal K.E. 伏罗希洛夫元帅 143-4, 154-5, 186, 380

Wade, Field Marshal 陆军元帅韦德 6
Wake 威克岛 211
Waller, Lieutenant-Colonel R.P. 陆军中校沃勒 128
Wan Waithayakon, Prince 旺·怀他耶功亲王 230-1
Wang Ching-wei 汪精卫 230
Warlimont, General Walter 沃尔特·瓦利蒙特将军 110, 130, 330
Watson-Watt, Robert 罗伯特·沃森—瓦特 76
Wavell, Field Marshal Sir Archibald 陆军元帅阿契巴尔德·韦维尔爵士 119, 138, 213, 214, 259-60, 266-7, 272-7
Wedemeyer, General Albert C. 阿尔伯特·魏德迈将军 263, 471
Weichs, General Maximilian von 马克西米利安·冯·魏克斯将军 183
Weidling, General Karl 卡尔·威德林将军 444, 446
Weizsäcker, Richard von 理查德·冯·魏茨泽克 494
Welchman, Gordon 戈登·韦尔什曼 420
Welles, Sumner 萨姆纳·威尔斯 148
Wenck, General Walther 瓦尔特·温克将军 442
Westphal, General Siegfried 希格弗里德·魏斯特法尔将军 57
Weygand, General Maxime 马克西姆·魏刚将军 64, 68, 70, 270-1
Weygand Line 魏刚防线 68-70
Wiese, General 维泽将军 343
Wilhelmina, Queen of the Netherlands 荷兰女王威廉明娜 57
Wilson, Field Marshal Sir Henry 陆军元帅亨利·威尔逊爵士 127
Wilson, Gunner Charles 炮兵查尔斯·威尔逊 321
Wingate, Major-General Orde 奥德·温盖特少将 268-9, 464
Winn, Captain Rodger 罗杰·温上尉 88
Witzleben, General Erwin von 埃尔温·冯·维茨勒本将军 101
Wolff, General Karl 卡尔·沃尔夫将军 447
World War I 第一次世界大战 1-2, 17-18, 285

Yalta Conference 雅尔塔会议 459-60, 495
Yamamoto, Admiral Isoruku 海军大将山本五十六 197-8, 207, 210-11, 224, 229, 245-6
Yamashita, General Tomoyuku 山下奉文将军 213-14, 468
Ybarnegarey, Jean 让·伊巴尔纳加雷 70
Yegorov, Mikhail 米哈伊尔·叶戈罗夫 143, 444
Yeremenko, Marshal A.I. 叶廖缅科元帅 146, 160, 186, 190
Young, Desmond 德斯蒙德·扬 310
Yugoslavia 南斯拉夫 115, 117, 118, 122-7, 301-2, 429, 492
resistance 抵抗运动 413-17

Zangen, General Gustav von 古斯塔夫·冯·赞根将军 364
Zeitzler, General Kurt 库尔特·蔡茨勒将军 184-5, 192, 387-90, 399, 424
Zhukov, Marshal G. K. 朱可夫元帅 144-9, 154, 162, 166, 168, 186-7, 189-90, 200, 380-2, 392, 398-401, 431-46, 446